U0548525

曹魏法制综考

梁 健 著

知识产权出版社

图书在版编目（CIP）数据

曹魏法制综考/梁健著．—北京：知识产权出版社，2019.9
（法天地学术文丛/龙大轩主编）
ISBN 978-7-5130-6387-6

Ⅰ.①曹… Ⅱ.①梁… Ⅲ.①法制史—研究—中国—魏国 Ⅳ.①D929.361

中国版本图书馆 CIP 数据核字（2019）第 162419 号

策划编辑：庞从容   责任校对：谷 洋
责任编辑：薛迎春   责任印制：刘译文

曹魏法制综考
梁 健 著

出版发行：	知识产权出版社有限责任公司	网　址：	http：//www.ipph.cn
社　址：	北京市海淀区气象路50号院	邮　编：	100081
责编电话：	010-82000860 转 8726	责编邮箱：	pangcongrong@163.com
发行电话：	010-82000860 转 8101/8102	发行传真：	010-82000893/82005070/82000270
印　刷：	北京嘉恒彩色印刷有限责任公司	经　销：	各大网上书店、新华书店及相关专业书店
开　本：	710mm×1000mm 1/16	印　张：	29.75
版　次：	2019年9月第1版	印　次：	2019年9月第1次印刷
字　数：	480千字	定　价：	88.00元
ISBN 978-7-5130-6387-6			

出版权专有　侵权必究
如有印装质量问题，本社负责调换。

目　录

导　言 / 1

第一章　魏律通考 / 7
第一节　魏律修成考——兼驳魏律颁于太和三年说 / 9
第二节　魏律篇目考 / 26
第三节　魏律律目、术语考 / 51
本章小结 / 79

第二章　魏令、科、律章句考 / 85
第一节　魏令概述 / 87
第二节　魏令篇目、令文考 / 92
第三节　魏官品令（甲辰令）考 / 126
第四节　魏科考 / 149
第五节　魏律章句概述 / 159
本章小结 / 167

第三章　魏罪名考 / 171
第一节　魏罪名考（一） / 173
第二节　魏罪名考（二） / 187
第三节　魏罪名考（三） / 199
第四节　魏罪名考（四） / 210
第五节　魏罪名考（五） / 219
第六节　魏晋谋反罪补考——以兄弟连坐为视角 / 231
本章小结 / 245

第四章　魏八议考 / 249
　　第一节　关于《周礼》"八辟"的经典诠释 / 251
　　第二节　魏八议事例考（附未八议之例）/ 301
　　第三节　凌烟录尽到云台：议功再考 / 333
　　本章小结 / 355

第五章　魏条教考 / 361
　　第一节　条教辨 / 364
　　第二节　条教源流考 / 367
　　第三节　条教新考 / 450
　　本章小结 / 460

结　语 / 464
参考文献 / 467

导　言

　　宋王介甫曾谓"律是八分书"，八分者，汉隶之谓也。从汉字书法史而言，自汉隶定型以来，真书、行书、草书的产生、发展则是在魏晋二百年间。魏晋书法规隋唐之法，开两宋之意，启元明之态，促清、民（国）之朴，其无疑是汉字书法完成书体演变，承上启下的重要历史阶段，故宋人有言"世间无论有魏晋，几人解得真隋唐"（北宋书法家薛绍彭语）。及至20世纪初楼兰魏晋断简残纸之出土，习字泼墨者更崇此道。书既循笔法章法之宗，论及制度者又焉能不察乎？"东海西海，心理攸同"，是故要论隋唐，汉魏晋须及；要论汉魏晋，隋唐可参，正如《隋唐制度渊源略论稿》所解者不独"真隋唐"，亦得"真魏晋"矣。

　　唐律传世，文献"丰盛"，能解隋唐之真者不胜枚举。唐前诸律散佚，秦汉简帛陆续出土，揭秦汉之实者早已享此"滋润"；走马楼吴简面世，世不苦于无米之炊；晋律注虽未完全公布，亦使人有"望梅"之思；独曹魏一朝，地尚爱宝，使得研究者常有"画饼"之饥。三国争霸跨度逾九十年，在历史长河中相当于两个"文景之治"、四个"贞观之治"的时间，曹魏一朝的重要地位毋庸赘论。然后世每恨曹氏篡汉，往往黜魏而帝蜀，多不以正统归之，如清道光间出土之魏曹真碑，出土时即被凿去对刘蜀的贬词"屠贼蜀""蜀贼诸葛亮"之"贼"字（后连"诸葛亮"三字也凿去），是后人心犹在蜀汉乎？实欲盖弥彰者也。观魏奉山阳公"永为魏宾"之诏，览习凿齿倡越魏继汉、不奉魏为旧宾之议，三国正统之争盛矣，后世演义而已。搁置皇权正闰论辨，鼎立之间，诸种政治文化、典章制度最能承袭汉统者实曹魏也，所制九品中正开两晋六朝之政治根基；论其律令，实两晋以降律令体系"正统"之奠基。故本书对曹魏一朝法制若干考论，不敢妄称从金明馆主人之思绪，唯以此为标杆而草成，亦选题之缘由。

一、写作之基础

严耕望就治史曾有这样的方法总结:"看人人所能看得到的书,说人人所未说过的话。"要实现之非易事,但必是治学的努力方向。但凡写作都会参阅很多名家著作,作为惯例,理应就这些"人人所能看得到的书"作一些概述而名之研究现状与不足。为了避免讨论"研究现状与不足"时形式上的意义要重于内容——把这一短暂的交代当作若干内容提要的汇总进行抄录,在本导言部分看来是退而求其次的,因为检验写作者是否关注、理解了"研究现状与不足"也绝非导言所要承担的任务。这不是"后生末学,非可妄评"的自谦,"研究现状与不足"所需要的是后来者的正确理解——这种理解应该包括对前人诸说的认同、申说、订补以及论驳(这也是作者所期盼的与读者的心灵交流);反之,流于形式的"研究现状与不足"概述无疑是对前人论述的"亵渎"。

回到严氏所论,"看人人所能看得到的书",窃谓首先要重读基本的文献(哪怕是习以为常的传世文献)以及前人的研究成果,这并不是简单地转述前人论说,而是吸收之、完善之、论证之,并晓其治学方法。故而正文势必重述前人对曹魏法制考论诸说而有所渗入、体现,而检验之法也就在行文当中。这或许更利于证明哪些著作笔者确实真正拜读并有过思考,而非流于形式的赘述和断章取义博引众说以证私见、以饰见谬;也更能让方家评判哪些著作是笔者所忽略的、哪些观点是理解错误的,是否曾"说人人所未说过的话",这些话又是否有"亵渎""妄评"之意。

上言者,写作之心态;何以成之,亦赖上言"理解"二字。就曹魏法制考论诸说而言,理解亦即认同、申说、订补以及论驳的渐进过程,其间所依和服膺的研究成果或理论基础有两端。其一,对曹魏法律体系的研究。对曹魏法制的研究始终没有像汉律研究一样的幸运,其局限性在于尚无法通过出土文献来解读曹魏的法制,因此对曹魏法律体系的研究,特别是各种法律形式的辑佚工作不得不停留在纸质的传世文献上。但这并不意味建立在传世文献基础上的辑佚与研究没有进一步发挥的空间,前人对曹魏法律形式,甚至是两汉法律形式、律令性质、律令关系、礼律关系、刑罚体系、罪名及相关问题的研究,为此后的曹魏法制研究向纵深发展奠定了基础,留下了可观的学术积累。尽管对曹魏的研究会囿于史料无重大发现而对律令体系困惑于整体把握,对曹魏各种法律形式的内容、性质、功能等认识会处于艰难探索的阶段;但从学术史发展来看,汉律、晋律注所带来的研究方法变革,可以为曹魏法律形式的进一步研究提供支撑或者说经典借鉴。故而曹魏法制的真实状况是可以在前人辑佚成果基础上进一步扩展、补充的。其二，对法律儒家化进程的研究。曹魏的法制发展构成了汉唐间法制发展的阶梯，言此阶梯，既谓其律令编纂体系奠两晋以降律令之"正统"，亦明其在法律儒家化进程中之重要作用。就此命题，陈寅恪、瞿同祖等经已从大处和远处着眼观察这一断代的历史地位，其著述足为论证、剖析曹魏法律儒家化进程中的某些细节问题提供立论，亦有助于一些无法置于宏观研究范围之内的课题得以展开。唯循此迹方能揭魏晋之实，解隋唐之真。

二、写作之概要

1. 魏律编纂之事，唐前史书已不明了，唯《资治通鉴》系在太和三年（229），后世承此发挥以其始修、颁定施行皆在是年，窃以为谬；虽有质疑亦未详考。不辨其时，看似无关大体，实关魏晋成文法编纂、公布之意义，故有开篇驳论以明其始修与颁行有别，所言"始修于太和三年，修成颁行在太和六年至青龙元年之间"推断皆以曹魏法制相关事件、时间点以证其详，力图澄清旧说。

2. 魏律篇目、次序，历代考证诸说并行，近世稍得其真。篇目之数，本书虽祖日人滋贺秀三之说，尚能借得滋贺氏所未见晋律注为之佐证一二。篇目之序，本书结合晋律、梁律以考篇次规律，重新排列魏律次序，别于往论，是为私见。

3. 魏律目、魏令篇目与令文、魏科、魏律章句及魏之罪名，沈家本、程树德尝考其大概又未得其细。凡此数者辑考之文，仿沈、程考证汉魏晋唐诸律之例，采先辈未览或未重视的若干出土与传世文献，冀以补其阙考之章、全其不周之论。

4. 八议一制，今又辑曹魏八议与未得八议例以明其事。八议者如何界定，有何标准，并非律令条文规定所能完成之任务，礼制与儒家经义对八议者的诸多阐释与标准足以成为律令的参照；依据律令与礼制、经义的阐释和标准，曹魏能否找到具体的人证，有哪些人能够进入此种体制受益，当是对八议研究在律令、案例材料之外所要深入考察的。参以律令、案例纵可举证斯制，但求其思想本源，细化到亲故贤能功贵勤宾各者背后的文化发挥与礼制探讨，学者尚不深涉，故成文补之。

5. 条教作为两汉以降常见的地方性法规，今设专章辑考，集汉魏晋南北朝条教之例，以明其源流、形式、内容，凡此工作法史学界尚不为多。分论条教与儒家政教传统确非新题,但宏观之外,微观而言政教如何推行,有何明证者尚稀。将条教与政教传统结合而论,既能察儒家礼教之义如何影响政令施行;亦能明条教作为政教之施,在汉魏晋南北朝的社会治理和社会秩序构建中,如何超越历史政权并发挥其影响,是为立于礼、辅于政、施于教。此点窃谓新论。

以上诸点考论发挥,试图避免断代研究之失,糅合制度与思想之隔;推测妄断难免,亦不失为本书着力之处。据1、2、3点即知本书第一、第二、第三章;4、5点即知本书第四、第五章承前人的曹魏法律体系研究成果、法律儒家化理论所进行的认同、申说、订补以及论驳过程,亦对曹魏法制的理解而已。写作中对各问题的研究不足、考证失审之处,在每章小节时均有自我检讨批判之墨;以后可作进一步研究深化者略附规划之语,要论"研究现状与不足"者亦在其中。故号之创新有愧,言属私见而心安。

《易·系辞》云:"错综其数。"孔颖达疏云:"错谓交错,综谓总聚。"故文成五章,名以"曹魏法制综考",取其错综总集之意,此原因之一。其二,本书给人以五篇独立的文章编集而成之感,主要原因是自身能力有限,很难在短时间内将曹魏法制全面地概述、考证、整合,并全面提出自己的看法,构成一部"全考"性质的专著。因此,与其追求系统和完整而承袭惯例,不如将一些尚努力为之而又自视略有心得的东西写出来,哪怕是一些不成熟的见解而名之"综考"或为妥当。

仅仅依靠现存的曹魏史料,根本无法实现论证的目的,因此在写作时不得不借助前代或者后代的材料,而这无疑会给论证工作带来风险,由此所带来的论证失察与不周,还包括字数上的累赘,都应是笔者所要检讨和改正的。辑佚考证虽恐网罗有失,而文内表格之多确给人以"视觉障碍",惟每表皆设备注一栏,考证、订补、辩驳者多在其间,虽自身文风陋习所致,然敝帚虽微亦自珍,故不忍弃之。

以上各点错综总集于五章之内,请方家明鉴之、批判之。

三、其他要说明的问题

1. 关于《三国志》的征引版本。研究曹魏法制,《三国志》是最基础的史料。1959年出版的《三国志》(繁体竖排)是对《三国志》及裴松之注最早的标点本(该书在1982年出版第2版),标点者为陈乃乾,是大半世纪广泛流传的版本,向为学人称道。陈本《三国志》每每作为古籍标点之范式,然其失当之处,亦时有所见,可谓百虑一失。中华书局在1999年2月出版的

《三国志》（简体横排本）"出版说明"中言：陈本《三国志》"是学术界和广大读者公认的权威版本。简体字本《三国志》以此为基础，对原来的繁体字作了简化。在这次整理出版过程中，我们参考了繁体字点校本出版后专家学者（如吴金华同志）的研究成果，订正了书中的一些错误"。中华书局又在其2006年9月第1版《三国志》（2010年4月第7次印刷，简体横排，"中华经典普及文库"）"出版说明"中言：本书以陈本《三国志》为底本，"并参考了点校本出版后学界关于《三国志》的研究成果，订正了原书中的一些错误，从而保证了其学术可靠性、文字准确性"。可见，古籍点校与整理出版是一个与时俱进的工作，并非一校定稿，会随着学术研究的深入吸取相关研究成果，对业已出版的古籍进行修正。[1]而笔者也正是通过对《三国志》各版本和上述专著的阅读，吸取了相关学者对《三国志》的校勘成果，对于一些涉及曹魏法制的材料，由于各版本的点校差异，对异文、断句进行了重新梳理和辨正。这些工作在笔者看来并未超出法制史的研究范围；相反，更有利于对某一问题（尽管看似细枝末节）的深入探讨。如《王凌传》中的"罪在三百"应该是"罪在二百"，这更合《吕刑》大辟二百之数；今本《三国志·魏书·梁习传》注引《魏略·苛吏传》，"发怒"应作"发教"；《夏侯玄传》注引《世语》中的"（王经）母以经典兵马而擅去对送吏杖经五十"如何断句；《魏书·钟繇传》注引袁宏"过误不幸，则八议之所宥也"语或有篡改等（详论俱见后文，同时也有一些对传世文献标点本中记载魏制的文字勘误，如《初学记》）。这些与写作主题看似"貌离"却又"神合"的细微考证，恐怕是写作的另一种收获。[2]古言读书宜先校书，此层境界须毕生练就；然"夫古书而为善本，读之则有益；反言之，则读不善本者，必且无益而有损"（孙德谦《古书读法略例》）；"读书宜求善本"（张之洞《輶轩语·语学篇》）等宝训当服而行之。故本书所征引的《三国志》皆本自上言中华书局2006年版者，是以之为历经多次校勘之善本也。因其所引资料最多，故对其征引仅在首次出现时标注版本详细信息，余者仅标明卷次、简引页码。

---

[1] 对《三国志》整理研究的专著，如张元济的《三国志校勘记》，易培基的《三国志补注》，卢弼的《三国志集解》，赵幼文的《三国志校笺》，吴金华点校的岳麓书社版《三国志》和《三国志校诂》、《三国志丛考》，其他学者利用隋唐类书、出土《三国志》写本对《三国志》进行的整理等，为学者提供了丰富资料。

[2] 另如《夏侯玄传》中涉及夏侯玄的著作"本无肉刑论"是断作"《本无（论）》""《肉刑论》"二书还是"《本无肉刑论》"一书，笔者另有《魏晋"本无"、"肉刑"二题论争的微观阅读——从夏侯玄的著述说起》（《惠州学院学报》2014年第2期）详论。

2. 文内表格所引文献出处皆从简，不出卷次；类书之属，其名从略，如《太平御览》称《御览》等。

3. 征引诸家观点时未作名讳，为省文字，非不敬之意。

4. 引文中出现了若干繁体字，皆从所引版本，以体现其原貌，文中不再一一指出。

第一章 魏律通考

诚如滋贺秀三所言,"中国严格意义上的法典编纂是从魏律开始的"[1]。既如此,与魏律编纂相关的任何一个细节都可能引起学者关注,如其颁行时间、篇目次序、修律人物、魏律佚文、魏律与魏令之体例关系等,也由此推广出一些看似细微实则宏大的观点。

第一节 魏律修成考——兼驳魏律颁于太和三年说

关于魏律令制定与颁布的时间,《三国志·明帝纪》及陈群、刘劭等修律人物本传皆不载年月。《魏书·刑罚志》不记曹魏修律之事[2]。《晋书·刑法志》(下简称《晋志》)亦不载年月,但将魏修律系在但用郑氏章句、置律博士二事后。故后世聚讼纷纭,互生疑异,又以宋人史笔中的魏律令颁于太和三年说(下简称"太和三年说")为代表,今就此说作二三辨正,试求其真。

一、太和三年说之由来

(一)宋人史笔中的曹魏修律事件

《资治通鉴》卷七一《魏纪三·明帝太和三年(二二九)》载:"冬,十月,改平望观曰听讼观。帝常言:'狱者,天下之性命也。'每断大狱,常诣观临听之。初,魏文侯师李悝著《法经》六篇,商君受之以相秦。萧何定《汉律》,益为九篇,后稍增至六十篇。又有《令》三百余篇、《决事比》九百六卷,世有增损,错糅无常,后人各为章句,马、郑诸儒十有余家,以至于魏,所当用者合二万六千二百七十二条,七百七十三万余言,览者益难。帝乃诏但用郑氏章句。尚书卫觊奏曰:'刑法者,国家之所贵重而私议之所轻贱;狱吏者,百姓之所县命而选用者之所卑下。王政之敝,未必不由此也。请置律博士。'帝从之。又诏司空陈群、散骑常侍刘邵等删约汉法,制《新律》十八篇,《州郡令》四十五篇,《尚书官令》、《军中令》合百八十余篇,于《正律》九篇为增,于旁章科令为省矣。"[3] 按《通鉴》之说,魏置律博士与修律皆在太和三年(229)。此说为后世广引,并以为魏律成于太和三年

---

[1] [日]滋贺秀三:《曹魏新律十八篇篇目考》,收入刘俊文主编,姚荣涛、徐世虹译:《日本学者研究中国史论著选译》第8卷,北京:中华书局1992年版,第101页。

[2] 《魏书·刑罚志》仅云:"魏武帝造甲子科条,犯钛左右趾者,易以斗械。明帝改士民罚金之坐,除妇人加笞之制。"

[3] [宋]司马光:《资治通鉴》,北京:中华书局1956年版,第2257—2258页。按:胡三省作注时未辨此时间,应从《通鉴》之说。

(229)。《通鉴》所言太和三年改平望观为听讼观，这在《三国志》中可找到确证。[1] 毋庸置疑，《通鉴》资料源自《三国志》《晋书》等宋以前史料。但认为置律博士、修律二事皆系在太和三年，宋前史料未见，是为孤证。再者，《通鉴》将与魏法制相涉的三事系在太和三年，有因类相编之嫌，这也是太和三年说漏洞之所在。尽管《通鉴》所记但用郑氏章句、置律博士、修律三事顺序同于《晋志》，但其将置律博士、修律皆系在魏改平望观这条资料后仅是一家推断，并不自然证明皆在太和三年（229），更不能指证魏律颁于此年。

《资治通鉴纲目》云："太和三年冬十月，魏立听讼观，置律博士。"小注依次记述但用郑氏章句、置律博士、修律三事，皆从《通鉴》之文。[2] 到朱熹时已直接将置律博士定在太和三年，实同《通鉴》之说。令人不解的是：既然朱熹小注本自《通鉴》，其在《纲目》正文中将置律博士一事直接归为太和三年，却仍将修律一事归入小注。若朱熹也认为修律在太和三年的话，那么《纲目》正文应该是"太和三年冬十月，魏立听讼观，置律博士，修律"这样的记述方显合理。修律一事未被《纲目》归入正文，难道朱熹认为修律重要性不如置律博士，故不将其记入正文？显然这样的推测也难能信服。至于朱熹是否对此时间有疑问，未见辨正。

《玉海》亦将但用郑氏章句、置律博士、修律三事依次而述，同《晋志》《通鉴》。王应麟引置律博士一事有小注云："《通鉴纲目》：太和三年，立听讼观、置律博士。"[3] 王氏从《纲目》之说，但不知其是否以修律在太和三年。

据上，《通鉴》将但用郑氏章句、置律博士、修律三事依次系在太和三年魏改平望观之后。让后人产生了这样的误会或判断：既然记述在后，且附在同一条资料、同一个时间点，那么魏改平望观、但用郑氏章句、置律博士、修律也就顺利成章地发生在太和三年。《纲目》《玉海》更多是对《晋志》，特别是《通鉴》的转述，并未对《通鉴》之说有何实质性异议，因此，可以断定自司马光立说后，朱、王皆从之。[4]

《册府元龟》在记述魏律令部分时并未述魏太和三年改平望观事，而是将但用郑氏章句、置律博士、修律三事以小注形式系在明帝青龙二年"十二

---

[1] 见［晋］陈寿撰，［宋］裴松之注：《三国志》卷一《魏书·明帝纪》，北京：中华书局2006年版，第59页。以下所引《三国志》皆为此版本，故仅标明卷次及简引页码，如："《三国志》卷一《魏书·明帝纪》，59。"
[2] ［宋］朱熹：《资治通鉴纲目》卷一五，《朱子全书》第9册，上海：上海古籍出版社2002年版，第933页。
[3] ［宋］王应麟：《玉海》卷六五《律令》，清光绪九年（1883）浙江书局重印本。
[4] 司马光《资治通鉴考异》、袁枢《通鉴纪事本末》亦不考修律事。

月诏有司删定大辟减死罪"云云正文后,所述三事文字皆本《晋志》。[1] 这种史笔同于《通鉴》《纲目》,若《通鉴》中但用郑氏章句、置律博士、修律系在太和三年魏改平望观后,可以让人推断此事都发生在同年的话;那么,《元龟》则提供了另一种推断:既然但用郑氏章句、置律博士、修律三事以小注形式系在青龙二年资料之后,则三事皆在此年。这样推断也不足以让笔者信服,因为宋人对魏修律时间的记载差异说明宋人在修书时并未考证魏律颁于何年,故将其系在曹魏某一事件某一时间点之后,从以类相编的角度看,这是符合史笔的。《通鉴》则从《晋志》之文,但用郑氏章句、置律博士、修律三事依次相述,惟不载年月。[2] 可见,同样是宋人所编之书,不乏抵牾,这更能证明《通鉴》的叙事系年只是作者推断,实非公论。

(二) 学者对宋人史笔的采用与发挥

《通鉴》资料的唯一性并不使得学者以为孤证不立而弃之不用,相反,其编年体性质,反而会给太和三年说增加论证的"砝码",使人确信魏律制定或颁行都在太和三年。如以下例:

内田智雄译注《晋志》"(魏)下诏改定刑制……"文,仅引《通鉴》文。[3]

林咏荣云,太和三年"编成新律十八篇"[4]。

郭成伟云,魏于"太和三年(229)下诏改定刑制……太和三年(229)十月颁行"[5]。

张晋藩等以为魏律颁在太和三年;修于何年,未辨。[6]

张警引《纲目》说,以魏律颁在太和三年十月。[7]

陆心国云:"《资治通鉴·魏纪三》载在太和三年(229)十月颁行。"[8]

胡守为、杨廷福云:"太和三年(229)下诏改定刑制,命司空陈群……

---

[1] [宋]王钦若:《册府元龟》卷六一〇《刑法部二·定律令第二》,北京:中华书局1989年版,第1886页。
[2] [宋]郑樵:《通志》卷六〇《刑法略·志七二五》,北京:中华书局1987年版,第725页。又,《通志》卷七《魏纪七·明帝·志一四七》太和三年不载修事。
[3] [日]内田智雄编:《译注中国历代刑法志》,东京:创文社1964年版,第100页。
[4] 林咏荣:《中国法制史》,台北:大中国图书公司1976年版,第52页。
[5] 郭成伟:《中国法制史》,北京:中国法制出版社2003年版,第88页。
[6] 张晋藩:《中国法制史》,北京:法律出版社1995年版,第146页。
[7] 张警:《晋书刑法志注释》,成都:成都科技大学出版社1994年版,第57页。
[8] 陆心国:《晋书刑法志注释》,北京:群众出版社1986年版,第52页。

制定《新律》十八篇。"[1]

董念清引《晋志》文，采《纲目》说，以魏律制于太和三年。[2]

高潮、马建石[3]，王宏治[4]，何勤华[5]，陶世鲲[6]皆主魏律于太和三年颁行。

……

据以上例，学者或主张魏律颁于太和三年，或主张魏律制定与颁行皆在太和三年。在笔者看来，都是受到《通鉴》之说的影响。

二、魏律颁行时间之疑

《通鉴》将魏修律事系在太和三年，毕竟资料晚出，司马光撰书时有何确证参考，不可得知。但就《通鉴》之前的资料而言，如《晋志》等皆不言时间，可以说宋前史家对此问题是阙考存疑的。《三国志》本应是考证魏律的第一手资料，但《明帝纪》不载修律事，《刘劭传》不载时间，《陈群传》又不载陈群参与修律，参与修律的庾嶷、荀诜、韩逊、黄休等更无传记（裴注、《晋书》亦无）。以上种种，对魏律研究造成了极大障碍，是为遗憾。《三国志》的略而不载，使后世在此问题上语焉不详，或使论者下笔更加谨慎，皆陈寿史笔所致。

（一）阙考存疑

史书不载魏修律年月，或因资料失审，或存疑阙考，实待更正补录。历代对此阙考存疑有以下例：

1. 唐人之阙考

《晋志》将但用郑氏章句、置律博士、修律三事依次而述，不载年月。

《通典》将置律博士事系在修律前，文同《晋志》，时间未明。[7]

《唐六典》注言"魏氏受命，参议复肉刑，属军国多故，竟寝之。乃命

---

[1] 胡守为、杨廷福主编：《中国历史大辞典·魏晋南北朝史卷》"魏律"条，上海：上海辞书出版社2000年版，第749页。
[2] 董念清：《魏律略论》，载《敦煌学辑刊》1995年第2期。董氏《魏律略考》（《法学杂志》1996年第5期）未考此事。
[3] 高潮、马建石主编：《中国古代法学辞典》，天津：南开大学出版社1989年版，第354页。
[4] 北京大学法学百科全书编委会：《北京大学法学百科全书》中国法制史辞条分类目录"《魏律》"条，北京：北京大学出版社2000年版，第845页。
[5] 何勤华：《中国法学史》（第一卷），北京：法律出版社2000年版，第248页。
[6] 陶世鲲编著：《历代律令》，开封：河南大学出版社2005年版，第7页。
[7] [唐]杜佑撰，王文锦等点校：《通典》卷一六三《刑法一·刑制上·魏》，北京：中华书局1988年版，第4202页。

陈群等采汉律,为《魏律》十八篇"云云,不载年月。[1]

虽经战乱,文献散失,但魏晋六朝资料在唐人著述中尚可觅得一二,唯此事不明时间,确属可疑。或唐人不得见魏律,故语焉不详。

2. 唐以后人之阙考

《文献通考》、钱仪吉《三国会要》、杨晨《三国会要》、侯康《补三国艺文志》、卢弼《三国志集解》[2]、孙荣《古今法制表》、张舜徽《三国志辞典》等录《晋志》或《唐六典》《通典》文,皆不辨修律年月。万斯同《三国大事年表》、周嘉猷《三国纪年表》、谢钟英《三国大事表》皆不载修律事。姚振宗《三国艺文志》录《刘劭传》《晋志》《唐六典》文,又云:"明帝即位,觊奏请置律博士,转相传授。事遂施行。此邵等撰《新律》之缘起。"[3] 姚氏以修律在置律博士后,事在何年未明。

梁启超《论中国成文法编制之沿革得失》"魏晋间之成文法"部分言:"魏明初政,励精图治,乃命司空陈群、散骑常侍刘劭……删约旧科,傍采汉律,定为魏法,制《新律》十八篇"云云。其制历代法典之名、篇数及制定发布时间表,魏新一栏亦阙载年月。其论律博士事,言"卫觊奏云'刑法者,国家之所贵重,而私议之所轻贱。王政之弊,殆由于此。请置律博士,转相传授'事遂施行。然则当时以有新律之故,而法学渐至成为一种科学之形矣"[4]。不知其所言"以有新律之故"而有法学发展,是否指律博士借魏律成而得发展之意,若是,则其以卫觊之奏在新律颁行后,与前引姚氏所言置律博士是"邵等撰《新律》之缘起"观点相左。

丁元普云,"太和时命陈群刘劭等修新律十八篇"[5],未明何年。

曾宪义云,"太和三年(229)诏令陈群……制新律十八篇",注释云出自《晋书·刑法志》[6]。《晋志》未载修律年月,曾言"太和三年"当本《通鉴》,但不知其是否主张魏律亦在同年修成。

近世以来一些重要的法制史论著皆阙考,如章太炎的《五朝法律索隐》、陈顾远的《中国法制史》和《中国法制史概要》、壮生的《中国历代法制大

---

[1] [唐]李林甫等撰,陈仲夫点校:《唐六典》卷六《尚书刑部》,北京:中华书局1992年版,第181页。
[2] 钱剑夫整理本《三国志集解》亦未考证。
[3] [清]姚振宗:《三国艺文志》刑法类"魏律十八篇",《三国志补编》,北京:北京图书馆出版社2005年版,第656页。
[4] 梁启超:《论中国成文法编制之沿革得失》,《饮冰室文集》之十六,北京:中华书局1989年版,第14、20、19页。梁氏又云:"魏明初政,天下稍苏息,始克从事斯业。而陈群即出其家学以当编辑之任。"亦不直言年月,见是书第17页。
[5] 丁元普:《中国法制史》,上海:上海法学编译社1933年版,第7页。
[6] 曾宪义主编:《中国法制史》,北京:北京大学出版社2000年版,第121页。

要》、杨鸿烈的《中国法律发达史》、秦尚志的《中国法制及法律思想史讲话》、郁嶷的《中国法制史》、朱方的《中国法制史》、黎孤岛的《中国法制史》、戴炎辉的《中国法制史》、蔡枢衡的《中国刑法史》、瞿同祖的《中国法律之儒家化》、韩国磐的《中国古代法制史研究》、杨鹤皋的《魏晋隋唐法律思想研究》、叶孝信的《中国法制史》、史凤仪的《中国古代法律常识》、刘海年与杨一凡合编的《中国古代法律史知识》。今人对魏晋间法制研究的一些代表性论文也阙考，如叶炜的《论魏晋至宋律学的兴衰及其社会政治原因》(《史学月刊》2006年第5期)、张建国的《魏晋律令法典比较研究》(《中外法学》1995年第1期)[1]、李玉生的《魏晋律令分野的几个问题》(《法学研究》2003年第5期)、薛菁的《魏晋南北朝刑法研究》[2]、高明士的《从律令制的演变看唐宋间的变革》等。日人对魏晋间法制研究的一些代表性论著也阙考，如浅井虎夫的《中国法典编纂沿革史》、滋贺秀三的《曹魏新律十八篇篇目考》[3]、大庭修的《律令法系的演变与秦汉法典》、堀敏一的《晋泰始律令的制定》等。法制史教材多以魏律修于太和三年或明帝时，至于修成于何年，阙而不述。如张金鉴的《中国法制史概要》、薛梅卿的《新编中国法制史教程》等。何勤华所编《律学考》，内有近世以来研究律学特别是魏晋律学的诸多重要著述，对此时间问题也不言及。

史学界对此问题也多阙而不载，如翦伯赞的《中国史纲要》、白寿彝的《中国通史》、范文澜的《中国通史》、韦庆远的《中国制度史》、何兹全的《魏晋南北朝史略》、王仲荦的《魏晋南北朝史》、张大可的《三国史》、马植杰的《三国史》等。

(二) 沈家本之疑：魏律修于青龙二年

沈家本考云："魏律修于何年，《魏志》、《纪》、《传》并无年月可考，

---

[1] 张建国另文《中国律令法体系概论》[《北京大学学报》(哲学社会科学版) 1998年第5期] 亦不言此时间。张著、蒲坚审定之《两汉魏晋法制简说》(大象出版社1997年版，第142页) 云魏律制定的时间"估计大约在太和三年 (229) 左右"，对是否同年颁行，并无主张。

[2] 薛文为福建师范大学2005年历史学博士论文，第44页。其云"关于魏《新律》制定的时间，学术界通常确定为太和三年"，又引沈家本和乔伟观点。但言魏律是"明帝在位期间 (227—239) 制定"，知其并无提出新解。

[3] 刘俊文主编，姚荣涛、徐世虹译：《日本学者研究中国史论著选译》第8卷，北京：中华书局1992年版，第83—101页。要指出的是，如滋贺之文重点在于讨论魏律篇目，故对魏律制定时间问题搁置不议是合情合理的。因此，本书就一些对魏律制定时间没有具体考证或考证不详的论著进行罗列，其本意非针对作者学术能力，而是借以描述在没有公论确说之前，学者对此问题是如何取舍的。当然，限于精力也不会对每一种著述都极尽搜罗，所列者仅作代表。

《晋志》亦未详。《通鉴纲目》与立听讼观、置律博士同书于太和三年十月，盖以《明帝纪》太和三年十月改平望观为听讼观，故连类及之。律博士之设乃从卫觊之请，《魏书·觊传》亦不言何年也，《晋志》于置律博士之下称'是时，钟繇求复肉刑，王朗议不同，又寝。其后，天子又下诏改定刑制'云云。朗死于太和二年，则律博士之置大约同在此时，而改定刑制既云'其后'，则必非一时之事。青龙二年，诏删定大辟，减死罪，修律之事或在此时。"[1] 置律博士时间暂不展开讨论，据沈说，其与修律皆不在太和三年。沈氏是对《通鉴》太和三年说提出了异议，并指出其形成的原因：因类相编。但沈氏又以《明帝纪》所载青龙二年（234）诏删定大辟、减死罪事为据，以为修律在是年。实际上是接受了《元龟》的叙事系年，根据《元龟》，修律系在青龙二年诏删定大辟减死罪事的小注中。若说《通鉴》中的立听讼观、置律博士、修律是为"连类"，那么《元龟》中的删定大辟、减死罪、置律博士、修律也是如此。因此，沈氏是驳《通鉴》而不疑《元龟》。再者，《明帝纪》所云青龙二年诏删定大辟减死罪，是否指代魏修律事，也尚待考证。揣沈氏"青龙二年，诏删定大辟，减死罪，修律之事或在此时"一句语义，似以魏律修于青龙二年。按《明帝纪》载，青龙二年二月诏减鞭杖之制。沈氏据此又言"是年两下减刑之诏，疑改汉法为魏法即是年事也。史文不具，无以明之"[2]。至于是否颁行于青龙二年或之后，沈虽无明言，但至少否定了魏律颁于太和三年说。

沈氏魏律修于青龙二年说，也有人支持，如黄惠贤认为"大约在曹魏青龙二年（234年），明帝令司空陈群……制定《魏律》18篇"。并云："制定《魏律》的时间，从沈家本《历代律令》上册'律令'三，'魏新律'。"[3] 但不知黄氏"制定"意指魏律修于青龙二年抑或修成颁于青龙二年。

（三）程树德之疑：魏律成于太和、青龙间

程氏《魏律考》云："考魏明帝颁定新律，《魏志》不载年月。据《通鉴纲目》，太和三年诏司徒陈群等，删约汉法，制新律十八篇，系于十月立听讼观之后，未知何据？《魏志》明帝青龙二年二月，诏减鞭杖之制。十二月，诏有司删定大辟减死罪。是魏律成于太和青龙之间，盖无可疑者。"[4] 程氏《中国法制史》同此。[5] 按太和至青龙凡有十年，程氏所谓的太和青

---

[1] [清] 沈家本：《历代刑法考》，北京：中华书局1985年版，第888页。
[2] [清] 沈家本：《历代刑法考》，北京：中华书局1985年版，第888页。
[3] 白钢主编，黄惠贤著：《中国政治制度通史》第4卷，北京：人民出版社1996年版，第304页。
[4] 程树德：《九朝律考》，北京：中华书局2003年版，第189页。
[5] 程树德：《中国法制史》，上海：上海华通书局1931年版，第64页。

龙间，只是笼统言之。就算太和青龙间是指太和三年至青龙二年，尚隔太和四、五、六年和青龙元年，究竟何指并不明确。但程说同样否定了太和三年说，也不认为魏律会在青龙之后的景初年间修成颁行。

又，程谓"司徒陈群"有误。查《资治通鉴纲目》原文作"司空陈群"[1]，《陈群传》未载群为司徒，检周明泰《三国志世系表》、洪饴孙《三国志职官表》、万斯同《魏将相大臣年表》、黄大华《三国志三公宰辅年表》，皆云陈群黄初七年为司空，不记其为司徒。

（四）乔伟之疑：魏律修于太和三年，修成颁行于青龙末景初初

乔氏考云："关于魏律颁布的时间，据《资治通鉴》的记载，似在太和三年（229）。但仔细考证《三国志·魏书》有关纪传，则太和三年为魏明帝下诏修订律令的开始时间。何时律成并颁行天下，《明帝纪》中并无记载。《三国志·魏书·刘劭传》云：'明帝即位，出为陈留太守，敦崇教化，百姓称之。征拜骑都尉，与议郎庾嶷、荀诜等定科令，作《新律》十八篇，著《律略论》。'此传虽并未著明具体时间，但接着又叙述刘劭于'青龙中'的事迹，故其与议郎庾嶷、荀诜等修订律令应在太和年间无疑。又据《三国志·魏书·卢毓传》载：'青龙二年，入为侍中。先是，散骑常侍刘劭受诏定律，未就。毓上论古今科律之意，以为法宜一正，不宜有两端，使奸吏得容情。'这说明刘劭等人定律，到青龙二年尚未完成，因此《资治通鉴》认为魏律于太和三年公布是不对的。"其认为魏修律令始于太和三年，修成及公布的时间在青龙末年至景初初年，"因为此次修订律令，是秦汉以来的一次大规模的法典编纂活动，削烦去蠹，复位体例，短时间内是很难完成的。从太和三年到景初元年，共计六年多的时间，如能完成如此大量的修律工作就是一件很了不起的事情了"[2]。乔说亦不认为魏律颁于太和三年，其依据是《卢毓传》的记载，这是目前对魏律始修、修成颁行时间最为详细的考证，但仍有重新审视之必要。

（五）吕思勉之疑：魏律未颁行

吕氏《中国制度史》引《晋志》之文，不辨年月[3]。《吕思勉读史札

---

[1] [宋]朱熹：《资治通鉴纲目》卷一五，《朱子全书》第9册，上海：上海古籍出版社2002年版，第933页。按《通志》卷六九《艺文略七》别集类云"司徒《陈群集》五卷"，其对陈群的官职记载亦误。
[2] 张晋藩总主编，乔伟主编：《中国法制通史（魏晋南北朝卷）》，北京：法律出版社1999年版，第21—22页。
[3] 吕思勉：《中国制度史》，上海：上海教育出版社1985年版，第818页。

记》"著魏律者"条引《晋志》《刘劭传》《卢毓传》文，不辨年月。[1]但吕氏《中国通史》却云："魏篡汉后，才命陈群等从事于此。制成新律18篇。未及颁行而亡。"[2]尽管学界对魏律始修、修成颁行时间有所争议，但魏律确已修成颁行应为定论。不知吕氏以为魏律"未及颁行而亡"有何依据。揣其意，"未及颁行而亡"应指陈群等人已完成修律，但未等颁行实施，晋已代魏。若说终明帝一世，魏律皆未颁行，则明帝之后，曹爽尚得专政，其虽多改法度，也未必敢全废魏法。此外，司马氏改革魏法，其起点在咸熙年间。自正始至咸熙尚有二十余年，要说其间统治不依魏律运转，实难圆通。再者，嘉平元年（249）王凌谋废曹芳事败，其妹以当从坐兄之罪，后司马懿免其罪，知嘉平时未废犯大逆者诛及已出之女制度。《晋志》云正元时"魏法，犯大逆者诛及已出之女"，时何曾、程咸议："'大魏承秦汉之弊，未及革制，所以追戮已出之女，诚欲殄丑类之族也。……男不得罪于他族，而女独婴戮于二门，非所以哀矜女弱，蠲明法制之本分也。臣以为在室之女，从父母之诛。既醮之妇，从夫家之罚。宜改旧科，以为永制。'于是有诏改定律令。"[3]凡此所反映魏"犯大逆者诛及已出之女"制度的演变，皆可旁证魏律（法）之存与颁行。《晋书·贾充传》又载武帝诏云："汉氏以来，法令严峻。故自元成之世，及建安、嘉平之间，咸欲辩章旧典，删革刑书。述作体大，历年无成。先帝愍元元之命陷于密网，亲发德音，厘正名实。"所言"建安、嘉平之间，咸欲辩章旧典，删革刑书"，是指自曹操至曹芳时都有改革汉法举措，但"述作体大，历年无成"。此言"历年无成"是否指魏律没有修成或颁行之意呢？若如此，这很可能是吕氏魏律"未及颁行而亡"说的依据。细看该诏，其逻辑关系应如下：汉法严峻，虽经汉元帝、汉成帝改革，至魏亦历删削，但律令仍烦苛严峻，若继续行之，民皆陷法网，司马昭（先帝）有患于此，故令贾充等人修律。《晋志》又云："文帝为晋王，患前代律令本注烦杂，陈群、刘邵虽经改革，而科网本密，又叔孙、郭、马、杜诸儒章句，但取郑氏，又为偏党，未可承用。于是令贾充定法律……蠲其苛秽，存其清约，事从中典，归于益时。"[4]《魏书·刑罚志》云："晋武帝以魏制峻密，又诏车骑贾充集诸儒学，删定名例，为二十卷。"[5]可见晋修律之目的是改革汉魏旧法的烦苛，而非填补魏没有颁行律令的尴尬。因此，"历年无成"实指汉魏律令虽经改革，但严峻烦苛之境未改变之意，非指魏

---

[1] 吕思勉：《吕思勉读史札记》，上海：上海古籍出版社2005年版，第974页。
[2] 吕思勉：《中国通史》，上海：华东师范大学出版社1992年版，第164—165页。
[3] 《晋书》卷三〇《刑法志》，北京：中华书局1974年版，第926页。
[4] 《晋书》卷三〇《刑法志》，北京：中华书局1974年版，第927页。程树德也据此云"新律在当时已不满人意"。
[5] 《魏书》卷一一一《刑罚志》，北京：中华书局1974年版，第2872页。

律未修成颁行，故吕说不足为训。[1]

三、从刘劭修律身份与任职时间驳太和三年说

《刘劭传》云："明帝即位，出为陈留太守，敦崇教化，百姓称之。征拜骑都尉，与议郎庾嶷、荀诜等定科令，作《新律》十八篇，著《律略论》。迁散骑常侍。时闻公孙渊受孙权燕王之号，议者欲留渊计吏，遣兵讨之，劭以为'昔袁尚兄弟归渊父康，康斩送其首，是渊先世之效忠也。……宜加宽贷，使有以自新'。后渊果斩送权使张弥等首。"[2] 下文接以青龙中刘劭事迹。虽未明修律时间，但据传中所记各事时间，可捕捉一些信息：其一，刘劭修律时身份为骑都尉，律成后方迁散骑常侍。其二，刘劭迁散骑常侍与公孙渊受燕王、斩张弥事同时。

《三国志》载："嘉禾二年春正月，诏曰：'今使持节督幽州领青州牧辽东太守燕王，久胁贼虏，隔在一方，虽乃心于国，其路靡缘。今因天命，远遣二使，款诚显露，章表殷勤，朕之得此，何喜如之！……其大赦天下，与之更始，其明下州郡，咸使闻知。特下燕国，奉宣诏恩，令普天率土备闻斯庆。'三月，遣舒、综还，使太常张弥、执金吾许晏、将军贺达等将兵万人，金宝珍货，九锡备物，乘海授渊。举朝大臣，自丞相雍已下皆谏，以为渊未可信，而宠待太厚，但可遣吏兵数百护送舒、综，权终不听。渊果斩弥等，送其首于魏，没其兵资。"[3] 吴嘉禾二年即魏青龙元年（233）。《宋书》亦载："太和六年十一月丙寅，太白昼见南斗，遂历八十余日恒见。占曰：'吴有兵。'明年，孙权遣张弥等将兵万人，锡授公孙渊为燕王。渊斩弥等，虏其众。"[4] 太和六年之"明年"即青龙元年。《通鉴》亦将公孙渊受燕王、斩张弥二事分别系在青龙元年正月、六月。[5]

据以上知公孙渊受燕王、斩张弥皆在青龙元年（233）。前论刘劭迁散骑常侍与此二事同时，则其迁散骑常侍亦在此年。刘劭由修律时的骑都尉迁为散骑常侍是魏律修成的一个旁证，要说太和三年魏律已颁、刘劭迁为散骑常侍，那只能推断与刘劭迁散骑常侍同时的公孙渊受燕王、斩张弥二事也在太

---

[1] 在《晋志》所言魏律序略问题上，吕氏前后亦有抵牾之处，如其《吕思勉读史札记》云："《晋志》所谓《序略》，当即《（刘）劭传》所谓《略论》也"（上海古籍出版社2005年版，第974页）；其《中国通史》却谓"陈群《魏律序》"（华东师范大学出版社1992年版，第164页）。

[2] 《三国志》卷二一《魏书·刘劭传》，370。

[3] 《三国志》卷四七《吴书·孙权传》，675。

[4] 《宋书》卷二三《天文志》，北京：中华书局1974年版，第682页。

[5] [宋] 司马光：《资治通鉴》卷七二《魏纪四·明帝青龙元年》，北京：中华书局1956年版，第2284—2285页。

和三年，显然这种推断与史不合。

对于《刘劭传》的资料，乔伟认为述刘劭修律之后又叙其青龙中事迹，"故其与议郎庾嶷、荀诜等修订律令应在太和年间无疑。又据《三国志·魏书·卢毓传》载：'青龙二年，入为侍中。先是，散骑常侍刘劭受诏定律，未就。毓上论古今科律之意，以为法宜一正，不宜有两端，使奸吏得容情。'这说明刘劭等人定律，到青龙二年尚未完成，因此《资治通鉴》认为魏律于太和三年公布是不对的。据以上史料记载推算，魏正式修订律令，始于太和三年，律成及公布的时间当在青龙末年与景初初年"[1]。按《刘劭传》，其述刘劭青龙中事迹确系在修律后，但二事中间尚有青龙元年刘劭就公孙渊受燕王封号建议一事。乔氏显然没有注意到此事也在青龙元年，魏律修成、刘劭迁散骑常侍后。既如此，乔氏将魏律修成时间"扩大"到青龙末年景初初年之说断难成立。

又，《卢毓传》载："青龙二年，入为侍中。先是，散骑常侍刘劭受诏定律，未就。毓上论古今科律之意，以为法宜一正，不宜有两端，使奸吏得容情。"[2] 乔氏引此资料云："这说明刘劭等人定律，到青龙二年尚未完成，因此《资治通鉴》认为魏律于太和三年公布是不对的。"乔氏言下之意是：青龙二年卢毓为侍中，同时又上论导致刘劭修律未就。按《卢毓传》"先是，散骑常侍刘劭受诏定律"云云，刘劭身份与《刘劭传》所载相驳，因为《刘劭传》中刘劭修律时身份是骑都尉，修成后才迁散骑常侍。《卢毓传》的"散骑常侍刘劭"，或陈寿笔误，或标后任官职以示尊崇，非指修律时的身份。吕思勉亦考云："（刘）劭当定律之初，尚未为散骑常侍。《毓传》及《晋志》皆从其后来所迁之官言之。"[3] 故乔氏失察。陆心国在注释《晋志》"天子又下诏改定刑制，命司空陈群、散骑常侍刘劭"时言："散骑常侍：秦代的官名。本来散骑和中常侍是分别设立，都不规定人员数。魏文帝黄初初年，才把二官合并，称作散骑常侍……明帝时，出任陈留太守，又征为骑都尉散骑常侍"云云。[4] 陆氏注释散骑常侍，自晓其与骑都尉有别。其引"骑都尉"，当本《刘劭传》所言，却又将骑都尉、散骑常侍二者混读，不别刘劭任官先后，亦不审。再者，按史书笔法，"先是""初"之类记述多陈述旧事。在《卢毓传》中，"先是，散骑常侍刘劭受诏定律，未就。毓上论古今科律之意，以为法宜一正，不宜有两端，使奸吏得容情"一事虽系在"青

---

[1] 张晋藩总主编，乔伟主编：《中国法制通史（魏晋南北朝卷）》，北京：法律出版社1999年版，第21—22页。
[2] 《三国志》卷二二《魏书·卢毓传》，389。《资治通鉴》未系其事在青龙二年。
[3] 吕思勉：《吕思勉读史札记》（中）"著魏律者"条，上海：上海古籍出版社2005年版，第974页。
[4] 陆心国：《晋书刑法志注释》，北京：群众出版社1986年版，第51页。

龙二年，入为侍中"后，但其发生时间肯定在青龙二年前。故乔氏以此推论"刘劭等人定律，到青龙二年尚未完成"，有失严谨。"未就"确有魏律未修成之意，但能否排除当时有所争议而耽搁一段时间呢？卢毓据此上论云云，应是当时就修律所提的意见，导致修律有所耽搁，但耽搁会否持续到青龙末年，缺乏充实论据。相反，《卢毓传》关于"先是"的记述却可反证魏律在青龙二年卢毓为侍中前业已修成。乔说认为魏修律"是秦汉以来的一次大规模的法典编纂活动，削烦去蠹，复位体例，短时间内是很难完成的。从太和三年到景初元年，共计六年多的时间，如能完成如此大量的修律工作就是一件很了不起的事情了"[1]。认为魏短时间内很难完成大量修律工作的推论有一定合理性，但是工作量大小和进展速度，绝不能用今人标尺衡量，因此，乔说看似圆通，实则过于情感化。

基于刘劭修律完成后迁散骑常侍在青龙元年多有确证，可推断魏律成于太和末年至青龙元年间；其颁行不超出青龙元年，断不会在太和三年就已颁布。

四、从《通典》所载魏丧制疑难与《丧葬令》驳太和三年说

《通典》载："魏尚书左丞王毚。除陈相，未到国而王薨。议者或以为宜齐缞，或以为宜无服。王肃云：'王国相，本王之丞相。按汉景帝时，贬为相；成帝时，使理人。王则国家所以封，王相则国家使为王臣，但王不与理人之事耳。而云相专为理人，不纯臣于王，非其义也。今毚至许昌而闻王薨，姓名未通，恩纪未交，君臣未礼，不责人之所不能，于义未正服君臣之服。《传》曰：'策名委质，贰乃辟也。'若夫未策名，未委质，不可以纯君臣之义也。礼，妇人入门，未三月庙见死，犹归葬于其党；不得以六礼既备，又以入室，遂成其妇礼也。则臣之未委质者，亦不得备其臣礼也。曾子问曰：'娶女有吉日而女死，如之何？'孔子曰：'婿齐缞而吊，既葬而除之。夫死亦如之。'各以其服，如服斩缞，斩缞而吊之，既葬而除之也。今毚为王相，未入国而王薨，义与女未入门夫死同，则毚宜服斩缞，既葬而除之，此礼之明文也。《礼》曰：'与诸侯为亲者服斩，虽有亲，为臣则服斩缞也。臣为其君服之，或曰宜齐缞，不亦远于礼乎？'诏如肃议。司空陈群议：'诸王相国不应为国王服斩缞，古今异制，损益不同。古者诸侯专国子人。至汉初，患诸王子强暴，夺之权，食租而已。乃选贤能，代王居国，相王为善，否则弹纠。国家置王以下之吏，非陪臣之谓也。《礼记》虽有"与诸侯为亲服斩"

---

[1] 张晋藩总主编，乔伟主编：《中国法制通史（魏晋南北朝卷）》，北京：法律出版社1999年版，第21—22页。

者，盖谓异于国臣，与有亲于王斩耳。虽陪臣，不亲，犹不为服。岂专帝臣而为藩王服斩？未有实不为臣而名称臣。若欲假虚名以优王者，欲崇君臣而（服）[复]纠其罪。名实既借，君臣义乖，遗礼失教，难以为典。近防辅小吏，尚不称臣，况剖符帝臣而称臣妾于藩王？若使正名为王臣，则上书当称陪臣。既王正臣，不可不服，则不宜还纠王罪。若不称陪臣，俱言臣者，此为王与天子同臣也。'诏曰：'若正名实，司空议是也。且谓之国相，而不称臣制服，则亦名实有错。若去相之号，除国之名，则伤亲亲之恩也。宜释轻从重，以彰优崇之大义也。'"[1] 王昶出任陈相，未到任而陈王死，其要为陈王服何种丧在当时引起争论。王肃认为王昶与陈王之间没有行君臣礼，故无须依礼经服斩缞三年，只需"即葬而除"，其意见得到采纳。陈群驳之，认为魏诸侯王与上古不同，王昶为陈王相并非"陪臣"，其与陈王皆是"帝臣"，故无须为陈王服丧。最后的处理意见偏向了王肃之说，认为王昶要为陈王服丧，且"释轻从重，以彰优崇之大义"。

下文皆接以"《丧葬令》云：'王及郡公侯之国者薨，其国相官属长史及内史下令长丞尉，皆服斩缞，居倚庐。妃夫人服齐缞，朝晡诣丧庭临。以丧服视事，葬讫除服。其非国下令长丞尉及不之国者相内史及令长丞尉，其相内史吏，皆素服三日哭临。其虽非近官而亲在丧庭执事者，亦宜制服。其相、内史以列侯为吏令长者无服，皆发哀三日'"[2]。此令所言"王及郡公侯之国者薨，其国相官属长史及内史下令长丞尉，皆服斩缞，居倚庐"，即上引诏书"释轻从重，以彰优崇之大义"的制度化，由诏书著为令文。从陈群不主张国相为诸侯王服丧到王肃认为无须依礼经服斩缞三年，只需"即葬而除"；再到《丧葬令》中国相为诸侯王服斩缞丧，其服丧从重的色彩显而易见。可以说《丧葬令》的制定正是针对王昶是否要为陈王服丧这样的例子而发。

据以上，亦可发掘到一些魏律令的信息：

首先，《通典》之"陈王"，即陈思王曹植，其亡在太和六年（232）。此时陈群正好为司空，则陈群之议至少是在太和六年。所言之诏即魏明帝所下。

其次，系在王昶事件后的《丧葬令》应是魏令，即陈群等人所修魏令。《全三国文》《三国会要》《三国会要》皆以此为魏制。[3] 甘怀真也主张发生

---

[1] [唐] 杜佑撰，王文锦等点校：《通典》卷八八《礼·沿革·凶礼·斩缞三年》，北京：中华书局1988年版，第2418—2420页。

[2] [唐] 杜佑撰，王文锦等点校：《通典》卷八八《礼·沿革·凶礼·斩缞三年》，北京：中华书局1988年版，第2420页。

[3] 可参见 [清] 严可均《全三国文》卷五五《魏·阙名》，北京：商务印书馆1999年版，第561页。钱仪吉《三国会要》卷一〇《礼·丧制》，上海：上海古籍出版社1991年版，第274页。杨晨《三国会要》卷一二《礼·杂录》，北京：中华书局1956年版，第227页。

该事后，魏便颁布了此令。[1] 程树德《魏律考》《晋律考》均不收此令，疑其未察。张鹏一编著、徐清廉校补之《晋令辑存》（三秦出版社 1989 年版）未收此条，或二人皆以此为魏令而不录。

最后，依《通典》所载梳理几件事情的时序：太和六年曹植亡—陈群与王肃议论—明帝下诏—颁《丧葬令》。

于此，不难作出推论：此《丧葬令》从属魏令，又在太和六年曹植亡后颁行，则陈群等人修成律令的时间最早也是在太和六年，《通鉴》以为魏律令于太和三年颁行之说不攻自破。从以上事件过程可见，通过对王畏是否要为曹植服丧的讨论，将各家意见落实到魏令中，转化为制度，实情理之事，说明魏修律令本自众人之力，非陈群独见而是汇通诸说。若说此令是曹植死前太和三年所颁，则很难有关于此类问题的详尽规定。若太和三年魏律令已成，那么到了太和六年，陈群就不应对此类事情再生争议，而是依律令行事；若陈群有意违之，其作为魏律撰定人的意义又将何存呢？太和六年，王肃与陈群的讨论意见经明帝诏书确认在《丧葬令》中落实，此可证《丧葬令》绝非在太和三年就已颁定。此外，《丧葬令》文系在王、陈论议资料后，杜佑编撰《通典》自不会将资料时间顺序倒置。若观此书体例，即知其有编年体特点，无须在此详辩。相反，《通典》资料原始性强于《通鉴》，基于此也可驳魏律令太和三年颁行之说。

行文至此，或有人反问，难道制度确立后（以魏律令颁于太和三年为时间点，在太和三年之后）就不会碰到疑难，不会有人再生议论了吗？在当时环境下，魏历秦汉之弊，改革旧律的决心与动作都很大，寻求律令统一与确定性的意图都很强烈。若有统一具体的规定，必参照执行而不会破坏律令。陈群既主持修律，定不会带头违反此道。再者，在立法过程中，巨大的争议与博弈若未达成共识，往往导致一事一议的情况延宕不休。对有争议的问题暂不立法或不予立法，在情理上是可以圆通的，这也并不妨碍陈群、王肃等对此有所驳论。与其在规则制定出来后饱受诟病而无法通行，还不如退而求其次，搁置争议，待时机成熟再以立法形式固定下来。《通典》所反映的"太和六年曹植亡—陈群与王肃议论—明帝下诏—颁《丧葬令》"，就暗合了这样一个历经讨论、最终立法的过程。因此，发生此事时（太和六年），魏律令皆未修成，导致并无此类制度规定供参照的可能性更大。下再举例证之。

《通典》载："魏河南尹丞刘绰问曰：'士孙德祖以乐陵太守被书迁陈留，已受印绶，发迈迎吏，虽未至，左右已达，未入境而亡。不知乐陵送故吏当

---

[1] 甘怀真：《魏晋时期官人间的丧服礼》，台北：《中国历史学会史学集刊》第 27 期，1995 年 9 月。甘文也引用了这则资料，可能由于研究方向和视角不同，故未就魏律时间进行探讨，但其对于此资料的分析给了笔者一定启发。

持重乎？陈留迎吏当持重乎？'河南尹司马芝答曰：'德祖见陈留太守，故乐陵守耳。乐陵吏以旧君服，复何疑也。'刘绰难云：'虽去乐陵，其义未绝；陈留虽迎，其恩未加。今使恩未加而服重，恩未绝而服轻乎？《礼》：娶女有吉日而女死，婿齐缞而吊，既葬除之。谓乐陵宜三年矣。'芝答：'德祖已受帝命，君名已定，乃欲以已成名之君，比未成之妇，何邪？'绰又难：'陈留之吏既未相见，而使三年，是责非时之恩。《礼》云：仕而未有禄，违而君薨，弗为之服。明服以恩不以名也。"[1] 时乐陵太守士孙德祖转任陈留，未上任而亡，乐陵、陈留二郡官吏如何服丧成为难题。有人认为士孙德祖出任陈留，与陈留官吏已成君臣关系，故陈留官吏依礼经"臣为君"之义服斩衰；乐陵官吏是其故吏，只依为旧君服的制度即可。刘绰认为，士孙德祖于乐陵官吏有恩义之实，而与陈留官吏只有"帝命"之"名"而乏恩义，故陈留官吏重服不合理。据此知，当时对官长接到新任他官命令，赴任期间死亡，其原任官之故吏和新任官之新吏要为其服何种丧曾引起争论。要注意的是，争论焦点并非故吏能否为旧君服丧，而是服何种丧，据此知曹操当年所制故吏不得为旧君服丧之制已有松动，但这并不等于论证魏已有故吏为旧君服丧之制，因为单就《通典》所引，是刘绰与司马芝的论辩，结果如何不得而知。[2]

《南齐书·褚渊传》载：褚渊本宋臣，入南齐被拜为司徒，但一直拒受。其亡后，"司空掾属以渊未拜，疑应为吏敬不？王俭议：'依《礼》，妇在涂，闻夫家丧，改服而入。今掾属虽未服勤，而吏节禀于天朝，宜申礼敬。'司徒府史又以渊既解职，而未恭后授，府犹应上服以不？俭又议：'依中朝士孙德祖从乐陵迁为陈留，未入境，卒，乐陵郡吏依见君之服，陈留迎吏依娶女有吉日齐衰吊，司徒府宜依居官服。'"[3]《南齐书》所载略于《通典》，后人多以"中朝"指代魏晋，在此即指曹魏[4]，和《通典》一样，《南齐书》也没记载士孙德祖一事如何处理，因为王俭之议也仅是重述刘绰之见，并不能说刘绰之见就是当时的处理结果，更不能认为王俭所引即为魏经已施

---

[1] [唐] 杜佑撰，王文锦等点校：《通典》卷九九《礼·沿革·凶礼·郡县守令迁临未至而亡新旧吏为服议》，北京：中华书局1988年版，第2640页。刘绰说本《礼记·曾子问第七》载："曾子问曰：'取女，有吉日而女死，如之何？'孔子曰：'婿齐衰而吊，既葬而除之。夫死亦如之。'"
[2] 此外，二人之问、答、难，更近于经学答问体例。
[3] 《南史》卷二八《褚渊传》所载亦同。
[4] 如《文心雕龙·时序》云："自中朝贵玄，江左称盛。"《世说新语·文学》云："中朝时有怀道之流。"《史通·外篇·史官建置》云："若中朝曹魏、西晋。"按《南齐书全译》未翻译"中朝"一词，疑其未参阅到这些资料，见卢嘉锡主编：《南齐书全译》，上海：世纪出版集团·汉语大词典出版社2004年版，第310页。

行的丧服制度。又,《司马芝传》云司马芝"黄初中"为河南尹,明帝即位后,"芝居官十一年,数议科条所不便者。其在公卿间,直道而行。会诸王来朝,与京都人交通,坐免"[1]。魏诸王朝京都事在太和五年,以司马芝居官年限计算,其任河南尹应在黄初二年。即《通典》所云士孙德祖事发生在黄初二年至太和五年间,若当时魏律令已颁且对此类问题在魏令中有所规定,自然不会产生疑难。由此,也可证前引刘邵与司马芝的论辩所反映的是:在黄初二年至太和五年间,魏尚未对士孙德祖事中的丧服问题提出解决良策。司马芝曾"数议科条所不便者",当不会置律令不顾,士孙德祖事存疑正是黄初二年至太和五年曹魏未制定《丧葬令》,缺乏具体丧服制度的反证,基于此也可驳魏律令颁行于太和三年说。

更重要的是,士孙德祖一事所揭示的官长卒,其属僚是否要服丧这个问题在魏制定《丧葬令》后得到了相应解决。《通典》引"魏令:官长卒官者,吏皆齐缞,葬讫而除之"[2]。知魏制规定:属吏为长吏服齐缞,至终丧礼为止。这条令文当是陈群等人所修。程树德《魏律考·魏令》引此条,并云"未知属何令,姑附于《尚书官令》之下"[3]。程以此"魏令"在《尚书官令》中,其归类可商榷。若以魏令三大篇目分类,其置于《州郡令》为妥,应为《州郡令》的一篇,"丧葬"或其名。又,《通典》引晋《丧葬令》:"长吏卒官,吏皆齐缞以丧服理事,若代者至,皆除。"[4] 知晋制规定:属吏为长吏服齐缞,若遇新任长官上任,则服丧中止。晋令规定当本自魏令,也是对魏制的修正,其灵活处理之处在于避免新官在旧官丧期到任,众人继续服丧而耽误政事。这正好印证魏晋令的一脉相承,也是魏存在《丧葬令》的明证。程氏《晋律考·晋令》亦收录了此条晋《丧葬令》,应晓此制在魏晋令中的流变与差异,惜无详辨。[5] 可以肯定,魏《丧葬令》"官长卒官者,吏皆齐缞,葬讫而除之"颁布在后,故刘邵与司马芝论辩时皆不能引之。

甘怀真认为:"魏晋以后,封建礼法受到重视,而且被置于国宪的位阶,它反映了当国家权力在历经汉朝的扩张之后,地域社会(包括各级地方政府)逐渐被整合成一个体系,而且人与人之间,组织与组织之间,发生了更深的依赖关系。这时候统治阶级必须要建立起以朝廷为中心的权力关系,使

---

[1] 《三国志》卷一二《魏书·司马芝传》,236。
[2] [唐]杜佑撰,王文锦等点校:《通典》卷九九《礼·沿革·凶礼·郡县吏为守令服议》,北京:中华书局1988年版,第2246页。
[3] 程树德:《九朝律考》,北京:中华书局2003年版,第209页。
[4] [唐]杜佑撰,王文锦等点校:《通典》卷九九《礼·沿革·凶礼·郡县吏为守令服议》,北京:中华书局1988年版,第2246页。
[5] 程树德:《九朝律考》,北京:中华书局2003年版,第296页。

统治阶级的成员，能够清楚地知道自己所处的位置，与人际的关系。"[1] 制定律令的目的是要符合现实，解决现实问题。就魏制定律令，特别是《丧葬令》而言，其目的是确立丧葬的基本原则与制度，解决丧制疑难，为臣民订立标准。因此，魏《丧葬令》之类的礼制律令化，是希望通过丧服礼来固定人与人之间的尊卑亲疏，并以此构建整个国家的身份秩序，以示贵贱之差、远近之别、内外之异。但据王昶、士孙德祖二例可见，至少在太和六年前，魏在丧服制度上仍有诸多疑难。这些疑难最后通过什么途径解决，无非依靠律令，具体而言即《丧葬令》；在何时解决，即使是立即制令进行规范，也不会早于太和六年。若太和三年说成立，那么其时制定的《丧葬令》必然要解决太和三年以及之前的一些丧制疑难，但太和五年、太和六年的丧制争议皆是没有相关制度规定的反证。因此太和六年前出现的一些丧制疑难，可以反证魏当时对此类丧制疑难尚缺乏明确、统一规定，据此也可推定魏律令颁行于太和三年之说不成立。

五、结论

太和三年说影响颇大，窃谓深受宋人史书，特别是《通鉴》影响。但是将置律博士、修律皆系于是年，是司马光因类相编的史笔所致，抑或司马光本身就持魏律颁行于太和三年说，今已难证。但其为孤证，孤证不立，采之则不审。再者，前人对此问题也有诸多存疑特别是考论，这是后世必须认真阅读和重新审视的。若主张魏律始修、修成颁行皆在太和三年（229），就目前资料而言，能反驳之处甚多。从魏末司马昭命贾充等人修晋律，即知修律时间跨度之大，况且贾充等人还是在陈群等人改革的基础上再次进行编纂。如滋贺秀三所言，晋律之编纂"是重复一次魏律编纂者所尝试过的同样的整理组合工作"[2]。因此，要魏人在一年内完成改革秦汉旧弊的任务，并非易事。学者认为魏律始修、修成颁行皆在太和三年，难以为信。

实事求是，就资料本身和个人能力而论，要彻底考证出魏律具体在哪一年修成、颁行，力有不逮，前辈学人也未下断然结论。

如沈家本，仅认为魏律修于青龙二年，其主张魏律修成、颁行于何年不得而知。至于魏律始修于何年，这又是一个重要的问题。沈氏已提出异议，但也不能为后人全盘接受，至少主张魏律修于太和三年仍是通说，众多观点中仅沈氏主张魏律修于青龙二年。再者，据《刘劭传》载刘劭修律时为骑都

---

[1] 甘怀真：《魏晋时期官人间的丧服礼》，台北：《中国历史学会史学集刊》第27期，1995年9月。
[2] [日]滋贺秀三：《曹魏新律十八篇篇目考》，收入刘俊文主编，姚荣涛、徐世虹译：《日本学者研究中国史论著选译》第8卷，北京：中华书局1992年版，第91页。

尉，律成后迁散骑常侍，时在青龙元年。若沈说成立，那么青龙二年修律时刘劭身份也应是骑都尉，这与本传所云刘劭青龙元年即为散骑常侍相驳。可见沈说亦有不周之处，故本书于魏律始修时间仍从太和三年说。

如乔伟，以魏律修于太和三年，修成颁行于青龙末景初初。如上论，其论证《卢毓传》有抵牾之处，也忽视了刘劭修律时为骑都尉，修律后迁散骑常侍时在青龙元年这一资料。故其将魏律修成颁行时间"扩大"到青龙末景初初，合于情却悖于史。

如程树德，亦主张魏律成于太和青龙间；除征引陈群官职错误这点瑕疵外，程说是目前诸说中最能让笔者信服的。因为从前论刘劭修律时为骑都尉，修律完成后迁散骑常侍，时在青龙元年这一资料看，魏律修成颁行不会晚于青龙元年。王㬪、士孙德祖二例，是本书用以论证魏律令颁行不会早于太和六年的材料。魏律修成颁行早不出太和六年，晚不过青龙元年，正合程说。

阙考存疑，或以模糊之语言魏律在魏明帝时制定颁布，未尝不是对问题进行"冷处理"的好方法。既然有疑，结合各说进行自己的推论，这也并不违反学问之道。本节重心在于反驳魏律颁行于太和三年说，论证《通鉴》将修律事系于太和三年不能成为学者认定魏律颁行于太和三年的证据，亦就魏律始修、修成颁行时间推测如下：其始修于太和三年，修成颁行在太和六年至青龙元年之间。

第二节 魏律篇目考

魏律篇目记述详见于《晋志》所载《魏律序略》，它是一篇极具考量学者逻辑推理与思维能力的文字。就律名而言，凡出现二十余篇；或谓用排除法，在此二十余篇中剔除无关项目即能筛选出最佳组合。但要合理合据从中寻得十八篇的确切所指，却非易事，此亦《晋志》难读之一端，本节所论者即魏律篇目、次序之疑案。

一、魏律篇目之历史记述

魏制新律十八篇事，最早记述是在《三国志·刘劭传》，但未载具体篇目；南北朝史书皆未详载。因此《晋志》所载魏律序略、《唐六典》注、《通典》就成为后世考证魏律篇目最重要的史料。为梳理之便，仍不惮其烦再予征引：

《刘劭传》云：劭"与议郎庾嶷、荀诜等定科令，作《新律》十八篇"[1]。

---

[1] 《三国志》卷二一《魏书·刘劭传》，370。

《晋志》所载《新律序略》云："旧律所难知者，由于六篇篇少故也。篇少则文荒，文荒则事寡，事寡则罪漏。是以后人稍增，更与本体相离。今制新律，宜都总事类，多其篇条。旧律因秦《法经》，就增三篇，而《具律》不移，因在第六。罪条例既不在始，又不在终，非篇章之义。故集罪例以为《刑名》，冠于律首。《盗律》有劫略、恐猲、和卖买人，科有持质，皆非盗事，故分以为《劫略律》。《贼律》有欺谩、诈伪、逾封、矫制，《囚律》有诈伪生死，《令丙》有诈自复免，事类众多，故分为《诈律》。《贼律》有贼伐树木、杀伤人畜产及诸亡印。《金布律》有毁伤亡失县官财物，故分为《毁亡律》。《囚律》有告劾、传覆，《厩律》有告反逮受，科有登闻道辞，故分为《告劾律》。《囚律》有系囚、鞫狱、断狱之法，《兴律》有上狱之事，科有考事报谳，宜别为篇，故分为《系讯》《断狱律》。《盗律》有受所监受财枉法，《杂律》有假借不廉，《令乙》有呵人受钱，科有使者验赂，其事相类，故分为《请赇律》。《盗律》有勃辱强贼，《兴律》有擅兴徭役，《具律》有出卖呈，科有擅作修舍事，故分为《兴擅律》。《兴律》有乏徭稽留，《贼律》有储峙不办，《厩律》有乏军之兴，及旧典有奉诏不谨、不承用诏书，汉氏施行有小愆之反不如令，辄劾以不承用诏书乏军要斩，又减以《丁酉诏书》。《丁酉诏书》，汉文所下，不宜复以为法，故别为之《留律》。秦世旧有厩置、乘传、副车、食厨，汉初承秦不改，后以费广稍省，故后汉但设骑置而无车马，则律犹著其文，则为虚设，故除《厩律》，取其可用合科者，以为《邮驿令》。其告反逮验，别入《告劾律》。上言变事，以为《变事令》，以惊事告急，与《兴律》烽燧及科令者，以为《惊事律》。《盗律》有还赃畀主，《金布律》有罚赎入责以呈黄金为价，科有平庸坐赃事，以为《偿赃律》。律之初制，无免坐之文，张汤、赵禹始作监临部主、见知故纵之例。其见知而故不举劾，各与同罪，失不举劾，各以赎论，其不见不知，不坐也，是以文约而例通。科之为制，每条有违科，不觉不知，从坐之免，不复分别，而免坐繁多，宜总为免例，以省科文，故更制定其由例，以为《免坐律》。诸律令中有其教制，本条无从坐之文者，皆从此取法也。凡所定增十三篇，就故五篇，合十八篇，于正律九篇为增，于旁章科令为省矣。"[1]

《唐六典》注云：魏"采汉律为魏律十八篇，增汉萧何律劫掠、诈伪、毁亡、告劾、系讯、断狱、请赇、惊事、偿赃等九篇也"[2]。

《唐律疏议》云："魏因汉律为一十八篇，改汉具律为刑名第一。"[3]

---

[1] 《晋书》卷三〇《刑法志》，北京：中华书局1974年版，第923—925页。
[2] [唐]李林甫等撰，陈仲夫点校：《唐六典》卷六《尚书刑部》，北京：中华书局1992年版，第181页。
[3] [唐]长孙无忌等撰，刘俊文点校：《唐律疏议》，北京：中华书局1983年版，第2页。

《通典》所载与《晋志》同，唯有个别字差异，此不赘引。[1]

二、魏律篇目之考证

基于以上资料，近世对十八篇之考证，有以下诸说：

（一）十八篇即汉九章加《唐六典》注所言九篇

《唐六典》注言魏增九篇见上述，汉九章为盗、贼、囚、捕、杂、具、户、兴、厩，九九相加合十八篇。

浅井虎夫考云："十八篇者，即于萧何《九章》，增《劫掠》、《诈伪》、《毁亡》、《告劾》、《系讯》、《断狱》、《请赇》、《警事》、《偿赃》九篇。……观《晋书·刑法志》所引序略，言之详矣。"[2] 既言已观《晋志》，当晓魏律有乏留、免坐两篇，此不归入十八篇内，是否疑其为单行律，又未见其证。又，厩律一篇，《晋志》明言"除"之，《唐律疏议》亦言："汉制《九章》，创加《厩律》。魏以厩事散入诸篇。"[3] 浅井又归入十八篇内，更不得其解。读其文意，似受《唐六典》注影响。其又制表列魏律篇目得劫掠、诈伪、毁亡、告劾、系讯、断狱、请赇、警事、偿赃、刑名、盗、贼、兴、户、杂、囚、捕、厩。[4] 这正好与其前论相合。浅井将免坐、乏留排除在十八篇外，以为厩律尚存，其说破绽显见。

---

[1] [唐]杜佑撰，王文锦等点校：《通典》卷一六三《刑法一·刑制上·魏》，北京：中华书局1988年版，第4202—4204页。文字差异可参《晋书·刑法志》、《通典》卷一六三卷后校勘记。

[2] [日]浅井虎夫著，陈重民译，李孝猛点校：《中国法典编纂沿革史》，北京：中国政法大学出版社2007年版，第31—32页。

[3] [唐]长孙无忌等撰，刘俊文点校：《唐律疏议》，北京：中华书局1983年版，第275页。

[4] [日]浅井虎夫著，陈重民译，李孝猛点校：《中国法典编纂沿革史》，北京：中国政法大学出版社2007年版，第263—264页。李孝猛点校此部分时，《劫掠》一篇不在"魏律"部分，而在"九章律"，此点校之失。因为浅井虎夫在"晋之法典"部分亦言晋"废《劫掠》、《警事》、《偿赃》三篇"，其当知魏律有《劫掠》一篇。又，李氏对《中国法典编纂沿革史》的校对不能算为完美，仅举第34页"魏之法典"部分所录《晋志》之错漏处："苟诜"应是"苟诜"。"恐猲和买卖人科，有持质者"应是"恐猲和买卖人，科有持质者"。"因律有诈伪、生死令。景有许白复免"应是"因律有诈伪生死，令景有许自复免"。"有小忿之反，不如今"应是"有小忿之反不如令"。"又减以丁书。丁书丁酉诏书"应是"又减以丁酉诏书"。"金布律有罚赎入责，以呈黄金为价科，有平庸坐赃事"应是"金布律有罚赎入责以呈黄金为价，科有平庸坐赃事"。"故就五篇"应为"就故五篇"。"改汉旧律，不行于魏晋者"应是"改汉旧律不行于魏者"。如此重要资料，一页之内却频繁出错，实不能让人信服其校对态度，至少没有参考通行《晋书》标点本进行点校。

浅井立说（1915）后，中国学者如朱方[1]、杨鸿烈[2]、丁元谱[3]、张晋藩[4]、刘海年、杨一凡[5]、张伯元[6]、王宏治[7]、张舜徽[8]、陶世鲲[9]等亦多以汉九章加《唐六典》注所言九篇者即魏律十八篇。

主张此说者，皆忽视厩律已除与乏留、免坐新增这些重要事实，对魏律序略中出现的乏留、免坐就算认为其单行也无相关论证。此说破绽之大不能自圆。

（二）以《晋志》为据，疑《唐六典》注之说

既然《唐六典》注有破绽，后人遂考以《晋志》，试图糅合二者除去无关篇目而成十八篇。但因律废存、乏留是否单行律、系讯与断狱是否合一等问题又成争论焦点。

1. 厩律亡、囚律存，乏留律单行说

沈家本考："按《唐六典》言魏增《汉律》，《劫掠》、《诈伪》、《毁亡》、《告劾》、《系讯》、《断狱》、《请赇》、《惊事》、《偿赃》等九篇也。以《晋志》核之，《诈伪》即《诈律》（疑《志》夺伪字），此外有《留（留上当有乏字）律》、《免坐律》。《留律》、《志》言别为之，当不在正律之内，而《免坐律》亦魏所增，合前九篇，共得十篇。《盗律》、《贼律》、《囚律》、《杂律》并有分出之事，《具律》改为《刑名》。《擅兴》当即《兴律》所改，是改定者凡六篇，仍其旧者止《捕律》、《户律》两篇，除《厩律》一篇改为《邮驿令》不计外，合而计之，与十八篇相等。"则沈说十八篇为刑名、盗、贼、囚、捕、户、擅兴、劫略、诈伪、毁亡、请赇、惊事、偿赃、免坐、杂、告劾、系讯、断狱。乏留是"别为之"，不在十八篇内。但又言"惟

---

[1] 朱方：《中国法制史》，上海：上海法政学社1932年版，第62页。
[2] 杨鸿烈：《中国法律发达史》，上海：商务印书馆1930年版，第196—197页。滋贺秀三云杨氏对篇目未有结论，实不审。
[3] 丁元普：《中国法制史》，上海：上海法学编译社1933年版，第102—103页。
[4] 张晋藩主编：《中国法制史》，北京：群众出版社1982年版，第175页。
[5] 刘海年、杨一凡：《中国古代法律史知识》，哈尔滨：黑龙江人民出版社1984年版，第268页。刘氏《中国古代法制》（收入刘著《战国秦代法制管窥》，法律出版社2006年版，第422页）一文亦持此观点，其引"毁亡"作"毁灭"，误。杨氏《对中华法系的再认识——兼论"诸法合体，民刑不分"说不能成立》（收入倪正茂主编《批判与重建——中国法律史研究反拨》，法律出版社2002年版，第147—199页）中曾制历代法典表，唯阙魏律令部分。
[6] 张伯元：《〈二年律令〉编联札记（四则）》，《出土法律文献研究》，北京：商务印书馆2005年版，第91—92页。
[7] 北京大学法学百科全书编委会：《北京大学法学百科全书》中国法制史辞条分类目录"魏律"条，北京：北京大学出版社2000年版，第845页。
[8] 张舜徽：《三国志辞典》"魏律"条，济南：山东教育出版社1993年版，第546页。
[9] 陶世鲲编著：《历代律令》，开封：河南大学出版社2005年版，第7页。

《晋志》言所定增十八篇，就故五篇，合十八篇，核与前数不合，《六典》言魏增九篇，与十篇之数亦不合，未详其故"[1]。

何勤华云魏律篇目为刑名、盗、劫略、贼、诈、捕、毁亡、囚、户、告劾、系讯、断狱、请赇、擅兴、杂、惊事、偿赃、免坐，与沈同，但未见其辨正乏留是否单行。[2]

2. 厩律亡、囚律存，系讯、断狱合一说

黄秉心云魏律承旧律九篇，"除去《厩律》而另设《邮驿令》；又改《兴律》为《擅兴律》，改《具律》为《刑名》，并加《劫略律》以下之新律，其他则存原名"，即刑名、盗、贼、囚、捕、杂、户、劫略、诈伪、毁亡、告劾、系讯断狱、请赇、兴擅、乏留、惊事、偿赃、免坐。[3] 黄氏合系讯、断狱为一篇，以为囚律尚存。

黄说后，又有张金鉴[4]、周密[5]、胡守为、杨廷福[6]等人持此论。

此说认识到厩律已除事实，但对系讯与断狱为何合一，未有其解。

3. 囚律、厩律皆存，乏留律、杂律单行说

陈顾远云："但若《留律》，据魏律《序略》谓别为之，则魏于《正律》之外，依然有《杂律》焉。"[7] 陈曾言"《九章》为汉之正律"，则当知杂律为其一，不会认为杂律在汉"正律"（《九章》）之外。但其言"魏于《正律》之外，依然有《杂律》"，或以魏有"正律"，是在汉"正律"（《九章》）基础上形成的。若"魏于《正律》之外"的"正律"即汉"正律"（《九章》），则陈氏肯定不会将杂律排除在外，而言《正律》之外，依然有《杂律》"。因为对于隋以前的法律，陈氏曾认为"正律之外，或更有副律也"[8]。其论"魏于《正律》之外，依然有《杂律》"，或是迎合正律之外有副律之说。故陈氏"魏于《正律》之外"实指"魏在正律十八篇之外"，因为除此十八篇，无何者能相配所谓的"正律"。不难看出，陈氏在汉"正律之外，或更有副律也"的基础上发挥出了魏十八篇为正律，正律之外仍有副律的观点。再观其整句所言，则知其认为乏留、杂律皆魏副律，在正律外，不属十八篇，即以乏留、杂律单行。这与沈氏"乏留律不在正律之内"观点

---

[1] [清]沈家本：《历代刑法考》，北京：中华书局1985年版，第1349页。
[2] 何勤华：《中国法学史》（第一卷），北京：法律出版社2000年版，第248页。
[3] 黄秉心：《中国刑法史》，"民国丛书"第四编，上海：上海书店1989年版。
[4] 张金鉴：《中国法制史概要》，台北：正中书局1973年版，第23页。
[5] 周密：《中国刑法史》，北京：群众出版社1983年版，第109页。
[6] 胡守为、杨廷福主编：《中国历史大辞典·魏晋南北朝史卷》"魏律"条，上海：上海辞书出版社2000年版，第749页。
[7] 陈顾远：《中国法制史》，北京：商务印书馆1959年版，第101页。
[8] 陈顾远：《中国法制史》，北京：商务印书馆1959年版，第100页。

相同，但又扩大至杂律。若将此二者排除，那么能进入"正律"的就剩下这些篇目了：刑名、盗、贼、囚、捕、户、兴、厩、劫略、诈伪、毁亡、告劾、系讯、断狱、请赇、惊事、偿赃、免坐，也正好十八篇。滋贺秀三《曹魏新律十八篇篇目考》文以为陈氏承袭沈氏，二说实异。

4. 厩律废、囚律存、乏留、免坐单行

此说本中田薰，其以《晋志》所言十八篇有可疑之处，魏律实际上仅得十七篇。就笔者所览，至今为止，其说自滋贺秀三撰文反驳后似无人再有主张[1]。

（三）模糊说

此称模糊说者，指学者统计、论证有所错漏或以含混之意言十八篇之数。

王应麟《玉海》、章宗源《隋书经籍志考证》、侯康《补三国志艺文志》、姚振宗《三国艺文志》、杨晨《三国会要》、钱仪吉《三国会要》录魏律十八篇，但未辨其篇目，仅抄录《晋志》、《唐六典》注。吴士鉴、刘承干《晋书斠注》对《晋志》的注释仅转引《唐六典》注、沈家本说，未作考证[2]。

孙荣考魏律"比汉律增劫掠、诈伪、毁亡、告劾、系讯、断狱、请赇、惊事、偿赃九篇"[3]。

梁启超制历代法典篇目表时言魏律十八篇，列刑名、户、擅兴、盗、贼、诈伪、杂、捕、囚、劫掠、毁亡、告劾、系讯、请赇、惊事、偿赃，仅十六篇。其以囚律尚存，但对断狱、免坐、乏留是否入十八篇无论证。如此重要问题，梁氏竟有错漏，殊不可解[4]。

壮生言魏新律十八篇，但制隋唐前诸律篇目表列魏律篇目仅有刑名、户、擅兴、盗、贼、诈伪、杂、捕、囚、劫掠、毁亡、告劾、系讯、请赇、惊事、偿赃，凡十六篇[5]。说同梁氏。

---

[1] [日]中田薰：《〈支那律令法系の发达〉补考》，《法制史研究》1953年第3号，第89页。滋贺认为中田薰的论证无视《刘劭传》的记载，不是忠于史料的做法，而且也过分武断。

[2] [清]吴士鉴、刘承干：《晋书斠注》卷三〇《刑法志》，民国十七年吴兴刘氏嘉业堂本。此书是《晋书》注本最完备者。

[3] [清]孙荣：《古今法制表》卷一五《刑罚·历代刑制沿革轻重比较表》，清光绪三十二年（1906）四川泸州学正署刻本。

[4] 梁启超：《论中国成文法编制之沿革得失》，《饮冰室文集》之十六，北京：中华书局1989年版，第21—22页。周旺生《中国历代成文法述论》（载《立法研究》第3卷，法律出版社2002年版）对梁文进行解读也未指出此误。又，梁文第一次制历代法典篇目表列晋律篇目同《唐六典》注（无"囚律"），第二次制表罗列了历代法典篇目，虽无魏律，但是晋律篇目中却有"囚律"，这显然也是错误之处。梁氏罗列晋律"囚律"的抵牾之处或许意味着其对魏律有无"囚律"缺乏考证，对魏律篇目的论述只是转录《晋志》而已。

[5] 壮生：《中国历代法制大要》，上海：上海崇文书局1919年版，第38—39页。

程树德《魏律考序》云：魏"捕律户律二篇，仍汉之旧。劫略、请赇、偿赃由盗律分出，诈伪、毁亡由贼律分出，告劾由囚律分出，系讯、断狱由囚律兴律分出，惊事律亦由兴律分出，删汉之厩律一篇"[1]。其考魏律篇目，录《刘劭传》、《晋志》、《唐六典》注、《唐律疏议》、沈家本文[2]。又云魏律"其全删者，止《厩律》一篇"[3]。程氏《汉律考》曾云"《晋志》称魏有乏留律，在魏律十八篇之外。盖正律之外，尚有单行之律，固汉魏间通制也"[4]。据此，程氏要考证魏律篇目，就必须排除厩、乏留。那么能进入其考虑范围的只能是刑名、捕、户、盗、劫略、请赇、偿赃、贼、诈伪、毁亡、囚、告劾、系讯、断狱、兴、惊事、免坐、杂，凡十八篇。若其不是主张囚律已亡或系讯与断狱合一的话，那么这里的十八篇应该就是程氏所作判断。但就囚律存废与否、系讯与断狱合一与否这两个足以影响篇目的因素，程氏却无论证。因此滋贺秀三谓程氏只照搬沈说没有加上己见，或欠妥当。就算程氏征引沈说是对其观点的默认，这并不当然等于程氏己论。程氏在乏留律单行问题上确与沈同，但就囚律存废与否、系讯与断狱合一与否这两个问题上并无表态，窃谓程说仍非清晰之见。程氏《中国法制史》在讨论魏律篇目时同样引用沈说，但未予评价。又云："《晋志》载魏《新律序略》一篇，论魏改律之事甚详，兹节录其大要于左：（一）改汉《具律》为《刑名》，列于第一。（二）将《盗律》中关于劫略一部分，分出为《劫略律》。（三）将《贼律》、《囚律》中关于诈伪一部分，分出为《诈伪律》。（四）将《贼律》中毁亡一部分，分出为《毁亡律》。（五）将《囚律》、《盗律》中关于告劾一部分，分出为《告劾律》。（六）将《盗律》、《兴律》关于系讯及断狱部分，分出为《系讯律》、《断狱律》。（七）将《盗律》中请赇一部分，分出为《请赇律》。（八）将《盗律》、《具律》中关于擅的部分，并入《兴律》，改称《擅兴律》。（九）除汉之《厩律》，改称《邮驿令》。（十）以《盗律》、《兴律》关于惊事部分，分出《惊事律》。（十一）将《盗律》中还赃部分，分出为《偿赃律》。（十二）别制《免坐律》。"[5]此书是程氏20世纪30年代所著，不妨看作是其对1926年成书的《九朝律考》关于魏律篇目讨论内

---

[1] 程树德：《九朝律考》，北京：中华书局2003年版，第187页。
[2] 程引沈说以为出自《寄簃文存》，案今通行之书，应出自沈氏《历代刑法考·律目考》。又，其《晋律考·晋律篇目》亦引沈氏《历代刑法考·律目考》"晋律就汉《九章》增定，故与魏律不同，无魏律之劫略、惊事、偿赃、免坐四篇，而增法例、卫宫、水火、关市、违制、诸侯六篇；复汉之厩律一篇，而无囚律，此增损之数也"这段资料，又言出自《寄簃文存》，实误。
[3] 程树德：《九朝律考》，北京：中华书局2003年版，第193页。
[4] 程树德：《九朝律考》，北京：中华书局2003年版，第14页。
[5] 程树德：《中国法制史》，上海：上海华通书局1931年版，第63—65页。

容的修正。据此概要，所得刑名、盗、劫略、贼、囚、诈伪、毁亡、告劾、系讯、断狱、请赇、擅兴、惊事、偿赃、免坐，凡十五篇，厩律已废；令一篇。就此也未见重述魏有单行律的观点，是否继续坚持不得而知。若以上十五篇加户、捕、杂，也正得十八之数。但问题又回到了前论，即使其仍坚持乏留律单行，对于囚律存废与否、系讯与断狱合一与否的态度依然未见明朗之处。

蔡枢衡考魏律分"刑名、户、厩、擅兴、盗、贼、诈、杂、捕、囚、劫掠、毁亡、告劾、系讯、断狱、请赇、惊事、偿赃、留、免坐等十八篇"[1]。检此，凡二十篇，多厩、囚二篇。可见蔡说对十八篇亦无定论。

大庭修言，魏律"十八篇律的篇名至今尚有争议"[2]。

徐道邻云，魏律"十八篇的名称，现在已弄不清楚"[3]。

吕思勉考证魏律，如前引魏律"未颁行而亡"之说多"匪夷所思"。就魏增十三篇之问题，其见地仍让人费解。吕云："所谓十三篇者，曰《劫略律》，曰《诈律》，曰《毁亡律》，曰《告劾律》，曰《系讯》、《断狱律》，曰《请赇律》，曰《兴擅律》，曰《留律》，曰《邮驿令》，曰《变事令》，曰《惊事律》，曰《偿赃律》，曰《免坐律》，其《刑名》别为一篇，冠于篇首。"[4] 此凡十三"曰"，即吕氏所认定十三篇，令人生疑的是邮驿令、变事令也被归入其中。再加刑名，吕氏所计为十四篇；那么只能从盗、贼、囚、捕、杂、户中挑出四篇方合十八之数，就算囚律不在计算范围，最终统计数目也是十九篇。

韩国磐云魏律十八篇为刑名、盗律、劫略、贼、囚、捕、杂、户、诈、毁亡、告劾、系讯、断狱、请赇、兴擅、惊事、偿赃、金布。韩氏还特别指出，"《晋书·刑法志》两次说到从《金布律》中分出其条目以成立新律，而未言此律在十八篇之外，故计入十八篇中"，认为留律、免坐律不属十八篇。但通过对《唐六典》注、《晋志》的研究又认识到厩律已除、囚律不存，二者互有抵牾。又云："程树德氏已指出《晋书·刑法志》与《唐六典》所言之数皆不合，但未明言其误。"但如前论，首先指出"不合"的应是沈家本，程氏只引其说。至此，韩氏也对十八篇有所疑虑，故言"魏律十八篇虽有一两篇未能确定，但绝大多数是可以肯定的，故且置不赘"是韩氏也未能自圆其说。[5]

史凤仪、张纯滨云："十八篇中的劫略律、请赇律、偿赃律，是出自汉的盗律。诈伪律、毁亡律是出自贼律。告劾律是出自囚律。惊事律是出自兴

---

[1] 蔡枢衡：《中国刑法史》，北京：中国法制出版社2005年版，第100页。
[2] ［日］大庭修著，林剑鸣等译：《秦汉法制史研究》，上海：上海人民出版社1991年版，第2页。
[3] 徐道邻：《中国法制史论略》，台北：正中书局1953年版，第18页。
[4] 吕思勉：《中国制度史》，上海：上海教育出版社1985年版，第818页。
[5] 韩国磐：《中国古代法制史研究》，北京：人民出版社1997年版，第246—249页。

律。系讯律、断狱律是出自囚律、兴律。汉律中的具律,改成刑名律,放在篇首。捕律、户律都是旧有的东西。把厩律改成邮驿令,放在正律以外。把兴律改成擅兴律。以外,另设免坐律。"[1] 据此,能进入其考虑范围的有劫略、请赇、偿赃、盗、诈伪、毁亡、贼、告劫、囚、惊事、系讯、断狱、刑名、捕、户、擅兴、免坐,就算悉数计入,也仅得十七篇,对杂、乏留如何归属,囚律是否化解,不得其说。

高潮、马建石云魏律"较汉《九章律》增劫掠、诈伪、毁亡、告劫、系讯、断狱、请赇、惊事、偿赃等九篇。又改具律为刑名,冠于律首"[2]。高、马言魏律较九章增九篇,是否主张十八篇即九九相加,不得而知。

陆心国云魏律所增十三篇为刑名、劫掠、诈伪、毁亡、告劫、系讯、断狱、请赇、兴擅、乏留、惊事、偿赃、免坐。又云:"《唐六典》注却说魏代增加了《劫掠》、《诈伪》、《毁亡》、《告劫》、《系讯》、《断狱》、《请赇》、《惊事》、《偿赃》等九篇,跟本书不相符合。并且《厩律》已经废除,《具律》和《兴律》已经修改,也不再是'故五篇'。因而'合十八篇'的篇目还是不容易确定。"[3] 据陆氏所定之十三篇,其他五篇则应在盗、贼、囚、捕、杂、户中挑选,惜未论囚律是否已亡。

乔伟引述《唐六典》注,又据《晋志》梳理了劫略、诈伪、毁亡、告劫、系讯、断狱、请赇、擅兴、乏留、惊事、偿赃、免坐十二项"曹魏修律时对秦汉旧律的篇目所作的调整";皆未详论囚律废存、乏留单行与否,故不知乔氏主张。[4]

黄惠贤对魏律篇目的解释仅引《唐六典》注、《晋志》文,未有己论。[5]

高明士制诸律篇目表所列魏律篇目同梁启超说,言魏律十八篇,实际仅列十六篇,且以囚律尚存。[6]

(四) 厩律、囚律皆亡,乏留律非单行说——滋贺秀三的创见

滋贺秀三1955年所作《曹魏新律十八篇篇目考》,糅合了《晋志》与

---

[1] 史凤仪、张纯滨:《中国古代法律常识》,呼和浩特:内蒙古人民出版社1981年版,第18页。
[2] 高潮、马建石:《中国古代法学辞典》"魏律"条,天津:南开大学出版社1989年版,第354页。
[3] 陆心国:《晋书刑法志注释》,北京:群众出版社1986年版,第60页。
[4] 张晋藩总主编,乔伟主编:《中国法制通史(魏晋南北朝卷)》,北京:法律出版社1999年版,第22—25页。
[5] 白钢主编,黄惠贤著:《中国政治制度通史》第四卷《魏晋南北朝》,北京:人民出版社1996年版,第304页。
[6] 高明士:《从律令制的演变看唐宋间的变革》,载《台大历史学报》2003年第32期,第1—31页。高氏言其表依梁氏《中国成文法编制之沿革》所制。此文另见高著《中国中古政治的探索》(台北:五南图书出版公司2006年版,第44页),仍循梁氏之说,未辨其误。

《唐六典》注所出现的篇目凡二十二篇，据此认为囚律已亡，消解在系讯与断狱中；乏留非单行律；十八篇依次为刑名、盗、劫略、贼、诈伪、毁亡、告劾、捕、系讯、断狱、请赇、杂、户、兴擅、乏留、惊事、偿赃、免坐。[1] 同时指出：《晋志》所载资料为本源，魏律序略更是魏人作品《律略论》；《唐六典》注文过简，其成文应本自《晋志》或《律略论》，故《晋志》资料价值更优。此后，内田智雄分别于1959年、1960年撰《关于魏律〈序略〉的二三个问题——论滋贺秀三氏的（关于曹魏〈新律〉十八篇篇目）》上、下两文（原文载《同志社法学》55号、57号），对滋贺说进行了发挥、解说和质疑。滋贺于1960年撰《再论魏律篇目——答内田智雄教授的质疑》反驳，重申了囚律在编纂魏律时由于篇目的重新组合已经消失的观点（此点内田也认同）。既然囚律亡，那么剩下要论证的问题则是系讯与断狱是合一还是两篇的问题。内田以为滋贺的"两篇说"是为了迎合十八篇之数而主张系讯、断狱合一。滋贺的反驳首先预设了一个前提："魏以后诸王朝的律中间，哪怕只有一个既包含系讯、断狱等篇目，也包含囚律的篇目的例子，同样的情况在魏律中就有可能存在，囚律消亡说就必须从根本上重新加以考虑。"但实际上晋律以后律典皆无囚律一篇，也无将系讯、断狱合为一篇之例。据此可推翻预设，进一步论证滋贺所主张的囚律亡、系讯断狱非合一说（下简称滋贺说）。[2] 就目前资料所见，主张此说者最早为滋贺，此后得到中国学者的响应与发挥，下以发表观点年代系之：

林咏荣（1960）：以魏新增十三篇为刑名、劫略、诈伪、毁亡、告劾、系讯、断狱、请赇、擅兴、乏留、惊事、偿赃、免坐；旧五篇为盗、贼、户、捕、杂。[3] 林说与滋贺说同，是目前所见日本以外学者最早提出类似观点的。

---

[1] [日]滋贺秀三：《曹魏新律十八篇篇目考》，载刘俊文主编，姚荣涛、徐世虹译：《日本学者研究中国史论著选译》第8卷，北京：中华书局1992年版，第76—101页。此文后被程维荣等再译，收入杨一凡总主编《中国法制史考证》丙编第2卷（北京：中国社会科学出版社2002年版，第252—266页），题为《关于曹魏〈新律〉十八篇篇目》，虽然翻译的语义、语序、语法有所不同，但涉及实质观点，其意思是不变的。

[2] [日]滋贺秀三：《再论魏律篇目——答内田智雄教授的质疑》，载杨一凡总主编，徐世虹译《中国法制史考证》丙编第2卷，北京：中国社会科学出版社2003年版，第267—282页。滋贺言《曹魏新律十八篇篇目考》一文"采取在对历来诸说未有遗漏地进行研究的基础上树立自说的结构，却忽略了东川德治氏的独特的学说，这是无可辩解的失误。但是，这种确定并不具有影响结论的性质"。又言其文省略了对系讯、断狱合一还是两篇问题的论述，与忽略了东川德治说的存在有关，又言内田说"其结论应该是与东川说一致的"。据此知东川氏曾就篇目问题提出意见，并以系讯断狱合一，论在滋贺说前，内田说同。至于囚律存废与否，不知东川之说；内田虽以滋贺主张的囚律已亡为"新说"且信服，但仍多怀疑。因为不能阅读到东川之文，笔者不知其主张的十八篇究竟何指。而据滋贺的反驳，内田说也多"怀疑"之论。

[3] 林咏荣：《中国法制史》，台北：大中国图书公司1960年版，1976年增订，第49页。

戴炎辉（1966）："《晋志》所谓'故五篇'，似指汉律九章内之盗、贼、捕、杂、户律。新增（包括改篇名）十三篇，似指刑名、劫略、诈伪、毁亡、告劾、系讯、断狱、请赇、兴擅、乏留、惊事、偿赃、免坐。关于此点，有很不同的见解，尤其汉囚律是否仍存于魏律（因而是否在所沿袭的五篇之内），最有疑问（上文不以囚律列在十八篇之内，乃采囚律分化为系讯律及断狱律的学说）。"又指出魏"将汉律典、单行律及汉科等，予以厘整，而增加篇名及条文（通说谓废止单行律，异说则以为：乏留律及免坐律系单行律，不在十八篇之内）"[1]。戴所列同滋贺说，或视其论为通说之故。就当时学术环境而言，或是台湾地区学者更易接触到滋贺说，而滋贺所主张的魏已无单行律应是得到台湾地区法史学界的接受，故能言之"通说"[2]。至于"乏留律及免坐律系单行律，不在十八篇之内"之异说应是中田薰说（根据文意，二者关系是"及"不是"或"）。

张警（20世纪80—90年代）：以盗、贼、捕、杂、户旧五篇；新增十三篇为刑名、劫略、诈伪、毁亡、告劾、捕、系讯、断狱、请赇、擅兴、乏留、惊事、偿赃、免坐。又云十八篇"不应再有《囚律》，因为《告劾》、《系讯》、《断狱》三篇，即包括了《囚律》的内容"[3]。张氏为西南政法大学法史学科奠基者，传世之作无多，唯其《晋书刑法志注释》于1994年整理出版。以张氏学术，当信其说是毕生研究所得，非"暗合"滋贺说所能评价。又，张论虽在其书出版后方面世，但作为治学所得必在教学中传授。以下二

---

[1] 戴炎辉：《中国法制史》，台北：三民书局1966年出版，1979年再版，第4页。

[2] 中国学者对篇目的推断同于滋贺说，是承袭或认同，抑或闭门研治所得，笔者不敢妄下判断，唯以作者自述为准。就时间上言，滋贺说远远早于中国学者的推断。为方便论述与归纳观点，将这些中国学者观点系在滋贺说后，只是遵循发文的时间顺序，并无诋毁他人学术创见之意，也不否认他人观点之参考价值，谨此说明。又，对滋贺说与中国学者论断之间是否存在承袭关系，或可参考以下资料：如陈灵海《横看成岭侧成峰——梁启超以来的中国传统法律样式研究》一文也提及此事，并云"国内直到1980—1990年代，才由怀效锋、徐进、张建国等人提出相同的观点"，即与滋贺相同的观点。陈文见《华东政法大学学报》2010年第4期，后以《中国传统法律样式研究百年回顾》为题发表在华东政法大学法史网（http://fashi.ecupl.edu.cn/Article_Print.asp?ArticleID=761）。李玉生《魏晋律令分野的几个问题》（《法学研究》2003年第5期）也有两段文字对中日关于魏律篇目诸说进行归纳，但仍不足以窥关于此问题学术讨论之全貌。李文赞同滋贺说，又论云"与滋贺氏的研究相似的是，一些中国学者在几乎完全独立的情况下"，在十八篇篇目问题上得出相同的看法，唯次序略有不同，且认为魏时已无单行律。高旭晨《魏晋南北朝法律史研究》（中国社会科学院法学研究所法制史研究室主编：《中国法律史学的新发展》，北京：中国社会科学出版社2008年版，第163页）对《中国法制史考证》丙编第2卷所收滋贺关于魏律篇目考证的两篇文章进行评价云："日本学者的研究成果在中国法史学界也产生了一定的影响。"

[3] 张警：《晋书刑法志注释》，成都：成都科技大学出版社1994年版，第57页。

人与张氏有师承关系，其说是否本自张氏，笔者不敢妄断，唯留读者慧眼以鉴。

江必新（20世纪80年代）：以十八篇为"《刑名》、《盗律》、《贼律》、《捕律》、《户律》、《乏留律》、《兴擅律》、《劫掠律》、《诈伪律》、《毁亡律》、《告劾律》、《系讯律》、《断狱律》、《请赇律》、《惊事律》、《偿赃律》、《免坐律》"。检此仅十七篇，漏杂律，疑为出版之误。又云刑名、盗、贼、捕、户律即"故五篇"。[1]

怀效锋（1983）：以十八篇依次为刑名、盗、贼、捕、杂、户、劫、诈伪、毁亡、告劾、系讯、断狱、请赇、兴擅、乏留、惊事、偿赃、免坐。"故五篇"为具、盗、贼、捕、杂。[2]

张建国（1984）：以魏律篇次为刑名、盗、劫略、贼、诈伪、毁亡、告劾、捕、系讯、断狱、杂、请赇、户、兴擅、乏留、惊事、偿赃、免坐。其置请赇在杂之后，不同滋贺说。其《魏晋律令法典比较研究》（1995）重述了此说，并以乏留律非单行为基础发挥出律令区分始于魏说。[3] 唯其1997年《两汉魏晋法律简说》所列次序为：刑名、盗、劫略、贼、诈伪、毁亡、告劾、捕、系讯、断狱、请赇、杂、户、兴擅、乏留、惊事、偿赃、免坐。请赇次序与其前说相驳。[4]

徐进（1990）：以十八篇为刑名、盗、贼、劫略、诈伪、请赇、毁亡、兴擅、户、留、警事、偿赃、免坐、杂、捕、告劾、系讯、断狱。[5]

王晓毅（1992）：以十八篇为刑名、盗、贼、捕、杂、户、劫、诈伪、毁亡、告劾、系讯、断狱、请赇、兴擅、乏留、惊事、偿赃、免坐；盗、贼、捕、杂、户为"故五篇"。[6]

堀敏一（1994）：以滋贺说是撰文时所见关于魏律篇次"最为有力"的论证，并在《晋泰始律令的制定》中进行了追述。[7]

董念清（1995）：以十八篇依次为刑名、盗、劫掠、诈伪、贼、毁亡、户律、告劾、捕、系讯、断狱、杂、请赇、兴擅、乏留、警事、偿赃、免坐。

---

[1] 江必新：《中国法文化的渊源与流变》，北京：法律出版社2003年版，第97—100页。

[2] 怀效锋：《魏律中无囚律》，载《争鸣》1983年第1期。

[3] 张建国：《魏律篇目及其次序考辨》，《北京大学研究生论文集》（文科版）第3集，1985年；又载入张著《帝制时代的中国法》，北京：法律出版社1999年版，第89—100页。张氏在《魏晋律令法典比较研究》（《中外法学》1995年第1期）中言《魏律篇目及其次序考辨》是1984年所作，并云其撰文时未览滋贺之文。

[4] 张建国著，蒲坚审定：《两汉魏晋法制简说》，郑州：大象出版社1997年版，第152页。

[5] 徐进：《魏律篇目考》，载《山东大学学报》（哲学社会科学版）1990年第2期。

[6] 王晓毅：《魏律篇目考》，载《文史》第35辑，北京：中华书局1992年版，第277页。

[7] ［日］堀敏一：《晋泰始律令的制定》，载杨一凡总主编、徐世虹译：《中国法制史考证》丙编第2卷，北京：中国社会科学出版社2003年版，第297页。

董氏除考察《晋志》、《唐六典》注外，还特别指出"《九朝律考·魏律考》中做了如下考证：'按：沈氏《寄簃文存》云：魏增汉律……未详其故'"。又论"因此，程树德先生认为魏律十八篇是：《刑名》、《劫掠》、《诈伪》、《毁亡》、《告劾》、《系讯》、《断狱》、《请赇》、《警事》、《偿赃》、《免坐》、《盗律》、《贼律》、《囚律》、《捕律》、《杂律》、《户律》、《兴律》"[1]。如前论，此段资料非程氏考证，而是全引沈说，程亦未有结论。就此段资料而言，董氏不管赞成或反对，都是针对沈氏而非程氏，故董氏一再引程说为己佐证，实不审。[2]

池田温（1996）：以十八篇为刑名、盗、贼、劫掠、诈伪、毁亡、告劾、捕、系讯、断狱、杂、户、请赇、擅兴、乏留、惊事、偿赃、免坐。又加注指出"亦说加囚律"[3]。虽无更多论证，但据其对囚律的疑虑，池田说应是对滋贺说的追述。唯置请赇在杂、户后，滋贺则反之。

于振波赞同滋贺秀三和怀效锋之说（2000），未有异议。[4]

曾宪义、赵晓耕（2000）：以十八篇为刑名、盗、劫略、贼、诈伪、毁

---

[1] 董念清：《魏律略论》，载《敦煌学辑刊》1995年第2期。董氏《魏律略考》（《法学杂志》1996年第5期）说同。

[2] 这段本自沈家本的文字，不知董氏是否查过《历代刑法考》原文，其《魏律略考》（《法学杂志》1996年第5期）同样以为是程说。前揭滋贺也指程承袭沈说，笔者以为程氏并无明确结论。而学者不辨其误，也以讹传讹，以为《九朝考》中所引沈即程氏考证，实不审。如高旭晨《两汉魏晋南北朝综述》"魏晋法制考"部分（中国法学网首发：http://www.iolaw.org.cn/showarticle.asp? id=2023）对董文进行的评述："董念清《魏律略考》一文对魏律的篇目进行了简略的考证。他认为，关于魏律的篇目，已见史料中的记载有相互矛盾的地方。《晋书·刑法志》中称：'凡所定增十三篇，就故五篇，合十八篇。于正律九篇为增，于傍章科令为省矣。'其所谓'故五篇'没有明确指出具体篇目。而《唐六典》注云：'魏命陈群等采汉律为魏律十八篇，增萧何律《劫掠》、《诈伪》、《毁亡》、《告劾》、《系讯》、《断狱》、《请赇》、《警事》、《偿赃》等九篇也。'此九篇在《晋书·刑法志》也有记载。但其余九篇的篇目，后人在考证中得出的结论有所出入。程树德即不同于沈家本的看法，在对沈氏的考证作出评议后，其认为，魏律十八篇的具体篇目为：《具律》、《劫掠》、《诈伪》、《毁亡》、《告劾》、《系讯》、《断狱》、《请赇》、《警事》、《偿赃》、《免坐》、《盗律》、《贼律》、《囚律》、《捕律》、《杂律》、《户律》、《兴律》。董念清不同意这种观点。他所认定的魏律十八篇为：《刑名》、《劫掠》、《诈伪》、《毁亡》、《告劾》、《系讯》、《断狱》、《请赇》、《警事》、《偿赃》、《留律》、《免坐》、《盗律》、《贼律》、《捕律》、《杂律》、《户律》、《兴擅律》，作者通过对史料的分析说明其理由。"又，高氏另文《魏晋南北朝法律史研究》（收入中国社科院法研所法制史研究室主编：《中国法律史学的新发展》，北京：中国社会科学出版社2008年版，第167页）说同。实际上董氏两篇文章所引的程说皆是沈说，程对沈说并无评议。高文的失察也催生了笔者要对诸说作一个学术梳理的念想，亦算为其大作进行一个补正。

[3] [日]池田温：《律令法》，载杨一凡总主编，徐世虹译：《中国法制史考证》丙编第1卷，北京：中国社会科学出版社2003年版，第132—133页。

[4] 于振波：《秦汉法律与社会》，长沙：湖南人民出版社2000年版，第30—31页。

亡、告劾、捕、系讯、断狱、杂、户、兴擅、乏留、惊事、偿赃、免坐；盗、贼、捕、杂、户为故五篇。[1]

冨谷至（2001）：其《晋泰始律令への道——第二部　魏晋の律と令》文对此学术争论略有梳理，对于篇目并未提出新观点；且认为滋贺说特别是单行律已废除的论证是"卓见"。[2]

李玉生（2003）：李氏虽未对十八篇有单独考证，但引述了滋贺说及中国学者对此说的接受（或者说暗合）；也高度评价魏无单行律之说，用以论证魏晋律令分野。不难肯定，接受无单行律之说，就须将乏留、免坐都归入十八篇，故李氏也是承认滋贺说的。[3]

薛菁（2005）：薛氏据张建国《魏律篇目及其次序考辨》文制魏律篇目表，是其从张说。[4]

范忠信、陈景良（2007年）：以魏律盗、贼、捕、杂、户五篇为汉旧；新增十三篇为刑名、劫略、诈、毁亡、告劾、系讯、断狱、请赇、兴擅、留、惊事、偿赃、免坐。[5]

韩树峰（2007）：韩氏认为魏"废除了汉《囚律》这一篇目，将其'解体消融于二篇新律（指《系讯》、《断狱》两篇）之中'。西晋定律，亦废《囚律》，将其内容析分为《告劾》、《系讯》、《断狱》三篇，而且曹魏之《告劾律》亦含《囚律》内容。可见，晋律废《囚律》，将其一分为三的做法，与《九章律》毫无关系，完全是对魏律的继承、沿袭"。云魏律凡刑名、盗、贼、捕、杂、户、劫略、诈伪、毁亡、告劾、系讯、断狱、请赇、兴擅、乏留、惊事、偿赃、免坐十八篇。[6]

三、魏律十八篇诸说的背后

魏律的诸多争议，或谓归责《三国志》之阙文，但就算裴松之作注时也仍未就此作解释，更何况关注角度不一，讨论重点也就迥异。如卢弼《三国志集解》应是近世以来注解《三国志》之大全，对魏律篇数也仅重复《晋志》而已。因此断不能以今人眼光来评议陈寿史笔。

1960年，守屋美都雄撰写了《近年来汉唐法制史的研究历程》，从其征

---

[1] 曾宪义主编：《中国法制史》，北京：北京大学出版社2000年版，第123页。该章节撰写人为赵晓耕。

[2] [日]冨谷至：《晋泰始律令への道——第二部　魏晋の律と令》，载《东方学报》第73册，京都：京都大学人文科学研究所2001年版，第49—84页。

[3] 李玉生：《魏晋律令分野的几个问题》，载《法学研究》2003年第5期。

[4] 薛菁：《魏晋南北朝刑法研究》，福建师范大学2005年博士论文，第51页。

[5] 范忠信、陈景良：《中国法制史》，北京：北京大学出版社2007年版，第238页。

[6] 韩树峰：《魏晋法律体例的变化与学术风气之关系》，载《中国人民大学学报》2007年第4期。

引的文献来看，皆 1950—1960 年间日本学者的观点，在对六朝法制史研究进行概述时，守屋就中田薰、滋贺、内田等人关于魏律篇目的考证进行了分析，这是目前所见对此问题进行学术梳理的最早文献。守屋一再言滋贺之文是优秀作品，但始终未见其支持何说。不过，其对滋贺考证的评价至今读来仍能揭示重要的学术意义："滋贺氏认为这个问题并不单纯是数字问题，通过篇目改变一事，能使我们把握魏律与汉律之间的本质差异，因而不可掉以轻心。"[1] 魏律篇目留给后人的思考，如前所揭，是一个考量史家逻辑推理分析能力和排除思维的疑案。因为诸说就此疑案所作的分析已远远超出考证十八篇具体为何、次序为几的表面意义。[2]

就资料阅读而言，本书着手资料必是《晋志》、《唐六典》注，也一一参考了以上著述。当然，阅读每一篇著述的时间并非同时，这也恰好可尽量避免某家之说先入为主，"控制"笔者思考。但阅读完毕再予审视，在没有足够史料质疑前说时，又不得不承认必须接受某家之说。于此，可自贬没有学术创见，也可自喜"英雄所见略同"。亦如张建国所言，其《魏律篇目及其次序考辨》撰成后才发现此问题已由滋贺所解决，且"研究的精致程度几乎已无剩义"，但仍要将此续貂之作发表，"主要还在于想从一个侧面支持滋贺秀三先生的卓见，而且面向的主要是中国学术界（国内至今新出版的多数教科书仍沿用历代的含糊说法）"。[3] 求新当为好事，但循旧又未必全错，至少就笔者看来，梳理这桩学术公案、厘整旧说也并非一无是处。滋贺与内田相辩时曾言："以推理补充明文资料的不足，是所有提出魏律篇目说的人的必然选择，如果对此有洁癖的话，只不过是采取'自己不立说'的不可知论的谦抑的立场。"前人对学问之较真，每读来而心有余悸。行文至此总需交代以示坦诚：滋贺说为笔者所信服，实不敢掠人之美、篡为己言；亦表一二漏见以示对前人学问之尊敬。

（一）《晋律注》的出土与滋贺秀三的预设

滋贺论云："关于囚律的应有内容，魏律（以及晋律）从囚律中分出告劾、系讯、断狱等篇目，由此逆推，可认为它是与后世断狱律同样的有关审讯、判决、执行等诉讼程序的规定，除此以外，能说明这个问题的资料很少。但是，从字面上看，如果抽出了'系囚鞫狱断狱之法'，囚律名下还剩下什

---

[1] [日] 守屋美都雄著，钱杭等译：《中国古代的家族与国家》，上海：上海古籍出版社 2010 年版，第 473 页。
[2] 实际上，就笔者看来，滋贺与内田论辩之文，论驳"峰回路转"引人入胜景，足以成为法史考证文章典范。其考据逻辑精细也是让笔者信服其说的原因；诚然，这也是译者的功劳。
[3] 张建国：《帝制时代的中国法》"自序"，北京：法律出版社 1999 年版，第 4 页。

么呢，实难想象。"[1] 即认为原来囚律的功能已被告劾、系讯、断狱三篇替代，再有囚律必定多余。对于内田质疑囚律是否真亡，滋贺在反驳前曾预设了一个前提："魏以后诸王朝的律中间，哪怕只有一个既包含系讯、断狱等篇目、也包含囚律的篇目的例子，同样的情况在魏律中就有可能存在，囚律消亡说就必须从根本上重新加以考虑。根据这个观点，首先从晋律——即应该说是魏律的改订版，在篇目上具有与魏律大同小异的结构的晋律——来看，果然只有系讯、断狱二律而没有囚律。即使从后来的各王朝来看，经常有系讯、断狱二篇乃至断狱、捕断的篇目的存在。但是，因为其存在，就始终没有出现囚律的篇名。就是说，囚律与系讯、断狱是不能并立的。这也是因为两者是代表相同法律领域的名称的结果，而古代的囚律从魏国起改变了名称。"[2] 滋贺认为魏以后的律中若出现系讯、断狱合一或再次出现囚律，那么势必推翻其此前所有论证。但实际上晋律以后律典皆无囚律一篇，也无将系讯、断狱合为一篇之例。从文献来看，这个预设不成立，也就进一步论证了滋贺所主张的囚律亡，系讯、断狱非合一说。滋贺主张系讯、断狱独立成篇，要推翻之，主张系讯、断狱合一则需反驳者提供更有力的证据。相反，目前证据更能证明系讯、断狱独立成篇。在此不妨将视线转移至《晋律注》：

2002年，甘肃文物考古研究所在十六国前后凉时期墓葬中发现了《晋律注》残本，据参与发掘工作的张俊民言该残本"共录有文字约5000字"，经考释为"诸侯律注第廿"。诸侯律是晋首次出现的，"廿"的篇次也与传世文献所载篇次同，至此，魏晋律令终于有了确凿的第二重证据。张氏谓"《诸侯律注》包括诸侯王犯法的处理规定，明确可见者有夺其国、削五分之一和诸侯犯法应免罪等"，其次是"追捕逃亡奴婢"的律文和注文；还有"捕系犯人""治狱"的律文以及"如何应付临近地区发出的求救信号的规定"。这是晋律注出土后首篇研究文章。[3] 张文所提到的"如何治狱的律文"应该就是涉及系讯、断狱方面的律，可能由于当时释文工作的初步开展，并未就

---

[1] [日]滋贺秀三：《曹魏新律十八篇篇目考》，收入刘俊文主编，姚荣涛、徐世虹译：《日本学者研究中国史论著选译》第8卷，北京：中华书局1992年版，第97页。
[2] [日]滋贺秀三：《再论魏律篇目——答内田智雄教授的质疑》，载杨一凡总主编，徐世虹译：《中国法制史考证》丙编第1卷，北京：中国社会科学出版社2003年版，第267—282页。
[3] 张俊民：《玉门花海出土的〈晋律注〉》，《简帛研究（2002—2003）》，桂林：广西师范大学出版社2005年版，第324—325页。冨谷至认为玉门花海晋律迄今尚无正式的发掘整理报告面世，其研究成果恐怕是要经过10年乃至20年的研究积累后才能陆续出来。曹旅宁云张俊民另有《玉门花海出土〈晋律注〉概述》一文刊于《考古与文物》2010年第4期，检索未见，不知何故。又云张俊民尚有《甘肃玉门花海毕家滩出土〈晋律注〉释文》已成稿但未刊行。

此作更深解读。当年媒体也报道出土的主要有诸侯律、捕亡律、系讯律三种。[1] 此后,冨谷至《论出土法律资料对〈汉书〉、〈晋书〉、〈魏书〉"刑法志"研究的几点启示》一文(2005)也略有介绍:"目前已知布制品上可以确认的文字约有 5 万余字,律的方面记载了'诸侯律'、'补亡律'、'系讯律'三种,尚能够读出'凡十三条五百六十九……诸侯律第廿'、'凡五万二千卌言……诸侯律第廿'等内容。"[2] 对这些文字属晋律注,冨谷至没有异议。冨谷至又提到"由 52000 多字构成的'诸侯律注'",这与张氏所言数字有 10 倍之差,其依据或是"凡五万二千卌言"。[3] 冨谷至直接指出,出土《晋律注》有"系讯律"。此后,张俊民、曹旅宁对《晋律注》进行了初步研究,但都限于诸侯律、捕律的一些释文,至于系讯律有何具体内容尚不清楚。[4] 既然《诸侯律》的归属和墓葬时代能确定,那么与其一同出土的

---

[1] 见新华社等媒体报道,http://news.xinhuanet.com/newscenter/2002—12/11/content_656086.htm,此不赘引。就严格意义言,媒体报道本不应列入本书所参考观点。但就一般常理言,若非业内人员,要获得文物发掘、考古工作的相关信息,只能通过媒体。而媒体要取得相关考古信息,也是通过对参加考古发掘人员的采访或考古发掘简报所获知,如当时接受采访的就有甘肃省文物考古研究所的王辉与张俊民。就目前所见,张俊民在《简帛研究》所发表的应该是初步的发掘简报。

[2] [日]冨谷至撰,薛夷风译,周东平校:《论出土法律资料对〈汉书〉、〈晋书〉、〈魏书〉"刑法志"研究的几点启示》,载韩延龙主编《法律史论集》第 6 卷,北京:法律出版社 2006 年版,第 343 页。译者以为"补"字应该是印刷所致的"捕"之误。在张俊民、曹旅宁的研究中都作"捕律"。

[3] 查《毕家滩〈晋律注〉相关问题研究》(《考古与文物》2010 年第 6 期)文末附有两张《晋律注》实物照片,确有"凡五万二千卌言"等清晰字样。又,《晋志》云晋律凡 27657 字,若以《诸侯律注》为 5 万字算,则整个《晋律注》或会超过 100 万字。就算这是张、杜二人的合注总计,那么较汉魏间诸儒章句家数十万言而言,这是否意味着律注繁芜虽然从整体上变革,但单个注家而言仍然没有改变呢? 这也是笔者对冨谷至存疑之处。2007 年,曹旅宁对冨谷至的解说提出了一些异议:如"凡十三条五百六十九"应是指某一种律的法条数及字数,至于"五万二千卌言"有可能是指《晋律注》全文字数,非冨谷至所认为的"五万二千卌言"是《诸侯律注》的总字数。见曹旅宁:《冨谷至先生关于玉门花海晋律解说的几处补充》,武汉大学简帛网 2007 年 10 月 27 日首发(http://www.bsm.org.cn/show_article.php?id=739)。2010 年张俊民与曹旅宁发表《玉门花海所出〈晋律注〉初步研究》(《法学研究》2010 年第 4 期),对于《晋律注》的抄写年代、作者、篇目、诸侯律、捕律、律学等内容进行深入探讨。其中特别提到残存文字为"4234 + 289 字",这与张氏当初估计略有出入,但显然比冨谷至所推测的数字更为权威。也就是说《晋律注》全文或有"五万二千卌言",今残文剩"4234 + 289 字",这"4234 + 289 字"既包括了《诸侯律注》的内容,也包括捕律、系讯律等,至于系讯的内容与具体数字从目前这几个人研究来看,尚不清楚。

[4] 参见张俊民、曹旅宁:《玉门花海所出〈晋律注〉初步研究》(《法学研究》2010 年第 4 期)。同年,张俊民、曹旅宁又发表了《毕家滩〈晋律注〉相关问题研究》,载《考古与文物》2010 年第 6 期。

《系讯律》也就可以确定了。晋律"系讯"是单独成篇的，未与"断狱"合一，出土《晋律注》可以证实这样的推断，也与文献记载相符。

在主张乏留律属于魏律十八篇而并非单行律的前提下，若主张囚律存，系讯、断狱合一，是可以合十八篇之数的（如前黄秉心等人说）。但目前考古发现揭示的是晋系讯律与断狱律并非合一，以此反推魏律系讯与断狱的关系，二者也肯定不是合一的。这就意味着魏囚律确实不应出现在十八篇中，而是被系讯、断狱、告劾三律化解了，因此系讯与断狱就必须独立成篇才合十八篇之数，据此也可为滋贺说提供旁证。既然晋律系讯与断狱并非一篇，这意味着至今为止不管传世或出土文献，都没有足够资料证明滋贺的"预设"可以成立（若预设成立，则意味着魏律系讯与断狱合一，进而导致必须追加囚律，方合十八篇之数）。相反却可通过出土《晋律注》找到驳斥"预设"成立的理由，因此滋贺说仍是可以信服的。

（二）"故五篇"再论

《晋志》云魏律"凡所定增十三篇，就故五篇，合十八篇"。由于本书赞同滋贺说，因此对故五篇的探讨也就在魏律篇目确定的前提下进行。滋贺等人对于十八篇虽有共识，但新增"十三篇"与"故五篇"具体何指，仍未得统一；若能确定故五篇，十三篇也就迎刃而解。要指出的是，故五篇不包括已经化解的囚律和废除的厩律。因此"故五篇"不管是汉九章还是《法经》中的五篇（内田智雄曾主张"故五篇"中的"故"是指《法经》），都只能是在盗、贼、捕、杂、具、户、兴这七篇中挑出。滋贺等人有以下见解（见表1，标〇者即五篇所指）：

表1　不同学者对"故五篇"的见解

	盗	贼	捕	杂	具（刑名）	户	兴	备注
滋贺秀三	〇	〇	〇	〇		〇		滋贺以故者皆为"一字"的篇名，新增十三篇皆是"二字"的篇名。
林咏荣	〇	〇	〇	〇		〇		
戴炎辉	〇	〇	〇	〇		〇		
张警	〇	〇	〇	〇		〇		
江必新	〇	〇	〇		〇	〇		
怀效锋	〇	〇	〇		〇			
张建国	〇	〇	〇			〇		

续表

	盗	贼	捕	杂	具（刑名）	户	兴	备注
徐进	○	○		○	○		○	徐氏虽认为故五篇在具、盗、贼、囚、金布、兴、杂、厩八篇中，但其并未将金布、囚、厩归入十八篇。
王晓毅	○	○	○	○		○		
曾宪义、赵晓耕	○	○	○	○		○		

《唐律疏议》云："魏文侯时，李悝首制《法经》，有《盗法》、《贼法》，以为法之篇目。自秦汉逮至后魏，皆名《贼律》、《盗律》。"[1] 盗、贼两篇属"故五篇"没有异议。杂律不管在汉九章还是《法经》中都占一篇，《唐律疏议》亦云："李悝首制《法经》，而有杂法之目。递相祖习，多历年所。然至后周，更名《杂犯律》。"[2] 魏承汉杂律之旧，其当为"故五篇"之一；且魏仅从汉杂律析出"假借不廉"，余无改动。户、捕律在魏律序略中是唯一没有提及变动的篇目，[3]《唐律疏议》亦云："汉相萧何承秦六篇律后，加《厩》、《兴》、《户》三篇，为九章之律。迄至后周，皆名户律。""魏文侯之时，李悝制《法经》六篇，《捕法》第四。至后魏，名《捕亡律》"[4]，户、捕二律魏不言其变当是循旧，也是"故五篇"之属（就算在篇目上与滋贺等人持不同看法者，也都认为魏捕、户律仍汉旧，如沈家本、程树德、史凤仪、张纯滨）。《晋志》云魏改汉兴律上狱之事入系讯、断狱律；擅兴徭役入兴擅律；乏徭稽留入乏留律；烽燧之事入惊事律。从其拆分可知魏兴擅律已非汉兴律旧貌，仅保留汉兴律"兴"的部分，新吸收盗律的"勃辱强贼"、具律的"出卖呈"和"擅作修舍之科"，实新定篇目，要言其为"故"实不妥。更重要的是，魏兴擅律是兴事、擅事之合，所导致的不仅是篇名改易，更是内容的实质性变更。对此，《唐律疏议》亦有揭示："汉相萧何创为《兴律》。魏以擅事附之，名为《擅兴

---

[1] [唐] 长孙无忌等撰，刘俊文点校：《唐律疏议》，北京：中华书局1983年版，第321页。
[2] [唐] 长孙无忌等撰，刘俊文点校：《唐律疏议》，北京：中华书局1983年版，第479页。
[3] 捕、户律在魏律序略中只字未提却入十八篇，这个问题滋贺也曾注意到，以为是"匪夷所思的事情"。
[4] [唐] 长孙无忌等撰，刘俊文点校：《唐律疏议》，北京：中华书局1983年版，第231、525页。

律》。"[1] 魏虽改汉具律为刑名，非简单调换篇次，首先是从具律中析出出卖呈，而又"集罪例"，故言刑名一篇为新增而非故旧，实指其法理意义、在魏律之统领作用已远超汉具律。据此，江必新、怀效锋、徐进"故五篇"说有待商榷。盗、贼、捕、杂、具、户、兴七篇中只有盗、贼、捕、杂、户五篇是单纯析出而无新的内容加入，从这点意义上言这也是上述五篇属于"故"的表现。

（三）悬而未决的十八篇次序

就算统一了十八篇之说，但篇目次序如何，《晋志》、《唐六典》注亦无交代。滋贺云："关于篇目的顺序，除了刑名第一，无法根据直接资料将其弄清。但是以下事情还是可以推测的。即，第一，盗、贼、捕、杂、户等，这些汉九章律中原有篇名（全部是一字之内），应该就是魏律中排列的顺序。第二，劫略、诈伪等新设篇目（全部是二字之名），下引《序略》对它们作逐一说明时的顺序，也许就是魏律中排列的顺序。问题在于，第一、第二两个系列是各自成为一组然后以组为序排列的呢，还是两个系列互相交错配置的。根据晋律篇目顺序来推测，也许是后者。所以在借鉴晋律的基础上，对两个系列作了适当的排列组合，其结果就是正文中所提出的顺序。对此当然不能完全确信，但是我想，即使没有完全对上号也相差不远了吧。"[2] 其对十八篇排序，基于篇名字数、《晋志》叙述的时间、晋律篇次进行倒推；并提出了"一字"系列与"二字"系列篇名交错配置的观点。以下诸人的排列顺序除怀效锋外均符合滋贺所提出的两组系列交错配置说。笔者也赞成此种排序，但结合晋律、梁律分析，对某些篇次也有不同见解（见表2）。

晋律是魏律的修订版，这一点滋贺是赞同的。修订之处除篇目、内容，当然也包括篇次。因为晋律、梁律已无劫略、惊事、偿赃、免坐、乏留律；又恢复厩律；增加了卫宫、水火、关市、违制、诸侯律。那么在此基础上是否可认为某些篇目不管在魏律、晋律还是梁律中，由于意义、作用、内容、功能的相同，其次序也有对称之处呢？试析之：

---

[1] [唐]长孙无忌等撰，刘俊文点校：《唐律疏议》，北京：中华书局1983年版，第298页。
[2] [日]滋贺秀三：《曹魏新律十八篇篇目考》，收入刘俊文主编，姚荣涛、徐世虹译：《日本学者研究中国史论著选译》第8卷，北京：中华书局1992年版，第96页。

表 2 关于"十八篇"排序的不同见解

滋贺秀三	怀效锋	张建国	董念清	笔者	晋律	梁律
1. 刑名	1. 刑名	1. 刑名	1. 刑名	1. 刑名	1. 刑名	1. 刑名
2. 盗	2. 盗	2. 盗	2. 盗	2. 盗	2. 法例	2. 法例
3. 劫略	3. 贼	3. 劫略	3. 劫掠	3. 劫略	3. 盗	3. 盗劫
4. 贼	4. 捕	4. 贼	4. 诈伪	4. 贼	4. 贼	4. 贼叛
5. 诈伪	5. 杂	5. 诈伪	5. 贼	5. 诈伪	5. 诈伪	5. 诈伪
6. 毁亡	6. 户	6. 毁亡	6. 毁亡	6. 请赇	6. 请赇	6. 受赇
7. 告劾	7. 劫略	7. 告劾	7. 户	7. 告劾	7. 告劾	7. 告劾
8. 捕	8. 诈伪	8. 捕	8. 告劾	8. 捕	8. 捕	8. 讨捕
9. 系讯	9. 毁亡	9. 系讯	9. 捕	9. 系讯	9. 系讯	9. 系讯
10. 断狱	10. 告劾	10. 断狱	10. 系讯	10. 断狱	10. 断狱	10. 断狱
11. 请赇	11. 系讯	11. 杂	11. 断狱	11. 杂	11. 杂	11. 杂
12. 杂	12. 断狱	12. 请赇	12. 杂	12. 户	12. 户	12. 户
13. 户	13. 请赇	13. 户	13. 请赇	13. 兴擅	13. 擅兴	13. 擅兴
14. 兴擅	14. 兴擅	14. 兴擅	14. 兴擅	14. 毁亡	14. 毁亡	14. 毁亡
15. 乏留	15. 乏留	15. 乏留	15. 乏留	15. 乏留	15. 卫宫	15. 卫宫
16. 惊事	16. 惊事	16. 惊事	16. 警事	16. 惊事	16. 水火	16. 水火
17. 偿赃	17. 偿赃	17. 偿赃	17. 偿赃	17. 偿赃	17. 厩	17. 仓库
18. 免坐	18. 免坐	18. 免坐	18. 免坐	18. 免坐	18. 关市	18. 厩
					19. 违制	19. 关市
					20. 诸侯	20. 违制

魏之刑名,晋梁之刑名、法例,在律的第一部分,这点没有异议。自《法经》、汉九章,盗律皆在篇首。魏置刑名为第一,晋梁皆同,故置盗律在刑名、法例后,可知魏盗律也是顺延在刑名后。十八篇次序第一次分歧是盗律之后或主张劫略接之,或主张贼律接之。晋律无劫略,盗律接以贼律;梁盗劫律接以贼叛。这说明劫略的内容已包含在梁盗劫律中;晋虽无劫略律,或是还原到盗律中。尽管《晋志》言魏以"盗律有劫略、恐猲、和卖买人,科有持质,皆非盗事,故分以为劫略律"。但魏人对盗律中"非盗事"类的认识,并不当然等于魏以后的人也会赞同,从劫略律仅出现在曹魏一朝,以后再无其名,或可推测魏劫略律的设立有不尽合理处,这也导致魏以后王朝废劫略一篇,而将其内容再次统归盗律(晋盗律),或与盗律并列(梁盗劫律)。据此言之,魏劫略律与盗律的关系甚密,其在盗律后,贼律次之,或更合理。以上已得1—4篇之序:刑名、盗、劫略、贼。参考晋梁律知贼律之后的诈伪、请(受)赇、告劾、捕、系讯、断狱、杂、户、擅兴、毁亡皆依次相连。这应是一个篇次规律,特别是告劾、捕、系讯、断狱四篇顺序是与

司法程序相符合，实不能打乱。就魏律而言，这或许就是 5—14 篇的顺序。剩下乏留、惊事、偿赃、免坐，众说皆同，即 15—18 篇。

（四）"篇章之义"与作为"作品"的魏律

魏律序略云汉具律在第六，"罪条例既不在始，又不在终，非篇章之义。故集罪例以为刑名，冠于律首"。张斐言："《刑名》所以经略罪法之轻重，正加减之等差，明发众篇之义，补其章条不足，较举上下纲领。……名例齐其制，自始及终，往而不穷，变动无常，周流四极，上下无方，不离于法律之中也。"魏改具律为刑名的依据是篇章之义，是否"罪条例"在始或在终就是篇章之义，其有何理论依据，史不言之。唯《唐律疏议》有云："汉相萧何，更加悝所造《户》、《兴》、《厩》三篇，谓《九章之律》。魏因汉律为一十八篇，改汉《具律》为《刑名第一》。晋命贾充等，增损汉、魏律为二十篇，于魏《刑名律》中分为《法例律》。宋齐梁及后魏，因而不改。爰至北齐，并《刑名》、《法例》为《名例》。后周复为《刑名》。隋因北齐，更为《名例》。唐因于隋，相承不改。名者，五刑之罪名；例者，五刑之体例。名训为命，例训为比，命诸篇之刑名，比诸篇之法例。但名因罪立，事由犯生，命名即刑应，比例即事表，故以名例为首篇。第者，训居，训次，则次第之义，可得言矣。一者，'太极之气，函三为一，'黄钟之一，数所生焉。《名例》冠十二篇之首，故云'《名例第一》'。"[1] 在笔者看来，唐人对刑名或名例"第一"的解释或偏重于形而上的数字象征意义。"改汉《具律》为《刑名第一》"一句，将"第一"置于书名号内，是点校者的判断。[2] 虽然"冠于律首"有"第一"之意，事实上魏律序略并未出现"第几"之类字眼。要认为魏律各篇都有"第几"附在各篇名后，那么目前所能依靠的证据唯有《晋律注》所出现的"□律第八""诸侯律注第廿"等信息，就此反推魏律"刑名"篇后有"第一"字样或能圆通，而律篇名之后"第几"的标注或者就是篇章之义的表现。[3] 对于"篇章之义"，大庭修也有精论："魏晋所编纂的律开始把名例律或刑名律等的刑法总则置于全体法律的开头部分，这大概是由于法律理论的进展所致。自李悝的《法经》六篇以来，作为总则的具法位于全体法律的最后部分。在萧何的《九章律》中，被补充的三章附于其后，采取了将具律置于全体法律内部这样方便的、非理论的处理方法。这里，只是没有什么理论的现实处理方法。然而，遗憾的是，当时的

---

[1] [唐] 长孙无忌等撰，刘俊文点校：《唐律疏议》，北京：中华书局 1983 年版，第 1—2 页。
[2] 刘氏的另一点校本《唐律疏议》（法律出版社 1999 年版）亦同。
[3] 事实上，汉令虽杂也有部分令名之后标注"第几"。如"功令第卅五""御史令第卅三""北边絜令第四"等。

人怎样提出应该将过去置于末尾的总论，重新置于开头的理论根据，还未能解释清楚。虽然不过是现象的对比，但人们仅仅局限于提出这个怀疑：在《史记》的'太史公自序'、《汉书》的'叙传'及《说文解字》的序等汉代及汉以前的著作中，序文必定位于最后，但以魏晋时为界，开始变为附在开头，这是不是整个学术界或社会发生了什么变化？"[1] 若跳出法律视角，[2] 将魏律的编纂视为当时一个宏大的"作品"创作的话，我们尽可在此创作中寻找到时代的讯息。

《宋书》史臣云："至于建安，曹氏基命，二祖陈王，咸蓄盛藻，甫乃以情纬文，以文被质。自汉至魏，四百余年，辞人才子，文体三变。相如巧为形似之言，班固长于情理之说，子建、仲宣以气质为体，并标能擅美，独映当时。是以一世之士，各相慕习，原其飚流所始，莫不同祖《风》、《骚》。"[3] 自建安以来的文学繁荣、文体昌盛、文论发达，魏主爱雕虫，已是其他专业的经典命题，此不细言。既如之，受此风气影响，在创作作品时讲究一些篇章之义（或者说文法、篇法、章法），应是正常不过的。如《文心雕龙·总术》云："知夫调钟未易，张琴实难。伶人告和，不必尽窕槬桰之中；动用挥扇，何必穷初终之韵；魏文比篇章于音乐，盖有征矣。""魏文比篇章于音乐"，即曹丕《典论·论文》云"文以气为主，气之清浊有体，不可力强而致。譬诸音乐，曲度虽均，节奏同检；至于引气不齐，巧拙有素，虽在父兄，不能以遗子弟"。这两条资料的具体意旨可搁置不议，但就曹丕以篇章比之音乐而言，不难发现其实篇章的实际创作和音乐（音乐其实也是一种作品）有着某种共通之处，即遵循一定法度，这个法度就是篇章之义。若要深入探讨篇、章二字的含义，则更能发现其与音乐的共通。《说文》云："章，乐竟为一章。从音从十。十，数之终也。"十是个位终了之数，合起来表示音乐完毕，这说明"章"有"终了"的含义，预示乐的结束。《文心雕龙》云："积句而成章，积章而成篇。"若视魏律为一个"作品"的话，那么在当时环境之下，其他作品的创作规律、风气或会影响魏律的编纂体系。[4]

---

[1] [日] 大庭修著，林剑鸣等译：《秦汉法制史研究》，上海：上海人民出版社1991年版，第6—7页。
[2] 韩树峰曾从名理玄学角度对此分析："魏晋法律在形式即体例方面具有浓重的名理学化、玄学化色彩。当时舍具体、重抽象的学术风气，名理学'循名责实'的特点，玄学重视理论辨析、抽象思维的风格，对法律制定产生了深刻影响。具有刑法总则性质的《刑名律》、《法例律》的出现，以及对律目篇章的调整和析分，更是时学术风气的直接产物。因此，名理学和玄学是推动魏晋法律新体例确立的主要动力。"（《魏晋法律体例的变化与学术风气之关系》，载《中国人民大学学报》2007年第4期）。
[3] 《宋书》卷六七《谢灵运传》，北京：中华书局1974年版，第1778页。
[4] 笔者曾就汉魏间律章句之删减有过讨论，认为其受经学章句、史学删减之风的影响。从此也可以看出各种学术间的相互联系，相反，某一学术发生变动也影响他者。

若说音乐之篇章有"终"的意义，魏改刑名并置篇首也会有这方面的考虑，只不过在魏律篇章之义上，魏人注重的是"始"而已。"罪条例既不在始，又不在终，非篇章之义"在此就不难理解了：任何题材的作品，作为纲领性统领全作品的某篇，其所处或在始或在终，断不会横据在中、扰乱前后，魏律要谋篇布局当然也要循此或始或终的篇章之义。

（五）魏律序略与刘劭《律略论》

《三国志》云刘劭作《新律》十八篇，著《律略论》。《隋书·经籍志》刑法类云梁有"刘邵《律略论》五卷，亡"。《旧唐书·经籍志》刑法类云"《律略论》五卷（刘邵撰）"。《新唐书·艺文志》刑法类有"刘邵《律略论》五卷"。《补三国艺文志》《三国艺文志》皆收入刑法类。刘劭《律略论》又称《律略》。《北堂书钞·刑法部·律令》"悬之象魏"条引刘劭云："删言旧科，采汉律为魏律，悬之象魏。"《太平御览·刑法部·科》引刘劭《律略》云："删旧科，采汉律为魏律，悬之象魏。"此皆《律略论》佚文。《全三国文》卷三二刘劭部分收入《新律序略》，又补上引《御览》"刘劭《律略》"佚文增入《新律序略》中。[1] 目前所见魏律序略文字不多，但刘劭《律略论》却有五卷，疑魏律序略仅是《律略论》一部分，魏律序略的作者即刘劭。[2]

冯友兰认为《律略论》"大概是关于《新律》的理论说明"。但又认为"《刘劭传》所说的《法论》，可能就是《律略论》。这个著作，附于《新律》，就叫《律略论》。《人物志》如果不是《新官考课》所附的《说略》的扩大，也是同《都官考课》有关系的著作"[3]。《刘劭传》云刘劭著《律略论》后，又云其"凡所撰述，法论、人物志之类百馀篇"[4]。若《法论》是《律略论》，陈寿当不会混淆书名，故二者有别，冯氏猜测有失。《律略论》与魏律的关系应同《说略》与《都官考课》的关系一样，都是对制度"化略

---

[1] 姚振宗《三国艺文志》亦云《御览》所引"似序言中语"。
[2] 《全后汉文》卷三三却云劭有《律略论》五卷，在《全三国文》却不云刘劭有《律略论》，故严氏失察。沈家本亦云："《（应）劭传》不载此书，《旧唐书·经籍志》刘劭《律略论》五卷列于汉人之书，疑一书，而传写伪也。"（《历代刑法考》，北京：中华书局1985年版，第879页。）
[3] 冯友兰：《中国哲学史新编》（中卷），北京：人民出版社1998年版，第383、384页。按吕思勉《吕思勉读史札记》云："《晋志》所谓《序略》，当即《劭传》所谓《略论》也"（上海：上海古籍出版社2005年版，第974页）。但《吕著中国通史》第十章刑制又称"陈群《魏律序》"云云。（上海：华东师范大学出版社1991年版，第164页。）
[4] 《三国志》卷二一《魏书·刘劭传》，371。

较要"的论述,[1]《法论》应是另外的著作,即《隋书·经籍志》法家部所云"梁有《法论》十卷,刘邵撰"是也。《旧唐书·经籍志》法家部有"《刘氏法言》十卷(刘邵撰)"。《新唐书·艺文志》法家类有"《刘氏法论》十卷,刘邵"。《补三国艺文志》《三国艺文志》皆收是书入法家类。《历代刑法考》虽置《律略论》《法论》于一目,但亦云"恐是二书"[2]。故《律略论》非《法论》。

(六) 对主张乏留律单行说的质疑

沈家本、程树德等人认为魏正律之外仍有追加律(单行律、副律),即乏留律。笔者赞成滋贺所提出的自魏始已无单行律说;[3] 在前文论述陈顾远说时也提到,若说魏还有"正律",能与之相配者非十八篇莫属。

需指出的是魏正律外无单行律,并非为了配合囚律已亡之说,而将乏留强行加入十八篇内。但又有什么理由将乏留排除在十八篇外呢?汉单行律虽多,这并不意味着魏会继承此事实。再者,魏律序略对汉单行律的追述或改动也仅限于金布律一篇而已。若魏尚有单行律,且新设了一篇单行律——乏留律的话,如此重要的问题,魏人是否要在魏律序略中稍作交代呢?但在魏律序略中,已看不到大乐律、尉律、上计律、酎金律、钱律、田律……这些汉单行律的踪迹。主张乏留律单行说者,是要认真考虑一下这些单行律的去向的。若说魏律序略对这些汉单行律的去向不作交代是因为仍其旧而省文,那么魏保留这么多单行律还有何意义呢?这不是更加"本体相离",不能"都总事类"吗?从内容上看,乏留律的构成与劫略、兴擅、惊事等律一样,都是拆分汉律、令、科等内容进行分类组合,在编纂技术一样的前提下,实

---

[1]《三国志》卷二一《魏书·刘劭传》记载,青龙中夏侯惠荐刘劭云:"伏见常侍刘劭,深忠笃思,体周于数,凡所错综,源流弘远,是以群才大小,咸取所同而斟酌焉。故性实之士服其平和良正,清静之人慕其玄虚退让,文学之士嘉其推步详密,法理之士明其分数精比,意思之士知其沈深笃固,文章之士爱其著论属辞,制度之士贵其化略较要,策谋之士赞其明思通微,凡此诸论,皆取适己所长而举其支流者也。"其言法理之士、制度之士对刘劭的赞美,也可佐证刘劭制定新律、创建曹魏制度的重要贡献。由"制度之士贵其化略较要"之言,不难想象这也是对刘劭《律略论》最好的评价。

[2] [清] 沈家本:《历代刑法考》,北京:中华书局1985年版,第890页。

[3] [日] 滋贺秀三:《曹魏新律十八篇篇目考》,收入刘俊文主编,姚荣涛、徐世虹译:《日本学者研究中国史论著选译》第8卷,北京:中华书局1992年版,第92—93页。滋贺认为:"依照以往诸说的见解,不得不认为在魏新律十八篇之外,还存在着一、二篇单行律,但是根据囚律被废除这个事实,现在就没有必要再这样看了。摆脱这个'不得不认为'的束缚、不带成见地观察,事实上也许并不存在单行律。因为《晋志》所载的《序略》在结束关于魏律篇目的叙述时,多少带着一点扬扬自得的口气说:'于正律九篇为增,于旁章科令为省矣',讲这个话的前提是,作为那次编纂事业的成果,律已被整理成齐整利落的十八篇。因此,在魏编纂新律以来,历史上不再存在所谓的单行律了。"

在不能想象乏留律单行的原因。若其单行，必要性、可行性何在？是因乏留律的内容特殊、处罚规定不同，故导致其单行不在正律之中——与单纯围绕"别为乏留"中"别"的含义展开讨论——这个问题反而是主张乏留律单行说者更需要关注和进行论证的。

（七）一个值得反思的问题

滋贺立论后，堀敏一、冨谷至等日本学者就其说进行重述、分析时（1996—2001），恰好也是中国学者对此问题多有发挥之际，但从他们的文章却看不到征引中国学者的观点。相反，中国学者对此问题展开讨论时，并没有这方面的"洁癖"（在此借用滋贺之意），是否日人对域外学者的研究，视而不见听而不闻，或更热衷于将讨论的范围限制在其本国学术之内，这点是笔者不得其解的。

第三节　魏律律目、术语考

考证魏律者，程树德已有宏著，沈家本亦不乏精言。惜二者皆未就魏律目、术语详论，今私补之。近年出土晋律注为先人所未见，可引证之。故此部分略考魏律律目与术语以全程、沈之书。

一、魏律律目考——以魏律序略为基础

魏律律目，程氏《魏律考》无考，今以魏律序略为基础，仿程氏《晋律考》与沈家本《汉律摭遗》体例考之，并依十八篇次序归类（表3）。

表3　魏律律目归类

魏律归属	魏律目	汉法归属
1. 刑名	罪例	具律
2. 盗律	魏律序略阙载	盗律
3. 劫略律	劫略	盗律
	恐猲	盗律
	和卖买人	盗律
	持质	科
4. 贼律	魏律序略阙载	贼律

续表

魏律归属	魏律目	汉法归属
5. 诈伪律	欺谩	贼律
	诈伪	贼律
	踰封	贼律
	矫制	贼律
	诈伪生死	囚律
	诈自复免	令丙
6. 请赇律	受所监	盗律
	受财枉法	盗律
	假借	杂律
	不廉	杂律
	呵人受钱	令乙
	使者验赂	科
7. 告劾律	告劾	囚律
	传覆	囚律
	告反	厩律
	逮受（验）	厩律
	登闻	科
	道辞	科
8. 捕律	魏律序略阙载	捕律
9. 系讯律	系囚	囚律
10. 断狱律	鞫狱	囚律
	断狱	囚律
	上狱	兴律
	考事	科
	报谳	科
11. 杂律	魏律序略阙载	杂律
12. 户律	魏律序略阙载	户律

续表

魏律归属	魏律目	汉法归属
13. 兴擅律	勃辱强贼	盗律
	擅兴徭役	兴律
	出卖呈	具律
	擅作修舍事	科
14. 毁亡律	贼伐树木	贼律
	杀伤人畜产	贼律
	诸亡印	贼律
	毁伤亡失县官财物	金布律
15. 乏留律	乏徭	兴律
	稽留	兴律
	储峙不办	贼律
	乏军之兴	厩律
	奉诏不谨	旧典（沈家本以为厩律）
	不承用诏书	旧典（沈家本以为厩律）
16. 惊事律	惊事告急	厩律
	烽燧	兴律
	其他（魏律序略阙载）	科、令、烽火品约
17. 偿赃律	还赃畀主	盗律
	罚赎、入责以呈黄金为价（偿）	金布律
	平庸坐赃	科
18. 免坐律	免（坐）例	监临部主例、见知故纵例、科
	从坐（诸律令有教制，本条无文）	阙考

下就表3所列律目略作释义，个别律目因有商榷、发挥余地，后文也会再作讨论。其他律目，如《晋志》另云大逆无道（言语及犯宗庙、陵园），谋反大逆，贼斗杀人，过误相杀，杀母（继母），殴兄妹，篡囚，囚徒诬告人反，投书，乞鞠等类，因以具体事例论之，故别入第三章魏罪名考中。

1. 劫略

亦劫掠，如夺人掠虏之类。张斐《注律表》云"攻恶谓之略"，虽与强盗事相似；但魏或因其此类事甚多，独设劫略律，详论见第三章魏罪名考。

2. 恐猲

《汉书·王子侯表》中有"坐缚家吏恐猲受赇，弃市"；"坐恐猲，取鸡以令买偿免"；"坐恐猲国人，受财臧五百以上"；"坐恐猲国民取财物"等事。《汉书·王莽传》颜注"猲，以威力胁之也"。魏之恐猲或有恐猲受赇、取财之类。张斐《注律表》云"持质似恐猲"；"律有事状相似而罪名相涉者……将中有恶言为恐猲"。魏置持质、恐猲皆入劫略律，当因"似"故。

3. 和卖买人

略卖人为奴婢之属。《宋书·何承天传》载："有尹嘉者，家贫，母熊自以身贴钱，为嘉偿责。坐不孝当死。承天议曰：'被府宣令，普议尹嘉大辟事，称法吏葛滕签，母告子不孝，欲杀者许之。法云，谓违犯教令，敬恭有亏，父母欲杀，皆许之。其所告惟取信于所求而许之。谨寻事原心，嘉母辞自求质钱，为子还责。嘉虽亏犯教义，而熊无请杀之辞。熊求所以生之而今杀之，非随所求之谓。始以不孝为劾，终于和卖结刑，倚旁两端，母子俱罪，滕签法文，为非其条。"《魏书·刑罚志》有"盗律'掠人、掠卖人、和卖人为奴婢者，死'"；"律称和卖人者，谓两人诈取他财"，云云。知晋以后律皆有和卖人一目，是晋除魏劫略律，或复入盗律中。

4. 持质

张斐《注律表》云："律有事状相似而罪名相涉者……劫召其财为持质"，似持人为质以求财也。但考魏事，持人为质者也有不为财者，详论见后，不为财者或劫略之属。

5. 欺谩、诈伪、诈伪生死、诈自复除

《说文》云："谩，欺也。"欺谩亦称谩，轻谩、悖谩皆此类。如《汉书·王子侯表》云河间献王子"坐恐猲取鸡以令买偿免，复谩，完为城旦"；代共王子"坐上书谩，耐为鬼薪"；胶东戴王子"坐上书谩，免"。《汉书·景武昭宣元成功臣表》云赵不虞"坐为定襄都尉，匈奴败，太守以闻非实，谩，免"；郝贤"坐为上谷太守入戍卒财物，上计谩，免"。颜注："上财物之计簿而欺谩不实。"汉哀帝时曾除诽谤诋欺之法，知诋欺亦欺谩之属。张斐《注律表》云"违忠欺上谓之谩"。沈家本云欺谩、诈伪有害于人民，踰封、矫制有害于国家。[1] 又云"欺谩者，事之对于君上者也，诈伪者，事之对于人民者也"[2]。或谓诈者，虚言以取利。伪者，造私物，如盗铸钱。诈伪生死，汉有阳病，唐律有"诈病死伤不实"，诈伪生死即其本。《汉书·高帝纪》云："关中卒从军者，复家一岁。"颜注："复者，除其赋役也。"《汉

---

[1] [清] 沈家本：《历代刑法考》，北京：中华书局1985年版，第1371页。
[2] [清] 沈家本：《历代刑法考》，北京：中华书局1985年版，第1436页。

书·元帝纪》云:"以用不足,民多复除,无以给中外繇役。"诈自复除谓不得复出而逃避之即为诈,唐诈伪律"诈自复除,徒二年"。《说文》:"欺,诈欺也。""伪,诈也。"《荀子·性恶》:"欺诬诈伪也。"《礼记·月令》:"无或诈伪淫巧。"《尔雅》:"诈,伪也。"是诈、欺、伪、谩皆可互训,魏以欺诈事统归一律,或取此义。

6. 逾封

李悝《法经》有"逾制",汉称"逾封"。沈家本谓"逾制所包者广,逾封则限于封域,有无分别,亦不能详"[1]。又归附益、左官、外附诸侯、名田他县、阿党、藩王不宜私通宾客、阿附、逾移等入汉律"逾封"一目。查《汉书·百官公卿表》颜注:"《汉官典职仪》云刺史班宣,周行郡国,省察治状,黜陟能否,断治冤狱,以六条问事,非条所问,即不省。一条,强宗豪右田宅逾制,以强凌弱,以众暴寡。"《汉书·游侠传》:"(原)涉治冢舍,奢僭逾制。"《后汉书·和帝纪》载永和十一年(99)诏曰:"吏民逾僭,厚死伤生,是以旧令节之制度。顷者贵戚近亲,百僚师尹,莫肯率从,有司不举,怠放日甚。又商贾小民,或忘法禁,奇巧靡货,流积公行。其在位犯者,当先举正。市道小民,但且申明宪纲,勿因科令,加虐羸弱。"《后汉书·马援传》:"(马)防兄弟贵盛,奴婢各千人已上,资产巨亿,皆买京师膏腴美田,又大起第观,连阁临道,弥亘街路,多聚声乐,曲度比诸郊庙。宾客奔凑,四方毕至,京兆杜笃之徒数百人,常为食客,居门下。……有司奏防、光兄弟奢侈逾僭,浊乱圣化,悉免就国。"《后汉书·舆服志》:"故礼尊尊贵贵,不得相逾,所以为礼也。"似逾封者多与田宅、蓄奴、礼制奢侈相涉。故沈氏又云:"凡奢侈未有不逾制者,其事相因也。""名田、蓄奴婢各有限,过律即为逾制,可见淫侈、逾制二事之难别也。"[2] 曹操时亦多禁奢华过度,如卞太后言:"居处当务节俭,不当望赏赐,念自佚也。外舍当怪吾遇之太薄,吾自有常度故也。吾事武帝四五十年,行俭日久,不能自变为奢,有犯科禁者,吾且能加罪一等耳,莫望钱米恩贷也。"[3] 曹植妻

---

[1] [清]沈家本:《历代刑法考》,北京:中华书局1985年版,第1371—1372页。
[2] [清]沈家本:《历代刑法考》,北京:中华书局1985年版,第1524、1525页。汉逾制尚有以下例:《汉书·成帝纪》:"圣王明礼制以序尊卑,异车服以章有德,虽有其财,而无其尊,不得逾制。"《汉书·谷永传》:"籍税取民不过常法,宫室车服不逾制度。"《汉书·外戚传》:"葬逾制度。"《汉书·王莽传》:"骄奢逾制者,凶害之端也。"《后汉书·刘隆传》:"河南帝城,多近臣,南阳帝乡,多近亲,田宅逾制,不可为准。"《后汉书·第五伦传》:"诸王主贵戚,骄奢逾制,京师尚然。"《后汉书·宋均传》:"夫送终逾制,失之轻者。"《后汉书·皇甫嵩传》:"中常侍赵忠舍宅逾制,乃奏没入之。"《后汉书·宦者传》:"丧葬逾制,奢丽过礼。"
[3] 《三国志》卷五《魏书·后妃传》注引《魏书》,96。

衣绣，以违制命还家赐死。[1]《晋书·王敦传》云：刘隗"大起事役，劳扰士庶。外托举义，内自封植。奢僭过制，乃以黄散为参军，晋魏已来，未有此比"。此亦魏晋诈伪之例。

7. 矫制

魏人如淳引汉律"矫诏大害，要斩。有矫诏害，矫诏不害"。《晋书·楚王玮传》："诏以玮矫制害二公父子，又欲诛灭朝臣，谋图不轨，遂斩之。"《晋书·刘琨传》："擅诏有罪，虽小必诛。矫制有功，虽大不论。"此言"有功"当指"不害"之类，知魏晋律皆有矫制之目。

8. 受所监

《汉书·景帝纪》载景帝元年诏廷尉、丞相议吏受所监临之罪轻重，时议著令"吏及诸有秩受其官属所监、所治、所行、所将，其与饮食计偿费，勿论"[2]，知监临官受属僚饮食若计费偿还可免罪，不偿者则入罪。魏例详考见后文胡质事。

9. 受财枉法

《史记·滑稽列传》云："受赇枉法，为奸触大罪，身死而家灭。"《汉志》云："吏坐受赇枉法，守县官财物而即盗之，已论命复有笞罪者，皆弃市。"颜注："吏受赇枉法，谓曲公法而受赂者也。守县官财物而即盗之，即今律所谓主守自盗者也。杀人害重，受赇盗物，赃污之身，故此三罪已被论名而又犯笞，亦皆弃市也。"《后汉书·张升传》云："吏有受赇者，即论杀之。"《后汉书·西羌传》云："任尚与遵争功，又诈增首级，受赇枉法，臧千万已上，槛车征弃市。"张斐《注律表》云："呵人取财似受赇；""律有事状相似而罪名相涉者……以罪名呵为受赇……即不求自与为受求，所监求而后取为盗赃。"则魏受赇非"不求自与"之类，其受财枉法亦当入重罪。沈家本谓此受所监、受财枉法二事"迹其贪心，与盗无殊，故古人入之《盗律》，魏分出为《请赇律》，失古意"[3]。按晋有请赇律、梁有受赇律、北周有请求律，皆循魏制。请赇独成一篇，或魏人特重其事之故，沈说未免偏颇。

10. 假借、不廉

《汉书·贾谊传》云："古者大臣有坐不廉而废者，不谓不廉，曰簠簋不饰。"不廉即受赃事，与假借相别。沈家本考汉"假借"事有取息过律、不偿责、当归宅不与、加贵取息坐赃等，魏无事可征。《宋书·吴喜传》云："喜自得军号以来，多置吏佐，是人加板，无复限极。为兄弟子侄及其同堂群从，乞东名县，连城四五，皆灼然巧盗，侵官夺私。……船车牛犊，应为

---

[1]《三国志》卷一二《魏书·崔琰传》注引《世语》，225。
[2]《汉书》卷五《景帝纪》，北京：中华书局1962年版，第140页。
[3] [清] 沈家本：《历代刑法考》，北京：中华书局1985年版，第1371页。

公家所假借者，托之于喜，吏司便不敢问。它县奴婢，入界便略。百姓牛犊，辄牵杀啖。州郡应及役者，并入喜家。喜兄茹公等悉下取钱，盈村满里。"知吴喜亲属多托其名违反假借之制，而法不能禁之。唐厩库律有假借官物逾期不还入罪规定，魏之假借事或有此类。

11. 呵人受钱

《周礼·地官·比长》："若无授无节，则唯圜土内之。"郑注："乡中无授，出乡无节，过所则呵问，系之圜土，考辟之也。"贾疏："所过之官司，见即呵问之。必知有呵问之者，若不呵问穷诘，则虚实难明，故知呵问也。"此"呵问"即呵人之意，与恐猲不同。呵人受钱虽与受赇归在请赇律中，但据张斐《注律表》云："律有事状相似而罪名相涉者……不以罪名呵为呵人"，可知此别于"以罪名呵"之受赇。晋请赇律当承魏，故张斐之言也可证魏事。

12. 使者验赂

疑为使者受命案验贿赂之狱而生违法之举。汉魏皆无事例可征。

13. 告劾、传覆

《晋志》云魏改汉律，"囚徒诬告人反，罪及亲属，异于善人，所以累之使省刑息诬也"。此魏告劾之例，知魏律重于汉法。或谓传覆者，传，逮也；覆，覆按也。传逮罪人而覆按（案）、覆问之意。沈家本云："此乃鞫囚之事，而非告劾之事，魏分入《告劾律》，未详其义。"[1]《汉书·元帝纪》云："今不良之吏，覆案小罪，征召证案，兴不急之事，以妨百姓。"《荀子·不苟》："小人能则倨傲僻违以骄溢人，不能则妒嫉怨诽以倾覆人。"《汉志》："雄桀之士，因势辅时，作为权诈，以相倾覆；""今郡国被刑而死者岁以万数，天下狱二千余所，其冤死者多少相覆，狱不减一人。"《汉书·严延年传》："覆劾延年阑内罪人。"颜注："覆，反也，反以此事劾之。"《潜夫论·述赦》："淑人君子，为谗佞利口所加诬覆冒。"刘向《列女传·齐威虞姬》："即陷难中，有司受赂，听用邪人，卒见覆冒，不能自明。"《后汉书·刘瑜传》："民无罪而覆入之。"魏之传覆或取此义，以因怨诽倾覆他人归入告劾之类。

14. 告反

《汉书·高惠高后文功臣表》云："淮南王英布中大夫，告反，侯，一千户。"《汉书·景武昭宣元成功臣表》："以告反者太原白义等侯，千一百五十户。"《汉书·衡山王赐传》云淮南王谋反，"（刘）孝先自告反，告除其罪"。颜注："先告有反谋，又告人与己反，而自得除反罪。"魏之告反或得

---

[1]〔清〕沈家本：《历代刑法考》，北京：中华书局1985年版，第1373页。

除罪、赏赐，其特例详见后文对钟会案讨论。

15. 逮受（验）

《汉书·杜周传》云："周为廷尉，诏狱亦益多矣。二千石系者新故相因，不减百余人。郡吏大府举之廷尉，一岁至千余章。章大者连逮证案数百，小者数十人。远者数千里，近者数百里。会狱，吏因责如章告劾，不服，以掠笞定之。于是闻有逮证，皆亡匿。"沈家本考云："郡府之事，悉归廷尉，廷尉受而逮治之，远者至数千里，近亦数百里，其往来当乘传，故入（汉）《兴律》，此似可谓之逮受矣。"[1] 魏入告劾律，或以其告劾后需逮受验证。

16. 登闻、道辞

沈家本云："似即登闻鼓，特未有明文可证耳。登闻者，有变事及急闻则登之。道辞者，听其辞以集奏之也。"[2] 则登闻与道辞有别。《汉书·萧何传》云："上罢布军归，民道遮行，上书言相国强贱买民田宅数千人。"颜注："在道上遮天子行。"考此事，道辞或是于御驾前辞告，即后世邀车驾之属。

17. 鞫狱、上狱

鞫或作鞠。《晋志》云魏"二岁刑以上，除以家人乞鞫之制，省所烦狱也"。《史记·樊郦滕灌列传》《集解》引邓展曰："律有故乞鞫。"《索隐》引《晋令》云："狱结竟，呼囚鞫语罪状，囚若称枉欲乞鞫者，许之也。"魏所除者，仅"二岁刑以上"，或尚有乞鞫之制。《周礼·秋官·朝士》郑众注："今时徒论决，满三月，不得乞鞫。"知汉乞鞫限以期日，魏或同。沈家本云："上狱疑为罪人在狱之法，无事可征"，姑列谒问囚、杀囚二事。《张家山汉简·兴律》简396—397："县道官所治死罪及过失、戏而杀人，狱已具，毋庸论，上狱属所二千石官。"知汉上狱事在兴律，规定县道官对死罪、过失杀、戏杀等案无终审权，需上移二千石官。又，《史记·张叔列传》云："（张）欧为御史大夫。自欧为吏，未尝言案人，专以诚长者处官。官属以为长者，亦不敢大欺。上具狱事，有可却，却之。不可者，不得已，为涕位面对而封之。"《汉书·杜周传》："每冬月封具狱日，常去酒省食。"颜注："狱案已具，当论决之，故封上。"《汉书·于定国传》："吏验治，孝妇自诬服。具狱上府……"颜注："具狱者，狱案已成，其文备具也。"这些资料提到的"上具狱事""具狱""具狱上府"等，反映的是某一级司法由于没有终审权力而将案件移交上级的规定。故《晋志》所言魏吸收汉兴律的"上狱之事"，此"上狱"即"上具狱事""具狱""具狱上府"等略语而已，即上狱具报之意，此可证以青龙四年（236）明帝诏："其令廷尉及天下狱官，诸

---

[1] [清] 沈家本：《历代刑法考》，北京：中华书局1985年版，第1618页。
[2] [清] 沈家本：《历代刑法考》，北京：中华书局1985年版，第1618页。

有死罪具狱以定，非谋反及手杀人，亟语其亲治，有乞恩者，使与奏当文书俱上，朕将思所以全之。"[1] 魏或在断狱律中。

18. 考事

沈家本云汉"寻常考事不得在《兴律》，此必遣使赴郡国考事"[2]。遣使者分赴郡国治狱。《后汉书·马援传》云凉州刺史尹业"每行考事，辄有物故"。李贤注："考，按也。"《后汉书·郎颉传》："方今中官外司，各各考事，其所考者，或非急务……王者因天视德，奉顺时气，宜务崇温柔，遵其行令。而今立春之后，考事不息，秋冬之政，行乎春夏，故白虹春见，掩蔽日曜。"《后汉书·刘瑜传》："州郡官府，各自考事，奸情赇赂，皆为吏饵。"魏之考事为案行考验之类，讯囚问狱在其中，非独遣使为之。

19. 报谳

《史记·酷吏列传》云，张汤"奏谳疑事，必豫先为上分别其原，上所是，受而著谳决法廷尉絜令扬主之明"。《汉书·景帝纪》："诸狱疑，若虽文致于法而于人心不厌者，辄谳之；""狱疑者谳有司。有司所不能决，移廷尉。有令谳而后不当，谳者不为失。"《后汉书·郭躬传》云，章和元年"赦天下系囚在四月丙子以前减死罪一等，勿笞，诣金城，而文不及亡命未发觉者……躬奏谳法科，多所生全"。《后汉书·百官志》云，廷尉"凡郡国谳疑罪，皆处当以报"。"治书侍御史二人，六百石。本注曰：掌选明法律者为之。凡天下诸谳疑事，掌以法律当其是非。"《晋志》云陈宠"除文致之请，谳五十余事，定着于令"。知报（奏）谳即罪有疑者不能决者上报请决之制。沈家本云："论报之法遣使与寻常同"，即谓论报与"考事报谳"为一事。论报仅与报（奏）谳同，而与考事有别。又《汉书·陈汤传》云"故移狱廷尉"。如淳注："如今谳罪轻重。"所言今者即魏也。《宋书·百官志》云："汉东京使明法律者为之，天下谳疑事，则以法律当其是非。魏、晋以来，则分掌侍御史所掌诸曹，若尚书二丞也。"此皆魏奏谳之证。

20. 劫辱强贼

张斐《注律表》云："加殴击之为戮辱。"强贼已被拘执，本应送官却自行殴辱，致有杀伤，即不得不为之擅，故魏入兴擅律。沈家本云唐律"罪人已就拘执及不拒捍而杀，或折伤之，各以斗杀伤论"规定即本此。[3]

21. 出卖呈、擅作修舍事

《说文》云："呈，平也。"与程通，法式之意，出卖呈即出卖之法式。沈家本云："诸兴事大者，其宫室之类乎。有呈即不得擅行出卖，则又与擅

---

[1]《三国志》卷三《魏书·明帝纪》，66。
[2][清]沈家本：《历代刑法考》，北京：中华书局1985年版，第1590页。
[3][清]沈家本：《历代刑法考》，北京：中华书局1985年版，第1409页。

事相关。"[1] 唐擅兴律有兴造当言上而不言上、非法兴造之事，魏擅作修舍事或此类。

22. 贼伐树木

沈家本考汉贼律此目，仅列《周礼·地官》"封树"为界文，并云："贼者有心之谓，即《唐律》之弃毁器物稼穑也。贼伐者不必非封树，而封树亦在其中，其事无征，姑缺之。"魏景初二年（238）诏："昔汉高祖创业，光武中兴，谋除残暴，功昭四海，而坟陵崩颓，童儿牧竖践蹈其上，非大魏尊崇所承代之意也。其表高祖、光武陵四面百步，不得使民耕牧樵采。"[2] 虽未言"耕牧樵采"的后果，但此禁之，当有所罚以示尊旧宾之礼，亦美能魏禅代之事。又，张家界古人堤遗址东汉简牍汉律"贼律"残篇有"贼伐燔□"；[3] 张家山汉简《贼律》简4—5："贼燔城、官府及县官积（聚），弃市。燔寺舍、民室屋庐舍、集聚，黥为城旦舂。其失火延燔之，罚金四两，偿所燔。"知汉有"贼燔"事。又，张斐《注律表》："贼燔人庐舍积聚，盗赃五匹以上，弃市；即燔官府积聚盗，亦当与同。"唐贼盗律有"故烧舍屋而盗"条。燔有毁坏性质，但汉晋唐之燔人庐舍积聚皆以贼事而入盗论，魏律序略未言魏毁亡律及此，则魏"贼燔"事仍在贼律。

23. 杀伤人畜产

《周礼》："凡祭祀，共其享牛、求牛，以授职人而刍之。"郑司农注"享牛，前祭一日之牛也。求牛，祷于鬼神，祈求福之牛也。"《韩非子·外储说下》云："秦襄王病，百姓为之祷，病愈，杀牛塞祷。"知民间有以牛祷病，病愈杀牛以回报神灵庇护。但耕牛作为重要生产工具，受到严格保护。杀牛之禁，汉制本严，如建安时"曲周民父病，以牛祷，县结正弃市"[4]。张家山汉简《贼律》："贼杀伤人畜产，与盗同法。畜产为人牧而杀伤口。"魏承用之而与毁伤他物入毁亡律中，较汉法为轻。又，张家山汉简《贼律》："犬杀伤人畜产，犬主赏（偿）之。"《流沙坠简释文》卷二简56："言律曰：畜产相贼杀，参分偿和，令少仲出钱三千，及死马骨肉，付循请平。"王国维以其即汉贼律文。或魏亦有畜产相互杀伤，主人偿值之制。

24. 毁伤亡失县官财物、诸亡印

汉之县官即天子、国家，魏亦用以指代官物。《汉书·王子侯表》云祝兹侯延年"坐弃印绶出国免"。《后汉书·樊宏传》："河南县亡失官钱，典负

---

[1] [清] 沈家本：《历代刑法考》，北京：中华书局1985年版，第1375页。
[2] 《三国志》卷三《魏书·明帝纪》，69。
[3] 湖南省文物考古研究所等：《湖南张家界古人堤遗址简牍释文与简注》，载《中国历史文物》2003年第2期。
[4] 《三国志》卷二二《魏书·陈矫传》，385。

者坐死及罪徙者甚众，（宏）遂委责于人，以偿其耗。"汉亡印在贼律，张家山汉简《贼律》："亡印，罚金四两，而布告县官，毋听亡印。"亡印罪轻，且公告后又得免罪，魏法或同。张家山汉简《贼律》别有亡"书""符券""入门卫木久""塞门城门之钥"等物，"罚金各二两"；又有"毁封，以它完封印印之，耐为隶臣妾"。此皆亡失县官财物之属，可证《晋志》所云魏改汉贼律诸亡印事。又，张家山汉简《金布律》："亡、杀、伤县官畜产，不可复以为畜产，及牧之而疾死，其肉、革腐败毋用，皆令以平贾（价）偿。入死、伤县官，贾（价）以减偿。""亡、毁、伤县官器财物，令以平贾（价）偿。入毁伤县官，贾（价）以减偿。"《晋志》云魏改汉金布律"毁伤亡失县官财物"事入毁亡律，应即此类律文，似又与偿赃律相涉。魏末曹奂曾下诏"大赦天下……亡失官物及负官责逋欠，一切亡叛略人，赦书到后，百日不自出，复罪如初。敢以赦前事相告言，皆以其罪罪之"[1]。既赦亡失官物之罪，魏律有此文是为确证。又，《晋志》载晋惠帝时裴頠言："旧宫掖陵庙有水火毁伤之变，然后尚书乃躬自奔赴，其非此也，皆止于郎令史而已"，云云。所言旧者应指汉魏之制，知宫掖陵庙有水火毁伤，相关官员有勘验之责。又载裴頠云："元康四年，大风之后，庙阙屋瓦有数枚倾落，免太常苟寓。于时以严诏所谴，莫敢据正……会五年二月有大风，主者惩惧前事。臣新拜尚书始三日，本曹尚书有疾，权令兼出，按行兰台。主者乃瞻望阿栋之间，求索瓦之不正者，得栋上瓦小邪十五处。或是始瓦时邪，盖不足言，风起仓卒，台官更往，太常按行，不及得周，文书未至之顷，便竞相禁止……近日太祝署失火，烧屋三间半。署在庙北，隔道在重墙之内，又即已灭，频为诏旨所问。主者以诏旨使问频繁，便责尚书不即案行，辄禁止，尚书免，皆在法外。"[2] 以上晋官物毁亡，主者入罪之例，亦可窥魏晋毁亡律之一端。唐杂律有诸弃毁、亡失及误毁官私器物，如符、印、门钥、官文书之类者，魏晋毁亡此类财物当在毁亡律中。

25. 稽留、乏军之兴

稽留，沈家本云"征人稽留及丁夫杂匠稽留"[3]。此目与奉诏不谨详考见后文。《汉书·高惠高后文功臣表》云，侯扶嗣"坐为东海太守行过擅发卒为卫，当斩"。《汉书·段会宗传》云，会宗"以擅发戊己校尉之兵乏兴，有诏赎论"。《汉书·王莽传》："未赐虎符而擅发兵，此弄兵也，厥罪乏兴。"

---

[1] [唐]许敬宗编，罗国威整理：《日藏弘仁本文馆词林校证》，北京：中华书局2001年版，第376页。《词林》是唐高宗时许敬宗奉敕编纂的千卷巨制诗文总集，其所存唐前资料价值极大。惜宋时散佚殆尽，赖东瀛尚有残本多种，国人至清咸丰年间《粤雅堂丛书》方开始整理校正。

[2] 《晋书》卷三〇《刑法志》，北京：中华书局1974年版，第934—935页。

[3] [清]沈家本：《历代刑法考》，北京：中华书局1985年版，第1375页。

颜注："擅发之罪，与乏军兴同科也。"《后汉书·李章传》："二千石行不得出界，兵不得擅发。"知擅发兵即乏军兴之属。

26. 储峙不办

汉魏有邸阁之类机构贮备积蓄物资，以备非常。对朝廷征调的物资不及时供给，则以"不办"入罪。如《史记·田叔列传》云，任安为三百石长，"坐上行出游共帐不办，斥免"。《史记·魏其武安侯列传》载，窦太后崩，御史大夫严青翟"坐丧事不办，免"。《晋书·石季龙载记》："制征士五人车一乘，牛二头，米各十五斛，绢十匹，调不办者以斩论。""不办"与"稽留""不奉诏书"均有不及时执行诏命、拖沓办事的性质。详考见后。

27. 惊事告急

沈家本以为惊事为警（备）事，故惊事律应为警事律。告急即军中告急，遣使乞援之类。

28. 烽燧

沈家本考举烽燔燧、卫士给繇役、勿繇、擅发卒、擅罢等事皆关烽燧。擅发卒事在汉应为乏军兴之属，魏当在乏留律。勿繇而繇、卫士给繇役、擅罢在魏应是擅兴繇役之属，在兴擅律。则魏烽燧可考者有举烽燔燧之事。张家山汉简《兴律》："守燧乏之，及见寇失不燔燧，燔燧而次燧弗私（和），皆罚金四两。"《晋志》云魏以汉兴律烽燧事入惊事律，此可证。《墨子》："昼则举烽，夜则举火。"《说文》："烽燧，候表也。边有警，则举火也。"《史记·司马相如传》："夫边郡之士，闻烽举燧燔。"《索隐》韦昭注："烽，束草之长木之端，如挈皋，见敌则举烧之。燧者，积薪有难则焚之。烽主昼，燧主夜。"《汉书·贾谊传》："斥候望烽燧不得卧。"文颖注："边方备胡寇，作高土橹，橹上作桔皋，桔皋头兜零，以薪草置其中，常低之，有寇即火然举之以相告，曰烽。又多积薪，寇至即燃之，以望其烟，曰燧。"张晏注："昼举烽，夜燔燧也。"文、韦、张皆三国时人，烽燧事当能亲见，其说可信。汉有烽火品约，是关于以烽火进行联络通讯的规定，且对烽火信号也有具体规定。如《居延新简释粹》："烽火品，田官民、坞辟举烽和，毋燔薪，□坞辟田官举烽、燔三积薪，各如其部烽火品。"[1] 这些烽火品约或即《晋志》所言魏以"兴律烽燧及科令者，以为惊事律"之科令者。《晋书·范粲传》载司马师辅政时范粲迁武威太守，"是时戎夷颇侵疆场，粲明设防备，敌不敢犯，西域流通，无烽燧之警"。此以烽燧借指战事。又如《三国志·吴书·华核传》："应烽燧之急，驱怨苦之众。"《三国志·吴书·陆凯传》："江渚有难，烽燧互起。"《晋书·陆机传》："烽燧罕惊，封域寡虞。"《晋

---

[1] 李均明：《秦汉简牍文书分类辑解》，北京：文物出版社2009年版，第227页。李书收录了不少汉简关于烽火品约的规定，兹不赘录。

书·范宁传》："今四境晏如，烽燧不举。"《宋书·何承天传》："贪祸恣毒，无因自反，恐烽燧之警，必自此始。"《魏书·李崇列传》："两境交和，无复烽燧之警。"晋以后虽无此律，但世人也多以烽燧为惊事、战事之喻。

29. 还赃畀主

张家山汉简《盗律》简59："盗盗人。臧（赃），见存者皆以畀其主。"赃乃指所盗之物，对被告而言为赃物。张斐《注律表》："若得遗物强取强乞之类，无还赃法随例畀之文。"魏法当同。

30. 罚赎入责以呈黄金为价

沈家本以为价应作偿，与偿赃律对应。"罚赎、入责当分为二事。呈者程也，以法程定之也。黄金为偿，以黄金偿其赎与责也。"[1] 又云"入责"即《周礼·泉府》凡民之贷者以国服为之息也。[2] 按张家山汉简《金布律》："有罚、赎、责（债），当入金，欲以平贾（价）入钱，及当受购、偿而毋金，及当出金、钱县官而欲以除其罚、赎、责（债），及为人除者，皆许之。各以其二千石官治所县十月金平贾（价）予钱，为除。"据此"罚赎入责"非如沈说"罚赎、入责当分为二事"，应分指罚、赎、责三事。《晋志》"罚赎入责以呈黄金为价"一句或有讹误，"入责"可能是"入责"之误，[3] 此正与汉金布律所言"有罚、赎、责（债），当入金"相对应，即向官府缴纳罚金、赎金与偿还债务时要按照"呈"所规定的黄金价格缴纳。这个"呈"即如汉金布律的"二千石官治所县十月金平价"。

31. 平庸

汉有"平贾"之谓，《汉书·沟洫志》："治河卒非受平贾者，为著外徭六月。"苏林注："平贾，以钱取人作卒，顾其时庸之平贾也。"如淳注："律说，平贾一月，得钱二千。"《汉书·吴王刘濞传》："卒践更，辄予平贾。"服虔注："以当为更卒，出钱三百，谓之过更。自行为卒，谓之践更。吴王欲得民心，为卒者顾其庸，随时月与平贾也。"晋灼注："谓借人自代为卒者，官为出钱，顾其时庸平贾也。"平庸即平其贾值也，庸不平则计其赃。故魏入偿赃律中。

32. 坐赃

《汉书·景帝纪》："吏及诸有秩受其官属所监、所治、所行、所将，其与饮食计偿费，勿论。它物，若买故贱，卖故贵，皆坐赃为盗，没入臧县官。吏发民若取庸采黄金珠玉者，坐臧为盗。""吏发民若取庸采黄金珠玉者，坐

---

[1] ［清］沈家本：《历代刑法考》，北京：中华书局1985年版，第1378页。
[2] ［清］沈家本：《历代刑法考》，北京：中华书局1985年版，第1686页。
[3] "罚赎入责以呈黄金为价"一句还有可能是"罚、赎、责入钱以呈黄金为价"之误，但所指也仍是罚、赎、责三事。

臧为盗。二千石听者，与同罪。"韦昭注："发民，用其民。取庸，用其资以顾庸。"知汉制发民取庸以盗赃论，在盗律。沈家本云："此非盗赃而以盗赃之罪坐之，汉法以重论者。"[1] 魏入偿赃，以涉计赃之法，是入轻法。

二、魏律的若干术语——基于《晋律注》的推测与考证

传世文献所见魏律文无多，程树德《魏律考》仅得两条：

"科律大逆无道，父母妻子同产皆斩。"事见《三少帝纪》载甘露五年（260）司马昭上言："高贵乡公率将从驾人兵，拔刃鸣金鼓向臣所止；惧兵刃相接，即敕将士不得有所伤害，违令以军法从事。骑督成倅弟太子舍人济，横入兵陈伤公，遂至陨命；辄收济行军法。臣闻人臣之节，有死无二，事上之义，不敢逃难。前者变故卒至，祸同发机，诚欲委身守死，唯命所裁。然惟本谋乃欲上危皇太后，倾覆宗庙。……科律大逆无道，父母妻子同产皆斩。济凶戾悖逆，干国乱纪，罪不容诛。辄敕侍御史收济家属，付廷尉，结正其罪。"[2] 时在甘露，魏律已成，所言科律当魏贼律之文。《汉书·景帝纪》如淳注："律，大逆不道，父母妻子同产皆弃市。"如淳为魏人，所注者虽《汉书》，但时以"今者"（魏制）以况汉法，其注可证汉魏律之传承。又，嘉平六年（254）李丰等人欲诛司马师，事败收狱，钟毓奏："丰等谋迫胁至尊，擅诛冢宰，大逆无道，请论如法。"朝议李丰等人"包藏祸心，构图凶逆，交关阉竖，授以奸计，畏惮天威，不敢显谋，乃欲要君胁上，肆其诈虐，谋诛良辅，擅相建立，将以倾覆京室，颠危社稷。毓所正皆如科律，报毓施行"[3]。此云"论如法""所正皆如科律"亦指依魏贼律之文决之。又，《晋志》云魏改汉贼律，"但以言语及犯宗庙园陵，谓之大逆无道，要斩，家属从坐，不及祖父母、孙"，"不及祖父母、孙"一句或缀文于"父母妻子同产皆斩"后。

"盗郊祀宗庙御物者，无所少皆弃市。"《尚书正义·微子》孔颖达疏："汉魏以来著律皆云敢盗郊祀宗庙之物，无多少皆死。为特重故也。"程树德据此云："知魏律多与汉律同。"[4] 沈家本云："孔疏所言《汉律》，与释之所言轻重悬殊。孔氏既未亲见汉文，其所称当为魏氏改定之法，非汉之原文也。"[5]《史记·张释之列传》："律盗宗庙服御物者为奏，奏当弃市。"前引魏改汉贼律，"但以言语及犯宗庙园陵，谓之大逆无道，要斩"。此"犯宗庙

---

[1] ［清］沈家本：《历代刑法考》，北京：中华书局1985年版，第1688页。
[2] 《三国志》卷四《魏书·三少帝纪》，89—90。
[3] 《三国志》卷九《魏书·夏侯玄传》，182。
[4] 程树德：《九朝律考》，北京：中华书局2003年版，第194页。
[5] ［清］沈家本：《历代刑法考》，北京：中华书局1985年版，第1394页。

陵园"当及盗郊祀宗庙御物之类。又,《晋书·赵王伦传》云:"武帝受禅,封琅邪郡王。坐使散骑将刘缉买工所将盗御裘,廷尉杜友正缉弃市,伦当与缉同罪。有司奏伦爵重属亲,不可坐。谏议大夫刘毅驳曰:'王法赏罚,不阿贵贱,然后可以齐礼制而明典刑也。伦知裘非常,蔽不语吏,与缉同罪,当以亲贵议减,不得阙而不论。宜自于一时法中,如友所正。'帝是毅驳,然以伦亲亲故,下诏赦之。"赵王伦以议亲得赦,然刘缉不得免,自应弃市论。时晋律未成,必用魏律无疑。又《晋志》载晋惠帝时裴頠言:"昔汉氏有盗庙玉环者,文帝欲族诛,释之但处以死刑,曰:'若侵长陵一抔土,何以复加?'文帝从之。大晋垂制,深惟经远,山陵不封,园邑不饰,墓而不坟,同乎山壤,是以丘阪存其陈草,使齐乎中原矣。虽陵兆尊严,唯毁发然后族之,此古典也。若登践犯损,失尽敬之道,事止刑罪可也。"[1]知晋毁发陵园族刑,"登践犯损"或关盗郊祀宗庙御物之类,但言"事止刑罚",或即汉魏弃市之制。

魏律原文,实不敢臆度,唯以可征文献就相关术语等作一二考证;他如具体事例中所见魏法魏罚,权置魏罪名考中,不敢断为魏律原文,唯视之魏律有相关规定而已。故前后之文,看似参错,实为互证。

(一) 魏律的若干术语——基于《晋律注》捕律部分的推测与考证

颜师古《匡谬正俗》记:"问曰:今官曹文案于纸缝上署记谓之'款缝'者,何也?答曰:此语言元出魏晋律令。《字林》本作'鏉,刻也'。古未有纸之时,所有簿领皆用简牍,其编连之处恐有改动,故于缝上刻记之。承前以来,呼为'鏉缝'。今于纸缝上署名,犹取旧语呼为'鏉缝'耳。此义与'款'不同,不当单作'款'字耳。"[2]此为直言魏律律语之例。对于有些制度,在汉律、晋律、唐律中都有相同规定;有些晋的法律术语,承之秦汉,又传之隋唐。是否可以大胆推测,处于汉晋之间的魏律也是如此呢?作为法律术语,其形成、流传都经历一个过程,魏作为这些术语传播时代之一,毋庸置疑,这些术语同样通用于魏。前述出土之《晋律注》为我们研究晋律提供最直接的资料,也应是研究魏律的间接资料。

2010年曹旅宁与张俊民发表《玉门花海所出〈晋律注〉初步研究》一文(下简称"曹文")整理了部分晋捕律内容(依据是"□律第八",晋律

---

[1]《晋书》卷三〇《刑法志》,北京:中华书局1974年版,第934—935页。
[2][唐]颜师古:《匡谬正俗》卷六《鏉》,关中丛书本,陕西通志馆1936年排印。鏉缝源于古之契券傅别。颜师古云编连简牍恐有改动,其用虽与契券有别,但目的皆同,以防伪作篡改。魏晋之后又用印为之,称为印缝;书画上也有押缝之谓;今公文证明之所亦有骑缝,皆古法也。

中篇次第八者即捕律），并进行初步分类，凡三种[1]下录之，标"（小注）"者即指该文属于《晋律注》双行小注内容，余为晋捕律正文。就此三类为基础，以考魏律若干术语。

1. 以晋捕律释文一为资料

□律第八

军□有所违

入寇贼中□作□□还

……

诸□盗贼印□□物？

　谓以守物（小注）

　　　　通藏□

　　□……（小注）

　　　　□□盗贼边（小注）

　□……皆与同罪

　　　　……（小注）

　　　　……（小注）

　□上皆

　　　　……置署屯部（小注）

　　　　　□□（小注）

　□□□会征□及随军征行

　　　　　随□（小注）

---

[1] 曹旅宁、张俊民：《玉门花海所出〈晋律注〉初步研究》，载《法学研究》2010年第4期。目前所见《晋律注》释文也仅限于此，故全文录之。曹文除整理捕律外，还整理了诸侯律注，系讯律没有整理。曹文又言："《晋律注》和贴在棺材盖板上的《晋律注》以外的纸文书中还可以见到'亡捕令'，'如诸狱律'，'制在葬令'，'杂律'等有关晋律令篇目的信息。"曹氏2004年时曾言玉门花海出土棺材板上的纸上写有"《晋律》、《晋令》遗文，主要内容为晋律二十篇中的《捕律》、《违制律》、《诸侯律》以及《晋令》四十篇中的《捕亡令》、《丧葬令》"。（《张家山汉律研究》，中华书局2005年版，第132页注释2）据曹、张云《晋律注》所见晋律篇目释文"四条□二百廿九字，□□律注□□九□凡十三条五百九十六，□诸侯律注□廿录，文五万二千卅言，□律第八，盗律六百一十八字"。晋律篇次在八者为捕律。据此释文，凡数字后皆缀有"字""言"，则"□□律注□□九□凡十三条五百九十六，□诸侯律注□廿录"或释为"四条□二百廿九字，□□律注□□九□凡十三条五百九十六字，诸侯律注□廿录，文五万二千卅言，捕律第八，盗律六百一十八字"。《晋律注》抄写格式符合汉魏晋古写本风格，曹文云"《晋律注》有界栏即乌丝栏，为双行小注，有篇题，有墨钉标号，有计字尾题记载抄本每篇的律文条数、字数及可能是《晋律注》的总字数"，因为尾题记载字数的做法在汉魏间出土的简帛、石经中都曾出现。但是张、曹所言的"文五万二千卅言"可能是《晋律注》全文字数。据张俊民文所刊发的两幅照片看，除了五万二千卅言之外，并无统计性数字。

　　　　有欲入贼寇
　　　　　　随□轻重（小注）
　　□各加罪一等　　　女人
　　　　□□之也
　　·寇贼吏降及临战#□□□
　　与颇捕得□□告者罪□
　　　　　　　告　□□□?
　　不□告不得除
　　衣食寇□婢? 亡还论□
　　曹文以上律文（注）主要针对从军征讨中和亡入寇贼之人。
　（1）寇贼吏降及临战
　　曹文云寇贼本指蜀、吴，晋律成时，尚未灭吴，故晋律之寇贼已专指吴；并云此条"寇贼吏降及临战"规定是晋承魏律的表现。又，《三国志·吴书·黄盖传》载黄盖云："今贼寇未平，有军旅之务。"是贼寇、寇贼皆魏、蜀、吴于对方之蔑称。但并非在所有语境中，寇贼都指向吴。又，唐捕亡律"诸征名已定及从军征讨而亡者，一日徒一年，一日加一等，十五日绞；临对寇贼而亡者，斩。军还而逃亡者，同在家逃亡法。"则"寇贼吏降及临战"与"□□□会征□及随军征行"条或涉对从军征讨或临战时逃亡的处罚规定，魏当如是。
　（2）颇捕、除告者罪、尽告
　　《汉书·霍去病传》有"颇捕斩首虏万余级"。张家山汉简《二年律令》有"偏告""偏捕""颇告""颇捕""颇相捕"等词语，学界对此多有讨论[1]。张家山汉简整理者注释云："颇，少部分。《广雅·释诂》：'颇，少也。'"据此，"颇捕"即捕得少数人之意。陈伟云偏、颇是指共犯（或连坐者）中任何一方[2]。对于"颇"的含义，此从陈说（见表4）。

---

[1] 相关研究参见王子今：《张家山汉简〈贼律〉"偏捕"试解》，载《中原文物》2003年第1期。刘钊：《说张家山汉简〈二年律令〉中的"颇"》，载《简帛》第3辑，上海古籍出版社2008年版，第229—234页。刘云：《也说〈二年律令〉中的"颇"字》，2009年2月13日武汉大学简帛网首发，http：//www.bsm.org.cn/show_article.php? id =991。单育辰：《也谈张家山汉简中的"偏捕"、"偏告"》，2009年10月6日武汉大学简帛网首发，http：//www.bsm.org.cn/show_article.php? id =1152。

[2] 参见陈伟：《〈二年律令〉"偏（颇）捕（告）"新诠》，2009年2月10日武汉大学简帛网首发，http：//www.bsm.org.cn/show_article.php? id =990。

表 4　汉律中关于"颇"的若干术语

序号	事例（着重号为笔者所加）	出处	备注
1	以城邑亭障反，降诸侯，及守乘城亭障，诸侯人来攻盗，不坚守而弃去之，若降之，及谋反者，皆要（腰）斩。其父母、妻子、同产，无少长皆弃市。其坐谋反者，能颇捕，若先告吏，皆除坐者罪。	《贼律》简 1—2	此条指谋反者的父母、妻子、同产中的任何人抓获谋反者；或谋反者的父母、妻子、同产中的任何人在谋反未发前向官府告发，所有连坐者都可免罪。
2	劫人、谋劫人求钱财，虽未得若未劫，皆磔之。完其妻子，以为城旦舂。其妻子当坐者颇捕，若告吏，吏捕得之，皆除坐者罪。	《盗律》简 68—69	此条意与序号 1 同，但家属给予"若告吏"除罪的前提是告发后"吏捕得之"，若不能捕之，则不能免。
3	相与谋劫人、劫人，而能颇捕其与，若告吏，吏捕颇得之，除告者罪，有（又）购钱人五万。所捕、告得者多，以人数购之，而勿责其劫人所得臧（赃）。所告毋得者，若不尽其与，皆不得除罪。	《盗律》简 71	此条指共同犯罪之人如自身能捕获同党；或向官府举报，官府基于此线索能捕获其他共同犯罪之人，该罪犯可得免罪。如举报后官府未捕获其同党；或（"不尽告"）不如实告发，则不能免罪。
4	诸予劫人者钱财，及为人劫者，同居智（知）弗告吏，皆与劫人者同罪。劫人者去，未盈一日，能自颇捕，若颇告吏，皆除。"	《盗律》简 72—73	此条意与前同，唯免罪的对象是曾经资助罪犯或同居者。
5	盗铸钱及佐者，弃市。同居不告，赎耐；正典、田典、伍人不告，罚金四两，或颇告，皆相除。	《钱律》简 201—202	
6	盗铸钱及佐者，智（知）人盗铸钱，为买铜、炭，及为行其新钱，若为通之，而能颇相捕，若先自告、告其与，吏捕颇得之，除捕、〔告〕者罪	《钱律》简 206—207	如舍匿者能抓捕或举报之，则可免罚。

据以上知汉律鼓励罪犯及其连坐之家属立功赎罪，并视功劳大小免罪或予购赏。在此，除"颇捕"外，能否"尽告"，"除告者罪"也是这类规定的关键词。

晋《捕律》：

"与颇捕得□□告者罪□

　　　　　告　□□□？

不□告不得除"

参以汉律，这几句应是颇捕得其与（同党）、告其与，官府能捕之，免捕者、告者之罪的意思；"不□告不得除"疑是"不尽告不得除罪"之意。若如曹文所云，这几条捕律是针对从军征讨中和亡入寇贼之人，那么表4序号1的汉律或许就是其本源，因为序号1事例也与战降有关。但其他序号所涉及的"先告""先自告"免罪，"不尽告"不免罪的规定也应是晋捕律所通用的。从汉律到晋律，"颇捕"之类词语或告者除罪、不尽告不得除罪之类规定恐怕是逾越不了魏律的。视魏有如汉晋律类似的条文，不管是从制度继承还是词汇变迁的角度，都有其理由。又如魏《步战令》云："卒逃归，斩之。一日家人弗捕执，及不言于吏，尽与同罪。"[1] 知魏军法中亦有治军卒逃亡之规定，且逃亡者家属也会受到牵连。但从以上汉律规定看，理论上应归属于捕律的规定却分散在盗、贼、钱等律，将涉及捕获罪犯的规定统一到捕律是否始于晋律，没有确切证据。魏律究竟如何，更难知晓。因为魏律序略对于捕律的去向与改动未及一字，魏捕律会否吸纳汉盗、贼、钱律关于捕获罪犯的规定，总其事类于一篇，无文可征。但也并不能就此认为魏"就故五篇"，就会全盘接受汉捕律（故五篇之一）的条文，这样也恐怕缺乏力证。因此只能归因于魏律序略并非一个完整的编纂魏律的记载。

（3）置署

《汉书·高帝纪》："部署诸将。"颜注："分部而署置。"《后汉书·李固传》："选举署置，可归有司。"《后汉书·刘焉传》："承制署置。"《风俗通·过誉·司空颍川韩棱》："棱阴扶辅其政，出入二年，署置教令无愆失。"《三国志·先主传》："所署置依汉初诸侯王故典。"置署也即署置，部署设置之意，用代指选用官吏。知晋捕律（小注）"……置署屯部"，或是对捕律涉及到镇边将领规定的解释。又，《三国志·钟会传》云钟会平蜀后，"书版署置"。魏律当有此词。

（4）加罪一等

晋捕律：

---

[1] [唐]杜佑撰，王文锦等点校：《通典》卷一四九《兵·法制》，北京：中华书局1988年版，第3812页。

"□各加罪一等　　女人"。

《汉书·薛宣传》："律曰：斗以刃伤人，完为城旦，其贼加罪一等，与谋者同罪。"《汉书·义纵传》孟康注："律，诸囚徒私解脱桎梏钳赭，加罪一等。"知道汉律有加罪一等之规定，魏晋当有类似，至于何种情况今难尽考。

2. 以晋捕律释文二为资料

两三人以
　　□舍□□斩（小注）
　　□皆□亡任也即他（小注）
□同伍罪二等
　　　　　□□□下（小注）
□□等
　　　　　□□□□
　　　　□□从亡？者方（右？）略吏亭
吏□□□者减罪二等
□□二？家？不满五日
止□□家？五日以上徘？
　若取以为庸客及
上□□得者长吏
□其能自捕获？□
□□其部界而
□顷□明相为（小注）
□□相除也（小注）
　　　　　□□□□（小注）
吏二岁刑
　　　　□□当上（小注）
者皆三岁刑满卅日
　　　　　得亡奴婢（小注）

曹文认为以上律文（注）主要针对流窜盗贼。

（1）二岁刑、三岁刑

晋律"吏二岁刑""者皆三岁刑满卅日"之文可证晋有二岁刑、三岁刑。《唐六典》注亦云晋髡刑有四等：五岁刑、四岁刑、三岁刑、二岁刑。程树德疑魏律髡刑之等与晋同，[1]《晋志》云魏"二岁刑以上，除家人乞鞫之制"，则魏当有二岁刑、三岁刑。

---

[1] 程树德：《九朝律考》，北京：中华书局2003年版，第194页。

(2）减罪二等

《钟繇传》："五刑之属，著在科律，自有减死一等之法，不死即为减。"《晋志》云魏文帝时，"大女刘朱，挝子妇酷暴，前后三妇自杀，论朱减死输作尚方，因是下怨毒杀人减死之令"。魏又有以下例：戴陵"减死罪一等"；刘桢"减死输作"；刘肇"髡决减死"；孙礼、马台"各减死一等"；许允"减死徙边"。知魏有减死罪一等之法，也即减罪规定之一端。魏减罪规定应在刑名中，晋虽分之为二，但其减罪之法应与魏同。

(3）庸（客）

晋捕律：

"若取以为庸客及

上□□得者长吏

□其能自捕获？□"

曹文考"若取以为庸客及"即禁止雇用亡人罪人为庸的规定，承秦汉律。庸是秦汉以来对雇工的称谓，这些人多因受上层阶级压榨而失去土地，故出卖劳力与人劳作。《李燮别传》云东汉李固子"燮年逃亡，匿临淄界为酒家佣"[1]。又张家山汉简《亡律》简171："诸舍亡人及罪人亡者，不智（知）其亡，盈五日以上，所舍罪当黥□赎耐；完城旦舂以下到耐罪，及亡收、隶臣妾、奴婢及亡盈十二月以上，赎耐。"简172："取亡罪人为庸，不智（知）其亡，以舍亡人律论之。所舍取未去，若已去后，智（知）其请（情）而捕告，及诣告吏捕得之，皆除其罪，勿购。"知汉禁雇用逃亡者、罪犯为劳动力；不得藏匿或提供资助。《三国志·武帝纪》注引《魏书》载公令："审配宗族，至乃藏匿罪人，为逋逃主。"《三国志·崔琰传》载娄圭"坐藏亡命，被系当死"。知魏重亡之法，亦禁藏匿亡人、罪人，也当然打击雇用亡人罪人为庸之事。又，魏以汉"平庸"之科入偿赃律，"平庸"即平其庸值（价）。可证之《汉书·沟洫志》魏人苏林注："平贾，以钱取人作卒，顾其时庸之平贾也。"

3. 以晋捕律释文三为资料

诸亡相自出他县变易姓名□自□

  本欲入贼…（小注）   刑意□（小注）

    □正刑者傅（传？）还接故

  从不入贼中…（小注）

诱导奴婢令亡与同罪至斩□□

捕获亡者皆 实所逋□关移符

---

[1] [宋]李昉等撰，任明等点校：《太平御览》卷六五二《刑法部·赦》，第6卷，石家庄：河北教育出版社1994年版，第127页。

徒岁尽条诸亡人数列获　首者□
吏持人兵□捕盗贼逃亡□□□□
　　　　　　上捕盗贼必往来□□轻（小注）
及诸捕罪人
　　　　　满五人也若满五人以□□当五□（小注）
其将吏□伍长不能捕得罚？金？
　不将盖坐（小注）
　　　　其□伤伍人罚金一斤
　吏不坐也（小注）　　　　罚（小注）
卅日中能尽捕得除其罪不□
　独者谓□捕盗贼九人独得（小注）
不得（小注）　　　　　　……余贼（小注）
　　　　　　　　　　　　……难（小注）

曹文认为以上律文（注）针对奴婢逃亡，规定诱导奴婢逃亡者与逃亡奴婢同罪至斩首；规定官吏追捕逃亡者办法、罚则。

（1）官吏于三十日内捕逃亡人之半数，得免罪

晋捕律：

"卅日中能尽捕得除其罪不□"。

曹旅宁等考张家山汉简捕律、唐捕亡律皆有根据官吏在三十日内能捕得逃亡者（罪人）多少定罪的规定，故晋律"卅日中能尽捕得除其罪不□"亦同。张家山汉简《捕律》："三十日中能得其半以上，尽除其罪。""尽除其罪"即免罪不坐之意，故晋律"卅日中能尽捕得除其罪不□"或释为"卅日中能尽捕得除其罪不坐"为妥，而《晋律注》"其所舍取放□诸当坐者□""贼捕掾游徼皆坐□□""□皆不坐若？□"中的"当坐""皆坐""不坐"是可以作为对证的。汉、晋、唐律皆同，信魏律有此规定。

又，《晋律注》"卅日中能尽捕得除其罪不□"文后接以"独者谓□捕盗贼九人独得"小注，可以肯定此小注为对"独"字的解释，即律文中有"独"字。考之张家山汉简《捕律》"三十日中能得其半以上，尽除其罪"之后为"得不能半，得者独除"云云，或晋律也有此规定。

（2）关移（符）

建安时天水薛夏博学有才，为郡中姜、阎、任、赵四姓所嫉，夏游学京师，"四姓又使囚遥引夏，关移颍川，收捕系狱"，曹操知其冤乃"告颍川使理出之"[1]。此可证汉捕获罪犯时有关移文书之制。晋律"捕获亡者皆　实

---

[1]《三国志》卷一三《魏书·王朗传》注引《魏略》，256。

所逋□关移符"之规定应是承汉魏关于捕获罪犯之后如实上报、移文的规定。"徒岁尽条诸亡人数列获　首者□"或指核实捕获罪犯文书并在岁末上计时举列条陈。

(3) 诱导奴婢令亡

晋律"诱导奴婢令亡与同罪至斩□□"指诱导奴婢逃亡，诱导者同罪，至斩刑。

魏晋间有官奴婢之制，豪族有蓄奴客之风，也有治逋亡之制。如黄初时田豫为护乌丸校尉，"凡逋亡奸宄，为胡作计不利官者，豫皆构刺搅离，使凶邪之谋不遂，聚居之类不安"[1]。《晋书》载司马睦"遣使募徙国内八县受逋逃、私占及变易姓名、诈冒复除者七百余户，冀州刺史杜友奏睦招诱逋亡，不宜君国"[2]。《晋律》："吏犯不孝……掠人和卖、诱藏亡奴婢，虽遇赦，皆除名为民。"[3]《晋书·山涛传》云山遐为余姚令，"时江左初基，法禁宽弛，豪族多挟藏户口，以为私附。遐绳以峻法，到县八旬，出口万余。县人虞喜以藏户当弃市，遐欲绳喜"。知晋诱导、藏匿亡奴婢之官吏是与不孝一样的重罪，但魏是否如此处罚不得而知。

4. 以晋捕律释文四为资料

曹文还引了其他一些《晋律注》（包括律文与注文），没有归入以上三类，也未明归属何律。但据行文与捕律关系甚密，兹称作"晋捕律释文四"。

律文类：

□追捕罪人与相

宾□以力能助而不助

其所舍取放□诸当坐者□

诸首藏匿舍□□□诸逃亡

贼捕掾游徼皆坐□□

注文类：

发谓始发所也。

发＝而不足及知贼所而住。

□逋＝食＝不得以人力不足为解也。

得亡奴婢。

欲卖于……谓数人共得亡奴婢。

---

[1]《三国志》卷二二《魏书·陈群传》，379。

[2]《晋书》卷三七《高阳王睦传》，北京：中华书局1974年版，第1113页。

[3] [宋] 李昉等撰，任明等点校：《太平御览》卷六五一《刑法部·除名》，第6卷，石家庄：河北教育出版社1994年版，第116页。

婢一人以为妻妾奴得亡奴婢及以为。
妻妾奴婢之同罪□……
而放言亡□□论诸狱律。

以上散见的律文（注）多涉捕获奴婢的奖赏，放纵逃亡的处罚。

（1）以力能助而不助

曹考"以力能助而不助"一词，《法律问答》中有贼杀伤人"偕旁人不援……当赀二甲"规定，唐捕亡律也有"诸邻里被强盗及杀人，告而不救助者，杖一百""诸追捕罪人而力不能制，告道路行人，其行人力能助之而不助者，杖八十"等规定。知秦汉以来对见危不救的行为皆有惩处，吏民在法律上皆有相助义务，唐律仍之，魏晋律当有此制。

（2）藏匿

"诸首藏匿舍□□□诸逃亡"应是关于禁止藏匿逃亡人的规定。《三国志·袁涣传》："时新募民开屯田，民不乐，多逃亡。"《三国志·杜畿传》云杜畿督运军粮，五千人"无一人逃亡"。《三国志·郑浑传》："遣民田汉中，无逃亡者。"这些资料都反映了三国时逃亡之风。故魏亦有禁止藏匿逃亡人的制度，如贾逵为弘农太守，"疑屯田都尉藏亡民。都尉自以不属郡，言语不顺。逵怒，收之，数以罪，挝折脚"[1]。《三国志·武帝纪》注引《魏书》载公令："下审配宗族，至乃藏匿罪人，为逋逃主。"此规定可与禁取亡人、罪人为庸相证。又，"贼捕掾游徼皆坐□□"或指"贼捕掾""游徼"若不能禁止或捕获逃亡之人，要承担相应责任。按：《汉书·张敞传》云："敞使贼捕掾絮舜有所案验。"《晋书·百官志》云县有"贼捕掾"。知魏亦有此吏。"游邀"即"游徼"，《汉书·百官公卿表》："十亭一乡，乡有三老，有秩、啬夫、游徼……游徼徼循禁贼盗。"知秦汉以来皆置此乡官负责巡查盗贼。

（3）亡奴婢

《方言》云："亡奴谓之臧，亡婢谓之获。皆异方骂奴婢之贱称也。"应劭《风俗通》云："臧者，被臧罪没人为官奴婢；获者，逃亡获得为奴婢也。"魏重士亡之法，明帝时"护军营士窦礼近出不还。营以为亡，表言逐捕，没其妻盈及男女为官奴婢。盈连至州府，称冤自讼，莫有省者"。经高柔审理，得窦礼为人所杀非逃亡，后下诏书"复盈母子为平民。班下天下，以礼为戒"[2]。《晋志》又云晋改魏律，"去捕亡、亡没为官奴婢之制"，则魏时捕亡、亡没者皆官奴婢。2008年洛阳市北邙南坡出土晋泰始初年官奴婢砖铭数十方，有"官鲜卑婢""官羌婢""官房婢""官晋婢"等内容，时间

---

[1]《三国志》卷一五《魏书·贾逵传》，290。
[2]《三国志》卷二四《魏书·高柔传》，412。

分布在泰始二年（266）至泰始八年（272）间。其中不少官奴婢均亡于西晋初年，从年限判断，应为曹魏时期官奴婢，或司马氏当政时所虏妇女，据此证《晋志》之言。[1]

曹文还提到了《晋律注》中"造意""容止""发掾捕""诸下书捕死罪"等术语（无完整释文）。这些承袭秦汉律、下启隋唐律的词汇也应是魏律的内容。如"容止"是允许栖止、收留之意，应与收留亡逃之人有关。如《汉书·淮南厉王刘长传》："亡之诸侯，游宦事人，及舍匿者，论皆有法。"颜注："舍匿，谓容止而藏隐也。"《汉书·张敞传》："广川王姬昆弟及王同族宗室刘调等通行为之囊橐。"颜注："言容止贼盗，若囊橐之盛物也。"《魏书·释老志》延兴二年（472）诏："比丘不在寺舍，游涉村落，交通奸猾，经历年岁。令民间五五相保，不得容止。"皆为此类。此词汉晋北朝皆用，意亦同，魏律当如是。

（二）晋诸侯律与汉魏律之关系

曹文所引晋《诸侯律注》佚文有以下：

□诸侯律注□廿录

大

□诸侯谋反反叛

日皆依法□

□擅□

□□

·内谷□□

·大□□□

·征兵之兵

·贡赋□废王职不

·擅□土田□□□

·贼周能将（得？）发□

□□德行毁其功名市□□（小注）

□王者即□□□□（小注）

□□不辜没政荒国

谓不听（小注）

□敛其度　政以□

王□也（小注）

---

[1] 参见王鹤松、王国玉：《晋泰始官奴婢砖铭十九题疏证》，载《东方艺术》2009年第4期。

□□□削五分□一
□诸侯□凡他罪□
□而诤（谭？）及犯不□
□皆不坐若？□
　诸侯□法律
　　减刑□□
　　　□诸侯□
　□□职所□
□□□百九十七
文五万二千册言
诸侯犯律应□
　　诸侯律注第廿□

以上所涉，凡诸侯谋反、反叛，纳谷（内谷），擅自征兵，缴纳贡赋，违制私占土地奴婢，乱行，诸侯涉罪处罚及减免七方面规定。

曹文考之汉事，以为汉魏对诸侯王有此七种行为皆有惩处，故晋诸侯律非与《周礼》相关，更非八王之乱诱因，只是承袭汉魏以来"诸侯法禁"而已。对于旧说，特别是陈寅恪所认为的晋依《周礼》制《诸侯律》，曹、张提出了异议。奇怪的是，曹、张在同年所发表的《毕家滩〈晋律注〉相关问题研究》并未主张晋诸侯律承袭前制，其认为"就《诸侯律》而言，晋在分封诸侯的同时，相应的立法也就完成了。因为前代没有成文可供遵循，故晋的《诸侯律》主要是依据《周官》，即'撰《周官》为《诸侯律》'"。似有自相矛盾之处。[1]

单就晋《诸侯律》是否依《周礼》而制这个问题言，要掺入讨论魏律的问题似无必要。但既然要讨论到上引晋律所反映的七方面规定，不免要对这些情况是否在汉代出现，特别是魏，并且有所规定进行思考。也难免要思考魏禁锢诸侯的政策是否为晋制定《诸侯律》的一个诱因。或者说，魏诸侯政策的失败为晋诸侯立法提供了前车之鉴，相信从这一点是会找到立论依据的。张斐言："律始于刑名者，所以定罪制也。终于诸侯者，所以毕其政也。王政布于上，诸侯奉于下，礼乐抚于中，故有三才之义焉，其相须而成，若一体焉。"在晋人眼中，魏律虽有"刑名"为"始"，但对以什么篇目为

---

[1] 参见张俊民、曹旅宁：《毕家滩〈晋律注〉相关问题研究》，载《考古与文物》2010年第6期。笔者曾以为此文撰写在前，故《玉门花海所出〈晋律注〉初步研究》（《法学研究》2010年第4期）是对其观点进行修正。但《毕家滩〈晋律注〉相关问题研究》一文经二人再次修改，2011年3月17日发表在武汉大学简帛网（http://www.bsm.org.cn/show_article.php?id=1410），仍认为晋《诸侯律》的制定本自《周官》，不知何故。

"终",似乎没有具体体现。十八篇缺乏"王政布于上,诸侯奉于下,礼乐抚于中"的三才之义,或许是晋人对魏律有所微词之处。

曹文观点的抵牾或可搁置不议,就以上晋律所表现出来的一些规定,确实可在汉魏找到例证,要视此不见有失谨慎。因此不管晋有无《诸侯律》、其制定是否依《周礼》,都避免不了晋诸侯会有这些行为,从惩罚罪行而言,就算晋无《诸侯律》,这些罪行都会受到惩罚,只不过分散在其他篇目而已。也就是说,决定行为入罪的并非有无具体的某一篇律,也非某一篇律的制定依什么东西,而是其行为性质。从这个角度来考察晋《诸侯律注》与汉魏律的关系,考察魏是否就相同问题有规定,或更能切中要害。[1] 因此,仅就条文本身反映的具体行为、术语来考察汉魏晋间的制度共性,这就是曹文所认为的晋《诸侯律》与汉魏"诸侯法禁"一脉相承。

1. □诸侯谋反反叛

诸侯谋反、反叛,魏律当有规制,不须详辩。如嘉平元年(249)王凌谋立曹彪事败,曹芳赐玺书切责曹彪:"惟王,国之至亲,作藩于外,不能祗奉王度,表率宗室,而谋于奸邪,乃与太尉王凌、兖州刺史令狐愚构通逆谋,图危社稷,有悖逆之心,无忠孝之意。……王自作孽,匪由于他,燕刺之事,宜足以观。"[2] 曹彪遂自杀,妃及诸子皆免为庶人,徙平原。[3]

2. □□不辜没政荒国

晋律"□□不辜没政荒国",小注"谓不听"。"不听"应是对"没"的解释。此句应是诸侯的两种乱行:"□□不辜"与"没政荒国"。"没政荒国"即不听政务,荒废国事。那么诸侯王还有什么"不辜"的乱行是与"没政荒国"相提或比其严重的呢?检前三史,包含不辜的词语有:坐贼杀不辜、盗跖日杀不辜、天子无故贼杀不辜人、残酷不辜、杀不辜一家三人为不道、杀害不辜为威风、纵毒不辜、轻杀不辜、妄杀不辜……又《谥法》:"乱而不损曰灵,杀戮不辜曰厉。"显然诸侯"□□不辜"应是上言贼杀不辜之类乱行。

3. 贡赋□废王职不

晋律"贡赋□废王职不",此条或与"□□不辜没政荒国"一样也是指诸侯的两种违法行为,即"贡赋□废""王职不"。曹文以为此为汉晋间诸侯

---

[1] 若要完全将汉魏晋律某篇某条相互对应,这或许是理论可行、实施困难之事。但就长远研究而言,这是必须的论证过程。在缺乏具体律令篇条对证情况下,笔者论证的方法只能是采取具有相同行为、性质的案例进行分析,以论证汉魏晋间某些制度的共通。
[2] 《三国志》卷二〇《魏书·武文世王公传》注引孔衍《汉魏春秋》,351—352。
[3] 《三国志》卷二〇《魏书·武文世王公传》,351。

不及时缴纳贡赋，不按时履行朝觐、提供劳役等法定义务之罚则[1]。则"贡赋□废"应指不按时交纳贡赋。"王职"指诸侯之职责，"不"字疑有下文，"王职不"也应是用四字概略的词语。检前四史，描述不履行"职责"有王职不恤、不供王职、奉职不称、奉职不修、在职不勤、奉职未称、奉职修贡、旷废职任、不废职于朝、久废王务、躬奉职事等词语。又《后汉书·孔融传》云刘表"不供职贡，多行僭伪，遂乃郊祀天地，拟斥乘舆"，孔融奏其"擅诛列侯，遏绝诏命，断盗贡篚"。此亦汉末诸侯大臣不履职责之表现。则"王职不"疑有下文，或为"王职不修""王职不供"之类行为。如晋武帝时李重奏"先王之制，士农工商有分，不迁其业，所以利用厚生，各肆其力也。《周官》以土均之法，经其土地井田之制，而辨其五物九等贡赋之序，然后公私制定，率土均齐。自秦立阡陌，建郡县，而斯制已没。降及汉、魏，因循旧迹，王法所峻者，唯服物车器有贵贱之差，令不僭拟以乱尊卑耳"[2]。据此可知晋人所认同的贡赋之序本自《周官》，也是汉魏所因循的。虽然魏制藩王不得朝觐（魏同样禁止藩王辅政），但不代表魏藩王没有履行其他贡赋、劳役"王职"的责任，如明帝时调发士息以削减藩王兵士，曹植上表陈以亲亲之道讥此制。这些法定义务若不能履行，同样也是"王职不修"，当然要入罪。相反，在魏苛禁宗室情况下，处罚程度可能还要加重。

4. □□□削五分□一

曹文云此指削去一年租的五分之一以赎罪，即晋诸侯违法削户之罚则。魏之藩王犯罪后亦有削户之例，因每类罪行有所不同，而其所削户之比例也难以尽考，今列如下（见表5）。

表5 《三国志》所见"削户"例

人物	事例	出处	削户比例
曹彰	坐于尚方作禁物·削县二千户	《三国志·任城王传》	原食五县二千五百户，知所削户比例为五分之四。
曹琮	坐于尚方作禁物·削户三百	《三国志·武文世王公传》	阙考

---

[1] 曹文列举了两条资料为证：《汉书·惠帝纪》云："发诸侯王、列侯徒隶二万人城长安。"《晋书·礼志》载："魏制，藩王不得朝觐。魏明帝时，有朝者皆由特恩，不得以为常。及泰始中，有司奏：'诸侯之国，其王公以下入朝者，四方各为二番，三岁而周，周则更始。若临时有故，却在明年。明年来朝之后，更满三岁乃复朝，不得违本数。朝礼皆亲执璧，如旧朝之制。不朝之岁，各遣卿奉聘。'奏可。"

[2] 《晋书》卷四六《李重传》，北京：中华书局1974年版，第1310页。

续表

人物	事例	出处	削户比例
曹据	坐于尚方作禁物·削县二千户	《三国志·武文世王公传》	阙考
曹衮	坐犯京都禁·削县二,户七百五十	同上	阙考
曹彰	坐犯京都禁·削县三,户千五百	同上	后复所削县,增户五百,并前三千户。知其原有二千五百户,所削户比例为五分之三。
曹徽	坐使官属挝吏·削县一,户五百	同上	阙考
曹茂	坐匿不发哀·削县一,户五百	同上	后复所削县,增户七百,并前五千户。知其原有四千三百户,所削户比例为四十三分之五。

本章小结

魏修律令,史籍虽只言片语之存,但于政治、文化、社会之意义实不容忽视,以今日语意言之,是为曹魏人民政治生活中的一件大事。唯其对魏的影响起自何时,是为疑案,亦本章第一节讨论之重点。以这样一个问题作为本书开篇,若置于浩瀚的法制史研究,其价值确实微乎其微;若归在法制史教材的叙述,这样的问题恐怕会一笔带过。但对历史而言,魏律修成时间若能考证清晰,或有助认识一二问题。在此不妨将眼光扩至魏晋之际。咸熙元年(264)司马昭"患前代律令,本注烦杂,陈群、刘劭虽经改革,而科网本密。又叔孙、郭、马、杜诸儒章句,但取郑氏,又为偏党,未可承用"[1],于是"奏司空荀顗定礼仪,中护军贾充正法律,尚书仆射裴秀议官制,太保郑冲总而裁焉"[2],凡十四人典其事。泰始三年(267)晋律成,诏云:"昔萧何以定律令受封,叔孙通制仪为奉常,赐金五百斤,弟子百人皆为郎。夫立功立事,古今之所重,宜加禄赏,其详考差叙。辄如诏简异弟子百人,随

---

[1]《晋书》卷三〇《刑法志》,北京:中华书局1974年版,第927页。
[2]《晋书》卷三〇《刑法志》,北京:中华书局1974年版,第44页。

才品用,赏帛万余匹。"[1] 时武帝亲自临讲,使裴楷执读。泰始四年(268)正月大赦天下颁行新律,又封爵赐帛各有差。[2] 时从卢珽、张华所议,"抄新律诸死罪条目,悬之亭传,以示兆庶"[3]。又诏颁张、杜律注于天下。凡此所述即晋律修成的大体过程,时人对律令编纂之隆重可见一斑。称之"时人",以其典午纯臣,亦魏旧臣也,况晋律"开工立项"也是始于魏末。由司马昭、司马炎诸人编纂律令的"轨迹"而论魏修律,曹睿、陈群诸人必也有此政风世俗;其增损秦汉旧律,与晋为比恐更大费周章,而律令成就必也大美其功。[4] 至于魏人修律时如何"隆而重之",已难晓其详,但魏晋的制法成治确属古代成文法公布沿革的重要一环。若说咸熙元年、泰始三年、泰始四年分别承载了晋律始修、修成、颁行公布三层历史意义的话,那么对于魏律,这三层意义是否都由太和三年"独自承担"呢?无疑,《通鉴》及后人所发挥的"太和三年说"是这样主张的,但据以上所考,至少本书并不这样认为,质疑也不独笔者。第一节末所作的魏律"始修于太和三年,修成颁行在太和六年至青龙元年之间"的推测,在主观上确实有着为魏人、特别是为太和三年"分忧解难"的心态,即认为魏要在一年内毕修律之事,太和三年有着"历史无法承受之重"。要表明的是,对这种心态的任何质疑,笔者都是乐见和愿意探讨的。若说所推断的魏律"始修于太和三年,修成颁行在太和六年至青龙元年之间"是为"多虑",那么笔者所要坚持和揭示的又恰是此点。

回到前言晋修律隆重其事,咸熙元年、泰始三年、泰始四年各有其历史意义,难道我们不应用同样眼光审视魏律的编纂吗?自咸熙元年至泰始四

---

[1] 《晋书》卷三〇《刑法志》,北京:中华书局1974年版,第927—928页。《贾充传》亦载诏云:"汉氏以来,法令严峻。故自元成之世,及建安、嘉平之间,咸欲辩章旧典,删革刑书。述作体大,历年无成。先帝愍元元之命陷于密网,亲发德音,厘正名实。车骑将军贾充,奖明圣意,咨询善道。太傅郑冲,又与司空荀𫖮、中书监荀勖、中军将军羊祜、中护军王业,及廷尉杜友、守河南尹杜预、散骑侍郎裴楷、颍川太守周雄、齐相郭颀、骑都尉成公绥荀辉、尚书郎柳轨等,典正其事。朕每鉴其用心,常慨然嘉之。今法律既成,始班天下,刑宽禁简,足以克当先旨。昔萧何以定律受封,叔孙通以制仪为奉常,赐金五百斤,弟子皆为郎。夫立功立事,古之所重。自太傅、车骑以下,皆加禄赏,其详依故典。"
[2] 《晋书·武帝纪》载时诏云:"古设象刑而众不犯,今虽参夷而奸不绝,何德刑相去之远哉。先帝深愍黎元,哀矜庶狱,乃命群后,考正断刑。朕守遗业,永惟保乂皇基,思与万国以无为为政。方今阳春养物,东作始兴,朕亲率王公卿士耕藉田千亩。又律令既就,班之天下,将以简法务本,惠育海内。宜宽有罪,使得自新,其大赦天下。长史、郡丞、长史各赐马一匹。"
[3] 《晋书》卷三〇《刑法志》,北京:中华书局1974年版,第931页。
[4] 对于古人所论的修律之功,在第四章八议考部分有行文交代。

年，是古代律令两分的重要时刻；若将视线放长至太和三年，自太和三年始至泰始四年，则是律、令编撰体例体系的转型时期。既如此，则不管魏律或晋律，其始修、修成、颁行公布对古代成文法沿革而言，每一步都有着不可估量的作用。尽管这种作用是由律典、令典本身所彰显的，但在表面上，每一个步骤的时间不也是其体现吗？故对时间的讨论，是能加深我们对魏晋律编纂、特别是颁行公布的认识的。对此，梁启超颇有精论："魏律之视秦汉律，其篇章大有所增损，篇次亦多移易。若其内容，今虽不可得见，然于汉代诏令法比乃至诸家之学说，殆多网尽而抉择之，其用力之勤，殆非初汉时代所得同年而语也。"[1] 又就魏晋间成文较汉有"郑重公布之形式"之特点云："汉代法律，未尝为正式的公布，故人主一时之诏令，法官推意之判例，学者私议之学说，皆得冒法律之名，有同一之效力。魏晋律则视为大举，严重以公布之，有整齐划一之概，不宁唯是。法律既有固定性，得为具体的研究，于以助此学之进步。《晋书·刑法志》载：'卫觊奏云刑法者，国家之所贵重，而私议之所轻贱。王政之弊，殆由于此。请置律博士，转相教授。事遂施行'则当然以有新律之故，而法学渐至成一种科学之形矣。""尔后一度易姓，必有新法典之发布，然大率沿袭魏晋，无大改作。"[2] "汉代法律，其公布之迹，虽不可考见，然以当时印刷术未兴，民间于一切文籍，皆传钞不易，而注律者犹十余家，家数十万言，则其成典之普及于民间，殆可推知。迨晋编新律，特于太始四年元旦，大赦天下，以颁新律，其所以郑重之者至矣。六朝迄隋，皆循此例。……自兹而往，历代每制一法，无不公布，成例相沿，不遑枚举。而其所以编纂及公布之意，无非欲使举国人民悉知法律。"[3] 尽管任公没有涉及魏律颁行时间，但其论确实针对魏律颁行而发，如能考虑到时间因素，或能使魏晋律颁行公布之重要意义更为明朗有证。《晋志》将但用郑氏章句、置律博士、修律三事依次而述，却都没有具体时间。唯《通鉴》将三事依次系在太和三年，《元龟》系在青龙二年。就三事发生的先后次序而言，后世尚无异议。本书主张魏律始修于太和三年，然而但用郑氏章句、置律博士二事是否也在是年，尚缺乏论证。在笔者看

---

[1] 梁启超：《论中国成文法编制之沿革得失》，《饮冰室文集》之十六，北京：中华书局1989年版，第15页。

[2] 梁启超：《论中国成文法编制之沿革得失》，《饮冰室文集》之十六，北京：中华书局1989年版，第19页。

[3] 梁启超：《论中国成文法编制之沿革得失》，《饮冰室文集》之十六，北京：中华书局1989年版，第49—50页。

来，但用郑氏章句、置律博士都是魏修律的前奏，也为修律创造了恰合时宜的政治文化环境。其次，若三事有着先后顺序的话，那么上引梁启超"以有新律之故，而法学渐至成一种科学之形矣"之论恐怕就有商榷的余地了。

论及魏律的编纂、颁布，尚有一个问题是笔者饶有兴趣却未在行文中作交代的。我们知道，简牍作为秦汉最主要的书写材料，具有非同寻常的意义。目前出土的秦汉律令几乎都以简牍为载体，而律令的编纂与书写形式都与简牍密切相关或受载体本身的限制。魏晋之际，虽简牍仍得以使用（楼兰魏晋木牍、走马楼吴简可证），但纸作为书写材料的一种也逐步显示出其重要功能。如魏明帝遗诏即为"黄纸"，楼兰也曾出土过魏嘉平四年（252）时期的古纸书籍抄本，[1] 以及本书所提到的《晋律注》，皆是纸质材料传世的证据。魏晋是古代书写材料从简牍向纸过渡的重要时期，纸的逐步应用会否加快律令信息的传播，甚至影响律令的编撰与书写形式呢？对于这些问题，冨谷至已有初步研究，其云由于中国古代集权国家"确立在简牍这样的书写材料之上"，因此书写材料的变化会影响到国家政治与行政制度，"由简牍时代向纸的时代过渡，也就是向新的政治行政时代的过渡，律令国家自此诞生"[2]。此论笔者甚为赞同。而前引"鐷缝"一词，亦是纸张使用后影响律令一个见证；在本书第二章、第五章也会分别引用两条关于纸张供给制度的曹魏令文和规定文书纸张材料的晋人条教，这些都能与冨谷所论相合。至于魏律是否仍刻于简牍，或书以纸张，已难考证。若书于纸，其无存后世，抑有由也。

就本章第一节最后要交代的问题是，第一节引用了《通典》中关于曹魏丧葬令的若干材料是为论证必要，故在第二章魏令部分只简引而不细论。

近世以来，关于魏律篇目的考证成果尤多，诸说并行而未达统一。就此

---

[1] 这些抄本很多都是作为书写练习的废纸，既然如此，说明纸张已非贵重稀有之物，而能够广泛使用。
[2] ［日］冨谷至著，刘恒武译，黄留珠校：《木简竹简述说的古代中国——书写材料的文化史》，北京：人民出版社2007年版，第138、141页。冨谷至还认为："书写材料变迁过程中，晋王朝成立，泰始四年（268）开始制定新的法律，编纂新的法典。这恰好是楼兰出土文字资料的时代，这时期书籍已经完全被纸代替，已经成为典籍的律以及新编纂的令都写在了纸上，作为典籍的令典、即四十卷《晋令》被完成。《晋律》二十卷原本作为法典存在，《晋令》是与此对应制定出来的，其内容和性质也要彼此对应，作为刑法典的《晋律》和行政法典的《晋令》之间的明显区别也是由此生成的。"（第141页）笔者认为纸的运用影响国家政治，若从对科举制度略加考察，便能窥其一端。

问题，本章第二节落笔之初本有续貂意图，但随研究深入，不乏题无剩义之感，唯略作近似学术史性质的梳理而再陈己见。故征引前人考证成果、复述其说，实不能免，非虚增文字。就学术梳理背后所揭示的一些观点，事关魏律体系，意义重大，非一般专著置于绪论部分，言之学术综述所能替代，此非篇章错置，这是需要说明的。如同第一节的论证方法，对于魏律具体篇目，笔者首先对成说旧见予以分类并剖析缘由，对各说所存在的一些破绽或不能自圆其说处略有指正。对于服膺的滋贺秀三说，所做的工作唯有进一步论证、辩护。庆幸的是，就目前所公布的《晋律注》若干信息，是可以巩固滋贺说的，特别是用以说明自魏始，系讯律、断狱律、告劾律已化解了汉囚律，又各自独立成篇，且魏之系讯律和断狱律必须两分方合十八篇之数。作为其他的陋见，已体现在"魏律十八篇诸说的背后"所述七点中。在确定魏律篇目的基础上对其次序的论证，其意义会及于第三章魏罪名考的成文体例，即在魏律篇名、次序确定前提下，将钩沉所得罪名还原到具体篇目中（或尽可能区分各罪名在某篇中的先后顺序），这样的研究或能有助于了解罪名的源流或自魏改秦汉旧律后，篇目拆分、废除、合并等情况是导致罪名归属变更的重要原因。若无本章第二节的若干论证，第三章的撰写恐怕只能因循旧例，难有突破。

魏律无存，势必不能尽论，故本章第三节所及者唯律目、律语两端。就律目考而言，仿程氏《晋律考》、沈氏《汉律摭遗》之例，又略补程氏《魏律考》之阙。所列魏律目先据汉制而讨其源，对某一律目因何得此称谓在词源、词义上亦有探析。凡此律目多与罪名相涉，故本部分所论详者，在罪名考部分为略；此部分省者，罪名考部分可补正。在制魏律目表时，笔者以汉法归属为比勘，依据是魏律序略的记载。就律目在汉魏之际由于篇目变更而导致的归属变更而言，魏律序略确是最直接、最具说服力的证据，以此进行的比勘工作大体上得以完成。若放宽视界，进一步考虑汉唐间律的篇目、律目归属变更这些重要问题，笔者的比勘无疑是过于简单的，至少二年律令与晋律、唐律没有介入其中，之前出土的秦律恐怕也不能忽略，毕竟笔者对于魏律目与罪名的讨论或多或少都曾借此四者为证。作为研究缺失，这必当检讨；作为艰巨任务，唯留以待证了。在文中反复提及的《晋律注》，就当今研究体制而言，尚不能全面进入普通研究者的视野。但若干信息的公布亦足以振奋人心（至少是笔者），作为与魏律密切相关的晋律及其注文，无疑会被笔者视为"瑰宝"并竭力引以为证。故第三节涉及魏律若干术语的讨论，首先抄录了所公布的《晋律注》（在抄录中也有笔者对若干释文的考证），在先期研究者分类基础上（也有某一类别是笔者自行划分）对这些《晋律注》所隐藏的一些信息进行分析。但就每一条或几条残存的晋律注而言，所谓的"信息"并不简单表现为独立的律语，若在释文足够清晰的情况下则是一些具体的条文规定，对于这两个问题，能考律语者则以词源词义为证，可知规定者则兼汉魏而论。回到魏律无存及魏晋律一脉相承的事实，借助《晋律注》来研究魏律是为下策中的上策，全力考证之下推测也在所难免，相信《晋律注》的进一步公布与研究会让笔者自行"消灭"一些妄断之议。

第二章 魏令、科、律章句考

第一节　魏令概述

一、魏令之编撰

（一）魏令编修、颁行时间

《晋志》云魏"制《新律》十八篇，《州郡令》四十五篇，《尚书官令》、《军中令》，合百八十余篇"[1]。则魏令制定当与新律同时，唯其制定、颁行时间有疑，前已辨之。

（二）魏令篇数小识

就魏律令篇数而言，魏律十八篇，无疑；州郡令，明言四十五篇；尚书官令、军中令篇数不晓。《晋志》但言"合百八十余篇"，此亦难明之数，无人考察或让人有如下推测：

1. "合百八十余篇"即魏律十八篇、州郡令四十五篇，再加以尚书官令、军中令之篇数。则尚书官令、军中令二者或有一百二十余篇。

2. "合百八十余篇"即尚书官令、军中令相加之数。

3. "合百八十余篇"为魏令篇数，除以州郡令四十五篇，则尚书官令、军中令二者或有一百四十余篇。

以文法言之，《晋志》之文可概括为：

甲类××篇，乙类××篇，丙类、丁类合××篇。

又检以《晋志》中其他"合××篇"之例：

"大辟二百，耐罪、赎罪二千八百，合为三千，与礼相应。"[2] 此"三千"即甲类与乙类之合数。

"汉承秦制，萧何定律，除参夷连坐之罪，增部主见知之条，益事律《兴》、《厩》、《户》三篇，合为九篇。"[3] 此"九篇"即《法经》六篇与新益三篇之合数。

"汉承秦制，萧何定律，除参夷连坐之罪，增部主见知之条，益事律《兴》、《厩》、《户》三篇，合为九篇。叔孙通益律所不及，傍章十八篇。张汤《越宫律》二十七篇，赵禹《朝律》六篇，合六十篇。"[4] 此"六十篇"

---

[1]《晋书》卷三〇《刑法志》，北京：中华书局1974年版，第923页。
[2]《晋书》卷三〇《刑法志》，北京：中华书局1974年版，第920页。
[3]《晋书》卷三〇《刑法志》，北京：中华书局1974年版，第922页。
[4]《晋书》卷三〇《刑法志》，北京：中华书局1974年版，第922页。

即汉九章、傍章十八篇、越宫律二十七篇、朝律六篇之合数。

"后人生意，各为章句。叔孙宣、郭令卿、马融、郑玄诸儒章句十有余家，家数十万言。凡断罪所当由用者，合二万六千二百七十二条，七百七十三万二千二百余言，言数益繁，览者益难。"[1]此"二万六千二百七十二条，七百七十三万二千二百余言"即十余家诸儒章句，"家数十万言"之合数。

魏律"凡所定增十三篇，就故五篇，合十八篇"[2]。此"十八篇"即"定增十三篇"与"故五篇"之合数。

晋"就汉九章增十一篇，仍其族类，正其体号，改旧律为《刑名》、《法例》，辨《囚律》为《告劾》、《系讯》、《断狱》，分《盗律》为《请赇》、《诈伪》、《水火》、《毁亡》，因事类为《卫宫》、《违制》，撰《周官》为《诸侯律》，合二十篇，六百二十条，二万七千六百五十七言"[3]。此"二十篇，六百二十条，二万七千六百五十七言"即汉九章与新定法例、告劾、系讯、断狱、请赇、诈伪、水火、毁亡、卫宫、违制、诸侯十一篇之合数。

据以上例可观唐人追述前事，其言"合××篇"之"合"即"合××篇"之前所述数量的相加，这既是一种史家笔法，也应是历史本真。只不过经唐人之手对篇目数量关系有所转述而已。窃谓"合百八十余篇"即魏律、魏令篇数之合，其中律十八篇、州郡令四十五篇、尚书官令、军中令二者计一百二十余篇；魏令合计一百六十余篇。

（三）从州郡令、尚书官令、军中令三大框架论魏令

《通鉴》胡三省注云："州郡令，用之刺史、太守；尚书官令，用之于国；军中令，用之于军。"此条资料为后世广引，亦多以此概括魏令的功能与适用范围。即认为魏令是按照行政区域或机构（中央—地方—军队）将令条加以编纂的。

州郡令、尚书官令、军中令是魏令的三大框架（或称三大类别），那么每一部分令中都有不同的篇目，即令中有篇。这些篇应该就是魏律序略所言《邮驿令》、《变事令》之类具体的篇目。如果按照中央、地方、军队这个标准将此二令归入州郡令、尚书官令、军中令的话，不免让人（起码是笔者）产生疑虑：这两个令（篇）若不是单行之令，会从属于州郡令、尚书官令、军中令中的哪一个呢？就目前资料而言，无法考证出魏人分类的标准。因为就《邮驿令》所包含的"厩置、乘传、副车、食厨"等内容，恐怕不独适用于某一区域或机构。特别是《变事令》中的"上言变事"，若按照胡注"尚书官令，用之于国"，

---

[1]《晋书》卷三〇《刑法志》，北京：中华书局1974年版，第923页。
[2]《晋书》卷三〇《刑法志》，北京：中华书局1974年版，第925页。
[3]《晋书》卷三〇《刑法志》，北京：中华书局1974年版，第927页。

那么《变事令》则应是尚书官令中的一篇，但州郡、军中有此事或亦适用此令。

按照胡三省用之于郡、于国、于军的思路，意味着州郡令、尚书官令、军中令都有自己适用的领域，三者之间交集如何，不得而知。如果要将州郡令、尚书官令、军中令的功能用"用之于某某"来表述的话，那么"州郡令，用之于民；尚书官令，用之于官；军中令，用之于军（兵、战）"这样的私见是否也能成立呢？但若抛开州郡令、尚书官令、军中令是魏令的三大框架这一"成见"，而把所有的一百六十余篇魏令视作一个已成体系的令典，或许问题就不会复杂。一百六十余篇魏令虽多出晋令四十篇数倍，但起码这一百六十余篇就单个篇目而言，或几个篇目之间都是能构成体系的。《邮驿令》、《变事令》的存在就是这样的例子，即魏令虽繁，但某一个具体的令（篇）都有自己的功能与适用范围。不管其归属于州郡令、尚书官令、军中令中的哪一个，都不会影响其性质与功能的发挥。但事实是，不管是胡三省的注解还是笔者的私见都很难落实到具体的例证当中，因此在晋承魏制的立论上，借助晋令的篇目结构以作反推，也只是下策中的上策了。

堀敏一曾以为晋令篇目可分为三个层次：一是《户令》至《杂令》，二是规定中央官职的《门下散骑中书》到《赎令》，三是最后的《军战》以下十篇。[1] 这种三分法，应是受到魏有州郡令、尚书令、军中令三大层级的影响。反推，若晋令承魏令的话，则魏州郡令的一些内容可据晋令得到大概。按晋令第一个层次是：一《户令》、二《学令》、三《贡士令》、四《官品令》、五《吏员令》、六《俸令》、七《服制令》、八《祠令》、九《户调令》、十《佃令》、十一《复除令》、十二《关市令》、十三《捕亡令》、十四《狱官令》、十五《鞭杖令》、十六《医药令》、十七《丧葬令》、十八至二十《杂令》。若如堀敏一的设想，魏州郡令也就包括以上内容。[2]

晋令规定中央官职的篇目有：二十一《门下散骑中书》、二十二《尚书》、二十三《三台秘书》、二十四《王公侯》、二十五《军吏员》、二十六

---

[1] 参见［日］堀敏一：《晋泰始律令的制定》，载杨一凡总主编，徐世虹译：《中国法制史考证》丙编第2卷，北京：中国社会科学出版社2003年版，第291—292页。

[2] 张旭华论："就《晋令》四十篇的篇目来看，由于其中没有涉及州刺史、郡太守等地方官府的相关内容，因而《晋令》很可能只采用了魏之《尚书官令》与《军中令》，对于《州郡令》的相关法令则摈弃不用。如《晋》从第一篇至第三十篇之户、学、贡士、官品、俸廪、服制、祠、户调、佃、复除、关市、医药疾病、丧葬、杂、门下散骑中书、尚书、三台秘书、王公侯、军吏员、选吏、选将、选杂士诸令，皆可归之于《尚书官令》；而从第三十一篇至三十八篇之军战、军水战、军法诸令，皆可归之于《军中令》。因此，贾充等人将魏《尚书官令》与《军中令》删繁就简，合并为一，修订为《晋令》。"张以为晋完全不取魏州郡令内容的立论是建立在将晋令划分为尚书官令、军中令两个层次基础上，并非否认晋令继承魏令，但其两个层次的划分笔者并不赞同。见张氏著《〈魏官品〉产生时间及相关问题试释——兼论官品制度创立于曹魏初年》，载《郑州大学学报》（哲学社会科学版）2006年第5期。

《选吏》、二十七《选将》、二十八《选杂士》、二十九《宫卫》、三十《赎》。此或为魏尚书官令内容。

晋令篇目三十一至四十，皆《军战》、《军水战》、《军法》、《杂法》之属，魏军中令或即此类。

二、从若干令文看魏令与晋令之关系

（一）晋令对魏令的承袭

晋令对魏令的继承，张旭华曾有抛砖之论，[1] 今再佐证之：

例一：魏武《步战令》："闻三鼓音，骑特从两头进战，视麾所指；闻三金音，还。"（《通典》卷一四九《兵·法制》引）此条程树德收入魏军中令中。"《晋令》：两头进战，视麾所指。闻三金音止，二金音还。"（《太平御览》卷三四一《兵部·麾》引）程树德归入晋《军战令》内。[2] 此军战进退规定，魏晋皆同。魏有《军中令》，晋令中尚有《军战》、《军水战》、《军法》等篇，晋采魏令，斯为明证。

例二：前引魏《丧葬令》："王及郡公侯之国者薨，其国相官属长史及内史下令长丞尉，皆服斩縗，居倚庐。妃夫人服齐縗，朝晡诣丧庭临。以丧服视事，葬讫除服。"[3] 知魏诸侯王官属为诸侯服斩縗，葬讫而服。

《通典》载："晋惠帝元康中，秦王薨，秦国郎中令始平李含因王葬讫除服被贬。"[4]《晋书》，李含被贬实他人陷害之故，史云："秦王柬薨，含依台仪，葬讫除丧。尚书赵浚有内宠，疾含不事己，遂奏含不应除丧。本州大中正傅祗以名义贬含。"幸得傅咸为其称冤云："秦王薨，含悲恸之哀，感于人心。含俯就王制，如令除服，葬后十七日乃亲中正职。"又言："臣以国之大制，不可而偏，秦国郎中令李含，承尚书之敕，奉丧服之命，既葬除服，而中正庞腾

---

[1] 张谓："《晋令》中的'官品'、'户调'、'丧葬'诸令，则是继承了《魏令》中的原有篇目而来。……建安九年（204年）曹操平定冀州，曾下令推行户调制：'其收田租亩四升，户出绢二匹、棉二斤。'（《三国志》卷一《魏书·武帝纪》注引《魏书》）此后魏晋时期均实行户调制度，故《魏令》中有《户调令》，而继起的西晋王朝亦承袭《户调》法令而不废，自亦不足为怪。……要之，《晋令》篇目虽少，但却仍然保留了《魏令》中的一些重要令文篇目，是对《魏令》的继承与发展。从《晋令》四十篇，也略可窥知《魏令》重要篇目之一斑。"见张氏著《〈魏官品〉产生时间及相关问题试释——兼论官品制度创立于曹魏初年》，载《郑州大学学报》（哲学社会科学版）2006年第5期。
[2] 参见程树德：《九朝律考》，北京：中华书局2003年版，第297页。
[3] [唐]杜佑撰，王文锦等点校：《通典》卷八八《礼·沿革·凶礼·斩縗三年》，北京：中华书局1988年版，第2420页。
[4] [唐]杜佑撰，王文锦等点校：《通典》卷八八《礼·沿革·凶礼·斩縗三年》，北京：中华书局1988年版，第2420—2421页。

无所据仗，贬含品三等，谓此未值汉魏以来施行之制，具以表闻，未尝朝廷当云何。腾等之论，以秦王无后，前又有诏，以此谓含不应除服。愚谓诸侯之制，不得异于天朝。就秦王有嗣，于制亦自应除；且秦王无后，乃前有诏，朝野莫不闻知。而尚书下敕，葬讫含自应摄职，不应差代，寻举为台郎；又司徒摘罚访问，催含摄职。如此，台府亦皆谓含既葬应除也。相是纯臣，群臣之首，奏令释服，亦无余疑。至于含除，便独为罪，窃谓有负于情。"[1] 傅咸提到 "含俯就王制，如令除服，葬后十七日乃亲中正职"，"如令除服" 是指曾经为秦王官属的李含依据晋丧葬令的规定为秦王服丧，"葬后十七日乃亲中正职" 也说明令的规定就是 "葬讫除服"。李含依令服丧、除服，并非违制；劾李含除服为罪，反而是有偏国之大制。虽然李含最终未能摆脱被贬的厄运，但据其事迹与傅咸所言，正是晋承魏令诸侯王官属为诸侯服斩缞、葬讫而服规定的力证。

又，晋元帝时，丁潭为琅邪王司马裒郎中令。"裒薨，潭上疏求行终丧礼，曰：'在三之义，礼有达制，近代已来，或随时降杀，宜一匡革，以敦于后。辄案令文，王侯之丧，官僚服斩，既葬而除。今国无继统，丧庭无主，臣实陋贱，不足当重，谬荷首任，礼宜终丧。'诏下博议。……太常贺循议：'礼，天子诸侯俱以至尊临人，上下之义，君臣之礼，自古以来，其例一也。故礼盛则并全其重，礼杀则从其降。春秋之事，天子诸侯不行三年。至于臣为君服，亦宜以君为节，未有君除而臣服，君服而臣除者。今法令，诸侯卿相官属为君斩缞，既葬而除。以令文言之，明诸侯不以三年之丧与天子同可知也。君若遂服，则臣子轻重无应除者也。若当皆除，无一人独重之文。礼有摄主而无摄重，故大功之亲主人丧者，必为之再祭练祥，以大功之服，主人三年丧者也。苟谓诸侯与天子同制，国有嗣王，自不全服，而人主居丧，素服主祭，三年不摄吉事，以尊令制。若当远迹三代，令复旧典，不依法令者，则侯之服贵贱一例，亦不得唯一人论。'于是诏使除服，心丧三年。"丁潭所言 "辄案令文，王侯之丧，官僚服斩，既葬而除"[2]；贺循所言 "今法令，诸侯卿相官属为君斩缞，既葬而除"；此亦晋丧葬令规定，程树德亦收此条入晋丧葬令中。[3] 丁潭虽欲服终丧礼，贺循驳以 "但若当远迹三代，令复旧典，不依法令者，则侯之服贵贱一例，亦不得唯一人论"，最后的处理结果也是依照令文行事，这说明魏诸侯官属为诸侯服丧之规定为西晋丧葬令所承，南渡之后，东晋亦存。

例三：《唐六典·尚书兵部》注："魏《甲辰令》、晋《官品令》、梁《官品令》辅国将军并第三品，后魏从第三品，后周七命，隋从六品下，皇朝改焉。"

例四：《晋书·职官志》云："殿中侍御史，案魏兰台遣二御史居殿中，

---

[1]《晋书》卷六〇《李含传》，北京：中华书局1974年版，第1641—1642页。
[2]《晋书》卷七八《丁潭传》，北京：中华书局1974年版，第2063—2064页。
[3] 参见程树德：《九朝律考》，北京：中华书局2003年版，第296页。

伺察非法，即其始也。及晋，置四人，江左置二人。又案《魏晋官品令》又有禁防御史第七品，孝武太元中有检校御史吴琨，则此二职亦兰台之职也。"

例三、例四所见魏晋官品同制，其详论见后。

（二）晋令对魏令的修订

"魏令：官长卒官者，吏皆齐缞，葬迄而除之。"此资料见《通典》卷九九《礼典·凶礼·郡县吏为守令服议》。知魏制规定：属吏为长吏服齐缞，至终丧礼为止。同卷引晋《丧葬令》"长吏卒官，吏皆齐缞以丧服理事，若代者至，皆除之"。知晋制规定：属吏为长吏服齐缞，若遇新任长官上任，则服丧中止。晋令的这一规定当是本自魏令，同时也是对魏律的修正，晋令的灵活处理之处在于避免新官在旧官丧期到任，众人继续服丧而耽误政事。[1]

此条令文，晋属《丧葬令》，在魏不明。程树德《魏律考·魏令》亦引此条，并云"未知属何令，姑附于《尚书官令》之下"[2]。程以《通典》所引《魏令》在尚书官令中，其归类可商榷。若以魏令三大篇目来分类，其置于州郡令为妥，应为州郡令中的一篇，丧葬篇或其名（详论见下文）。这正好印证了魏晋令的一脉相承。程氏《晋律考·晋令》亦引用了晋《丧葬令》，应晓此制在魏晋令中的差异，惜无详考。[3]

（三）晋令对魏令的改革

魏律序略所言魏《邮驿令》《变事令》，晋令不见其名，但其内容料不会尽废。魏邮驿令是除汉厩律取其可用合科者，晋复厩律，此令当不会收入令典中，而是将魏邮驿令的相关内容重归厩律。上言变事，在汉亦属厩律，故晋又废魏变事令，复入厩律。又，魏惊事律有烽燧事，晋无此律，《晋令》有"误举烽燧，罚金一斤八两，故不举者，弃市"云云（《太平御览》卷三三五《兵部·烽燧》引），或晋又废惊事律烽燧事而改入令中。

第二节 魏令篇目、令文考

一、州郡令、尚书官令、军中令辑考

前揭魏令一百六十余篇已难觅得，若以晋令四十篇为标尺，则某些令篇或

---

[1] 《通典》卷九九《礼典·凶礼·郡县吏为守令服议》引宋庾蔚之云："晋令云'代至而除'，施之州郡县长吏，宜用齐周之制。"此"晋令"即晋《丧葬令》之文。
[2] 程树德：《九朝律考》，北京：中华书局2003年版，第209页。
[3] 参见程树德：《九朝律考》，北京：中华书局2003年版，第296页。

可与州郡令、尚书官令、军中令相对应。如前引之丧葬令，或在州郡令中；步战令或在军中令中。下以程氏《魏律考》为基础，辑魏令佚文，并试为归类。

（一）州郡令之属

1. 丧葬令

表6　魏丧葬令佚文

序号	令文	出处	备注
1	王及郡公侯之国者薨，其国相官属长史及内史下令长丞尉，皆服斩缞，居倚庐。妃夫人服齐缞，朝晡诣丧庭临。以丧服视事，葬讫除服。	《通典》卷八八《凶礼·斩缞三年》	此条《通典》直言丧葬令。
2	官长卒官者，吏皆齐缞，葬讫而除之。	《通典》卷九九《凶礼·郡县吏为守令服议》	此条为晋丧葬令所承。程氏以为在魏尚书官令中。
3	吏遭大丧者，百日后皆给役。	《三国志·魏书·高柔传》	

序号1、2前已辨之。序号3，《高柔传》载："时制，吏遭大丧者，百日后皆给役。有司徒吏解弘遭父丧，后有军事，受敕当行，以疾病为辞。……促收考竟。柔见弘信甚羸劣，奏陈其事，宜加宽贷。帝乃诏曰：'孝哉弘也！其原之。'"[1]《高柔传》将此事系在"大兴殿舍，百姓劳役；广采众女，充盈后宫；后宫皇子连夭，继嗣未育。柔上疏"云云之后。时高柔言："顷皇子连多夭逝，熊罴之祥又未感应。群下之心，莫不恛戚。……臣愚以为可妙简淑媛，以备内官之数，其余尽遣还家。且以育精养神，专静为宝。如此，则螽斯之征，可庶而致矣。"[2]又《蒋济传》云明帝景初中，蒋济上疏："欢娱之耽，害于精爽；神太用则竭，形太劳则弊。愿大简贤妙，足以充'百斯男'者。其冗散未齿，且悉分出，务在清静。"[3]知高柔、蒋济皆针对"后宫皇子连夭，继嗣未育"之事上言，时在景初中。则《高柔传》所载"时制，吏遭大丧者，百日后皆给役"一事至少是在景初年间，时魏律已成，所言"时制"应指魏丧葬令之制。解弘欲以病辞军事而入罪，后虽得免，也

---

[1]《三国志》卷二三《魏书·高柔传》，411。
[2]《三国志》卷二三《魏书·高柔传》，410。
[3]《三国志》卷一四《魏书·蒋济传》，274。

可证时严制诈病避役。

晋令、梁令、开皇令、贞观令、天圣令皆有此篇。魏晋间服丧制度讨论多借《通典》得以保存，以上是为一例。

又，《汉书·何并传》："死虽当得法赗。"如淳注："公令，吏死官，得法赗。"颜注："赠终者布帛曰赗。"《汉书·叙传》颜注："送终者布帛曰赗，车马曰赙。"《荀子·大略》："货财曰赙，舆马曰赗，衣服曰襚，玩好曰赠，玉贝曰唅。赙、赗，所以佐生也；赠、襚，所以送死也。送死不及柩尸，吊生不及悲哀，非礼也。故吉行五十，奔丧百里，赗赠及事，礼之大也。"《仪礼·既夕礼》："知死者赠，知生者赗。"《玉篇》："赗，以财助丧也。"赗即赏赐财物与人治丧，官吏死后，朝廷按规定赠给治丧财物。《汉书·景帝纪》载景帝令："王薨，遣光禄大夫吊襚祠赗，视丧事，因立嗣子。""法赗"之"法"即汉赙赗制度，如淳所言"公令"、景帝令之类[1] 此制魏应有，或在丧葬令中。检汉魏晋法赗例，所得赠赗物见表7。

表7　汉魏晋赗赠例

赗赠类别	事例	出处	备注
东园温明	光薨，获赐东园温明。	《汉书·霍光传》	东园是专司皇室贵族及大臣丧葬事宜的机构，汉魏晋皆有东园署、东园匠，为少府属官。其负责制造、供应的丧葬器具叫东园温明秘器，或温明、东园器、秘器、东园梓棺等。[2]
东园秘器、钱、帛	霸薨。上素服临吊，赐东园秘器钱帛。	《汉书·张霸传》	
金	列侯贵人以辟阳侯故，往赗凡五百金。	《汉书·朱建传》	

---

[1] 传世文献"公令"仅此一见，有何具体内容未详。武威旱滩坡出土王杖简7"坐臧（赃）为盗，在公令第十九。丞相常用第三"，或公令皆涉及官吏管理。

[2] 东园官制与秘器可证以如下资料：《后汉书·皇后纪》李贤注："东园，署名，属少府。主作凶器，故言秘也。"《汉书·董贤传》颜注："东园，署名也。《汉旧仪》云东园秘器作棺梓，素木长二丈，崇广四尺。"《汉书·霍光传》服虔注："东园处此器，形如方漆桶，开一面，漆画之，以镜置其中，以悬尸上，大敛并盖之。"《后汉书·礼仪志》："东园匠、考工令奏东园秘器，表里洞赤，虡文画日、月、鸟、龟、龙、虎、连璧、偃月，牙桧梓宫如故事。"与其他赗赠之物相较，或许秘器是比较容易保存的。如扬州萧家山三号汉墓中出土过彩绘漆秘器，今藏扬州博物馆（参见韩国河：《温明、秘器与便房考》，载《文史哲》2003年第4期）。北魏出土的墓室画像也证明魏晋以后沿袭此制（参见邹清泉：《北魏墓室所见孝子画像与"东园"探考》，载《故宫博物院院刊》2007年第3期）。

续表

赗赠类别	事例	出处	备注
乘舆、秘器	方进自杀，册赠以丞相、高陵侯印绶，赐乘舆秘器，少府供张，柱槛皆衣素。天子临吊，礼赐异于它相故事。	《汉书·翟方进传》	
钱	原涉祖父武帝时以豪桀自阳翟徙茂陵。涉父哀帝时为南阳太守。天下殷富，大郡二千石死官，赋敛送葬皆千万以上，妻子通共受之，以定产业。及涉父死，让还南阳赗送。	《汉书·原涉传》	知郡县也为旧君赗赠。所言"大郡二千石死官，赋敛送葬皆千万以上"，当非两汉定制，唯视州郡财力而定。
东园秘器、珠襦玉柙、冢茔	东园秘器，珠襦玉柙，豫以赐贤，无不备具。又令将作为贤起冢茔义陵旁，内为便房，刚柏题凑，外为徼道，周垣数里。	《汉书·董贤传》	时贤未卒，因宠获赐，故云"豫"，特例也。
不明	班斿卒，王莽修缌麻，赗赙甚厚。	《汉书·叙传》	
玉、绂、绶、东园秘器、玉衣绣衾、布、钱	①新野君薨，赠以玄玉赤绂，赗钱三千万，布三万匹。②新野君薨。赠以长公主赤绶、东园秘器、玉衣绣衾，又赐布三万匹，钱三千万。	①《后汉书·安帝纪》注引《东观记》②《后汉书·和熹邓皇后纪》	新野君即邓皇后母。"赠以长公主赤绶"谓比拟赠长公主赤绶之制。[1]

---

[1]《汉书·高帝纪》如淳注："《公羊传》曰'天子嫁女于诸侯，必使诸侯同姓者主之'，故谓之公主。《百官表》'列侯所食曰国，皇后、公主所食曰邑'。帝姊妹曰长公主，诸王女曰翁主。"《汉书·皇后纪》："汉制，皇女皆封县公主，仪服同列侯。其尊崇者，加号长公主，仪服同蕃王。"《后汉书·舆服志》："诸侯王赤绶，四采，赤黄缥绀，淳赤圭，长二丈一尺，三百首……长公主、天子贵人与诸侯王同绶者，加特也。"知新野君所得长公主赤绶之制仪同诸侯藩王，于法有据。

续表

赗赠类别	事例	出处	备注
钱	孝崇匽皇后薨,大长秋吊祠,赗钱四千万。	《后汉书·孝崇匽皇后纪》	
钱、布	刘苍卒,大鸿胪持节,五官中郎将副监丧,赐钱前后一亿,布九万匹。及葬,诏有司加赐鸾辂乘马,龙旗九旒,虎贲百人。	《后汉书·东平王传》	
钱	许太后薨,光禄大夫持节吊祠,赗钱五百万。	《后汉书·楚王英传》	
印绶	英自杀,国除。诏遣光禄大夫持节吊祠,赠赗如法,加赐列侯印绶。	《后汉书·楚王英传》	英擅自增减官秩,设置诸侯王公两千石,图谋取代汉明帝被废,罪大逆不道。知有罪之人亦得赠赗。"如法"即如常制,不视其戴罪之身。
钱、布	永初元年,邓太后封寿舅申转为新亭侯。寿立三十一年薨。自永初已后,戎狄叛乱,国用不足,始封王薨,减赗钱为千万,布万匹。嗣王薨,五百万,布五千匹。时唯寿最尊亲,特赗钱三千万,布三万匹。	《后汉书·济北惠王寿传》	此言"国用不足"而减赗钱,亦是《原涉传》例非定制之佐证。减赗钱尚依等差,赗赠有例自不待言。
不明	融卒,赗送甚厚。	《后汉书·窦融传》	
不明	马廖卒,和帝厚加赠赗,使者吊祭。	《后汉书·马援传》	厚加者,倍于常法。
不明	鲁恭父某,为武陵太守,卒官。郡中赗赠无所受。	《后汉书·鲁恭传》	此亦为旧君赗赠例。

续表

赙赠类别	事例	出处	备注
绢	诗卒，诏使治丧郡邸，赙绢千匹。	《后汉书·杜诗传》	
钱	羊续遗言薄敛，不受赠遗。旧典，二千石卒官赙百万，府丞焦俭遵续先意，一无所受。诏书褒美，敕太山太守以府赙钱赐续家云。	《后汉书·羊续传》	所言"旧典，二千石卒官赙百万"知汉赙赠有限，可证《原涉传》例非定制。
不明	张禹父卒，汲吏人赙送前后数百万，悉无所受。	《后汉书·张禹传》	或张禹父曾在汲县为官。
冢地	宗正刘般妻卒，厚加赙赠，及赐冢茔地于显节陵下。	《后汉书·刘般传》	知官员之妻也可得赙赠。
东园秘器、钱、布	恺卒。诏使者护丧事，赐东园秘器，钱五十万，布千匹。	《后汉书·刘恺传》	
秘器、衣衾、钱布	伦卒。诏赐秘器、衣衾、钱布。	《后汉书·第五伦传》	
珠画、秘器	袁逢卒。朝廷以逢尝为三老，特优礼之，赐以珠画，特诏秘器。	《后汉书·袁安传》	
冢地	司徒鲁恭薨。乘舆缟素临吊，赐冢茔地，赙赠恩宠异于它相。	《后汉书·张酺传》	"异于它相"即高于常制。
不明	儵卒，赙赠甚厚。	《后汉书·樊儵传》	
秘器	勤卒。使者吊祠，赐东园秘器，赙赠有加。	《后汉书·冯勤传》	

续表

赗赠类别	事例	出处	备注
东园秘器、襚	遗令勿受卓赗赠。董卓欲外示宽容，表赐东园秘器赠襚，送之如礼。	《后汉书·盖勋传》	襚为衣服之类。按《卫风·硕人》郑笺"衣服曰襚"。《史记·郦生陆贾列传》集解引韦昭注："衣服曰税。税当为'襚'。"《汉书·景帝纪》应劭注："衣服曰襚。祠，饮食也，车马曰赗。"此皆可证"襚"义与前引《荀子》之说。
秘器、钱、布、印绶	赵代卒。和帝怜之，赐秘器、钱、布，赠越骑校尉、节乡侯印绶。	《后汉书·赵憙传》	本传云永元中，赵代征羌，坐事下狱，疾病物故。知代为罪人。
赐东园秘器、印绶	允卒。遣虎贲中郎将吊祭，赐东园秘器，赠以本官印绶，送还本郡。	《后汉书·王允传》	
秘器	湛卒。赐秘器，帝亲吊祠，遣使者送丧修冢。	《后汉书·伏湛传》	
东园梓器、襚服、钱、布	赐卒。赠东园梓器、襚服，赐钱三百万，布五百匹。	《后汉书·杨赐传》	
东园秘器、棺中玉具、印绶	超卒。赐东园秘器，棺中玉具，赠侯将军印绶，使者理丧。	《后汉书·单超传》	
棺木、印绶、缣	歙卒。赐棺木，赠印绶，赙缣三千匹。	《后汉书·欧阳歙传》	
布	业卒。遣使吊祠，赗赠百匹。	《后汉书·李业传》	
棺	赗补之，谓赗丧家，补助其不足也，若今时一室二尸，则官与之棺也。	《周礼·秋官》郑众注	此以汉法况古。

续表

赐赠类别	事例	出处	备注
不明	曹操薨。刘备遣掾韩冉奉书吊，致赗赠之礼。	《三国志·蜀书·先主传》注引《魏书》	
不明	曹衮薨。诏使大鸿胪持节典护丧事，宗正吊祭，赠赗甚厚。	《三国志·魏书·武文世王公传》	
东园温明	懿薨。丧葬威仪依汉霍光故事。	《晋书·宣帝纪》	
温明秘器、衣、朝服、玉具、剑佩	韩暨薨。诏其丧礼所设，皆如故事，勿有所阙。特赐温明秘器，衣一称，五时朝服，玉具剑佩。	《三国志·魏书·韩暨传》注引《楚国先贤传》	
不明	嗟悼群寮哀酸赗赙之赠礼。	《曹真碑》	该碑已残，左引十一字在碑阳第 15 行，前后皆有阙文。
东园温明秘器、朝服、衣、绯练、绢、布、钱、谷	孚薨。诏其以东园温明秘器、朝服一具、衣一袭、绯练百匹、绢布各五百匹、钱百万、谷千斛以供丧事。诸所施行，皆依汉东平献王苍故事。	《晋书·安平献王孚传》	东平献王苍赗赠故事见前引。
东园温明秘器、朝服、钱、布、绢	亮卒。给东园温明秘器，朝服一袭，钱三百万，布绢三百匹，丧葬之礼如安平献王孚故事，庙设轩悬之乐。	《晋书·汝南王亮传》	
东园温明秘器、朝服、衣、钱、布	司马遵卒。诏赐东园温明秘器，朝服一具，衣一袭，钱百万，布千匹，策赠太傅，葬加殊礼。	《晋书·武陵威王晞传》	

续表

赗赠类别	事例	出处	备注
温明秘器、朝服、衣、钱	顗薨。晋武帝为举哀，皇太子临丧，二宫赗赠，礼秩有加。诏赐温明秘器、朝服一具，衣一袭。又其赐家钱二百万，使立宅舍。	《晋书·荀顗传》	
东园秘器、朝服、衣	充薨。赐东园秘器、朝服一具，衣一袭。	《晋书·贾充传》	
东园温明秘器、朝服、衣、绯练、绢、布、钱、谷	导薨。赠襚之礼，一依汉博陆侯及安平献王故事。及葬，给九游辒辌车、黄屋左纛、前后羽葆鼓吹、武贲班剑百人，中兴名臣莫与为比。	《晋书·王导传》	汉博陆侯即霍光，安平献王即司马孚，其赠襚之礼皆见前引。
东园秘器、朝服、钱、布	祜薨。赐以东园秘器，朝服一袭，钱三十万，布百匹。	《晋书·羊祜传》	以下诸例可见赐朝服一袭，钱三十万，布百匹，应为通制。
东园秘器、朝服、衣、钱、布帛	祥薨。诏赐东园秘器，朝服一具，衣一袭，钱三十万，布帛百匹。	《晋书·王祥传》	
东园秘器、朝服、衣、钱、布	曾薨。赐东园秘器，朝服一具，衣一袭，钱三十万，布百匹。	《晋书·何曾传》	
秘器、朝服、衣、钱、绢、布	袤薨。赐秘器、朝服一具、衣一袭、钱三十万、绢布各百匹。	《晋书·郑袤传》	
秘器、朝服、衣、钱、布	冲薨。赐秘器，朝服，衣一袭，钱三十万，布百匹。	《晋书·郑冲传》	

续表

赗赠类别	事例	出处	备注
秘器、朝服、衣、钱、布	苞薨。赐秘器,朝服一具,衣一袭,钱三十万,布百匹。	《晋书·石苞传》	
不明	王浑卒于凉州,故吏赗赠数百万,子王戎辞而不受。	《晋书·王戎传》	
秘器、朝服、衣、钱、布、葬田	沈薨。赐秘器,朝服一具,衣一袭,钱三十万,布百匹,葬田一顷。	《晋书·王沈传》	
东园秘器	沈妻荀氏卒,将合葬,沈棺椁已毁,更赐东园秘器。	《晋书·王沈传》	
东园秘器、朝服、钱、布	勖薨。赐东园秘器、朝服一具,钱五十万、布百匹。	《晋书·荀勖传》	
秘器、朝服、衣、钱、布	秀薨。赐秘器,朝服一具,衣一袭,钱三十万,布百匹。	《晋书·裴秀传》	
东园秘器、朝服、衣、钱、布	涛薨。赐东园秘器,朝服一具,衣一袭,钱五十万,布百匹。	《晋书·山涛传》	
东园秘器、朝服、钱、布	琇薨。赐东园秘器,朝服一袭,钱三十万,布百匹。	《晋书·羊琇传》	
秘器、朝服、衣、布、钱	钦薨。赐秘器,朝服一具,衣一袭,布五十匹,钱三十万。	《晋书·卢钦传》	

续表

赗赠类别	事例	出处	备注
东园秘器、朝服、衣、钱、布、蜡	安薨。赐东园秘器，朝服一具，衣一袭，钱百万，布千匹，蜡五百斤。	《晋书·谢安传》	《晋书·石崇传》云，石崇与王恺、羊琇之徒以奢靡相尚。"恺以饴澳釜，崇以蜡代薪。"知蜡在晋时为奢侈之物，赐而显尊崇。
钱、朝服	颂卒。赐钱二十万，朝服一具。	《晋书·刘颂传》	
钱、布	虓卒。赗钱二十万，布百匹。	《晋书·周虓传》	
兵、守冢户	玩薨。给兵千人，守冢七十家。	《晋书·陆玩传》	
兵、守冢户	谟卒。赙赠之礼，一依太尉陆玩故事。	《晋书·蔡谟传》	本传云蔡谟因"悖慢傲上，罪同不臣"被免为庶人。
不明	舒卒。赙赠优厚，谥曰康。	《晋书·魏舒传》	
钱、布	冲卒。赙钱五十万，布五百匹。	《晋书·桓冲传》	
钱、布	穆卒。赙赐一依周虓故事。	《晋书·丁穆传》	周虓故事见前引，即赗钱二十万，布百匹。
茔田	芝卒。赗赠有加，赐茔田百亩。	《晋书·鲁芝传》	
九命衮冕之服、朝服、衣、东园秘器、钱、布、腊、漆	①温卒。赐九命衮冕之服，又朝服一具，衣一袭，东园秘器，钱二百万，布二千匹，腊五百斤，以供丧事。②时诏赙温钱布漆蜡等物，而不及大殓。弟冲上疏陈温素怀每存清俭，且私物足举凶事，求还官库。诏不许，冲犹固执不受。	①《晋书·桓温传》②《晋书·桓冲传》	"求还官库"可证赙赠皆本官家。
钱、布	南康公主薨，诏赙布千匹，钱百万，夫桓温辞不受。	《晋书·桓温传》	

以上所举汉晋例虽繁，魏例或略，但从仅有的例子也可印证魏赗赠之制，由汉及魏，据晋推魏，魏制亦得大概：

（1）赗赠之物繁多，有钱、玉、布帛制品、棺木、秘器、冢地、印绶、朝服、漆、蜡等。这些东西都出自府藏或由相关机构制造[1]。赗赠虽多出于县官，但不禁州郡为旧君行礼。

（2）赗赠之物种类、数量依官爵自有等差。如汉时二千石卒官赗百万；又如魏晋之际重臣很多都是晋初而亡，多获赐朝服一具、衣一袭、钱三十万、布百匹，这些一具、一袭、三十万、百匹或许就是魏晋丧葬令中的数量限制；但其类、限可权时增减。魏时丧事从俭，如后引内诫令中会提到曹操以为"方竹严具绿漆甚华好"，即认为绿漆为奢华之色当禁之，魏赗赠之器缺乏"丹漆"也是符合当时风气的，况且魏也并非禁绝漆器。[2]

（3）赗赠之礼会衍为故事，为后世遵循。有罪之人，或据亲亲之道，或朝廷发体恤之心又得赗赠如法，不作减贬。且赗赠及于官员家属，如妻子。

（4）赗赠之礼由皇帝遣使吊祠行之。《晋书·职官志》云，光禄大夫"汉时所置无定员，多以为拜假赗赠之使，及监护丧事。魏氏已来，转复优重，不复以为使命之官。其诸公告老者，皆家拜此位。及在朝显职，复用加之。及晋受命，仍旧不改，复以为优崇之制"。知汉光禄大夫充当赗赠之使，魏晋改之，使使者持节吊祭，使者官职不同，似未有定制。但对于皇室成员应是宗正负责吊丧行礼，如曹衮例。

《宋书·武帝纪》载："凡南北征伐战亡者，并列上赗赠。尸丧未反，遣主帅迎接，致还本土。"《宋书·孝武帝纪》诏："政道未著，俗弊尚深，豪侈兼并，贫弱困窘，存阙衣裳，没无敛椟，朕甚伤之。其明敕守宰，勤加存恤。赗赠之科，速为条品。"诏："近北讨文武，于军亡没，或殒身矢石，或疠疾死亡，并尽勤王事，而敛椟卑薄。可普更赗给，务令丰厚。"知宋有"赗赠之科"，宋承晋制，或晋宋赗赠规定在科中，皆承魏丧葬令之文。

---

[1] 赗赠之物不能备列，有些可从出土墓葬寻得实物，有些或可推知，如冰。《宋书·礼志》云："三御殿及太官膳羞，并以鉴供冰。自春分至立秋，有臣妾丧，诏赠秘器。自立夏至立秋，不限称数以周丧事。缮制夷盘，随冰借给。"虽是宋制，应据《周礼》"凌人"掌冰一制而来。

[2] 如《三国志·文帝纪》曹丕遗令云："棺但漆际会三过。"《三国志·卞皇后传》注引《魏书》："后性约俭，不尚华丽，无文绣珠玉，器皆黑漆。"《三国志·卫觊传》："武皇帝之时……器物无丹漆。"此皆魏有漆器之证，况且车舆需要漆画进行装饰，漆器为赗赠之物自然合制，而赐漆也是显示尊崇。

2. 内诫令

表8　魏内诫令佚文

序号	令文	出处	备注
1	贵人位为贵人，金印蓝绂，女人贵位之极。	《书钞·仪饰部·绂》"蓝绂"条	此令为曹操所颁。
2	平参王作问大人语元盈言卒，位上设青布帐，教彻去，以为大人自可施帐，当令君臣上下悉共见。	《书钞·服饰部·帐》"青布帐"条	此令为曹操所颁，文或有脱漏。
3	孤不好鲜饰，严具用新皮苇笥，以黄苇缘中。遇乱世，无苇笥，乃更作方竹严具，以皂苇衣之，粗布裹，此孤平常之用者也。内中妇曾置严具，于时为之推坏。今方竹严具绿漆甚华好。	《御览·服用部·严器》	此令为曹操所颁，文或有脱漏。《御览》引作"内严器诫令"。所谓"严具"，即日常梳妆打扮用具。
4	孤有逆气病，常储水卧头。以铜器盛，臭恶。前以银作小方器，人不解，谓孤喜银物。令以木作。	《御览·器物部·器皿》	此令为曹操所颁，文或有脱漏。
5	吏民多制文绣之服，履丝不得过绛，紫黄金丝织履。前于江陵得杂彩丝履，以与家约："当著尽此履，不得效作也。"	《御览·服章部·履》	《御览·服章部·履》引《晋令》："士卒、百工履色无过绿青白，婢履色无过红青，古侩卖者皆当著巾，帖额题所侩卖者及姓名，一足著黑履，一足著白履。"此当为晋服制令。

续表

序号	令文	出处	备注
6	①往岁作百辟刀五枚，吾闻百炼器辟不祥，摄伏奸宄者也。 ②往岁作百辟刀五枚，适成，先以一与五官将。其余四，吾诸子中有不好武而文学，将以次与之。 ③百炼利器，以辟不祥、摄服奸宄者也。	①《书钞·武功部·刀》"以辟不祥"条 ②《御览·兵部·刀》 ③《御览·兵部·刀》	此三条当本自同一令。又，《御览·兵部·刀》引曹植《宝刀赋》云："建安中，家父魏王乃命有司造宝刀五枚……太子得一，余及余弟饶阳侯各得一焉。其余二枚，家王自杖之"可证此令。[1]
7	吾衣皆十岁也。岁岁解浣补纳之耳。	《御览·布帛部·纳》	此令亦戒奢华之意。
8	昔天下初定，吾便禁家内不得香薰。后诸女配国家，为其香，因此得烧香。吾不好烧香，恨不熟所禁。令复禁，不得烧香！其以香藏衣著身，亦不得！	《御览·香部·香》	《御览》引作《魏武令》。又，《御览·香部·香》引陆机《吊魏武文》云："余为著作郎，游秘阁，见魏武令曰：'余香可分与诸夫人。诸舍中无所为学，作履组卖也。'"知曹操禁香非全禁也。

据陆机《吊魏武文》，其所见令藏秘阁中，知魏时对曹操令有所整理，明帝修律时又纳之。以上诸令，观其言皆家约训诫之词，文多直白，但修律令时当本其崇简朴诫奢华之意，如"吏民多制文绣之服，履丝不得过绛"之类亦多与服制相涉，或转化为服制令。

---

[1] 同卷又引魏文帝《露陌刀铭》、曹植《宝刀铭》、王粲《刀铭》，或记载此事。

3. 明罚令

表 9　魏明罚令佚文

序号	令文	出处	备注
1	①闻太原、上党、西河、雁门，冬至后百有五日，皆沍寒之地，老少羸弱将有不堪之患，令人不得寒食，若犯者，家长半岁刑，主吏百日刑，令长罚一月俸。 ②闻太原、上党、西河、雁门，冬至之后百五日皆绝火寒食，云为介子推。子胥沉江，吴人未有绝水之事，至于子推，独为寒食，岂不偏乎？	①《御览·时序部·寒食》 ②《御览·火部·火》	此二条《御览》引作魏武《明罚令》，程氏考同，所据或令中有"半岁刑"、"百日刑"、"罚俸"等语。《晋志》云魏"改诸县不得自择伏日，所以齐风俗也"。秦汉民间伏日、寒食皆有祭祀，此条亦疑在祠令之类。

4. 祠令

表 10　魏祠令佚文

序号	令文	出处	备注
1	金鼓、幢麾、隆衡，皆以立秋日祠。先时一日，主者请祠。其主者奉祠，若出征有所克获，还亦祠。向敌祠，血于钟鼓。秋祠及有所克获，还但祠，不血钟鼓。祝文某官使主者，某敢告隆衡、金鼓、幢麾。夫军，武之器者，所以正不义，为民除害也。谨以立秋之日，洁牲黍稷旨酒而敬荐之。	《御览·礼仪部·祭礼下》	此条《御览》引作《军令》，程氏归入《军令》。观文意，与祭祀相涉，故入祠令，亦合《御览》归类。
2	常以己丑日祠牛、马，先祝文曰：某月己丑，某甲敢告马牛先。马者，兵之道。牛者，军农之用。谨洁牲黍稷旨酒，敬而荐之。	同上。	同上。

续表

序号	令文	出处	备注
3	军行济河，主者常先白沉璧。文曰：某王使者某甲敢告于河，贼臣某甲作乱，天子使某帅众济河，征讨丑类，故以璧沉，惟尔有神裁之。	《御览·礼仪部·祭礼下》	此条《御览》引作《军令》，程氏归入《军令》。观文意，与祭祀相涉，故入祠令，亦合《御览》归类。又，《论衡·纪妖》云："夫沉璧于江，欲求福也。"[1]《晋书·礼志》载魏黄初二年，"初礼五岳四渎，咸秩群祀，瘗沉圭璧。六年七月，帝以舟军入淮。九月壬戌，遣使者沉璧于淮"。知魏行此礼。
4	议者以为祠庙上殿当解履。吾受锡命，带剑不解履上殿。今有事于庙而解履，是尊先公而替王命，敬父祖而简君主，故吾不敢解履上殿也。又临祭就洗，以手拟水而不盥。夫盥以洁为敬，未闻拟而不盥之礼，且"祭神如神在"，故吾亲受水而盥也。又降神礼讫，下阶就幕而立，须奏乐毕竟，似若不衍烈祖，迟祭速讫也，故吾坐俟乐阕送神乃起也。受胙纳袖，以授侍中，此为敬恭不终实也，古者亲执祭事，故吾亲纳于袖，终抱而归也。仲尼曰"虽违众，吾从下"，诚哉斯言也。	《三国志·魏书·武帝纪》注引《魏书》。	此条程氏未考。按此为建安二十一年曹操于邺城祠庙之令。

---

[1]《后汉书·襄楷传》注引《尚书中候》："舜沉璧于清河，黄龙负图出水。"《后汉书·方术传》注引《尚书中候》："尧沉璧于洛，玄龟负书，背中赤文朱字，止坛。舜礼坛于河畔，沉璧，礼毕，至于下昃，黄龙负卷舒图，出水坛畔。"

(二) 尚书官令之属

1. 设官令

表 11　魏设官令佚文

序号	令文	出处	备注
1	魏诸官印，各以官为名，印如汉法断二千石者章。	《书钞·仪饰部·印》"以官为名"条	《全三国文》归入选举令，不妥。《汉书·百官公卿表》有"凡吏秩比二千石以上，皆银印青绶"云云。颜注引"《汉旧仪》云：银印背龟钮，其文曰章，谓刻曰某官之章也。""六百石、四百石至二百石以上皆铜印鼻钮，文曰印。谓钮但作鼻，不为虫兽之形，而刻文云某官之印。"知印章在汉有官私之分，官印刻官职名，私印刻私人姓名字号等。著令规定将官职与姓名合印或自魏始。[1]

---

[1] 沙孟海《印学史》(西泠印社 1999 年版) 云："魏武帝《选举令》：'魏诸官印各以官为名印'，但这类印章传世不多。顾氏《集古印谱》卷一收录'裨将军张赛'一印，《十钟山房印举》举之二收录'尚书散郎田邑'、'逾麋集掾田宏'两印，大约就是三国以后印。"罗福颐《秦汉魏晋南北朝官印徵存》(文物出版社 1987 年版) 收录了不少魏官印，亦不见有人名与官职同印者。但也收录了不少"裨将军张赛"之类的人名加官职印章，归入专用印及未详、疑伪印类。2010 年笔者参观陕西历史博物馆所展出的魏晋官印亦无此类。又，《三国志·魏书·夏侯尚传》注引《魏书春秋》云许允为镇北将军，"善相印，将拜，以印不善，使更刻之，如此者三。"《宋书·孔琳之传》云："今世唯尉一职，独用一印，至于内外群官，每迁悉改，讨寻其义，私所未达。若谓官各异姓，与传袭不同，则未若异代之殊也。若论其名器，虽有公卿之贵，未若帝王之重。"据此，魏晋宋世官印不禁改刻。印章文献资料甚多，已成专学，笔者学问不精，故阙论之。

2. 选（举）令

表 12　魏选（举）令佚文

序号	令文	出处	备注
1	岭南太守傅方，到郡以来，时酒云云之树念存军国用心纤微出意忧事，莫能方于此也。	《书钞·政术部·兴利》"育养漆园"条引魏武集《选令》	此条文意艰涩，疑有脱漏[1]。《晋书·宣帝纪》载司马懿曾言："荆州刺史胡修粗暴，南乡太守傅方骄奢，并不可居边。魏武不之察。及蜀将关羽围曹仁于樊，于禁等七军皆没，修、方果降羽，而仁围甚急焉。"傅方或即此人。又《史记·老子韩非列传》："庄子者，蒙人也，名周，尝为漆园吏。"后世亦以"漆园"指庄子[2]。《书钞》以"育养漆园"为条，或此令原文有此四字。曹操此令以《庄子》（漆园）"吾有大树，人谓之樗"之典回应司马懿的质疑，亦以才用人例[3]。
2	今诏书省司隶官钟校尉，材智决洞，通敏先觉，可上请参军，以辅暗政。	《御览·职官部·府参军》	钟校尉即钟繇

---

[1] 程树德亦云《书钞》所引诸令文，多讹误，不可句读，亦无从校勘矣。《晋书·宣帝纪》载司马懿言："荆州刺史胡修粗暴，南乡太守傅方骄奢，并不可居边。魏武不之察。及蜀将关羽围曹仁于樊，于禁等七军皆没，修、方果降羽，而仁围甚急焉。"傅方或即此人。

[2] 如《抱朴子·博喻》云："子永叹天伦之伟，漆园悲被绣之牺。"唐李德裕《重忆山居·漏潭石》诗："常疑六合外，未信漆园书。"清朱锡《幽梦续影》云："漆园梦蝶，不过中材。"

[3] 典见《庄子·逍遥游》："惠子谓庄子曰：'吾有大树，人谓之樗。其大本臃肿而不中绳墨，其小枝卷曲而不中规矩。立之涂，匠者不顾。今子之言，大而无用，众所同去也。'庄子曰：'子独不见狸狌乎？卑身而伏，以候敖者；东西跳梁，不避高下；中于机辟，死于罔罟。今夫斄牛，其大若垂天之云。此能为大矣，而不能执鼠。今子有大树，患其无用，何不树之于无何有之乡，广莫之野，彷徨乎无为其侧，逍遥乎寝卧其下。不夭斤斧，物无害者，无所可用，安所困苦哉！'"

续表

序号	令文	出处	备注
3	邺县甚大,一乡万数千户,兼人之吏未易得也。	《书钞·设官部·吏》"兼人之吏未易得也"条	兼人,胜人也。《论语·先进》:"求也退,故进之;由也兼人,故退之。"此即"兼人"之典,亦儒家思想入律令表现之一端。
4	闻小吏或有著巾帻。	《书钞·设官部·吏》"著巾帻"条	汉魏晋盛行以幅巾裹发,称巾帻,冠类。此又与官品、服制、礼仪相涉,《晋书·职官志》有"太宰、太傅、太保、司徒、司空、左右光禄大夫、光禄大夫,开府位从公者为文官公,冠进贤三梁,黑介帻"之类文言及各官职之"帻",程氏皆收入晋官品令中,魏当同。《晋书·礼仪志》云:"汉仪……立春之日,皆青幡帻迎春于东郊外野中。""挚虞《决疑》曰:'凡救日蚀者,著赤帻,以助阳也。日将蚀,天子素服避正殿,内外严警。太史登灵台,伺候日变,便伐鼓于门。闻鼓音,侍臣皆著赤帻,带剑入侍。'""江左诸帝将冠,金石宿设,百僚陪位。又豫于殿上铺大床,御府令奉冕、帻、簪导、衮服以授侍中常侍,太尉加帻,太保加冕。"此皆行礼时著帻之仪。故关于"帻"的规定,在魏官品、服制、祠令中当有所表现。[1]

----

[1]《晋书·舆服志》对汉魏晋之帻多有记述,兹不赘录。

续表

序号	令文	出处	备注
5	谚曰："失晨之鸡，思补更鸣。"昔季闱在白马，有受金取婢之罪，弃而弗问，后以为济北相，以其能故。	《御览·人事部·谚下》	凡5、6、7条令可观魏选才以能政策。[1]
6	自古受命及中兴之君，曷尝不得贤人君子与之共治天下者乎！及其得贤也，曾不出闾巷，岂幸相遇哉？上之人不求之耳。今天下尚未定，此特求贤之急时也。"孟公绰为赵、魏老则优，不可以为滕、薛大夫。"若必廉士而后可用，则齐桓其何以霸世！今天下得无有被褐怀玉而钓于渭滨者乎？又得无盗嫂受金而未遇无知者乎？二三子其佐我明扬仄陋，唯才是举，吾得而用之。	《三国志·魏书·武帝纪》	时在建安十五年。《词林》引作"举士令"，《全三国文》标"求贤令"。
7	夫有行之士未必能进趣，进趣之人未必能有行也。陈平岂笃行，苏秦宁守信也？而陈平定汉业，苏秦济弱燕。由此言之，士有偏短，庸可废乎。有司明思此义，则士无遗滞，官无废业矣。	《词林·令下》[2]	此条令其他文献不载，《词林》引作"举士令"。

---

[1] 三国时人以失晨鸡喻失职有罪者尚有例证：《三国志·吴书·周瑜传》载诸葛瑾为周胤请罪，云"为胤归诉，乞勾余罪，还兵复爵，使失旦之鸡，复得一鸣，抱罪之臣，展其后效"。

[2] [唐] 许敬宗编，罗国威整理：《日藏弘仁本文馆词林校证》，北京：中华书局2001年版，第434页。

续表

序号	令文	出处	备注
8	国家旧法选尚书郎，取年未五十者，使文笔真草，有才能谨慎，典曹治事，起草立义，又以草呈示令、仆，讫乃付令史书之耳。书讫，共省读内之。事本来台郎统之，令史不行知也。书之不好，令史坐之；至于谬误，读省者之责。若郎不能为文书，当御令史，是为牵牛不可以服箱，而当取辩于茧角也。	《御览·职官部·总序尚书郎》	此"旧法"即汉制，"牵牛不可以服箱"，典出《诗经·小雅·大东》"皖彼牵牛，不以服箱"，意指牵牛星虽明亮，却不能用以拉车。此借喻尚书郎不负文书谬误之责，是徒有虚名，曹操此令有改汉制之意。
9	夫遣人使于四方，古人所慎择也。故仲尼曰使乎使乎，言其难也。	《初学记·政理部·奉使·叙事》	此为选使者之令，或称遣使令。《论语·宪问》："蘧伯玉使人于孔子……使者出，子曰：'使乎！使乎！'""使乎"本为赞叹使者之词，后代指使者。

以上诸令虽皆用人之策，但所引典故有《诗经》《论语》之类，此类形式的引经（经之典故）入律令，实魏晋法律受儒家思想浸润之表现。

3. 褒赏令

表 13　魏褒赏令佚文

序号	令文	出处	备注
1	别部司马付其衙，请立齐桓公神堂，使室阮瑀议之。	《书钞·设官部·记事参军》"神堂使阮瑀议之"条	此条《书钞》引作褒赏令。曹操对齐桓多有称赞亦曾自比，其《己亥令》云："设使国家无有孤，不知当几人称帝，几人称王。……齐桓、晋文所以垂称至今日者，以其兵势广大，犹能奉事周室也。"[1] 又，《武帝纪》裴注引有《褒赏令》，事关建安七年曹操祀桥玄，令中载有祀文。故所言褒赏当是追慕先贤，崇慕教化之意。

---

〔1〕《三国志》卷一《魏书·武帝纪》注引《魏武故事》，19。

4. 不明类别

表 14　魏令中类别不明之令

序号	令文	出处	备注
1	魏武令：自今诸掾属侍中别驾，常以月朔各进得失，纸书函封。主者朝常给纸函各一。	《初学记·文部·纸·事对》"别驾函右军库"条	《初学记》同卷引裴启《论林》云："王右军为会稽令，谢公就乞笺纸。库中唯有九万枚，悉与之。"知魏晋有纸张供给制度，藏于府库中，不得擅取，唯主者依令与之。又，《魏书·穆崇传》云："三代之礼，日出视朝。自汉魏以降，礼仪渐杀。《晋令》有朔望集公卿于朝堂而论政事。"魏武令之"月朔各进得失"即魏晋时朔望集公卿论政事规定，晋令当本魏制。魏"给纸函"之制，晋令亦或有。

与尚书官令最为密切的官品令，单独论之，详见下文。

（三）军中令之属

1. 步战令

表 15　魏步战令佚文

序号	令文	出处	备注
1	严鼓一通，步骑悉装；再通，骑上马，步结屯；三通，以次出之，随幡住者，结屯住幡后。闻急鼓音，整阵，斥候者视地形广狭，从四角面立表，制战阵之宜。诸部曲者，各自安部。阵兵疏数，兵曹举白不如令者，斩。兵若欲作阵对敌，营先白表，乃引兵就表而阵。临阵皆无欢哗，明听鼓音，旗幡麾前则前，麾后则后，麾左则左，麾右则右。不闻令而擅前后左右者，（转下页）	《通典·兵·法制》	此令规定为晋军战令所承袭，前已论。此令包括四方面内容：对行军兵阵秩序、指挥、督查等作规定。对行军作战中乱阵妄行、畏懦不进、不救援同部、擅取物资、逃亡等皆以违令处斩。对违令行军之情节轻者予以髡鞭、罚金等刑或不赏其功。对伍长、什长强制其举发义务。对逃亡者家属强制其捕执、告吏之义务。于此令可窥若干秦汉以来军法常（转下页）

续表

序号	令文	出处	备注
1	（接上页）斩。伍中有不进者，伍长杀之；伍长有不进者，什长杀之；什长有不进者，都伯杀之。督战部曲将，拔刃在后察，违令不进者，斩之。一部受敌，余部不进救者，斩。临战，兵弩不可离阵，离阵，伍长、什长不举发与同罪。无将军令，有妄行阵间者，斩。临战阵骑皆当在军两头，前陷阵骑次之，游骑在后。违令，髡鞭二百。兵进退入阵间者，斩。若步骑与贼对阵，临时见地势便，欲使骑独进讨贼者，闻三鼓音，骑特从两头进战，视麾所指；闻三金音，还。此但谓独进战时也。其步骑大战，进退自如法。吏士向阵骑驰马者，斩。吏士有妄呼大声者，斩。追贼，不得独在前在后。犯令者罚金四两。士将战，皆不得取牛马衣物。犯令者斩。进战，士各随其号，不随号者，虽有功不赏。进战，后兵出前，前兵在后，虽有功不赏。临阵，牙门将、骑督明受都令。诸部曲都督将吏士各战时，校督部曲督住阵后，察凡违令畏懦者。有急，闻雷鼓音绝后，六音严毕，自辨便出。卒逃归，斩之。一日家人弗捕执，及不言于吏，尽与同罪。	《通典·兵·法制》	（接上页）见术语：如斥候[1]（负责侦察、候望军情之士兵）、幡麾（用以指挥之幡旗）、畏懦。

---

[1]《尚书·禹贡传》："斥候而服事。"《史记·李将军列传》《索隐》引许慎注《淮南子》："斥，度也。候，视也，望也。"《汉书·贾谊传》："斥候望烽燧不得卧。"《三国志·魏书·贾逵传》："逵明斥候，缮甲兵，为守战之备，贼不敢犯。"《三国志·魏书·徐晃传》："性俭约畏慎，将军常远斥候，先为不可胜，然后战，追奔争利。"知汉魏以来皆有此制。

续表

序号	令文	出处	备注
2	吾将士无张弓弩于军中。其随大军行，其欲试调弓弩者得张之，不得著箭。犯者鞭二百，没入吏。不得于营中屠杀卖之，犯令没所卖皮。都督不纠白，杖五十。始出营，竖矛戟，舒幡旗，鸣鼓；行三里，辟矛戟，结幡旗，止鼓；将至营，舒幡旗，鸣鼓；至营讫，复结幡旗，止鼓。违令者，髡翦以徇。军行，不得斫伐田中五果、桑、柘、棘、枣。	《通典·兵·法制》	此令涉及违令调试兵器、于军营市屠、幡旗使用、斫伐农作物、都督失责等处罚。"皮"或作"及"。"犯者鞭二百，没入吏。不得于营中屠杀卖之，犯令没所卖皮"或断作"犯者鞭二百，没入。吏不得于营中屠杀卖之，犯令没所卖皮"。"没所卖皮"应与"屠杀卖之"相对，所屠或牛马等，杀而剥皮之故。[1]此应是军市禁制，当作"皮"。又，《晋书·五行志》："魏武帝以天下凶荒，资财乏匮，始拟古皮弁，裁缣帛为白帢，以易旧服。"物资匮乏而禁皮弁，此可作军令禁杀牛马取皮佐证。
3	五闻鼓声，举黄帛两半幡，合旗为三面，负阵。	《御览·兵部·幡》	《吴子兵法·应变》："凡战之法，昼以旌旗幡麾为节，夜以金鼓笳笛为节。麾左而左，麾右而右。"《史记·高祖功臣侯者年表》《索隐》引如淳云："职志，官名，主幡旗。"《汉书·成帝纪》如淳注："合军聚众，有幡校击鼓也。"据如淳所言，知幡麾尚有专责之人。

---

[1]《说文》云："皮，剥取兽革者谓之皮。"《广雅》云："皮，剥也。"

2. 舡（船）战令

表 16　魏舡（船）战令佚文

序号	令文	出处	备注
1	雷鼓一通，吏士皆严；再通，什伍皆就舡，整持橹棹，战士各持兵器就船，各当其所，幢幡旗鼓各随将所载船；鼓三通鸣，大小战船以次发，左不得至右，右不得至左，前后不得易处。违令者，斩。	《通典·兵·法制》	《通典》引作舡战令，《集韵》："船，俗作舡。"据此令知水战亦有布阵行进之规定，不得乱次。
2	闻雷鼓音举白幢绛旗，大小船皆进战，不进者斩。闻金音举青旗，船皆止，不止者斩。	《御览·兵部·旗》	此条《御览》引作《军令》，程树德考同，事关船行进退，归船战令为妥。
3	战时皆取舡上布幔布衣渍水中，积聚之，贼有炬火、火箭，以掩灭之。	《御览·服用部·幔》	此条《御览》引作《军令》，程树德考同，事关船具使用，归船战令为妥。

汉武帝时于长安西南郊凿昆明池，以习水战。知汉军法当有水战、船战之规定。[1] 三国鼎立，水战频发，此不待言。魏虽亡而其船、兵尚存，晋灭吴何由不依魏之军基？晋律令成时，吴仍未灭，晋修军水战令，承魏制无疑。又，水战本中原所短，吴之所长，魏晋立严制亦必然之举。

3. 军策令

表 17　魏军策令佚文

序号	令文	出处	备注
1	夏侯渊今月贼烧却鹿角。鹿角去本营十五里，渊将四百兵行鹿角，因使士补之。贼山上望见，从谷中卒出，渊使兵与斗，贼遂绕出其后，兵退而渊未至，甚可伤。渊本非能用兵也，军中呼为"白地将军"，为督帅尚不当亲战，况补鹿角乎！	《御览·兵部·鹿角》	鹿角为构筑阵地守城武器，以防步兵骑兵。是将尖锐树枝捆绑而成，状似鹿角，亦称拒鹿角、拒马[2] 后世仍之。

---

[1]《汉书·朱买臣传》："诏买臣至郡，治楼船，备粮食、水战具，须诏书到，军与俱进。"《汉书·枚乘传》："羽林黄头循江而下。"苏林注"羽林黄头郎习水战者也。"张晏注"天子舟立黄旄于其端也。"苏、张皆魏人，当熟知此类规定。

[2]《御览·兵部·鹿角》又引魏太祖令："贼为堑鹿角十里，将军致战全胜，遂陷贼围，将军之功逾孙武、穰苴。"干宝《晋记》："曹爽留车驾宿伊水南，伐木为鹿角，发屯田兵数千人以为卫。"引晋宣帝教："今日大将作四千人，东为三军作营堑垒，又当将斧三百枚，破树木作鹿角，塞诸邮漏处。"皆如此类。

续表

序号	令文	出处	备注
2	孤先在襄邑，有起兵意，与工师共作卑手刀。时北海孙宾硕来候孤，讥孤曰："当慕其大者，乃与工师共作刀耶？"孤答曰："能小复能大，何害！"	《御览·兵部·刀》	
3	袁本初铠万领，吾大铠二十领；本初马铠三百具，吾不能有十具。见其少遂不施也。吾遂出奇破之，是时士卒精练，不与今时等也。	《御览·兵部·甲》	《御览》同卷引陈林《武库赋》："铠则东胡阙巩，百炼精刚。"《曹植表》："先帝赐臣铠，黑光、明光各一具，两当铠一领，环锁铠一领，马铠一领，今世以升平，兵革无事，乞悉以付铠曹。"知魏时铠为武库所藏，铠曹掌之。

此类军策令所及鹿角、刀刃、铠之物，皆军资战具，为武库所藏，专人掌之。又，《说文》："兜鍪，首铠也。"《御览·兵部·兜鍪》引曹植表云："两当铠二十领，兜鍪自副铠百领。"知兜鍪亦铠类。《御览·兵部·兜鍪》引《晋令》："军列营，步骑士以下，皆着兜鍪。"则魏军中令有兜鍪使用等规定无疑，此晋承魏令又一证。

以上三类，浅井虎夫《中国法典编纂沿革史》多列出处未录其文，亦未考其是否为军中令。程树德皆以军中令之属，今同之。

二、魏律序略所见魏令

魏律序略所见魏令有以下二篇，其名确定，内容尚可略考，故单列之。

表18 魏律序略中待考魏令

篇名	内容	汉法归属	魏令归属	晋法归属
邮驿令	厩置、乘传、副车、食厨等可用合科者	厩律	州郡令	厩律
变事令	上言变事	厩律	州郡令	厩律

（一）邮驿令

《孟子·公孙丑上》："孔子曰：德之流行，速于置邮而传命。"《说文》：

"驿，置骑也。"此"置"即秦汉以来用来传递诏令文书，并供休息、换马的驿站。《说文》："邮，境上传书舍也。"《广雅》："邮，驿也。"置亦邮驿也。《风俗通》："汉改邮为置。置者，度其远近之间置之也。"《说文》："邮，左冯翊高陵。"知汉时在地方置邮驿设施。又，《韩非子·喻老》："天下有道，无急患，则曰静，遽传不用。"《说文》："遽，传也。"知邮驿亦传遽之事。表19以明汉魏晋邮驿、邮亭事例，并据此略考魏邮驿令若干规定。

表19　汉邮驿例

序号	事例	备注
1	《史记·汉兴以来将相名臣年表》："南夷始置邮亭。"	时在汉武帝元光六年。
2	《汉书·平帝纪》："宗师得因邮亭书言宗伯，请以闻。"颜注："邮，行书舍也。言为书以付邮亭，令送至宗伯也。"	
3	《汉书·薛宣传》："桥梁邮亭不修。"颜注："邮，行书之舍，亦如今之驿及行道馆舍也。"	此邮作名词解，邮驿、邮亭之谓。
4	《汉书·京房传》："因邮上封事师。"颜注："邮，行书者也，若今传送文书矣。"	此邮作动词解，传送之谓。
5	《后汉书·邓寇传》："淹恚不为顺时息，遂驰使邮驿，布告远近。"	
6	《后汉书·袁安传》云袁安为县功曹，"奉檄诣从事，从事因安致书于令。安曰：'公事自有邮驿，私请则非功曹所持。'辞不肯受，从事惧然而止"。	"公事自有邮驿"可证汉厩律中禁止私使邮驿的规定。
7	《后汉书·卫飒传》云卫飒于桂阳"凿山通道五百余里，列亭传，置邮驿"。	此与序号1皆于中原外置邮驿例。
8	《后汉书·百官志》"太尉"条："法曹，主邮驿科程事。"	知汉除厩律有邮驿规定外，尚有科、程，皆太尉属官法曹掌之。
9	《后汉书·舆服志》："导从卒"条注引《风俗通》："今吏邮书掾、府督邮，职掌此。"	《后汉书·郭太传》有"邮置之役"。此皆邮驿在地方有专人负责之证。

续表

序号	事例	备注
10	《三国志·蜀书·张翼传》注引《续汉书》载张纲受诏，"持节分出，案行天下贪廉，墨绶有罪便收，刺史二千石以驿表闻"。	
11	《周礼·夏官·太仆》："以待达穷者与遽令，闻鼓声，则速逆御仆与御庶子。"郑众注："遽，传也。若今时驿马军书当急闻者，亦击此鼓，令闻此鼓声，则速逆御仆与御庶子也。大仆主令此二官，使速逆穷遽者。"	知邮驿之急者击鼓。"若今"云云，即先郑以汉法况之，以下郑玄、何休所注皆同此法，亦是律章句之属，魏用以为法。
12	《周礼·夏官·太仆》："以待达穷者与遽令，闻鼓声，则速逆御仆与御庶子。"郑玄注："谓穷达者，谓司寇之属朝士，掌以肺石达穷民，听其辞以告于王。遽令，邮驿上下程品。"	此与序号8互证，邮驿规定散在律、科、程、品中。
13	《周礼·秋官·司寇》："行夫掌邦国传遽之小事媺恶而无礼者。"郑玄注："传遽，若今时传骑驿而使者也。"	
14	《礼记·玉藻》："士曰传遽之臣，于大夫曰外私。"郑玄注："传遽，以车马给使者也。"	
15	《左传·僖公三十三年》："且使遽告于郑。"何休注："传车。"	

表 20　魏晋邮驿例

序号	事例	备注
1	《三国志·魏书·任城威王彰传》载曹操得疾，"驿召（曹）彰"。	
2	《三国志·吴书·吴主传》载曹操"驿传权书"。	
3	《三国志·魏书·文帝纪》载曹丕言"愿陛下驰传骋驿，召音还台"。	
4	《三国志·魏书·董昭传》载黄初三年文帝恐曹休渡江，"驿马诏止"。	

续表

序号	事例	备注
5	《三国志·魏书·明帝纪》载青龙三年司马懿至河内,明帝"驿马召到"。	
6	《三国志·魏书·张郃传》载诸葛亮陈仓,明帝"驿马召(张)郃到京都"。	
7	《三国志·魏书·诸葛诞传》注引《魏末传》:"讨(乐)綝,即日斩首,函头驿马传送。"	
8	《三国志·魏书·王基传》载景元二年襄阳太守表邓由归顺,王基疑其诈,"驰驿陈状"。	
9	《晋书·挚虞传》:"前《乙巳赦书》,远称先帝遗惠余泽,普增位一等,以酬四海欣戴之心。驿书班下,被于远近,莫不鸟腾鱼跃,喜蒙德泽。"	以上皆驿马传书、召人、通报军情之类。
10	《三国志·魏书·陈泰传》载陈泰为雍凉都督,"每以一方有事,辄以虚声扰动天下,故希简白上事,驿书不过六百里"。	清土之春《椒生随笔·驿书不过六百里》考云:"今军事至急者,驿书日六百里。考《三国志·陈泰传》,泰每以一方有事,辄以虚声扰动天下,故希简白上事,驿书不过六百里。又考《汉书》,屈氂乘病置为急递,日行四百里。古以四百里为至速,至三国时,乃定此限耳。"则魏时邮驿日行以六百为至速。
11	《晋书·五行志》:"杨后被废,贾后绝其膳八日而崩,葬街邮亭北。"	
12	《晋书·刘毅传》:"自州郡边江,百姓辽落,加邮亭险阂,畏阻风波,转输往复,恒有淹废。"	以上二例为魏晋邮亭之属。
13	《晋书·天文志·中宫》载:"传路一星,在阁道南,旁道也。东壁北十星曰天厩,主马之官,若今驿亭也,主传令置驿,逐漏驰骛,谓其行急疾,与晷漏竞驰也。"	此明邮驿一制法天设官。驰骛即奔驰,晷漏即时间,言邮驿之速。

续表

序号	事例	备注
14	《后汉书·舆服志》"导从卒"条刘昭注："东晋犹有邮驿共置，承受傍郡县文书。有邮有驿，行传以相付。县置屋二区。有承驿吏，皆条所受书，每月言上州郡。"	刘所言"东晋犹有"云云，知魏制必同。
15	《三国志·魏书·东夷传》注引《魏略·西戎传》云大秦国"邮驿亭置如中国。从安息绕海北到其国，人民相属，十里一亭，三十里一置，终无盗贼"。	《晋书·四夷传·西戎传附大秦国传》亦云大秦国"邮驿制置，一如中州"。虽以中土况西土，中土邮驿之制亦明。

据表19、表20所列，或得魏邮驿令的一些信息：

魏邮驿除来自汉厩律外，也应吸收了汉关于邮驿科、程、品的内容。汉邮驿规定之杂，或许也是《晋志》所言汉厩律已成虚文的表现，直到魏方对此有统一整理，疑归在州郡令中。邮驿事务，汉太仆所职，魏亦当太仆掌之，关于邮驿的相关制度规定由太仆属官法曹掌之。驿亭主传令置驿，传送诏令文书。邮驿共置，有邮有驿，行传以相付，承受傍郡县文书。在县设置屋二区，有承驿吏等官属，皆条录文书，每月上报州郡。邮驿之急者击鼓。邮驿只限国事公务，禁止私使。魏时邮驿日行以六百为至速。

魏人如淳《汉书》注或引汉律，或以魏况汉，可证魏邮驿令吸收汉厩律厩置、乘传、副车、食厨等内容（表21）。

表21 如淳《汉书》注所见邮驿术语注文

类别	注释	出处
传置、驰置、乘置、轺置	律，四马高足为传置，四马中足为驰置，下足为乘置，一马二马为轺置，如置急者乘一马曰乘也。	《史记·孝文本纪》《索隐》
传	传……两行书缯帛，分持其一，出入关，合之乃得过，谓之传。	《史记·孝景本纪》《集解》
苑马	《汉仪注》载太仆牧师诸苑三十六所，分布北边、西边。以郎为苑监，官奴婢三万人，养马三十万匹。	《汉书·景帝纪》
轺传	律，诸当乘传及发驾置传者，皆持尺五寸木传信，封以御史大夫印章。其乘传参封之。参，三也。有期会累封两端，端各两封，凡四封也。乘置驰传五封也，两端各二，中央一也。轺传两马再封之，一马一封也。	《汉书·平帝纪》

续表

类别	注释	出处
桓	旧亭传于四角面百步筑土四方，上有屋，屋上有柱出，高丈余，有大板贯柱四出，名曰桓表。县所治夹两边各一桓。陈宋之俗言桓声如和，今犹谓之和表。	《汉书·尹赏传》
橐泉厩	橐泉厩在橐泉宫下。	《汉书·百官公卿表》
昆蹏厩	《尔雅》曰"昆蹏研，善升甗"者也，因以为厩名。	同上
駒騄监	駒騄，野马也。	同上
挏马	主乳马，以韦革为夹兜，受数斗，盛马乳，挏取其上肥，因名曰挏马。《礼乐志》载丞相孔光奏省乐官七十二人，给大官挏马酒。今梁州亦名马酪为马酒。	同上
驺马	驺马，以给驺使乘之。	《文选·书下·北山移文》

《晋书·礼志》载黄初三年诏"高陵上殿皆毁坏，车马还厩，衣服藏府"。《三国志·魏书·王朗传》注引《魏名臣奏》载王朗节省奏有"中厩则騑騄驸马六万余匹，外牧则虘养三万而马十之"云云。《三国志·魏书·高堂隆传》云："将营宫室，则宗庙为先，厩库为次，居室为后。"知魏时厩置、苑马等皆存。《晋书·职官志》云魏晋时太仆属官有"乘黄厩、骅骝厩、龙马厩等令"；"尉马曹，掌厩马"。此可证魏时厩事仍归太仆所掌。魏食厨之制，详考见罪名考许允坐放散官物一事，此暂不言。

（二）变事令

《晋志》云魏取汉"上言变事"为变事令。《汉书·高帝纪》："人有上变事告楚王信谋反。"《汉书·息夫躬传》："共因中常侍宋弘上变事告。"《汉书·梅福传》："数因县道上言变事，求假轺传，诣行在所条对急政，辄报罢。"《汉书·王莽传》："王匡遣吏考问上变事者。"上（言）变事即上报突发事件、紧急情况（如谋反）之意[1]。又，《周礼·夏官·太仆》："以待达穷者与遽令，闻鼓声，则速逆御仆与御庶子。"郑众注："穷谓穷冤失职，则来击此鼓，以达于王，若今时上变事击鼓矣。遽，传也。若今时驿马军书当急闻者，亦击此鼓，令闻此鼓声，则速逆御仆与御庶子也。""若今时上变

---

[1] 上言变事又与言变事不同，详考见张伯元《居延"言变事"案复原》，载张氏著《出土法律文献研究》，北京：商务印书馆2005年版，第197—207页。

事击鼓"即汉时上言变事击鼓之制。又,《三国志·魏书·陈泰传》云:"泰每以一方有事,辄以虚声扰动天下,故希简白上事,驿书不过六百里。司马文王语荀𫖯曰:'玄伯沈勇能断,荷方伯之重,救将陷之城,而不求益兵,又希简上事,必能办贼故也。都督大将,不当尔邪。'""希简白上事"是指遇有变故,魏地方官有权调动辖内军队进行军事活动而无须事先上报朝廷批准。这或许就是魏变事令中的规定,否则司马昭也不会有此称赞。《魏书·张济传》载晋雍州都督杨佺期曾对(北)魏使者张济言:"晋之法制,有异于魏。今都督襄阳,委以外事,有欲征讨,辄便兴发,然后表闻,令朝廷知之而已。如其事势不举,亦不承台命。"晋法异于北魏,当同于曹魏,杨言即魏晋"希简上事"的一个概述,也可印证陈泰所为合乎变事令(或者是惊事律)的相关规定。

(三) 金布律(令)在魏的去留

《晋志》云魏吸收汉金布律"毁伤亡失县官财物"入毁亡律;"罚赎入责以呈黄金为价"事入偿赃律。汉有金布律(前引张家山汉简已证),魏人亲见,故有此言。魏改汉律,关于金布律的去向仅此资料,也不直言其亡与否,至于"毁伤亡失县官财物"、"罚赎入责以呈黄金为价"之外内容是否移入其他篇目或令中,不得而知。故有人疑魏尚有金布律,且在十八篇中,如前引韩国磐说(其说就笔者所见并无人认同)。如前所考,金布律断不属十八篇,除"毁伤亡失县官财物"、"罚赎入责以呈黄金为价"入毁亡、偿赃律外,其他内容魏或许并不完全摒弃。

金布律之外亦有金布令[1]。《汉书·高帝纪》:"令士卒从军死者为槥,归其县,县给衣衾棺葬具,祠以少牢,长吏视葬。"应劭注:"小棺也,今谓之椟。"如淳注:"棺音贯,谓棺敛之服也。"臣瓒注:"初以槥致其尸于家,县官更给棺衣更敛之也。《金布令》曰:'不幸死,死所为椟,传归所居县,赐以衣棺'也。"颜师古注:"初为槥椟,至县更给衣及棺,备其葬具耳。不劳改读音为贯也。《金布》者,令篇名,若今言《仓库令》也。"臣瓒所引应是汉金布令规定,国家将战死军士尸体装棺还乡。槥、棺、椟皆同,服、应、如、臣瓒皆汉魏时人,其说可信。延康元年(220)曹丕令"诸将征伐,士卒死亡者或未收敛,吾甚哀之;其告郡国给槥椟殡敛,送致其家,官为设祭"[2]。曹丕此令当是重申汉金布令规定,以体抚恤,但明帝时这些规定归属何篇就不得而知了。若魏丧葬令是单纯关于服制规定的话,或可认为魏尚

---

[1] 从出土文献来看,汉金布律是关于国家财政收支方面的规定,金布令当同。对于汉金布律与令的两存,具体研究可参见朱红林:《睡虎地秦简和张家山汉简中的金布律研究》,载《社会科学战线》2008年第1期。
[2] 《三国志》卷二《魏书·文帝纪》,37。

有金布令。若不是，则这些规定都应在魏丧葬令，因为从后世令篇中确实找不到金布令一目，或者此目消亡始于魏。其次，魏尚有部曲死事科（详见魏科考），也不排除这些规定移入科中。再者，据《汉书·萧望之传》载"《金布令甲》曰：'边郡数被兵，离饥寒，天绝天年，父子相失，令天下共给其费'"。《后汉书·礼仪志》注引汉《金布令》："皇帝斋宿，亲帅群臣承祠宗庙，群臣宜分奉请。诸侯、列侯各以民口数，率千口奉金四两，奇不满千口至五百口亦四两，皆会酎，少府受。又大鸿胪食邑九真、交阯、日南者，用犀角长九寸以上若玳瑁甲一，郁林用象牙长三尺以上若翡翠各二十，准以当金。"这两条金布令的规定，魏如何改革不得而知，汉《金布令》所涉及的祭祀进贡制度，魏是归到户调之类的令抑或祠令（这两个篇目晋令皆有），已难考证，故对魏是否有金布令只能存疑。

三、未明类别之魏令

除以上令文外，尚有不少令文难辨归属，姑置于此，见表22。

表22 类别未明之魏令

序号	令文与相关制度	出处	备注
1	魏武帝令曰：孤所以能常以少兵敌众者，常念增战士忽余事。是以往者有鼓吹而使步行，为战士爱马也；不乐多署吏，为战士爱粮也。	《御览·乐部·鼓吹乐》	或名《鼓吹令》，观其意实操体恤兵士之属，"鼓吹"之名或后世所拟。
2	魏武令：今寿春、汉中、长安，先欲使一儿各往督领之，欲择慈孝不违吾令儿，亦未知用谁也。儿虽小时见爱，而长大能善，必用之。吾非有二言也，不但不私臣吏，儿子亦不欲有所私。	《御览·人事部·公平》	亦名《诸儿令》，多训诫之词。
3	令：里谚曰："让礼一寸，得礼一尺。"斯合经之要矣。	《御览·人事部·让》	亦名《礼让令》，可证魏世儒风。
4	魏武令曰：孤本欲自立精舍，今遂为国讨贼。	《御览·居处部·舍》	此令或出《三国志·武帝纪》注引《魏武故事》所载曹操己亥令。

续表

序号	令文与相关制度	出处	备注
5	《魏武令》曰：房屋不洁，听得烧枫胶及蕙草。	《御览·香部·枫香》	不洁即污也。周秦以来祭祀强调祭祀洁净，不洁之祀，不如不祀，故禁不洁之人祭祀，也需除不洁之气。枫胶，即枫树树脂，古人以做香。蕙为香草，《楚辞·九歌·东皇太一》："蕙肴蒸兮兰藉，奠桂酒兮椒浆。"烧"枫胶""蕙草"等香草以除污气，或为祭祀之故。疑此令在祠令中。后人亦据此言曹操不爱香〔1〕。
6	《魏武帝令》曰：今清时，但当尽忠于国，效力王事。虽私结好于他人，用千匹绢、万石谷，犹无所益。	《御览·布帛部·绢》	此令或与选举用人相涉。
7	《魏武帝令》曰：昔吾同县有丁幼阳者，其人衣冠良士，又学问材器，吾爱之。后以忧患得狂病，即差愈，往来故当共宿止。吾常遗归，谓之曰："昔狂病，倘发作持兵刃，我畏汝。"俱共大笑，辄遣不与共宿。	《御览·疾病部·狂》	同上。
8	《魏武令》曰：凡山水甚强寒，饮之皆令人痢。	《御览·疾病部·痢》	亦名戒饮山水令。

---

〔1〕 唐陆龟蒙《邺宫词》："魏武平生不好香，枫胶蕙炷洁宫房。"

续表

序号	令文与相关制度	出处	备注
9	京城有变,九卿各居其府。	《三国志·魏书·王修传》	《王修传》载:"严才反,与其徒属数十人攻掖门。修闻变,召车马未至,便将官属步至宫门。钟繇谓修:'旧,京城有变,九卿各居其府。'"旧,当指汉制。又《旧唐书·郝处俊传》云:"逮乎魏武,法尚峻。臣见《魏令》云:'京城有变,九卿各居其府。'"[1] 魏移汉制入令,既言"九卿",当是尚书官令之属,唯不知其在何篇。
10	假宁·本服周亲疾病危笃给假。	《三国志·梁习传》注引《魏略·苛吏传》	《魏略·苛吏传》云王思为大司农,为人少信刻薄,"时有吏父病笃,近在外舍,自白求假。思疑其不实……遂不与假"。知该吏本应得假而王思不与。又,晋有假宁令,程树德《晋令考》已辑5条,有"本服周亲已上疾病危笃、远行久别及请急难,并量给假"等文,魏假宁之制或在尚书令中,属何篇阙考。

第三节 魏官品令(甲辰令)考

一、魏官品令概述

关于魏官品制度的创立年代及具体内容,《三国志》载之甚略,如《三

---

[1] 《新唐书·郝处俊传》引作"魏曹操著令曰:'京城有变,九卿各守其府'"。

国志·夏侯玄传》引正始初年夏侯玄《时事议》云："自州郡中正品度官才之来，有年载矣，缅缅纷纷，未闻整齐，岂非分叙参错，各失其要之所由哉！"此一可证魏官品施行，二可知其制并非尽善。魏置九品，史不乏述，如《通典·要略》"官品"条云："周官九命，汉自中二千石至百石凡十六等，后汉自中二千石至斗石凡十三等。魏秩次多因汉制，更置九品。晋、宋、齐并因之。"[1] 此不赘言。晋有官品令，晋令四十篇之一，浅井虎夫《中国法典编纂沿革史》有举，程树德《晋律考》有辑，张鹏一《晋令辑存》亦考。自晋以迄宋、齐、梁，各朝令篇目皆有《官品令》，求其本源则是魏所定《官品令》。

《晋书·职官志》云："殿中侍御史，案魏兰台遣二御史居殿中，伺察非法，即其始也。及晋，置四人，江左置二人。又案《魏晋官品令》又有禁防御史第七品，孝武太元中有检校御史吴琨，则此二职亦兰台之职也。"《晋书》所述，应为唐人汇魏官品令、晋官品令之文，以魏晋制同，故总而言之。于国钧《补晋书艺文志》引有《魏晋官品令》，云"本书《职官志》、《礼志》均引"[2]。查《晋书·礼志》不见有引《魏晋官品令》者，其说有误。魏有官品令，史有确证，惜浅井、程氏考魏令皆不及于此。官品令者当施之于官，用之于国，故在魏当归于尚书官令，而非州郡令和军中令。

(一)《新唐书·艺文志》所见《魏官品令》辨

《隋书·经籍志》、《旧唐书·经籍志》无"魏官品令"一目。《新唐书·艺文志》职官类有"《魏官品令》一卷"，系在晋宋之书后，齐梁陈之书前。《通志·艺文略》职官类有"魏《官品令》一卷"，所系与《新唐书》同。不少学者皆以此"魏官品令"为曹魏所定。章宗源《隋书经籍志考证》卷一二列之，置"晋《官品令》"后，并云："魏《官品令》一卷，不著录，见《唐志》。"杨晨《三国会要》引《新唐书》所云以证曹魏职官之制；贺昌群以之证曹魏官品；[3] 祝总斌亦以《新唐书》所言论曹魏官制。[4] 沈家

---

[1] 《文献通考·职官考》"官品"条亦云："成周之命数，两汉之石禄，皆所以辨官位之高卑也。自魏以后，始有九品之制。"同书卷六七云："官品之制，即周之所谓九命，汉之所谓禄石，皆所以辨高卑之等级，其法始于魏，而后世率不能易。"
[2] ［清］于国钧：《补晋书艺文志》附录，上海：商务印书馆1939年版，第153页。
[3] 参见贺昌群：《魏晋南北朝史初稿》，《贺昌群文集》第二卷，北京：商务印书馆2003年版，第208页注释5。贺云："魏官品名制，今已佚亡……《唐书·艺文志》有《魏官品令》一卷。"
[4] 祝谓"《晋书·职官志》引有《魏晋官品令》，《唐书·艺文志》载有《魏晋官品令》一卷，如杜佑依据的是这些法令，则这些法令的颁布时间亦当在咸熙元年以后"。见氏著《两汉魏晋南北朝宰相制度研究》，北京：中国社会科学出版社1990年版，第148页。

本《历代刑法考》未考曹魏有官品令，其列北魏有"狱官令""官品令"，云："并见《魏志》"、"魏令篇名，此其仅见者。"[1] 似其未察《新唐书》资料。程树德考曹魏令、北魏令皆不及《新唐书》资料，故不知其论。

魏虽有官品令，但确定其存在的依据非《新唐书》所记，而是上引《晋志》。《新唐书》所言为北魏官品令，陈寅恪已辨之："北魏在孝文帝太和制定官制以前，其官职名号华夷杂糅，不易详考，自太和改制以后，始得较详之记载，今见于魏收《官氏志》所叙列者是也。《新唐书》五八《艺文志》史部职官类有《魏官品令》一卷，其书谅与（北魏）太和十九年十二月朔宣示群臣之品令有关也。"[2] 再者，若"《魏官品令》一卷"为曹魏之书，当在晋宋书前而非其后，晋宋书之前曹魏书仅得"荀攸等《魏官仪》一卷"，别无其他。

又，姚振宗《三国艺文志》职官类有"魏《官品令》一卷"，其考云："《唐书·艺文志》魏《官品令》一卷。《通志·艺文略》魏《官品令》一卷。章宗源《隋志考证》曰'魏《官品令》一卷，不著录，见《唐志》'。案《唐六典·刑部》注晋令、梁令列《官品令》第四，隋令、唐令列《官品令》第一。疑是书乃魏令二百余篇之别行者。《刑法志》、《文选》注引《魏晋官品令》，则又有合晋代以为一编者。"[3] 其列刑法类有"魏令一百八十余篇"，考云"《唐艺文志》职官类有魏《官品令》一卷，疑即此书之残本"[4]。姚氏考魏有官品令，是为创见，但说亦有误且前后矛盾。言"魏令二百余篇"，此误一。其二，魏有官品令，但非姚说所据《唐志》《通志》之官品令。其三，晋改魏令一百六十余篇为四十篇，则魏令包罗甚广，绝无再

---

[1] [清] 沈家本：《历代刑法考》，北京：中华书局1985年版，第913页。所言"《魏志》"是指"《魏书·刑罚志》"。

[2] 陈寅恪：《隋唐制度渊源略论稿》，上海：三联书店2001年版，第92页。《魏书·临淮王谭传》引《官品令》："第一、第二品有四妾，第三、第四有三妾，第五、第六有二妾，第七、第八有一妾。"《魏书·礼志》："晋《官品令》所制九品，皆正无从，故以第八品准古下士。今皇朝《官令》皆有正从，若以其员外之资，为第十六品也，岂得为正八品之士哉？"《魏书·刑罚志》："《法例律》：五等列爵及在官品令从第五，以阶当刑二岁。免官者，三载之后听仕，降先阶一等。"此皆北魏有官品令之证。楼劲亦持此观点："《刑罚志》载世宗延昌时议爵级当刑之制时引《法例律》文：五等列爵及在《官品令》从第五，以阶当刑二岁。此《法例律》必正始所定律篇，则至迟自正始以来，《官品令》已是官品位序之令的法定篇名。《新唐书·艺文志》史部职官类著录《魏官品令》一卷，可与参证。"见《关于北魏后期令的班行问题》，载《中国史研究》2001年第2期。

[3] [清] 姚振宗：《三国艺文志》，《三国志补编》，北京：北京图书馆出版社2005年版，第651—652页。张旭华认为"姚氏以《魏官品令》为一书，《魏晋官品令》又为一书，后者乃合前者及《晋官品令》而来，其说是"。

[4] [清] 姚振宗：《三国艺文志》，《三国志补编》，北京：北京图书馆出版社2005年版，第655—656页。

设"别行者"之必要，故魏官品令应在魏令三大篇目之尚书官令中，非"魏令二百余篇之别行者"。姚氏又疑《唐志》所言《官品令》为曹魏令"残本"，既与其"别行"之说矛盾，亦对史料存世年代失察。检廿四史不见有引"《魏晋官品令》"，唯《晋书·职官志》录之；《文选》注亦不标"《魏晋官品令》"，仅作"魏晋官品"[《文选·(任昉)齐竟陵文宣王行状》注引]，此又一误。

又，阎步克在对魏官品性质进行讨论时征引了两条"郭演《魏职品令》"佚文（出自孙逢吉《职官分纪》卷十四《治书侍御史》、《侍御史》），谓《九朝律考》魏律考魏令部分失收。[1] 此魏职品令当为《唐六典》所存"后魏职员令"，详考亦见《九朝律考·后魏律考》魏令部分。[2] 阎氏在对魏官品令进行讨论时，同样征引了姚、祝之说并以为确，失审之。[3]

综上，《新唐书·艺文志》所见"《魏官品令》一卷"应属北魏，非曹魏官品令，不应成为认定曹魏官品令的材料。

（二）魏官品令与魏官品

《通典·职官·秩品》云："自魏以下，并为九品，其禄秩差次大约亦汉制。"今据其文列魏官制九品如下：

表 23　魏官制九品

品级	官（爵）
第一品	黄钺大将军；三公；诸国王公侯伯子男（爵）；大丞相。
第二品	诸四征、四镇、车骑、骠骑将军；诸大将军。
第三品	侍中；散骑常侍；中常侍；尚书令；左右仆射；尚书；中书监、令；秘书监；诸征、镇、安、平将军；光禄大夫；九卿；司隶校尉；京兆、河南尹；太子保、傅；大长秋；太子詹事；中领军；诸县侯（爵）；龙骧将军；征虏将军；辅国将军。
第四品	城门校尉；武卫、左右卫、中坚、中垒、骁骑、游骑、前军、左军、右军、后军、宁朔、建威、建武、振威、振武、奋威、奋武、扬武、广威、广武、左右积弩、积射、强弩等将军；护军监军；五营校尉；南北东西中郎将；御史中丞；都水使者；州领兵刺史；越骑、乌丸、诸匈奴、护羌、蛮夷等校尉；诸乡侯（爵）。

---

[1] 参见阎步克：《乡品与官品关系之再探讨》，《阎步克自选集》，桂林：广西师范大学出版社1997年版，第131页。

[2] 楼劲亦考《职官分纪》所引者非曹魏之制，笔者赞同其说，参《关于北魏后期令的班行问题》，载《中国史研究》2001年第1期。

[3] 参见阎步克：《品位与职位——秦汉魏晋南北朝官阶制度研究》，北京：中华书局2002年版，第233—234页。

续表

品级	官（爵）
第五品	给事中；给事黄门侍郎；散骑侍郎；中书侍郎；谒者仆射；虎贲中郎将；符节令；冗从仆射；羽林监；太子中庶子；太子庶子；太子家令；太子率更令、仆；卫率；诸军司北军中候；都督护军；西域校尉；西戎校尉；礼见诸将军；鹰扬、折冲、轻车、虎烈、宣威、威远、宁远、伏波、虎威、凌江等将军；太学博士；将兵都尉；牙门将；骑督；安夷抚夷护军；郡国太守、相、内史；州郡国都尉；国子祭酒；诸亭侯（爵）；州单车刺史。
第六品	尚书左右丞；尚书郎中；秘书郎；著作丞郎；治书侍御史；部曹侍御史；诸督军奉车、驸马都尉；诸博士；公府长史、司马；骠骑车骑长史、司马；廷尉正、监、评；将兵助郡尉置司马史卒者；诸护军；太子侍讲门大夫；太子中舍人；太子常从虎贲督、司马督；水衡、典虞、牧官都尉；司盐都尉；度支中郎将校尉；司竹都尉；材官校尉；骠骑、车骑、卫将军府从事中郎；四征镇公府从事中郎；公车令；诸县署令千石者；千人督校尉；督守殿内将军；殿内典兵；黄门冗从仆射；诸关内名号侯（爵）；诸王公友。
第七品	期门郎；诸国公谒者；殿中监；诸卿尹丞；诸狱丞；太子保傅丞；詹事丞；诸军长史司马秩六百石者；护羌戎蛮夷越乌丸校尉长史、司马；诸军诸大将军正行参军；诸持节督正行参军；二品将军正行参军；门下督；中书通事舍人；尚书曹典事；中书佐著作；太子洗马；北军候丞；城门五营校尉司马；宜禾伊吾都尉；度支都尉；典农都尉；诸封公保、傅、相、郎中令及中尉、大农；监淮海津都尉；诸国文学；太子食官令、舍人；单于率正；都水参军；诸县令相秩六百石以上者；左右都尉；武卫左右卫长史、司马；京城门候；诸门候副；散牙门将；部曲督；殿中中郎将校尉；尚药监；尚食监；太官食监；中署监；南北军监；中廷御史；禁防御史；小黄门诸署长仆谒者；药长寺人监；灵芝园监；黄门署丞；中黄门；太中、中散、谏议三大夫；议郎；三台五都侍御史；太庙令；诸公府掾属；诸府记室；督主督受除遣者；符玺郎；门下郎；中书主事通事；散骑集书；公主及诸国丞万户以上典书令及家令。
第八品	尚书、中书、秘书、著作及主书、主图、主谱史；太常斋郎；京城门郎；四平四安长史司马；三品四品将军正行参军；郡国太守相内史中丞、长史；西域戎部译长；诸县署令千石以上者；州郡国都尉司马；司盐、司竹监丞；水衡典虞牧材官都尉司马；秘书校书郎；东宫摘句郎；诸杂署长史；关谷长；王公妃公主家令；诸部护军司马；王郡公诸杂署令；国子太学助教；诸京城四门学博士；诸国常侍侍郎；殿中都尉司马；诸部护军司马；殿中羽林郎；左右度支中郎将司马；黄门从官；寺人中郎郎中；诸杂号宣威将军以下五品将军长史、司马；兰台谒者；都水使者令史；门下禁防；金鼓幢麾城门令史；校尉部司马、军司马；假司马；诸乡有秩、三老；司马史从掾；诸州郡防门；尚书、中书、秘书令史。

续表

品级	官（爵）
第九品	兰台、殿中、兰台谒者及都水使者、书令史；诸县长令相；关谷塞尉；仓簟河津督监；殿中监典事；左右太官督监内者；总章戏马监；诸纸署监；王郡公郡诸署长；司理治书；异族封公世子庶子诸王友；国谒者大夫诸署丞；诸王太妃及公主家仆丞；公主行夜督郎；太庙令行夜督郎；太子掌固；主事候郎；王官舍人；副散部曲将；武猛中郎将校尉部司马、军司马、假司马；诸乡有秩；司徒史从掾；诸州郡防门。

《隋书·经籍志》职官类云："梁有徐宣瑜《晋官品》一卷，荀绰《百官表注》十六卷，干宝《司徒仪》一卷，宋《职官记》九卷，晋《百官仪服录》五卷，大兴二年《定官品事》五卷，《百官品》九卷，亡。"这些"官品"应是魏晋宋制定官品令时所形成的配套资料，或者说后人据官品令对官品所进行的汇编整理。[1]

就《通典》所列魏官品而言，只是唐人根据前世资料的汇编，虽不能直接视为魏官品令，但可以肯定其是以魏官品令中的九品秩等为依据所编制的。[2] 而《通典》所列魏九品各官爵名号，又成为了这些官爵名号在魏官品令中出现的佐证。[3]

又，《文选·（任昉）齐竟陵文宣王行状》注引《魏晋官品》："相国、丞相，绿綟绶。"《白氏六帖事类集》卷二一《中郎将第六六》"银章青绶"条引《魏晋官品》"冠服如将军。"以上所称《魏晋官品》者，张旭华疑为"魏晋官品令"的简称。[4] 但也可能是后人汇集魏晋官品制度之书（如前述《魏晋官品令》也是后人将魏晋官品令汇编）。从《经籍志》《艺文志》归类的性质言，魏官品令（魏晋官品令）应属刑法类，而魏晋官品应属职官类。但不管《文选》注、《白帖》所引"《魏晋官品》"是魏晋官品令的集合（简称），还是将魏晋官品制度杂糅汇编，其所引内容都与魏晋官品令密切相关。如"相国、丞相，绿綟绶"此条，程树德归入晋官品令第一品中。《宋

---

[1] 《隋书》史臣云："古之仕者，名书于所臣之策，各有分职，以相统治。今《汉书·百官表》列众职之事，记在位之次，盖亦古之制也。汉末，王隆、应劭等，以《百官表》不具，乃作《汉官解诂》、《汉官仪》等书。是后相因，正史表志，无复百僚在官之名矣。搢绅之徒，或取官曹名品之书，撰而录之，别行于世。宋、齐已后，其书益繁，而篇卷零叠，易为亡散；又多琐细，不足可纪，故删。"此以为《百官表》是"官品"本源。
[2] 张旭华亦认为，魏官品令应是《通典·魏官品》的雏形及其主要依据。
[3] 通过《通典》所述官品考证魏晋南北朝时期的官品令，是为学界所掌握、认可的考据之法。如程树德、俞鹿年、楼劲、阎步克、张旭华等据此考证出不同时期的官品制度。
[4] 参见张旭华：《〈魏官品〉产生时间及相关问题试释——兼论官品制度创立于曹魏初年》，载《郑州大学学报》（哲学社会科学版）2006年第5期。

书·礼志》云:"东南西北中郎将,银印,青绶。给五时朝服,武冠,佩水苍玉。"晋宋制同,程氏亦归此条入晋官品令第四品中。也就是说,"相国、丞相,绿綟绶"与"中郎将,银印青绶,冠服如将军"都是魏晋官品令之内容,也正与《通典》所记相国、丞相在第一品、中郎将在第四品对应。这也证明了笔者所言《通典》编制魏官品的依据是魏官品令,而《通典》所述也是考证魏官品令的有力证据。

(三) 魏官品令与魏百官名

《晋书·裴秀传》云:"魏咸熙初,厘革宪司。时荀顗定礼仪……秀改官制焉。"魏有《咸熙元年百官名》:"邵悌字元伯,阳平人。"[1]《唐六典·秘书省·著作局》:"著作佐郎四人,从六品上。"注云:"著作佐郎修国史。《宋百官春秋》云:'《常道乡公咸熙百官名》有著作佐郎三人。'晋定员八人;哀帝兴宁二年,大司马桓温表省四人;孝武帝宁康元年复置八人。《晋令》:'著作佐郎品第六,进贤一梁冠,绛朝服。'"据以上资料知魏尚有"百官名"之类书目,[2]《咸熙元年百官名》亦《常道乡公咸熙百官名》别称,或裴秀改制时所定。《通典》所引魏官品,著作佐郎亦在第六品,与晋令同,此晋官品令本魏之证。

《文选·(王仲宣)赠蔡子笃诗一首(四言)》注引《晋官名》:"蔡睦,字子笃,为尚书。"王仲宣即王粲,《晋书·蔡谟传》云谟"曾祖睦,魏尚书"。知蔡睦为魏人,与王粲为友,魏时为尚书,亦未入晋。故所引"《晋官名》"或"魏晋百官名"之误。《三国志》裴注亦多引《百官名》《武帝百官名》《晋百官名》等。《隋书·经籍志》职官类有"《魏晋百官名》五卷""《晋百官名》三十卷""《晋官属名》四卷"等目,不明著者。《旧唐书·经籍志》职官类有"《百官名》四十卷",不明著者;有"《晋惠帝百官名》三卷"(陆机撰)、"《晋官属名》四卷"。《新唐书·艺文志》职官类有"《百官名》十四卷""陆机《晋惠帝百官名》三卷""《晋官属名》四卷"。这些"百官名"与前论"官品"一样都应是魏晋制定官品令时所形成的配套资料,或后人据官品令对官品所进行的整理。《太平御览》引有若干《魏百官名》,多涉舆服赏赐(表24)。

---

[1]《三国志》卷二八《魏书·钟会传》注引,47。
[2] 从《宋百官春秋》引述《常道乡公咸熙百官名》可见,晋宋后确有将前世职官制度汇编整理的行为。

表 24 《魏百官名》佚文

序号	内容	出处
1	三公拜赐鹖尾、鹤尾、骹箭十二枚。	《御览·兵部·箭》
2	三公拜赐鱼皮步叉一、貒皮鞬一、琢敔金校步叉一，金校豹皮鞬一。	《御览·兵部·囊鞬》
3	紫茸题头高桥鞍一具	《御览·兵部·鞍》
4	黄地金镂织成万岁障泥一具，又织成彰汗一具。	《御览·兵部·防汗》
5	赤茸珂石鞘尾一具。	《御览·兵部·鞘尾》
6	驼马鞭二枚。	《御览·兵部·鞭》
7	三公朔赐青杯文绮长袖一方裤褶，道盛此。	《御览·服章部·裤褶》

姚振宗认为"百官名"这类书"大抵皆叙爵里人品，或取时君举主褒美之词，或录舆论乡评中正之说，其体略如山公启事，为当时中正选曹之簿籍，好事者裒录成编"[1]。侯旭东不赞同姚说，其从"策名委质"角度指出"百官名"源自宫门口所悬挂的用来核对是否有资格出入宫廷的"门籍"[2]。窃谓二说皆非确论，从上引魏晋"百官名"内容看，有官员身世、官职员数、赏赐舆服，这些都非姚、侯二人对"百官名"的定性所能涵盖。一般理解是"百官名"为魏晋间官府记载各种官员出身的名籍名册，若再宏观视之，在魏晋官制之下催生了官品令作为制度保证，这些"百官名"不也是魏晋官品令体系所催生的"副产品"吗？就此意义言，"百官名"与上述魏晋官品也有类似之处，既是魏晋官品令实施过程中的产物，也是佐证官品令的材料。

（四）魏官品令与魏甲辰令

《唐六典·尚书兵部》注："魏《甲辰令》、晋《官品令》、梁《官品令》辅国将军并第三品，后魏从第三品，后周七命，隋从六品下，皇朝改焉。"注："魏《甲辰令》游骑将军，第四品。"[3] 侯康《补三国艺文志》职官类

---

[1] [清] 姚振宗：《隋书经籍志考证》，《二十五史补编》第4册，上海：开明书店1936年版，第5317页。

[2] 参见侯旭东：《中国古代人"名"的使用及其意义——尊卑、统属与责任》，载《历史研究》2005年第5期。

[3] [唐] 李林甫等撰，陈仲夫点校：《唐六典》卷五《尚书兵部》，北京：中华书局1992年版，第152、153页。

"韦昭《官仪职训》一卷"条考云:"案《唐六典》卷五引魏《甲辰令》辅国将军第三品,游骑将军第三品。卷十引魏《甲辰仪》秘书令史品第八。其次序皆在《晋官品》以前,则曹魏时书也。然他别无所见,又未知是专记官制之书否,故不著录而附志其名于此。"[1]《甲辰令》属曹魏无疑,《唐六典》以其与晋、梁《官品令》并列,当与官品相涉,也是魏令的重要资料,程氏虽辑入《魏令考》,惜未详论。

对于魏甲辰令,史学界颇有精论。如阎步克认为:"由《甲辰令》之冠以'甲辰'之颁布时日,知其为王朝正式法令。《甲辰令》或《甲辰仪》为诸官职规定官品,它很可能就是魏的《官品令》。"[2] 又谓魏《官品令》、《甲辰令》都产生于咸熙年间[3]。对于《甲辰令》是否与魏《官品令》同一,阎氏仅认为"可能";又将《官品令》《甲辰令》并列,可见其并未作断然结论,或态度欠明;但不难看出其对甲辰令的性质也是与魏官品制度,特别是官品令密切相关。熊德基也主张此令制于咸熙三年(266),但魏晋变革之际,其已非魏制,"实际上是为晋开国而立的新制"[4]。张旭华谓《通典·魏官品》所本者除太和三年颁布的魏《官品令》外,还有时间上略晚于其的《甲辰令》。又谓晋令本自魏令,但晋令并无干支命名,若魏《甲辰令》即《官品令》,那么《唐六典》注在罗列魏晋梁关于官的令时,为何弃魏官品令不言,而取《甲辰令》。故魏《甲辰令》非太和三年所制,其颁行与司马氏掌控魏政有关[5]。这对阎氏所认为的《甲辰令》有可能是《官品令》提出质疑,认为该令与咸熙变革有关又与阎、熊说略同。张氏同样认为魏《甲辰令》是杜佑编撰《通典》"魏官品"资料所本。

《甲辰令》之性质已无异议。问题是其是否与《官品令》同一,"甲辰"是为关键。但就目前资料言,此"甲辰"是纪年或纪月、纪日,都不得而知。按魏世干支为甲辰者仅得黄初五年(224),因之该令会否为文帝所修,故以甲辰纪年命名,在明帝修律时移入官品令中?若如此,甲辰令反而成了官品令制定时的参照之物,而非阎、熊、张所论该令与咸熙变革有关,这个问题似乎阎、熊、张并无太多关注。此外,若甲辰令不是官品令的话,是否

---

[1] [清] 侯康:《补三国艺文志》,《三国志补编》,北京:北京图书馆出版社2005年版,第599页。

[2] 阎步克:《〈魏官品〉产生时间考》,《阎步克自选集》,桂林:广西师范大学出版社1997年版,第94—95页。

[3] 参见阎步克:《品位与职位——秦汉魏晋南北朝官阶制度研究》,北京:中华书局2002年版,第235页。

[4] 熊德基:《九品中正制考实》,《六朝史考实》,北京:中华书局2000年版,第212页。

[5] 参见张旭华:《〈魏官品〉产生时间及相关问题试释——兼论官品制度创立于曹魏初年》,载《郑州大学学报》(哲学社会科学版)2006年第5期。

意味着魏尚存在以干支为编纂体例的令篇？其命名和分类的标准又是什么？这也是需要解决的。但《晋志》提到魏改汉律时"都总事类"，编纂魏令恐怕也会遵循此原则，魏令三大篇目的划分应该就是体现。既如此，甲辰令与官品令的同时存在会否破坏这一修律原则呢？或可做出如此判断，甲辰令之类的干支令并不符合魏修律"都总事类"原则，改革之是必然，官品令即是改革产物。但这也只基于甲辰令为纪年令的推断，若是纪月、纪日，则又是迥然不同的结论，没有充分证据之下，只能阙考了。最后要重申的是，搁置甲辰令与官品令是否同一不论，甲辰令的性质决定了其内容或会与官品令重合，或者互证，这对于探讨魏官品令是有积极意义的。

（五）魏官品令与魏甲辰仪（注）

史籍中有若干涉及魏甲辰仪的材料，今按史籍成书时代列之，见表25。

表25　史籍中的魏甲辰仪（注）

序号	资料	出处
1	《甲辰仪》：皇太子妃、公主、夫人逢持节使者，皆住车相揖。	《书钞·礼仪部·拜揖》"皆住相揖"条引。
2	《甲辰仪》：皇太子妃、公主、夫人逢持节使者、高车使者，住车相揖。	《类聚·储宫部·太子妃》引。
3	《甲辰仪》五卷，江左撰。	《隋书·经籍志》仪注类，系在晋宋仪注类书之间。
4	《魏甲辰仪》：秘书令史品第八。	《唐六典·秘书省·秘书郎》"令史四人，书令史九人"注。
5	《甲辰仪注》五卷。	《旧唐书·经籍志》仪注类，系在"《丧服志》一卷董巴撰"、"《晋尚书仪曹新定仪注》四十一卷徐广撰"后，"《车服杂注》一卷徐广撰"、"《司徒仪注》五卷干宝撰"前。
6	《魏甲辰仪》：皇太子妃、公妃夫人逢持节使者、高车使者，皆住车，相揖。妃、主皆住车，不揖。	《御览·皇亲部·太子妃》引。
7	《甲辰仪注》五卷。	《新唐书·艺文志》仪注类，系在"萧子云《古今舆服杂事》二十卷"后，"挚虞《决疑要注》一卷"前。

章宗源《隋书经籍志考证》云："《艺文类聚·储宫部》'皇太子妃、公主夫人逢持节使者、高车使者住车，相揖。'《北堂书钞·礼仪部》、《太平御览·皇亲部》语同，并引《甲辰仪》。《唐志》作《甲辰仪注》。《唐六典》注'秘书令史品第八'，引魏《甲辰仪》；'辅国将军品第三、游击将军品第四，引魏《甲辰令》。'"章氏将《甲辰仪》《甲辰仪注》《甲辰令》并列，或以为三者同书异名。

　　侯康《补三国艺文志》职官类"韦昭《官仪职训》一卷"条考云："《唐六典》卷五引魏《甲辰令》辅国将军第三品，游骑将军第三品。卷十引魏《甲辰仪》秘书令史品第八。其次序皆在《晋官品》以前，则曹魏时书也。然他别无所见，又未知是专记官制之书否，故不著录而附志其名于此。"[1] 侯氏未辨其详。

　　姚振宗《三国艺文志》仪制类列"《魏甲辰仪》五卷"，知其视《隋书》"《甲辰仪》五卷，江左撰"即"《魏甲辰仪》"。其云："此书疑即魏故事中佚本，或首篇有甲辰字遂以甲辰名书。《旧唐志》次董巴《舆服志》之后，盖亦以为曹魏时书，江左不知何人，两唐《志》皆无撰人。"[2] 其《隋书经籍志考证》"《甲辰仪》五卷江左撰"条又考："按《唐六典》注有《魏甲辰仪》，又有《甲辰令》。《魏志·武纪》注引魏武庚申令、庚戌令、丙戌令、丁亥令皆以干支标目。此云'江左撰'，则大抵东晋人钞录魏令中之涉于仪品者为是书，首一卷从《甲辰令》中钞出，故曰《甲辰仪》。其后数卷当以庚申仪、庚戌仪、丙戌仪、丁亥仪等为目，未必五卷皆是《甲辰仪》也。"[3] 姚认为甲辰仪是晋人据魏甲辰令所整理，其内容只是甲辰令中关于仪品部分。姚说破绽之处在于魏虽出现过干支令，但会否明帝修律时已改革呢？就算干支令终行曹魏一朝，也并不当然推出每一种干支令都有一种干支仪相对应的结论。而姚说言"首篇有甲辰字遂以甲辰名书"，《甲辰仪》尚有庚申仪等目，则明显缺乏证据了。

　　于国钧《补晋书艺文志》仪制类录"《甲辰仪》五卷，江左撰"，并云"见《隋志》。此书当即本书《礼志》所谓江左时刁协、荀崧、蔡谟所踵修者"[4]。《晋书·礼志》云："晋初司空荀顗因魏代前事，撰为《晋礼》，参考今古，更其节文，羊祜、任恺、庚峻、应贞并共删集，成百六十五篇。后

---

[1]〔清〕侯康：《补三国艺文志》，《三国志补编》，北京：北京图书馆出版社2005年版，第599页。

[2]〔清〕姚振宗：《三国艺文志》，《三国志补编》，北京：北京图书馆出版社2005年版，第654页。

[3]〔清〕姚振宗：《隋书经籍志考证》，《二十五史补编》第4册，上海：开明书店1936年版，第283页。

[4]〔清〕于国钧：《补晋书艺文志》卷二，上海：商务印书馆1939年版，第51页。

挚虞、傅咸缵续此制，未及成功，中原覆没，今虞之《决疑注》，是遗事也。江左仆射刁协、太常荀崧，补缉旧文，光禄大夫蔡谟又踵修辑朝故。"据此知刁、荀、蔡所踵修者是挚虞《决疑注》，此即于氏所认为的"《甲辰仪》"，其本源为晋礼，虽承魏制，但性质已属晋书。《隋书·经籍志》仪注类将"《决疑要注》"与"《甲辰仪》"并录，若刁协等人整理的《决疑要注》"就是"《甲辰仪》"的话，显然甲辰令要成为重出之书与《隋书》相驳。故于说未为确论。

阎步克谓"《甲辰仪》的内容也是魏之官品记载，与《甲辰令》当为一事"；《唐六典》所引《甲辰令》或《甲辰仪》中关于魏官品的记载也与《通典·魏官品》相合，故《甲辰令》或《甲辰仪》既是《通典》所本，也可能是魏官品令。[1] 阎氏所指"与《甲辰令》当为一事"，可能就是官品令的"《甲辰仪》"仅是《唐六典》注所引者，是否等同于《隋书》、新旧《唐书》所言"《甲辰仪》"、"《甲辰仪注》"，其也并无确论："隋唐《志》之所录，或别是一书，非《唐六典》所引之魏《甲辰令》；或是江左时有人对魏《甲辰令》重加整理编辑，遂被题为'江左撰'。"[2] 其意为文献中所见"《甲辰仪注》"可能与《甲辰令》有别，但又不排除"《甲辰仪注》"可能与《甲辰令》重合。

张旭华谓《隋志》和新旧《唐书》所见《甲辰仪》是《通典·魏官品》所本，但其本身恐怕是晋人对魏甲辰令整理的结果。[3]

杨果霖云"甲辰仪"在《旧唐书》中有"注"字，是"标示性质"，又云所标示之性质者"往往为书写之中所常遗漏或省异之字"[4]。揣其意，以为《甲辰仪》原本就是注解之书，唐人加"注"字为"《甲辰仪注》"只是对性质的确认，非《甲辰仪》为一书，后人注之又成一书，二者实同。

由于资料所限，学者对甲辰仪（注）的讨论也只能及于此，但仍有不少问题是尚未真正解决的，如：

1. 《甲辰仪》《甲辰仪注》《魏甲辰仪》《甲辰令》之间有何关系？《甲辰仪》是否为《魏甲辰仪》或《甲辰仪注》的简称？

2. 《甲辰仪注》其标"注"字，是否意味着因后人对《甲辰仪》作注释而单独成书？

---

[1] 阎步克：《〈魏官品〉产生时间考》，《阎步克自选集》，桂林：广西师范大学出版社1997年版，第94—95页。

[2] 阎步克：《〈魏官品〉产生时间考》，《阎步克自选集》，桂林：广西师范大学出版社1997年版，第94页。

[3] 参见张旭华：《〈魏官品〉产生时间及相关问题试释——兼论官品制度创立于曹魏初年》，载《郑州大学学报》（哲学社会科学版）2006年第5期。

[4] 杨果霖：《新旧唐书艺文志研究》，台北：花木兰工作坊2005年版，第91、92页。

3. 《隋书》云《甲辰仪》为"江左撰",究竟何解?
4. 《魏甲辰仪》与魏官品令有何关系?

对此,笔者也提出陋见:

《唐六典·秘书省·秘书郎》"令史四人,书令史九人"注:"《魏甲辰仪》'秘书令史品第八。'晋品第九,宋品第八。齐秘书令史品勋位第六,梁、陈品第九。后魏秘书令史从第九品下,北齐正第九品上,隋开皇初始降为流外行署。"观此注文,言"魏"又言"后魏",北魏述在后且改前世之制,与曹魏制异,故所引"《魏甲辰仪》"所记必曹魏之制无疑。其命名规则不应是姚氏所说的有干支令则有干支仪相对应,因为这违背了魏修律令的原则,故不会存在庚申仪、庚戌仪、丙戌仪、丁亥仪之类。甲辰仪应是魏甲辰仪的简称,甲辰仪注是其别称,[1] 甲辰令是其异称,四者实一书。《魏甲辰仪注》《甲辰令》《官品令》之间关系,笔者更倾向于《魏甲辰仪注》《甲辰令》产生在前,《官品令》是对它们的修正。也就是说在魏修律令没有"都总事类"之前,涉及官品秩仪的一些制度是通过令的形式颁布的,从内容上看,涉及大量的官品仪式,因此不排除时人称其为"仪"或"仪注";而从其产生过程看,是令颁布的,故称之"令"。至于为何称"甲辰",前已有论,魏干支纪年甲辰者唯黄初五年(224)。魏修律后,这些内容都应由官品令所统领了。但作为广义的著作,就算甲辰仪的内容为官品令所吸收、变革,也不妨碍其作为一种仪注类或职官类的著作传世。《隋书·经籍志》已不见著列魏律、魏令,知其早亡。但经过后人整理的,[2] 或掺杂在其他书籍中的曹魏《官品令》、《甲辰仪》尚存世,故隋唐人著书时得以引之,如《书钞》《唐六典》等,这些东西成了《通典》"魏官品"的资料来源。以上诸多谜团,由于书目混杂不能一一尽解,但在合理的范围内推测,这些零散的征引也成了今人考察曹魏官品令的直接依据。

对于甲辰仪,尚有一条资料存疑:《太平御览·礼仪部·拜》引江统《谒拜议》云:"以为诸郡吏都无太守伯叔兄敬者,近臣君服,斯服。然则朝干佐以下,左右者可从君而拜,君所拜统士。古者见,宾主皆拜,今自非君臣上下,则不拜。君之新亲者,惟干佐小吏则可,君拜,斯拜矣。*君之诸父*

---

[1] "仪"与"仪注"皆礼仪制度,其汇编成书汉已有之,如《汉仪注》,《隋书·经籍志》也保留了不少魏晋南北朝时期的"仪注"。但《甲辰仪注》会不会是《甲辰仪》的注解之书,类似陈寅恪所提出的佛经"合本子注"形式呢?魏晋南北朝时期,注释之风仍盛,有人整理魏《甲辰仪》(这正如有人将魏晋官品制度合成《魏晋官品令》《魏晋官品》《魏晋百官名》),又对其进行研究、注释,将子本(《甲辰仪》)与注本合一刊印,通称《甲辰仪注》,恐怕也在情理之中。

[2] 《隋书》言"江左撰"即证明,江左一词很容易让人联想到东晋,特别是该书又恰好处于魏晋南北朝时期,但也不能排除人名的可能性。

无道谓之事甲辰仪臣见诸王直恭敬而已无鞭板拜揖*。虽于皇帝，为诸祖诸父，其义皆同。又河南、河内诸郡吏，前后亦为太守伯叔兄谒拜者，其比甚众矣。"斜体部分是值得关注的资料：*君之诸父无道谓之事甲辰仪臣见诸王直恭敬而已无鞭板拜揖*。

今人标点本《御览》断作："君之诸父无道，谓之事甲辰。仪：臣见诸王，直恭敬而已，无鞭板拜揖。"[1] 严可均《全晋文》收此文，今人标作："君之诸父，无道谓之事，甲辰议。臣见诸王，直恭敬而已，无鞭板拜揖。""仪"作"议"，误（中华书局1960年影印宋版《御览》作"仪"字，清晰可见，第2460页）。[2]

观江文，是对谒拜礼仪的讨论，故《御览》亦如是归类。"臣见诸王，直恭敬而已，无鞭板拜揖"之"臣"非江统谦称，而是概指一切大臣见诸王之礼仪。"虽于皇帝为诸祖诸父，其义皆同"一句所云其义皆同，也是指皇帝为诸祖诸父行礼同于臣见诸王。在此，江统引述了当时的礼仪制度，即"臣见诸王，直恭敬而已，无鞭板拜揖"。此"仪"应该就是《甲辰仪》。故"君之诸父无道谓之事甲辰仪臣见诸王直恭敬而已无鞭板拜揖"应断如："君之诸父，无道谓之事［父］。《甲辰仪》：臣见诸王，直恭敬而已，无鞭板拜揖。"诸父如父，视之皆同，故"事"后或脱"父"字。如此，又可辑出一条《甲辰仪》，此内容性质也正与前引《魏甲辰仪》所涉及的皇太子妃等人遇使者相揖礼互证。又，江统亡于永嘉四年（310），《全晋文》将《谒拜议》系在"《太子母丧废乐议》（永宁元年冬）"文前，则江统征引《甲辰仪》也应在晋惠帝永宁元年冬前，即谓说《甲辰仪》并非出自东晋人手，不排除是"魏甲辰仪"的可能。

（六）关于魏官品令制定时间

魏官品令制定的时间[3]，有主张咸熙年间者，视其为司马氏专权后的产物，如祝总斌[4]、阎步克[5]。有主张太和三年者，如张旭华认为魏官品令

---

[1]［宋］李昉等撰，任明等点校：《太平御览》卷五四二《礼仪部·拜》，第5卷，石家庄：河北教育出版社1994年版，第229页。

[2] 参见［清］严可均辑，何宛屏等审订：《全晋文》，北京：商务印书馆1999年版，第1119页。

[3] 在此讨论的并非《魏官品》的时间，但由于魏官品令与魏官品有着莫大的关系，因此学者对官品令制定时间的讨论也会涉及魏官品。笔者的观点是魏先确立了官品制度，后制定官品令，而魏官品是官品令的副产品。

[4] 参见祝总斌：《两汉魏晋南北朝宰相制度研究》，北京：中国社会科学出版社1990年版，第148页。

[5] 参见阎步克：《〈魏官品〉产生时间考》，《阎步克自选集》，桂林：广西师范大学出版社1997年版，第92页。阎著《品位与职位——秦汉魏晋南北朝官阶制度研究》（中华书局2002年版）亦持此说。

颁在是年。[1] 主张魏官品令制于咸熙年间者显然不认同魏官品令是明帝修律令的产物，即官品令不在州郡令、尚书官令、军中令三大篇目中，也否认了官品令是尚书官令的一篇，而这恰恰是笔者之主张。官品令是魏九品中正制度在法律上的保障，其重要性决定了它必须是尚书官令不可或缺的篇目，尚书官令舍此一篇，必然让整个尚书官令乃至魏令体系都陷入不完整的状态，也不禁让人怀疑魏修律令的成功所在。设想晋令没有官品令，则与之联系甚紧的服制、吏员、俸廪、丧葬诸令，恐怕都难以实施了。就算官品令成于咸熙年间，明帝修律令也没有一篇叫作官品的令，那么魏令关于官品的篇目会叫什么名字呢？恐怕不会有比官品令更合适的词汇，至少从目前资料看，找不到相同性质的篇名来代替官品令。因此，认为官品令迟至魏末，甚至是咸熙变革的产物，未免轻视了魏人对律令体系的构建成果与重要意义。也如张旭华所论，司马氏改革魏制，自然是针对明帝所修律令，若官品令、甲辰令又是咸熙年间所制，显然多此一举。故咸熙年间裴秀"议官制"，也只能是改革明帝所修之魏官品令及其他职官制度。又如笔者前揭，魏律令之颁行并不在太和三年，故张氏所言"太和三年颁布的《官品令》"也受到《通鉴》太和三年说的影响，魏官令修于太和三年，但并不等于其颁于三年，一如前论，此不赘言。

二、魏官品令辑佚

本部分所辑非必魏官品令原文，而是据以上史料所见魏官品令、甲辰令、甲辰仪、魏官品、魏百官名等辨析得之，故也包含相关规定甚至是一些零散术语。如《通典》"魏官品"中各官爵将号，在官品令中自当有所体现，其品级是为规定，而各官爵将号便为术语。所辑者凡29条，见表26。

表26 魏官品令佚文

序号	令文与相关规定、术语	出处（不言出处者皆据晋宋史料推之，故阙）	备注
1	第一品：黄钺大将军；三公；诸国王公侯伯子男（爵）；大丞相。	《通典·职官·秩品》"魏官品"。	
2	第二品：诸四征、四镇、车骑、骠骑将军；诸大将军。	同上。	

---

[1] 参见张旭华：《〈魏官品〉产生时间及相关问题试释——兼论官品制度创立于曹魏初年》，载《郑州大学学报》（哲学社会科学版）2006年第5期。

续表

序号	令文与相关规定、术语	出处（不言出处者皆据晋宋史料推之，故阙）	备注
3	第三品：侍中；散骑常侍；中常侍；尚书令；左右仆射；尚书；中书监、令；秘书监；诸征、镇、安、平将军；光禄大夫；九卿；司隶校尉；京兆、河南尹；太子保、傅；大长秋；太子詹事；中领军；诸县侯（爵）；龙骧将军；征虏将军；辅国将军。	《通典·职官·秩品》"魏官品"。	
4	第四品：城门校尉；武卫、左右卫、中坚、中垒、骁骑、游骑、前军、左军、右军、后军、宁朔、建威、建武、振威、振武、奋威、奋武、扬武、广威、广武、左右积弩、积射、强弩等将军；护军监军；五营校尉；南北东西中郎将；御史中丞；都水使者；州领兵刺史；越骑、乌丸、诸匈奴、护羌、蛮夷等校尉；诸乡侯（爵）。	同上。	
5	第五品：给事中；给事黄门侍郎；散骑侍郎；中书侍郎；谒者仆射；虎贲中郎将；符节令；冗从仆射；羽林监；太子中庶子；太子庶子；太子家令；太子率更令、仆；卫率；诸军司北军中候；都督护军；西域校尉；西戎校尉；礼见诸将军；鹰扬、折冲、轻车、虎烈、宣威、威远、宁远、伏波、虎威、凌江等将军；太学博士；将兵都尉；牙门将；骑督；安夷、抚夷护军；郡国太守、相、内史；州郡国都尉；国子祭酒；诸亭侯（爵）；州单车刺史。	同上。	

续表

序号	令文与相关规定、术语	出处（不言出处者皆据晋宋史料推之，故阙）	备注
6	第六品：尚书左右丞；尚书郎中；秘书郎；著作丞郎；治书侍御史；部曹侍御史；诸督军奉车、驸马都尉；诸博士；公府长史、司马；骠骑车骑长史、司马；廷尉正、监、评；将兵助郡尉置司马史卒者；诸护军；太子侍讲门大夫；太子中舍人；太子常从虎贲督、司马督；水衡、典虞、牧官都尉；司盐都尉；度支中郎将校尉；司竹都尉；材官校尉；骠骑、车骑、卫将军府从事中郎；四征镇公府从事中郎；公车令；诸县署令千石者；千人督校尉；督守殿内将军；殿内典兵；黄门冗从仆射；诸关内名号侯（爵）；诸王公友。	《通典·职官·秩品》"魏官品"。	
7	第七品：期门郎；诸国公谒者；殿中监；诸卿尹丞；诸狱丞；太子保傅丞；詹事丞；诸军长史司马秩六百石者；护羌戎蛮夷越乌丸校尉长史、司马；诸军、诸大将军正行参军；诸持节督正行参军；二品将军正行参军；门下督；中书通事舍人；尚书曹典事；中书佐著作；太子洗马；北军候丞；城门五营校尉司马；宜禾伊吾都尉；度支都尉；典农都尉；诸封公保、傅、相、郎中令及中尉、大农；监淮海津都尉；诸国文学；太子食官令、舍人；单于率正；都水参军；诸县令相秩六百石以上者；左右都尉；武卫左右卫长史、司马；京城门候；诸门候副；散牙门将；部曲督；殿中中郎将校尉；尚药监；尚食监；太官食监；中署监；南北军监；中廷御史；禁防御史；小黄门诸署长仆谒者；药长寺人监；灵芝园监；	同上。	

序号	令文与相关规定、术语	出处（不言出处者皆据晋宋史料推之，故阙）	备注
	黄门署丞；中黄门；太中、中散、谏议三大夫；议郎；三台五都侍御史；太庙令；诸公府掾属；诸府记室；督主督受除遣者；符玺郎；门下郎；中书主事、通事；散骑集书；公主及诸国丞万户以上典书令及家令。	《通典·职官·秩品》"魏官品"。	
8	第八品：尚书、中书、秘书、著作及主书、主图、主谱史；太常斋郎；京城门郎；四平四安长史司马；三品四品将军正行参军；郡国太守相内史中丞长史；西域戎部译长；诸县署令千石以上者丞；州郡国都尉司马；司盐、司竹监丞；水衡、典虞、牧材官都尉司马；秘书校书郎；东宫摘句郎；诸杂署长史；关谷长；王公妃公主家令；诸部护军司马；王郡公诸杂署令；国子太学助教；诸京城四门学博士；诸国常侍侍郎；殿中都尉司马；诸部护军司马；殿中羽林郎；左右度支中郎将司马；黄门从官；寺人中郎郎中；诸杂号宣威将军以下五品将军长史、司马；兰台谒者；都水使者令史；门下禁防；金鼓幢麾城门令史；校尉部司马、军司马、假司马；诸乡有秩、三老；司马史从掾；诸州郡防门；尚书中书秘书令史。	同上。	
9	第九品：兰台殿中兰台谒者及都水使者令史；诸县长令相；关谷塞尉；仓簟河津督监；殿中监典事；左右太官督监内者；总章戏马监；诸纸署监；王郡公郡诸署长；司理治书；异族封公世子庶子诸王友；国谒者大夫诸署丞；诸王太妃及公主家仆丞；公主行夜督郎；太庙令行夜督郎；太子掌固；主事候郎；王官舍人；副散部曲将；武猛中郎将校尉部司马、军司马、假司马；诸乡有秩；司徒史从掾；诸州郡防门。	同上。	

续表

序号	令文与相关规定、术语	出处（不言出处者皆据晋宋史料推之，故阙）	备注
10	相国、丞相，绿綟绶。	《文选·（任昉）齐竟陵文宣王行状》注引《魏晋官品》。	《晋书·文帝纪》魏景元五年"进公位为相国，加绿綟绶"。此可旁证。《后汉书·舆服志·绿綟绶条》云："诸国贵人、相国皆绿绶。"知魏承汉制。《宋书·武帝纪》云晋加刘裕"相国绿綟绶"，知魏晋制同。品与《通典》所言合。
11	贵人位为贵人，金印蓝绂。	《书钞·仪饰部·绶》"蓝绂"条引《内诫令》。	此虽出《内诫令》，但"金印蓝绂"可证。《说文》"绶，绂维也"；《尔雅》"绂谓之绶"，蓝绂亦蓝绶。《三国志·武帝纪》注引《魏书》："置名号侯爵十八级，关中侯爵十七级，皆金印紫绶。又置关内外侯十六级，铜印龟纽墨绶。五大夫十五级，铜印环纽，亦墨绶，皆不食租，与旧列侯、关内侯凡六等。"晋官品令亦有某官铜印墨绶云云，魏令所云"金印蓝绂"亦属此类。
12	辅国将军，第三品。	《唐六典》注引《甲辰令》。	品与《通典》所言合。

续表

序号	令文与相关规定、术语	出处（不言出处者皆据晋宋史料推之，故阙）	备注
13	辅国大将军开府者皆为位从公。		《晋书·职官志》："骠骑……辅国等大将军，左右光禄、光禄三大夫，开府者皆为位从公。"据《唐六典》注云魏《甲辰令》、晋《官品令》"辅国将军并第三品"，可知魏晋辅国将军秩品同。
14	辅国大将军不置司马，不给官骑。		《晋书·王濬传》云灭吴后，晋拜王濬辅国大将军，领步兵校尉。时有司奏"辅国依比，未为达官，不置司马，不给官骑"。依比即依制也。
15	骠骑将军、车骑将军、前将军、后将军、左将军、右将军、镇军将军、辅国将军、冠军将军、征虏将军；征（东、西、南、北）将军；镇（东、西、南、北）将军；安（东、南、西、北）；平（东、南、西、北）将军金章紫绶。给五时朝服，武冠。佩水苍玉。		《宋书·礼志》载"骠骑、车骑将军，凡诸将军加大者，征、镇、安、平、中军、镇军、抚军、前、左、右、后将军，征虏、冠军、辅国、龙骧将军，金章，紫绶。给五时朝服，武冠。佩水苍玉。"以上将军之号宋承魏晋。又，《通典·职官·武散官》云晋"镇军将军，金章紫绶。给五时朝服，武冠。佩水苍玉"。《唐六典·兵部尚书》注引《晋令》："冠军大将军，金章紫绶。给五时朝服，武冠。佩水苍玉。"知《宋志》所言办魏晋之制。

续表

序号	令文与相关规定、术语	出处（不言出处者皆据晋宋史料推之，故阙）	备注
16	游骑将军，第四品。	《唐六典》注引《甲辰令》。	品与《通典》所言合。
17	中郎将，银印青绶，冠服如将军。给五时朝服，武冠，佩水苍玉。	《白氏六帖事类集》卷二一《中郎将第六六》"银章青绶"条引《魏晋官品》。	《宋书·礼志》云："东南西北中郎将，银印，青绶。给五时朝服，武冠，佩水苍玉。"晋宋制同，程树德亦以此条归入晋官品令第四品中。
18	禁防御史，第七品。	《晋书·职官志》引《魏晋官品令》。	《晋志》云，其与殿中侍御史为兰台之职。品与《通典》所言合。
19	殿中侍御史，第七品。	《晋书·职官志》。	按上引《晋志》，魏殿中侍御史、禁防侍御皆兰台所遣以察非法。又述"《魏晋官品令》又有禁防御史第七品，孝武太元中有检校御史吴琨，则此二职亦兰台之职也"云云，故魏官品令中有禁防御史必有殿中侍御史，品当同。此二职晋唐间沿置[1]即上引《通典》所云第七品"中廷御史"。

---

[1] 《旧唐书·职官志》云："殿中侍御史六人。从七品下……掌殿廷供奉之仪式。凡冬至、元正大朝会，则具服升殿。若郊祀、巡幸，则卤簿中纠察非违，具服从于旃门，视文物有所亏阙，则纠之。凡两京城内，则分知左右巡，各察其所巡之内有不法之事。"

续表

序号	令文与相关规定、术语	出处（不言出处者皆据晋宋史料推之，故阙）	备注
20	秘书令史品第八。	《唐六典·秘书省·秘书郎》注引《魏甲辰仪》。	品与《通典》所言合。
21	①皇太子妃、公主、夫人逢持节使者，皆住车相揖。 ②皇太子妃、公主、夫人逢持节使者、高车使者，住车相揖。 ③皇太子妃、公妃夫人逢持节使者、高车使者，皆住车，相揖。妃、主皆住车，不揖。	①《书钞·礼仪部·拜揖》"皆住相揖"条引《甲辰仪》。 ②《类聚·储宫部·太子妃》引《甲辰仪》。 ③《御览·皇亲部·太子妃》引《魏甲辰仪》。	《御览》所引较全，或《魏甲辰仪》一书宋时尚存。
22	臣见诸王，直恭敬而已，无鞭板拜揖。	《御览·礼仪部·拜》引江统《谒拜议》引《甲辰仪》。	
23	①三公拜，赐鹑尾、骹箭十二枝。 ②三公拜，赐鹑尾、鹊尾、骹箭十二枚。	①《初学记·武部·箭·叙事》引《魏百官志》。[1] ②《御览·兵部·箭》引《魏百官名》。	《三国志》无《志》类；北魏史书《魏书》本有《官氏志》，检之无此文，则《初学记》所引当不出此二书。唯所引与《御览》同，则"百官志"当"百官名"之误。又，《汉书·匈奴传》载单于朝天子，"汉宠以殊礼，位在诸侯王上，赞谒称臣而不名。赐以冠带衣裳，黄金玺盭绶，玉具剑，佩刀，弓一张，矢四发"。（转下页）

---

[1] [唐] 徐坚等撰，司义祖点校：《初学记》，北京：中华书局1962年版，第534—535页。

续表

序号	令文与相关规定、术语	出处（不言出处者皆据晋宋史料推之，故阙）	备注
23			（接上页）服虔注："发，十二矢也。"韦昭注："射礼三而止，每射四矢，故以十二为一发也。"是魏三公得赐骹箭十二枝者，射礼也，此亦礼制入令之表现。陈槃亦据居延汉简证"发十二矢服、韦之说"皆本汉秋射礼之制，魏赐臣下亦十二，"与射礼同，则其义必有所本"[1]。
24	三公拜，赐鱼皮步叉一，玃皮鞬一，琢戢金校步叉一，金校豹皮鞬一。	《御览·兵部·櫜鞬》引《魏百官名》。	
25	①魏百官各有紫茸题头高桥鞍一具。 ②紫茸题头高桥鞍一具。	①《初学记·武部·鞍》[2] ②《御览·兵部·鞍》引《魏百官名》。	左两条资料所引同，故《初学记》"魏百官各"为"魏百官名"之误，中华书局司义祖点校本《初学记》未出校，而在序号28所引则为"魏百官名"，知序号25、26、27之"各"本为"名"。又，检日金泽文库藏宋刻本《初学记》皆作"名"。[3]

[1] 陈槃：《汉晋遗简识小七种》（下册）"发十二矢、一束矢"条，台北："中央研究院"历史语言研究所1975年版，第76—79页。
[2] ［唐］徐坚等撰，司义祖点校：《初学记》，北京：中华书局1962年版，第537页。
[3] 所检者为网络下载之北京大学图书馆所藏书扫描件。关于日金泽文库所藏宋刻本书之价值，可参严绍璗：《在金泽文库访"国宝"》，载《中华读书报》2000年11月8日。陈翀：《两宋时期刻本东传日本考——兼论金泽文库之创建经纬》，载《西华大学学报》（哲学社会科学版）2010年第3期。

续表

序号	令文与相关规定、术语	出处（不言出处者皆据晋宋史料推之，故阙）	备注
26	①百官各有织成障泥一具。 ②黄地金镂织成万岁障泥一具，又织成彰汗一具。	①《初学记·武部·鞍》[1] ②《御览·兵部·防汗》引《魏百官名》。	
27	①魏百官各有赤茸珂石鞘尾一具。 ②赤茸珂石鞘尾一具。	①《初学记·武部·鞍》[2] ②《御览·兵部·鞘尾》引《魏百官名》。	
28	①《魏百官名》曰：驼马鞭二枚。 ②驼马鞭二枚。	①《初学记·武部·鞭》[3] ②《御览·兵部·鞭》引《魏百官名》。	凡序号25—28，皆言赐物种类、数限，其例当与23、24、29同，唯不知受赐者。
29	三公朔，赐青杯文绮长袖一方裤褶，道盛此。	《御览·服章部·裤褶》引《魏百官名》。	疑"道盛此"为衍文，意魏兴此制，或后人追述语。

第四节　魏科考

一、魏明帝修律改旧科概述

汉已有科，曹操执政时也制定过科。《晋志》云魏国初建，曹操使陈群等人修议复肉刑，"亦难以藩国改汉朝之制，遂寝不行。于是乃定甲子科，犯钛左右趾者易以木械，是时乏铁，故易以木焉。又嫌汉律太重，故令依律

---

[1]　[唐]徐坚等撰，司义祖点校：《初学记》，北京：中华书局1962年版，第537页。
[2]　[唐]徐坚等撰，司义祖点校：《初学记》，北京：中华书局1962年版，第537页。
[3]　[唐]徐坚等撰，司义祖点校：《初学记》，北京：中华书局1962年版，第540页。

论者听得科半，使从半减也"[1]。于是观之，曹操制科实有与汉律相匹配之意，也有改革汉制之图。唯名实难改，不得已而称之为科。史云"邺下颇不奉科禁"，宾客子弟多有奸宄犯法之事，曹操以"竭尽心力，奉宣科法"的杨沛为邺令治之。[2] 曹仁少不修行检，及长为将，"严整奉法令，常置科于左右，案以从事。鄢陵侯彰北征乌丸，文帝在东宫，为书戒彰曰：'为将奉法，不当如征南邪！'"[3] 曹操之任杨沛，曹丕之赞曹仁，皆可观魏人对科，特别是曹操所制之科的重视。曹植《文帝诔》曾褒曹丕"恢拓规矩，克绍前人。科条品制，褒贬以因"，知汉科与曹操所制之科皆魏文帝时承用，亦明帝修律所本。此可说明帝修律对旧科的改革既针对魏所承汉科，也包括新定之科。按《晋志》所载，魏改革旧科凡四种情况：

（一）采科为律

此类情况如劫略律吸收持质；告劾律吸收登闻道辞；请赇律吸收使者验赂；兴擅律吸收擅作修舍；断狱吸收考事报谳；偿赃律吸收平庸坐赃；惊事律吸收与警事告急烽燧相关之科。

按魏律序略的表述，此类采科为律者，皆是以"科有某某（事）"，别为、分为"某律"。而一般的理解是"科有某某（事）"即"某某（事）之科"，如程树德则据此以为魏律所采者即汉"某某（事）之科"。但在语法上"科有某某（事）"与"某某（事）之科"是有差异的，若是"某某（事）之科"，那么这个"科"就应当是关于"某某（事）"的内容，而无其他。窃谓魏律序略的表述关于"科有某某（事）"只是说"某某（事）"在"某科"当中，并不当然等于"某某（事）"就是"某科"之名或"某科"的全部内容。如此理解也是符合魏律序略对魏吸收汉律内容的情况记述的，《晋志》有很多汉"某律有某某（事）"别为、分为魏"某律"的例子，恐怕没有人会将"某某（事）"认为汉"某律"之名，更不会将"某某（事）"视为汉"某律"的全部内容，只会认为魏"某律"吸收或改革了汉"某律"中的"某某（事）"而已。因此，魏律序略中"科有某某（事）"别为、分为"某律"的记述，只是说魏"某律"吸收了"某科"中的"某某（事）"，要说是将"某科"的全部内容皆移入新制定的律中，并无直接证据。

（二）依科制令

《晋志》云魏"除厩律，取其可用合科者，以为邮驿令"。魏废厩律，取

---

[1]《晋书》卷三〇《刑法志》，北京：中华书局1974年版，第922页。
[2]《三国志》卷一五《魏书·贾逵传》注引《魏略》，294。
[3]《三国志》卷九《魏书·曹仁传》，168。

可用者变为令，但是其依据却是要"合科"，这一方面说明科的某些规定对令有着指导意义，言外之意，不合科者若不经过修改是不能归入令中的。此时的科成了令的参照，既如此，也说明当时魏存在着关于厩事、邮驿的科，从魏律序略来看，似乎明帝修律时这部分科并没有变动。

（三）整合科中违制之文为律

《晋志》云："科之为制，每条有违科，不觉不知，从坐之免，不复分别，而免坐繁多，宜总为免例，以省科文，故更制定其由例，以为《免坐律》。"知明帝修律前，科条中皆有关于违科的规定，则科中科条愈多，其违科之文亦愈多。魏自是从每一种科的违科之文中抽取出"免坐"规定，重新整合成免坐律，关于违科的其他规定还应保留在科中。

（四）改科

《晋志》云魏"删约旧科"之"约"，也当是在旧科基础上简约条文之意。约者，改繁入简，其有变动不明自喻。上言采科为律者，信其未必全部承袭，其当有改动者。如《晋志》云魏"改投书弃市之科"，即是改汉重罚入轻刑之证。

（五）废科

《晋志》云魏"删约旧科"，所删者，"除异子之科，使父子无异财也"即其一。余者无考。

建安时，夏侯惇为伏波将军，曹操"使得以便宜从事，不拘科制"[1]。曹操表以钟繇为"侍中守司隶校尉，持节督关中诸军，委之以后事，特使不拘科制"[2]。长广太守何夔以郡初立，不可一绳以新科，请曹操许其"临时随宜"，暂缓"齐以科禁"[3]。明帝时司马芝曾"数议科条所不便者"[4]。曹操制新科与汉法相齐，自然非权宜之设，但又如以上例，在某些情况下仍得以行便宜而不受科制所拘；就算明帝修律后，科仍有不合时宜之处。这并非说魏科有这样或那样的弊端，因为律文科条不能尽善是每个朝代都无法避免的。

---

[1]《三国志》卷九《魏书·夏侯惇传》，163。
[2]《三国志》卷一三《魏书·钟繇传》，239。
[3]《三国志》卷一二《魏书·何夔传》，232。
[4]《三国志》卷一二《魏书·司马芝传》，236。

二、魏科辑考

此部分言魏科者不专言明帝修律后所存之科，而皆以曹魏所行之科作分析。所及科名及科之规定，属笔者管见，未必尽是，以求商榷。

（一）甲子科

《三国志》云建安六年（210），曹操"始制新科下州郡，又收租税绵绢"。《资治通鉴》卷六三，记作"时操制新科下州郡，颇增严峻，而调绵绢方急"。《三国志》所载与《通鉴》所述，前后语气也不甚衔接。依《三国志》文意，则"收租税绵绢"在新科之外，《通鉴》则反之。《三国志》又云时长广太守何夔"以郡初立，近以师旅之后，不可卒绳以法，乃上言曰：'自丧乱已来，民人失所，今虽小安，然服教日浅。所下新科，皆以明罚敕法，齐一大化也。所领六县，疆域初定，加以饥馑，若一切齐以科禁，恐或有不从教者。有不从教者不得不诛，则非观民设教随时之意也。先王辨九服之赋以殊远近，制三典之刑以平治乱，愚以为此郡宜依远域新邦之典，其民间小事，使长吏临时随宜，上不背正法，下以顺百姓之心。比及三年，民安其业，然后齐之以法，则无所不至矣'"[1]。曹操从其言。揣何语，其根据所领六县具体情况，请曹操许其"临时随宜"，暂缓"齐以科禁"。文辞多关禁罚并不涉及租税，若论租税则何言便大失"随时设教"的主旨，因此《三国志》所言"收租税绵绢"当在新科之外，何言所指应是新科，即甲子科。

《晋志》载曹操"定甲子科，犯钦左右趾者易以木械，是时乏铁，故易为木焉。又嫌汉律太重，故令依律论者听得科半，使从半减也"[2]。张斐《汉晋律序》云："状如跟衣，着左足下，重六斤，以代膑，至魏武改以代刖也。"[3]是甲子科所改者有轻刑省罚之性质，若说何夔直言是针对轻刑不当而发，显然不符合其所言"近以师旅之后，不可卒绳以法"，因此，甲子科当另有其他内容为《晋志》所略，史不具载，今难尽考。

至于"收租税绵绢"之制，则另有魏户调制度资料可证。如《三国志·贾逵传》注引《魏略》载："太祖辅政，迁沛为长社令，时曹洪宾客在县界，征调不肯如法。"《三国志·曹洪传》注引《魏略》载曹操为司空"以已率下，每岁发调，使本县平赍。于时谯令平洪赀财与公家等"。建安九年（204）令："收田租亩四升，户出绢二匹、绵二斤而已，他不得擅兴发。郡

---

[1]《三国志》卷一二《魏书·何夔传》，232。
[2]《晋书》卷三〇《刑法志》，北京：中华书局1974年版，第922页。
[3]《史记》卷三〇《平准书》索隐，北京：中华书局1962年版，第1429页。

国守相明检察之，无令强民有所隐藏，而弱民兼赋也。"[1]

(二) 购赏科

建安二十三年（218），曹彰大破乌丸，斩首获生千数，"彰乃倍常科大赐将士，将士无不悦喜"[2]。近世出土《居延新简》有"捕斩匈奴虏反羌购偿科别"、《额济纳汉简》有"购赏科条"[3]。曹彰赐将士倍于"常科"者即此指。

(三) 部曲将死事科

死事即为国事而死，《礼记·月令》："赏死事，恤孤寡。"又云仲冬之月"饬死事"。《管子·问》："向死事之孤，其未有田宅得乎？……问死者之寡，其饩廪何如？"唐人李翰曾云："圣主褒死难之士，养死事之孤，或亲推辀车，或追建邑封，厚死以慰生，抚存以答亡，君不遗于臣，臣亦不背其君也。"[4] 死事加恩，是为古人之义者。检《史》《汉》，部曲将领战死，子袭爵封侯者甚多，此即汉死事科规定。如《汉书·灌夫传》云："汉法，父子俱，有死事，得与丧归。"李傕起乱时略宫人，杀公卿百官，尚书令士孙瑞服勤死事。至汉献帝都许昌时，追论瑞功，封子萌澹津亭侯[5]。褒扬功臣，抚恤遗孤是秦汉军功制的表现，也是礼祀所行之典，魏承此制，如建安十二年（207）"大封功臣二十余人，皆为列侯，其余各以次受封，及复死事之孤，轻重各有差"[6]。《魏书》载公令云："追思窦婴散金之义，今分所受租与诸将掾属及故戍于陈、蔡者，庶以畴答众劳，不擅大惠也。宜差死事之孤，以租谷及之。若年殷用足，租奉毕入，将大与众人悉共飨之。"[7] 明帝修律之后，尚有此科，如以下例：正始二年（241）孙礼与吴军战于芍陂，"自旦及暮，将士死伤过半。礼犯蹈白刃，马被数创，手秉旗鼓，奋不顾身，贼众乃退。诏书慰劳，赐绢七百匹。礼为死事者设祀哭临，哀号发心，皆以绢付

---

[1]《三国志》卷一《魏书·武帝纪》注引《魏书》，16。《晋书·食货志》亦载："魏武之初，九州岛云扰，攻城略地，保此怀民，军旅之资，权时调给。于时袁绍军人皆资椹枣，袁术战士取给嬴蒲。魏武于是乃募良民屯田许下，又于州郡列置田官，岁有数千万斛，以充兵戎之用。及初平袁氏，以定邺都，令收田租亩粟四升，户绢二匹而绵二斤，余皆不得擅兴，藏强赋弱。"

[2]《三国志》卷一九《魏书·任城王传》，333。

[3] 参见张忠炜：《居延新简所见"购偿科别"册书复原及相关问题之研究——以额济纳汉简"购赏科条"为切入点》，载《文史哲》2007年第6期。

[4]《新唐书》卷二〇三《李翰传》，北京：中华书局1975年版，第5777页。

[5]《三国志》卷六《魏书·董卓传》注引《三辅决录注》，113。

[6]《三国志》卷一《魏书·武帝纪》，17。

[7]《三国志》卷一《魏书·武帝纪》注引，17。

亡者家，无以入身"[1]。

又，嘉平五年（253）诏云："故中郎西平郭修，砥节厉行，秉心不回。乃者蜀将姜维寇钞修郡，为所执略。往岁伪大将军费祎驱率群众，阴图窥窬，道经汉寿，请会众宾，修于广坐之中手刃击祎，勇过聂政，功逾介子，可谓杀身成仁，释生取义者矣。夫追加褒宠，所以表扬忠义；祚及后胤，所以奖劝将来。"[2] 郭修之死，魏褒之忠义，论其奉魏之功，亦赏其子嗣。此战中郭修曾遣士刘整、郑像出围传消息，皆为吴军所俘，刘、郑以"死为魏国鬼，不苟求活"慷慨就刑[3]。至嘉平六年（254）毌丘俭上书言："整、像为兵，能守义执节，子弟宜有差异。"子弟宜有差，当指赏赐而言，为优待之意。随后曹芳下诏："夫显爵所以褒元功，重赏所以宠烈士。整、像召募通使，越蹈重围，冒突白刃，轻身守信，不幸见获，抗节弥厉，扬六军之大势，安城守之惧心，临难不顾，毕志传命。昔解杨执楚，有陨无贰，齐路中大夫以死成命，方之整、像，所不能加。今追赐整、像爵关中侯，各除士名，使子袭爵，如部曲将死事科。"[4] 据以上知魏有部曲将死事科。魏除褒奖刘、郑外，更"各除士名，使子袭爵"，这应是部曲将死事科中的规定。除士名，即从士家的专门户籍上除名，非皇帝特准，不得改变其身份。三国时，世兵与征、募成为主要兵制。魏兵制最为典型，其兵民分离（兵、民户籍各别），兵家终身为兵、父死子继、兄终弟及，形成一个以当兵为世业的职业兵阶层。《三国志·魏志·辛毗传》载："文帝践阼，欲迁冀州士家十万户实河南"。《三国志·魏志·陈思王植传》中有"被鸿胪所下发士息书"，"士息"即士家的子女，女者称"士女"，《三国志·魏志·明帝纪》注引《魏略》云魏明帝时曾录夺士女前已嫁为吏民妻者，还以配士。兵士有单独户籍，其要改变身份须皇帝诏准，刘整、郑像便是如此。又《晋书·王尼传》称士家子王尼"初为护军府军士，胡毋辅之与琅邪王澄、北地傅畅、中山刘舆、颍川荀邃、河东裴遐迭属河南功曹甄述及洛阳令曹摅请解之。摅等以制旨所及，不敢"[5]。晋承魏制，也可证魏兵士解除其身份须皇帝特诏之制。刘、郑本为兵士无爵位，其子嗣也就无袭爵之据，得追赐爵位，是为特例，故其子嗣便能依科享爵。知魏科亦有褒赏功能。

又，正元二年（255）姜维于洮西大败魏军，曹髦诏："朕以寡德，不能式遏寇虐，乃令蜀贼陆梁边陲。洮西之战，至取负败，将士死亡，计以千数，

---

[1]《三国志》卷二四《魏书·孙礼传》，413。
[2]《三国志》卷四《魏书·三少帝纪》，77—78。
[3] 参见《三国志》卷四《魏书·三少帝纪》，78。
[4]《三国志》卷四《魏书·三少帝纪》，78。
[5] 对三国世兵制度讨论，可参见高敏：《魏晋南北朝兵制研究》（郑州：大象出版社1998年版）。

或没命战场，冤魂不反，或牵掣虏手，流离异域，吾深痛愍，为之悼心。其令所在郡典农及安抚夷二护军各部大吏慰恤其门户，无差赋役一年；其力战死事者，皆如旧科，勿有所漏。"[1] 洮西之战，魏损失甚大，亦多有举措以安抚军心。此言旧科，当指嘉平六年（254）曹芳诏书所引"部曲将死事科"。是年又诏："往者洮西之战，将吏士民或临陈战亡，或沉溺洮水，骸骨不收，弃于原野，吾常痛之。其告征西、安西将军，各令部人于战处及水次钩求尸丧，收敛藏埋，以慰存亡。"[2] 可见魏对死事者甚优礼之。

又，甘露二年（257）诸葛诞反，时诏云："昔燕刺王谋反，韩谊等谏而死，汉朝显登其子。诸葛诞创造凶乱，主簿宣隆、部曲督秦絜秉节守义，临事固争，为诞所杀，所谓无比干之亲而受其戮者。其以隆、絜子为骑都尉，加以赠赐，光示远近，以殊忠义。"[3] 知宣、秦不从诸葛诞之反被杀，曹髦官其子嗣当依"部曲将死事科"行之。

又，景元四年邓艾伐蜀，"使于绵竹筑台以为京观，用彰战功。士卒死事者，皆与蜀兵同共埋藏"[4]。

又，咸熙二年（256）诏："以虎贲张修昔于成都驰马至诸营言钟会反逆，以至没身，赐修弟倚爵关内侯。"[5] 此褒扬死事部将，其抚恤赐爵除死者子嗣外，也包括期亲。

综上，部曲将死事科有如下规定：抚恤死事者子嗣（兄弟）并赐官爵；给资敛葬、祭祠死事者；士卒死事者可依功除士名。

（四）科·公卿朝士服丧

《晋书·礼志》云："汉魏故事无五等诸侯之制，公卿朝士服丧，亲疏各如其亲。新礼王公五等诸侯成国置卿者，及朝廷公孤之爵，皆傍亲绝期，而傍亲为之服斩缞，卿校位从大夫者皆绝缌。挚虞以为：'古者诸侯君临其国，臣诸父兄，今之诸侯未同于古。未同于古，则其尊未全，不宜便从绝期之制，而令傍亲服斩缞之重也。诸侯既然，则公孤之爵亦宜如旧。昔魏武帝建安中已曾表上，汉朝依古为制，事与古异，皆不施行，施行者著在魏科。大晋采以著令，宜定新礼皆如旧。'诏从之。"[6]

据此知曹操时曾制涉及服丧之科，其中有关于公卿朝士服丧轻重依亲属关系远近而定的规定。挚虞认为新礼中"公孤之爵"服丧的规定"宜如旧"，

---

[1]《三国志》卷四《魏书·三少帝纪》，82。
[2]《三国志》卷四《魏书·三少帝纪》，82。
[3]《三国志》卷四《魏书·三少帝纪》，86。
[4]《三国志》卷二八《魏书·邓艾传》，464。
[5]《三国志》卷四《魏书·三少帝纪》，93。
[6]《晋书》卷二〇《礼志》，北京：中华书局1974年版，第631页。

"如旧"即依晋令，而晋令规定又本自魏科。晋新礼"朝廷公孤之爵，皆傍亲绝期，而傍亲为之服斩缞，卿校位从大夫者皆绝缌"，是规定朝廷重臣不为旁系亲服一年丧，而旁系亲却要为其服斩缞的重孝。故挚虞以此轻重有失，建议改革。换言之，晋新礼的规定与魏科相反，而魏科恰恰是挚虞所主张恢复的。反推魏科规定，朝廷重臣为旁系亲服丧的程度与旁系亲为他们服丧的程度是一致的，应都是绝期服一年丧。又，《通典·礼·凶礼·三公诸侯大夫降服议》引"魏制"："县侯比大夫。按大夫之庶妹，在室大功，适人降一等，当小功。"此亦公卿朝士服丧之属，当在上言曹操所制魏科中。

（五）科·禁内学及兵书

建安时，"科禁内学及兵书"。内书即谶纬之书，兵书亦多阴阳之说，故收之以禁术数，规定在科中。时吉茂皆有此类书匿不送官，建安二十三年（218）吉本谋反，吉茂是其宗人被收狱，但"不知当坐本等，顾谓其左右曰：'我坐书也'"。后经钟繇证其二人"服第已绝，故得不坐"[1]。吉茂虽未入罪，但亦不能证明魏科对匿不送官者不作处罚，或初颁此科时限以时日送官，过限者方坐罪。吉茂之免，或得钟繇陈情。

（六）科·禁酒

魏国初建"科禁酒"，徐邈曾私饮至于沉醉为校事赵达所告，后以"偶醉言"得免刑[2]。黄初二年（221）灌均奏曹植"醉酒悖慢，劫胁使者"，植被贬爵安乡侯[3]。此二人获罪亦犯酒禁在先。《晋志》云晋改魏法，"其余未宜除者，若军事、田农、酤酒，未得皆从人心，权设其法，太平当除，故不入律，悉以为令"[4]。或晋改魏禁酒之科入令。

（七）科·禁擅去官奔丧

建安时，"科禁长吏擅去官"。赵温甍，吉黄"自以为故吏，违科奔丧，为司隶钟繇所收，遂伏法"[5]。孔融被杀，与其亲善者不敢收恤，唯脂习哭吊，曹操"收习，欲理之，寻以其事直见原，徙许东土桥下。习后见太祖，陈谢前愆……以新移徙，赐谷百斛"[6]。知脂习坐此罪，被处徒刑。但亦有违科而未受处罚者。如广宗长邢颙以故将丧弃官，被有司所奏，曹操以其

---

[1]《三国志》卷二二《魏书·常林传》注引《魏略》，394。
[2] 参见《三国志》卷二七《魏书·徐邈传》，440。
[3] 参见《三国志》卷一九《魏书·陈思王传》注引《魏书》，337—338。
[4]《晋书》卷三〇《刑法志》，北京：中华书局1974年版，第927页。
[5]《三国志》卷二三《魏书·常林传》注引《魏略》，394。
[6]《三国志》卷一一《魏书·王修传》注引《魏略》，213。

"笃于旧君,有一致之节"[1],不问其罪。

(八) 科·禁奢华

卞太后曾言:"居处当务节俭,不当望赏赐,念自佚也。外舍当怪吾遇之太薄,吾自有常度故也。吾事武帝四五十年,行俭日久,不能自变为奢,有犯科禁者,吾且能加罪一等耳,莫望钱米恩贷也。"[2] 曹植妻衣绣,曹操以其违制命,还家赐死。知魏禁奢华,此可与前论内诫令互参。

又,夏侯玄《时事议》曾论魏服饰制度谓:"文质之更用,犹四时之迭兴也,王者体天理物,必因弊而济通之,时弥质则文之以礼,时泰侈则救之以质。今承百王之末,秦汉余流,世俗弥文,宜大改之以易民望。今科制自公、列侯以下,位从大将军以上,皆得服绫锦、罗绮、纨素、金银饰镂之物,自是以下,杂彩之服,通于贱人,虽上下等级,各示有差,然朝臣之制,已得俾至尊矣,玄黄之采,已得通于下矣。欲使市不鬻华丽之色,商不通难得之货,工不作雕刻之物,不可得也。是故宜大理其本,准度古法,文质之宜,取其中则,以为礼度。车舆服章,皆从质朴,禁除末俗华丽之事,使干朝之家,有位之室,不复有锦绮之饰,无兼采之服,纤巧之物,自上以下,至于朴素之差,示有等级而已,勿使过一二之觉。若夫功德之赐,上恩所特加,皆表之有司,然后服用之。夫上之化下,犹风之靡草。朴素之教兴于本朝,则弥侈之心自消于下矣。"[3] 服制是规定身份等级的器服制度,晋有《服制令》,[4] 对各官品所服衣物、配饰、颜色等有具体规定,亦规定哪些东西属于"禁物",士卒百公禁配之物,这些制度当是承魏科制而来。从夏侯玄言可知魏科制:自公、列侯以下,位从大将军以上,皆得服绫锦、罗绮、纨素、金银饰镂之物。对于一些特殊的器物颜色,魏有禁制,也限定了使用人范围。但除外的器物服饰,"杂彩之服"则流于商市,通于百姓,虽有上下等级,但人尚奢华,欲追丽色,已失文质交替守中之道。魏明帝时曾大兴宫舍,极尽奢华,这是夏侯玄亲见亲历的,应知其中的扰民耗资。可见魏科奢华之禁到了魏中期已渐失功效。故夏侯玄希望朝臣的车舆服饰能以"古法"为准度,除奢侈禁雕饰,因为这些是"末俗";重等级崇朴素,因为这些是自然之"本"。

---

[1] 《三国志》卷一二《魏书·邢颙传》,233。
[2] 《三国志》卷五《魏书·后妃传》注引《魏书》,96。
[3] 《三国志》卷九《魏书·夏侯玄传》,181。
[4] 佚文可参《九朝律考·晋律考》部分。

(九) 科·禁亡逃

《后汉书·陈宠传》云："故亡逃之科，宪令所急，至于通行饮食，罪致大辟。"知汉有亡逃之科。魏以"天下草创，多逋逃，故重士亡法，罪及妻子"[1]。此言士亡之法，即亡逃之科，而魏罚罪及妻子，又较汉科为重。

建安时，"亡士妻白等，始适夫家数日，未与夫相见，大理奏弃市"。卢毓驳云："夫女子之情，以接见而恩生，成妇而义重。故《诗》云'未见君子，我心伤悲；亦既见止，我心则夷'。又《礼》'未庙见之妇而死，归葬女氏之党，以未成妇也'。今白等生有未见之悲，死有非妇之痛，而吏议欲肆之大辟，则若同牢合卺之后，罪何所加？且《记》曰'附从轻'，言附人之罪，以轻者为比也。又《书》云'与其杀不辜，宁失不经'，恐过重也。苟以白等皆受礼聘，已入门庭，刑之为可，杀之为重。"卢驳引经据典，不减两京经义决狱之风。曹操服膺其"引经典有意"而从其议，免白氏死罪[2]。白氏虽免大辟，仍入重罪，经卢毓之驳仍"刑之为可"，或没为官奴婢。

又，《高柔传》云："旧法，军征士亡，考竟其妻子。"曹操"患犹不息，更重其刑"。所谓更重者也即上言"罪及妻子"。时有鼓吹宋金亡逃，"金有母妻及二弟皆给官，主者奏尽杀之"。高柔议："宜贷其妻子，一可使贼中不信，二可使诱其还心。正如前科，固已绝其意望，而猥复重之，柔恐自今在军之士，见一人亡逃，诛将及己，亦且相随而走，不可复得杀也。"所言"正如前科"应是亡士妻白案中所行之制，即"旧法，军征士亡，考竟其妻子"，亡士之妻坐罪入刑。知高柔时，此类案件多不能止于入刑，而多议死罪。《高柔传》但云"止不杀金母、弟，蒙活者甚众"，独不言其妻之刑，据前云"皆给官"，疑其仍不免没官为奴婢[3]。知高柔态度与卢毓是一致的，既不主张罪及妻子，当然也不会主张强迫亲属间互证有罪。明帝时，"护军营士窦礼近出不还。营以为亡，表言逐捕，没其妻盈及男女为官奴婢。盈连至州府，称冤自讼，莫有省者"。经高柔审理，得窦礼为人所杀非逃亡，后下诏书"复盈母子为平民。班下天下，以礼为戒"[4]。知明帝时仍循建安之制，重士亡之法，但已不轻议亡士妻子死罪，仅循常制没官为奴婢而已。

---

[1] 《三国志》卷二二《魏书·卢毓传》，388。

[2] 参见《三国志》卷二二《魏书·卢毓传》，388—389。《田豫传》载：黄初时田豫持节护乌丸校尉，"凡通亡奸宄，为胡作计不利官者，豫皆构刺搅离，使凶邪之谋不遂，聚居之类不安"。知时边境戍地亦有逃亡之士。

[3] 参见《三国志》卷二四《魏书·高柔传》，409。

[4] 《三国志》卷二四《魏书·高柔传》，412。

第五节 魏律章句概述

一、魏律章句法律形式辨

(一) 从律学注释到法律形式——汉魏间律章句之性质转换

自汉兴起律家以经学章句之法注解律令后,所形成的重要成果即是律章句。律章句作为汉魏律学注释、律学著作的另一种表述,亦具此种性质,向为定论。[1] 律章句看似法律解释,实则与律令同具法律效力,进而成为司法判案依据,亦是学攻律令的教本,于此立论律章句对立法、司法之重要作用与影响,断无异议。又如刘海年谓:"《律说》的形式和性质应类似秦简的《法律问答》,是官方对法律的解释说明。"[2] 孟彦弘谓:"就'律说'这样的著作而言,可能还存在一个从法学著作到具有法律效力的转变过程……汉代对律令的整理,恐怕也包括这种认定其是否具有法律效力的内容。"[3] 梁治平谓古代律学使众多法律形式之外又增加律章句这种"可能的法律形式"[4]。张建国谓汉代"以律令为主体的法,如果代表一个完整的法律体系的话"还包括"律说"。[5] 杨振红在论两汉法律内容与法典时,将律章句视为"东汉末适用的法律内容"的一部分且持续至魏律修成前,同时将律章句列入东汉末所增"律令篇章"。[6] 刘笃才谓"律本章句"名目反映了汉法的多样性,

---

[1] 可参见高恒:《秦汉法制论考》,厦门:厦门大学出版社1993年版,第181页。钱剑夫:《中国封建社会只有律家律学律治而无法家法学法治说》,载《学术月刊》1979年第2期。张晋藩:《论礼》,载《社会科学战线》1998年第3期。[日]大庭脩著,林剑鸣等译:《秦汉法制史研究》,上海:上海人民出版社1991年版,第6页。

[2] 刘海年:《关于中国岁刑的问题》,《战国秦汉法制管窥》,北京:法律出版社2006年版,第277页。

[3] 孟彦弘:《秦汉法典体系的演变》,载《历史研究》2005年第3期。

[4] 梁治平:《礼与法:法律的道德化》,载《学习与探索》1989年第4期。

[5] 参见张建国:《中国律令法体系概论》,载《北京大学学报》(哲学社会科学版)1998年第5期。张著《两晋魏晋法制简说》(大象出版社1997年版,第14页)中亦视"律说和章句"为汉法律形式之一。

[6] 参见杨振红:《从〈二年律令〉的性质看汉代法典的编纂修订与律令关系》,载《中国史研究》2005年第4期。又徐世虹、乔伟亦视律章句在汉律条文中,2万余条、700余万字已含律章句,与杨说意同。(徐说见《中国法制通史》战国秦汉卷,法律出版社1999年版,第245、274页。乔说见《中国法制通史·魏晋南北朝卷》,法律出版社1999年版,第20页。)

视其为"律令科比之外的汉法"[1]。这些论者在肯定律章句具律学注释性质的同时亦认其法律效力，更不乏论者直指其为法律形式。因之，仅用法律注释成果、律学著作等表述、概括律章句性质难免以偏概全，律章句在汉魏间作为针对律令等法律形式进行注释所形成成果的同时，[2] 其本身也衍化为一类独特的法律形式，成为汉魏间，特别是魏法律渊源与形式不可或缺的组成部分。

其实，古代的法律形式，特别是某一朝代特有或专行的法律形式，或可依其有无实质效力、能否得到官方形式上的承认进行判断。有些形式有名有实而成为是时法律正式渊源，有些形式因其有实无名而成为是时法律非正式渊源（其实对"科"是否为汉魏法律形式，亦存在过争论）。[3] 魏时短史阙，但就律章句而言，其有律令科品比所不能替代之功能，其法律形式之名与实亦可论其所本所流。陈宠曾谓："汉兴以来，三百二年，宪令稍增，科条无限。又律有三家，其说各异。"[4] 知东汉已有三大律家章句应用，且为是时法律渊源并具影响法律运用的实质效力。《晋志》称律章句"凡断罪所当由用者"，合两万余条、七百多万字。此"凡断罪所当由用者"可证律章句自汉时即融入司法领域，成为引导司法行为之形式渊源；[5] 亦可证汉时对律章句有取舍之举；换言之，两万余条、七百多万字律章句仅限"所当由用者"，即排除了"所不当由用"的其他律章句。此中律章句法律效力取舍之关系，可观律章句作为法律形式之本身存在着效力渊源。魏初承用秦汉旧律，诸儒章句并用也持续至魏明帝时，及明帝下诏专用郑玄一家章句，无非是对律章句作为法律形式在形式渊源与效力渊源上之再确认。《晋志》先述"但用郑氏"再记魏修律令，《通鉴》将"但用郑氏"系于"太和三年"，"但用郑氏"后方修律令，《通典》、《元龟》同《晋志》顺序；《通考》顺序反之，"但用郑氏"事系于青龙四年（236）。此时间之辨纵有从容讨论余地，但撇去此因素，就事言事，均可察无论魏律令修成与否，并不对"但用郑氏"产生实质影响。魏明

---

[1] 刘笃才：《论汉代法律体系的几个问题》，载《当代法学》2004年第4期。

[2] 清郑珍曾论郑玄所注章句不独于律，亦及于令等，其谓"康成《章句》与叔孙、郭、马诸家……其书或止注萧、叔孙、张、赵《律》六十篇，或并注令甲已下及《法比都目》，今皆无自详考"。（《郑学录》卷三《书目》）

[3] 参见〔日〕滋贺秀三：《汉唐间の法典についこの二三考证》，载《东方学》第17辑；丛希斌："汉科"质疑》，载《天津师范大学学报》1987年第1期。张建国："科"的变迁及其历史作用》，载《北京大学学报》1987年第3期。刘笃才：《汉科考略》，载《法学研究》2003年第4期。《论汉代法律体系的几个问题》，《当代法学》2004年第4期。

[4] 《后汉书》卷四六《陈宠传》，北京：中华书局1965年版，第1554页。

[5] 若对律说、律章句形式渊源再行追溯的话，可及秦时法律问答。限于篇幅此不展开论述，相关论点如大庭脩谓："'法律问答'的律文中用语的问答书，可以说是汉代律说的存在"；《云梦秦简释文》"关于律正文中某种术语含义的问答"，其"性质类似于汉代的律说"。（见大庭脩著《秦汉法制史研究》，上海人民出版社1991年版，第9、49页。）

帝诏书的作用已不能简单用独尊郑说来概括，而是通过独尊之举确定律章句于法律运行的重要意义；且进一步实现了汉魏间律章句性质的转换，即是使律章句从律学注释属性为主、法律形式为辅到法律形式为主、注释属性为辅的转变。因而，郑玄律章句既拥法律之实，亦不失法律之名；其他章句则陷入了无名无实的境地。胡元仪云"故郑君有《律章句》之作，魏时垂为国宪也"，是之谓也。[1] 又按《晋志》所述，"但用郑氏"与修律令二事间尚有卫觊设律博士之议，其谓："刑法者，国家之所贵重，而私议之所轻贱；狱吏者，百姓之所悬命，而选用者之所卑下。王政之弊，未必不由此也。请置律博士，转相教授。"是时魏律未成，揣卫氏言，律博士所授"刑法"定为汉律，而郑氏章句必传之。即若有律博士之设，但魏律修成前，魏仍是"律文烦广，事比众多，离本依末，决狱之吏如廷尉狱吏范洪受囚绢二丈，附轻法论之，狱吏刘象受属偏考囚张茂物故，附重法论之。洪、象虽皆弃市，而轻枉者相继"。这种乱象，除因"律文烦广，事比众多"外，其"离本依末"又岂不是独尊郑氏章句后，这种特殊的法律形式更为司法实践所倚重的"恶果"。正因如此，方有魏末司马昭患前代律令"本注烦杂"、"科网本密"，而令贾充诸人改定律令，废除郑氏章句之后事。作为官方确认、颁布的法律形式，律章句获得独立于律令科品比的地位始于魏明帝时，终于司马昭废止其用。

律章句经历了从多家到一统再到被废除的命运，从决定其命运的两次政治行为可察魏晋政权对律章句作为法律形式是否适用的审慎态度。司马昭之举使得郑氏章句重蹈曹魏间其他章句无名无实的覆辙。终魏一朝，律章句始终得以适用，可证其影响之大。由于社会生活的延续性和政治制度的承继性，魏律在一定程度上沿用汉律，虽然郑氏章句是对汉律的注释，但魏律成后仍得适用并对司法产生实质性影响，这说明律章句作为一种法律形式具有极强生命力。因之，莫论早期的诸儒章句（指魏明帝下诏前），抑或后期独尊的郑氏章句都是曹魏一种特殊而重要的法律形式，是曹魏法律的重要组成部分。

质言之，通过官方公开制定或认可的影响司法执法机关活动的文本形式，即可称之为法律形式，包括律令科品比等，以及一定时期内的律章句。沈家本尝列"小杜律"、"律说"、"律三家"、"律郑氏说"等置于"律令"一目；[2] 在《法学名著序》中述列诸儒律章句事，其意亦视为法学之书。[3] 程树德《汉律考》列"律说"一目，辑佚之功甚巨，却未对律章句法律形式

---

[1] 参见[清]胡元仪：《北海三考》卷五《师承考上》。又吕思勉谓："曹魏之世，诸家章句大繁，而诏专用郑氏，虽未尝收解释之权于上，亦有一其解释之意矣。"亦如胡意。（《吕思勉读史札记》（上），上海古籍出版社2005年版，第389页。）

[2] 参见[清]沈家本：《历代刑法考》，北京：中华书局1985年版，第874—876页。

[3] 参见[清]沈家本：《历代刑法考》，北京：中华书局1985年版，第2239—2240页。

的性质加以考察，可见其终未能跳出视律章句性质为律学注释的局限。律章句从律学注释上升为国家承认的法律形式，以今日法理概念言之，即学说得国家认可而转化为法律。能否实现其中转换，其实梁启超的《论中国成文法编制之沿革得失》早有抛砖之论，其在"两汉之成文法"一章中列"学说"之目，在论"律有三家，说各驳异"时直指"所谓三家者，即萧、张、赵三氏所定之律也"[1]。又谓："叔孙宣、郭令卿、马融、郑玄，各为汉律章句数十万言。魏明帝时，遂采郑氏说以入律。晋武帝时，又以魏律专用郑氏，失诸偏党，复广采诸家，是国家承认学说为法律，信而有徵者。魏晋以还，儒者读书不读律，学说阙如，于是立法家所凭籍之渊源，失其一种矣。"[2] 纵观梁论，其将律章句之类的学说同时视为两汉法的形式（种类）与法的渊源，[3] 而律章句是曹魏法律形式之管见或为梁论附证。

（二）魏律章句的体裁源流

魏律章句是汉律章句的延续，从体裁而言，经学章句是理解把握律章句样式、内涵及表现手法的重要视角。古人解经体裁众多，如传、说、章句、笺、注、疏等，都被后人统称为经解、经说或经注。《汉书》注中有律郑氏说、律说，《晋志》有诸儒律章句，三者体裁实为一类。学界对说与章句大体有如下共识：第一，经学相传本出口说。第二，章句是专门之学，训诂与大义兼备。第三，章句等同于说。由于条件限制，经学上最早的说都是口头相传，非文字记载。在口说相传中，弟子各遵听录，流传之后，在经籍句读、训诂等自然会出现异说，此后所谓师法或家法之别便由此出。

关于律章句与律说的概念及关系，观点众多。如王鸣盛论："案后书郑本传不言其注律，而前书诸侯王表张晏注引律郑氏说，即康成章句也。"[4]

---

[1] 梁启超：《论中国成文法编制之沿革得失》，《饮冰室文集》之十六，北京：中华书局1989年版，第11页。
[2] 梁启超：《论中国成文法编制之沿革得失》，《饮冰室文集》之十六，北京：中华书局1989年版，第47页。
[3] 对梁氏所论，周旺生的《中国历代成文法论述》（《立法研究》2002年第3卷）亦有详论，其谓梁氏将学说同时视为法的形式与渊源，"恐怕不宜说是梁启超又有前后不一致或首尾相抵牾的毛病。学说，确实既可以是一种法的渊源，又可以是一种法的形式，在有的情况下它是一种法的渊源，在另外的情况下它可能就是一种法的形式。从中国封建时代的情况看，学说主要是一种法的渊源，在汉代和其他一些情况下也曾经是法的一种形式。或者说，就中国封建时代的情形看，学说差不多一直是重要的法的渊源，而在有的时候更是一种重要的法的形式。鉴于这种情况，我们在阐述梁启超关于中国封建时代法的渊源的观点时，来阐述学说问题。其中自然也兼及学说作为法的一种形式的问题"。周氏所谓"有的时候更是一种重要的法的形式"当指汉魏间律章句事。
[4] ［清］王鸣盛：《十七史商榷》，上海：上海书店出版社2005年版，第352页。

沈家本论:"按(《汉书》)诸家注中颇引律说而不著其名,无以知其为何人之语,然必汉时说律诸家,此汉律原文也。"[1] 程树德论:"马融、郑玄为律章句,《后书》本传皆不载,《隋志》亦不著录,盖佚已久。"[2] 吕思勉论:"观《晋志》(及《汉志》)之说,则知章句之兴,实由文字之芜秽。使其时法令本简,或虽繁而未甚错糅,固不必为之章句。然则儒家之事,亦可借镜而明矣。""章句之初,盖仅如今之符号,其后加之以说,实由经义之难明。正犹法令芜秽,而为之章句者遂十余家也。然此事当汉初尚未有。故徐防谓'汉承秦乱,经典废绝,本文略存,或无章句'。"[3] 吕氏虽未对律章句下定义,但通过探讨律令繁简影响律章句之有无,进而解释经学章句之兴废。在此问题上,后人多以儒家之事证律家之事,吕氏反其道证之,观点独到;且笔者撰文时亦未见法史界在探讨律章句时引及此说,故录之。持论者众,笔者无意再为律章句或律说下何种结论,强力为之亦是平添蛇足。但于律章句与律说有陋见如下:第一,在研究律章句的兴起与发展时,学界多将其与经学联系,但对其归宿研究却又离开经学——孕育它的母体,即对"但用郑氏"的原因分析未结合经学。第二,对律章句的废除,学界多归因于律章句自身弊病,对其所存学术与政治环境乏论。第三,《汉书》如淳注、臣瓒注、晋灼注所引律说,或是诸家律章句集大成,为众家之说。张晏注中曾有"律郑氏说"字样,可证为郑玄一家。笔者曾猜想,"律说"本为"律某氏说",但为注家所省。在搜集《汉书》如淳注时却发现,若非己言如淳凡引书必有名,引他人语必有姓,可说在资料上《汉书》如淳注经得住考验。既有"朴学"之风,引用时未必会略他人之名。此外,离如淳时代不久的臣、晋亦只引"律说",非"律某氏说",与如淳之引又岂是巧合所能解释?若真为"律某氏说",想必在臣注、晋注所引时当有所体现。因此,窃认为"律说"实是一书,非某氏所专享而专标其说,个中含各家之说集诸家律章句为一体。

(三) 曹魏律章句的功能

在方法上,经学章句与律章句都需以语言学之辨字、释义、注音为支撑。若将典籍分经、史、律、文等,经学和史学语言难免深奥隐晦,文学语言近乎高雅抽象,律学语言则需专业与确定。虽典籍语言风格不尽相同,但当典籍作为书面语言传授时,都拥有共同的载体——汉字。通晓文献的第一关是通晓汉字的形、义、音。语言学虽不为解经而生,但生来却脱离不了与经学

---

[1] [清] 沈家本:《历代刑法考》,北京:中华书局1985年版,第1745页。
[2] 程树德:《九朝律考》,北京:中华书局2003年版,第185页。
[3] 吕思勉:《章句论》,上海:商务印书馆1934年版,第5—6页。

注释之关系，辨字、释义、注音成为经学语言乃至所有典籍语言的研究方法。经学典籍以章句进行注释，律学典籍则以律章句解释，可使典籍"古义茫昧，圣学榛芜"的学术尴尬得以改观。

在内容上，经学章句与律章句对某些语言的注释可互用。汉律多承古制，经律之间，若所注经文名称与律文名称相同，则注经之文已同释律之语，反之亦然。此种互注互训的原则，学界以何休、郑玄为例多有细论，此不赘言。[1]但举如淳涉律注与经注可互训者以明之，见表27（出《汉书》者简引某纪某志等，出《史记》者简引某传之三家注）。

表27　如淳《汉书》注所见"经""律"术语互训例

经文	律文	释文	出处
侏儒	朱儒	朱儒，短人不能走者。	《刑法志》
三族	三族	父族、母族、妻族也。	《高帝纪》
昆蹏	昆蹏厩	《尔雅》曰"昆蹏研，善升颠"者也，因以为厩名。	《百官公卿表》
棫	棫园厩	棫，《尔雅》"唐棣，棫也"。棫园之中有马厩也。	《昭帝纪》
殊	殊死	死罪之明白也。《左传》曰斩其木而弗殊。	《高帝纪》
公主	公主	《公羊传》曰"天子嫁女于诸侯，必使诸侯同姓者主之"，故谓之公主。	《高帝纪》
厮役	厮役	厮，贱者也。《公羊传》曰"厮役扈养"。	《张耳陈馀列传》《集解》
傅	主傅	礼有傅姆。说者又曰傅者老大夫也，汉使中行说傅翁主也。	《东方朔传》
姬	姬	姬，众妾之总名也。姬亦女官也，秩比二千石，位次婕妤下。《左传》以媵莱穆公姬。	《一切经音义·阿毗达磨俱舍论第二十卷·姬媵》

在目的上，经学章句与律章句都是通过注释解决典籍阅读的困难，达到传播典籍、文化之功用。典籍多是前代社会文化诸方面的反映，历史发展造成了语言与文化习俗的演变。典籍的字词文句、篇章结构、语法修辞及其中的礼俗典故、人物历史都有可能使读者不明，因而便需解释。律章句作为特

---

[1] 参见何勤华：《中国法学史》（第一卷），北京：法律出版社2000年版，第171页。龙大轩《汉代律章句考论》论述何休、郑玄律家地位部分，西南政法大学2006年博士论文。

殊的法律形式，盛行于魏，即便律博士设，仍转相传授。若谓经学章句的目的是通过释经以传之，则律章句的目的是为了释律以传之、释律以用。据此，律章句在注释中辨明句读，继而注释文句、阐发精义，从理论上对法律文本、实践问题作出的解释和说明，既补充完善律文又方便社会对法律的理解和运用，更很好传承了法律文化。

在传授上，经学章句与律章句作为专门之学，需专人传授而有师承各家之别。一经有数说，"律有三家"、大小"杜律"、诸儒律章句有十余家便是明证。魏律章句历多家共存而又一统郑氏，其功能已如上述。魏承汉律，但历时经年，律令变化，今世之法非前代之律，若不能阅览、研习一定的律令文本和知识，难知本末。魏律章句承汉律章句之旧，当有匡助法律施行之功，至"但用郑氏"其独霸地位已显，成为曹魏重要的法律形式亦不言自明。

二、存世律说

表28 律说佚文

序号	律说	出处
1	论决为髡钳，输边筑长城，昼日伺寇虏，夜暮筑长城。	《史记·秦始皇本纪》《集解》引如淳注。
2	鬼薪作三岁。	同上。
3	①卒更、践更者，居县中五月乃更也。后从《尉律》，卒践更一月，休十一月也。 ②卒践更者，居也，居更县中五月乃更也。后从《尉律》，卒践更一月，休十一月也。	①《史记·游侠列传》《集解》。 ②《汉书·昭帝纪》如淳注。
4	都吏今督邮是也。	《汉书·文帝纪》如淳注。
5	戍边一岁当罢，若有急，当留守六月。	《汉书·沟洫志》如淳注。
6	平贾一月，得钱二千。	《汉书·地理志》如淳注。
7	《令甲》，女子犯罪，作如徒六月，顾山遣归。说以为当于山伐木，听使入钱顾功直，故谓之顾山。	《汉书·平帝纪》如淳注。
8	出罪为故纵，入罪为故不直。	《汉书·景武昭宣元成功臣表》晋灼注。
9	律郑氏说，封诸侯过限曰附益。或曰阿媚王侯，有重法也。	《汉书·诸侯王表》张晏注。
10	律说云：勒兵而守曰屯。	《文选·东都赋》注引《汉书音义》臣瓒注。

续表

序号	律说	出处
11	行言者若许，多受赇以枉法，皆坐赃为盗，没入（官）□□。行言者，本行职□也。	《疏勒河流域出土汉简》简339。
12	律说曰：男女论决髡钳输边，昼日防寇虏，夜暮筑长城。女子无军警之事，但舂食徒者也。	《太平御览·刑法部·黥》此条是《太平御览》引《汉书》曰："文帝除肉刑，当黥者髡为城旦舂"时，附于夹注当中。

表28所列律说，如淳所引7条，张、晋、臣各引1条，汉简存1条，笔者于《太平御览》又觅得1条，为学者所未察，凡存世律说12条。如淳、张晏、晋灼、臣瓒皆魏晋间人，其所征引者，自然可信，也当是汉魏间通行的诸儒律章句残存。唯魏明帝专用郑氏后，其他章句尽废。故今所见者，唯序号9是直指郑氏，也就是郑玄所作律章句。其他不标姓氏者，则不知分属何人。虽是"但用郑氏"，其他章句仍得流传，如、张、晋、臣等人在注释《汉书》时屡有征引便是明证。为何今人所见律说几乎本自魏晋间人的转述，为何这种转述皆出现在魏晋间人对《汉书》的注释中，而又特别在如淳《汉书注》中体现，这是值得玩味的问题。笔者《曹魏律章句考论》中有专论，此不详言，[1] 仅就一些重要问题再作说明：

第一，魏晋间人在注释《汉书》时征引律说，说明律章句学在魏晋间的兴盛之势，也是当时学术交融的体现。法律史界对汉代律学有引经注律或引律注经的定论，但是从《汉书》注频现的引律、引律说现象看，通过经典注释经典这种学术方法在当时并非单独体现于经律之间，也存在于律史二者。特别是对于《汉书》中大量的典章制度，后人阅读难免出现时空障碍，但律章句这种对汉律的注释成果，可用以反证《汉书》，可为史书提供参考，因为也出现了另一种学术途径——引律注史。如、张、晋、臣是否为律家，不得而知，但从他们对律说的征引可证明他们对律章句著述有所浏览。

第二，《汉书》注中出现的涉及汉律的"某曰某"这种注释，也可视为律说。大庭脩通过对《说文解字》、《汉书》注、《左传》注中的涉律注文，特别是如淳注进行研究，考证得出："因以饥寒而死曰瘐（《汉书·宣帝纪》注如淳所引律文）；齐人予妻婢奸曰妍（《说文·女部》）；淫季父之妻曰报（《左传·宣公三年》杜预注引汉律）；勒兵而守曰屯（《史记·傅宽传》注

---

[1] 拙文载杨一凡主编：《中国古代法律形式研究》（法律史论丛第11辑），北京：社会科学文献出版社2011年版，第105—170页。

如淳所引律文）。"[1] 这些汉律可能是引用的律说。首先，需匡正大庭脩引用资料错误，"勒兵而守曰屯（《史记·傅宽传》注如淳所引律文）"条非如淳所引，实为臣瓒注。见《文选·东都赋》注引《汉书音义》"臣瓒曰：律说云：勒兵而守曰屯"。从行文结构看，这几条资料采用"某曰某"的表述形式。后"某"为律文本身，前"某"是对律文注解，既律说。上述资料中，"瘦"、"妍"、"报"、"屯"为律文，相对应的为律说。这样形式的注文仍可在如淳注中寻得，下列举之或可给大庭脩观点再作支撑，见表29（出《汉书》者简引"某纪某传"等，出《史记》者简引某传之三家注）。

表29 如淳《汉书》注所见"某曰某"例

律文	律说	出处
漕	水转运曰漕	《武帝纪》
朝	春曰朝	《宣帝纪》
请	秋曰请	同上
尚	主天子物曰尚	《惠帝纪》
尚书	主子之物曰尚书	同上
瘦	病两足不能相过曰瘦	《哀帝纪》
奇请	诸不在律文所宜轻重决罪曰奇请	《刑法志》残卷[2]
瘇	肿足曰瘇	《贾谊传》
当	决罪曰当	同上
乘	如置急者乘一马曰乘	《孝文本纪》《索隐》

《晋志》所言汉魏诸儒律章句，家数十万言，后世有冗杂芜秽之讥，亦不乏律学昌盛之誉。但亦如沈家本所言："盖自晋改汉律后，张、杜之书风行于世，习律学者但研究见行之法，不复追求汉、魏各家章句，束诸高阁，其渐即于亡，势固然也。"[3] 既不采之，又何必习之？废除郑氏章句后，律章句渐离世人视线，终为历史尘埃所掩蔽。

本章小结

魏令的制定与颁布时间，本书第一章已有私见，即魏律"始修于太和三年，修成颁行在太和六年至青龙元年之间"，那么魏令始修与颁行时间也应同时，故不再赘言，且第一章第一节中所征引的魏丧葬令文颁行时间也可起到佐证作用。

---

[1] [日] 大庭脩著，林剑鸣等译：《秦汉法制史研究》，上海：上海人民出版社1991年版，第56页。
[2] [日] 堀毅：《秦汉法制史论考》，北京：法律出版社1988年版，第54页。
[3] [清] 沈家本：《历代刑法考》，北京：中华书局1985年版，第1368页。

《晋志》云魏"制《新律》十八篇,《州郡令》四十五篇,《尚书官令》、《军中令》,合百八十余篇"。若再重新审视此记载,不难发现:不仅魏律篇数聚讼难决,魏令也同样面临此难。遗憾的是,一直以来史家都没有揭示"合百八十余篇"的真正含义。既然魏律令篇数的描述出自唐人,那么从语法上说,唐人撰写《晋志》在描述同样性质的事情时,其语法应是一致的:"合××篇"之"合"即"合××篇"之前所述数量的相加。《晋志》所云"合百八十余篇"是包括魏律十八篇在内,魏州郡令、尚书官令、军中令三者合计一百六十余篇。

虽然知道魏令一百六十余篇分为州郡、尚书官、军中三大部分,但每部分有何具体篇目已难以考察。堀敏一的晋令三分法,在笔者看来是建立在魏令有州郡、尚书、军中三大层级的基础之上。若站在晋承魏制的立论,是可以借助晋令篇目结构以反推魏令篇目的。魏晋令之间也能找到承袭、修订、改革的例证,虽然这些例子尚不足以全面完成论证任务,但要论证魏晋律令分野,特别是魏晋令典的形成,这或许是一项基础性的工作。从魏令一百六十余篇到晋令四十篇,无疑经历了合并、删除的过程,且合并、删除数量是非常大的,有没有必要视经历此番改革的晋令四十篇是魏令的"残留"呢?就目前研究而言,笔者更倾向于接受这种"事实"。魏令某些篇目,如丧葬令、官品令的出现对后世影响甚大,为后世令典的创制奠定了某些基本模式。回到具体考证:魏州郡令四十五篇,今考得有丧葬、内诫、明罚、祠、邮驿、变事之属;尚书官令,可考者有设官、选(举)、褒赏、官品之属;军中令,今可考者有步战、舡(船)战、军策之属。对魏令具体令文或相关规定的考证,不得不借助晋令甚至其他,如丧葬令对赙赠的规定;邮驿令关于邮驿、邮亭的制度;变事令关于上言变事的制度,由汉晋推衍,魏制亦得大概。又如《新唐书·艺文志》职官类有"《魏官品令》一卷",系在晋宋之书后、齐梁陈之书前;不少学者皆以为此"魏官品令"为曹魏所定,实贻误之言。魏有官品令,史有确证,惜浅井虎夫、沈家本、程树德考魏令皆不及此,故本章独设篇目论之:补辨《新唐书·艺文志》所见"《魏官品令》"非魏令;次析魏官品令、魏官品、魏百官名、魏甲辰令、魏甲辰仪(注)诸者之关系;复辑魏官品令之令文、相关规定、术语等。祝总斌、阎步克等对《通典》所载"魏官品"制定时间、性质的讨论,实际对论证魏官品是很好的旁证。祝总斌等人依《通典》所载个别"魏官品"名号晚出(与《三国志》所载曹魏前期制度不合),认为其制定时间在魏末,至少是魏中后期。即便如此,也不能构成论证魏官品令也在魏末制定的证据。若魏令——准确说是尚书官令——在制定时缺少此篇,很难圆通;再者魏令一百六十余篇,恐怕是要包括此篇的。作为一部官品官职汇编"著作"而言,笔者以为祝、阎言之有据;但作为制度而言,某些官品的晚出并不影响没有晚出的官品作为制度提前存在,更不能排除后人对魏官品进行汇编整理,也是可能的。总之，魏官品令作为官品制度（九品中正制）在律令中的反映，其制定时间不应在魏末，而是在明帝修律令时。

要成就系统论述魏令的篇什，笔者自知本章第一、第二、第三节的文字并非合格之作。对一些涉及魏令的重要问题未作展开是需要检讨的：如魏律与魏令的关系；魏令与法律儒家化的关系；[1] 魏令的制定程序；[2] 魏诏与令的关系；魏令与礼的关系等。但对魏令具体篇目和令文的微观考证尚不能彻底完成时，上述问题也就只能搁置不议了——毕竟宏观叙述是要建立在微观考察基础上。若就魏令某一部分内容深入探讨，不难发现，一些宏观问题也是能得到体现的，如第一章与本章对丧葬令的制定过程、其所反映的礼制规格都有所揭示；关于纸张供给的令文，则可为从简牍过渡到纸张的时代，以及国家行政运转提供具体旁证；官品令之于魏晋九品中正制度的意义更不言而喻了。

科作为一种独立的法律形式或法律载体是否在汉代就已出现，学界曾有过一番讨论，但就魏而言，科具备单行法的性质已毋庸置疑。若说汉魏之际，特别是曹操掌权时所制定的"新科""甲子科"仍有"难以藩国改汉朝之制"的顾虑，那么到了魏明帝时，已能看到科在曹魏法制的地位与影响；特别是根据《晋志》所记载的采科为律、依科制令、整合科中违制之文为律、删约旧科等魏修律时对"旧科"的诸多改革，不能不说科在魏时所承担的功能不单是解决一些现实问题而进行的临时性立法，更为魏律令的制定提供了"依据"。当然，笔者所认为的"依据"，更倾向于魏律令吸收了"某科"中的"某某（事）"，而不是一概认为"某科"的全部内容皆移入新制定的律令中。就目前资料言，尚无法揭示在魏修律前已有将所有的科都汇编在一起而统称之为"魏科"，并使之具有"集合体"性质的事实。就本章第四节所辑魏科而论，不排除某些科（如甲子科）本身就是若干科条、事条的汇编，但像"科禁某某事"这样的记载（如科禁酒）能否直接认定所禁"某某事"就是该科的名称呢？恐怕要进行这样的认定也缺乏有力的证据。相反，"科禁某某事"这样的记载似能说明"禁某某事"只是某科当中的一项或一条而已，也就是说单独的科确实具有若干科条、事条汇编的性质。这些单独的科

---

[1] 值得指出的是，论证魏晋法律儒家化，从目前资料言，要关注的重点不应只是律，通过令来实现法律儒家化也是一个不可忽视的途径，魏丧葬令的出现就是明证。

[2] 前文曾引述了几条魏文帝、明帝时期著（于）令、著于令典的资料。中田薰据此以为"这或许意味着：至魏（或从汉末开始），其惯例已变为皇帝的诏令，在发布的同时（生前）被编著到令典之中"。（见《汉律令》，蔡玫译，《中国古代法律文献研究》第3辑，中国政法大学出版社2007年版，第109页。）但青龙二年诏云"其减鞭杖之制，著于令"，若魏律令成于太和六年至青龙元年之间这一推测成立的话，那么这样的记载意味的则是减少鞭杖之制是对业已编撰完成的魏令（很有可能是鞭杖令）的修正，这也可以论证魏令的编纂程序。此外，本书第一章所提及的丧葬令，也可论证魏令之制定。

或可泛称为魏科，但作为"集合体"性质汇编的"魏科"要真正出现，成为与"魏律"、"魏令"一样的专称，应要等到明帝修律后，或者说是与编纂魏律令同时进行的一项工作。史籍中直称"魏科"者仅见《晋书·礼志》的一段记载（《通典》亦载此事）："汉魏故事无五等诸侯之制，公卿朝士服丧，亲疏各如其亲。新礼王公五等诸侯成国置卿者，及朝廷公孤之爵，皆傍亲绝期，而傍亲为之服斩缞，卿校位从大夫者皆绝缌。挚虞以为：'古者诸侯君临其国，臣诸父兄，今之诸侯未同于古。未同于古，则其尊未全，不宜便从绝期之制，而令傍亲服斩缞之重也。诸侯既然，则公孤之爵亦宜如旧。昔魏武帝建安中已曾表上，汉朝依古为制，事与古异，皆不施行，施行者著在魏科。大晋采以著令，宜定新礼皆如旧。'诏从之。"晋采魏科为制者当不独此例，但"施行者著在魏科"一句足以昭示魏科之存；这里的"魏科"恐怕就是众多单独魏科经历汇编后的专称。故《晋志》所云魏"删约旧科"，除明指"定为魏法"外，也应包括整合、汇编众多单独的科而成"魏科"这一事实。

《晋志》所言汉魏诸儒律章句，家数十万言，后世有冗杂芜秽之讥，亦不乏律学昌盛之誉。至魏明帝时专奉郑玄，要律博士转相传授，必通过官方公开制定认可又得以影响司法，律章句之性质俨然从律学注释过渡至魏法律形式之一种。辑佚魏律章句，笔者此前已有繁文，故不赘入本章，唯略述其大概以证魏律章句之名实，亦备曹魏一朝法制之索引。论者尝谓："盖礼是郑学，礼防未然，律治已然，故于律亦并用郑玄注也。"[1] 或谓："郑君注《礼》，又注律。礼所以为教也，律所以为戒也。注律，即注礼之意也。"[2] 又有谓："郑氏之学，其实不能该礼之本，但随章句而解之。句东则东，句西则西。百端千绪，莫有统率。"[3] 律章句自多家并存至统废接踵，似有昙花一现之态，但并不意味着对律章句学有"共同旨趣"的学术群体就此消逝；相反，自汉末以降，世崇郑学，至盛唐礼律犹采其说，都可说律章句仍是以一种新的面貌——"儒家法"再传于世。[4]

凡本章所考，魏令、魏科、魏律章句三者，统归一章，以明魏律之外的其他法律形式，魏律施行之辅也。魏朝法律形式当不独此三者，别如诏、比、故事等皆属之而未逮详论；唯此三者尚有申说之必要，故设专言。

---

[1] 王利器：《郑康成年谱》，济南：齐鲁书社1983年版，第250—251页。
[2] [清] 陈澧：《东塾读书记·郑学》，上海：三联书店1998年版，第278页。
[3] [宋] 李觏：《李觏集》卷二《礼论第五》，北京：中华书局1981年版，第15页。
[4] 这里所言及的"儒家法"借用了中田薰的观点，中田薰在论述汉魏律令章句时曾言"此章句律说并不是所谓的'法曹律'，与此相比而言，应该称之为'儒家法'"。（见中田薰著：《汉律令》，蔡玫译，《中国古代法律文献研究》第3辑，北京：中国政法大学出版社2007年版，第124页。）

第三章 魏罪名考

魏之罪名，程树德《魏律考》略及，或因其认为据魏律序略者，魏律"各条中修正之处，均一一指出，其余与汉律，实无大出入"[1]，以《汉律考》已详，故于魏未有详考。魏承汉律，其言当是，但非无继续探讨之必要。本部分所考魏罪名，略仿沈家本《汉律摭遗》依汉律篇目考析罪名体例，以魏律十八篇为基础，将魏所见罪名系在各篇之属。资料翔实者多论，他人详论者略言，证据不足者存疑，于史无征者阙考。或详或略，实不能免。

第一节　魏罪名考（一）

一、盗律之属

（一）盗郊祀宗庙御物

《尚书正义·微子》孔疏曰："汉魏以来著律皆云敢盗郊祀宗庙之物，无多少皆死。为特重故也。"程树德据此云："知魏律多与汉律同。"[2]沈家本云："孔疏所言《汉律》，与释之所言轻重悬殊。孔氏既未亲见汉文，其所称当为魏氏改定之法，非汉之原文也。"[3]《史记·张释之列传》云："律盗宗庙服御物者为奏，奏当弃市。"前引魏改汉贼律，"但以言语及犯宗庙园陵，谓之大逆无道，要斩"。此"犯宗庙陵园"当及盗郊祀宗庙御物之类。又，《晋书·赵王伦传》云："武帝受禅，封琅邪郡王。坐使散骑将刘缉买工所将盗御裘，廷尉杜友正缉弃市，伦当与缉同罪。……然以伦亲亲故，下诏赦之。"司马伦使刘缉买工所将盗御裘虽得议亲，然刘缉不得免，自应弃市论，时晋律未成，必用魏律无疑。又《晋志》载晋惠帝时，裴頠言："昔汉氏有盗庙玉环者，文帝欲族诛，释之但处以死刑，曰：'若侵长陵一抔土，何以复加？'文帝从之。大晋垂制，深惟经远，山陵不封，园邑不饰，墓而不坟，同乎山壤，是以丘阪存其陈草，使齐乎中原矣。虽陵兆尊严，唯毁发然后族之，此古典也。若登践犯损，失尽敬之道，事止刑罪可也。"[4]知晋毁发陵园族刑，"登践犯损"或关盗郊祀宗庙御物之类，但言"事止刑罚"，或即汉魏弃市之制。

---

[1] 程树德：《九朝律考》，北京：中华书局2003年版，第193页。
[2] 程树德：《九朝律考》，北京：中华书局2003年版，第194页。
[3] [清]沈家本：《历代刑法考》，北京：中华书局1985年版，第1394页。
[4] 《晋书》卷三〇《刑法志》，北京：中华书局1974年版，第934—935页。

（二）盗禁地物

盗猎禁地物与盗园陵物类，故置此。明帝时猎法甚峻，宜阳典农刘龟于禁内射兔，被功曹张京告发。时明帝"匿京名，收龟付狱。（高）柔表请告者名，帝大怒曰：'刘龟当死，乃敢猎吾禁地。送龟廷尉，廷尉便当考掠，何复请告者主名，吾岂妄收龟邪？'柔曰：'廷尉，天下之平也，安得以至尊喜怒而毁法乎？'重复为奏，辞指深切。帝意寤，乃下京名。即还讯，各当其罪"[1]。此案虽是刘龟被人匿名举报，不合告劾之法，但据"各当其罪"知禁地射猎，盗猎禁物为死罪。

《高柔传》又载："是时，杀禁地鹿者身死，财产没官，有能觉告者厚加赏赐。柔上疏曰：'……中间已来，百姓供给众役，亲田者既减，加顷复有猎禁，群鹿犯暴，残食生苗，处处为害，所伤不赀。民虽障防，力不能御。……方今天下生财者甚少，而麋鹿之损者甚多。卒有兵戎之役，凶年之灾，将无以待之。惟陛下览先圣之所念，愍稼穑之艰难，宽放民间，使得捕鹿，遂除其禁，则众庶久济，莫不悦豫矣。'"[2] 裴注引《魏名臣奏》别有高柔上疏，应与《三国志》所载为同一疏，其云："臣深思陛下所以不早取此鹿者，诚欲使极蕃息，然后大取以为军国之用。然臣窃以为今鹿但有日耗，终无从得多也。何以知之？今禁地广轮且千余里，臣下计无虑其中有虎大小六百头，狼有五百头，狐万头。使大虎一头三日食一鹿，一虎一岁百二十鹿，是为六百头虎一岁食七万二千头鹿也。使十狼日共食一鹿，是为五百头狼一岁共食万八千头鹿。鹿子始生，未能善走，使十狐一日共食一子，比至健走一月之间，是为万狐一月共食鹿子三万头也。大凡一岁所食十二万头。其雕鹗所害，臣置不计。以此推之，终无从得多，不如早取之为便也。"[3] 高柔上疏一谏此罪之重，二谏明帝循自然之理，重农耕、恤人命。知时盗猎禁地之物，除身受死刑外，个人财产亦被没收。

又，明帝时劳役大兴，栈潜上疏："大兴殿舍，功作万计，徂来之松，刊山穷谷，怪石珷玞，浮于河、淮，都圻之内，尽为甸服，当供稿秸铚粟之调，而为苑囿择禽之府，盛林莽之秽，丰鹿兔之薮；伤害农功，地繁茨棘，灾疫流行，民物大溃，上减和气，嘉禾不植。……今宫观崇侈，雕镂极妙，忘有虞之总期，思殷辛之琼室，禁地千里，举足投网，丽拟阿房，役百乾溪，臣恐民力雕尽，下不堪命也。"[4] 栈潜所言"苑囿择禽之府，盛

---

[1]《三国志》卷二三《魏书·高柔传》，410。
[2]《三国志》卷二四《魏书·高柔传》，412。
[3]《三国志》卷二四《魏书·高柔传》注引，412。
[4]《三国志》卷二五《魏书·高堂隆传》，429。

林莽之秽,丰鹿兔之薮"皆针对明帝崇尚奢华,广置苑囿以畜鹿兔,一如高论。又"禁地千里,举足投网"更是"猎法甚峻"、吏民多犯禁地射猎之罪佐证。

(三) 断盗、放散官物

1. 断盗、割盗官物

汉代对官吏监守自盗即所谓"主守盗"予以严厉惩治。《汉书·刑法志》云:"吏坐受赇枉法,守县官财物而即盗之,已论命复有笞罪者,皆弃市。"颜注:"守县官财物而即盗之,即今律所谓主守自盗者也。"断盗、割盗官物者弃市,魏承此制,如建安二十二年(217)鲍勋为魏郡西部都尉,"太子郭夫人弟为曲周县吏,断盗官布,法应弃市"[1]。司马芝为大理正,"有盗官练置都厕上者,吏疑女工,收以付狱"[2]。魏又有坐盗官谷,斩于军门者,《曹瞒传》载:"常讨贼,廪谷不足,私谓主者曰:'如何?'主者曰:'可以小斛以足之。'太祖曰:'善。'后军中言太祖欺众,太祖谓主者曰:'特当借君死以厌众,不然事不解。'乃斩之,取首题徇曰:'行小斛,盗官谷,斩之军门。'"[3]司马懿奏曹爽等人"共分割洛阳、野王典农部桑田数百顷,及坏汤沐地以为产业,承势窃取官物,因缘求欲州郡"[4]。《晋书·刘隗传》载宋挺"割盗官布六百余匹,正刑弃市,遇赦免"。知魏晋皆承袭此制。

2. 放散官物

嘉平六年(254),中领军许允"擅以厨钱谷乞诸俳及其官属",即私自将厨钱谷赐予俳优[5]、部属,被有司奏以"放散官物"[6]。《汉书·高后纪》:"列侯幸得赐餐钱奉邑。"应劭注:"诸侯四时皆得赐餐钱。"颜注:"餐钱,赐厨膳钱也。"《汉书·宣帝纪》:"或擅兴徭役,饰厨传,称过使客。"韦昭注:"厨谓饮食。"知厨钱是官员餐食之费用。汉太官令"典天子厨膳"(《后汉书·孝殇帝纪》李贤注),京兆尹属官有"长安市、厨两令

---

[1]《三国志》卷一二《魏书·鲍勋传》,234。
[2]《三国志》卷一二《魏书·司马芝传》,236。
[3]《三国志》卷一《魏书·武帝纪》注引,33。
[4]《三国志》卷九《魏书·曹爽传》,173。
[5]《说文》云:"俳,戏也。……亦曰优,曰倡。"汉代经常"倡俳""俳倡""倡优""俳优"混称,是汉百戏一种表演节目,此指以舞乐杂戏为业的伶人。
[6] 检廿四史,直言因擅用、窃盗厨钱入罪的,除许允外,就只有宋舒亶坐盗学士院厨钱罪,为王安礼所白。事见《宋史·舒亶传》《宋史·杨畏传》。

丞",并设长安厨,职宫廷御膳,也负责祭祀供品。[1] 其他官职也设有厨,[2] 军中、地方州郡也设有厨。[3] 因此厨内当储藏有钱谷、酒等官物。朝廷有时也以厨食赏赐臣下。[4]《晋志》云:"秦世旧有厩置、乘传、副车、食厨,汉初承秦不改,后以费广稍省,故后汉但设骑置而无车马,而律犹著其文,则为虚设,故除《厩律》,取其可用合科者,以为《邮驿令》。"知魏对厨的设置包括厨内物资使用等有具体的规定,且承秦汉之制,只不过规定在《邮驿令》中。厨内物资不得断盗、擅挪他用,许允将厨内钱谷私赐他人,显然触犯了魏律。许允被收付廷尉,后得减死徙乐浪,但妻子不得自随。[5] 毌丘俭讨伐司马师时上表谓:"近者领军许允当为镇北,以厨钱给赐,而师举奏加辟,虽云流徙,道路饿杀,天下闻之,莫不哀伤。"[6] 放散官物罪不至死,许允当属冤枉。司马师举奏许允,或因其曾与李丰、夏侯玄等人亲善之故,为司马氏所忌。《三国志》及注引《魏略》皆云许允"道死"而

---

[1]《汉书·王嘉传》颜注:"长安有厨官,主为官食。"《后汉书·刘玄传》李贤注引《三辅黄图》云:"洛城门,王莽改曰建子门,其内有长安厨官,俗名之为厨城门,今长安故城北面之中门是也。"《汉书·郊祀志》载:"长安厨官县官给祠郡国候神方士使者所祠,凡六百八十三所"。《汉书·霍光传》载昌邑王"发长安厨三太牢,具祠阁室中"。如淳注:"《黄图》北出中门有长安厨,故谓之厨城门。"《汉书·司马相如传》郑氏注:"一茎六穗,谓嘉禾之米,于庖厨以供祭祀也。"《汉书·礼乐志》:"河龙供鲤醇牺牲。"晋灼注:"河龙,夏之所赐者也。供鲤,给厨祭也。"
[2]《汉书·百官公卿表》詹事属官有"厨厩长丞"。右扶风属官有"右都水、铁官、厩、廱厨四长丞"。如淳注:"五时在廱,故有厨。"厨中设有厨监。
[3] 如《汉书·王莽传》:"厨传勿舍,关津苛留。"颜注:"厨,行道饮食处。"《三国志·袁术传》注引《吴书》:"(术)问厨下,尚有麦屑三十斛。"《三国志·臧洪传》:"主簿启内厨米三斗。"《三国志·阮籍传》:"籍以世多故,禄仕而已,闻步兵校尉缺,厨多美酒,营人善酿酒,求为校尉。"《晋书·吴隐之传》:"隐之将嫁女,(谢)石知其贫素,遣女必当率薄,乃令移厨帐助其经营。"《三国志·管宁传》:"奉诏以礼发遣宁诣行在所,给安车、吏从、茵蓐、道上厨食。"又,《御览》多引《魏武四时食制》,或云菜谱之属,今抄录一二以证厨事:"郫县子鱼,黄鳞赤尾,出稻田,可以为酱。""海牛鱼皮、生毛可以饰物,出扬州。""望鱼侧如刀,可以刈草,出豫章明都泽。"
[4] 如《汉书·王嘉传》载:"(董)贤母病,长安厨给祠食。"《晋书·孔愉传》载:"严又启诸所别赐及给厨食,皆应减省。帝曰:'左右多困乏,故有所赐,今通断之。又厨膳宜有减彻,思详具闻。'"《梁书·太祖五王传》:"厨供月二十万。"《魏书·甄琛列传》:"有女年未二十,琛已六十余矣,乃纳晰女为妻。婚日,诏给厨费。"《魏书·成帝纪》:"赐京师民年七十以上太官厨食,以终其年。"魏晋以后赐退休官员"厨田",即俸禄田。知田是国有,原由厨来管理。卫瓘、陈骞都曾得"厨田",同时还获赐从事耕种和其他劳役的田驺与厨士。
[5]《三国志》卷九《魏书·夏侯玄传》注引《魏略》,184。
[6]《三国志》卷二八《魏书·毌丘俭传》注引《魏略》,455。

不言被害，或为司马师避讳。[1] 又，《世说新语·贤媛》刘孝标注引《晋诸公赞》云："允有正情，与文帝不平，遂幽杀之。""文帝"应是"景帝"之误，也可证许允枉死，放散官物只是托词。

又，太和年间田豫督青州，与刺史程喜不和，"喜知帝宝爱明珠，乃密上：'豫虽有战功而禁令宽弛，所得器仗珠金甚多，放散皆不纳官。'由是功不见列"。知田豫不能以功升迁，也是因被人告发放散官物，不上缴国库所致。[2]

又，正始四年（243）征西将军赵俨老疾求还，被征为骠骑将军。据《魏略》所载："旧故四征有官厨财籍，迁转之际，无不因缘。而俨叉手上车，发到霸上，忘持其常所服药。雍州闻之，乃追送杂药材数箱，俨笑曰：'人言语殊不易，我偶问所服药耳，何用是为邪？'遂不取。"[3] 此"旧故四征有官厨财籍，迁转之际，无不因缘"当是魏制，四征即汉魏以来征东、征西、征南、征北将军总称，[4] 即此四将军皆能自行设立官厨财籍无须官给，且将军本人迁转他官时官厨财籍也随府迁移。既然四征能自行设厨，其使用厨内钱物自然不受魏律约束，四征以下将或不得享此待遇。[5]

3. 私易、贱卖、私贷官物

丁斐为曹操乡里，贪财爱货屡为人告。其从曹操征吴，以家牛易官牛，被收狱夺官。但曹操原其"不清"，复其官。[6] 此私易官物之例。

建安十九年（214），秘书令路粹"坐违禁贱请驴伏法"[7]。贱请即贱买之意，罪当不至死，或其得罪曹操所致。《汉书·景帝纪》载景帝元年（前156）诏："吏受所监临，以饮食免，重；受财物，贱买贵卖，论轻。廷尉与丞相更议著令。"时议"它物，若买故贱，卖故贵，皆坐臧为盗，没入臧县官"。魏严律治贱买贵卖官物当本汉律。

---

[1] 孙盛《魏氏春秋》《世说新语·贤媛》皆云司马师诛为许允。李丰、夏侯玄被诛后，司马师迁许允为镇北将军，许允窃喜能免祸。《世说新语·贤媛》刘孝标注云："《妇人集》载阮氏与允书，陈允祸患所起，辞甚酸怆，文多不录。"《妇人集》今已失传，揣刘注知，许允妇亦明夫之入罪实因触怒司马师，故陈允祸患所起。余嘉锡曾详考此事："盖师以允与李丰交结，事出暧昧，所坐放散官物，又罪不至死，故使人暗害之，诡云道卒。鱼豢、陈寿，多为时讳，亦不敢着其实……孙盛书则作于东晋，为时已远，故皆得存其直笔耳。"见张氏著《世说新语校笺》，中华书局1983年版，第675—676页。
[2] 参见《三国志》卷二六《魏书·田豫传》，434。
[3] 《三国志》卷二三《魏书·赵俨传》注引《魏略》，400。
[4] 《宋书·百官志》引鱼豢云："四征，魏武帝置，秩二千石。"《三国志·魏书·诸葛诞》注引《世说》："司马文王既秉朝政，长史贾充以为宜遣参佐慰劳四征。"曹魏四征位次于三公。
[5] 如田豫赐绢五百匹，以其半藏小府；满宠为征东将军，有留府长史。小府、留府皆官厨房之属。
[6] 参见《三国志》卷九《魏书·曹爽传》注引《魏略》，175。
[7] 《三国志》卷二一《魏书·王粲传》注引《典略》，361。

魏征辽东公孙渊，"时有兵士寒冻，乞襦，帝（司马懿）弗之与。或曰：'幸多故襦，可以赐之。'帝曰：'襦者官物，人臣无私施也。'乃奏军人年六十已上者罢遣千余人，将吏从军死亡者致丧还家。遂班师"[1]。辽东地寒，司马懿宁愿遣散兵士也不敢发放衣物与兵士御寒，是因襦为官物，不得私自放散之故，故司马懿云人臣不得私施。

二、劫略律之属

《史记·卫将军骠骑列传》《索隐》载："篡犹劫也，夺也。"《汉书·地理志》颜注："剽，劫也。"《后汉书·邓禹传》李贤注："掠，劫夺也。"《后汉书·王涣传》李贤注："剽，劫夺也。"《后汉书·袁绍传》李贤注："僄……或作'剽'，劫财物也。"知掠、剽、僄、劫意通互训。劫略吏民，史汉多记，三国战时更甚，这或许是魏从盗律析出劫略律的时代背景。如曹操曾被吕伯奢子及其宾客所劫；曹操欲伐吕布，荀彧言："将军攻之不拔，略之无获，不出十日，则十万之众未战而自困耳。"（《三国志·荀彧传》）可证当时军事战争确实离不开劫略。《三国志·武帝纪》载侯音反，"执南阳太守，劫略吏民"。《三国志·董卓传》载："时三辅民尚数十万户，（李）傕等放兵劫略，攻剽城邑，人民饥困，二年间相啖食略尽"，又"烧宫殿城门，略官寺，尽收乘舆服御物置其家"[2]。建安中马超反，其部下刘雄鸣欲归附曹操，"部党不欲降，遂劫以反，诸亡命皆往依之，有众数千人"[3]。《三国志·管宁传》注引《高士传》载："建安十六年，百姓闻马超叛，避兵入山者千余家，饥乏，渐相劫略。"《三国志·公孙瓒传》载张纯叛，"劫略蓟中"。《三国志·杜畿传》注引《魏略》载："畿负其母丧北归，道为贼所劫略。"吴将韩综欲叛奔魏，恐左右不从，"因讽使劫略，示欲饶之，转相放效，为行旅大患"[4]。《三国志·张嶷传》载："广汉绵竹山贼张慕等钞盗（蜀）军资，劫掠吏民。"以上劫略之举，魏蜀吴皆有，实国民大患，魏单设劫略律除"都总事类"外，是对这些行为专门进行严惩。魏既继汉盗律劫略

---

[1]《晋书》卷一《宣帝纪》，北京：中华书局1974年版，第12页。《说文》云："襦，短衣也。"辽东地寒冷，此襦应是衣服的泛称。如《晋书·谢尚传》云："尚为政清简，始到官，郡府以布四十匹为尚造乌布帐。尚坏之，以为军士襦裤。"《梁书·高祖十二王传》云武陵昭王"以公事还过竟陵王子良宅，冬月道逢乞人，脱襦与之"。《梁书·康绚传》云："在省，每寒月见省官蓝缕，辄遗以檐衣，其好施如此。"《梁书·顾协传》云："初为廷尉正，冬服单薄，寺卿蔡法度谓人曰：'我愿解身上襦与顾郎，恐顾郎难衣食者。'竟不敢以遗之。"

[2]《三国志》卷六《魏书·董卓传》，111。

[3]《三国志》卷八《魏书·公孙度传》注引《魏略》，162。

[4]《三国志》卷五五《吴书·韩当传》注引《吴书》，762。

事,故下又借汉事以考之。

(一) 汉魏关于劫略罪的一般处理原则

《后汉书·酷吏列传》载:夏长思等反,因北海太守处兴,为琅邪太守李章欲起兵讨之,掾史以"二千石行不得出界,兵不得擅发"制止之,章谓"逆虏无状,因劫郡守,此何可忍。若坐讨贼而死,吾不恨也"。遂讨伐之,后"兴归郡,以状上帝,悉以所得班劳吏士"。据此知地方官员对劫掠是恨之入骨,就算冒禁也要出兵讨伐,李章虽违反"二千石行不得出界,兵不得擅发"之制,但因讨伐劫略之贼有功,反受朝廷嘉奖。在一些官员看来,劫略虽重罪,但与涉及伦常犯罪相较尚轻,故处理政策又有所不同,如《后汉书·贾彪传》载彪为新息长,时"小民困贫,多不养子,彪严为其制,与杀人同罪。城南有盗劫害人者,北有妇人杀子者,彪出案发,而掾吏欲引南。彪怒曰:'贼寇害人,此则常理,母子相残,逆天违道。'遂驱车北行,案验其罪"。此举反而让"城南贼闻之,亦面缚自首"。实际上这种重罚也未能禁绝劫略,《后汉书·陈宠传》载陈忠上书言汉安帝时仍"盗贼连发,攻亭劫掠,多所伤杀"。又《后汉书·桥玄传》载:"初自安帝以后,法禁稍弛,京师劫质,不避豪贵,自是遂绝。"此可证陈忠所奏应是得到一定施行。《后汉书·杨琁传》又载:"安、顺以后,风威稍薄,寇攘浸横,缘隙而生,剽人盗邑者不阕时月。"知重罚只是治标不治本。为治劫略之盗,地方军政也煞费心计,如《后汉书·虞诩传》载汉安帝时朝歌长虞诩"设令三科以募求壮士,自掾史以下各举所知,其攻劫者为上,伤人偷盗者次之,带丧服而不事家业为下。收得百余人,诩为飨会,悉贳其罪,使入贼中,诱令劫掠,乃伏兵以待之,遂杀贼数百人"。建安时郑浑为左冯翊,"梁兴等略吏民五千余家为寇钞,诸县不能御,皆恐惧,寄治郡下"。浑"聚敛吏民,治城郭,为守御之备。遂发民逐贼,明赏罚,与要誓,其所得获,十以七赏。百姓大悦,皆愿捕贼,多得妇女、财物。贼之失妻子者,皆还求降。浑责其得他妇女,然后还其妻子,于是转相寇盗,党与离散。……又贼靳富等,胁将夏阳长、邵陵令并其吏民入硙山,浑复讨击破富等,获二县长吏,将其所略还"[1]。此皆诱捕劫略之例。

---

[1]《三国志》卷一六《魏书·郑浑传》,308。

既然魏劫略律吸收汉盗律劫略事，从汉事或可考察此罪在汉魏的处理原则，[1] 见表30。

表30　汉劫略律治罪

劫略罪之处理	事例	出处
诛死。	永始三年。尉氏男子樊并等谋反，贼杀陈留太守严普及吏民，出囚徒，取库兵，劫略令丞，自称将军，皆诛死。	《汉书·天文志》
身犯劫略，同产之人亦受牵连。	王莽末年，诸家宾客多为小盗，刘演宾客劫人，其弟刘秀避吏于新野。	《后汉书·光武帝纪》
以军法重罪以治之。	梁统上书言："元寿二年，三辅盗群辈并起，至燔烧茂陵都邑，烟火见未央宫，前代未尝所有。其后陇西新兴，北地任横、任崔，西河曹况，越州度郡，万里交结，或从远方，四面会合，遂攻取库兵，劫略吏人，国家开封侯之科，以军法追捕，仅能破散。"	《后汉书·梁统传》注引《东观记》
被劫之人亦不能免罪。	刘文劫清河相射暠，欲立王蒜为天子，暠不听，杀暠，王闭门距文，官兵捕诛文，蒜以恶人所劫，废为尉氏侯，又徙为桂阳都乡侯。	《后汉书·天文志》

（二）对被劫略而反叛的处理

汉时为叛者所诖误劫略者则属胁略，多得免罪，见表31。

表31　汉对被劫略而反叛者的处理

序号	事例	出处
1	赦代地吏民为陈豨、赵利所劫掠者，皆赦之。	《史记·高祖本纪》

---

[1]《三国志·吴书·孙皓传》载："永安山贼施但等聚众数千人，劫皓庶弟永安侯谦出乌程，取孙和陵上鼓吹曲盖。比至建业，众万余人。"又《三国志·吴书·孙和传》注引《吴历》载皓在武昌，"吴兴施但因民之不堪命，聚万余人，劫谦，将至秣陵，欲立之"。《三国志·吴书·孙韶传》载："永安贼施但等劫皓弟谦，袭建业，或白楷二端不即赴讨者，皓数遣诘楷。楷常惶怖，而卒被召，遂将妻子亲兵数百人归晋，晋以为车骑将军，封丹杨侯。"知吴不仅对劫掠施重罚，对劫掠之贼不行讨伐者亦入罪。

续表

序号	事例	出处
2	①景帝诏:"乃者吴王濞等为逆,起兵相胁,诖误吏民。今濞等已灭,吏民当坐濞等及逋逃亡军者,皆赦之。" ②刘濞之乱,自杀。"济北王以劫故,不诛。"	①《汉书·景帝纪》 ②《汉书·吴王刘濞传》
3	赦赵、代吏人为(陈)豨所诖误劫略者,皆赦之。	《汉书·卢绾传》
4	戾太子刘据起兵,其宾客坐诛,随发兵者以反法族;其中"吏士劫略者,皆徙敦煌郡"。颜注:"非其本心,然被太子劫略,故徙之也。"	《汉书·刘屈牦传》
5	"先零首为畔逆,它种劫略。"颜注:"言被劫略而反叛,非其本心。"	《汉书·赵充国传》

魏承汉制,对此类谋反者因其被胁略及亡命,谋反非出于本心,故原情宥之。但史料所载多集中在魏将谋反之事,故当时免被劫略者之罪,实有政治与军事考虑因素在内。而针对被蜀吴劫略者,亦招揽人心之意。

1. 赦被公孙渊所劫略者

公孙渊与孙权通好,魏知其贰心,故在景初元年(237)诏辽东将吏士民为渊所胁略不得降者,一切赦之。[1]

2. 赦被毌丘俭所劫略者

正元二年(255)毌丘俭、文钦反,"迫胁淮南将守诸别屯者,及吏民大小,皆入寿春城,为坛于城西,歃血称兵为盟,分老弱守城",时"特赦淮南士民诸为俭、钦所诖误者"。[2] 为何特赦,王基曾有建言:"淮南之逆,非吏民思乱也,俭等诳胁迫惧,畏目下之戮,是以尚群聚耳。若大兵临逼,必土崩瓦解,俭、钦之首,不终朝而县于军门矣。"又云:"若或虏略民人,又州郡兵家为贼所得者,更怀离心。俭等所迫胁者,自顾罪重,不敢复还,此为错兵无用之地,而成奸宄之源。吴寇因之,则淮南非国家之有,谯、沛、汝、豫危而不安,此计之大失也。"[3] 以上可证魏对劫略有所区分,赦免被毌丘俭所劫略者是为了防止他们投奔孙吴。王基建言也取得了效果,史云:

---

[1] 《三国志》卷三《魏书·明帝纪》,67。
[2] 《三国志》卷四《魏书·三少帝纪》,81。
[3] 《三国志》卷二七《魏书·王基传》,448。

"将士诸为俭、钦所迫胁者，悉归降。"[1] 又云："毌丘俭之诛，党与七百余人，传侍御史杜友治狱，惟举首事十人，余皆奏散。"[2] 知时确不治被胁略者之罪。

3. 赦被诸葛诞所劫略者

甘露二年（257）诸葛诞反，是年"赦淮南将吏士民为诞所诖误者"[3]。《三国志·诸葛诞传》亦云："其淮南将吏士民诸为诞所胁略者，惟诛其首逆，余皆赦之。"诸葛诞虽反，但其部将亦有不从劫略而蹈义者，魏对反抗劫略官民褒奖有嘉，如是年五月曹髦诏云："诸葛诞造构逆乱，迫胁忠义，平寇将军临渭亭侯庞会、骑督偏将军路蕃，各将左右，斩门突出，忠壮勇烈，所宜嘉异。其进会爵乡侯，蕃封亭侯。"[4]

4. 赦被钟会所劫略者

咸熙元年（264）正月钟会反于蜀，邓艾被杀。二月，魏"特赦诸在益土者"[5]。钟、邓之变，众军在蜀，牵连甚广，在互相讨伐中自有所谓的劫略之人，赦在益土者当指这些曹魏兵士。又咸熙元年八月曹奂诏云："前逆臣钟会构造反乱，聚集征行将士，劫以兵威……（夏侯）和、（羊）琇、（朱）抚皆抗节不挠，拒会凶言，临危不顾，词指正烈。（贾）辅语散将王起，说'会奸逆凶暴，欲尽杀将士'……宜加显宠，以彰忠义。其进和、辅爵为乡侯，琇、抚爵关内侯。起宣传辅言，告令将士，所宜赏异。"[6] 知在钟、邓之变中，不受劫略者得到了褒赏。

5. 赦被诸葛亮所劫略者

太和二年（228）明帝露布班告益州云："巴蜀将吏士民诸为亮所劫迫，公卿已下皆听束手。"[7] 是年诸葛亮出祁山，张郃大败马谡，蜀失街亭，明帝故借此胜机言之。

6. 其他例

黄初二年（221），西平麹光等杀其郡守反。凉州刺史张既檄告谕诸羌，"为光等所诖误者原之；能斩贼帅送首者当加封赏"[8]。

---

[1]《三国志》卷二八《魏书·毌丘俭传》，456。
[2]《三国志》卷二八《魏书·毌丘俭传》注引《世语》，457。
[3]《三国志》卷四《魏书·三少帝纪》，85。
[4]《三国志》卷四《魏书·三少帝纪》，85。褒赏反抗劫略吏民例尚有：《三国志·三少帝纪》载高贵乡公诏："昔南阳郡山贼扰攘，欲劫质故太守东里衮，功曹应余独身捍衮，遂免于难。余颠沛殒毙，杀身济君。其下司徒，署余孙伦吏，使蒙伏节之报。"
[5]《三国志》卷四《魏书·三少帝纪》，91。
[6]《三国志》卷四《魏书·三少帝纪》，92。
[7]《三国志》卷二《魏书·明帝纪》注引《魏略》，58。
[8]《三国志》卷一五《魏书·张既传》，288。

黄初六年（225），利成郡兵蔡方等以郡反。任福等人讨之，"其见胁略及亡命者，皆赦其罪"[1]。

咸熙时曹奂诏云："大赦天下……一切亡叛略人，赦书到后，百日不自出，复罪如初。敢以赦前事相告言，皆以其罪罪之。"[2]

《曹真碑》残文载："蜀贼诸葛亮称兵上邽公拜大将军授（阙）援于贼公斩其造意显有忠义原有胁（阙）/□约立化柔嘉百姓恃戴若昂阳春□。"碑所称公者，曹真，碑所记曹真生平业绩，涉及魏蜀攻战等事。故碑文"斩其造意显有忠义原其胁（阙）"当断为"斩其造意，显有忠义，原其胁（阙）"；胁，胁略也，揣其意知曹真曾原被蜀劫掠者罪[3]。

（三）劫略罪在晋宋的演变

程树德考云："盗则盗窃劫略之类，贼则叛逆杀伤之类。魏于盗律内分立劫略律。晋无劫略，则仍入盗律。梁为盗劫律，贼律则曰贼叛律。北齐始合二律为一，曰贼盗。周隋时合时分，唐复合而为一，故叛逆杀伤诸事，皆在其中。"[4] 魏独设劫略律，晋宋复归盗律，或可据晋宋劫略例略考魏制，以明诸律承袭关系。

1. 犯劫略者斩

《宋书·何尚之传》载：晋义熙五年（409），"武康县民王延祖为劫，父睦以告官。新制，凡劫身斩刑，家人弃市"。《南史·明帝本纪》载，宋泰始四年（465）有司奏："自今凡劫窃执官仗、拒战逻司、攻剽亭寺及伤害吏人，并监司将吏自为劫，皆不限人数，悉依旧制斩刑。""依旧制斩刑"当就晋义熙制而言，宋则改以"五人以下"为劫者减轻其刑。这种限以人数来决定罪行轻重自宋始，则宋前对劫略行为似无人数规定，一律处斩。

2. 身犯劫略罪者，家属入罪

晋身犯劫略罪者，家属入罪凡三种情况：

劫身斩刑，家人弃市。《宋书·何尚之传》载，晋义熙五年（409），"新制，凡劫身斩刑，家人弃市"。所谓新者应指"家人弃市"，或义熙前劫身斩刑者，家人虽入罪但不至死。

劫贼家属没入官府。《宋书·武帝本纪》载，永初元年（420）"原放劫贼余口没在台府者，诸流徙家并听还本土"。时晋宋禅代，原放之人皆晋因，

---

[1]《三国志》卷二《魏书·文帝纪》，52。
[2]［唐］许敬宗编，罗国威整理：《日藏弘仁本文馆词林校证》，北京：中华书局2001年版，第376页。
[3] 该碑清道光年间出土，已残，今藏故宫博物院。对此碑研究可参见叶其峰《曹真碑新考》，载《故宫博物院院刊》2005年第2期。
[4] 程树德：《九朝律考》，北京：中华书局2003年版，第16页。

知晋犯劫略罪者家属被没官。又可证以《宋书·元凶劭传》，载："有女巫严道育，本吴兴人，自言通灵，能役使鬼物。夫为劫，坐没入奚官。"此制亦为齐、梁所承。[1]

犯劫略罪者同籍期亲补兵。《宋书·何承天传》载宋元嘉七年（430），"余杭民薄道举为劫，制同籍期亲补兵。道举从弟代公、道生等并为大功亲，非应在补谪之例，法以代公等母存为期亲，则子宜随母补兵。承天议曰：'寻劫制，同籍期亲补兵，大功不在此例'"。所言"同籍期亲补兵，大功不在此例"即晋宋盗律关于劫略的规定。

3. 界内劫累发不禽，官员入罪

《宋书·萧思话传》载："京邑多有劫掠，二旬中十七发，（思话）引咎陈逊。"《南齐书·陆澄传》载褚渊奏："宋世左丞荀伯子弹彭城令张道欣等，坐界劫累发不禽，免道欣等官。……左丞陆展弹建康令丘珍孙、丹阳尹孔山士劫发不禽，免珍孙、山士官。"《南齐书·沈文季传》载徐孝嗣奏："风闻山东群盗，剽掠列城，虽匪日而矜，要暂于王略。郡县阙攻守之宜，仓府多侵耗之弊……钱塘令刘彪、富阳令何洵，乃率领吏民拒战不敌，未委归台。……吴兴所领余杭县被劫破，令乐琰乃率吏民径战不敌，委走出都。会稽所领诸暨县，为劫所破，令陵琚之不经格战，委城奔走，不知所在"，"辄下禁止彪、琰、洵"。知宋制讨伐劫略之贼盗不力，失城败军者坐罪。

魏晋宋律皆亡，故以上三点不敢断言魏晋宋皆同，如身犯劫略罪者，家属入罪，在魏如何根据情节划分，不得其解。唯1、3两点所反映魏晋宋律规定有其仿佛之处。

（四）与劫略有关的其他问题

张斐《注律表》云："劫召其财为持质。"《汉书·赵广汉传》颜注："劫取其身为质，令家将财物赎之。"既然魏以劫略、恐猲、和卖买人、持质皆非盗事，分以为劫略律，可推知劫略律对这几种行为仍有具体规定。劫略与持质之关系，或以下例得大概。

《后汉书·桥玄传》载："玄少子十岁，独游门次，卒有三人持杖劫执之，入舍登楼，就玄求货，玄不与。有顷，司隶校尉阳球率河南尹、洛阳令围守玄家。球等恐并杀其子，未欲迫之。玄瞋目呼曰：'奸人无状，玄岂以

---

[1] 如《南齐书·高帝本纪》载诏："劫贼余口没在台府者，悉原放。诸负衅流徙，普听还本。"《南齐书·武帝本纪》载诏："四方见囚，罪无轻重，及劫贼余口长徒救系，悉原赦。通负督赃，建元四年三月以前，皆特除。"《南齐书·明帝本纪》载诏："劫贼余口在台府者，可悉原放。负衅流徙，并还本乡。"《梁书·武帝本纪》载诏："大运肇升，嘉庆惟始，劫贼余口没在台府者，悉可蠲放。"

一子之命而纵国贼乎。'促令兵进。于是攻之,玄子亦死。玄乃诣阙谢罪,乞下天下:'凡有劫质,皆并杀之,不得赎以财宝,开张奸路。'诏书下其章。"知汉时与晋律对持质的定性为以求财为目的。但到了汉安帝、汉顺帝以后,政教凌迟,"劫质不避王公,而有司莫能遵奉国宪者"[1],知当时劫质情况愈演愈烈,汉律已不能约束。《三国志》载吕布派人诈降劫持夏侯惇作为人质,夏侯惇部下韩浩"叱持质者曰:'汝等凶逆,乃敢执劫大将军,复欲望生邪!且吾受命讨贼,宁能以一将军之故,而纵汝乎?'因涕泣谓惇曰:'当奈国法何!'促召兵击持质者。持质者惶遽叩头,言'我但欲乞资用去耳!'浩数责,皆斩之"。韩浩处理变故可谓及时妥当,既拯救人质又抓获劫匪。劫匪"乞资"也可见当时持质有求财的目的。韩浩这种不顾人质安危,唯置劫匪于死地的策略得到曹操认可,事后曹操著令:"自今已后有持质者,皆当并击,勿顾质。"[2]与持质相比较,可以发现三国时的劫略更多是一种军事斗争性质的攻城池略吏民行为。即若有"劫质"之例,也无法观其求财之意。如《三国志·杨阜传》注引皇甫谧《列女传》载:建安时马超反,"劫(赵)昂,质其嫡子月于南郑"。甘露三年(258)诏:"昔南阳郡山贼扰攘,欲劫质故太守东里衮,功曹应余独身捍衮,遂免于难。"[3]因此并非所有的劫质都是张斐《注律表》所云"劫召其财为持质",有不少劫质行为恐怕是与劫略重合的。

史书中的劫略往往攻城掠府,特别是与谋反相涉,劫略对象多集中于官寺。此外,在一些事件中,劫略吏民也有强留人才以为己用之意,见表32。

表32　劫略史民以为己用之例

	事例	出处
公孙述劫李业	公孙述僭号,素闻业贤,征之,欲以为博士,业固疾不起。数年,述羞不致之,乃使大鸿胪尹融持毒酒奉诏命以劫业:若起,则受公侯之位。不起,赐之以药。	《后汉书·独行传·李业传》
韩遂劫阎忠	韩遂劫故信都令汉阳阎忠,使督统诸部。忠耻为众所胁,感恚病死。	《后汉书·董卓传》
边章劫赵岐	敦煌太守赵岐与新除诸郡太守数人俱为贼边章等所执。贼欲胁以为帅,岐诡辞得免,展转还长安。	《后汉书·赵岐传》

---

[1]《三国志》卷九《魏书·夏侯惇传》,163。
[2]《三国志》卷九《魏书·夏侯惇传》,163。《三国志·夏侯惇传》注引孙盛云:"案《光武纪》,建武九年,盗劫阴贵人母弟,吏以不得拘质迫盗,盗遂杀之也。然则合击者,乃古制也。"
[3]《三国志》卷四《魏书·三少帝纪》,86。

续表

事例		出处
袁术劫陈应	沛相陈珪，故太尉球弟子。珪中子应时在下邳，袁术并胁质应，图必致珪。	《三国志·魏书·袁术传》
吕布劫陈登	陈珪子陈登率郡归顺曹操，时陈登诸弟在下邳城中，吕布乃质执陈登三弟，欲求和同。登执意不挠，进围日急。	《三国志·魏书·陈登传》注引《先贤行状》
马超劫贾洪	洪有才学，马超反，劫之使作露布。洪不获已，为作之。	《三国志·魏书·王肃传》注引《魏略》
张邈劫毕谌	邈叛，劫毕谌母弟妻子。	《三国志·魏书·武帝纪》
姜维劫郭修	郭修素有业行，著名西州。姜维劫之，修不为屈。	《三国志·魏书·三少帝纪》注引《魏氏春秋》

以上诸例虽多在汉末，但战乱之际，被劫者多贤人能士，魏既重人才，当不乏此举。此外，劫略时也产生了很多义士、贞女、代死之例。限于篇幅此不作展开。[1]

---

[1] 如《三国志·吴书·虞翻传》载："其女则松阳柳朱、永宁翟素，或一醮守节，丧身不顾，或遭寇劫贼，死不亏行。皆近世之事，尚在耳目。"《宋书·宗悫传》载："（悫）兄泌娶妻，始入门，夜被劫，悫年十四，挺身拒贼，贼十余人皆披散，不得入室。"亦有因劫罪连坐，兄弟争罪之事，如《宋书·孝义传》载："蒋恭，义兴临津人也。元嘉中，晋陵蒋崇平为劫见禽，云与恭妻弟吴晞张为侣。晞张先行不在，本村遇水，妻息五口避水移寄恭家，讨录晞张不获，收恭及兄协付狱治罪。恭、协并款舍住晞张家口，而不知劫情。恭列晞张妻息是妇之亲，亲今有罪，恭身甘分，求遣兄协。协列协是户主，延制所由，有罪之日，关协而已，求遣弟恭。兄弟二人，争求受罪，郡县不能判，依事上详。州议之曰：'礼让者以义为先，自厚者以利为上，末世俗薄，靡不自私。伏膺圣教，犹或不逮，况在野夫，未达诰训，而能互发天伦之忧，甘受莫测之罪，若斯情义，实为殊特。蔑尔恭、协，而能行之，兹乃终古之所希，盛世之嘉事。二子乘舟，无以过此岂宜拘执宪文，加以罪戮。且晞张封筒远行，他界为劫，造衅自外，赃不还家，所寓村伍，容有不知，不合加罪。'勒县遣之，还复民伍。乃除恭义成令，协义招令。"《南史·孝义传》载："建康人张悌，家贫无以供养，以情告邻富人。富人不与，不胜忿，遂结四人作劫，所得衣物，三劫持去，实无一钱入己。县抵悌死罪。悌兄松诉称：'与弟景是前母子，后母唯生悌，松长不能教诲，乞代悌死。'景又曰：'松是嫡长，后母唯生悌。若从法，母亦不全。'亦请代死。母又云：'悌应死，岂以弟罪枉及诸兄。悌亦引分，乞全两兄供养。'县以上谳，帝以为孝义，特降死，后不得为例。"

第二节　魏罪名考（二）

一、贼律之属一

本部分所考者凡杀人之类。

（一）手杀人

魏坐手杀人，多入死罪且不得乞恩。青龙四年（236）诏："往者按大辟之条，多所蠲除，思济生民之命，此朕之至意也。而郡国蔽狱，一岁之中尚过数百，岂朕训导不醇，俾民轻罪，将苛法犹存，为之陷阱乎？有司其议狱缓死，务从宽简，及乞恩者，或辞未出而狱以报断，非所以究理尽情也。其令廷尉及天下狱官，诸有死罪具狱以定，非谋反及手杀人，亟语其亲治，有乞恩者，使与奏当文书俱上，朕将思所以全之。"[1]诏言"往者按大辟之条，多所蠲除"应是指青龙二年（234）十二月所下诏书。虽已删改死刑条目，但决狱时仍多有置人于重法的现象，且曹睿也一心追求简刑宽狱，就算郡县"一岁之中尚过数百"亦躬身自责，以为施行的是"苛法"，不能穷事理尽人情。曹睿表露了魏承秦汉旧律之弊，"法令滋章，犯者弥多，刑罚愈众，而奸不可止"，若不行改革，必将"俾民轻罪"，而"苛法犹存"又无疑为民设置陷阱。"思济生民之命"是曹睿的追求；师法三代，蠲除滋章烦制，追求宽简之道，究事理尽人情，应是修撰魏律的政治基调和指导思想。故规定：凡死罪已定者，若罪状不属谋反和手杀人，对案件或有乞恩求减死者需及时上报，待曹睿亲自审阅方能执行。据此可考魏多有乞恩的情况，但往往"辞未出而狱以报断"，即祈求减死多不能如愿。知魏杀人有"手杀人"一目，且为不赦重罪。《后汉书·梁统列传》注引《东观记》云："元帝初元五年，轻殊死刑三十四事，哀帝建平元年，轻殊死刑八十一事，其四十二事手杀人者减死一等。"知汉时手杀人尚有减死之条，魏较汉法为重。《晋志》载蔡廓言："弃市之条，实非不赦之罪，事非手杀，考律同归，轻重均科，减降路塞，钟陈以之抗言，元皇所为留愍。"晋以后亦承魏重制。又证以《晋书·石季龙载记》载石季龙下书"京狱见囚，非手杀人，一皆原遣"。

---

[1]《三国志》卷三《魏书·明帝纪》，66。

（二）贼斗杀人非遇赦、过误相杀得复仇

《晋志》云魏改汉贼律，"贼斗杀人，以劾而亡，许依古义，听子弟得追杀之。会赦及过误相杀，不得报雠，所以止杀害也"。过、误杀人之例，魏无事可征。但《晋志》又提到晋改魏律时"轻过误老少女人，当罚金杖罚者，皆令半之"云云，知魏对杀人的过、误确有区分，其性质认定当本汉律。

（三）杀继母

《晋志》云魏"正杀继母，与亲母同，防继假之隙也"。汉律杀母者弃市，所云"正"者，非汉杀继母不入罪，而是指不入重罪，魏重其刑入弃市之条。《晋书·阮籍传》载："有司言有子杀母者，籍曰：'嘻。杀父乃可，至杀母乎。'坐者怪其失言。帝（指司马昭）曰：'杀父，天下之极恶，而以为可乎？'籍曰：'禽兽知母而不知父，杀父，禽兽之类也。杀母，禽兽之不若。'"魏晋间视杀母者不如禽兽，其重杀母之罪可见一斑。杀继母例魏无事可征，但与杀母同罪却是儒家"继母如母"经义入律的最好明证。

二、贼律之属二

《晋志》云魏改汉贼律，"但以言语及犯宗庙园陵，谓之大逆无道，要斩，家属从坐，不及祖父母、孙。至于谋反大逆，临时捕之，或汙潴，或枭菹，夷其三族，不在律令，所以严绝恶迹也"。今辑魏谋反、大逆无道诸案，以事件为线索辨其罪名。

（一）吉本案

建安二十三年（218）吉本反，宗人吉茂坐其事被收。后经钟繇证其二人"服第已绝，故得不坐"[1]。服第已绝指本、茂二人在五服之外。以服制断罪并限制缘坐范围，虽不见魏律原文，但时在汉魏禅代之际，又本精于律学的钟繇所言，此原则或为明帝修律时吸收。

（二）魏讽案

建安二十四年（219）魏讽反，被诛。此案株连甚广，"坐死者数十人"[2]。今略考之，见表33。

---

[1]《三国志》卷二三《魏书·常林传》注引《魏略》，394。
[2]《三国志》卷一《魏书·武帝纪》注引，31。

表33 涉魏讽案人员处理情况

人物	处理结果	备注
陈祎	阙考。	长乐卫尉陈祎本与魏讽相谋，因惧怕而向曹丕告密，由是案发。[1]
张泉	诛，国除。	泉为张绣子，嗣张绣之宣威侯，故言国除。
王粲之子	诛。	此本《王粲传》。
宋宗	诛。	宋宗为魏博士，宋忠子。
刘伟	诛。	
刘廙	赦，贬官。	廙为刘伟弟。时有陈群为之求情，曹操以"叔向不坐弟虎"之义特原，徙署丞相仓曹属。
文钦	赦。	钦本当死。但其父文稷建安时为骑将，有勇力，曹操以其功勋之子，故赦之。
钟繇	免官。	钟繇曾辟魏讽，自劾举人不察，策罢就第。
杨俊	免官。	俊时为中尉，督掌邺下，魏讽反于其界，故自劾其罪。

（三）曹伟案

黄初中，孙权与魏交好。曹伟"以白衣登江上，与权交书求赂，欲以交结京师，故诛之"[2]。伟与孙权通书求赂，在当时视其谋反并不为过。时也多以其与因谋反被诛的魏讽相提并论。如太和四年（230），董昭上疏陈末流之弊云："凡有天下者，莫不贵尚敦朴忠信之士，深疾虚伪不真之人者，以其毁教乱治，败俗伤化也。近魏讽则伏诛建安之末，曹伟则斩戮黄初之始。伏惟前后圣诏，深疾浮伪，欲以破散邪党，常用切齿；而执法之吏皆畏其权势，莫能纠摘，毁坏风俗，侵欲滋甚。窃见当今年少，不复以学问为本，专更以交游为业；国士不以孝悌清修为首，乃以趋势游利为先。合党连群，互相褒叹，以毁訾为罚戮，用党誉为爵赏，附己者则叹之盈言，不附者则为作瑕衅。……凡此诸事，皆法之所不取，刑之所不赦，虽讽、伟之罪，无以加也。"[3]如王昶以此戒子云："近济阴魏讽、山阳曹伟皆以倾邪败没，荧惑当世，挟持奸慝，驱动后生。虽刑于鈇钺，大为蜉蚍，然所污染，固以众矣。

---

[1]《三国志》卷一《魏书·武帝纪》注引，31。
[2]《三国志》卷二七《魏书·王昶传》注引《世语》，444—445。
[3]《三国志》卷一四《魏书·董昭传》，267—268。

可不慎与！"[1] 观时人语，魏、曹以谋反被诛，浮华而触当路之嫉亦其原因。[2]

（四）郭氏案

明帝郭皇后家世为河右大族，黄初中，本郡反叛，遂没入宫。曹睿即位，拜为夫人。[3] 知郭氏家族有人涉叛，故其家属连坐。或郭氏等是被劫略之人，故得免罪而收入宫为奴婢。

（五）曹爽案

嘉平元年（249）高平陵政变，曹爽故吏张当告发爽与何晏等阴谋反逆，事涉曹羲、曹训、邓飏、丁谧、毕轨、李胜、桓范等人，皆伏诛，夷三族。史载："何晏妇金乡公主，即晏同母妹。公主贤，谓其母沛王太妃曰：'晏为恶日甚，将何保身？'母笑曰：'汝得无妒晏邪！'俄而晏死。有一男，年五六岁，宣王遣人录之。晏母归藏其子王宫中，向使者搏颊，乞白活之，使者具以白宣王。宣王亦闻晏妇有先见之言，心常嘉之；且为沛王故，特原不杀。"[4] 知夷三族并不完全尽夷，有时也会变通。而金乡公主（曹休女）、沛王太妃（曹休妻）贵为皇亲，自然能免罪，这也是何晏之子得免的原因。即夷三族中，妻族一支也能变通。此外，金乡公主的先见之明得司马懿所嘉，这也类似此后出现的钟毓自保之言为司马昭所嘉。又，裴秀为黄门侍郎，曹爽被诛，以故吏免官。[5] 但曹爽解印绶免官时为其主簿杨综所止，后有司奏杨综"导爽反"，司马懿以各为其主免其罪。[6] 知君主犯大逆，属僚虽多以失辅导之义连坐，但也有赦宥之例。

（六）王凌案

嘉平元年（249），王凌、令狐愚谋废曹芳。司马懿征讨时曾赦王凌之罪，王凌与司马懿书云："中心犯义，罪在三百，妻子同县，无所祷矣。""既人已知，神明所鉴，夫非事无阴，卒至发露，知此枭夷之罪也。"[7] 王

---

[1]《三国志》卷二七《魏书·王昶传》，444。
[2] 参见贺昌群：《魏晋清谈思想初论》，《贺昌群文集》第2卷，北京：商务印书馆2003年版，第27页。
[3] 参见《三国志》卷五《魏书·后妃传》，103。
[4]《三国志》卷九《魏书·何晏传》注引《魏末传》，178。
[5] 参见《三国志》卷二三《魏书·裴潜传》注引《文章叙录》，401。
[6] 参见《三国志》卷九《魏书·曹爽传》注引《世语》，177。
[7]《三国志》卷二八《魏书·王凌传》注引《魏略》，452—453。

凌知己罪重，自杀。史云"诸相连者悉夷三族"[1]。王凌书云"罪在三百"；《全三国文》作"罪在二百"；《三国志集解》作"罪在二百"，并云"宋本二作三"[2]；吴金华岳麓书社点校本《三国志》作"罪在二百"；赵幼文《三国志校笺》作"罪在二百"。《尚书·吕刑》载："墨罚之属千，劓罚之属千，剕罚之属五百，宫罚之属三百，大辟之罚其属二百，五刑之属三千。"《周礼·秋宫·司刑》郑注："夏刑大辟二百，膑刑三百，宫刑五百，劓刑各千。"若是"罪在二百"，即"大辟之罚其属二百"的指代，与王凌自知难免死罪心态相合，也与王凌所言"妻子同县""枭夷之罪"相吻。若是"罪在三百"，属宫罚之刑，则与王凌心态相违。若是"罪在三千"，文意亦通，但错讹可能性不如"罪在三百"大。

令狐愚自杀，其家属诛灭。愚为弘农太守令狐邵族子，"邵子华，时为弘农郡丞，以属疏得不坐"[3]。时魏律已成，令狐华以服疏不坐族亲谋逆之罪，知魏律必有此制，可与吉本案中钟繇之言互证，说明魏律有些规定至少在曹操执政时期已有制度[4]。

对于被王凌等人拥立的曹彪，曹芳依汉燕王旦故事遣使切责："夫先王行赏不遗仇雠，用戮不违亲戚，至公之义也。故周公流涕而决二叔之罪，孝武伤怀而断昭平之狱，古今常典也。惟王，国之至亲，作藩于外，不能祗奉王度，表率宗室，而谋于奸邪，乃与太尉王凌、兖州刺史令狐愚构通逆谋，图危社稷，有悖忒之心，无忠孝之意。宗庙有灵，王其何面目以见先帝？朕深痛王自陷罪辜，既得王情，深用怃然。有司奏王当就大理，朕惟公族甸师之义，不忍肆王市朝，故遣使者赐书。王自作孽，匪由于他，燕刺之事，宜足以观。王其自图之！'"[5] 曹彪遂自杀，妃及诸子皆免为庶人徙平原。曹彪官属以下及监国谒者，皆"坐知情无辅导之义"伏诛。知魏时谋逆重罪不能议亲。

又，郭淮妻为王凌之妹，亦从坐兄之罪。淮后上书司马懿云："五子哀母，不惜其身；若无其母，是无五子；无五子，亦无淮也。今辄追还，若于

---

[1]《三国志》卷二八《魏书·王凌传》，452。
[2] 卢弼：《三国志集解》，北京：中华书局1982年版，第627页。钱剑夫整理本《三国志集解》从原本。卢氏所言宋本即百衲本，据宋绍兴、绍熙两种刻本配合刊行，为中华书局陈乃乾标点本所参，是通行本，皆作"罪在三百"（见中华书局1959年版，第76页）。查中华书局1999年、2006年简体横排版《三国志》皆作"罪在三百"。
[3]《三国志》卷一六《魏书·仓慈传》注引《魏略》，310。
[4] 又《三国志·吴书·嫔妃传》云吴五凤年间，孙綝始把持朝政，吕据与滕胤欲废之，孙綝夷胤三族。孙皓滕夫人，"胤之族女也。胤夷灭，夫人父牧，以疏远徙边郡。孙休即位，大赦，得还，以牧为五官中郎"。此为吴亦服制定罪之例，或魏、吴皆承汉制。
[5]《三国志》卷二〇《魏书·武文世王公传》注引孔衍《汉魏春秋》，351—352。

法未通，当受罪于主者，觊展在近。"[1] 后司马懿免其罪。知嘉平元年（249）尚未废犯大逆者诛及已出之女制度。

又，单固曾为令狐愚所辟，为其心腹，亦知王凌、令狐谋逆事，但事前以疾免官。王凌事发后，单固及家属连坐入狱，屡遭考竟不言其知情，后被诛。史又云时"辞定，事上，须报廷尉，以旧皆听得与其母妻子相见"[2]。知单固母、妻子虽入狱，但亦未陷大辟。

（七）李丰案

嘉平六年（254）李丰、张缉等人谋诛司马师，事败收狱。廷尉钟毓奏："丰等谋迫胁至尊，擅诛冢宰，大逆无道，请论如法。"公卿会议："毓所正皆如科律，报毓施行。"[3] "皆如科律"即合魏律断罪之谓。李丰、夏侯玄、张缉、乐敦、刘贤等皆夷三族，其余亲属徙乐浪郡[4]。《魏略》云张缉赐死狱中，诸子皆并诛，唯其孙张殷晋永兴中为凉州刺史，知未连坐[5]。曹芳又下诏："齐长公主，先帝遗爱，原其三子死命。"齐长公主为李丰子李韬之妻，曹睿女，李韬坐父罪当死，"以尚主，赐死狱中"，不刑于市也是考虑到其是公主夫婿的原因[6]。又《晋书》云任恺"妻齐长公主得赐魏时御器也。"知齐长公主事后绝婚改嫁。齐长公主及三子免死，当议亲之故。

（八）毌丘俭案

正元二年（255）毌丘俭、文钦反。司马师征之，毌丘俭遭夷三族，文钦降吴[7]。后复特赦淮南士民诸为俭、钦所诖误者[8]。时牵连毌丘俭党羽者七百余人，杜友治狱"惟举首事十人，余皆奏散"[9]。毌丘俭举兵，文钦曾与郭淮书信追念曹爽、王凌为魏室而亡，后世多以其为魏统力博司马氏。故言其谋反实情势所致，在魏为忠，于晋为逆也。

---

[1]《三国志》卷二六《魏书·郭淮传》注引《世语》，438—439。
[2]《三国志》卷二八《魏书·王凌传》，453。
[3]《三国志》卷九《魏书·夏侯玄传》，182。
[4] 参见《三国志》卷一六《魏书·杜畿传》注引《傅子》云："（李）丰为中书令，父子兄弟皆诛。"
[5] 参见《三国志》卷一五《魏书·张既传》注引，289。
[6]《三国志》卷九《魏书·夏侯玄传》注引《魏书》，184。
[7] 参见毌丘俭起兵时，遣四子入吴，晋平吴后皆返。
[8] 参见《三国志》卷四《魏书·三少帝纪》，81。
[9]《三国志》卷二八《魏书·毌丘俭传》注引《世语》，457。

（九）诸葛诞案

甘露二年（257）诸葛诞反，事败，夷三族。后虽赦淮南将吏士民为诞所诖误者，但诸葛诞麾下仍有数百人"坐不降见斩"[1]。

（十）曹髦案

甘露五年（260），曹髦欲伐司马昭。时尚书王经欲助之，被劾以"凶逆无状，其收经及家属皆诣廷尉"[2]。考《世语》记经被诛，"刑及经母"[3]。《汉晋春秋》记："晋武帝太始元年诏曰：故尚书王经，虽身陷法辟，然守志可嘉。门户堙没，意常愍之，其赐经孙郎中。"[4] 知王经被诛，家属连坐者不及孙辈。支持曹髦者虽被加以谋反之名，但司马昭为杜绝舆论指责，又诛杀了杀死曹髦的成济、成倅兄弟。这些人同样也被劾以大逆之罪，其奏言："科律大逆无道，父母妻子同产皆斩。济凶戾悖逆，干国乱纪，罪不容诛。辄敕侍御史收济家属，付廷尉，结正其罪。"[5] 时郭太后诏云："夫五刑之罪，莫大于不孝。夫人有子不孝，尚告治之，此儿岂复成人主邪？吾妇人不达大义，以谓济不得便为大逆也。"[6] 成济兄弟服诛，此时所依即魏贼律大逆无道，父母妻子同产皆斩之文。又《晋书》载："高贵乡公欲为变时，大将军掾孙佑等守阊阖门。帝弟安阳侯干闻难欲入，佑谓干曰：'未有入者，可从东掖门。'及干至，帝迟之，干以状白，帝欲族诛佑。勖谏曰：'孙佑不纳安阳，诚宜深责。然事有逆顺，用刑不可以喜怒为轻重。今成倅刑止其身，佑乃族诛，恐义士私议。'乃免佑为庶人。"[7]《世语》载："高贵乡公之难，（满长武）以掾守阊阖掖门，司马文王弟安阳亭侯干欲入。……长武谓干曰：'此门近，公且来，无有入者，可从东掖门。'干遂从之。文王问干入何迟，干言其故。参军王羡亦不得入，恨之。既而羡因王左右启王，满掾断门不内人，宜推劾。"[8] 知变发时，司马昭党羽闻讯帮忙，被把守阊阖门的孙佑、满长武等人用计支开。事后，司马昭欲"族诛佑"。据荀勖言可知，成倅"刑止其身"不及妻儿，则成济一支尽受株连，荀勖是以成倅之例力保孙佑免族诛。满长武未受族诛的原因或是据此。成倅与孙佑之例，反映出当时对

---

[1]《三国志》卷二八《魏书·诸葛诞传》，461。
[2]《三国志》卷四《魏书·三少帝纪》，88。
[3]《三国志》卷九《魏书·夏侯玄传》注引，185。
[4]《三国志》卷九《魏书·夏侯玄传》注引，185—186。
[5]《三国志》卷四《魏书·三少帝纪》，89—90。
[6]《三国志》卷四《魏书·三少帝纪》，90。
[7]《晋书》卷三九《荀勖列传》，北京：中华书局1974年版，第1152页。
[8]《三国志》卷二六《魏书·满宠传》，432。

谋逆有轻重之分，但更能看出魏晋间族刑往往出于统治者的喜怒，这也是荀勖力谏之处。

（十一）邓艾案

景元四年（263）邓艾伐蜀，上言司马昭云："今宜厚刘禅以致孙休，安士民以来远人，若便送禅于京都，吴以为流徙，则于向化之心不劝。……以为可封禅为扶风王，锡其资财，供其左右。郡有董卓坞，为之宫舍。爵其子为公侯，食郡内县，以显归命之宠。"司马昭以为"事当须报，不宜辄行"。后钟会等以艾所作悖逆，变衅以结，诏书槛车征之。[1] 邓艾之败，或谓骄矜伐功为钟会等人所妒，但其擅自承制拜官，又提出留兵蜀中，犯了司马昭大忌，这也是司马昭告诫其不宜辄行的原因。纵然有长远之计、平蜀之功，也难抵专辄之罪。邓艾在钟会之乱中被杀，其子在洛阳者被诛，妻子及孙皆徙西域。邓艾入晋之后得平反。泰始元年（265）诏云邓艾"矜功失节，实应大辟。然被书之日，罢遣人众，束手受罪，比于求生遂为恶者，诚复不同。今大赦得还，若无子孙者听使立后，令祭祀不绝"。知晋初大赦，艾妻子及孙徙西域者皆得返。泰始三年（267）段灼上疏陈艾之冤云："七十老公，反欲何求！艾诚悫养育之恩，心不自疑，矫命承制，权安社稷；虽违常科，有合古义，原心定罪，本在可论。……以为艾身首分离，捐弃草土，宜收尸丧，还其田宅。以平蜀之功，绍封其孙，使阖棺定谥，死无余恨。"[2] 至泰始九年（273）方诏免其子孙戴罪之身，除其子孙民隶之名，以嫡孙朗为郎中。

以上诸案，或观魏贼律之一二信息：大逆无道，父母妻子同产皆斩；至嘉平元年（249）尚未废犯大逆者诛及已出之女制度；谋反家属连坐，没官为奴婢；以服制断罪并限制缘坐范围；属吏往往因君主谋反大逆连坐；在处理谋反罪中尚有不少通过春秋决狱、议功等赦宥之例。此外，谋反大逆在当时并非截然两分的罪名，以上诸案往往与政治斗争相涉，特别是曹魏纯臣与司马氏集团的斗争，这是时代因素使然。

曹魏一朝，尚有公孙渊、钟会两案，皆涉谋反罪中的兄弟连坐问题，对晋司法判例颇具影响，故下文专设篇什论之。

三、贼律之属三

本部分所考者皆言辞之罪。

---

[1] 参见《三国志》卷二八《魏书·邓艾传》，465。
[2] 参见《三国志》卷二八《魏书·邓艾传》，466。

（一）妖言、诽谤

曹操执政时重诽谤之禁，如陈矫本姓刘，过继于舅家从母姓，又婚于本族娶刘颂女为妻，遭到徐宣非议。曹操爱惜陈矫之才欲全名声，欲平息此议，因而下令："丧乱已来，风教彫薄，谤议之言，难用褒贬。自建安五年已前，一切勿论。其以断前诽议者，以其罪罪之。"[1] 知谤议他人者，反坐入罪。或云曹操之令冲击了同姓不婚的古训，是掩饰其与夏侯氏通婚。尽管有此因素，就风教破坏而言，非毁谤议之举更甚于陈矫之婚。

黄初时，"民间数有诽谤妖言，帝疾之，有妖言辄杀，而赏告者"。高柔上疏云："今妖言者必戮，告之者辄赏。既使过误无反善之路，又将开凶狡之群相诬罔之渐，诚非所以息奸省讼，缉熙治道也。……臣愚以为宜除妖谤赏告之法，以隆天父养物之仁。"曹丕不从，而相诬告者滋甚。后又下诏："敢以诽谤相告者，以所告者罪罪之。"[2] 于是遂绝。知曹操、曹丕时立有"妖谤赏告之法"，虽能禁诽谤之举，却滋诬告之风，失设法立制之中。

又，夏侯楙与妻清河公主不睦，"群弟不遵礼度，楙数切责，弟惧见治，乃共构楙以诽谤，令主奏之，有诏收楙"[3]。后证明为诬蔑，也查得是夏侯楙群弟所构。群弟子臧、子江不遵礼度又惧见治，知当时对不遵礼度者当有惩戒，或为不听兄长教令。子臧、子江诬告兄长，又涉不孝，惜无史载其案。

又，征虏将军刘勋贵宠骄豪，为司马芝故郡将，宾客子弟在界数犯法，刘勋多所属托，司马芝皆秉公执法。后勋"以不轨诛，交关者皆获罪"[4]。《魏略》谓勋"自恃与太祖有宿，日骄慢，数犯法，又诽谤。为李申成所白，收治"[5]。知刘勋"以不轨诛"即李申成所白诽谤之罪。

（二）诽谤、怨望

程树德谓："汉时大臣犯罪，动辄指为不道，而魏则无闻。"[6] 其言不审，在汉被劾为不道的诽谤、怨望之属，魏则多见。今按涉案者举之：

1. 崔琰。琰写书讥论者好谴呵而不寻情理，被人告以傲世怨谤，曹操罚其髡刑输徒，虽受刑而心似不平，曹操又下令云："琰虽见刑，而通宾客，

---

[1]《三国志》卷二二《魏书·陈矫传》注引《魏氏春秋》，385。
[2]《三国志》卷二三《魏书·高柔传》，409。
[3]《三国志》卷九《魏书·夏侯惇传》注引《魏略》，164。
[4]《三国志》卷一二《魏书·司马芝传》，235。
[5]《三国志》卷一二《魏书·司马芝传》注引，235。
[6] 程树德：《九朝律考》，北京：中华书局2003年版，第187页。

门若市人，对宾客虬须直视，若有所瞋。"[1] 遂被赐死。

2. 毛玠。崔琰因怨言被曹操所杀，毛玠亦"内不悦"而被人所白："出见黥面反者，其妻子没为官奴婢，玠言曰'使天不雨者盖此也'。"内不悦即有怨言之谓。时有桓阶、和洽进言为其请罪不果，玠遂被免黜。[2]

3. 娄圭。圭与曹操有旧，娄圭尝与人言"此家父子，如今日为乐也"。被人白以腹诽之意，遂被收治。[3]

4. 甄皇后。黄初元年（220）山阳公奉二女以嫔于曹丕，甄皇后失意有怨言。曹丕大怒，遣使赐死。[4]

5. 杜夔。魏太乐令杜夔与柴玉在造作乐器上意见多有不合，黄初时曹丕钟爱柴玉，夔于宾客中尝有"难色"，坐事入狱，又"自谓所习者雅，仕宦有本，意犹不满"，遂被黜免。[5]

6. 孙礼。魏清河、平原二郡争界多年，孙礼请以天府收藏的魏明帝受封为平原王时的地图加以决断，但曹爽相信清河郡之诉，以为地图不可用。孙礼固争得罪了曹爽，最后曹爽"劾礼怨望，结刑五岁"[6]。

（三）不敬

曹丕为太子时，"尝请诸文学，酒酣坐欢，命夫人甄氏出拜。坐中众人咸伏，而（刘）桢独平视"[7]。桢被劾以不敬之罪，减死输作。长水校尉戴陵谏不宜数行弋猎，曹丕大怒；陵减死罪一等。[8]

（四）非所宜言

汉有非所宜言，多与直谏忤旨相涉，或免官或左迁，如《后汉书·苏章传》云："章数陈得失，其言甚直。为并州刺史，以摧折权豪，忤旨，坐免。"《后汉书·陈蕃传》载："中常侍苏康、管霸等复被任用，遂排陷忠良，共相阿媚。大司农刘佑、廷尉冯绲、河南尹李膺，皆以忤旨，为之抵罪。"魏亦有因之入罪者。建安时西曹令史王思因直日白事，失曹操意，曹操教召

---

[1]《三国志》卷一二《魏书·崔琰传》，225。
[2] 参见《三国志》卷一二《魏书·毛玠传》，229。《和洽传》云毛玠"谤毁"曹操、为崔琰"觖望"为人所白，和洽多与曹操论毛玠之直。
[3] 参见《三国志》卷一二《魏书·崔琰传》注引《魏略》，228。又注引《吴书》云："后与南郡习授同载，见曹公出，授曰：'父子如此，何其快耶！'子伯曰：'居世间，当自为之，而但观他人乎！'授乃白之，遂见诛。"
[4] 参见《三国志》卷五《魏书·后妃传》，98。
[5] 参见《三国志》卷二九《魏书·方技传》，480。
[6]《三国志》卷二四《魏书·孙礼传》，413。
[7]《三国志》卷二一《魏书·王粲传》注引，360。
[8]《三国志》卷二《魏书·文帝纪》注引，34。

主者欲加王思重辟。[1] 文帝即位，鲍勋每陈："今之所急，唯在军农，宽惠百姓。台榭苑囿，宜以为后。"曹丕将出游猎，鲍勋又上疏："如何在谅闇之中，修驰骋之事乎！"曹丕心内不满，出勋为右中郎将。[2] 后曹丕欲伐吴，鲍勋面谏以为不可，又被左迁为治书执法。曹爽专权时，"南阳圭泰尝以言忤指，考系廷尉"。曹爽党邓飏讯狱，欲致泰重刑。[3] 正始年间曹爽欲伐蜀，钟毓力谏不可，以失爽意徙为魏郡太守。[4]

四、贼律之属四

降、叛二事皆背国投伪之类，与谋反类同，沈家本归入汉贼律中，魏律序略不言及此，故降、叛仍在其中。魏有以下例：

太和二年（228）诸葛亮围陈仓，郝昭守城；亮使其同乡靳详劝降，郝昭云："魏家科法，卿所练也；我之为人，卿所知也。我受国恩多而门户重，卿无可言者，但有必死耳。"曹丕诏嘉昭善守，赐爵列侯。[5] 练当是明练通晓之意，如《三国志·高柔传》谓高光"少习家业，明练法理"；靳详亦"练"魏之科法，知其熟魏对不战而降一罪的处罚。

嘉平五年（253）诸葛恪围合肥，时守将为张特。《魏略》载："特与将军乐方等三军众合有三千人，吏兵疾病及战死者过半，而恪起土山急攻，城将陷，不可护。特乃谓吴人曰：'今我无心复战也。然魏法，被攻过百日而救不至者，虽降，家不坐也。自受敌以来，已九十余日矣。此城中本有四千余人，而战死者已过半，城虽陷，尚有半人不欲降，我当还为相语之，条名别善恶，明日早送名，且持我印绶去以为信。'乃投其印绶以与之。"[6] 是年七月，孙吴退兵，朝廷嘉其忠义封侯。此言"被攻未过百日者降敌者诛，其家人从坐"又似与军法相涉。又晋将霍弋与部将杨稷、毛炅等戍交趾，并与之誓："若贼围城，未百日而降者，家属诛。若过百日而城没者，刺史受其罪。"[7] 虽是晋军临时之制，但显然是以魏法为鉴。

正元二年（255）魏以陇右、金城连年受敌，或亡叛投贼，其亲戚留在本土者不安，皆特赦之。[8] 时年姜维与魏战于陇右，大败魏将王经，魏死伤千计，姜维此时亦有"屠陇右"之称。在此境况下，不难想象陇右军民中有

---

[1] 参见《三国志》卷一五《魏书·梁习传》，284。
[2] 参见《三国志》卷一二《魏书·鲍勋传》，234。
[3] 参见《三国志》卷一二《魏书·司马芝传》，237。
[4] 参见《三国志》卷一三《魏书·钟繇传》，243。
[5] 参见《三国志》卷三《魏书·明帝纪》，58。
[6] 《三国志》卷四《魏书·三少帝纪》注引，77。
[7] 《三国志》卷四八《吴书·孙皓传》注引《汉晋春秋》，693。
[8] 参见《三国志》卷四《魏书·三少帝纪》，82。

人为了躲避战乱或保全性命，或有未满百日降而"亡叛"蜀者，也就因此触犯魏法连累家属。今赦其家属，除其连坐之罪，以抚慰军心民心之举。

咸熙时曹奂诏云："大赦天下……一切亡叛略人，赦书到后，百日不自出，复罪如初。敢以赦前事相告言，皆以其罪罪之。"[1] 时蜀已平，所言亡叛当专指亡叛孙吴者。

五、贼律之属五

甘露五年（260）司马昭上言奏成济弑君大逆不道，郭太后诏曰："夫五刑之罪，莫大于不孝。夫人有子不孝，尚告治之，此儿岂复成人主邪？"[2] 有子不孝尚告治之，知魏治不孝之罪，其亲得自行告发。景元中，吕巽淫弟吕安妻徐氏，又诬安不孝，安被囚，引嵇康为证，二人皆被诛。[3] 是魏贼律当有不孝一目。

六、贼律之属六

《晋志》云魏改汉律，"殴兄妹加至五岁刑"，知魏律有殴人之罪。又，建安时杨沛魏乐安太守，并有治迹。"坐与督军争斗，髡刑五岁。"[4] 或所言"斗"者是殴打之故。青龙二年（234），东平王曹徽使属官殴寿张吏，被有司奏。诏削县一，户五百。[5] 知擅殴官吏亦坐罪。

七、贼律之属七

淫祀、左道之罪，汉在贼律，魏当承之。如建安时王朗为会稽太守，"会稽旧祀秦始皇，刻木为像，与夏禹同庙。朗到官，以为无德之君，不应见祀，于是除之"[6]。魏禁淫祀，曹操执政时已行之。[7] 黄初五年（224）诏："先王制礼，所以昭孝事祖，大则郊社，其次宗庙，三辰五行，名山大川，非此族也，不在祀典。叔世衰乱，崇信巫史，至乃宫殿之内，户牖之间，

---

[1] [唐]许敬宗编，罗国威整理：《日藏弘仁本文馆词林校证》，北京：中华书局2001年版，第376页。
[2] 《三国志》卷四《魏书·三少帝纪》，90。
[3] 参见《三国志》卷二一《魏书·王粲传》注引《魏氏春秋》，363。
[4] 《三国志》卷一五《魏书·贾逵传》注引《魏略》，294。
[5] 参见《三国志》卷二〇《魏书·武文世王公传》，352。
[6] 《三国志》卷一三《魏书·王朗传》注引《朗家传》，248。
[7] 参见《三国志》卷一《魏书·武帝纪》注引《魏书》云："初，城阳景王刘章以有功于汉，故其国为立祠，青州诸郡转相仿效，济南尤盛，至六百余祠。贾人或假二千石舆服导从作倡乐，奢侈日甚，民坐贫穷，历世长吏无敢禁绝者。太祖到，皆毁坏祠屋，止绝官吏民不得祠祀。及至秉政，遂除奸邪鬼神之事，世之淫祀由此遂绝。"

无不沃酹，甚矣其惑也。自今，其敢设非祀之祭，巫祝之言，皆以执左道论，著于令典。"[1] 此为魏创制令典的方式，以诏入令，实以礼入令；凡非礼者，令皆禁之，援礼入法之例，亦重申汉律之旧。明帝时，凉州刺史徐邈"率以仁义，立学明训，禁厚葬，断淫祀"[2]。青龙元年（233）又诏诸郡国山川不在祀典者勿祀。[3] 自操始，魏禁淫祀一以贯之，但民间不能尽从。如明帝时，曹洪乳母当与临汾公主侍者祭祀无涧神被系狱。时司马芝敕洛阳狱考竟上疏"前制书禁绝淫祀以正风俗，今当等所犯妖刑"[4] 云云，或此时尚未修律，故得言"前制书禁绝淫祀"，即黄初五年（224）诏书。

第三节 魏罪名考（三）

一、诈伪律之属

（一）诈疾病

甘露二年（257）诸葛诞反，泰山太守常岜坐称疾，不从军征，为司马昭所诛。[5]《三国志》作"坐法诛"，裴注引《晋书》作"坐称疾，为司马文王所法"，所依法者魏诈伪律也。此日本汉贼律，诸诈病避事者多入罪，故罗列汉事以况魏诈疾之例，见表34。

表34 汉诈疾事例

序号	内容	类型	处罚	出处
1	①元朔四年，上行幸甘泉，"侯泽之坐诈病不从，不敬，国除"。 ②侯释之"元朔四年，坐诈疾不从，耐为隶臣"。	诈疾不从、不敬。	耐罪隶臣妾、国除废为庶人。	①《史记·惠景间侯者年表》。 ②《汉书·高惠高后文功臣表》。

---

[1]《三国志》卷二《魏书·文帝纪》，51。
[2]《三国志》卷二七《魏书·徐邈传》，440。
[3] 参见《三国志》卷三《魏书·明帝纪》，61。
[4]《三国志》卷一二《魏书·司马芝传》，236。
[5] 参见《三国志》卷二三《魏书·常林传》，394。

续表

序号	内容	类型	处罚	出处
2	景帝时，晁错上言："今吴王前有太子之隙，诈称病不朝，于古法当诛。文帝不忍，因赐几杖，德至厚也。"	诈疾不朝。	法当诛而赦。	《汉书·吴王濞传》。
3	韦贤死，子韦玄成嗣，佯狂让爵于兄韦弘。"丞相、御史遂以玄成实不病，劾奏之。有诏勿劾，引拜。"	诈疾让爵。	赦。	《汉书·韦贤传》。
4	（邓）康以太后久临朝政，心怀畏惧，托病不朝。太后遂免康官，遣归国，绝属籍。	诈疾不朝。	免官、绝籍废为庶人。	《后汉书·邓皇后纪》，《后汉书·邓寇列传》所载此事略同，兹不赘引。
5	正月旦，石官朝贺，廷尉赵世辞不能朝，时议以世掌廷尉，故转属他官。	同上。	赦、转官。	《后汉书·百官志》注引《汉仪》。
6	庞参征羌大败，又失期，"乃称病引兵还，坐以诈疾征下狱"。马融上疏为之请，得赦。	诈疾避战。	赦。	《后汉书·庞参传》。
7	元兴元年，（何）敞以祠庙严肃，微疾不斋，后邓皇后上太傅禹冢，敞起随百官会，（蔡）伦因奏敞诈病，坐抵罪。	诈疾不斋。	抵罪免官。	《后汉书·何敞传》。
8	梁冀为执金吾，岁朝，托疾不朝，司隶扬雄治之，诏以二月俸赎罪。	诈疾不朝。	罚俸赎罪。	《太平御览·职官部·左右金吾卫将军》引谢承《后汉书》。

晁错以诈称病不朝，古法当诛。但观两汉例，似无定制，亦乏死罪之例，相反得赦宥之人更甚。汉魏晋尚多称疾去官、托疾不视事或不从辟征之例，鲜有入罪。魏诈伪事当在诈伪律中，此罪具体有何等刑罚今不可考。按唐诈伪律："诸诈疾病，有所避者，杖一百。"常当之罪在魏时或不至死，其被诛疑是司马昭以军法重罪治之。

又，《三国志》载："时制，吏遭大丧者，百日后皆给役。有司徒吏解弘遭父丧，后有军事，受敕当行，以疾病为辞。诏怒曰：'汝非曾、闵，何言毁邪？'促收考竟。柔见弘信甚羸劣，奏陈其事，宜加宽贷。帝乃诏曰：'孝哉弘也！其原之。'"[1] 解弘欲以病辞军事而入罪，后虽得免，也可证时严制诈病避役。毌丘俭曾奏司马师之罪云："齐王以懿有辅己大功，故遂使师承统懿业，委以大事。而师以盛年在职，无疾诧病，坐拥强兵，无有臣礼，朝臣非之，义士讥之，天下所闻，其罪一也。"[2] 言司马师"无疾诧病"即指其诈疾之故。

（二）欺谩

胡质为荆州刺史，子胡威省亲。临别时，质以俸禄所得绢赠为路粮。时质帐下都督"先其将归，请假还家，阴资装百余里要之，因与为伴，每事佐助经营之，又少进饮食，行数百里"。威知此，以父所赐谢都督并告父。胡质"杖其都督一百，除吏名"[3]。

《晋志》言汉贼律有欺谩、诈伪、逾封、矫制；囚律有诈伪生死；令丙有诈自复免，魏以其事类众多，分为诈伪律。张斐《注律表》言，"违忠欺上谓之谩"。沈家本考，"按欺谩与诈伪义颇相通，以张斐之言分别之，则欺谩者事之对于君上者也；诈伪者事之对于人民者也。……张说盖亦汉律家相传之语"[4]云云。知汉魏晋间有欺谩一罪。臧绪荣《晋书》作"荆州帐下都督闻威将去，请假还家。持资粮于路要威，因与为伴"云云。[5]《晋书·胡威传》亦载此事，作"质帐下都督先威未发，请假还家，阴资装于百余里，要威为伴，每事佐助"云云。《世说新语·德行》注引《晋阳秋》作"质帐下都督阴赍粮要之，因与为伴"云云，未云请假一事，余嘉锡考《三

---

[1]《三国志》卷二三《魏书·高柔传》，411。
[2]《三国志》卷二八《魏书·毌丘俭传》注，455。
[3]《三国志》卷二七《魏书·胡质传》注引《晋阳秋》，442。晋武帝曾问胡威，与其父相较谁人为清，胡威云："臣父清恐人知，臣清恐人不知，是臣不如者远也。"
[4] [清]沈家本：《历代刑法考》，北京：中华书局1985年版，第1436页。
[5] [清]汤球辑，杨朝明校补：《九家旧晋书辑本》，郑州：中州古籍出版社1991年版，第443页。

国志》裴注所引《晋阳秋》叙胡威事较刘注为详,"疑今本为宋人所删除"[1]。从各版本所言皆可见该都督确有欺谩之意,不然也不至于在胡威动身前便请假回家准备,在途中又故意与之为伴,其请假动机不纯,言其为诈,欺谩官长是有确证。考该帐下都督之犯罪动机、行为皆与欺谩一罪合,罚在诈伪律中。

(三) 踰封

沈家本归附益、左官、外附诸侯、名田他县、阿党、藩王不宜私通宾客、阿附、踰移等事入汉律"踰封"一目。魏又以踰封入诈伪律中,检《三国志》魏犯此罪者多为藩王私通宾客,犯京都之禁,今录其例:

太和五年(231),魏诸王朝京都事。青龙元年(233),中山王曹衮被奏来朝犯京都禁。诏曰:"王素敬慎,邂逅至此,其以议亲之典议之。"[2] 有司固执不从,后下玺书云:"王乃者来朝,犯交通京师之禁。朕惟亲亲之恩,用寝吏议。然法者,所与天下共也,不可得废。今削王县二,户七百五十。"[3] 又奏楚王曹彪来朝犯禁,诏削县三,户千五百。曹睿又诏云:"楚、中山并犯交通之禁,赵宗、戴捷咸伏其辜。"知曹衮交通一案中涉戴捷斯人,皆伏诛[4]。《司马芝传》又云:"会诸王来朝,与京都人交通",司马芝"坐免"[5]。或赵宗、戴捷、司马芝等人皆与曹衮等人来京时有所联络。青龙二年(234),赵王曹干私通宾客,为有司所奏,曹睿赐玺书诫曰:"朕惟王幼少有恭顺之素,加受先帝顾命,欲崇恩礼,延乎后嗣,况近在王之身乎?且自非圣人,孰能无过?已诏有司宥王之失。"[6] 曹干犯禁,已得议罪。又按《三国志》云:"干母有宠于太祖。及文帝为嗣,干母有力。文帝临崩,有遗诏,是以明帝常加恩意。"[7] 知曹干免罪得文帝、明帝之私。这个罪名是与交通之禁联系在一起的,与宾客交通只是其一。明帝时,董昭上奏:"窃见当今年少,不复以学问为本,专更以交游为业……又闻或有使奴客名作在职家人,冒之出入,往来禁奥,交通书疏,有所探问。凡此诸事,皆法之所不取,刑之所不赦。"[8] 由此奏引起了曹魏打击浮华的政治事件,浮华徒党的一条罪名就是通过宾客这条途径交通权势之家,探问机密。

---

[1] 余嘉锡:《世说新语校笺》,北京:中华书局1983年版,第29页。
[2] 《三国志》卷二〇《魏书·武文世王公传》,349。
[3] 《三国志》卷二〇《魏书·武文世王公传》注引《魏书》,350。
[4] 参见《三国志》卷二〇《魏书·武文世王公传》,351。
[5] 参见《三国志》卷一二《魏书·司马芝传》,236。
[6] 《三国志》卷二〇《魏书·武文世王公传》,351。
[7] 《三国志》卷二〇《魏书·武文世王公传》,350。
[8] 《三国志》卷一四《魏书·董昭传》,268。

沈氏又云："凡奢侈未有不踰制者，其事相因也。""名田、蓄奴婢各有限，过律即为踰制，可见淫侈、踰制二事之难别也。"[1] 景初元年（237），任城王曹据坐私遣人诣中尚方作禁物，削县二千户。时玺书云："王遣司马董和，赍珠玉来到京师中尚方，多作禁物，交通工官，出入近署，逾侈非度，慢令违制，绳王以法。"[2] 私遣官属诣中尚方作禁物，言"逾侈非度，慢令违制"，即淫侈、踰制之事也。《汉书·百官公卿表》颜注："尚方主作禁器物。"《宋书·礼志》云："又诸织成衣帽、锦帐、钝金银器、云母从广一寸以上物者，皆为禁物。诸在官品令第二品以上，其非禁物，皆得服之。"《宋书·武三王传》云："是以尚方所制，汉有严律，诸侯窃服，虽亲必罪。"是魏沿汉制，严尚方禁物之制。魏涉此罪例尚有：青龙三年（235）曹楷坐私遣官属诣中尚方作禁物，削县二千户[3] 景初元年（237）曹琮坐于中尚方作禁物，削户三百，贬爵为都乡侯[4] 曹爽专政，"使材官张达斫家屋材，及诸私用之物，（少府王）观闻知，皆录夺以没官。少府统三尚方御府内藏玩弄之宝，爽等奢放，多有干求"，但惧王观守法，乃徙其为太仆[5] 知曹爽亦多求尚方禁物。

（四）矫制

魏矫制有奏事不待报而行、专辄擅封之类。

《晋书·刘颂传》载咸熙时，刘颂被司马昭辟为相府掾，奉使于蜀。"时蜀新平，人饥土荒，颂表求振贷，不待报而行，由是除名。"《北堂书钞·设官部·掾》"刘颂出谷"条引臧荣绪《晋书》载：颂"奉使劳蜀，新平饥荒，颂表谷未报，遽行开仓出谷，蜀民赖之，太祖以颂专辄，除名"。程树德以为晋事，辑入《晋律考》除名例，误[6]

景元四年（263）邓艾平蜀，"辄依邓禹故事，承制拜（刘）禅行骠骑将

---

[1] [清]沈家本：《历代刑法考》，北京：中华书局1985年版，第1524、1525页。汉踰制尚有以下例：《汉书·成帝纪》："圣王明礼制以序尊卑，异车服以章有德，虽有其财，而无其尊，不得逾制。"《汉书·谷永传》："籍税取民不过常法，宫室车服不逾制度。"《汉书·外戚传》："葬逾制度。"《汉书·王莽传》："骄奢逾制者，凶害之端也。"《后汉书·刘隆传》："河南帝城，多近臣，南阳帝乡，多近亲，田宅逾制，不可为准。"《后汉书·第五伦传》："诸王主贵戚，骄奢逾制，京师尚然。"《后汉书·宋均传》："夫送终逾制，失之轻者。"《后汉书·皇甫嵩传》："中常侍赵忠舍宅逾制，乃奏没入之。"《后汉书·宦者传》："丧葬逾制，奢丽过礼。"

[2] 《三国志》卷二〇《魏书·武文世王公传》注引《魏书》，348。

[3] 参见《三国志》卷一九《魏书·任城王传》，334。

[4] 参见《三国志》卷二〇《魏书·武文世王公传》，348。

[5] 参见《三国志》卷二四《魏书·王观传》，415。

[6] 参见程树德：《九朝律考》，北京：中华书局2003年版，第243页。

军,太子奉车、诸王驸马都尉。蜀群司各随高下拜为王官,或领艾官属。以师纂领益州刺史,陇西太守牵弘等领蜀中诸郡"[1]。又上言司马昭云:"以为可封禅为扶风王,锡其资财,供其左右。郡有董卓坞,为之宫舍。爵其子为公侯,食郡内县,以显归命之宠。"司马昭以为"事当须报,不宜辄行"。艾又言:"《春秋》之义,大夫出疆,有可以安社稷,利国家,专之可也。今吴未宾;势与蜀连,不可拘常以失事机。"[2] 邓艾之败,或谓其骄矜伐功为钟会等人所妒,但其擅自承制拜官,又提出留兵蜀中,则犯了司马昭大忌,这也是司马昭告诫其"不宜辄行"的原因。纵然其有长远之计、平蜀之功,也难抵专辄之罪。因为魏之建国,也仅得曹操得行此故事,司马氏尚不为之,邓艾功高盖主又焉能不招嫉恨。如《晋书·宣帝纪》载申仪久任魏兴太守,"专威疆场,辄承制刻印,多所假授",为司马懿所治。知魏禁诸将郡守承制擅封,非独针对邓艾。实际上,邓艾除拜封蜀臣官衔外,还大肆委任部下任蜀中郡守,其罪更甚于申仪。

不待报而行,专辄行事,非一律入罪。有时基于朝廷的先前授权,有的则是事后默认,这两类情况往往不受处罚。如《史记·儒林列传》载吕步舒"决淮南狱,于诸侯擅专断,不报,以《春秋》之义正之,天子皆以为是"。《汉书·五行志》记作吕步舒"以《春秋》谊颛断于外,不请。既还奏事,上皆是之"。颜注:"颛与专同。不请者,不奏待报。"知专断、专辄不请即不待报之意。《汉书·冯奉世传》载冯奉世征西,大宛闻其斩莎车王,送名马象龙以示敬意,异于其他使者。回朝后议其封爵,时议:"《春秋》之义,大夫出疆,有可以安国家,则颛之可也。奉世功效尤著,宜加爵土之赏。"萧望之以其"奉使有指,而擅矫制违命,发诸国兵,虽有功效,不可以为后法。即封奉世,开后奉使者利,以奉世为比,争遂发兵,要功万里之外,为国家生事于夷狄。渐不可长,奉世不宜受封"。宣帝从萧议,仅以奉世为光禄大夫、水衡都尉,未拜其爵。[3]

以电子检索之法,得《史记》中的"报曰"凡16次,《汉书》36次,

---

[1]《三国志》卷二八《魏书·邓艾传》,464。
[2]《三国志》卷二八《魏书·邓艾传》,465。《钟会传》云:"会内有异志,因邓艾承制专事,密白艾有反状,于是诏书槛车征艾。"
[3] 但是汉徐偃出使不报而行却不能免罪,《汉书·终军传》载元鼎中徐偃使行风俗,矫制使胶东、鲁国鼓铸盐铁。张汤劾其矫制大害,法至死。偃以"《春秋》之义,大夫出疆,有可以安社稷,存万民,颛之可也"自辩。终军审理此案以为"偃矫制颛行,非奉使体,请下御史征偃即罪"。

《后汉书》28次，《三国志》24次，《晋书》13次，《宋书》4次。[1]不待报而行，往往出于情急之事，非官员率性为之。导致不待报而行有的原因可能是朝廷公文机构运转的效率过慢，如《汉书·王莽传》载莽"常御灯火至明，犹不能胜。尚书因是为奸寝事，上书待报者连年不得去，拘系郡县者逢赦而后出，卫卒不交代三岁矣"。虽然是王莽改革时事必躬亲，一人独断之例，但实际上很多公文到了中央一级机构经批准后又发回州郡，耽误了大量时间，拖延急事处理（此外还有可能出现"寝不报"，公文石沉大海的情况）。《晋书·天文志》载："后奏事待报，坐西廊庑下，以寒故暴背。"由此可见，上奏等待答复是何等辛苦之事，不仅拖延时间，也容易拖垮身体。[2]奏事待报晒背之做法，或为魏晋以后沿袭。此外，汉魏晋尚有很多得行便宜之例，这与不待报而行也有所关联。得行便宜者，往往得专辄行事，行而后奏。若不得便宜之权径行为之，则往往是因不待报而入罪。

二、请赇律之属

（一）赃

魏因受赃入罪者有：丁斐"性好货，数请求犯法"，因是曹操乡里而得原宥。曹丕即位后未致其罪。黄初元年（220）驸马都尉孔桂坐私受西域货赂许为人事，为曹丕所株。[3]又据《魏略》载，秦朗为曹操养子，世人以

---

[1] 检索某些制度在历代典籍中使用频率的此消彼长，杨一凡、刘笃才在对例、故事的研究中也曾采用，为了准备反映数字的比例，他们在统计数据时也没有对例、故事在原文中的具体含义进行区别，因为那样做会由于作者主观性而影响材料客观性，并且他人也无从复查。见杨一凡、刘笃才著：《历代例考》，北京：社会科学文献出版社2009年版，第156—161页。但单就字频也不能完全证明某一朝的实际情况，如《宋书》4例，实际上皇权之下很多人也都不愿意冒险专辄，身陷囹圄。如《宋书·谢晦传》所言："到任以来，首尾三载，虽形在远外，心系本朝，事无大小，动皆咨启，八州之政，罔一专辄，尊上之心，足贯幽显。"这样动皆咨启、罔一专辄，以示尊上之心的例子应是大量存在的。有时就算不心欲专辄也被禁止，如《史记·东越列传》载元鼎五年楼船将军杨仆使上书，愿便引兵击东越，上以"士卒劳倦，不许，罢兵，令诸校屯豫章梅领待命"。限于篇幅，本书不辑北朝案例，唯举一例以证北魏待报而行之制：北魏孝文帝太和十二年诏："犯死罪，若父母、祖父母年老，更无成人子孙，又无期亲者，仰案后列奏以待报，著之令格。"

[2] 待报之辛苦，尚有例证，《北史·长孙俭传》载："天和初，转陕州，总管七州诸军事、陕州刺史。俭尝诣阙奏事，时大雪，雪中待报，自旦达暮，竟无惰容。"若遇暴君，待报不得反招杀身之祸，如《三国志·吴书·孙皓传》注引《江表传》载会稽太守车浚在公清忠，天玺元年，"值郡荒旱，民无资粮，表求振贷。皓谓浚欲树私恩，遣人枭首"。

[3] 《三国志》卷三《魏书·明帝纪》注引《魏略》，62。

其"附近至尊,多赂遗之"[1]。此亦获免罪[2]。明帝时,文钦为庐江太守,王凌奏其"贪残,不宜抚边,求免官治罪,由是征钦还"。曹爽以钦乡里之故,不治其罪[3]。以上诸人坐赃,多得免罪,当不能反映曹魏之现实。

(二)受所监临

胡质为荆州刺史,子胡威省亲。临别时,质以俸禄所得绢赠为路粮。时质帐下都督"先其将归,请假还家,阴资装百余里要之,因与为伴,每事佐助经营之,又少进饮食,行数百里。"胡威知此,以父所赐谢都督并告其父。胡质"杖其都督一百,除吏名"[4]。《汉书·景帝纪》载景帝元年(前188)诏:"吏受所监临,以饮食免,重。受财物,贱买贵卖,论轻。廷尉与丞相更议著令。"时议以为"吏及诸有秩受其官属所监、所治、所行、所将,其与饮食计偿费,勿论"。知经改革之后,监临官受属僚饮食若计费偿还可免罪,不偿者则入罪。据《景帝纪》,似不涉及监临官家属如何。以常理推知,监临官受属僚饮食若计费偿还可免罪,则监临官家属接受监临官属僚饮食偿还亦应免罪。又,唐职制律:"诸监临之官家人,于所部有受乞、借贷、役使、买卖,有剩利之属,各减官人罪二等。官人知情与同罪,不知情者各减家人罪五等。其他官非监临,及家人有犯者,各减监临及监临家人罪一等。"较景帝之制,唐律为善。但不知汉律是否如唐律一样,对监临官家属受监临官属僚饮食、财物有相关规定。或有,但史不见载。若无,或魏晋之后对此有所完善,而为唐律所承。抛开魏时监临官家属受监临官属僚饮食、财物是否入罪不论,魏承汉制,当有"吏受所监临"的规定,故胡威以父所赐谢都督,即是证己之清,免父之罪,对该都督而言更是救赎之举。胡质杖都督,亦据此制。

三、乏留律之属

(一)稽留诏命

黄初元年(220)曹丕登基,群臣庆贺,镇西长史郭淮"道路得疾,故计远近为稽留。……帝正色责之曰:'昔禹会诸侯于涂山,防风后至,便行大戮。今溥天同庆而卿最留迟,何也?'淮对曰:'臣闻五帝先教导民以德,

---

[1]《三国志》卷三《魏书·明帝纪》注引《魏略》,61—62。
[2] 参见《三国志》卷九《魏书·曹爽传》注引《魏略》,175。
[3] 参见《三国志》卷二八《魏书·毌丘俭传》注引《魏书》,458。
[4]《三国志》卷二七《魏书·胡质传》注引《晋阳秋》,442。

夏后政衰，始用刑辟。今臣遭唐虞之世，是以自知免于防风之诛也'"[1]。郭淮溢美曹丕虽得免罪，但也可证魏人以稽留为罪之观念。甘露二年（257）曹髦幸辟雍，命群臣赋诗。和逌、陈骞等作诗稽留，有司奏免官，诏曰："吾以暗昧，爱好文雅，广延诗赋，以知得失，而乃尔纷纭，良用反仄。其原逌等。主者宜敕自今以后，群臣皆当玩习古义，修明经典，称朕意焉。"[2]《晋书·羊祜传》载："时高贵乡公好属文，在位者多献诗赋，汝南和逌以忤意见斥。"此亦可证和逌被免。

汉军法有稽留一罪，《汉书·匈奴传》孟康注："律语也，谓军行顿止，稽留不进也。"稽留一罪多与军事相涉，如司马懿奏"罢爽、羲、训吏兵，以侯就第，不得逗留以稽车驾。敢有稽留，便以军法从事。"[3] 据此知魏有坐稽留王命免官之制，这里是因为曹爽与司马懿等人的党争，曹爽等人被驱赶回家，为防止拖延时间，司马懿奏以军法从事处以稽留，当是重罪治之。但和逌、陈骞等作诗稽留一例有不速承旨意、拖延行事之意（可能是故意拖延或疏忽忘记）。

《晋志》言魏修律以"《兴律》有乏徭稽留，《贼律》有储峙不办，《厩律》有乏军之兴，及旧典有奉诏不谨、不承用诏书，汉氏施行有小愆之反不如令，辄劾以不承用诏书乏军要斩……故别为《乏留律》"。《晋志》所列罪名，当为乏留律所吸收，据此知和逌、陈骞被有司所奏之罪也在其中。以《三国志》所载揣之，曹髦"命"群臣赋诗，其"命"当为口诏，校以《晋志》所言，和逌、陈骞未及时按照曹髦吩咐作诗唱和，也符合"奉诏不谨、不承用诏书"的罪状，是对曹髦的不敬。从这个意义上说，稽留诏命与奉诏不谨、不承用诏书也有重合处。

（二）奉诏不谨、不承用诏书

建安时诏杜畿代王邑为河东太守，河东卫固、范先等人求乞王邑续任。[4] 时钟繇督促王邑上交印符，王邑却自携佩印绶出走。后钟繇以威禁失督司之法上书自劾："王邑巧辟治官，犯突科条，事当推劾，检实奸诈。被诏书当如所纠。以其归罪，故加宽赦。又臣上言吏民大小，各怀顾望，谓邑当还，拒太守杜畿，今皆反悔，共迎畿之官。谨案文书，臣以空虚，被蒙拔擢，入充近侍，兼典机衡，忝膺重任，总统偏方。既无德政以惠民物，又无

---

[1]《三国志》卷二六《魏书·郭淮传》，437。
[2]《三国志》卷四《魏书·三少帝纪》，85。
[3]《三国志》卷九《魏书·曹爽传》，174。
[4]《三国志·魏书·杜畿传》云：时高干举并州反，"河东太守王邑被征，河东人卫固、范先外以请邑为名，而内实与干通谋"。

威刑以检不恪,至使邑违犯诏书,郡掾卫固狂迫吏民,讼诉之言,交驿道路,渐失其礼,不虔王命。……繇轻慢宪度,不畏诏令,不与国同心,为臣不忠,无所畏忌,大为不敬。又不承用诏书,奉诏不谨。又聪明蔽塞,为下所欺,弱不胜任。数罪谨以劾,臣请法车征诣廷尉治繇罪,大鸿胪削爵土。"[1] 据钟繇自劾之词,王邑抗旨滞留是不奉行诏书,其稽留任期,已犯科制坐罪,后因自行归罪而得宽免。钟繇也以自己"不承用诏书,奉诏不谨"为罪。

黄初三年(222)曹丕至宛,"以市不丰乐"收南阳太守杨俊,司马懿等为之求情不得,杨俊遂自杀。[2] 据此知杨俊所坐为街市不丰足,人民不安乐,是乏治能的表现。《魏略》载:曹丕未到宛时,"诏百官不得干豫郡县。及车驾到,而宛令不解诏旨,闭市门。帝闻之,忿然曰:'吾是寇邪?'乃收宛令及太守杨俊。诏问尚书:'汉明帝杀几二千石?'"时王象见诏文,请俊减死一等云云。[3] 据此知曹丕以杨俊等人不承用诏书,故罪之。《杨俊传》又载:"初,临菑侯与俊善,太祖适嗣未定,密访群司。俊虽并论文帝、临菑才分所长,不适有所据当,然称临菑犹美,文帝常以恨之。"知杨俊陷死罪,实曹丕之迫害。

黄初时,青州刺史王凌表请王基为别驾,后朝廷召王基为秘书郎,王凌复请还。时"司徒王朗辟基,凌不遣。朗书劾州曰:'凡家臣之良,则升于公辅,公臣之良,则入于王职,是故古者侯伯有贡士之礼。今州取宿卫之臣,留秘阁之吏,所希闻也。'凌犹不遣"[4]。据《三国志》,王凌不奉书,稽留人才,似未入罪。

明帝时,杜恕上奏云:"伏见尚书郎廉昭奏左丞曹璠以罚当关不依诏,坐判问。"[5] 曹璠被指控有罪,向上级提出报告时没有依据诏书规定,也是不承用诏书。

明帝时大修宫室,从孙礼之议罢役,时李惠监作,请求再造作一月,"礼径至作所,不复重奏,称诏罢民,帝奇其意而不责也"[6]。李惠之为显然是不承用诏书,而孙礼自行称诏,实矫制也,唯得明帝赏识而不入罪。

明帝时,曹洪乳母与临汾公主侍者祭祀无涧神被系狱。卞太后诣司马芝求情未果,司马芝敕洛阳狱考竟上疏:"诸应死罪者,皆当先表须报。前制

---

[1] 《三国志》卷一三《魏书·钟繇传》注引《魏略》,239—240。
[2] 参见《三国志》卷二三《魏书·杨俊传》,396。
[3] 参见《三国志》卷二三《魏书·杨俊传》注引,396。
[4] 《三国志》卷二七《魏书·王基传》,446。
[5] 《三国志》卷一六《魏书·杜恕传》,302。《通鉴·魏纪·太和五年》胡三省注:"罚,罪罚也。关,白也。言有罪罚当关白,而不依诏书,故坐以判问。判,剖也,析也;问责问也;剖析其事而责问之也。"
[6] 《三国志》卷二四《魏书·孙礼传》,413。

书禁绝淫祀以正风俗,今当等所犯妖刑,辞语始定,黄门吴达诣臣,传太皇太后令。臣不敢通,惧有救护,速闻圣听,若不得已,以垂宿留。由事不早竟,是臣之罪,是以冒犯常科,辄敕县考竟,擅行刑戮,伏须诛罚。"明帝报云:"明卿至心,欲奉诏书,以权行事,是也。此乃卿奉诏之意,何谢之有?后黄门复往,慎勿通也。"[1] 司马芝以不及时闻讯"冒犯常科"、擅行刑戮自劾,曹睿嘉其是奉诏书行事而已。

又,毌丘俭起兵时,罪司马师,移文郡国。又以为"师专权用势,赏罚自由,闻臣等举众,必下诏禁绝关津,使驿书不通,擅复征调,有所收捕。此乃师诏,非陛下诏书,在所皆不得复承用"[2]。此也可证魏有此罪名。

(三) 储峙不办

"储峙"即"储跱""储偫"。《后汉书·皇后纪》载:"离宫别馆储偫米糒薪炭,悉令省之。"颜注:"储偫犹蓄积也。"《后汉书·章帝纪》载元和元年(84):"南巡狩,诏所经道上,郡县无得设储跱。"李贤注:"储,积也。跱,具也。言不预有蓄备。"汉献帝时新迁都,"诏卖厩马百余匹,御府大司农出杂缯二万匹,与所卖厩马直,赐公卿以下及贫民不能自存者。李傕又言:'我邸阁储偫少',乃悉载置其营,又不从诏"[3]。李傕所为即汉贼律储偫不办,不从朝廷征调之诏。知汉中央与地方均有邸阁之类储存物资的仓库。邸阁之制三国承用,同样具有征收、储藏、转运等多种功能。[4] 如曹植《谢赐谷表》云:"诏书念臣经用不足,以船河邸阁谷五千斛赐臣。"文帝时张既上疏请置烽候、邸阁以备胡。[5] 王基征吴,取雄父邸阁,收米三十余万斛。[6] 征伐毌丘俭时,王基又建言:"军宜速进据南顿,南顿有大邸阁,计足军人四十日粮。保坚城,因积谷,先人有夺人之心,此平贼之要也。"[7] 赤乌四

---

[1] 《三国志》卷一二《魏书·司马芝传》,236。
[2] 《三国志》卷二八《魏书·毌丘俭传》注引,456。
[3] 《三国志》卷六《董卓传》注引《献帝纪》,111。
[4] 《旧唐书·职官志·常平署》言:"汉宣帝时,始建常平仓,以平岁之凶穣。后汉改为常满仓,晋曰常平,后魏曰邸阁仓。"不言曹魏之仓,或因三国战乱,常平仓以平岁之凶穣的性质与用途已经被军国大事所淹没,故不述曹魏邸阁之事。三国"邸阁"最直接的证据,反映在走马楼出土的含有"关邸阁"字样的吴简中,吴关于"邸阁"的一些规定,也可以作为曹魏此制的旁证。具体研究可参见刘聪:《吴简中所见"关邸阁"试解》,载《历史研究》2001年第4期。黎石生:《试论三国时期的邸阁与关邸阁》,载《郑州大学学报》(哲学社会科学版) 2001年第6期。湛玉书:《三国吴简"关邸阁"之再认识》,载《重庆工学院学报》2006年第7期。
[5] 参见《三国志》卷一五《魏书·张既传》,289。
[6] 参见《三国志》卷二七《魏书·王基传》,447。
[7] 《三国志》卷二七《魏书·王基传》,448。

年（241），孙权遣全琮略淮南，烧魏安城邸阁。[1] 知邸阁在战事中有重要意义。《晋书·食货志》云："魏武之初，九州云扰，攻城掠地，保此怀民，军旅之资，权时调给。……于时三方之人，志相吞灭，战胜攻取，耕夫释耒，江淮之乡，尤缺储峙。"知宫廷与地方皆有贮备积蓄物资，以备非常。对于朝廷征调的物资不及时供给，则以"不办"入罪。

"不办"实际上与"稽留""不奉诏书"均有不及时执行诏命、拖沓办事之性质。与"不办"相对应的是"先办"，即能及时执行旨意，奉命征调，"先办"的地方官员可得表彰，如黄巾之乱，郡县发兵，莒长赵昱"以为先办"，徐州刺史巴祇表功第一，当受迁赏。[2] "先办"一词廿四史中少见，但意思明了，都是涉及征调。现摘录如下：《北齐书·苏琼传》："至于调役，事必先办，郡县长吏常无十杖稽失。"《南史·豫章文献王嶷传》："兄弟每行来公事，晚还饥疲，躬营饮食，未尝不迎时先办。"《宋史·杨仲元传》："官有所须，不强赋民，听以所有与官为入，度相当则止，率常先办。"《金史·丁暐仁传》："凡租赋与百姓前为期率，比他邑先办。"

（四）失期

汉有失期之罪，如《史记·大宛列传》："（张）骞后期当斩，赎为庶人。"《后汉书·盖勋传》注引《续汉书》："黄巾贼起，故武威太守酒泉黄隽被征，失期。梁鹄欲奏诛隽，勋为言得免。"《后汉书·西羌传》："庞参以失期军败抵罪。"魏失期罪当本汉军法。如鲍勋为东宫中庶子时，守正不挠，与曹丕多有不合，曹丕"恚望滋甚"，后"会郡界休兵有失期者，密敕中尉奏免勋官"[3]。太和二年（228）曹休与吴战，明帝诏贾逵为援军，曹休"怨逵进迟，乃呵责逵"，又"欲以后期罪逵"[4]。

第四节　魏罪名考（四）

一、告劾律之属

（一）诬告反坐

建安时，胡质为顿丘令，县民郭政"通于从妹，杀其夫程他，郡吏冯谅

---

[1] 参见《三国志》卷四七《吴书·孙权传》，679。
[2] 参见《三国志》卷八《魏书·陶谦传》注引谢承《后汉书》，151。
[3] 《三国志》卷一二《魏书·鲍勋传》，234。
[4] 《三国志》卷一五《魏书·贾逵传》注引《魏书》，292。

系狱为证。政与妹皆耐掠隐抵,谅不胜痛,自诬,当反其罪"。胡质"察其情色,更详其事,检验具服"[1]。知郭政与从妹通奸,又杀人。冯谅"系狱为证",知时证人亦需考讯。至于与亲属相奸该如何处罚,今不可考。知魏律成前亦重诬告之罪。

黄初五年(224)文帝令谋反大逆乃得相告,其余皆勿听治;敢妄相告,以其罪罪之。[2] 知魏初承汉律,谋反大逆不得相告,是时乃开禁,但其他罪行仍不得相告,若有违反则反坐。《晋志》云魏改汉律,"囚徒诬告人反,罪及亲属,异于善人,所以累之使省刑息诬也"。黄初令当是魏修律所本,明帝时更为加重。

又,桓范欲劝说曹爽兄弟对抗司马懿,先矫诏令其故吏门候司蕃开城门,又以"太傅图逆"恐惠司蕃。结果曹爽兄弟没有听从桓范直言,桓范"知爽首免而己必坐唱义",自告而得保命。后司蕃自首供出桓范所言,司马懿知桓范曾诬己图逆,忿然曰:"诬人以反,于法何应?"主者言:"科律,反受其罪。"[3] 此科律当指魏律,故桓范与曹爽等人一样以谋反罪被夷三族。据此,知魏犯罪区分首从,所言唱义即为首造意之解。

又,明帝时猎法甚峻,宜阳典农刘龟禁内射兔被功曹张京所告,时"帝匿京名,收龟付狱。(高)柔表请告者名,帝大怒曰:'刘龟当死,乃敢猎吾禁地。送龟廷尉,廷尉便当考掠,何复请告者主名,吾岂妄收龟邪?'柔曰:'廷尉,天下之平也,安得以至尊喜怒而毁法乎?'重复为奏,辞指深切。帝意寤,乃下京名。即还讯,各当其罪"[4]。知时制告人罪需具实名,若不具名实亦诬告。《折狱龟鉴》卷四《议罪》收此事作"高柔请名",郑克评云:"法有'诬告,反考告人',所以息奸省讼也,安得匿告者名乎? 柔可谓能执法矣。"具实名方许告,实亦止诬告之风。

又,若告人谋反大逆属实,则能封官拜侯,如嘉平三年(251)王凌、令狐愚起兵,杨弘、黄华连名白于司马懿,王凌自杀后,二人皆封乡侯。[5] 与杨、黄告发令狐愚谋逆的还有令狐愚昔日治中从事杨康,时康应诏诣洛阳,"自以白其事,冀得封拜,后以辞颇参错,亦并斩"[6]。王凌事发时,其子王明山"投亲家食,亲家告吏,乃就执之"[7]。

---

[1]《三国志》卷二七《魏书·胡质传》,441。
[2] 参见《三国志》卷二《魏书·文帝纪》,51。
[3]《三国志》卷九《魏书·曹爽传》注引《魏略》,177。
[4]《三国志》卷二三《魏书·高柔传》,410。
[5] 参见《三国志》卷二八《魏书·王凌传》,451。
[6]《三国志》卷二八《魏书·王凌传》注引《魏略》,453。
[7]《三国志》卷二八《魏书·王凌传》注引《魏末传》,453。

(二) 见知而故不举劾

曹丕征吴，屯陈留郡界。太守孙邕拜访鲍勋，时营垒未成只竖矮墙作记，邕"邪行不从正道"，军营令史刘曜欲推其罪，勋以"堑垒未成，解止不举"。后刘曜有罪被勋奏绌遣，刘曜密告勋"私解邕事"。曹丕下诏以勋"指鹿作马"，收狱。廷尉议"正刑五岁"，三官驳"依律罚金二斤"。曹丕对廷尉等人的议罪并不满意，又以三官宽纵鲍勋，"收三官已下付刺奸，当令十鼠同穴"。钟繇等人以勋父鲍信有功于魏，请免勋罪不果，勋后被诛。[1] 三官所依之律应为汉律。《晋志》云魏修律，"律之初制，无免坐之文，张汤、赵禹始作监临部主、见知故纵之例。其见知而故不举劾，各与同罪，失不举劾，各以赎论，其不见不知，不坐也，是以文约而例通。科之为制，每条有违科，不觉不知，从坐之免，不复分别，而免坐繁多，宜总为免例，以省科文，故更制定其由例，以为《免坐律》"。知就算魏律修成，也有此罪，若不觉不知则能免坐，时鲍勋所坐罪当在科中，只不过明帝时以繁多不复分别而重新删定。

(三) 不直

明帝时桓范都督青、徐诸州军事，"与徐州刺史郑岐争屋，引节欲斩岐，为岐所奏，不直，坐免还"[2]。争屋本小事，桓范却动以持节有专杀之权，欲擅斩他人，无疑是故意致人重罪，有失轻重。汉有不直罪名，魏承之。《汉书·景武昭宣元成功臣表》晋灼注："律说：出罪为故纵，入罪为故不直。"张家山汉简《二年律令·具律》云："其轻罪也而故以重罪劾之，为不直。"知桓范案中郑岐是有过错之人，但仅入轻罪而已，并非无罪。又，毌丘俭、文钦起兵时，奏司马师擅劾人罪云："许允当为镇北，以厨钱给赐，而师举奏加辟，虽云流徙，道路饿杀，天下闻之，莫不哀伤，其罪九也。"[3] 许允放散官物罪不至死，实为司马氏集团所忌，前文已揭；故毌丘俭所奏是言司马师劾人不直之罪也。

(四) 阿纵不如法

黄初时豫州刺史贾逵言："州本以御史出监诸郡，以六条诏书察长吏二千石已下，故其状皆言严能鹰扬有督察之才，不言安静宽仁有恺悌之德也。今长吏慢法，盗贼公行，州知而不纠，天下复何取正乎？"又云："兵曹从事

---

[1] 参见《三国志》卷一二《魏书·鲍勋传》，235。
[2] 《三国志》卷九《魏书·曹爽传》注引《魏略》，176。
[3] 《三国志》卷二八《魏书·毌丘俭传》注引，455

受前刺史假,逮到官数月,乃还;考竟其二千石以下阿纵不如法者,皆举奏免之。"[1]青龙中司马懿在长安立军市,军中吏士多侵侮县民,京兆太守颜斐向司马懿告发,司马懿遂杖军市候一百。[2]杖军市候,因其对军中吏士有督察之责,是见而不纠实阿纵之类。

(五)匿告

明帝时,宜阳典农刘龟于禁内射兔被功曹张京所告,时"帝匿京名,收龟付狱。柔表请告者名,帝大怒曰:'刘龟当死,乃敢猎吾禁地。送龟廷尉,廷尉便当考掠,何复请告者主名,吾岂妄收龟邪?'柔曰:'廷尉,天下之平也,安得以至尊喜怒而毁法乎?'重复为奏,辞指深切。帝意寤,乃下京名。即还讯,各当其罪"[3]。刘龟自当坐罪,但告其罪者被匿名,张家山《二年律令·具律》云:"毋敢以投书者言系(系)治人。不从律者,以鞫狱故不直论。"知汉规定受理匿名举报纵然构成犯罪,魏告劾律或本自规定,故高柔据此不受理此案。受理匿名举报官员要入罪,其匿告者当不能免。据"还讯,各当其罪"知张京亦入罪,应是当初匿告他人不遵循告劾律程序之故。又,《晋志》云魏"改投书弃市之科,所以轻刑",知其罪未至死。

二、捕律之属

(一)纵囚

建安时,孙礼与母相失,"同郡马台求得礼母,礼推家财尽以与台。台后坐法当死,礼私导令逾狱自首,既而曰:'臣无逃亡之义。'径诣刺奸主簿温恢。恢嘉之,具白太祖,各减死一等"[4]。苏杰标点为"台后坐法当死,礼私导令逾狱,自首。既而曰:……"所曰者为马台。意谓孙礼虽擅纵囚,后自首有报恩之义,故得减死;马台越狱而又归案,不失君臣之义,故得减死。此段话的标点特别是"臣无逃亡之义"究竟是何人之语略有争议,多在语法上立论,今不展开,仅从苏说。[5]

---

[1] 《三国志》卷一五《魏书·贾逵传》,291。
[2] 参见《三国志》卷一六《魏书·仓慈传》注引《魏略》,309—310。《晋书·食货志》云:"黄初中,四方郡守垦田又加,以故国用不匮。时济北颜斐为京兆太守,京兆自马超之乱,百姓不专农殖,乃无车牛。斐又课百姓,令闲月取车材,转相教匠。其无牛者令养猪,投贵卖以买牛。始者皆以为烦,一二年中编户皆有车牛,于田役省赡,京兆遂以丰沃。"
[3] 《三国志》卷二三《魏书·高柔传》,410。
[4] 《三国志》卷二四《魏书·孙礼传》,413。
[5] 参见苏杰:《三国志异文研究》,济南:齐鲁书社2006年版,第211—212页。亦可参吴金华为苏书所作之《序》。

（二）匿亡民

贾逵为弘农太守，"疑屯田都尉藏亡民。都尉自以不属郡，言语不顺"[1]，贾逵怒而收之。

三、系讯律之属

魏改囚律为系讯、断狱二律，魏律序略不明彼此。《唐律疏议》云："《斗讼律》者，首论斗殴之科，次言告讼之事。从秦汉至晋，未有此篇。至后魏太和年，分《系讯律》为《斗律》。至北齐，以讼事附之，名为《斗讼律》。"[2] 是魏系讯律中有斗殴之罪，唯不见其文，今唯以系讯不如法事例统之：

滥刑过度：贾逵为弘农太守，"疑屯田都尉藏亡民。都尉自以不属郡，言语不顺。逵怒，收之，数以罪，挝折脚，坐免。然太祖心善逵，以为丞相主簿"[3]。又，曹操征刘备，"道逢水衡，载囚人数十车，逵以军事急，辄竟重者一人，皆放其余。太祖善之，拜谏议大夫"[4]。擅放囚徒，自应免官，曹操又不治之。延康时贾逵坐人为罪，曹丕言"叔向犹十世宥之，况逵功德亲在其身乎？"[5] 知贾逵虽滥刑亦能免坐。黄初中征吴，文帝欲假逵节，曹休以逵"性刚，素侮易诸将，不可为督"，事乃止。[6] 知贾逵滥刑出其性格。

擅行刑戮：魏明帝时，曹洪乳母当与临汾公主侍者祭祀无涧神被系狱。卞太后诣司马芝求情未果，司马芝敕洛阳狱考竟，上疏自劾"诸应死罪者，皆当先表须报。前制书禁绝淫祀以正风俗，今当等所犯妖刑，辞语始定，黄门吴达诣臣，传太皇太后令。臣不敢通，惧有救护，速闻圣听，若不得已，以垂宿留。由事不早竟，是臣之罪，是以冒犯常科，辄敕县考竟，擅行刑戮，伏须诛罚"[7]。

擅收官吏：沐并为人公果，不畏强御，黄初时为成皋令。"校事刘肇出过县，遣人呼县吏，求索槁穀。是时蝗旱，官无有见。未办之间，肇人从入并之阁下，呴呼骂吏。并怒，因躧履提刀而出，多从吏卒，欲收肇。肇觉知

---

[1]《三国志》卷一五《魏书·贾逵传》，290。
[2]〔唐〕长孙无忌等撰，刘俊文点校：《唐律疏议》，北京：中华书局1983年版，第383页。
[3]《三国志》卷一五《魏书·贾逵传》，290。
[4]《三国志》卷一五《魏书·贾逵传》，290。
[5]《三国志》卷一五《魏书·贾逵传》，291。
[6] 参见《三国志》卷一五《魏书·贾逵传》，292。
[7]《三国志》卷一二《魏书·司马芝传》，236。

驱走，具以状闻。有诏：'肇为牧司爪牙吏，而并欲收缚，无所忌惮，自恃清名邪？'遂收欲杀之。髡决减死，刑竟复吏，由是放散十余年。"[1] 虽是校事胡作非为，但其权责之大，非一般官吏所能弹纠，沐并之死罪或是如此。

四、断狱律之属

（一）故不直

黄初中，令狐愚为和戎护军，"乌丸校尉田豫讨胡有功，小违节度，愚以法绳之。帝怒，械系愚，免官治罪"[2]。《田豫传》，豫治西域多用离间之计，使鲜卑各族自我分化。时幽州刺史王雄的党羽欲让雄担任领乌丸校尉，因此诋毁田豫扰乱边境，为国家生事，田豫后转任汝南太守。[3] 令狐愚治田豫违节度当指此事。实际上，田豫之策对稳定魏疆多有作用，故曹丕亦未纳其言，反而以令狐愚鞫狱故不以实罪之。

（二）不待报而辄自决断

杜恕嘉平元年（249）为幽州刺史，与征北将军程喜共事。程喜为人好面子，心胸狭窄，喜欢下属奉承。太和年间就因为与上僚田豫不和而给明帝打小报告，导致田豫战胜无功。[4] 时"有鲜卑大人儿，不由关塞，径将数十骑诣州，州斩所从来小子一人，无表言上"。杜恕自行惩处了一个犯法的鲜卑人，没有上报，程喜当时希望杜恕"折节谢己"，杜恕却反驳其"若令下官事无大小，咨而后行，则非上司弹绳之意；若咨而不从，又非上下相顺之宜。故推一心，任一意，直而行之耳。杀胡之事，天下谓之是邪，是仆谐也；呼为非邪，仆自受之，无所怨咎"[5]。杜恕的刚直使程喜不能如愿，便抓住把柄深文劾奏，杜恕以父勤得免死。[6] 按唐断狱律有"应言上待报而辄自决断"条，与杜恕事类。

五、户律之属

居兄丧不发哀：正始三年（242），东平灵王曹徽薨，曲阳王曹茂"称嗌

---

[1]《三国志》卷二三《魏书·常林传》注引《魏略》，394。
[2]《三国志》卷二八《魏书·王凌传》注引《魏书》，452。
[3] 参见《三国志》卷二六《魏书·田豫传》，433。
[4] 参见《三国志》卷二六《魏书·田豫传》云："豫以太守督青州，青州刺史程喜内怀不服，军事之际，多相违错。喜知帝宝爱明珠，乃密进逸言，由是功不见列。"
[5]《三国志》卷一六《魏书·杜恕传》注引《杜氏新书》，305。
[6] 参见《三国志》卷一六《魏书·杜恕传》，304。

痛,不肯发哀,居处出入自若"。有司奏除国土,诏削县一、户五百。[1] 按曹茂为曹徽弟。又,有司本奏国除,诏仅削县,知亦议亲。

六、兴擅律之属

建安时,荆州郡主簿刘节为旧族豪侠,宾客千余家,"出为盗贼,入乱吏治"。司马芝欲征调其宾客,刘节匿不发遣,故被司马芝所治。[2] 杨沛为长社令,曹洪宾客在县界征调不肯如法,沛先挝折其脚后杀之,曹操以为能。[3] 此二例皆当征调而匿之不从征者。

七、杂律之属

(一) 夜行

正始年间,朝廷屡征田豫为卫尉,豫称疾辞云:"年过七十而以居位,譬犹钟鸣漏尽而夜行不休,是罪人也。"[4] 豫以年老久居官职,当止不止,一如"夜行不休"。周一良《魏晋南北朝史札记》"钟鸣漏尽"条考云:"夜行罪人正谓年老。""南北朝人多以钟漏及夜行语比喻老人。"[5] 知魏以钟鸣漏尽为时限,禁人夜行,违者入罪。汉律有此目,如《周礼·秋官·司寤氏》:"掌夜时,以星分夜,以诏夜士夜禁。御晨行者,禁宵行者、夜游者。"郑注:"夜士,主行夜徼候者,如今都候之属。"曹操为洛阳北部尉,"造五色棒,县门左右各十余枚,有犯禁,不避豪强,皆棒杀之。后数月,灵帝爱幸小黄门蹇硕叔父夜行,即杀之"。[6] 知汉有都候以督查犯夜行之人。《汉书·石显传》载:"显尝使至诸官有所征发,显先自白,恐后漏尽宫门闭,请使诏吏开门。"《文选·放歌行》"钟鸣犹未归"注引崔寔《政论》:"永宁诏曰:钟鸣漏尽,洛阳城中不得有行者。"知漏尽时关闭宫殿城门,亦防人夜行之故。姚鼐引《田豫传》资料考云:"按汉法,昼漏尽则鸣钟,钟鸣则人皆息。夜漏尽则鸣鼓,鼓鸣则人起。魏盖因之,故豫言昼漏尽而夜行者是罪人也。"[7] 程树德《汉律考》中有"夜行"一目,亦收田豫之言。[8] 但

---

[1] 参见《三国志》卷二〇《魏书·武文世王公传》,353。
[2] 参见《三国志》卷一二《魏书·司马芝传》,235。
[3] 《三国志》卷一五《魏书·贾逵传》注引《魏略》,294。
[4] 《三国志》卷二六《魏书·田豫传》,434。
[5] 周一良:《魏晋南北朝时札记》,北京:中华书局1985年版,第25页。
[6] 《三国志》卷一《魏书·武帝纪》注引《曹瞒传》,2。
[7] [清]姚鼐:《惜抱轩全集·笔记卷八·集部》,北京:中国书店1991年版,第618页。
[8] 程树德:《九朝律考》,北京:中华书局2003年版,第118页。

事在正始年间，当本魏律令而发斯言，程氏《魏律考》未辑此条，今补之。《后汉书·百官志》曰："左右都候各一人。"刘昭注："《周礼》司寤氏有夜士，干宝注曰：'今都候之属。'"郑玄时已以都侯况周之夜士，至东晋干宝时仍如此注，知汉魏晋间都侯有此责。魏明帝好游猎，或昏夜还宫。王朗上疏："近日车驾出临捕虎，日昃而行，及昏而反，违警跸之常法，非万乘之至慎也。"帝报曰："方今二寇未殄，将帅远征，故时入原野以习戎备。至于夜还之戒，已诏有司施行。"[1] 此言"昏夜还宫"亦违反夜行之制。沈家本云："夜行之禁，不独行于军中，凡都邑平时亦重之。"[2] 唐犯夜行在杂律中。

又《周礼·秋官·司寤氏》孔疏："晨行、宵行者，惟罪人与奔父母之丧。若天子祭天之时，则通夜而行，故《礼记》云'氾埽反道，乡为田烛'。禁夜游者，禁其无故游者。"知非一切人皆不得夜行，若奔父母丧则可为之。至于其所言罪人得夜行，应指押送，非指其罪犯出奔在夜。

又《通典·职官部》云魏公主、太庙令属官皆有行夜督郎，第九品，《三国职官表》亦同，不知是否即郑玄、干宝所言"都侯"。

（二）津度乱行、无疏私渡津

建安十六年（211），杨沛都督孟津渡事。时有"中黄门前渡，忘持行轩，私北还取之，从吏求小船，欲独先渡。吏呵不肯，黄门与吏争言"。杨沛以其"无疏"难知不有逃亡之意，"遂使人捽其头，与杖欲捶之"。曹操以杨沛守法不责之。[3] 延康时大军出征，有津度乱行者为贾逵所斩。[4]

（三）奸罪

建安时，胡质为顿丘令，县民郭政"通于从妹，杀其夫程他，郡吏冯谅系狱为证。政与妹皆耐掠隐抵，谅不胜痛，自诬，当反其罪"。质"察其情色，更详其事，检验具服"[5]。知郭政与从妹通奸，又杀人，魏当承汉律治之。《晋志》云晋改魏律，"重奸伯叔母之令，弃市""淫寡女，三岁刑"，皆可反证魏法。至于与亲属相奸该如何处罚，今不可考。唐犯奸罪在杂律，魏或同。

---

[1]《三国志》卷一三《魏书·王朗传》，249。
[2][清]沈家本：《历代刑法考》，北京：中华书局1985年版，第1764页。
[3] 参见《三国志》卷一五《魏书·贾逵传》注引《魏略》，294。
[4] 参见《三国志》卷一五《魏书·贾逵传》，291。
[5]《三国志》卷二七《魏书·胡质传》，441。

（四）制禁物杂猥

明帝时有某"尚方令坐猥见考竟"[1]。"尚方令坐猥见考竟"一句，杜经国释作"尚方令在被考察中犯了法"[2]。谌东飚注云："猥：并杂。《左传注》：'取此杂猥之物，以资器备。'"释作："尚方令因制造器物时加入杂物而被严加考问死在狱中。"[3] 许嘉璐释作："尚方令因滥造器物受到严刑拷打，死在狱中。"[4] 杜说不足为训，许说意犹未尽，窃谓谌说见长，但其所释"制造器物"，或释作"制造禁（器）物"为妥，因为汉魏尚书均主作禁器物，即此尚方令在制造禁物时添加杂物，是猥滥之举，亦猥亵禁物之为。又张舜徽释《三国志》所见"猥"字，有杂滥、亲昵、轻率、苟且、辱五解，但未收此条资料。[5]

（五）私行驰道、私开司马门

曹植尝乘车行驰道中，开司马门出，"公车令坐死"[6]。《后汉书·杨修传》注引《续汉书》云："人有白（杨）修与临淄侯植饮醉共载，从司马门出，谤讪鄢陵侯彰。太祖闻之大怒，故遂收杀之。"知时与曹植一起出司马门的还有杨修，且两人于车上讥笑曹彰，因而触怒曹操。《汉书·成帝纪》载："上尝急召，太子出龙楼门，不敢绝驰道，西至直城门，得绝乃度，还入作室门。上迟之，问其故，以状对。上大说，乃著令，令太子得绝驰道云。"应劭注："驰道，天子所行道也，若今之中道。"知驰道为宫中禁地，就算太子车骑也不得入司马门。又，《汉书·江充传》如淳注引令乙："骑乘车马行驰道中，已论者，没入车马被具。"《汉书·鲍宣传》如淳注引令："诸使有制得行驰道中者行旁道，无得行中央三杖也。"《史记·张释之冯唐列传》《集解》引如淳注："宫卫令'诸出入殿门公车司马门，乘轺传者皆下，不如令，罚金四两。'"如淳为魏人，注《汉书》，其对汉制汉令当有耳闻目览。所引令、令乙、宫卫令与《三国志》之公车令当是一指，是汉魏通行之制。若有违禁，是为不敬，则入罪并没其车骑，如《汉书·翟方进传》云翟方进行驰道中被劾，没入车马。《汉书·张释之传》云太子与梁王共车入朝，不下司马门，张释之劾以不敬。《汉书·江充传》云太子家使乘车马行驰道中、馆陶长公主行驰道中皆为江充所劾，并没其车马。《汉书·鲍宣

---

[1]《三国志》卷二二《魏书·徐宣传》，386。
[2] 杜经国：《三国志文白对照》，郑州：中州古籍出版社1995年版，第423页。
[3] 苏渊雷：《三国志今注今译》，长沙：湖南师范大学出版社1991年版，第1246、1271页。
[4] 许嘉璐：《三国志全译》，上海：世纪出版集团·汉语大词典出版社2004年版，第388页。
[5] 参见张舜徽：《三国志辞典》，济南：山东教育出版社1993年版，第504页。
[6]《三国志》卷一九《魏书·陈思王传》，334。

传》云：丞相孔光行园陵，官属以令行驰道中，奏没其车马。《汉书·外戚恩泽侯表》载：魏相"坐酎宗庙骑至司马门，不敬，削爵一级为关内侯"。丙吉"坐酎宗庙骑至司马门，不敬，夺爵一级为关内侯"。曹植之举令曹操大为失望，下令云："自临菑侯植私出，开司马门至金门，令吾异目视此儿矣。"又令："诸侯长史及帐下吏，知吾出辄将诸侯行意否？从子建私开司马门来，吾都不复信诸侯也。恐吾适出，便复私出，故摄将行。不可恒使吾以谁为心腹也！"[1] 由是重诸侯科禁，曹植失宠。曹植本以"公车令坐死"，显然是重罚，这或是其任性而行，与杨修等人相善，与曹丕争宠，得罪曹操所致。

又，甘露五年（260）成济抽戈犯跸，刺杀曹髦。司马昭上言："高贵乡公率将从驾人兵，拔刃鸣金鼓向臣所止；惧兵刃相接，即敕将士不得有所伤害，违令以军法从事。骑督成倅弟太子舍人济，横入兵陈伤公，遂至陨命；辄收济行军法。……科律大逆无道，父母妻子同产皆斩。济凶戾悖逆，干国乱纪，罪不容诛。辄敕侍御史收济家属，付廷尉，结正其罪。"[2] 汉乙令："跸先至而犯者，罚金四两。"时曹髦以生死急情，以军法重制之，当临时之计。值得注意的是，此令是魏陈郡丞如淳注《汉书》时所引，在《三国志》之前史料中也仅此一见，或魏承用之。

第五节　魏罪名考（五）

以下所考者，难辨其属魏律何篇，故言阙考。

一、阙考罪名一

（一）漏泄

建安二十四年（219），杨修坐漏泄言教，被曹操所杀。[3]《世语》载杨修与曹植善，"每当就植，虑事有阙，忖度太祖意，豫作答教十余条，敕门下，教出以次答。教裁出，答已入，太祖怪其捷，推问始泄"[4]。景初元年（237），曹睿召才人宴乐，郭元后意欲邀请皇后，被曹睿制止，睿又"禁左右，使不得宣"。次日，毛皇后问睿游宴事，睿疑其左右侍臣漏泄，所杀十

---

[1]《三国志》卷一九《魏书·陈思王传》注引《魏武故事》，335。
[2]《三国志》卷四《魏书·三少帝纪》，89—90。
[3] 参见《三国志》卷一九《魏书·陈思王传》注引《典略》，336。
[4]《三国志》卷一九《魏书·陈思王传》注引，336。

余人，又赐毛皇后死[1]。明帝时杜恕上疏："陛下又患台阁禁令之不密，人事请属之不绝，听伊尹作迎客出入之制，选司徒更恶吏以守寺门，威禁由之，实未得为禁之本也。"[2]但杜以为以此举失禁制之本意，非治世之举。魏明帝欲入尚书门案行文书，为尚书令陈矫以"自臣职分，非陛下所宜临"所止[3]。知魏尚书门禁制度是得到严格执行的。此外，汉魏也有漏泄省中语一罪，以治泄密之人[4]。明帝时议伐蜀与否，刘晔"入与帝议，因曰可伐；出与朝臣言，因曰不可伐"。后被明帝质问，其言："伐国，大谋也，臣得与闻大谋，常恐眯梦漏泄以益臣罪，焉敢向人言之？夫兵，诡道也，军事未发，不厌其密也。陛下显然露之，臣恐敌国已闻之矣。"[5]刘晔在不同场合各执一词，非其狡诈，实惧漏泄机密之故。明帝时杨阜议省宫人诸不见幸者，又召御府吏问后宫人数。时"吏守旧令"以为"禁密，不得宣露"。杨阜杖吏一百，责其："国家不与九卿为密，反与小吏为密乎？"[6]此旧令或是汉令，时魏律令已成，故有新旧之别。禁密之制，或在尚书官令中，但对后宫人数已不列入禁密之列，故杨阜也得用刑。魏以后承之，如《晋书·裴秀传》载安远护军郝诩与故人书云："与尚书令裴秀相知，望其为益。"有司奏免秀官，时诏"不能使人之不加诸我，此古人所难。交关人事，诩之罪耳，岂尚书令能防乎。其勿有所问"。《梁书·徐勉传》云徐勉为尚书仆射，"禁省中事，未尝漏泄"。禁尚书台官员交关，也是为了防止漏泄机密。

（二）坐市不丰乐

黄初三年（222）曹丕至宛，"以市不丰乐"收南阳太守杨俊，司马懿等为之求情不得，俊遂自杀[7]。知俊所坐为街市不丰足，人民不安乐，是乏治能的表现。《魏略》载：曹丕未到宛时，"诏百官不得干豫郡县。及车驾到，而宛令不解诏旨，闭市门。帝闻之，忿然曰：'吾是寇邪？'乃收宛令及太守杨俊"[8]。是曹丕以俊不承用诏书，故罪之。《杨俊传》又载："初，临菑侯与俊善，太祖适嗣未定，密访群司。俊虽并论文帝、临菑才分所长，不适有所据当，然称临菑犹美，文帝常以恨之。"知俊陷死罪，实曹丕迫害。

---

[1] 参见《三国志》卷五《魏书·后妃传》，103。
[2] 《三国志》卷一六《魏书·杜恕传》注引《魏书》，303—304。
[3] 参见《三国志》卷二二《魏书·陈矫传》，385。
[4] 西汉称宫禁之中为"省中"，魏晋以后逐渐把设于宫禁近处的尚书、门下、中书等中央政府机构都称为省。
[5] 《三国志》卷一四《魏书·刘晔传》注引《傅子》，272。
[6] 《三国志》卷二五《魏书·杨阜传》，422。
[7] 参见《三国志》卷二三《魏书·杨俊传》，396。
[8] 《三国志》卷二三《魏书·杨俊传》注引，396。

（三）争威仪

魏初，卫尉程昱因与中尉邢贞争威仪被免。《礼记·中庸》曰："礼仪三百，威仪三千。"孔疏："威仪三千者，即《仪礼》中行事之威仪。"《后汉书·礼仪志序》："夫威仪，所以与君臣，序六亲也。"威仪是泛指典礼中的动作仪节及待人接物的礼仪。汉时有因失威仪被弹劾者，如《后汉书·百官志》"少府条"云："凡郊庙之祠及大朝会、大封拜，则二人监威仪，有违失则劾奏。"《后汉书·陈翔传》云："正旦朝贺，大将军梁冀威仪不整，翔奏冀恃贵不敬，请收案罪。"中尉负责京城治安，卫尉负责皇宫治安，按职位卫尉应高于中尉，大概因两人职能的交叉或程昱"性刚戾，与人多迕"的性格与人不和，于是发生了"争威仪"事。

（四）不行正道

曹丕征吴屯陈留郡界。太守孙邕拜访鲍勋，时营垒未成，只竖矮墙作记，邕"邪行不从正道"，军营令史刘曜欲推其罪，勋以"堑垒未成，解止不举"。后刘曜有罪被勋奏绌遣，刘曜密告勋"私解邕事"。曹丕下诏收狱，勋后被诛，孙邕当不能免罪。[1]

（五）私自交关贸易

三国战乱，民弃农桑，故魏在经济贸易制度上多有举措。如建安二十五年（220）曹丕下令："关津所以通商旅，池苑所以御灾荒，设禁重税，非所以便民，其除池御之禁，轻关津之税，皆复什一。"黄初三年（222）"鄯善、龟兹、于阗王各遣使奉献……是后西域遂通"。三国时同样有贸易往来，[2]黄初二年（221）"遣使求雀头香、大贝、明珠、象牙"等物，吴"皆具以与之"[3]。嘉禾四年（235），"魏使以马求易珠玑、翡翠、玳瑁。权曰：'此皆孤所不用，而可得马，何苦而不听其交易。'"[4]《建康实录》亦载嘉禾四年（235），"魏使以马二百匹求易珠玑、翡翠，帝曰：'此朕不用之物，乃与交

---

[1] 参见《三国志》卷一二《魏书·鲍勋传》，235。
[2] 《三国志》无《食货志》，近人陶元珍曾补之。其就三国工商业曾考云："三国时商业不甚发达，其原因盖有数端，一由生产量减少，人民无多物以供交换，一由金属货币不甚流通，一则由割据分崩，货财难以行远故也。魏、蜀对立之时，益州与中原几无贸易可言，吴魏吴晋对峙之时，荆扬诸州之与中原，不过官为互市而已。"见氏著《三国食货志》，上海：商务印书馆1935年版，第110—111页。
[3] 《三国志》卷四七《吴书·吴主传》注引《江表传》，667。
[4] 《三国志》卷四七《吴书·吴主传》，677。

易'"[1]。可见魏钟情海外珍玩，吴需求军用之物，互易各取所需。魏吴交界线长，且有江河水运之便，加以南北产物有异，纵然鼎立对峙也阻隔不了商品交换活动的进行。如魏吴边境还设立互市，《晋书·周浚传》载："初，吴之未平也，浚在弋阳，南北为互市，而诸将多相袭夺以为功。"但这些多官方贸易，其他人私自对外交易则被视为非法。如景初元年（237）诏赦辽东为公孙渊所胁略者，赦文言吴"越渡大海，多持货物，诳诱边民"，而辽东"边民无知，与之交关。长吏以下，莫肯禁止"云云[2]。魏科禁与吴交通，但因辽东路远，此禁并不奏效。故魏在赦文中数落"逆贼"孙权割地借号之罪外，也责其"诳诱边民"，企图收买辽东的"狼子野心"。公孙渊虽称臣于魏，却怀贰心暗与吴交通，故魏又明以春秋之义，重以忠贞之节，责以背叛之名。但鞭长莫及，只能以赦为上计，意欲"离间"辽东吏民。又，王经任江夏太守，曹爽曾附绢三十匹让其交市于吴，王经"不发书"而弃官归[3]。知若要与吴有所贸易，应提出申请且得到边境地长官的同意，获取交关贸易公文。王经应是害怕承担私自交关之罪，故隐匿曹爽申请不签发公文，选择弃官逃避责任。

（六）败绩

汉律征战失利，抵罪。如汉末卢植为征张角，失利抵罪[4]，董卓讨黄巾，军败抵罪[5]。抵罪当是免官。太和中诸葛亮征陇右，魏天水、南安太守弃郡而逃，"坐应亮破灭"，两郡守各获重刑[6]。又有败绩而未入罪者，如太和二年（228）征吴，曹休"战不利，退还宿石亭。军夜惊，士卒乱，弃甲兵辎重甚多"。休上书谢罪，明帝遣使慰谕，礼赐益隆[7]。明帝时并州杂胡作乱，刺史毕轨出军失利，蒋济表言："毕轨前失，既往不咎，但恐是后难可以再。凡人材有长短，不可强成。轨文雅志意，自为美器。今失并州，换置他州，若入居显职，不毁其德，于国事实善。此安危之要，唯圣恩察之。"[8] 按蒋济所言，轨先前已有败绩但得赦免，今次败绩又"换置他州"，显然没有入罪，故有此言。嘉平四年（252）诏王昶、毌丘俭等征吴败亡，

---

[1]〔唐〕许嵩：《建康实录》，北京：中华书局1986年版，第42页。
[2] 参见《三国志》卷八《魏书·公孙度传》注引《魏略》，155。
[3] 参见《三国志》卷九《魏书·夏侯玄传》注引《世语》，185。
[4] 参见《三国志》卷二二《魏书·卢毓传》注引《续汉书》，389。
[5] 参见《三国志》卷六《魏书·董卓传》，104。
[6] 参见《三国志》卷一五《魏书·张既传》注引《魏略》，286。
[7] 参见《三国志》卷九《魏书·曹休传》，170。
[8]《三国志》卷九《魏书·曹爽传》注引《魏略》，176。

朝欲贬黜诸将，司马师以"我不听公休，以至于此。此我过也，诸将何罪？"[1]悉原之。

又，建安二十四年（219）于禁降吴。黄初时孙权遣返，曹丕慰谕以荀林父、孟明视故事，制曰："昔荀林父败绩于邲，孟明丧师于殽，秦、晋不替，使复其位。其后晋获狄土，秦霸西戎，区区小国，犹尚若斯，而况万乘乎？樊城之败，水灾暴至，非战之咎，其复禁等官。"[2]曹丕令于禁谒高陵，使人于陵屋画关羽战克、庞德愤怒、禁降服等状，于禁见后惭恚发病薨。魏有失守败绩之罪，于禁虽免身刑却遭诛心，实亦坐其罪。据"复禁等官"，知时免罪、复官者不独于禁一人。荀林父请罪获赦事见《左传·宣公十二年》，孟明视事见《左传·僖公三十三年》，曹丕引此以论禁之罪、免禁之罚，经义为前比，亦春秋决狱之属。

（七）奸宄不法

奸宄不法者仅笼统言之，此类罪名史不详言。如"荐乐安王模、下邳周逵者，太祖辟之。（司空西曹掾属陈）群封还教，以为模、逵秽德，终必败，太祖不听。后模、逵皆坐奸宄诛，太祖以谢群"[3]。不知所坐何事。或奸宄之事多损官利己，如黄初时田豫持节护乌丸校尉，"凡逋亡奸宄，为胡作计不利官者，豫皆构刺搅离，使凶邪之谋不遂，聚居之类不安"。或称不奉官法，如文钦"性刚暴无礼，所在倨傲陵上，不奉官法，辄见奏遣，明帝抑之"[4]。知其曾遭免官。或称"謥詷不法"，如臧霸为徐州刺史，时下邳令武周"部从事謥詷不法，周得其罪，便收考竟，霸益以善周"。《类篇》云"謥詷，急言。"

又，宾客是投靠在豪族门下的依附者。战国蓄客尤盛，秦汉以来此风不减，宾客骄横犯法且得不到有效控制，如吴楚七国之乱和江充诬陷戾太子谋反的乱事中都有宾客参加。两汉宾客之风所带来的弊端，汉魏间仍不乏体现，如曹操曾被吕伯奢子及其宾客所劫，袁绍鉴于此弊，亦隐居洛阳不妄通宾客。魏对部族豪强，不能彻底控制，与此同时蓄养宾客之风未减，这使得宾客仍有骄纵枉法空间[5]。如以下例：建安时荆州郡主簿刘节宾客千余家，

---

[1]《三国志》卷四《魏书·三少帝纪》注引《汉晋春秋》，77。
[2]《三国志》卷一七《魏书·于禁传》注引《魏书》，315。
[3]《三国志》卷二二《魏书·陈群传》，379。
[4]《三国志》卷二八《魏书·毌丘俭传》注引《魏书》，458。
[5] 当然，也有约束宾客守法之例，如《后汉书·张酺传》载夏阳侯瓖有忠善尽节之心，"检敕宾客，未尝犯法"。《三国志·曹纯传》载曹纯"承父业，富于财，僮仆人客以百数，纯纲纪督御，不失其理，乡里咸以为能"。

出为盗贼，入乱吏治。司马芝欲征调其宾客为兵，为刘节所匿。[1] 征房将军刘勋，贵宠骄豪，宾客子弟数犯法。[2] 曹洪宾客在长社征调不肯如法，[3] 在许又数犯法。[4] 延康时，曹丕以邺县户多不法，乃以贾逵为令治之。[5] 在邺下之人多为魏官吏，或为宾客犯法。反之，魏袭汉制，对宾客犯法有所治理。如曹操本已罚崔琰为徒隶，后又以其"虽见刑，而通宾客，门若市人，对宾客虬须直视，若有所瞋"[6]，又赐琰死。崔氏之死，难免不是曹操私愤，但也可见私通宾客在汉魏间仍为统治者所忌。又据胡冲《吴历》：刘备在许，曹操"数遣亲近密觇诸将有宾客酒食者，辄因事害之"[7]。虽出自吴人之笔，但可以想象三国时各方互有戒心，对待人才有宾客之礼，又有所戒备，这理所当然。除去这些不尽真实的记载外，魏对宾客的违法还是多有惩治的。如司马芝治刘节、刘勋宾客；杨沛治曹洪宾客；满宠治曹洪宾客。孙吴也有惩治宾客犯法之制，如吕壹宾客在建安郡犯法，太守郑胄收狱考竟。[8] 当然，为保护豪族利益，在惩治宾客犯法时也保护他们的利益，如吴零陵太守徐陵死后，其僮客土田被人侵夺，"骆统为陵家讼之，求与丁览、卜清等为比，（孙）权许焉"[9]。据此知，丁览、卜清等人都有宾客，也发生过宾客土田被人侵夺之事。这些原本依附豪族的僮客都受到欺负，想必当时也有比他们势力更大的豪族和宾客，而宾客再去侵夺一般百姓也就不足为怪了。晋鉴魏宾客之失，武帝即位即"诏禁募客"，地方官员也能有所遵守，如王恂"明峻其防，所部莫敢犯者"[10]。晋户调式根据官品限定官员拥有客的人数也是基于此目的。

（八）悖慢违礼

此类亦无具体罪名可证，唯以违礼失仪事例相附。如黄初二年（221）灌均奏曹植"醉酒悖慢，劫胁使者"，曹丕以太后故，贬爵安乡侯。[11] 夏侯楙群弟不遵礼度，楙数切责，弟惧见治，乃共构楙以诽谤，令主奏之，有诏

---

[1]《三国志》卷一二《魏书·司马芝传》，235。
[2]《三国志》卷一二《魏书·司马芝传》，235。
[3] 参见《三国志》卷一五《魏书·贾逵传》注引《魏略》，294。
[4] 参见《三国志》卷二六《魏书·满宠传》，430。
[5] 参见《三国志》卷一五《魏书·贾逵传》，291。
[6]《三国志》卷一二《魏书·崔琰传》，225。
[7]《三国志》卷三二《蜀书·先主传》注引，522。
[8] 参见《三国志》卷四七《吴书·吴主传》注引《文士传》，679。
[9]《三国志》卷五七《吴书·虞翻传》注引《会稽典录》，784。
[10]《晋书》卷九三《外戚传》，北京：中华书局1974年版，第2412页。
[11] 参见《三国志》卷一九《魏书·陈思王传》注引《魏书》，337—338。

收楸。[1] 太和年间丁谧在邺下借人空屋,时曹氏诸王亦欲借之,但不知谧已在其中,丁谧因而呵使诸王被告以"无礼"收狱。[2] 曹茂性傲佷,少无宠于曹操,文帝时又不得封王。太和元年(227)封聊城公,时诏曰:"聊城公茂少不闲礼教,长不务善道。……如闻茂顷来少知悔昔之非,欲修善将来。君子与其进,不保其往也。"[3] 据此诏,知茂多违礼度。

二、阙考罪名二

以下所考者皆与公事相涉,故缀入公罪一目。

(一)公罪·宗庙事

正始时太常王肃以宗庙事免。[4] 所涉何事,史阙载。汉有坐宗庙事例,或因失职,或因擅议宗庙,如《史记·酷吏列传》载,武帝时有盗贼发掘文帝陵园瘗钱,张汤欲以宗庙事劾朱买臣等人。《汉书·韦玄成传》载太常丞韦弘"职奉宗庙,典诸陵邑,烦剧多罪过。父贤以弘当为嗣,故敕令自免。弘怀谦,不去官。及贤病笃,弘竟坐宗庙事系狱"。又载:"高后时患臣下妄非议先帝宗庙寝园官,故定著令,敢有擅议者弃市。至元帝改制,蠲除此令。成帝时以无继嗣,河平元年复复太上皇寝庙园,世世奉祠。昭灵后、武哀王、昭哀后并食于太上寝庙如故,又复擅议宗庙之命。"《汉书·百官公卿表》记任越人太常"坐庙酒酸论";太常石德"坐庙牲瘦入谷赎论"。《汉书·霍光传》载霍山云:"丞相擅减宗庙羔、菟、鼃,可以此罪也。"《后汉书·明帝纪》载明帝遗诏毋造寝庙,"敢有所兴作者,以擅议宗庙法从事"。《旧唐书·礼仪志》云:"汉制,擅议宗庙,以大不敬论。"按汉魏太常主管祭祀、礼仪,辖寝庙园陵之事。《晋志》云魏律"以言语及犯宗庙园陵,谓之大逆无道,要斩,家属从坐,不及祖父母、孙"。显然王肃也不是犯此罪,王肃坐宗庙事免官,应非擅议宗庙重罪,疑是魏寝庙园陵被盗或陵上草木被伐,其身为太常故被追责。又,《三国志》将王肃坐宗庙事系在王肃讥讽何晏、邓飏后,其免官或与得罪曹爽集团有关。

(二)公罪·选举不以实

建安十三年(208)曹丕为司徒赵温所辟。曹操奏其"辟臣子弟,选举故不以实",免温官。知汉律有坐选举辟臣子弟不以实,免官入刑。如《汉

---

[1] 参见《三国志》卷九《魏书·夏侯惇传》注引《魏略》,164。
[2] 参见《三国志》卷九《魏书·曹爽传》注引《魏略》,176。
[3] 《三国志》卷二〇《魏书·武文世王公传》,353。
[4] 参见《三国志》卷一三《魏书·王肃传》,254。

书·高惠高后文功臣表》载张当居"坐为太常择博士弟子故不以实,完为城旦"。何夔为丞相东曹掾时曾上言:"自军兴以来,制度草创,用人未详其本,是以各引其类,时忘道德。夔闻以贤制爵,则民慎德;以庸制禄,则民兴功。以为自今所用,必先核之乡闾,使长幼顺叙,无相逾越。显忠直之赏,明公实之报,则贤不肖之分,居然别矣。又可修保举故不以实之令,使有司别受其负。在朝之臣,时受教与曹并选者,各任其责。"[1] 曹操嘉其言。魏注重选才用人,乡闾品评,为九品中正制度奠定了基础。同时重申了汉律对选举连坐的规定,选举用人故不以实的官员要承担连坐责任。

又,黄初三年(222)诏:"今之计、孝,古之贡士也;十室之邑,必有忠信,若限年然后取士,是吕尚、周晋不显于前世也。其令郡国所选,勿拘老幼;儒通经术,吏达文法,到皆试用。有司纠故不以实者。"[2] 知魏仍承汉上计之制。在选人时,魏注重选拔通经与熟律之人,且不限年资。如荀彧为尚书令"常居中持重",按《典略》云:"彧折节下士,坐不累席。其在台阁,不以私欲挠意。"[3] "前后所举者,命世大才,邦邑则荀攸、钟繇、陈群,海内则司马宣王,及引致当世知名郗虑、华歆、王朗、荀悦、杜袭、辛毗、赵俨之俦,终为卿相,以十数人。取士不以一揆,戏志才、郭嘉等有负俗之讥,杜畿简傲少文,皆以智策举之,终各显名。荀攸后为魏尚书令,亦推贤进士。"[4] 曹操尝"以(荀)彧为知人,诸所进达皆称职"[5]。"二荀令之论人,久而益信,吾没世不忘。"[6] 太和中尚书郎张缉以称职为明帝所识。[7] 明帝时桓范荐徐宣:"体忠厚之行,秉直亮之性;清雅特立,不拘世俗;确然难动,有社稷之节;历位州郡,所在称职。"[8] 明帝时,韩暨与韩宣为尚书大鸿胪,为官皆称职,鸿胪中为之语:"大鸿胪,小鸿胪,前后治行曷相如。"[9] 这样的用人政策和体制,自然能吸引人才为其效劳。魏能独霸中原,也是其用人政策所致。但荀彧也有用人看走眼的时候,[10] 因此魏也强调了选举故不以实的法律责任。如曹丕曾求毛玠"属所亲眷",毛玠拒以"老臣以能守职,幸得免戾,今所说人非迁次,是以不敢奉命"[11]。

---

[1]《三国志》卷一二《魏书·何夔传》,232。
[2]《三国志》卷二《魏书·文帝纪》,48。
[3]《三国志》卷一〇《魏书·荀彧传》注引,189。
[4]《三国志》卷一〇《魏书·荀彧传》注引《彧别传》,193。
[5]《三国志》卷一〇《魏书·荀彧传》,189。
[6]《三国志》卷一〇《魏书·荀彧传》注引《彧别传》,193。
[7] 参见《三国志》卷一五《魏书·张既传》注引《魏略》,289。
[8]《三国志》卷二二《魏书·徐宣传》,386。
[9]《三国志》卷二三《魏书·裴潜传》注引《魏略》,403。
[10] 参见《三国志·荀彧传》云荀彧所举严象、韦康皆败亡。
[11]《三国志》卷一二《魏书·毛玠传》,228—229。

又，吏部郎许允选郡守，明帝："疑其所用非次，召入，将加罪。"许允被召时，"允妻阮氏跣出，谓曰：'明主可以理夺，难以情求。'允颔之而入。帝怒诘之，允对曰：'某郡太守虽限满，文书先至，年限在后；某守虽后，日限在前。'帝前取事视之，乃释遣出。望其衣败，曰：'清吏也。'赐之"[1]。汉魏任官皆有年限规定[2]。又《晋书·傅玄传》载泰始初年傅咸以为"六年之限，日月浅近，不周黜陟"，建议实行《虞书》"三载考绩，三考黜陟幽明"的九年之限。据此知六年为魏晋间任职常限，秩满限至则转他官或离任[3]。故杜佑云："唐虞迁官，必以九载。魏晋以后，皆经六周。"[4] 又《晋书·石季龙载记》载："魏始建九品之制，三年一清定之，虽未尽弘美，亦搢绅之清律，人伦之明镜，从尔以来，遵用无改。"知魏晋行考课，以三年为限调整品第[5]。许允所言之限，应指六年之限；但三年一调整的官品又为六年的迁转之限提供了依据和条件。据曹睿"选用非次"之疑[6]，即疑违反了铨选次序的限期。许允对文书到达时间作具体分析，认为文书早于任官年限之日到达，不算过限；文书晚于任官年限之日到达，理应离任，以此

---

[1] 《三国志》卷九《魏书·夏侯玄传》注引《魏氏春秋》，185。《世说新语·贤媛》刘孝标注、《艺文类聚·职官部·吏部郎》同引此事，皆出《魏氏春秋》，略有文字出入，此不赘录。

[2] 如《后汉书·郑弘传》载："旧制，尚书郎限满补县长令史丞尉。"

[3] 如《晋书·刘颂传》载颂"迁议郎、守廷尉……在职六年，号为详平"。《晋书·刘毅传》云毅为司隶校尉，"在职六年，迁尚书左仆射"。《晋书·范汪传》云："顷者选举，惟以恤贫为先，虽制有六年，而富足便退。"以上例皆可佐证。三国战乱，九品中正制度实施初期，对一些有政绩、能力的官员准其旧任，如梁习任并州刺史二十余年、杨阜、牵招任太守十余年、胡质在郡九年、高柔任廷尉二十三年、韩暨任太常八年。魏晋后也行六年之制：如《宋书·良吏传·序》云："守宰之职，以六期为断，虽没世不徙，未及曩时，而民有所系，吏无苟得。"《宋书·谢庄传》："今莅民之职，自非公私必应代换者，宜遵六年之制，进获章明庸堕，退得民不勤扰。"《南齐书·明帝本纪》："诏申明守长六周之制，事竟不行。"《魏书·房景伯传》："旧守令六年为限，限满将代，郡民韩灵和等三百余人表诉乞留（太守房景伯），复加二载。"《魏书·萧宝夤列传》："然及其考课，悉以六载为程，既而限满代还，复经六年而叙。"但也有行三年之限，如《南史·谢弘微传》云："（宋）文帝世，限年三十而仕郡县，六周乃迁代，刺史或十年余。至是皆易之，仕者不拘长少，莅人以三周为满，宋之善政于是乎衰。"《南齐书·良政传·序》："郡县居职，以三周为小满。"《魏书·郭祚列传》："正始中，故尚书、中山王英奏考格，被旨：但可正满三周为限，不得计残年之勤。"检南北朝史，尚有"秩满"迁转他官之例，也是六年或三年限满的别称。

[4] ［唐］杜佑撰，王文锦等点校：《通典》卷一八《选举六·杂议论下·请改革选举事条》，北京：中华书局1988年版，第452页。

[5] 朝廷通过控制任期，进行职位迁转意图是防止官员形成牢固的地方势力。

[6] 非次指不符合铨选次序，如《晋书·刘毅传》云："今之中正，务自远者，则抑割一国，使无上人。秽劣下比，则拔举非次，并容其身。"《北堂书钞》卷六〇引作"选用非人"。

说服了曹睿。《世说新语·贤媛》则载:"许允为吏部郎,多用其乡里,魏明帝遣虎贲收之。""帝核问之。允对曰:'举尔所知。'臣之乡人,臣所知也。陛下检校为称职与不? 若不称职,臣受其罪。"既检校,皆官得其人,于是乃释。"[1]"举尔所知"应是明帝所下选举之令,许允举其乡里熟人,并不违背和曲解"举尔所知"。检核所举也官得其人,名副其实,自然不是选举不以实,故能获释。

又,明帝时杜恕议考课法云:"选举非其人,未必为有罪也;举朝共容非其人,乃为怪耳。……近司隶校尉孔羡辟大将军狂悖之弟,而有司嘿尔,望风希指,甚于受属。选举不以实,人事之大者也。"[2] 知魏时选举不以实的情况仍然存在,这也是杜恕在其诸多奏疏中多竭力呼吁改变的。

又,曹爽秉权大树其党,徙卢毓为仆射,以何晏代之,后又出其为廷尉,"司隶毕轨又枉奏免官,众论多讼之,乃以毓为光禄勋"[3]。《曹爽传》云"(何)晏等与廷尉卢毓素有不平,因毓吏微过,深文致毓法,使主者先收毓印绶,然后奏闻"[4],知曹爽、何晏等人以卢毓坐属吏有过,重罪治之。曹爽等人虽是枉奏,但可证若属吏有罪,主者亦担失职不察之责。

(三) 公罪·擅去官

建安十二年(207)"科禁长吏擅去官",长陵令吉黄闻司徒赵温薨,"自以为故吏,违科奔丧,为司隶钟繇所收,遂伏法"[5]。汉魏晋间官长与属吏关系较秦汉更具"私人"色彩,服丧之制即其突出表现,故吏亦多念辟举恩情奔旧官长之丧,这在当时来说是一种必要的道德与仁义之举。[6]

又,王经为江夏太守,"曹爽附绢二十匹,令交市于吴,经不发书,弃官归。母问归状,经以实对。母以经典兵马而擅去对送吏杖经五十,爽闻,不复罪"[7]。"母以经典兵马而擅去对送吏杖经五十"一句,中华书局1959年版、中华书局香港分局1971年繁体竖排版《三国志》,岳麓书社2002年吴

---

[1] 余嘉锡考"允对曰"下《残类书》作"臣比奉诏,各令'举尔所知'。"见余氏著《世说新语校笺》,北京:中华书局1983年版,第674页。
[2] 《三国志》卷一六《魏书·杜恕传》,304。
[3] 《三国志》卷二二《魏书·卢毓传》,390。
[4] 《三国志》卷九《魏书·曹爽传》,174。
[5] 《三国志》卷二三《魏书·常林传》注引《魏略》,394。
[6] 甘怀真认为:"(魏晋时期)官人间的服丧行为,是超越职务的关系,进而缔结私的人际关系的最佳证明。"对此研究可参见《魏晋时期官人间的丧服礼》,台北:《中国历史学会史学集刊》第27期1995年9月。另参甘氏其他著作"'旧君'的经典诠释:汉唐间的丧服礼与政治秩序",台北:《新史学》第13卷,2002年第2期;《皇权、礼仪与经典诠释:中国古代政治史研究》,上海:华东师范大学出版社2008年版。
[7] 《三国志》卷九《魏书·夏侯玄传》注引《世语》,185。

金华点校本《三国志》，钱剑夫整理本《三国志集解》（卢弼著），赵幼文《三国志校笺》以及苏渊雷《三国志今注今译》断作："母以经典兵马而擅去，对送吏杖经五十。"但中华书局 1999 年、2006 年简体横排本《三国志》，2005 年前四史简体本《三国志》皆断作："母以经典兵马而擅去对，送吏杖经五十。"查张舜徽《三国志辞典》、洪业《三国志及裴注综合引得》未收"擅去对""去对""对送"之类词语。又赵幼文考："《白帖》'去'下有'官'字。"[1] 而汉魏晋多有"擅去"一词作为擅去官的略称，《白帖》之文疑为后人所增。《三国志·华佗传》载："卿今强健，我欲死，何忍无急去药，以待不祥？"裴注"古语以藏为去"知三国时，"去"有"藏"的意思。"擅去"即"擅藏"，在王经事中指其隐藏曹爽与吴交市的文书。故应在"去"字后断句，这样训诂，"擅去"就能与"不发书"对应，所以才有了王经弃官后，母亲问责王经身为太守典兵马却擅自藏匿文书，知而不发，又擅自去官有违法度，故送其受杖。又"母问归状，经以实对"，王经母"对送"应指其得知实情后，对状送付官府之意。之后"爽闻，不复罪"，"不复罪"当有二指，一是擅自藏匿文书，知而不发应当入罪；二是擅自弃官应入罪。

（四）公事·藏匿文书

事见上引王经例。

（五）公事·职事见责

公事差错坐罪，因职事见责，处罚多为免官、左迁，因公事免官往往很快能够官复原职，与免官抵罪不同。如建安时发干长王凌"遇事，髡刑五岁，当道扫除"。曹操路过见此，云"此子师兄子也，所坐亦公耳"。于是选为骁骑主簿[2] 知其坐公事免官。左迁例如黄初时崔林为幽州刺史，吴质统军事，林与之不合，"以不事上司，左迁河间太守"[3]。

又，明帝时许允为尚书选曹郎，"与陈国袁侃对，同坐职事，皆收送狱，诏旨严切，当有死者，正直者为重。允谓侃曰：'卿，功臣之子，法应八议，不忧死也。'侃知其指，乃为受重。允刑竟复吏，出为郡守，稍迁为侍中尚书中领军"[4]。尚书郎韩宣，尝以职事当受罚于殿前[5] 杨丰子为尚方吏，

---

[1] 赵幼文：《三国志校笺》，成都：巴蜀书社，2001 年版，第 384 页。
[2] 参见《三国志》卷二七《魏书·王凌传》，451。子师为王允，王凌叔父。
[3] 《三国志》卷二四《魏书·崔林传》，406。
[4] 《三国志》卷九《魏书·夏侯玄传》注引《魏略》，184。
[5] 参见《三国志》卷二三《魏书·裴潜传》注引《魏略》，402。

明帝"以职事谴怒,欲致之法,(孙)资请活之"[1]。明帝时,谯人胡康年十五,以异才"求试剧县",自以为有治剧之能,后"以过见遣"[2]。此三人所犯何事,史阙载。

又,黄初时丁仪"因职事收付狱",被文帝所杀,其家男口亦被诛[3]。丁仪本罪不致死,皆因其是曹植之党,为曹丕所忌。中书刘放、孙资与曹肇等人不和,趁机劝曹睿改立曹爽为大将军,并招回司马懿一同辅政。曹肇坚决反对,但曹睿从刘放、孙资所议,以"处事失宜"免肇官[4]。正始初,傅嘏迁黄门侍郎,时曹爽秉政,何晏为吏部尚书,嘏与曹羲言:"何平叔外静而内铦巧,好利,不念务本。吾恐必先惑子兄弟,仁人将远,而朝政废矣。"晏等遂与嘏不平,因微事以免嘏官[5]。以上三事皆不明何罪,疑为借公事而泄私愤。

又,明帝时邓飏为洛阳令,坐事免[6]。飏坐公事免,或因其坐浮华案有关。正始元年(240),徐邈为司隶校尉,公事去官。《三国志》未言去官原因,按正始年曹爽与司马氏斗争正酣,邈或身陷其中[7]。正始十年(249)曹爽废,尚书郎王弼"以公事免"[8]。亦是此类。

又,《晋书·李憙传》云泰始初,司隶李憙以公事免,"其年,皇太子立,以憙为太子太傅"。司马衷于泰始三年(467)被立为皇太子,时晋律虽成,但未颁布,故李被免仍循魏律。

(六) 公罪·侵官

越职、越官、越司、侵局、侵职皆是侵官别名。明帝有殿中监擅收兰台令史,卫臻奏云:"古制侵官之法,非恶其勤事也,诚以所益者小,所堕者大也。臣每察校事,类皆如此,惧群司将遂越职,以至陵迟矣。"[9]《左传·成公十六年》:"国有大任,焉前专之?且侵官,冒也;失官,慢也;离局,奸也。"《国语·晋语》:"外有军,内有事。赤也,外事也,不敢侵官。"

---

[1]《三国志》卷一四《魏书·刘放传》注引《资别传》,277。
[2]《三国志》卷二一《魏书·刘劭传》注引《庐江何氏家传》,373。裴松之以为胡康为孟康,但孟康自少在宫中,与后族有亲,何由县送诏引?裴说误。
[3] 参见《三国志》卷一九《魏书·陈思王传》注引《魏略》,337。
[4] 参见《三国志》卷一四《魏书·刘放传》注引《世语》,278。
[5] 参见《三国志》卷二一《魏书·傅嘏传》,374。
[6] 参见《三国志》卷九《魏书·曹爽传》注引《魏略》,175。
[7] 参见《三国志》卷二七《魏书·徐邈传》,440。苏渊雷也持此说,见苏氏著《三国志今注今译》,长沙:湖南师范大学出版社1991年版,第1492页。
[8] 参见《三国志》卷二八《魏书·钟会传》注引何劭《王弼传》,474。王弼卒于是年,故未得复官。
[9]《三国志》卷二二《魏书·卫臻传》,387。

韦昭注："非其官而与之，为侵官。"《韩非子·二柄》："昔者韩昭侯醉而寝，典冠者见君之寒也，故加衣于君之上，觉寝而说，问左右曰：'谁加衣者？'左右对曰：'典冠。'君因兼罪典衣与典冠。其罪典衣，以为失其事也；其罪典冠，以为越其职也。非不恶寒也，以为侵官之害甚于寒。"以上诸例即卫臻所言侵官之古法。卫臻奏之，知魏律对此有规制。魏校事侵官之事，可参程晓嘉平中所上请罢校事官疏[1]。唐职制律"越司侵职者，杖七十"。《疏议》云："越司侵职者，谓设官分职，各有司存，越其本局，侵人职掌，杖七十。"是降至唐律，仍不出卫论意旨。

第六节　魏晋谋反罪补考——以兄弟连坐为视角

一、公孙渊案、钟会案、杨骏案概述

（一）公孙渊案

魏太和二年（228），公孙渊夺其叔公孙恭位，占割辽东。时渊兄公孙晃在洛阳任质，景初元年（237），渊自立燕王，晃上书明帝云："渊终不可保，数自表闻，欲令国家讨渊"。景初二年魏平辽东，"以国法系晃"，《魏略》云："晃虽有前言，冀不坐，然内以骨肉，知渊破则己从及。渊首到，晃自审必死，与其子相对啼哭。时上亦欲活之，而有司以为不可，遂杀之。"[2]

时明帝念晃有揭发之举，大义灭亲，欲留全性命，但不为有司所纳。《三国志》未言曹睿欲活晃事，仅载：睿"不忍市斩，欲就狱杀之"；高柔上疏求情，"帝不听，竟遣使赍金屑饮晃及其妻子，赐以棺、衣，殡敛于宅"[3]。从《魏略》记载看，显然曹睿在是否处死公孙晃态度上有所犹豫。但在《三国志》中，曹睿只是不忍将公孙晃弃市，非全其性命。这种心态的转变或许因有司的一再坚持，使得曹睿放弃拯救公孙晃，可知魏谋反连坐，罪及兄弟之"国法"执行有力。时在景初二年（238），魏律已成，有司所执之法当是魏律。对是否诛杀公孙晃，魏应有过一场讨论，高柔曾力主赦公孙晃罪，其言："《书》称'用罪伐厥死，用德彰厥善'，此王制之明典也。晃及妻子，叛逆之类，诚应枭县，勿使遗育。而臣窃闻晃先数自归，陈渊祸萌，虽为凶族，原心可恕。夫仲尼亮司马牛之忧，祁奚明叔向之过，在昔之美义也。臣以为晃信有言，宜贷其死；苟自无言，便当市斩。今进不赦其命，退

---

[1] 参见《三国志》卷一四《魏书·程昱传》，260—261。
[2] 《三国志》卷八《魏书·公孙度传》注引，155。
[3] 《三国志》卷二四《魏书·高柔传》，411。

不彰其罪,闭著囹圄,使自引分,四方观国,或疑此举也。"[1] 按高柔所言,其并不否认兄弟罪及,因此引用了《尚书》中赏罚远近亲疏"待之如一"的先王明典。但又以公孙晃对其兄谋反多有揭发,也劝曹睿起兵攻伐,观其心志并不从逆;且有人之过,圣人所美,因此可原情论罪。其实高柔对此案的关注除论述原情外,更在于当时对处理此案,朝议"进不赦其命,退不彰其罪",只是"闭著囹圄,使自引分"多有微词。可见朝议对公孙晃案也颇有顾虑,这种不进不退的选择,并非执中之道,反而会对魏律的确定性产生负面影响,身为廷尉的高柔自然有所忧心。

《汉书·宣帝纪》载地节四年(前66)诏:"自今子匿父母、妻匿夫、孙匿大父母,皆勿坐。其父母匿子、夫匿妻、大父母匿孙,罪殊死,皆上请廷尉以闻。"这一诏书被视为亲亲相隐的首次法律规定,并沿袭至唐。毋庸置疑,汉唐间的魏晋律都继承了此原则,但在唐律却附加了这样的规定:"若犯谋叛以上者,不用此律",即谋反、谋大逆、谋叛等严重犯罪,不得适用亲亲相隐,必须告发。那么这种规定是为唐律首创,还是这一制度在汉唐间不断演变的结果呢?对此,可作三点思考:一、公孙晃不为兄弟隐罪是否为明哲保身?二、魏是否有明确规定:谋反之类重罪禁止亲属容隐,必须告发,所以公孙晃才大义灭亲进行揭发?三、公孙晃的揭发是否构成自告,即代亲属自首。实际上高柔对于亲属容隐持肯定态度,这可以从其他案例得到旁证:建安年间鼓吹宋金亡逃,按"旧法,军征士亡,考竟其妻子",时曹操"患犹不息,更重其刑"。宋金有母妻及二弟皆给官,主者奏杀之,高柔上言:"愚谓乃宜贷其妻子,一可使贼中不信,二可使诱其还心。正如前科,固已绝其意望,而猥复重之,柔恐自今在军之士,见一人亡逃,诛将及己,亦且相随而走,不可复得杀也。此重刑非所以止亡,乃所以益走耳。"[2] 知汉魏间的株连制度已经对亲属容隐造成了破坏,高柔反对株连亲属其实也是反对"军征士亡,考竟其妻子",强迫亲属间互证有罪这一现象。[3] 但是高柔反对罪及妻子、强迫亲属间互证有罪,这并不等同于他不认可亲属有罪可

---

[1]《三国志》卷二四《魏书·高柔传》,411。
[2]《三国志》卷二四《魏书·高柔传》,409。
[3]《三国志·魏书·卢毓传》同样记了卢毓对魏重士亡法、罪及妻子一事所发异议。"时天下草创,多逋逃,故重士亡法,罪及妻子。亡士妻白等,始适夫家数日,未与夫相见,大理奏弃市。"毓驳之曰:"夫女子之情,以接见而恩生,成妇而义重。故《诗》云:'未见君子,我心伤悲。亦既见止,我心则夷。'又《礼》:'未庙见之妇而死,归葬女氏之党,以未成妇也。'今白等生有未见之悲,死有非妇之痛,而吏议欲肆之大辟,则若同牢合卺之后,罪何所加?且《记》曰:'附从轻',言附人之罪,以轻者为比也。又《书》云:'与其杀不辜,宁失不经',恐之重也。苟以白等受礼聘,已入门庭,刑之为可,杀之为重。"太祖曰:"毓执之是也。又引经典有意,使孤叹息。"知其态度与高柔是一致的,既不主张罪及妻子,当然也不会主张强迫亲属间互证有罪。

以告发，特别是对于谋反大逆这类情况。其引《尚书》大义，谓"晃及妻子，叛逆之类，诚应枭县，勿使遗育"，这说明高柔对谋反大逆应株连家属一制是认同的，"以国法系晃"是谁也不能改变的，此其一。其二，黄初五年（前224）曾颁令："谋反大逆乃得相告，其余皆勿听治；敢妄相告，以其罪罪之。"[1] 这表明魏谋反大逆，他人（包括亲属）得以相告制度的确立，揣"乃得相告"之意，可知黄初五年前有关于"谋反大逆不得相告"的禁制，至于这种禁制是曹操、曹丕所创，还是承汉制而来，不得而知。但其他罪行仍不得相告，若有违反则反坐。谋反大逆得以相告本身就预示着谋反、谋大逆、谋叛之类重罪已不适用亲亲得相首匿原则。这一规定的改变恰好可为公孙晃为何主动揭发公孙渊谋逆作出解释，也更易理解高柔为公孙晃求情的立论依据是原心论罪，而非讨论公孙晃是否有权告发公孙渊谋反和违背相隐之道。

据此可以推断：上引黄初五年令应是唐律关于谋反、谋大逆、谋叛等严重犯罪，不得适用亲亲相隐的规定所本，唐律对亲亲相隐适用的限制其实在魏就已萌芽或确立了。[2] 需要指出的是，"谋反大逆乃得相告"之"得"，从语义来看并无强制告发之意，但是否不适用亲亲相隐就意味着强制相告，囿于资料此不再展开，待以后详考。又《二年律令·贼律》："谋反者，皆要（腰）斩。其父母、妻子、同产，无少长皆弃市。其坐谋反者，能偏（徧）捕，若先告吏，皆除坐者罪。""先告吏"即事先举报者可除其罪。汉律有"先自告，除其罪"[3] 之文，但这种自告多限于当事者本人，即自告之人就是犯罪者本身。是否包括亲属的代为自首告发，从史籍来看尚不能寻得确证。唐代对汉律作了进一步发挥，并确定了自首的核心条件："诸犯罪未发而自首者，原其罪"。又《唐律疏议·名例》规定："即遣人代首，若于法得相容隐者为首，及相告言者，各听如罪人身自首法。"据此可知，与犯罪人在法律上有容隐关系者在犯罪人不知的情况下去官府为犯罪人自首或进行告发的，法律上亦视同犯罪人自首而得减刑。但前提是"于法得相容隐者为首"，即不属于谋反大逆等国事重罪。显然，公孙渊事若穿越时空来到唐也难免一死。若说唐律"诸犯罪未发而自首者，原其罪"是源于汉律谋反"先自告，除其罪"的话，则魏律规定当不出其左右。但对告发谋反大逆，魏是否对告发者有所奖励或赦宥，高柔只提到"晃信有言，宜贷其死"，知其主张告发亲属谋逆者能免死，若说高柔的立论为魏律具体规定，可推测魏也沿

---

[1] 《三国志》卷二《魏书·文帝纪》，51。
[2] 李俊方《浅析汉代的家族内部犯罪》一文分析汉代亲属相告说："汉代限于材料虽然找不到如后面朝代谋反、谋逆、谋叛不允许'亲亲得相首匿'的法律规定，但这一原则适用还是根据案情而定。"这与笔者的推论是吻合的，见法律史学术网，http://jyw.znufe.edu.cn/flsxsw/articleshow.asp?id=333。
[3] 《史记》卷一一八《淮南衡山列传》，北京：中华书局1962版，第3097页。

用汉律"若先告吏,皆除坐者罪"的原则。但史又谓公孙晃"虽有前言,冀不坐,然内以骨肉,知渊破则已从及",是意味着魏自告原罪的规定不适用于谋反大逆等国事重罪,所以公孙晃才有这样的心理活动。且按《魏略》云当时魏帝欲活公孙晃,"有司以为不可",有司的意见也当据法而言,这是否预示魏已不适用"若先告吏,皆除坐者罪"的原则,史料稀缺,已难详证。公孙晃为何屡言公孙渊有谋逆之心,是其明哲保身、惧怕株连而自告,还是其本身就是曹魏的纯臣,恐怕只是历史之谜了。

至此,可以对公孙晃被诛所揭示的魏制作一些总结:黄初五年(224)魏文帝令规定"谋反大逆乃得相告",对于谋反大逆,魏不禁止他人(包括亲属)相告,即限制了亲亲相隐的适用,这种限制为明帝修律时所吸收,也为唐律所本。谋反大逆,魏株连兄弟妻子。谋反大逆是否强制亲属相告,阙考。告发亲属谋反大逆,告发者能否减免刑罚,阙考。

为更好地解读公孙晃案,下结合魏晋间类似该案的钟会、钟毓案;杨骏、杨珧案从"例"的角度再作分析。

(二) 钟会、钟毓案

钟会是钟繇幼子,钟毓之弟。钟会欲据蜀自立,与蜀降将姜维共谋其事,后死于部将兵变。《三国志》载:毓死在景元四年(263),时钟会并不知情。钟会死后,其所收养的"兄子毅及峻,辿等下狱,当伏诛"[1],司马昭表曹奂下诏言:"峻等祖父繇,三祖之世,极位台司,佐命立勋,飨食庙庭。父毓,历职内外,干事有绩。昔楚思子文之治,不灭斗氏之祀。晋录成宣之忠,用存赵氏之后,以会、邕之罪,而绝繇、毓之类,吾有愍然!峻、辿兄弟特原,有官爵者如故。惟毅及邕息伏法。"[2] 峻、辿免诛,司马昭功劳甚大,峻、辿祖钟繇是魏佐命功臣,配享魏庙,其子嗣自然能入八议之列;父毓历任显职,又佐司马昭平定淮南。因此,计功原情,可免钟毓一支死罪。《三国志》又载:"毓曾密启司马文王,言会挟术难保,不可专任,故宥峻等云。"[3]《汉晋春秋》亦载:"文王嘉其忠亮,笑答毓曰:若如卿言,必不以及宗矣。"[4] 知钟毓早已晓钟会心有贰志,亦曾向司马昭进言,而司马昭也许下了若钟会谋反,存活钟毓一支的诺言。这应是钟峻、钟辿得免的一个重

---

[1] 按《三国志·钟繇传》,"峻"作"骏",此从《钟会传》。《钟毓传》未载"钟辿"斯人,其得免罪当是钟毓所出。又按《钟会传》,钟繇先后有命妇张氏、贵妾孙氏,又纳贾氏,钟会为钟繇少子,则钟毅、钟邕或为钟会异母兄之子。

[2]《三国志》卷二八《魏书·钟会传》,473。

[3]《三国志》卷二八《魏书·钟会传》,473。

[4]《三国志》卷二八《魏书·钟会传》注引,473。又《通鉴·魏纪·咸熙元年》同载:"晋公思钟繇之勋与毓之贤,特原毓子峻、辿,官爵如故。"

要原因。公孙晃被诛事，相去不远，为何未能成为处理钟会谋反案的参照呢？粗看公孙案与钟案，有一定相似之处，即都是弟身涉谋反，兄提前告发，不隐弟之罪，最后兄（包括兄的子息）也连坐入罪。细察可知，公孙一族并非魏佐命功臣，其身处辽东，魏常疑其贰心而多有戒备，公孙晃就是因为如此才任质洛阳以牵制公孙一族，就算诛其一族在当时而言也并不为过。但钟氏世臣曹魏，可谓忠心，且有司马昭进言，全灭钟氏，恐怕会引起士族异议。终魏一朝，在兄弟谋反是否罪及问题上，出现了一杀一赦截然相反的处理结果。杀者，公孙晃之例；赦者，钟毓之例。但有理由相信钟峻、钟迅免诛只不过是一个特例，是司马昭操控魏政、笼络人心之举，比起公孙晃案，其有着更为复杂的政治斗争因素，司马昭"表天子下诏"也恰好说明了这一点。

（三）杨骏、杨珧案

《晋书》记载：晋车骑将军杨骏女为晋武帝皇后，甚受宠信，骏与弟杨珧、杨济权倾晋室。骏在任大权独揽，不纳良言，遍树亲党。元康元年（291）贾后政变，杨骏被杀，党羽下狱皆夷三族，死者数千人，杨珧、杨济也未能幸免。[1] 与兄长刚愎自用相较，珧、济二人尚算清望，有所名称，为官更显得如履薄冰。《晋书》载，珧"以兄贵盛，知权宠不可居，自乞逊位，前后恳至，终不获许"。其又上表陈情："历观古今，一族二后，未尝以全，而受覆宗之祸。乞以表事藏之宗庙，若如臣之言，得以免祸。"显然，杨珧对其兄一直有所不满也极怀顾虑，害怕一门夷灭，可谓深谋远略，最后晋惠帝认可了杨珧陈情，实际也是对杨珧许下了一旦杨骏有变，不相株连的诺言。尽管如此，仍有人对杨氏兄弟满怀戒心，时赵休上言："今杨氏三公，并在大位，而天变屡见，臣窃为陛下忧之。"杨珧得知此事更是恐惧，最后辞官还家。公孙晃、钟毓之事，至此也不过五十年，相信杨珧会知晓这些前车之鉴。虽然杨珧没有揭发之举，但观其所为与当年公孙晃、钟毓之举如出一辙，都惧怕兄弟一朝谋反，累及家门，因此选择了明哲自保，以先自告而换后原罪。事与愿违，杨珧临刑时心有不甘，仍以当年上表陈情求免祸一事得到惠帝同意称冤，其云"事在石函，可问张华"。时朝议认为，既然杨珧先已陈情自告，"宜为申理，合依钟毓事例"，知当时有人搬出钟毓一支免于钟会之诛的事例，欲以此事为比，企图拯救杨珧性命。但贾后之党嫉杨如仇，遂斩杨珧，时人莫不嗟叹。杨珧受诛，一是其兄确有谋反之迹，兄弟罪及，于法有据；二是晋惠帝无能，贾后专权，杨珧只是政治斗争的牺牲品；三是杨珧辞官后也有党羽交通之事。《晋书》载：珧"初以退让称，晚乃合朋党，

---

[1] 杨骏事迹见《晋书》卷四〇《杨骏传》，北京：中华书局1974年版，第1177—1180页。

构出齐王攸。中护军羊琇与北军中候成粲谋欲因见珧而手刃之。珧知而辞疾不出。讽有司奏琇,转为太仆。自是举朝莫敢枝梧,而素论尽矣"[1]。知杨珧实际上也参与了其他的政治斗争,这是其受诛杀不能忽略的原因。因此不依"钟毓事例"存活其命,就当时政治环境而言,合法又不失情理。与杨珧一样,杨济同样选择了明哲自保,《晋书》载:济"与兄珧深虑盛满,乃与诸甥李斌等共切谏"。又骏"忌大司马汝南王亮,催使之藩。济与斌数谏止之,骏遂疏济"。杨济曾对傅咸说:"若家兄征大司马入,退身避之,门户可得免耳。不尔,行当赤族。"知杨济也看不惯杨骏所为。可见,杨骏的刚愎自用已导致兄弟不合,而杨济坦露灭门的忧心当是肺腑之言[2]。可以说,与杨珧相较,杨济之死或更显冤枉。

为何在处理杨案时会有"合依钟毓事例"的议论,为何杨珧临行称冤?通过以上对钟案、杨案的概述可以看到:钟毓、杨珧都顾虑兄弟有谋逆之心;惧怕日后株连,都曾向皇帝陈情自告以防不测,也得到了皇帝的免死诺言。二案相距不足五十年,[3]前殷可鉴,其中的相同之处难免使人们将杨案与钟案事同类比,钟毓一支得以存命,杨珧一支自然也能免罪。至于杨珧本人陈情自告是否有意模仿钟毓,不得而知,但至少其临刑前是以陈情自告得到皇帝许诺作为救命稻草。由此可见,钟毓一事对晋人法律观念乃至司法的影响。

二、"钟毓事例"

据杨一凡、刘笃才(下简称杨氏)的研究,"事例"具有"单个的判例"的含义,其使用可追溯到"钟毓事例",[4]即前文杨案中所言。同时认为:"如果某件事情是一个司法案例,并且被赋予法律效力,成为判决的依据,那么这个事例就成为判例。然而,这种情况并不多见。"[5]杨氏认为事例转化为判例,影响司法的史料少见,"钟毓事例"是"两个在晋代没有成为判例

---

[1] 杨珧事迹详见《晋书》卷四〇《杨骏传》,北京:中华书局1974年版,第1180—1181页。
[2] 杨济事迹详见《晋书》卷四〇《杨骏传》,北京:中华书局1974年版,第1181页。
[3] 公孙案发于公元238年,钟案发于公元254年,杨案发于公元291年,三案有着魏晋时空的共性。
[4] 杨一凡、刘笃才:《历代例考》,北京:社会科学文献出版社2009年版,第90页。对于例、事例、判例作为魏晋时期法律形式所具有的法律意义和性质,笔者赞同杨一凡、刘笃才的观点:"事例的本义是'以前事为例'。它是在行政或审判活动中,通过处理某一事件或某一案件形成的并被统治者确认为具有法律效力的定例。魏晋时期,事例是以单数之例的形式出现的,如曹魏的钟毓事例,东晋的蔡谟事例,并可以与故事相互替代,是从故事、旧事向旧例过渡中的一种称呼。"(见《历代例考》,第7页。)故不再对例、事例、判例所具有的法律意义和性质作赘论。
[5] 杨一凡、刘笃才:《历代例考》,北京:社会科学文献出版社2009年版,第90页。

的案例"之一，另一个是邵广盗窃案。[1] 如果没有理解错误，杨氏征引这两个没有成为判例的案例，是为其"在晋代，由于人们担心判例可能破坏法律统一的疑虑始终未得到很好解决，司法中的判例没有生长的土壤和存在的空间"这一具体观点作支撑，从而说明"魏晋南北朝时期判例为什么没有生存空间"这一重要命题。[2] 就"钟毓事例"而言，其在杨案中显然没能采用。但对其为何未在杨案中发挥作用，成为判例，杨氏似乎没有直接回答，只对另一个"在晋代没有成为判例的案例""邵广盗窃案"进行分析，并得出这样的结论："一个案件的处理，必须考虑它有可能被后人效仿。即使申明其属于特事特办，也不能排除人们在未来与之攀比。"因此统治者往往制止有意识地确立判例，将一切判例预先扼杀于形成之前。[3] 对于杨案，杨氏指出：其"是否能够反映当时的制度，有待考证"[4]。可见，杨氏并没有将对邵广盗窃案的分析结论套用到杨案中，显然这样的考证是实事求是的。既然杨案没有适用"钟毓事例"，其处理结果却与公孙案一样，那我们不禁要追问：是否公孙案在杨案已经成为了判例呢？公孙晃之例有没有可能被赋予法律效力，成为处理杨案的判决依据？如前所论，终魏一朝，公孙晃之例与钟毓事例是生杀两殊，这是否意味着魏晋间处理类似问题总要面对这样非此则彼的选择呢？在此，笔者无意将古代的一般案例扩大为具有明确法律效力，可以在审判中援引适用的判例。[5] 但就算将公孙案、钟案、杨案都归为一般案例，仍能发现三案有很多相似：兄弟中有人谋反，有人陈情自告、株连入罪，不同的只是处理结果。

诚然，回归到每个独立案例和特定时空，公孙、钟、杨三案有迥异的政治背景和个人因素，如：公孙氏世据辽东，暗通孙吴，为魏所忌，公孙晃是任质之身；[6] 钟氏是魏功臣也是纯臣，但史籍上的钟会却是"野心勃勃"，师出在外，案发又逢司马氏擅权、魏晋革命；[7] 杨氏逞后亲之属，党同伐

---

[1] 参见杨一凡、刘笃才：《历代例考》，北京：社会科学文献出版社2009年版，第118页。至于判例有何具体内涵，杨、刘也作了三方面界定，详见《历代例考》，第115页，此不赘引。

[2] 参见杨一凡、刘笃才：《历代例考》，北京：社会科学文献出版社2009年版，第118页。

[3] 参见杨一凡、刘笃才：《历代例考》，北京：社会科学文献出版社2009年版，第118页。

[4] 参见杨一凡、刘笃才：《历代例考》，北京：社会科学文献出版社2009年版，第91页。

[5] 杨一凡、刘笃才在对"例"进行研究时，同样也持"防止把中国古代判例泛化的倾向"的态度，指出判例别于一般案例，并非所有案例都能成为判例。详见杨一凡、刘笃才著《历代例考》，北京：社会科学文献出版社2009年版，第114—115页。

[6] 《宋书·乐志四》载晋鼓吹歌曲中有"《征辽东》，言宣皇帝陵大海之表，讨灭公孙渊而枭其首也""征辽东，敌失据，威灵迈九域。渊既授首，群逆破胆，咸震怖。朔北响应，海表景附。武功赫赫，德云布"。知征伐灭公孙渊也是司马氏所极力标榜的佐魏之功。

[7] 冯纨与晋武帝论魏晋事，尝言"钟会之衅"，颇由太祖司马昭，并以此事为鉴大发议论，为晋武帝所纳。事见《晋书·张华列传》。吕思勉亦谓钟会之反"一定有大不得已的苦衷"。

异,与贾后争权,案发时又是八王之乱的前夜……每个案件的一些特殊背景,在前文分析中已作交代,此不作详论。有理由相信这些因素会在一定程度上影响到案件的判决,特别是杨案没有适用"钟毓事例"。因此也很难说是由于"钟毓事例"与公孙晃案的生杀两殊,杨案才弃用"钟毓事例",那就等同于晋人在司法中认可、选择了公孙晃之例,如株连公孙晃一样诛杀杨珧、杨济。这样的立论并非考证所应有的态度。其实杨氏在引用杨案时,也谨慎地指出"钟毓事例"虽然没有在杨案中发挥作用,但其案本身"是否能够反映当时的制度,有待考证"[1]。抛开判例因素,杨案弃用"钟毓事例",是否意味着杨案受某些观念、价值判断的影响呢?否则不至于魏晋革命之后,仍有人旧事重提。《晋书》记载,对于杨案"当时皆谓宜为申理,合依钟毓事例",杨珧死后,"时人莫不嗟叹"。这里的"当时皆谓""莫不"不能不让人深思"钟毓事例"的影响力,或者说魏人传承给晋人的法律价值观。以笔者管见,公孙案即使不能成为魏晋处理谋反罪中兄弟连坐问题的一个可供参考的判例,也为处理此类问题提供了一种可供参考的价值判断和观念,公孙案具备了这点法律"意义"不算为过。同样,"钟毓事例"也具备了此"意义",只是未能转化为现实判例而已。无疑,到了杨案发生时,摆在晋人面前的有公孙案与"钟毓事例"两种处理结果和价值判断,自然避免不了舆论甚至政治角力。杨案弃"钟毓事例",其实质是对公孙晃被诛、兄弟罪及这种案例的价值认同,即不管是否陈情自告,只要涉及谋反大逆这些国事重罪,兄弟连坐,皆不赦免。

当我们论述魏晋间某一案例为何被弃用而不能转化为判例时,是否可以将关注的重心不放在弃用某一案例的表面,而是关注弃用某一案例的背后是否受某种价值观念的影响,这种影响或许就是源于某种先例。魏晋间为什么某些司法案件没有成为判例?一是如杨氏所言,魏晋人有担心判例可能破坏法律统一的疑虑。除此之外,杨氏还从法律形式演变的角度作出解答:魏晋间律、令、科、比、格、式等传统法律形式大体可满足治国之需,也是统治者所推崇的成文法制度,"凡是与这一制度相悖的法律形式都被视为法制的对立物,从而对例的出现采取了排斥的态度"[2]。二是每个案件背后的复杂关系,难以用一种固定的模式来套用。三是若某一案例真的适用于司法,转化为判例,那么为何这一被适用案例的对立面——在此姑且称其为"反例"——就不能转化呢?对案情的处理意见、朝议舆论总不会永远倾向"正例",而不同情"反例"或其他"例",这种两难选择或许是困扰古人的。但某一案例最终转化为判例,肯定是对某种具有普遍性、能被广泛认同的价值判断和法律观念的接受,或是多种价值判断和法律观念中和的结果,不应是

---

[1] 杨一凡、刘笃才:《历代例考》,北京:社会科学文献出版社2009年版,第91页。
[2] 杨一凡、刘笃才:《历代例考》,北京:社会科学文献出版社2009年版,第497页。

单纯的非此即彼的选择。同时，每一次案件的判决都有成为判例的可能性，只是看何时被后人旧事重提，何时发挥其潜在的法律价值。此外，某一案例不能转化为判例，表面上是抛弃了某种"例"，实际上是为了追求某种价值判断和观念的统一，为日后确定一种固定但抽象的"例"：不因特事特例而坏法。这也正是杨氏所言魏晋人并不希望判例的形成和发挥破坏法律的统一，以更好地维护其他法律形式的确定性。此为对杨氏所论的续貂，以求争鸣。

三、晋唐间人对公孙、钟、杨案的追述

由于史料的缺乏，对公孙案、钟案、杨案，都难以找到关于案情的详细记载。唯晋唐间史家仍有不少议论，可据此分析古人对此问题的态度，即属"隔靴搔痒"，总比今人推测显得客观。

对于公孙渊案，后世史家曾结合公孙晃任质于魏作讨论，如晋孙盛云："闻五帝无诰誓之文，三王无盟祝之事，然则盟誓之文，始自三季，质任之作，起于周微。夫贞夫之一，则天地可动，机心内萌，则鸥鸟不下。况信不足焉而祈物之必附，猜生于我而望彼之必怀，何异挟冰求温，抱炭希凉者哉？且夫要功之伦，陵肆之类，莫不背情任计，昧利忘亲，纵怀慈孝之爱，或虑倾身之祸。是以周、郑交恶，汉高请羹，隗嚣捐子，马超背父，其为酷忍如此之极也，安在其因质委诚，取任永固哉？世主若能远览先王闲邪之至道，近鉴狡肆徇利之凶心，胜之以解网之仁，致之以来苏之惠，耀之以雷霆之威，润之以时雨之施，则不恭可敛衽于一朝，枭哮可屈膝于象魏矣。何必拘厥亲以来其情，逼所爱以制其命乎？苟不能然，而仗夫计术，笼之以权数，检之以一切，虽览一室而庶征于四海，法生鄙局，冀或半之暂益，自不得不有不忍之刑，以遂孥戮之罚，亦犹渎盟由乎一人，而云俾坠其师，无克遗育之言耳。岂得复引四罪不及之典，司马牛获宥之义乎？假令任者皆不保其父兄，辄有二三之言，曲哀其意而悉活之，则长人子危亲自存之悖。子弟虽质，必无刑戮之忧，父兄虽逆，终无剿绝之虑。柔不究明此术非盛王之道，宜开张远义，蠲此近制，而陈法内之刑以申一人之命，可谓心存小善，非王者之体。古者杀人之中，又有仁焉。刑之于狱，未为失也。"[1] 孙盛首先介绍了"质任"一制的由来，三国承袭此制，规定率军在外的将领或任职于边远地区的官吏须将亲属留在后方作为质任，这一制度正是公孙渊案的重要背景。但孙盛又认为"质任"制度所导致的没有诚信、互相猜疑、以人为质的手段对治国并不能起到作用，更是对礼教、人伦的违背。不过此后孙论就显得虚言浮

---

[1]《三国志》卷二四《魏书·高柔传》注引，411。按孙盛著《魏氏春秋》二十卷，《魏氏春秋异同》八卷，《晋阳秋》三十二卷。裴松之《三国志》注引"孙盛云"多出其间。

诞,既言"何必拘厥亲以来其情,逼所爱以制其命乎",又谓"岂得复引四罪不及之典,司马牛获宥之义乎",同时对高柔之论又有反驳,认为原心之论是心存小善,非圣王之道。孙盛既提倡为政在仁,最后又总结"古者杀人之中,又有仁焉。刑之于狱,未为失也"。尽管孙盛对公孙案的评论多有矛盾之词,但其评论仍落笔在杀字,这种杀是有仁之杀,所谓的"仁"即孙盛自认的不刑于市而刑于狱而已。此外,孙盛这种仁杀的观念,是与其站在司马氏的立场有关,一因其为晋史家,要避讳;二是伐公孙渊为司马氏之功,要赞美。若其评论是为公孙晃翻案,自己难免会深陷囹圄;同样,孙氏也不会以"钟毓事例"作比,因为钟案的判决可说是司马昭操纵的结果。若以公孙晃比钟毓,无疑是对司马氏的极大讽刺。因此,所谓"仁杀",不妨视其为史家的曲笔。同时也看到在杨骏被诛后,晋人仍然在此类问题上有着不依"钟毓事例"的心态,持兄弟罪及的态度。这可谓对杨珧被诛为何不能援引"钟毓事例"的最好注脚。晋遇到这种问题,虽不行"钟毓事例",实际上却遵循了诛杀公孙晃之例。公孙晃被诛的"意义"在于它成了魏晋间处理谋反罪中兄弟罪及问题的一个可供参考的事例,或可说是价值判断,孙论只是其进一步发挥而已。

裴松之结合孙盛之论,也提出了自己的观点:"辨章事理,贵得当时之宜,无为虚唱大言而终归无用。浮诞之论,不切于实,犹若画魑魅之象,而蹠于犬马之形也。质任之兴,非仿近世,况三方鼎峙,辽东偏远,羁其亲属以防未然,不为非矣。柔谓晃有先言之善,宜蒙原心之宥。而盛责柔不能开张远理,蠲此近制。不达此言竟为何谓?若云猜防为非,质任宜废,是谓应大明先王之道,不预任者生死也。晃之为任,历年已久,岂得于杀活之际,方论至理之本。是何异丛棘既繁,事须判决,空论刑措之美,无闻当不之实哉?其为迂阔,亦已甚矣,汉高事穷理迫,权以济亲,而总之酷忍之科,既已大有所诬。且自古以来,未有子弟妄告父兄以图全身者,自存之悖,未之或闻。晃以兄告弟,而其事果验。谓晃应杀,将以遏防。若言之亦死,不言亦死,岂不杜归善之心,失正刑之中哉?若赵括之母,以先请获免,钟会之兄,以密言全子,古今此比,盖为不少。晃之前言,事同斯例,而独遇否闭,良可哀哉!"[1] 孙论在裴氏看来多少有些空言和自相矛盾。裴氏并不否认质任一制的存在,也更能"体谅"此制在三国战乱时何以盛行,公孙晃任质也是常理之事,这也是他所谓的"辨章事理,贵得当时之宜"。对于公孙晃之死,裴氏以钟毓案相较,认为"事同斯例",但公孙晃不能免死,既不得刑罚之中,也杜其归善之心,是为晃报不平。显然,面对历史,后人看待同样的事情总有类比的心理。这种求同心理,使裴氏也注意到公孙、钟二案的同"例"异遇。

---

[1]《三国志》卷二四《魏书·高柔传》,411。

此外，对谋反相告，裴氏也一针见血地指出，"自古以来，未有子弟妄告父兄以图全身者，自存之悖，未之或闻"。揣其意，裴氏视子弟妄告父兄者为人伦之逆，但对涉及谋反，子弟告父兄属实却株连受罪，裴氏是持反对态度的。

编撰《晋书》的唐史臣论："括母以明智全身，（钟）会昆以先言获宥，文琚识同曩烈，而罚异昔人，悲夫！"[1] 括母即赵括母；会昆即钟会之昆，钟毓；文琚即杨玼字。对于杨玼之诛，唐史臣论与裴论如出一辙，皆以赵括、钟毓之例相比，又惜其"罚异昔人"。但"罚异昔人"，只是异钟毓之例，却同公孙晃之例。唐之史臣论异忘同，不亦失考乎！

近人卢弼论："或曰裴论至正，天下事所适宜，不贵执一。苟时所不急，妙言祇成鄙论。绝任子而尚德怀，可言之于平议政化之日，非当言于廷尉决狱之时也。置诛辟之可否，论政术之得失，不几视疾病之阽危，不讥蓼莩之投而顾教以饮食起居之节，则为出位旷官之甚矣。岂不惑哉？"[2] 卢论虽未涉及公孙案、钟案、杨案中的谋反连坐问题，但其言"绝任子而尚德怀，可言之于平议政化之日，非当言于廷尉决狱之时"，也透露其赞同裴论的"贵得当时之宜"。

孙盛、裴松之、唐史臣，很难说他们的每一句评论都切中公孙案、钟案、杨案的要害，但他们的评论恰恰反映了古人对此类问题的看法。在今天看来，其观点不管如何矛盾，如何不合情理，都是最真实的历史记录。特别是"钟毓事例"，也让今人看到魏晋以后人仍对此事例有着不舍的情结。这种情节，就是出于人类最普通的遇事求同类比的心理，今人尚且如此，对古人更不能强求。

四、"父子兄弟，罪不相及"观念的演变

《左传·僖公三十三年》云："《康诰》曰：父不慈，子不祇，兄不友，弟不共，不相及也。"《左传·昭公二十年》云："《康诰》曰：父子兄弟，罪不相及。"这两处引文均不见于传世《康诰》。传世《康诰》云："于父不能字厥子，乃疾厥子。于弟弗念天显，乃弗克恭厥兄；兄亦不念鞠子哀，大不友于弟。"这显然与《僖公三十三年》所引相互映照，都在阐明不孝不友的问题。又《尚书·大禹谟》言："帝德罔愆，临下以简，御众以宽，罚弗及嗣，赏延于世，宥过无大，刑故无小，罪疑惟轻，功疑惟重。"这里的"罚弗及嗣，赏延于世"同样体现了这种"父子兄弟，罪不相及"思想。对于《尚书·蔡仲之命》的含义，孔安国传云："蔡叔既没，以罪放而卒。王命蔡仲，践诸侯位，成王也。父卒命子，罪不相及。作《蔡仲之命》。册书

---

[1]《晋书》卷四〇《杨骏列传》，北京：中华书局1974年版，第1182页。
[2] 卢弼：《三国志集解》卷二四《高柔传》，北京：中华书局1982年版，第579页。

命之。"孔氏以蔡叔有罪而命蔡仲者，蔡仲不坐父罪正是"罪不相及"的体现。[1]《康诰》文本差异并不在本书讨论范围，后世对出自《左传》的《康诰》佚文也无异议，按学界通说，《左传》资料是周在"明德慎罚"指引下，改变"罪人以族"观念，反对株连的表现。后世或据《左传·僖公三十三年》所引，又概括为"四罪不相及"。如《宋书·孔觊传》载宋明帝诏："朕方务德简刑，使四罪不相及，助顺同逆者，一以所从为断。"与"父子兄弟，罪不相及"相提并论的另一重要思想是《春秋公羊传》中的"恶恶止其身"，同样主张"罪止其身"，在断狱时只对犯罪者惩罚，而不株连无辜。

秦连坐之制，实际上默认了父子兄弟的四罪相及，是对《尚书》《春秋左传》所倡导的明德慎罚的违背。故汉初刘邦约法三章："杀人者死，伤人及盗抵罪。"在后人看来，这是对株连制度的拨乱发正，对此魏人张晏释云："秦法，一人犯罪，举家及邻伍坐之，今但当其身坐，合于《康诰》'父子兄弟罪不相及'也。"[2] 汉章帝时曾下诏云："《书》云：'父不慈，子不祗，兄不友，弟不恭，不相及也。'往者妖言大狱，所及广远，一人犯罪，禁至三属，莫得垂缨仕宦王朝。如有贤才而没齿无用，朕甚怜之，非所谓与之更始也。诸以前妖恶禁锢者，一皆蠲除之，以明弃咎之路，但不得在宿卫而已。"[3] 这是汉首次以诏书的形式在法律上申明"父子兄弟，罪不相及"思想。显然，在章帝下诏前株连之罪并不限于"妖言"，只不过妖言株连的情况严重引起了统治者关切，此次所除的也仅是妖言罪中的连坐而已。不难相信，两汉在处理一些涉及国事重罪时，"父子兄弟，罪不相及"这一思想尚未发挥其真正作用。又如盐铁会议上文学所言："今以子诛父，以弟诛兄，亲戚相坐，什伍相连，若引根本之及华叶，伤小指之累四体也。如此，则以有罪反诛无罪，无罪者寡矣。"[4] 这充分说明汉族刑连坐的盛行，"恶恶止其身"和"父子兄弟，罪不相及"这些古义在多数情况下都不可能被真正执行。因此，秦汉以后，"父子兄弟，罪不相及"与"恶恶止其身"成了古人提倡恤刑，反对连坐所常引的经典古义。古人在一些案件中援引这两个原则为人请罪求情，也恰好可以反证父子兄弟有罪相及、恶不止其身是政治与社会生活的常态。更重要的是，如同亲亲相隐一样，"父子兄弟，罪不相及""恶恶止其身"并不适用于"谋反""不道"等重罪，因为汉律规定"大逆无道，父母妻子同产皆弃市"。

---

[1] 孔颖达疏云："昭二十年《左传》曰：父子兄弟，罪不相及。其言'罪不相及'，谓蔡仲不坐父尔。若父有大罪，罪当绝灭，正可别封他国，不得仍取蔡名，以蔡叔为始祖也。蔡叔身尚不死，明其罪轻。不立管叔之后者，盖罪重无子，或有而不贤故也。"知孔颖达尚站在蔡叔罪轻的立场去阐释父子兄弟，罪不相及。

[2]《史记》卷八《高祖本纪》集解，北京：中华书局1962年版，第362页。

[3]《后汉书》卷三《章帝纪》，北京：中华书局1965年版，第147—148页。

[4] 王利器校注：《盐铁论校注》，北京：中华书局1992年版，第585页。

史载陈琳为袁绍幕僚时，曾撰檄文讨伐曹操，数其罪状。后陈琳为曹操所获，曹操责之："卿昔为本初移书，但可罪状孤而已，恶恶止其身，何乃上及父祖邪？"[1] 表面上看，曹操赞成恶止其身，也容不得别人对其父辈有半点冒犯，认为自己有何罪状都不应牵涉父辈，实际上却违背之。曹操面对陈琳的口诛笔伐，无非是顾忌自己的声誉，对己要恶止其身，对人却恶加其甚，在事实面前也难免显得虚伪。如袁术僭乱，曹操以杨彪与袁术联姻，"诬以欲图废置，奏收下狱，劾以大逆"。幸得孔融谏云："杨公四世清德，海内所瞻。《周书》父子兄弟罪不相及，况以袁氏归罪杨公。《易》称'积善余庆'，徒欺人耳。"[2] 又《晋志》载："魏承秦汉之弊，未及革制，所以追戮已出之女"，这种情况是一直延续到魏正元二年（255）毌丘俭之叛。不是父子兄弟尚要罪及，就算已出之女亦受株连，可以想象公孙晃案中兄弟有罪相及在魏是多么"理所当然"。《晋书》载晋明帝时温峤奏军国要务，凡七点建议，其七曰："罪不相及，古之制也。近者大逆，诚由凶戾。凶戾之甚，一时权用。今遂施行，非圣朝之令典，宜如先朝除三族之制。"《晋书》又载"议奏，多纳之"。至于"多纳之"，有没有涉及温峤关于除三族之刑，并无确载。但可以肯定，晋族刑也是时兴时废。温峤指出谋逆确是凶戾之罪，但株连父子兄弟并非经远之制，也不合父子兄弟，罪不相及古义。据此也可以看到晋族刑连坐之法一如曹魏不在律令之中，以"严绝恶迹也"。族刑连坐本在律令之外，那么出现父子兄弟有罪相及，自然也是律令所不能控制和左右的。

就算以"钟毓事例"而言，也并未真正做到"父子兄弟，罪不相及""恶恶止其身"。因为钟会之反，仅钟毓一支全身而退，其他的"兄、子"却难逃一死。但不管怎么说，"钟毓事例"是幸运的。三国时也有类似"钟毓事例"的情况，如蜀南郡太守糜芳曾与关羽有过节，后糜芳降吴，导致关羽败死。糜芳兄糜竺面缚请罪，刘备"慰谕以兄弟罪不相及，崇待如初"。糜芳身陷降叛重罪，又害死了关羽，其兄未受株连，这只能说刘备有大度之处，特事特办，而非此时不承用汉律连坐规定。史又谓："竺惭恚发病，岁余卒。"[3] 这一记载很值得玩味，糜竺本是"幸运儿"，因何羞惭怨恨而死？很明显，负株连重罪，而又身处向以忠孝仁义自居的刘备集团，对糜竺而言，这种道义上的重担、良心的谴责比行刑更为残酷。糜竺惭恚发病说明世人对谋反大逆这些重罪株连家属的担忧和恐惧，若非罪重，糜竺又何必面缚请罪与惭愧呢？糜竺之死，虽恶止其身，却又恶及其心，这也更说明"钟毓事例"的幸运与特例。魏晋保留了秦汉以来的连坐制度，对谋反等国事重罪的

---

[1]《三国志》卷二一《魏书·王粲传》，359。
[2]《后汉书》卷五四《杨震传》，北京：中华书局1965年版，第1788页。
[3]《三国志》卷三八《蜀书·糜竺传》，578。

打击愈演愈烈，又多在律令外行之，这一残酷现实使得很多案件不能如"钟毓事例"那么幸运。如晋王愉与子王绥谋反，此事又涉及桓玄与刘裕的政治斗争，王氏父子死后，其他兄弟子孙十余人皆伏诛[1]。也正是这种幸运使得"钟毓事例"无法为其他案件比拟，从而成为一个特例，甚至是孤例。这或是"钟毓事例"始终未能成为判例的"死穴"。

总之，古人所提倡的"父子兄弟，罪不相及""恶恶止其身"这些经典大义尽管能随时代发展不断得以实现，但面对残酷政治斗争时，其所要构造的理想场景是不会永远等于现实的。株连能在传统社会延续，魏晋谋反罪中的兄弟连坐也仅是表现之一而已。

五、余论：司法的判例与历史的判例

张建国对魏晋夷三族曾有这样的推论："夷三族刑罚中，也不处死兄弟之子（正犯的侄子）。""兄弟从坐死，而兄弟之子是从不坐死的。"[2] 他的两个支撑案例来自李丰案和钟毓案。李丰谋逆案见《三国志·夏侯玄传》，魏嘉平六年（254）李丰等人谋废司马师，事败，李丰等人皆夷三族。李丰弟李翼当从坐死，李翼妻子曾与其讨论是否叛逃孙吴，李翼并不愿意这样做，其谓："二儿小，吾不去。今但从坐，身死，二儿必免。"李翼不选择出逃，是因为知道按照魏律谋逆只连坐到兄弟，并不及于兄弟之子，即李翼的两个儿子。若叛逃，则可能株连更广。李翼的选择是明智的，他的儿子李斌也确实未受株连，入晋后还为官。李丰侄子未受株连，这确实可以说明兄弟从坐死，而兄弟之子是不从坐死的。就李丰案而言，本书也赞成张论。对于钟毓案，张氏认为钟会谋反表面上看株连其兄弟钟毓之子，实际上，这些侄辈都不是因为他们是钟会的兄弟之子而从坐的。钟案中应当是"钟毅坐养父钟会之罪，钟峻、钟辿则是坐其兄钟邕之罪"[3]。就钟案结果而言，张论是站得住脚的。但若说"兄弟从坐死，而兄弟之子是从不坐死的"完全代表了钟毓案所揭示的含义的话，那我们不仅要追问，这种含义是否完全为晋人所认同呢？张氏的推论和分析，并不等于古人对钟案所包含的法律价值、意义、内涵的认同。或者说，钟案在古人眼中并不如今人戴上"拟制亲属"眼镜所看到的那么复杂。

在此不妨再回顾之前杨珧案中晋人所引的"钟毓事例"，裴松之笔下的公孙晃案与钟毓案相类比，唐史臣笔下的杨珧案与钟毓案相类比。晋人在杨案引入"钟毓事例"，是为杨珧求情，因为杨珧也曾如钟毓陈情自告，求一

---

[1] 详见《晋书》卷七五《王湛传》，北京：中华书局1974年版，第1970、1974页。
[2] 张建国：《夷三族解析》，载《法学研究》1998年第6期。
[3] 张建国：《夷三族解析》，载《法学研究》1998年第6期。

旦不测能获免罪。晋人征引的目的不是为杨骏兄弟之子求情,而是为杨珧本人,因为他是正犯的兄弟,但无谋反之举[1]。若如张氏所说,钟案反映了在谋反罪中"兄弟从坐死,而兄弟之子是从不坐死的",则晋人以钟案为比,为杨珧求情,岂不是引用案例错误?但"钟毓事例"时论皆以为适用,若说引用案例错误是"钟毓事例"未能在杨案中成为判例的原因,显然如此推论也不能证明这就是杨珧最终不免一死的理由。那么我们更有疑问,晋人在杨案中的类比和征引还有什么意义呢?显然,晋人引用"钟毓事例",其目的是想证明兄弟并非有罪相及,钟毓陈情自告能在杨珧案中得到类比,这才是晋人引用钟案的初衷。至于兄弟之子是否不从坐死,并非晋人引用"钟毓案例"所希冀发生的直接作用。因此,"钟毓事例"不是"兄弟从坐死,而兄弟之子是从不坐死的"这一含义就能概括的。这并非反驳张说,而是说古人对钟毓案背后的价值认同,不是张氏所分析的那样。在晋人眼中,"钟毓事例"更多反映的是谋反罪中兄弟若先有陈情自告的情况,可以罪止其身,罪不相及。钟案所体现的法律价值和评判标准是晋人更为关注的,钟案与杨案在事例、情理上相似也是晋人所认同的,所以才引此例来救杨珧之命。同样,裴松之以为:"若赵括之母,以先请获免,钟会之兄,以密言全子,古今此比,盖为不少。晃之前言,事同斯例,而独遇否闭,良可哀哉。"裴氏将公孙案和钟案类比,其立论在于钟毓陈情自告获免其一支,而公孙晃案则构成了反例,此为惋惜之处。虽然裴氏也论及钟毓"密言全子",公孙晃案显然不存在"全子"的情况,但裴氏仍要比较二者,这只能说明裴氏类比旨在说明兄弟陈情自告理当获得免罪,这既是"钟毓事例"所包含的价值判断,也是古今都有的事例。可见,裴氏眼中的"钟毓事例"并非"兄弟从坐死,而兄弟之子是从不坐死的",而是成为讨论谋反罪中兄弟自告是否罪及问题的一种价值参照。到了唐代,杨案与钟案生杀两殊的价值参照俨然为官方(因为《晋书》是官修的)所认可。

尽管"钟毓事例"没有成为魏晋司法者所采用的判例,但它与公孙晃案、杨珧案一样早已成为史家笔下的"判例":一种超于时空的历史借鉴。以史为鉴,会比一次判例的成功运用影响更为深远[2]。

本章小结

若要以案例所揭示的罪名为切入点(在没有魏律条文可引的情况下,这

---

[1] 如前所述,杨济、李斌等都是冤枉之人,亦遭诛杀,相信时论适用"钟毓事例",也包括这些对杨骏有所不满或劝说之人。
[2] 因为裴松之注《三国志》即是奉宋文帝之命,以求"总括前踪,贻诲来世"。《晋书》也是唐太宗下诏所修。

是目前可行之计），依据魏律十八篇的标准而将其还原到具体某一律中，恐怕有两个问题是本章所未完全解决的。其一，某一罪名，只以魏的资料来考察显然不够，因为罪名的产生、界定绝非是魏的"新产品"，所以要将考察起点定在秦汉甚至先秦，考察其在汉时归在何种律或令中，在魏又属何篇，原因何在；在汉时某罪名有何处罚规定、原则，魏又如何。把某罪名之源厘清，或可更准确分析曹制，也能确保将其还原到魏律篇目的准确性。其二，考渊而论流，魏承秦汉，晋承延至唐律。自汉九章至魏十八篇，废除、调整、新设了若干篇目，篇目调整必然导致罪名在律篇中的归属差异。篇目承汉旧者，原有罪名未必尽在旧篇，魏有拆分、析出汉律之例。经此一改，汉制之外，要查考魏律或魏罪名最有用的资料或许就是晋律、唐律了。也就是说，考察魏罪名，可借助晋律、唐律：某些晋律、唐律所存的罪名，若汉律有证，或可推断魏律亦不出左右；若罪名所在篇目汉晋唐皆同，魏会否"将无同"呢？某些魏新设律篇，晋唐承之，若晋唐律该篇中的罪名文献可征，或会为魏某些新设篇目钩沉得一二罪名。诚心而论，笔者是抱着解决这两个问题的态度来草拟本章内容的，试图将魏罪名置于汉唐间的演变来论述，在对劫略、诈疾病、矫制、夜行、侵官、受所监临等罪名的讨论有若干交代，可明笔者兼顾讨论罪名源流和还原罪名魏律篇目归属的用心。对有些罪名不能尽考其源流，对罪名篇目归属也不乏主观判断，方家必有慧眼。若容尝试，这倒可成为将研究推向深入的基础。

从历史发展角度而言，罪名的出现与界定都是基于犯罪行为的产生与发展，也与社会演进密切相关。就今日社会发展速度而言，古代的历史进程无疑相对缓慢、平稳，这在某种程度上决定了犯罪行为的诱发因素相对"匮乏"、犯罪环境相对"简单"、犯罪动机相对"单纯"，犯罪行为不会如今日如此"广泛""多样""复杂"，不会突然间增加、冒出很多"新型犯罪"。由此可以说，在犯罪行为类型波动不大的状态下，理论与实践中对犯罪行为的认识和对罪名的界定都是相对"固定"的。当然，在张斐注律表中可以看到魏晋间人对罪与非罪、此罪与彼罪的精解，但注律表的功能是解释晋律、辅助司法，其解释目的是将犯罪行为的认定"固定化"，而非指责魏晋间的司法实践分不清罪与非罪、此罪与彼罪，也非暗示魏晋司法对罪名的界定陷入乱象[1]。

程树德对晋律目、晋律佚文曾有整理，得以下所列：不孝、不敬、不道、恶逆、反逆、谋杀其国王侯伯子男官长、淫破乱义、诈列父母死、诬罔父母、

---

[1] 笔者在此并非断言魏晋不会出现混淆罪与非罪、此罪与彼罪的情况，诚如杜预所云"律以正罪名"，在这样的原则下，就算有少部分司法官员没有正确区分或某些罪名的界定确实存在模糊之处，但在承秦汉二百余年历史经验的基础上，能正确区分罪与非罪、此罪与彼罪仍应是魏晋司法实践的主流，且在笔者看来，这些主流所反映的也是古代法律的确定性。

犯陵上草木、盗发冢、诬偷、受财枉法、掠人和卖、诱藏亡奴婢、兵守逃归家、兄弟保人、阑利宫殿门、露泄选举、谋发密事、戏杀人、过误伤人、斗杀伤傍人、殴兄妹、诈伪将吏、伪造官印、诈冒复除、不忧军事、越戍、越武库垣、作阱、走马众中、向人室庐道径射、挟天文图谶、盗伤缚守、呵人取财、囚辞所连、诸勿听理、持质、恐猲、强盗、受求所监、擅赋、得遗物、乏军兴、窃执官仗、拒战逻司、淫寡女、奸伯叔母、燔人庐舍、教令殴人、妻伤夫子、子贼杀伤殴骂詈父母、妇谋杀夫之父母[1]。以上律目、律文所揭示的皆晋律所界定罪名。若将晋罪名置于汉唐历史发展中，将其与汉唐律罪名互勘，会否有一脉相承的痕迹呢？程氏在钩沉这些罪名时其实已做了一些论证工作，凡以上晋罪名，程氏已略考其在唐律归属。而汉唐律的互勘相校，沈家本的《汉律摭遗》则是耳熟能详的著作了[2]。笔者在第四章"八议考"部分会讲到一个问题，即在没有汉律出土的时代，汉律研究早已盛行。且沈、程也取得了丰硕成果，对汉律、晋律的研究都是站在汉唐历史演变的高度，借助各种传世文献特别是唐律来开展的。其实唐令的研究甚至复原，不也曾借助宋令吗？隔靴搔痒若能搔正"痒处"，恐怕也是应予重视的研究方法。就魏律而言，汉律、晋律、唐律都是可以用来互勘的。在确定魏律、晋律、唐律各篇目基础上，通过逻辑推理，一些罪名归属问题是可以得到解决的，比如伪造官印等诈伪行为，在汉肯定会出现，但诈伪律出现是在魏，晋律有其文，唐亦在诈伪律中，那么就算在史料中找不到任何此类案例，恐怕也没有人会因此否认魏诈伪律会设"伪造官印"一罪吧。

按照以往的法制史研究或教材表述，古代罪名和刑罚多有这样的划分：危害封建政权、皇权犯罪，侵犯财产犯罪，危害人身犯罪，破坏社会秩序犯罪，危害婚姻、家庭制度犯罪，违反国家经济秩序犯罪，妨碍司法秩序犯罪，职官渎职犯罪，等等。这种分类，应是受到现代刑法犯罪客体理论的影响，自有其合理性和逻辑性；但将其移植到对古代罪名的研究中，恐怕忽视了每类罪名都有其篇目归属的客观事实，使读者只看到这几个大类在研究中放之四海而皆准

---

[1] 参见程树德：《九朝律考》，北京：中华书局2003年版，第233—237页。
[2] 为何采用这样的方法，《汉律摭遗》序已明言："《唐律》之承用《汉律》者不可枚举，有轻重略相等者，有轻重不相尽同者，试取相较，而得失之数可藉以证厥是非。是则求《唐律》之根源，更不可不研究夫《汉律》矣。"徐道邻亦论："中国自有史以来，论法之著者，首推李悝法经。其后汉有萧何九章之律。魏晋北齐，皆号明法。而此千余年来之法律思想制度，皆自唐而得一总汇。观唐律各律篇首之疏，对秦汉魏晋间各篇之增损因革，既叙述綦详，而律内各律之因袭于前代者，亦多可借他书考证。名例律之篇首疏不云乎？'远则皇王妙旨，近则萧贾遗文，沿波讨源，自枝穷叶。'自叙尤明。则秦汉魏晋之律虽无存，实已假唐律而存矣。（唐律之承用汉律者，沈家本有《汉律摭遗》二十二卷，考证甚详。承用其他前代律者，尚待考证。）"见徐氏著《唐律通论》，北京：中华书局1937年版，第6—7页。

的表象（甚至用以概括古代任何朝代的犯罪），而看不到罪名演变以及篇目变更所造成的罪名重新归篇。如果选择此分析方法，那么本章前五节的体例必要改写，也会让研究相对轻松。但在笔者看来，沈、程比勘汉、晋、唐诸律之法（实际上他们的比勘也绕不开魏律）或更适用于魏律研究。就本章前五节而言，虽有模仿之迹，但所作论述浅尝辄止，确是应检讨的。就算真正完成了魏罪名的钩沉和篇目归属的确定，也并非大功告成。如《唐律疏议》所云："《诈伪律》者，魏分《贼律》为之。历代相因，迄今不改。既名《诈伪》，应以诈事在先；以御宝事重，遂以'伪造八宝'为首。"[1] 就魏律而言，律条当然也排列顺序，这无疑决定了罪名在某篇中的次序，若唐诈伪律编撰条文的顺序是承袭魏的话，那么我们是否要关注各罪名在某一篇中的先后顺序呢？这些"多虑"，或许是旁人眼中考证的枯燥之处，但不失为吸引笔者继续研究的魅力所在。

若说魏晋间罪名的界定和相关处罚规定、原则存在因袭或发生变异的话，仅靠律文表述恐怕不足以说明问题，有相关案例可证可佐或是重要依据。在不能确保任何案例（况且有的缺乏案例）都能充分起到论证作用的情况下，选取有代表性、一定共通性的案例来说明某一罪名及其处罚原则或更现实。就谋反罪中所涉及的兄弟罪及而言，公孙渊、钟会、杨骏三案无疑是最能说明问题的。兄弟中有人谋反，有人陈情自告却又株连入罪，这是三案的共性；但处理结果却生杀两殊。陈情自告是明哲保身，还是法律上强制义务（对亲亲相隐的限制）；生杀两殊是否必然受到政治斗争影响……这些问题就三案而言，很难一一复原真相。但在承认古人有遇事求同类比的心理前提下，再去分析三案，恐怕我们对任何案例所要认识的并不仅仅是罪与罚的问题，而是罪与罚背后的法律观念、价值与判断，以及古人是如何理解、接受甚至批判的，这也是本章第六节论述所在。

---

[1] [唐]长孙无忌等撰，刘俊文点校：《唐律疏议》，北京：中华书局1983年版，第452页。

第四章 魏八议考

第一节　关于《周礼》"八辟"的经典诠释

《周礼》八辟之典，虽非尽属周制，后世多言其废在秦又复于汉。两京重议，由"辟"名"议"，故汉称"八议"是有所由，且汉人于经史典籍多有发挥，故八议一制成于汉无疑。唐人谓八议至魏入律，非谓此制首创于魏，仅指律之明文首见在魏。唐前诸律无存，律典八议之文唐律最详，宋明清袭之。唐以降律典对八议的注解更承《疏议》之旧，凡此注解又不出汉儒经注左右。故《周礼》之外，汉儒经注实为后世构建八议一制的理论源泉，此点不可不察。汉魏晋之法律儒家化，斯为表现；引礼入法，斯为明证。尽管解释经典有历史、语境的差异，但在历史沉积中也能找到思想的共同体认，故本章略采汉以来诸家对《周礼》八辟的注释（表35），借此可窥思想变迁，也可观经义与律令的互动。

一、"议亲"之释

表35 汉以来诸家对"议亲"的注释

注家	注文	出处	备注
汉·郑众	若今时宗室有罪，先请是也。	《周礼·小司寇》郑玄注引	先郑以汉法以况，可证汉律已有议亲之制。凡先郑子人议所言"若今时"者有三，皆此类。沈家本亦持此说。先郑说为郑玄所引，是玄从先郑说。又，治经阃经律互注之法，所存之文或即其律章句遗存，魏承用之。改人议人魏律，郑说当为传授内容或其经义借鉴。魏设律博士，郑说当为传授内容。
汉·郑玄	亲亲，若尧亲九族也。	《周礼·大宰》郑注	八统即亲亲、敬故、进贤、使能、保庸、尊贵、达吏、礼宾。后世以其与人辟相对应，皆循先亲后宾客各言之次，故郑注八辟人议统之文可互训，贾疏亦然，郑、贾对人统的注疏亦可注释人魏律，此点清人汪德钺、孙诒让已证，详见后引。又，《尚书·尧典》："克明俊德，以亲九族。"此即郑注所本。《礼记·丧服小记》："亲亲，以三为五，以五为九。"郑注："已上亲父，下亲子，三也。以父亲祖，以子亲孙，五也。以祖亲高祖，以孙亲玄孙，九也。"《诗·王风·葛藟序》："周室道衰，弃其九族焉。"郑笺："九族者，据己上至高祖，下及玄孙之亲。"此两条"九族（亲）"注之可互证其说。
汉·何休	论季子当从议亲之辟，犹律亲亲得相首匿，当与叔孙得臣有差。	《春秋公羊传·闵公元年》何注	《春秋公羊传·闵公元年》："元年，春，王正月。公何以不言即位？继弑君，不言即位。"继子般也。庆父不免，季子不免。庆父弑君，何以不诛？将而不免，遏恶也。既而不可及，因狱有所归，不探其情而诛焉，亲亲之道也。"此即庆父弑君，季友《春秋》之义，虽论亲亲之辟，缓赦免贼之事，何注本此，是言议亲偏亲之道。《周礼》议亲之辟。其文况汉律，是言议亲偏亲之道。

第四章 魏八议考

续表

注家	注文	出处	备注
北魏律注	①《律》云议亲者，非唯当世之属亲，历谓先帝之五世。②《议亲律》注云：非唯当世之属籍，历谓先帝之五世。③国家议亲之律，指取天子之玄孙，乃不劳准于时后。	①《魏书·京兆王子推传》②《魏书·礼志》③《魏书·礼志》引李琰之语	当世之属亲（籍），指当代帝君之亲。《礼志》称"律注"之文，指北魏律形式与《唐律疏议》同，"非唯当世之属籍"以小注附在议亲条后。
唐律	①谓皇帝袒免以上亲及皇太后、皇后小功以上亲。②疏议云："又取肉睦九族，笃亲之理，外协万邦，布露之恩，据礼有五，故曰'议亲'。高祖兄弟，祖从父兄弟，父再从兄弟，身三从兄弟四从兄弟是也。"③疏议云："太皇太后者，皇帝祖母也。皇太后者，皇帝母也。其二后荫及缌麻之亲有四：曾祖兄弟、祖从父兄弟、父再从兄弟、身三从兄弟是也。"④疏议云："皇后荫小功之亲以上者，降姑之。小功之亲三：祖之兄弟、父之从父兄弟、身之再从兄弟是也。"	《唐律·名例律》"议亲"	

续表

注家	注文	出处	备注
唐律	疏议云:"八议之人,荫及期以上亲及孙,期亲者,谓伯叔父母、姑、兄弟、姊妹、妻、子及兄弟之子之类。又《例》云:'称期亲者是高同。'及孙者,谓嫡孙众孙皆是。曾、玄亦同。其子孙之妇,服虽轻而义重,亦同期亲之例。曾、玄之妇者,非。"	《唐律·名例律》	
唐·贾公彦	亲,谓五属之内,及外亲有服者,亲不假贵。议亲者是,皆议贵。及亲贤能功勤,若亲贵不假贤余贤能之等,故亲贤能及亲贤能之等,各据一边,则得入议。假令既有亲,有服外亲,亦不离议限。	《周礼·小司寇》贾疏	左断句据李学勤主编《周礼注疏》标点本(赵伯雄整理,王文锦审定,北京大学出版社1999年版)。孙治让《周礼正义》、陈玉霞点校作:"亲谓五属之内及外亲有服者是,亲不假贵,王文锦、不假贵,议限亲。议限亲者是,余贤能之等,各据一边,亦不离议限。"(中华书局1987年版,第2772页。)五属内亲,"皆是议限"后当断句。《注疏》本标点为确,如议亲范围,故"皆是议限"即"议限"取其亲不假贵而取宠",假,借也。《大戴礼·曾子制言》"君子不假贤能功勤之宠",仅取其贵贤能议之状,凡议亲者,不得兼议其贤能功勤之亲也。
	①亲亲者,君与民俱有九族之亲。②(郑玄)云:《尧典》:"克明俊德,以亲九族",则尧能任用俊德之贤以亲九族,乃能亲九族,上至高祖,下及玄孙之亲,旁及五服,民亦效之而亲九族也。	《周礼·大宰》"八统"贾疏	贾疏亦集《礼记》郑注、《诗》郑笺而言,其所疏者是八统之亲与议之亲互证,前已论。

续表

注家	注文	出处	备注
唐·徐彦	谓季子缓纵庆父之事，当从《周礼·小司寇》议亲之法，非其罪也。	《春秋公羊传·闵公元年》徐疏	徐疏与何注论同。
唐·徐彦	注"刑罚当后加"，即《小司寇》"议亲议贤之辟"是也。	《春秋公羊传·僖公二十八年》徐疏	《春秋公羊传·僖公二十八年》："曹伯之罪何？甚恶也。其甚恶奈何？不可以一罪言也。"何休注："曹伯执曹侯，班其所取地予诸侯，是以自广大。'晋侯执曹伯，畀宋人'是也。齐桓既没，诸侯背叛，无道者非一。晋与曹同姓，恩惠当先施，刑罚当后加，嫌其伯讨，故著其甚恶者可知也。以兵得不言获者，晋文伯立，招致晋侯之讨，曹伯负乌杀太子之兵，先恩后刑，不坐获并曹又兵得时人。"徐氏议亲之意当据晋，曹伯负乌杀太子之兵，先恩后刑，不坐获并曹者而言。
唐·颜师古	王之亲族也。	《汉书·刑法志》注	此据《五经正义》"八议"底本。其祖颜之推尤推《五经正义》，故本。师古言当属经训，非独史注，后人亦多承颜说。下各颜注云云所发。《周官》，师古自当通经，故其言当属经训，非独史注，后人亦多承颜说。
唐·孔颖达	议亲之辟，谓是王宗室有罪也。	《礼记·曲礼》孔疏	孔疏本"刑不上大夫"发，而"刑不上大夫"之旨又合于八辟，故解此二文注皆互训。孔疏实本先郑说。

续表

注家	注文	出处	备注
唐·唐临	礼：王族刑于隐者，所以议亲。……知重其亲贵，议欲缓刑，非为嫉其贤能，谋致深法。	《旧唐书·唐临传》	据本传载永徽元年（650）华州刺史萧龄之受贿，时诏议其刑，人多论死，唐临据八议而论其免死[1]。左引即唐临所论。
宋·此山贳冶子	①"或分液天潢"：天潢，天汉也。液，派也。凡与人同宗共祖，本则惟一，以水喻之，犹如同共源派而分流诸派。令族人与帝王之分，以下之水取喻，故取液天汉之分流，举尊贵之极称。此乃议亲之谓也。②"袒免"：袒，凶服之别也。据礼，缌麻之外亲戚，之别也。据礼，缌麻之外亲戚，如有死丧，不可与凡例一同，故袒其亲偏，而加免于首也，故谓之袒免。③"降姑"：降，下也。皇太后阴及缌麻之亲，令皇后只阴及小功之亲，是下阴之等也。	元·王元亮重编《唐律释文·名例》	沈家本以为此山贳冶子所释者为宋刑统，非唐律。宋刑统"八议"之文，实本唐律，故《释文·八议》疏议云："其应议请、减、赎之人犯死罪，皆先奏请，议其所犯，……以此八议之人犯死罪，议其所犯，故曰'八议'。"此山贳冶子所释"或分液天潢"即关于八议部分。唐末律皆可互训。《唐律·名例》律，……以此八议之人，或分液天潢，皆先奏请，议其所犯，故曰'八议'。"此山贳冶子所释据此，以下各例同，不赘言。

[1]《册府元龟》卷六一六《刑法部·议谳第三》录有唐高宗所下流萧龄之岭南诏，可证此事。《唐萧龄之墓志考释》，载《唐史论丛》第11辑，西安：三秦出版社2009年版，第383—388页。
参见毛阳光：《唐萧龄之墓志考释》，载《唐史论丛》第11辑，西安：三秦出版社2009年版，第383—388页。

续表

注家	注文	出处	备注
宋·王钦若	《传》曰："门内之治恩掩义，门外之治义断恩。"盖先王之道，不以私害公也。周汉而降，宗枝茂盛，封建既广，性习不同，乃有背既睦之教，蓄不咸之性，忽麟趾之训，恣其骄盈，弗率典训，以至奉藩无状、事亲不谨、暱爱近习、衒惑邪说，或专用非辟，蒙三有之惠，烦一尺之说，举八议之典，屈廷尉之请，扰或长恶不悛，罔顾廷覆，以致长削士宇，陷于不义，悲夫。	《元龟·宗室部·遣让》	遣让，贬谪放逐之意。"宗室部"置此目，又举"八议之典"而言，唯其所言周汉以而降宗室所积恶习，所论实议亲事，是论虽有议亲被罪之制，也难绝宗室各种"不义"。
宋·王昭禹	①亲，谓王之亲族也。 ②以王之亲故，则不可以众人同例。	《周礼详解》	
明·丘浚	王之亲故不可与众人同例，议之，所以教天下之人爱其亲族、厚其亲故旧。	《大学衍义补·慎刑宪·议当原之辟》	丘论"议当原之辟"征《周礼》八辟之文，郑注，是丘言亦据此而发。浚论多据朱儒之言发挥。
明·郎兆玉	议亲之辟，王之亲族有罪，则议其□焉。	《注释古周礼·秋官司寇》	"□"，原文磨灭难辨。

续表

注家	注文	出处	备注
明·郝敬	亲，王之亲戚。	《周礼完解》	
清·姜兆锡	亲，王之宗族。	《周礼辑义·秋官司寇》	
清·蒋载康	亲，王族亲。议，议其等差。辟有定法，差等做分亦不可易。如亲者罪降几等，至亲降尤多也。	《周官心解·秋官司寇》	
清·刘沅	亲，宗室。	《周官恒解·秋官司寇》	
民国·董康	同宗及外姻有服者皆是。	《春秋刑制考·法例·八辟》	董说本贾疏。

二、"议故"之释

表36 汉以来诸家对"议故"的注释

注家	注文	出处	备注
汉·郑众	故旧不遗，则民不偷。	《周礼·小司寇》郑玄注引	众注本《论语·泰伯》："君子笃于亲，则民兴于仁；故旧不遗，则民不偷。"不偷，淳厚也。
汉·郑玄	故谓旧知也。	《周礼·小司寇》郑注	后世解此多奉郑说。

第四章 魏八议考

续表

注家	注文	出处	备注
汉·郑玄	射礼，虽王，亦立宾主也。王之故旧朋友，为世子时，共在学者。天子亦有友诸侯之义。武王誓曰"我友邦冢君"是也。有议故之辟，议宾之辟。	《周礼·春官·大宗伯》"以宾射之礼，亲故旧朋友"郑注	玄于此注"故旧朋友"亦证入辟之"故"，即包括"共在学者"之属。
汉·郑玄	敬故，不慢旧也。晏平仲"久而敬之"。	《周礼·大宰》"八统"郑注	不慢旧，不怠慢故旧朋友，是议故本于敬故。玄注"云云"《论语·公冶长》"晏平仲善与人交，久而敬之"。《尚书·盘庚》"人惟求旧"，亦需相敬故旧之道。又，《孟子·梁惠王下》"言人贵旧。"孙奭疏"周任有言曰'人惟求旧'，是故臣之谓也。"此亦敬旧之意。
汉·包咸	君能厚于亲属，不遗忘其故旧，行之美者，则民皆化之，起为仁厚之行，不偷薄。	《论语注疏·泰伯篇》何晏注引	先郑借《论语》以释议故，故包咸说亦能相训。
唐律	①议故。（谓故旧。）②疏议云："谓宿得侍见，特蒙接遇历久者。"	《唐律·名例律·八议》"议故"	

续表

注家	注文	出处	备注
唐·贾公彦	此"故旧",据王为言,是以《大宗伯》注:"故旧朋友,谓共在学类。"先郑引《论语》"故旧不遗,则民不偷",言民不偷,上行下效,亦据人君而说,故引为证也。若《伐木》诗,郑注:"故旧朋友,亦是故友之证也。	《周礼·小司寇》贾疏	《伐木》出《诗经·小雅》,诗以鸟鸣求友起兴,情,故贾氏又以其证议故。是重故友之
	(郑玄)引《司寇职》"有议故之辟,议宾之辟",证诸侯射之礼,及王之故旧,皆在议限,故旧朋友并得为宾射相亲之事也。	《周礼·春官·大宗伯》"以宾射之礼,亲故旧朋友"贾疏	此云"皆在议限",知前引贾疏"亲,谓五属之内,及外亲有服者,皆是议限",在"议限"内,"不离议限"之谓。后断句为确,即在议限。
	①敬故者,君与民皆须恭敬故旧朋友。②(郑玄)云"敬故,不慢旧也",引晏平仲"久而敬之"者,谓他人久敬平仲,由平仲敬于他人,善在平仲。故亲引敬亲,敬故引见上下通有,《伐木》诗是文王敬故也。	《周礼·大宰》"八统"贾疏	贾疏八议、八统互训,据此可证。
唐·颜师古	王之故旧也。	《汉书·刑法志》注	

续表

注家	注文	出处	备注
唐·孔颖达	议故之辟，谓与王故旧也。	《礼记·曲礼》孔疏	
宋·此山贯治子	①"或宿侍疏扆"：《礼记·王藻》云，天子玉藻，十有二旒，前后邃延，天子之冠。说者谓，天子之冠，上更方板，上玄色象天，下黄色象地，前后各以五彩丝贯五色玉，垂于前后。每以一五色绳贯五彩玉各十二，谓之一旒。前后各六，共十有二旒。故名此冠疏冕，即今俗谓云平天冠也。扆者，形如小屏，以白黑之色相杂，画为斧文，又取能断。盖帝座后小屏也。今经云宿侍疏扆者，宿帝训旧，待王者，谓侍事左右者。疏扆，帝王也。不敢指斥尊号，故托以其位事之。盖谓宿昔议故旧，曾得伏帝左右。此乃议故曾顾见也。②"宿侍得见"：谓宿昔曾得接遇帝王，又蒙帝王恩顾之久者。	元·王元亮重编《唐律释文·名例》	

续表

注家	注文	出处	备注
宋·王钦若	孔子曰："故旧不遗，则民不偷。"盖以君子化民，莫先教本，上行下效，谓之德风。王者居天下之尊，崇故教之本，不务乎！历视前世押之感，有过从款押飞升之佐，风云感会之辰，有攀附之乡，遂临潜，草昧之际，宁忘平生，怀饮之恩，岂惟张极，留连千钟之赐，实多编次咸在。故典，亦所推诚咸在。	《元龟·帝王部·求旧》	《帝王部》置"求旧"一目，既本《论语》而发，又合帝王重故旧之义；《总录部》设"议故"，"求旧"，皆不忘其本之礼也。下引《元龟·帝王部·闰位部》有"知旧"目亦同此倾。
宋·王昭禹	①故，谓王之故旧也。②以王之亲故，则不可以众人同例。	《周礼详解》	
宋·邢昺	君不遗忘其故旧，故民德归厚不偷薄也。	《论语注疏·泰伯篇》邢疏	此与包咸例同。
明·丘濬	王之亲故不可与众人同例，有罪议之，所以教天下之人爱其亲族，厚其故旧。	《大学衍义补·慎刑宪·议当原之辟》	此本王昭禹说。
明·郎兆玉	议故，王之故旧有罪者。	《注释古周礼·秋官司寇》	

第四章 魏八议考 263

续表

注家	注文	出处	备注
明·郝敬	故，王之故旧。	《周礼完解》	
清·姜兆锡	故，王之故旧。	《周礼辑义·秋官司寇》	
清·蒋载康	故，旧知。旧与王同学齿序相好。	《周官心解·秋官司寇》	与王同学齿序亦共在学者之谓。
清·刘沅	故，故旧。	《周官恒解·秋官司寇》	
民国·董康	谓旧知，或共在学者。	《春秋刑制考·法例·八辟》	此本《周礼·秋官》"以宾射之礼，亲故旧朋友"郑注。

三、"议贤"之释

表37 汉以来诸家对"议贤"的注释

注家	注文	出处	备注
汉·郑众	若今时廉吏有罪，先请是也。	《周礼·小司寇》郑玄注引	《汉书·宣帝纪》："诏曰：'举廉吏，诚欲得其真也。吏六百石位大夫，有罪先请，秩禄上通，足以效其贤材，自今以来毋得举。'此即先众所云今时之制。"又，《汉书·文帝纪》："廉吏，民之表也。"《后汉书·霍方进传》：《汉书·孝顺帝纪》孟康注："今郡国守相视事未满岁者，一切得举廉吏。"《后汉书·孝顺帝纪》："诏曰：'孝廉者，廉吏皆当典城牧民，兴化之本，恒必由之。'"廉吏是汉代察举岁科之一，彼举廉吏者，虽多低级官员，所以才成为察举对象。都忠于职守，特别是廉洁不贪，被举者皆德行之一端，先郑举例而已，非指贤者独指廉吏。不贪是贤者德行之一端，先郑举例而已，非指贤者独指廉吏。

续表

注家	注文	出处	备注
汉·郑众	兴贤者，谓若今举孝廉。兴能者，谓若今举茂才。宾，敬也。敬所举贤者、能者。	《周礼·乡大夫》郑玄注引	"兴贤"即《乡大夫》"三年则大比，考其德行、道艺，而兴贤者、能者，乡老及乡大夫帅其众寡，以礼礼宾之"。是乡所举孝廉即贤者，可与前注互证。先郑虽不直言贤为德行者，但汉人读经当知举孝廉所举何人。
汉·郑玄	谓有德行者。	《周礼·小司寇》郑注	《后汉书·郎𫖮传》云："夫贤者化之本，云者雨之具也。得贤而不用，犹久阴而不雨也。夫求贤者，上以承天，下以为人。不用之，则逆天统，违人望，灾咎降。逆天统则君道亏。四始之缺，五际之𡱈，其咎由此。"《后汉书·襄楷传》云："杀无罪，诛贤者，祸及三世。"注引黄石公《三略》云："伤贤者殃及三世，蔽贤者身当其害，嫉贤者福流子孙，疾贤者名不全。"是议贤之举也有天罚，因果报应当经有道德价值任在其间。
	贤，有德行者。	《周礼·大宰》"八统"郑注	
	贤者，有德行者。	《周礼·乡大夫》郑注	
	德谓贤者。	《周礼·司士》郑注	
	秀士，乡大夫所考，有德行道艺者。	《礼记·王制》郑注	

续表

注家	注文	出处	备注
唐律	①议贤。(谓有大德行。) ②疏议云:"谓贤人君子,言行可为法则者。"	《唐律·名例律·八议》"议贤"	
	先郑举汉廉吏为贤,后郑足成,故言"贤有德行"者,谓若乡大夫兴贤者、能者。贤,即有六德、六行者也。	《周礼·小司寇》贾疏	六德、六行即《周礼·大司徒》所云"以乡三物教万民而宾兴之":"一曰六德,知、仁、圣、义、忠、和;二曰六行,孝、友、睦、姻、任、恤。"
唐·贾公彦	①进贤者,有贤在下,君当招之,民当举之,是君民皆进贤也。 ②(郑玄)云"贤有德行,多才艺",案《乡大夫》云:"兴贤者、兴能者","出使长之","入使治之"。是贤有六德、六行者。	《周礼·大宰》"八统"贾疏	进贤、使贤、议贤,皆敬贤之道。
	①(《周礼》)云"考其德行道艺"者,德行谓六行。 ②云"而兴贤者",则德行之人也。 ③(《周礼》)云"与其众寡"者,谓乡中有贤者,皆集在庠学。	《周礼·乡大夫》贾疏	《周礼·乡大夫》:"三年则大比,考其德行、道艺,而兴贤者、能者,乡老及乡大夫帅其吏与其众寡,以礼礼宾之。"可观贾所疏涉贤者意旨同,下疏"能"例亦同。

续表

注家	注文	出处	备注
唐·贾公彦	④郑司农云"若今举孝廉及茂才"者，孝悌、廉絜、人之德行，故以孝廉况贤者。⑤（郑玄注）云"贤者有德行者"，欲见贤与德行为一，在身为德，施之为行，内外兼备即为贤者也。		
唐·颜师古	有六德六行，即为贤者。	《周礼·司士》贾疏	
	有德行者也。	《汉书·刑法志》注	
	议贤之辟，谓有德行者也。	《礼记·曲礼》孔疏	
唐·孔颖达	（郑玄注）云"秀士，乡大夫所考，有德行道艺者，谓乡大夫考此乡学之人有德行道艺之徒。德行谓乡友之徒，道艺谓才艺。	《礼记·王制》孔疏	
宋·此山贳冶子	①"或多才多艺"：上天生贤，使多识技艺，佐王经国辅教。盖有大德行，可以师表人臣，羽仪朝位。此lg议贤之谓也。②"言行"：谓贤人君子，凡出一言，凡行一事，则可为世之法也。	元·王元亮重编《唐律释文·名例》	

续表

注家	注文	出处	备注
宋·王昭禹	①贤，谓有德行者也。②以国之贤能，则不可以与庸常同科。	《周礼详解》	
明·丘濬	国之贤能不可与庸常同科，有罪议之，所以教天下之人尚乎德行，崇乎道艺。	《大学衍义补·慎刑宪·议当原之辟》	
明·郎兆玉	议贤，有德者或陷于罪也。	《注释古周礼·秋官司寇》	
明·郝敬	贤，素有德者。	《周礼完解》	
清·方苞	贤而罹于法者，如偾军丧邑之类，或陷于事势，而非其罪也。	《周官析疑·秋官司寇》	偾，覆败也。偾军丧邑指军战败绩失地之类。陷，塞，阻也。陷于事势指时势所困，不得已而为之。贤者固有德，若统帅战事失利，当有军法治之，非无罪。方注"非其罪"，不合经义。
清·姜兆锡	贤，有德者。	《周礼辑义·秋官司寇》	
清·蒋载康	贤，德行交推。	《周官心解·秋官司寇》	章学诚《修志十议》云："去任之官，苟一时政绩卓然可传，虽未经没身论定，于法亦得立传。"舆论交推，更无拟议者，交推当指舆论推重贤者德行。

续表

注家	注文	出处	备注
清·刘沅	①贤，有德者。②八者之中，惟贤者必不悖礼，安得犯法。盖株连及之者也，其余非干于国家躬有禆益，即于贤躬有关属，必从而原之，或赦或不幸而有罪，必实有不可赦而后罪之，然亦不同于凡人，若盘水加剑，未减，甸人及有爵者不为奴之类，盖法外之仁也。	《周官恒解·秋官司寇》	责备贤者，《春秋》之法。古人视贤者为榜样，之法为世范。刘氏言贤者不犯礼，不犯法，是指贤者无悖逆礼法，实不幸获罪之故。如丘浚所言，故议贤之制并非具文。非贬贤者之罪，故议贤之制并非具文。
民国·董康	谓有德行。	《春秋刑制考·法例·八辟》	

四、"议能"之释

表38 汉以来诸家对"议能"的注释

注家	注文	出处	备注
汉·许慎	罢，遣有辜也。从网、能。网，辠网也。言有贤能而入网，辠网遣之。《周礼》曰：议能之辟。	《说文·网部·罢》	入网，罹网入罪也。许慎通经，其释"罢"义，实训"议能"。
汉·郑众	兴能者，谓若今举茂才。宾，敬也。敬者所举贤者、能者。	《周礼·乡大夫》郑玄注引	"兴能"即《乡大夫》"三年则大比，考其德行，道艺，而兴贤者、能者，乡老及乡大夫帅其吏与其众寡，以礼礼宾之"。前引先郑曾以乡举举廉为贤者释议贤，此注能者为能之属。

续表

注家	注文	出处	备注
汉·郑玄	能，政令行也。	《周礼·小宰》郑注	
	能谓有道艺者。《春秋传》曰："夫谋而鲜过，惠训不倦者，叔向有焉，社稷之固也，犹将十世宥之，以劝能者，今一不免其身，以弃社稷，不亦惑乎？"	《周礼·小司寇》郑注	玄所引《春秋》者，祁奚请免叔向之言，是以叔向为能者属。汉儒注人辟，不独限于《小司寇》之文，亦引同经或他经以证，故得经义相通互训。
	能，多才艺者。	《周礼·大宰》"八统"郑注	
	能者，有道艺者。	《周礼·乡大夫》郑注	
唐律	①议能。（谓有大才艺。）②疏议云："谓能整军旅，莅政事，盐梅帝道，师范人伦者。"	《唐律·名例律·八议》"议能"	《尚书·说命下》："若作和羹，尔惟盐梅。"孔传云："盐咸，梅醋，羹须咸醋以和之。"以盐梅借喻国家所需贤能之人。
	云"能政令行也"者，谓无辞誉，所行政令得行也。	《周礼·小宰》贾疏	
唐·贾公彦	"能谓有道艺者"，此即《乡大夫》"兴贤能"、"有道艺"。若《保氏》云"掌养国子以道，而教之六艺"，是国子与贤者有德行兼道艺，若能者惟有道艺，未必兼有德也。襄二十一年，叔向被囚，祁奚作此辞以晋侯，使赦小罪存大能。引之者，证以能议也。	《周礼·小宰》贾疏	

续表

注家	注文	出处	备注
	自此已上七者，虽以王为主，诸侯应有此议法，亦当自制，是以议能，郑引叔向之事，是其一隅也。	《周礼·小司寇》贾疏	"已上七者"指议亲、议故、议贤、议能、议功、议贵、议勤。贾氏以此七议唯王专行，诸侯仅得议能之证。贾疏即诸侯议能不得为之之事即诸侯请议免叔向之，见下论。
	①使能者，下有技能，君民共举任之。②能者，直六艺而已。	《周礼·大宰》"八统"贾疏	六艺即《周礼·大司徒》云"以乡三物教万民而宾兴之"……三曰六艺，礼、乐、射、御、书、数"。
唐·贾公彦	①（《周礼》）云"考其德行道艺"者，……道艺谓六艺。②（郑玄注）云"能者有道艺"者，郑亦见道艺与能为一。上注云"能者，政令行，以其身有道艺"，则政教可行是能者也。③郑司农云"若今孝廉及茂才"，……茂才则秀才也，人之技艺，故以况能者也。④"能者"则谓艺之人也。	《周礼·乡大夫》贾疏	②所言"上注"即前引郑注。是有六艺之人能善以之治民，方堪政之名，此即贾疏"政教可行是能者"之意。
	有六艺，即为能者。	《周礼·司士》贾疏	

续表

注家	注文	出处	备注
唐·颜师古	有道艺者。	《汉书·刑法志》注	
	议能之辟，谓有道艺者也。	《礼记·曲礼》孔疏	
唐·孔颖达	《周礼·小司寇》："以八辟丽邦法，附刑罚。三曰议贤，四曰议能之辟。"郑玄云："贤谓有德行者，能谓有道艺者。"《春秋传》曰："夫谋而鲜过，能训不倦者，叔向有焉，社稷之固也，犹将十世宥之，以劝能者。"今壹不免其身，以弃社稷，不亦惑乎？"可赦之人，当议其罪状，有益于国，令邓析制刑，是不忠之臣。国之臣民，取其善处，弃其邪恶者也，虽知其邪，当弃而不责，所以劝勉人，使学为善能也。	《春秋左传·定五年，尽九年》孔疏	《春秋左传·定五年，尽九年》"郑驷歂杀邓析，而用其《竹刑》。君子谓：子然于是不忠。苟有可以加于国家者，弃其邪可也"。孔疏虽本《左传》，但所发挥者皆《周礼》郑注。又，《周礼·司寇》"制法成治，若告谘谟者听"。郑注云："治功曰力"。郑注云："制法成治，出其谋力。"贾疏云："蛮夷猾夏，寇贼奸宄，汝作士，五刑有服。"按《虞书》，帝谓咎繇："窃谓邓析制刑实与告谘谟制法之功同，孔云其能者，制法谘谟为能者，失经义，诛邓析，非不议其能。

续表

注家	注文	出处	备注
宋·此山贳冶子	①"或立事立功"：圣王在位，必任能人，或能于艰危之下特立大功，迹，或能于战斗之可传，运筹非时之可拟。此乃议能之谓也。 ②"釐"：训齐，饬也。 ③"莅"：训临也。 ④"盐梅"：古者，和羹用盐梅，取其咸味好。取譬喻贤人君子，佐辅帝王之道，使治道纯备。如羹味得盐梅也。故《尚书·说命篇》云，昔高宗命傅说作相，曰：若济巨川，用汝作舟楫；若岁大旱，用汝作霖雨；若作和羹，用汝作盐梅。 ⑤"师范"：法也。师者有道，忠信，智能，才辨，尊称，法也。故名师者。师者，教导人，言此师教导，范者，扬雄云，师者，人之模法之也。使人模范也。	元·王元亮重编《唐律释文·名例》	
宋·王昭禹	①能，谓有道艺者也。 ②以国之贤能，则不可以与庸常同科。	《周礼详解》	

续表

注家	注文	出处	备注
明·丘濬	国之贤能不可与庸常同科，有罪议之，所以教天下之人尚乎德行，崇乎道艺。	《大学衍义补·慎刑宪·议当原之辟》	
明·郎兆玉	此即《周礼》八辟之议能也。由是观之，凡有益于世，有功于国者，其人之子若孙以及于曾皆将十世宥之，不止免其一身而已也。	《大学衍义补·慎刑宪·议当原之辟》	"此即"指《左传》祁奚请免叔向之言，丘论与郎、贾同。
明·郝敬	议能，有才者或陷于罪也。	《注释古周礼·秋官司寇》	是后人亦以"才""才能"训"才艺""道艺"。
清·姜兆锡	能，素有材者。	《周礼完解》	
清·蒋载康	能，有才者。	《周礼辑义·秋官司寇》	
清·刘沅	能，才能卓越。	《周官心解·秋官司寇》	
清·孙诒让	能，有道艺者。	《周官恒解·秋官司寇》	
清·孙诒让	《大司徒》十二教又云"以世事教能"，注谓士农工商之事。是贤教属德行，能包道艺即四民之事，故郑云"有善行多材艺"，义亦同。	《周礼正义》（中华书局1987年版，第77页）	《周礼·大司徒》："以世事教能，则民不失职。"此施教之一，孙氏以教民士农工商之事属能，亦"政教可行"之谓。

注家	注文	出处	备注
民国·董康	谓有道艺，如整军旅，莅政事，监梅帝道，师范人伦之属。	《春秋刑制考·法例·八辟》	康所言者，《唐律疏议》之文，未明清律皆同。

五、"议功"之释

表39 汉以来诸家对"议功"的注释

注家	注文	出处	备注
汉·郑玄	谓有大勋力立功者。	《周礼·小司寇》郑注	
	保庸，安有功者。	《周礼·大宰》"八统"郑注	"民功曰庸"，保庸即庸，见下引。又，《汉书·高惠高后文功臣表》云："孝宣皇帝愍而录之，乃开庙藏，览旧籍，诏令有司求其子孙，咸出庸保之中，并受复除。"宣帝所诏者"咸出庸保"，即指功臣之后，是保庸亦称庸保。
	"王功曰勋"：辅成王业，若周公。	《周礼·司勋》郑注	《周礼·司勋》："司勋掌六乡赏地之法，以等其功。王功曰勋，国功曰功，民功曰庸，事功曰劳，治功曰力，战功曰多，凡有功者，铭书于王之大常，祭于大烝，司勋诏之。大功，司勋藏其贰。"如此细密的功的类型划分是存在的。若谓《周官》为汉人伪作，更能证郑注疏所实是议功之划分与实就即是汉制。功的类型与划分原则应是存在的，但尚功赏功原则应是汉制。贾注疏可证议功之议限，故后世亦称六功为六勋，称议功为议勋。
	"国功曰功"：保全国家，若伊尹。	《周礼·司勋》郑注	

续表

注家	注文	出处	备注
	"民功曰庸":法施于民,若后稷。	《周礼·司勋》郑注	《周礼·大司徒》:"十有二曰以庸制禄,则民兴功。"郑注:"庸,功也。爵以显贤,禄以赏功。"后世称庸伐、庸勋、庸绩、庸器,皆取此义。
	"事功曰劳":以劳定国,若禹。	《周礼·司勋》郑注	
汉·郑注	"治功曰力":制法成治,若咎繇。	《周礼·司勋》郑注	前引邓析制刑,实此类。《晋志》载泰始三年晋律成,武帝诏:"昔萧何以定律令受封,叔孙通制仪为奉常,赐金五百斤,弟子皆为郎。夫立功立事,古今之所重,宜加禄赏,其详考异同,以谕厥才品用,随才品用,赏帛万余匹。"晋褒贾充等人修律之功,当取此制法"治功"之义。故《晋书·贾充传》记充妻郭槐曾言"刊定律令,为佐命之功,我有其分"。又《魏书·袁翻传》载元魏正始修治之功,翻与门下录事常景、孙绍、廷尉监张虎,……太乐令公孙崇等并在议限。以衰翻诸人制法成治之功,是在议功之限,亦明其制法成治之功,多指治能、治绩,已非制法本意。《晋书》考论律令,翻译中书外省令、议、说等,治功一词,多指治能,治绩。
	"战功曰多":克敌出奇,若韩信、陈平。	《周礼·司勋》郑注	《汉书·周勃传》云勃"卒至多"。文颖注:"勃士卒至者多也。"如淳注:"多谓功多也。"此言"多"者即战功,如说为长。又《周礼》"战功曰多",颜注:"司马法:'凡战:定爵位,著功罪。'"此亦可证战功。[1]

[1] 丘濬云:"《司马法》虽作于战国,然多成周之遗制也,盖于定功行赏之时具其功状,有功者以罪减功,有罪者以功折罪。"(《大学衍义补》卷一三九《赏功之格》)

续表

注家	注文	出处	备注
唐律	①议功。（谓有大功勋。）②疏议云："谓能斩将搴旗，摧锋万里，或率众归化，宁济艰难，铭功太常者。"	《唐律·名例律·八议》"议功"	所言"铭功太常者"，即据《周礼·司勋》之言。
	此即司勋所掌王功国功之等，皆入此功也，是以皆言功为首者。	《周礼·小司寇》贾疏	"此即"指郑注"谓有大勋力立功者"，是贾以郑注八辟者亦训《司勋》所言六功。
	保庸者，保，安也。庸，功也。有功者，上下俱赏之以禄，使心安也。	《周礼·大宰》八统	
唐·贾公彦	"王功曰功"：知据王业而言，以其王之身言业。明据王之位业而说耳。以周公摄政，相辅成王业，致大平，还政成王，是辅成王业之事，故以周公托之。但经之所云不得专为周公，伊尹之等，皆是此拟之耳。	《周礼·司勋》贾疏	以下贾疏释郑注六功之"者"例。
	"国功曰功"：知"保全国家"者，以其言国，继国家而言，故知是保全国家者也。以伊尹比之者，以汤时天下大平，汤崩，太甲即位，不明政事，伊尹为数篇书以谏之，谏既不入，乃放之桐宫，三年思庸，复归于亳，国家得全，故以伊尹拟之耳。	《周礼·司勋》贾疏	

续表

注家	注文	出处	备注
唐·贾公彦	"民功曰庸":知"法施于民"者,以其言民,继民言之。先王之业,以后稷比之者,周之先祖弃,为尧之稷官,教人植嘉谷,天下为烈,岂一手一足哉。庸,亦功也,以法施于民有功,故以后稷拟之。		
	"事功曰劳":知"以劳定国"者,以其言劳,据勤劳施国国而言。尧遭洪水,下民昏垫,国家不定,命禹治之,手足胼胝,三过门不入,遂成五服,国乃获安,故以禹拟之也。	《周礼·司勋》贾疏	
	"治功曰力":知"以其言'治',言'力',故知制法成治,出其谋力。按《虞书》,帝谓咎繇云:"蛮夷猾夏,寇贼奸宄,汝作士,五刑有服,"是咎繇制其刑法,国家治理,是咎繇拟之。		

续表

注家	注文	出处	备注
唐·贾公彦	"故功曰多":知多是"克敌出奇"者,以其言多,故多少之中比校多为奇之事也。汉之二将,是克敌出奇之人,故以拟之耳。云"上多前房"者,彼亦是故以功多为上,居于陈前,房获俘囚,故引以证多为战功者也。	《周礼·司约》贾疏	《周礼·大司寇》五刑:"一曰野刑,上功纠力。"贾疏:"以其言野,则国外,若卿大夫云农功、力,勤力,'野自六尺',之类。既言任野为功,故知功是农功,力是勤力也。"《周礼·大司寇》"进贤兴功以作邦国"。郑注:"兴犹举也。作,起也。起其劝善乐业之心,使不惰废。"贾疏:"'进贤',起旧在位,诸臣来有德行未遇爵命举之;有贤功者,并草有功德,举之亦兴任用。作,起也。以臣有德有功,兴,臣有功,举之与《司约》意合。
	民功谓若《司寇》云"野刑,上功纠力"及《司马》云"进贤兴功"是也。		"进贤",起旧在位,诸臣有德行未遇爵命使任用之,起之;使劝才仕用。以臣旧有心,与贤废善业也,与"法施于民"意合。
	有大勋力者。	《汉书·刑法志》注	此本郑说。
唐·颜师古	言国家非无刑辟,而功臣子孙得不陷罪而能长存者,思其先人之力,令有续嗣也。	《汉书·高惠高后文功臣表》"当无刑辟,踵祖之竭力,故支庶赖焉"注	"言国家非无刑辟"者是言律有议功之制以保功臣子孙。

第四章 魏八议考

续表

注家	注文	出处	备注
唐·孔颖达	议功之辟，谓有大勋立功者也。	《礼记·曲礼》孔疏	
宋·此山贯耸子	①"简在帝心"：谓臣下立大功勋，谓帝心之简在者。此乃议功之谓也。②"斩将"：谓如韩信斩龙且，是名斩将之功。③"搴旗"：夺也。谓如韩信破赵，拔赵旗帜，而立汉赤帜，是名搴旗。④"摧锋"：摧犹挫也。谓战敌之阵，敌之刚锋利刃皆为我之摧挫也。⑤"率众"：谓共凶徒恶众，背叛王教，已能率化，而使皆归顺，若唐时魏博之众叛，田兴能使奉上命也。⑥"宁济一时"：若时之不安，或饥荒水旱，或寇盗疫蝗，己能出智力周济一时之急，使长幼不至死伤之谓也。⑦"太常"：旗名也。《周礼》，臣下能立大功，则书其事迹，铭其功德于太常旗之上，以引勋驾也。	元·王元亮重编《唐律释文·名例》	《论语·尧曰》："其应议之人……简在帝心。""帝臣不蔽，简在帝心。"《唐律疏议》云：功臣之勋，简在帝心，助书王府。"或立事立功，简在帝心，助书不忘其功。

续表

注家	注文	出处	备注
宋·王昭禹	①功，谓臣之有大功者也。②有功，则或可以掩过。	《周礼详解》	言"或可以掩过"，指或赦或宥未减，饰功掩过，非谓不论功者之罪。
宋·王钦若	夫八辟丽法，《周官》之明训法，《左氏》之格言，是知帝王存忘之德，恢包荒之意，念基业之绵构，知臣下之勤劳，莫不疏以大封，縻之好爵。其或罹乎宪网，属诸吏议，而能追其旧绩，录功恕罪，责其后效，屈法申恩，所以使怠者竭诚而勋臣就功也。若乃子孙席其旧德，朝廷命以世封，或自贻伊戚，或坐招官谤，而复念勋伐之后，衰门招恣义土所以忘死，或全其嗣息，或复其邑封，慷慨也。	《元龟·帝王部·念功》	《周易》："象曰：九二，包荒，用冯河。"孔颖达正义云："能包含秽浊之物，故云'包荒'，"云"恢包荒之勋"，亦思功恋过之意。功臣之勋，简在帝心，是帝不忘其功。《帝王部》设"念功"一目，正合此意，其论虽非注《周礼》，其所法者实本"议功之辟"。
明·丘浚	有功者则可以折过失，有罪议之则天下厚于报功而皆知所懋。	《大学衍义补·慎刑宪·议当原之辟》	折，抵也，以功代过之谓。懋，勉也。是丘氏以上报臣功为教民之法。
明·郎兆王	议功，有功勋者或陷于罪也。	《注释古周礼·秋官司寇》	
明·郝敬	功，有勋绩者。	《周礼完解》	

续表

注家	注文	出处	备注
清·姜兆锡	功，有勋劳者。	《周礼辑义·秋官司寇》	
清·蒋载康	功，勋铭大常。	《周官心解·秋官司寇》	大常，太常也。此本《周礼·司勋》所言"凡有功者，铭书于王之大常"。
清·刘沅	功，有大功者。	《周官恒解·秋官司寇》	
民国·董康	谓有大功勋，如斩将搴旗，摧锋万里，或率众归化，宁济一时，匡救艰难之属也。	《春秋刑制考·法例·八辟》	康言本《唐律疏议》之文，宋明清律皆同。

六、"议贵"之释

表40　汉以来诸家对"议贵"的注释

注家	注文	出处	备注
汉·郑众	若今时吏墨绶有罪，先请是也。	《周礼·小司寇》郑玄注注引	《后汉书·光武帝纪》载建武二年诏"吏不满六百石下至墨绶长，相，有罪先请"。先郑所言即此汉法。又，《后汉书·孝安帝纪》"墨绶谓令，长之属也"。注引《汉官仪》云"秩六百石，铜章墨绶"。先郑亦举其一隅而已，下说可证。《后汉书·蔡邕传》"李贤注"墨绶长吏，职典理人"。注引《汉官仪》云："墨绶长吏，铜章墨绶。"先郑亦举其一隅而已，下说可证。

续表

注家	注文	出处	备注
汉·郑众	贵者,谓若今宗室及关内侯皆复也。	《周礼·乡大夫》郑玄注注引	
汉·郑玄	尊贵,尊天下之达尊者三,《孟子》曰:"天下之达尊者三:曰爵也,齿也,德也。"《祭义》曰:"先王之所以治天下者五:贵有德,贵贵,贵老,敬长,慈幼。"	《周礼·大宰》"八统"郑注	有爵者为贵,后世多承玄说。
汉·郑玄	不孝之罪,五刑莫大焉,得用议贵之辟刑之,若如所犯之罪、焚其亲来如,杀人之刑也。弃如,流宥之刑。	《周官·掌戮》贾疏引郑玄《周易》九四:"突如其来如,焚如,死如,弃如"注	贾疏云郑玄"引之者,证焚如是杀其亲来之刑也"。此文辞言恶不孝子之刑,况以议贵,是议贵之辟亦有"焚如""死如""弃如"三等。
唐律	①议贵。(谓职事官三品以上,散官二品以上及爵一品者。)②疏议云:"有执掌者为职事官,无执掌者为散官,爵,谓国公以上。"	《唐律·名例律·八议》	
唐·贾公彦	先郑推引汉法墨绶为贵,若据周,大夫以上皆贵也。墨绶者,汉法,丞相中二千石,金印紫绶,御史大夫二千石,银印青绶,县令六百石,铜印墨绶,是也。	《周礼·小司寇》贾疏	贾疏云"若据周,大夫以上皆贵也",是本"刑不上大夫"之义,故后世训贵亦有循周制而言。按汉制,墨绶者非必大夫。又,《唐律疏议》"议贵"条云"谓职事官三品以上,散官二品以上及爵一品者",是唐制贵的范围亦狭于汉。

续表

注家	注文	出处	备注
唐·贾公彦	①尊贵者，臣有贵者，君民共尊敬之。②（郑玄）云"尊贵"者，谓天下有贵皆尊之。	《周礼·大宰》"八统"贾疏	
唐·颜师古	爵位高者也。	《汉书·刑法志》注	
唐·孔颖达	议贵之辟，谓贵者犯罪，即大夫以上也。郑司农云："若今吏墨绶有罪先请者。"案汉时墨绶者是贵人也。	《礼记·曲礼》孔疏	
唐·唐临	礼：……刑不上大夫，所以议贵，知重其亲贵，议欲缓刑，非为崇奖其贤能，谋致深法。	《旧唐书·唐临传》	
宋·此山贵怡子	①爵一品之极，谓之贵。②刑不上大夫，议大夫以上之官，犯死罪非十恶之类，则在八议之内也。	元·王元亮重编《唐律释文·名例》	
宋·王昭禹	①贵，谓臣之有爵位者也。②在贵，则不可以遽凌辱。	《周礼详解》	以"大夫以上之官"非犯十恶而得入议以释"刑不上大夫"，实指其议贵，即以大夫以上官为贵者。
明·丘浚	有位者不可以轻摧辱，有罪议之则天下知上之重于贵爵而皆知所敬。	《大学衍义补·慎刑宪·议当原之辟》	

续表

注家	注文	出处	备注
明·郎兆玉	议贵，有爵位者或陷于罪也。	《注释古周礼·秋官司寇》	
明·郝敬	贵，居高位者。	《周礼完解》	
清·姜兆锡	贵，有爵位者。	《周礼辑义·秋官司寇》	
清·蒋载康	贵，列爵于朝。	《周官心解·秋官司寇》	
清·刘沅	贵，大夫以上。	《周官恒解·秋官司寇》	
清·孙诒让	谓命士以下凡不在议贵之科者，则又有此等[1]，以念其勤劳官事也。	《周礼正义》（中华书局1987年版，第2773页）	《周礼·小司马》："凡有爵者。"郑注："有爵者，命士以上。"《周礼·司厉》："凡有爵者与七十者与未龀者，皆不为奴。"郑注："有爵，谓命士以上也。"据郑注，知命士以下无爵。孙氏言"命士以下凡不在议贵之科者，是其以为命士以上有爵，即属议贵之人。
民国·董康	大夫以上。	《春秋刑制考·法例·八辟》	

[1] 指议勤。——笔者注

七、"议勤"之释

表41 汉以来诸家对"议勤"的注释

注家	注文	出处	备注
汉·郑玄	谓憔悴以事国。	《周礼·小司寇》郑注	郑说本《诗·小雅·谷风之什·北山》"或燕燕居息,或尽瘁事国"。毛传云:"尽力劳病以从国事。"憔亦尽也。又,《春秋左传·昭七年》引作"《诗》曰:'尽八年,或憔悴事国'息,或憔悴事国"。
汉·郑玄	达吏,察举勤劳之小吏也。	《周礼·大宰》"八统"郑注	《尔雅·释诂》云:"佗、勤、邛、敕、勤、事、谓,劳也。"又云:"劳、来、强、事、谓,勤也。"又,"事"训"勤","以勤劳之小吏"正勤之属[2]。又"勤劳之小吏",剪、善,劳也。"《说文》:"勤,劳也。"故郑所言"勤劳之小吏",以勤劳之小吏"训,后世有"勤事"之称[1]。
晋·杜预	尽心尽力,无所爱惜为勤。	《春秋左传·僖二十五年,尽二十八年》杜注	《左传》云:"非神败令尹,令尹其不勤民,实自败也。"杜注本此发。虽非训《周礼》,但杜注晋律注之法,故其经注实与晋律对晋律"议勤"的理解相通,故录之。

[1] 如《汉书·宣帝纪》云:"赐天下勤事吏爵二级";"令小吏皆勤事,而奉禄薄。"
[2] 勤尚有以下解释:扬雄《扬子法言·先知》云:"或问民所勤。曰:民有三勤。曰:何敢所谓三勤?曰:政善而吏恶,一勤也;吏善而政恶,二勤也;政、吏俱恶,三勤也。禽兽食人之食,土木衣人之帛,丝人不足于堂,人不足于夜之谓恶政。"王引之《经义述闻》卷二六《尔雅》二:"家人曰:勤有三义,劳有三义,一为劳苦之劳,一为功苦之劳,佗、勤、偸、庸、憔为劳苦之劳,而佗、庸又为功劳之劳,勤为劳来之劳,一为勤勉之勤,……为相劝勉之勤,……强、事情皆勤劳之勤也。"

续表

注家	注文	出处	备注
唐律	①议勤。（谓有大勤劳。）②疏议云："谓大将吏恪居官次，夙夜在公，若远使绝域，经涉险难者。"	《唐律·名例律·八议》"议勤"	"恪居官次"本《左传·襄公二十二年》："敬共朝夕，恪居官次"。又，《诗·大雅·烝民》："古训是式，威仪是力。明命使赋。"郑笺："式，法也。明命，不解于位。"是顺从其所为也。显明王之政教，使群臣施布之。孔疏云："云'勤威仪者，恪居官次，不解怠于其职位也。'以经文概述'勤'义，此亦引经释律之证。又，《诗·召南·采蘩序》："《诗·召南·采蘩》，夫人不失职也。"毛传云："不失职矣。"则不失职者，夙夜在公也。皆喻勤于公事。
唐·贾公彦	《诗》云"或憔悴以事国"。	《周礼·小司寇》贾疏	
唐·贾公彦	①达吏者，吏勤劳在民间，在下位者不能自达者，进之于上而用之也。②（郑玄）云"达吏也"。（郑玄）云"达吏"者，察举勤劳之小吏也，小吏在民间，若比长、闾胥之等，虽小吏，堪任大官，故察举用之。	《周礼·大宰》"八统"贾疏	
唐·颜师古	谓尽悴事国者也。	《汉书·刑法志》注	

续表

第四章 魏八议考

注家	注文	出处	备注
唐·孔颖达	议勤之辟,谓憔悴忧国也。	《礼记·曲礼》孔疏	《春秋左传·昭七年,尽八年》引"《诗》曰:'或燕燕居息,或憔悴事国'"。孔疏云"尽力劳病以从国事",是孔从毛说。
宋·此山贳冶子	①"勋书王府":按《周礼》,臣下有大功德,立大功勋,书其事迹,谓之勋,而藏之天府。此乃议勤之谓也。②"格":勤也。谓在公勤廉,能干其事,故名为格居官饮。③"远使绝域":谓奉使四夷之国,经历险难之事,若苏武之谓也。	元·王元亮重编《唐律释文·名例》	
宋·王昭禹	①勤,谓群吏之勤于事者。②吏之勤劳,则不可以沮抑,则宜有以优异。	《周礼详解》	王氏云"群吏之勤于事者",与郑注"达吏"之训意通。沮抑,阻遏抑制也。
明·丘浚	有勤劳者不可以沮抑,有罪则议之,使天下知上之人不忘人之劳。	《大学衍义补·慎刑宪·议当原之辟》	
明·郎兆玉	议勤,劳于王事者或有罪也。	《注释古周礼·秋官司寇》	
明·郝敬	勤,勤劳于国事者。	《周礼完解》	

续表

注家	注文	出处	备注
清·姜兆锡	勤，勤于王事者。	《周礼辑义·秋官司寇》	
清·蒋载康	勤，尽瘁国事。	《周官心解·秋官司寇》	
清·刘沅	勤，尽瘁于国者。	《周官恒解·秋官司寇》	
清·汪德钺	勤指小吏言。此与《大宰职》八统相应。八统，一曰亲亲，此亦曰议亲；二曰敬故，此亦曰议故；三曰进贤，此亦曰议贤；四曰使能，此亦曰议能；五曰保庸，此亦曰议功；六曰尊贵，此亦曰议贵；八曰礼宾，此亦曰议宾。独七曰勤达吏，此曰议勤，盖国家勤劳之役，皆小吏受之，亦有以有之也。故郑注达吏谓举勤劳之小吏，其说最确。	《周礼正义》孙诒让引（中华书局1987年版，第2773页）	汪氏考八统八议呼应互训之论，甚是。后世读郑注"议勤"，汪说读见长，孙氏又发挥之。

续表

注家	注文	出处	备注
清·孙诒让	小吏爵秩卑褑，有勤劳者，则亦察举之，俾通于上，故谓之达。《檀弓》云："公之丧，诸达官之长杖。"注云："谓君所命。"盖周制，公孤士卿上以下，则多参用庶族，故大夫士以下，亦得驯至达官也。此小吏积劳，与《卒夫》之群吏义同，详后疏。又此八统与下《司寇》八辟目正相应，达吏当彼议勤之辟，盖隐据彼经为郑云勤劳之小吏。此达吏与进贤使能异为二，释者皆有才德，殊异于众，故因而进之使之。达吏则不必有才德，但以任事年久，积累勤劳，振拔困滞，通之，盖以校计年劳，与后世计资格相似。单官平进，故《司士》云："以德诏爵，以功诏禄，以能诏事，以久奠食。"《司士》云："以德诏能，即此进贤，保庸，德功能，明此勤劳小吏年久，乃即此勤劳必年久乃者。	《周礼正义》（中华书局1987年版，第78页）	汉有功令以考绩赐劳之事。居延汉简所存功劳文书记有大量守边士吏的功劳数目，皆可证汉小吏积劳升迁事，孙氏虽未亲见，所论甚合汉制。

续表

注家	注文	出处	备注
清·孙诒让	此议勤者，其人既非亲非贵，又无贤能功可纪，但以校年积劳，宜蒙甄录，故虽卑官小吏，亦得与优议之典，扰之《司士》"以久奠食"，与德能功同其诏论矣。	《周礼正义》（中华书局1987年版，第2773页）	上条资料所言"详后疏"，即此条。
	谓命士以下凡不在议贵之科者，则又有此法，以念其勤劳官事也。	《周礼正义》（中华书局1987年版，第2773—2774页）	《周礼·小司马》："凡有爵者。"郑注："有爵者，命士以上。"《周礼·司厉》："凡有爵者与七者与未龀者，皆不为奴。"郑注："有爵，谓命士以上也。"据郑注，知命士以下无爵。孙氏以此无爵者训"议勤"。
民国·董康	谓有大勤劳，如洛居官次，夙夜在公，或远使绝域，经涉险难者。	《春秋刑制考·法例·八辟》	康言本《唐律疏议》之文。

第四章 魏八议考 291

八、"议宾"之释

表42 汉以来诸家对"议宾"的注释

注家	注文	出处	备注
汉·郑玄	谓所不臣者，三恪二代之后欤？	《周礼·小司寇》郑注	《毛诗正义》卷七《陈宛丘诂训传》孔疏云："《诗》恪者，敬也，王者敬先代，封其后。郑《驳异义》云：'三恪尊于诸侯，卑于二王之后。'则杞、宋以外，别有三恪，谓黄帝、尧、舜之后也。唯杜预云周封夏、殷二王之后，又封舜后，谓之恪，并二王之后为三国，其礼转降，故三恪以为陈与杞，宋共为二。案《乐记》'武王未及下车，封黄帝之后于蓟、封帝尧之后于祝、封帝舜之后于陈。下车乃封夏后氏之后于杞，投殷之后于宋。'据此知郑玄以杞、宋别为二王之后矣。明陈与蓟、祝共为三恪；黄帝、尧、舜之后为三恪，其说义本《乐记》之言。后世多祖郑说[1]。
	礼宾，宾客诸侯，所以示民亲仁善邻。	《周礼·大宰》"八统"郑注	《礼记·郊特牲》孔疏引郑玄说："诸侯无殊异，何得比夏殷之后。"《后汉书·百官志》注引郑说："王者存二代之后而封玄，用天子礼以祭其始祖，行其正朔。三恪二代，唐前诸儒聚讼难扶，各家争鸣此佑详集，见《通典》卷七十《礼·宾礼·三恪二王后》。

[1]《诗·周颂·振鹭》云："振鹭"，二王之后来助祭也。"毛传云："二王，夏、殷也。其后，杞也、宋也。"郑释二王之后，是从毛说。又，《诗·周颂·振鹭》孔疏引郑玄《驳异义》云："所存二王之后者，命使郊天，自行其正朔服色，此之谓通天三统。"《礼记·郊特牲》郑注引郑说："诸侯无殊异，以天子之礼祭其始祖，受命之王自行其正朔服色。恪者，敬也，敬其先圣而封其后，与诸侯无殊异，何得比夏殷之后。"《后汉书·百官志》注引郑说："王者存二代之后而封玄，用天子礼以祭其始祖，行其正朔，此谓通三统也。三恪二代，凡此三者皆当证郑玄三恪二代之说。三恪二代，唐前诸儒聚讼难扶，各家争鸣此佑详集，见《通典》卷七十四《礼·宾礼·三恪二王后》。

续表

注家	注文	出处	备注
唐律	①议宾。(谓承先代之后为国宾者。)②疏议云："书"：'虞宾在位，群后德让。'有客亦白其马。'《诗》云：'有客有客，亦白其马。'《礼》云：'天子存二代之后，犹尊贤也。'昔武王克商，封夏后氏之后于杞，封殷氏之后于宋，若今周宾者，隋后所鄼公，并为国宾者。"	《唐律·名例律·八议》"议宾"	
	自此已上七者，虽以王为主，诸侯一国之尊，赏罚自制，亦应有此议法，是以议能，郑引叔向之事，是其一隅也。惟"入曰议宾"，惟据王者而言，不及诸侯也。	《周礼·小司寇》贾疏	"所不臣者"据王而言，即若"臣"，亦据王而言。诸侯亦臣，故议宾之辟，诸侯不得为之。
唐·贾公彦	《春秋》襄二十五年《传》云："虞夏以周陶正，而封诸陈，以备三恪"，《郊特牲》有"尊贤不过二代"之言，故郑云："三格之语。案《乐记》云："武王克殷反商，未及下车，封帝尧之后于祝，封帝舜之后于陈，下车，而封夏后氏之后于杞，殷之后于宋。"此皆自行当代礼乐，常所不臣，为宾礼之，故为宾也。言"与"者，经直云宾，故云"与"以疑之也。	《周礼·小司寇》贾疏	

续表

注家	注文	出处	备注
唐·贾公彦	①礼宾者，天子诸朝聘之宾客，在下皆当礼于宾客。②（郑玄）云"礼宾，宾客诸侯"者，谓若《大行人》上公、侯、伯、子、男之礼，皆为等级礼之。是宾客诸侯也。云"所以示民亲仁善邻"者，亲仁善邻，《左氏》隐公六年陈五父之辞，亲仁善邻则当礼宾，故引以证礼宾也。	《周礼·大宰》"八统"贾疏	
唐·颜师古	谓前代之后，王所不臣者也。	《汉书·刑法志》注	
唐·孔颖达	议宾之辞，谓所不臣者，二恪二代之后也。	《礼记·曲礼》孔疏	
宋·此山贾洽子	①其如继先代之后，谓之宾。②"虞宾"：舜将禅位于禹，禹封舜子商均，商均立于禹朝，是客于虞宾也。事出《尚书》。③"有客"：周武克商，封微子于宋，为商后，得用其正色，故曰有客。事出《毛诗》。④"周后介公"：此乃后周也，周之归隋，隋封周于介国公爵，以继周武之后，是为国宾也。	元·王元亮重编《唐律释文·名例》注	

续表

注家	注文	出处	备注
宋·此山贳冶子	⑤"隋后酆公"：此乃隋后酆公也。炀帝幸于江都不反，隋亡，入唐，封于酆国公爵，继隋文之后，是大国宾也。		
宋·王昭禹	宾，谓四方之宾客者也。	《周礼详解》	
明·丘濬	大国宾客在所优异，子有罪则议之，使天下知上之人有敬客之礼。	《大学衍义补·慎刑宪·议当原之辟》	
明·郎兆玉	议宾，四方宾客或有罪者也。	《注释古周礼·秋官司寇》	
明·郝敬	宾，王之所不臣。	《周礼完解》	
清·姜兆锡	宾于王家者。	《周礼辑义·秋官司寇》	
清·蒋载康	宾，诸侯来朝及聘臣或夷使。	《周官心解·秋官司寇》	
清·刘沅	宾，所不臣者。	《周官恒解·秋官司寇》	
清·孙诒让	郑注"谓所不臣者"者，三恪二代之后欤，者，谓黄帝舜尧之后为三恪，夏殷之后为二代，通为国宾也。	《周礼正义》（中华书局1987年版，第2774页）	

续表

注家	注文	出处	备注
清·孙诒让	谓宾格诸侯来朝，王待以殊礼，或犯法则别议之也。《大宰》"八统"礼宾诸侯。"注云：宾客。"此注专诸侯三属平诸侯亦得为宾，盖谓平诸侯有罪，当二代之后，与彼议贵之科，人议贵之科，与彼议微异也。	《周礼正义》（中华书局1987年版，第2774页）	
民国·董康	谓承先代之后为国宾者，武王克殷及商，未及下车，封黄帝之后于蓟，封帝尧之后于祝，封帝舜之后于陈。此为二代之后。下车，封夏后氏之后于杞，封殷之后于宋。此为二代皆用当代礼。	《春秋刑制考·法例·八辟》	康言糅合《唐律疏议》、贾疏。

九、关于八议的若干问题

以上八表，皆古人所释八议（不可否认，上述八表也糅合了笔者的主观判断），虽非尽列，亦足揭示议亲、故、贤、能、功、贵、勤、宾八者的内涵和意旨。就《周礼》所言八辟之文，古人除分项解释外，对其亦有整体性或延伸性论说，甚至是训诂之词。从诠释学角度言，这些论说与分项解释一样，所反映的皆古人对八议的认识、理解过程。凡此资料有的已为学者熟稔，尚有一些不起眼的资料亦能揭示八议的若干问题，为方便讨论，表43赘列汉晋间人的若干诠释。

表43　汉晋间人对八议的诠释

释家	注文	出处
汉·班固	《周官》有五听、八议、三刺、三宥、三赦之法。八议：一曰议亲，二曰议故，三曰议贤，四曰议能，五曰议功，六曰议贵，七曰议勤，八曰议宾。	《汉书·刑法志》
汉·王符	先王议谳狱以制，原情论意，以救善人，非欲令兼纵恶逆以伤人也。是故《周官》差八议之辟，此先王所以整万民而致时雍也。《易》故观民设教，变通移时之义。今日捄世，莫乎此意。	《潜夫论·述赦》
汉·张衡	延笃言张平子说："《三坟》，三礼，礼为大防。《尔雅》曰：坟，大防也。《书》曰：'谁能典朕三礼。'三礼，天、地、人之礼也。《五典》，五帝之常道也。《八索》，《周礼》八议之刑索，空空设之。《九丘》，《周礼》之九刑。"	《春秋左传·昭九年，尽十二年》《八索》孔疏引
汉·马融	谓在八议，君不忍刑，宥之以远。五等之差亦有三等之居：大罪投四裔，次九州之外，次中国之外。当明其罪，能使信服之。	《史记·五帝本纪》"五流有度，五度三居"《集解》引[1]
汉·郑玄	辟，法也。杜子春读丽为罗。玄谓丽，附也。《易》曰："日月丽乎天。"故书附作付，附犹著也。	《周礼·秋官·小司寇》郑注

---

[1] 孙诒让据此云："则谓凡在八议者，悉入流宥之科。然此经无文，郑《书注》亦不从马说。"见《周礼正义》，北京：中华书局1987年版，第2771页。

续表

释家	注文	出处
汉·郑玄	其犯法则在八议轻重,不在刑书。	《礼记·曲礼》"刑不上大夫"郑注
汉·贾逵、服虔	言九刑者……贾、服以正刑一,加之以八议。	《周礼·秋官·司刑》"掌五刑之法"贾疏引
汉·张逸	谓所犯之罪,不在夏三千、周二千五百之科。不使贤者犯法也,非谓都不刑其身也。其有罪则以八议议其轻重耳。	《礼记·曲礼》"刑不上大夫"孔疏引
汉·蔡邕	会孝桓皇帝崩,实掌梓宫□事身安荼(下缺)南阳太守。父病去官,居家半年。引授廷尉,八议寔□□无牵民,乃迁卫尉,遂作司空。	《隶释·太尉陈球碑》
汉·应劭	陈忠不详制刑之本,而信一时之仁,遂广引八议求生之端。夫亲故贤能功贵勤宾,岂有次、玉当罪之科哉?若乃小大以情,原心定罪,此为求生,非谓代死可以生也。败法乱政,悔其可追。	《后汉书·应劭传》
魏·王肃	谓在八议之辟,君不忍杀,宥之以远。	《尚书·舜典》"五流有宅,五宅三居"孔疏引
晋·傅玄	若亲贵犯罪,大者必议,小者必赦,是纵封豕于境内,放长蛇于左右也。	《御览·刑法部·赦》引《傅子》
晋·袁宏	过误不幸,则八议之所宥也。	《后汉纪·后汉孝献皇帝纪》

(一)"八议"一称成于汉的佐证

就史籍而言,以八议统称八辟最早见于班固《汉书》,这是后人论证八议一制成于汉的有力证据。上述八表所见汉人独称"议亲""议能"者,当是旁证[1]。此外,汉人直言"八议"一词者又有王符、张衡、马融、贾逵、

---

[1] 沈家本云:"先郑于亲、贤、贵三者引今时先请之例以为证,而余五者不言今法,是汉律有此三者而无余五者,不尽用《周官》八议之法。"见《历代刑法考》,北京:中华书局1985年版,第1788页。笔者不赞同此说。

服虔、蔡邕、应劭诸人,且蔡邕所撰《太尉陈球碑》中的"八议",更为实物之证[1]。就词源来看,从八辟到八议,这种转换发生在汉已无可疑。从中也可以看到对八议的学说诠释传承,如服虔之承贾逵,张逸之承郑玄[2],王肃之承马融。

(二) 对八议的其他解释

1. 以八议为八索

《左传·昭公十二年》载楚灵王称赞左史倚相云"是良史也,子善视之,是能读《三坟》《五典》《八索》《九丘》"。《八索》者,杜预注:"皆古书名。"孔颖达疏引孔安国《尚书序》云:"八卦之说,谓之八索。索,求其义也。"又引贾逵云:"八索,八王之法。"但张衡释以"《八索》,《周礼》八议之刑索,空空设之"。此句或断作"《八索》,《周礼》八议之刑。索,空,空设之"。就《八索》本意而言,张说已难尽解,但却可证八议一词汉人已用。沈增植亦云:"平子通贯六艺,所言当有所本。坟防索空,则训诂常言,不必定为典据。"[3]

2. 以八议为九刑之属

《左传·文公十八年》:"有常无赦,在《九刑》不忘。"《左传·昭公六年》:"周有乱政而作《九刑》。"杜预注"周之衰,亦为刑书,谓之《九刑》",此以九刑为周刑书。亦有以九刑为九种刑罚者,如《周礼·秋官·司刑》贾疏引郑注《尧典》云:"正刑五,加之流、宥、鞭朴、赎刑。"《汉书·刑法志》:"周有乱政而作九刑。"颜注引韦昭云:"谓正刑五,及流、赎、鞭、扑也。"是九刑何指本众说纷纭,贾逵、服虔"以正刑一,加之以

---

[1] 《后汉书·陈球传》云光和二年(公元179年)球与刘郃谋诛宦官,事泄被杀。唯碑文残缺,八议一词具体出现在陈球的何种事迹已不可考。《陈球传》云:"征拜将作大匠,作桓帝陵园,所省巨万以上。迁南阳太守,以纠举豪古,为势家所谤,征诣廷尉抵罪。会赦,归家。"或《后汉书》所言"征诣廷尉抵罪""会赦"之事即蔡碑八议所指。

[2] 《御览·礼仪部·婚姻》引《郑玄别传》云:"故尚书左丞同县张逸年十三,为县小吏。君谓之曰:尔有赞道之质。玉虽美,须雕琢而成器。能为书生以成尔志不?对曰:愿之。乃遂拔于其辈,妻以弟女。"严可均《全后汉文》卷八四云:"逸,北海高密人。年十三为县小史,寻去职,师事康成。康成妻以女弟。"知逸承郑玄之学,接受并阐述了郑玄对八议的论述。

[3] [清] 沈鲁植:《海日楼札丛》,沈阳:辽宁教育出版社1998年版,第20页。

八议"即为九刑,孔颖达、孙诒让虽驳之为非,但当有所本[1]。

(三) 傅玄对八议的态度

《太平御览·刑法部·赦》引《傅子》云:"若亲贵犯罪,大者必议,小者必赦,是纵封豕于境内,放长蛇于左右也。"《傅子》一书早已散佚,唐宋类书多引,后人有辑本,如四库本、丛书集成本,今所见《傅子》以光绪壬寅八月长沙叶氏辑刊本为全。《傅子》一书本有篇目若干,已不能尽考,故前人所辑散见者皆置在附录中,未予归篇,上引者即其例。"若亲贵犯罪"一句,有论者谓是傅玄主张赏罚应不论身份、等级,对八议的否定云云。此句虽出《傅子》,唯不明篇目,若其本属某篇而脱离上下文意理解,则有断章取义之嫌。傅玄是否反对八议,其所要表达的礼刑思想如何,或可借助《傅子》的其他内容考察。《傅子·法刑》云:"立善防恶谓之礼,禁非立是谓之法。法者,所以正不法也。明书禁令曰法,诛杀威罚曰刑。天地成岁也,先春而后秋;人君之治也,先礼而后刑。治世之民,从善者多,上立德而下服其化,故先礼而后刑也。乱世之民,从善者少,上不能以德化之,故先刑而后礼者。《周书》曰:'小乃不可不杀,乃有大罪,非终,乃惟眚灾。'然则心恶者,虽小必诛;意善过误,虽大必赦:此先王所以立刑法之本也。礼法殊途而同归,赏刑递用而相济矣。是故圣帝明王,惟刑之恤,敬五刑以成

---

[1] 孔云:"谓之九刑,必其诸法有九,而九刑之书今亡,不知九者何谓。服虔云:正刑一,议刑八。即引《小司寇》八议,议亲、故、贤、能、功、贵、勤、宾之辟,此八议者,载于《司寇》之章,周公已制之矣。后世更作,何所复加?且所议八等之人,就其所犯正刑,议其可赦以否,八者所议,其刑一也,安得谓之八刑?杜知其不可,故不解之。"(《春秋左传正义》,北京大学出版社1999年版,第577页)孙云:"《周书·尝麦篇》有《刑书》九篇,疑即周公之九刑。此经有五刑,无九刑,或当如郑《书注》说,加流宥、鞭、扑、赎为九。《汉刑法志》颜注引韦昭说同。至叔向以九刑为周之乱政,此必非周公之九刑,贾合为一而曲为之说,失之。"(《周礼正义》,中华书局1987年版,第2480页)又,郑吉雄认为古人有着以数字观念解释万物并构建世界秩序的观念体系,对于九刑的诸多说法,其认为"这种争论是没有结果的,因为古代的刑法恐不止九种,而一旦我们发现有第十种存在,前说便不得不重加检讨。而且《刑法志》和郑玄的时代恐晚于贾、服,并皆距古已远,贾、服既非,郑、班未必便是"。(《中国古代形上学中数字观念的发展》,载《台湾东亚文明研究学刊》2005年第2卷第2期)因此对于贾、服的诠释当不能全盘否定,至少这些都是古人对八议的理解。若说古人以"九"这一数字观念来构建刑罚,那么也会让人产生这样的思考:"八议"为何称"八",归类八种?笔者亦倾向于与数字观念有关。因为《尚书·洪范》称治国有"八政",而在《周礼》中以"八"寓指治术就更明显不过了,如太宰"以八法治官府""以八则治都鄙""以八柄诏王驭群臣""以八统诏王驭万民",内史"掌王之八枋之法,以诏王治",小司寇"以八辟丽邦法,附刑罚"。《汉书·律历志》云:"人者,继天顺地,序气成物,统八卦,调八风,理八政,正八节,谐八音,舞八佾,监八方,被八荒,以终天地之功。"

三德；若乃暴君昏主，刑残法酷，作五虐之刑，设炮烙之辟，而天下之民，无所措其手足矣。故圣人伤之，乃建三典，殊其轻重，以定厥甲，司寇行刑，君为之不举乐，哀矜之心至也。八辟议其故而宥之，仁爱之情笃也。柔愿之主，闻先王之有哀矜仁爱，议狱缓死也，则妄轻其刑而赦元恶。刑妄轻，则威政堕而法易犯；元恶赦，则奸人兴而善人困。刚猛之主，闻先王之以五刑纠万民，舜诛四凶而天下服也。于是峻法酷刑以侮天下，罪连三族，戮及善民，无辜而死者过半矣。下民怨而思叛，诸侯乘其弊而起，万乘之主死于人手者，失其道也。齐秦之君，所以威制天下，而或不能自保其身，何也？法峻而教不设也。末儒见峻法之生叛，则去法而纯仁，偏法见弱法之失政，则去仁而法刑，此法所以世轻世重，而恒失其中也。"《傅子·治体》云："治国有二柄：一曰赏，二曰罚。赏者，政之大德也。罚者，政之大威也。人所以畏天地者，以其能生而杀之也。为治审持二柄，能使杀生不妄，则其威德与天地并矣。信顺者，天地之正道也。诈逆者，天地之邪路也。民之所好莫甚于生，所恶莫甚于死。善治民者，开其正道，因所好而赏之，则民乐其德也；塞其邪路，因所恶而罚之，则民畏其威矣。善赏者，赏一善而天下之善皆劝；善罚者，罚一恶而天下之恶皆惧者何？赏公而罚不贰也。有善，虽疏贱必赏；有恶，虽贵近必诛。可不谓公而不贰乎？若赏一无功，则天下饰诈矣；罚一尤罪，则大卜怀疑矣。是以明德慎赏，而不肯轻之；明德慎罚，而不肯忽之。夫威德者，相须而济者也。故独任威刑而无惠，则民不乐生；独任德惠而无威刑，则民不畏死。民不乐生，不可得而教也；民不畏死，不可得而制也。有国立政，能使其民可教可制者，其唯威德足以相济者乎？"引文虽繁，却是考察傅玄礼法思想的有力证据。从"法刑""治体"所述可观，"礼、法殊途而同归，赏、刑递用而相济"是傅玄礼法思想的主脉和基本原则，礼法并用、赏罚兼施是其主张，那么八议作为魏晋确立的新制度，从当时环境而言并未背离此道。傅玄所要否定的是"柔愿之主"轻刑、"刚猛之主"酷罚两种极端而已，即法不可弃，但又不能"偏法"；仁不可去，但亦不能"纯仁"。八议一制，议其罪，是谓持法；不废其刑，是谓存仁。将"若亲贵犯罪，大者必议，小者必赦，是纵封豕于境内，放长蛇于左右也"云云，置于傅玄的整体思想来考察，实非否定八议，应是针对"柔愿之主"轻刑这种状况而言。

（四）袁宏所论八议

《魏书·钟繇传》注引袁宏语云"过误不幸，则八议之所宥也"[1]。此

---

[1]《三国志》卷一三《魏书·钟繇传》注引，243。

言本自袁宏《后汉纪》卷三〇《后汉孝献皇帝纪》评语。明嘉靖本《后汉纪》（四部丛刊本）作"设而不幸，则八议之所宥也"。四库本《后汉纪》；光绪三年盱南三余书屋刻本《后汉纪》、1917年上海隐修堂刻潮阳郑氏龙溪精舍丛书本《后汉纪》皆作"设有不幸，则八议之所宥也"。周天游校注本《后汉纪》引作"设有不幸，则［八］（人）议之所宥也"。又云："据黄本、南监本及裴注改。"[1] 赵幼文《三国志校笺》云"《后汉纪》作'设而不幸'"，其所言《后汉纪》应是嘉靖本。中华书局1959年点校本《三国志》、1971年香港分局版点校本《三国志》、1999年点校本《三国志》、吴金华岳麓本《三国志》、卢弼《三国志集解》皆作"过误不幸，则八议之所宥也"。过误之失，常人所容。晋时已对"失""误""故"进行区分，如张斐云"知而犯之谓之故，意以为然谓之失""不意误犯谓之过失"，过误行为律令之内自有条文所宥，若再以八议宥过误，似不合。袁宏作为晋人，应晓此制。"设有［而］不幸"的意思是指若不幸入罪，有八议所宥，如此为训更妥。故《三国志》裴注所引"过误不幸"或为后世所篡改。

第二节　魏八议事例考（附未八议之例）

一、议亲

魏议亲例凡五：

曹植：黄初二年（221）灌均奏曹植"醉酒悖慢，劫胁使者"。有司请治罪，曹丕以太后故，贬爵安乡侯。时文帝诏以"植，朕之同母弟。朕于天下无所不容，而况植乎？骨肉之亲，舍而不诛，其改封植"[2]。以太后故、骨肉之亲，即议其亲也。

曹衮、曹彪、曹干：太和五年（231）魏诸王朝京都，青龙元年（233）有司奏中山王曹衮来朝犯京都禁，时诏"以议亲之典议之"[3]。有司固执，明帝不得已下玺书云："有司奏，王乃者来朝，犯交通京师之禁。朕惟亲亲之恩，用寝吏议。然法者，所与天下共也，不可得废。今削王县二，户七百五十。"[4] 又奏楚王曹彪来朝犯禁，诏削县三，户千五百。曹衮既得议亲，

---

[1] ［晋］袁宏撰、周天游校注：《后汉纪校注》，天津：天津古籍出版社1987年版，第841页。"黄本"指嘉靖黄姬水刊本，"南本"指南京国子监本，这两个版本是后人整理的《后汉纪》最早版本，周氏以明清版本为基础进行点校，是目前最好的点校本。

[2] 《三国志》卷一九《魏书·陈思王传》注引《魏书》，337—338。

[3] 《三国志》卷二〇《魏书·武文世王公传》，349。

[4] 《三国志》卷二〇《魏书·武文世王公传》注引《魏书》，350。

曹彪当同。《三国志》又载曹睿诏云："楚、中山并犯交通之禁，赵宗、戴捷咸伏其辜。"知曹衮交通一案中涉戴捷等人，皆伏诛[1]。青龙二年（234）赵王曹干私通宾客为有司所奏，曹睿赐玺书诫云："今有司以曹纂、王乔等因九族时节，集会王家，或非其时，皆违禁防。朕惟王幼少有恭顺之素，加受先帝顾命，欲崇恩礼，延乎后嗣，况近在王之身乎？且自非圣人，孰能无过？已诏有司宥王之失。"[2]曹干犯禁，亦得议罪。又按《三国志》云："干母有宠于太祖。及文帝为嗣，干母有力。文帝临崩，有遗诏，是以明帝常加恩意。"[3]知曹干免罪得文帝、明帝之私。

李丰之孙：李丰、夏侯玄诸人欲谋废司马师，李丰子李韬亦参与其事，事败被夷三族。李韬妻齐长公主，明帝之女，时诏以公主为"先帝遗爱，原其三子死命"[4]。是李丰孙因母族之亲得免罪。

又，《晋书·赵王伦传》云："武帝受禅，封琅邪郡王。坐使散骑将刘缉买工所将盗御裘，廷尉杜友正缉弃市，伦当与缉同罪。有司奏伦爵重属亲，不可坐。谏议大夫刘毅驳曰：'王法赏罚，不阿贵贱，然后可以齐礼制而明典刑也。伦知裘非常，蔽不语吏，与缉同罪，当以亲贵议减，不得阙而不论。宜自于一时法中，如友所正。'帝是毅驳，然以伦亲亲故，下诏赦之。"赵王伦使刘缉买工所将盗御裘虽得议亲，然刘缉不得免，自应弃市论。时晋律未成，必用魏律无疑；所言"亲亲故"者，实据晋统而言。

未议亲例凡二：

曹爽、曹羲、曹训，曹彪，此二例皆以谋逆重罪不得议亲，罪名考中已述。

二、议故

议故之例凡二：

丁斐：斐为曹操乡里，性好货，数请求犯法，后以家牛易官牛，为人所白送狱夺官。但曹操原其"不清"，复其官，听用如初[5]。曹操"以斐乡里，特饶爱之"。所谓乡里，当即故旧之属。

张茂：青龙三年（235）曹睿大治洛阳宫，时张茂直谏："陛下不兢兢业业，念崇节约，思所以安天下者，而乃奢靡是务，中尚方纯作玩弄之物，炫耀后园，建承露之盘，斯诚快耳目之观，然亦足以骋寇雠之心矣。惜乎，舍

---

[1]《三国志》卷二〇《魏书·武文世王公传》，351。
[2]《三国志》卷二〇《魏书·武文世王公传》，350—351。
[3]《三国志》卷二〇《魏书·武文世王公传》，350。
[4]《三国志》卷九《魏书·夏侯玄传》，182。
[5]《三国志》卷九《魏书·曹爽传》注引《魏略》，175。

尧舜之节俭，而为汉武之侈事，臣窃为陛下不取也。"[1] 据《魏略》云，曹睿感叹"张茂恃乡里故也"，又"以事付散骑"。张茂直言无疑惹怒了曹睿，但亦不敢治其重罪。若按八议之制，张茂（其为沛人）当是议故之属，这或许是曹睿有所顾忌，故只按照程序将张茂所奏交付负责规谏顾问的散骑常侍处理而已。《三国演义》第一〇二回《司马懿占北原渭桥 诸葛亮造木牛流马》对此事亦有描述："睿又降旨起土木于芳林园，使公卿皆负土树木于其中。司徒董寻上表切谏……睿览表怒曰：'董寻不怕死耶！'左右奏请斩之。睿曰：'此人素有忠义，今且废为庶人。再有妄言者必斩！'时有太子舍人张茂，字彦材，亦上表切谏，睿命斩之。"《三国演义》所述既有违于史，亦不明此中八议之故。又史谓曹睿时或纳谏，"虽不能听，皆优容之"[2]。因为谏言诛杀大臣实无此比，《三国演义》反意书之，贬曹笔法而已。

未议故例有二：

娄圭：圭少与曹操有旧。后曹操从诸子出游，娄圭与人言："此家父子，如今日为乐也。"被人白以腹诽之意，遂收治之[3]。

刘勋：《司马芝传》云征虏将军刘勋贵宠骄豪，"以不轨诛，交关者皆获罪"[4]。《魏略》云，勋"与太祖有旧。后为庐江太守，为孙策所破，自归太祖，封列侯，遂从在散伍议中。勋兄为豫州刺史，病亡。兄子威，又代从政。勋自恃与太祖有宿，日骄慢，数犯法，又诽谤。为李申成所白，收治，并免威官"[5]。知勋亦曹操故旧之人，其"以不轨诛"即李申成所白诽谤之罪。刘威被免，或涉此罪，即《司马芝传》所言交关者。

三、议贤

议贤及对贤之定义，前表已述。贤者，人伦师表，德行如一，自当循礼守法，故必远离罪罚。是故议贤之条，必少援用。即不幸有罪，古人亦信其非出本心，皆可赦可宥。检魏史籍，议贤鲜见，断言魏无斯恐有失，但史家有为贤者讳之笔法应是事实。毕竟魏亦重礼才敬贤之道，用人之际曹氏尚不忌"盗嫂受金"之人，弃贤诛贤自非魏人所好，是贤者有罪议之，信其有也。今虽无例可征，唯以魏人重贤之事以为佐证，既有用人之急，必重贤用才，要罪之必先议之，自在情理。

史云袁绍延征郑玄而不礼，赵融云："贤人者，君子之望也。不礼贤，

---

[1] 《三国志》卷三《魏书·明帝纪》注引《魏略》，64—65。
[2] 《三国志》卷三《魏书·明帝纪》，64。
[3] 《三国志》卷一二《魏书·崔琰传》注引《魏略》，228。
[4] 《三国志》卷一二《魏书·司马芝传》，235。
[5] 《三国志》卷一二《魏书·司马芝传》注引，235。

是失君子之望也。夫有为之君，不敢失万民之欢心，况于君子乎？失君子之望，难乎以有为矣。"[1] 是汉魏丧乱之际，世人亦未必尽坠礼贤之风。曹操曾多次下令褒贤举贤，如丁酉令云："吾起义兵诛暴乱，于今十九年，所征必克，岂吾功哉？乃贤士大夫之力也。天下虽未悉定，吾当要与贤士大夫共定之。而专飨其劳，吾何以安焉。其促定功行封。"[2] 建安十五年（210）令云："自古受命及中兴之君，曷尝不得贤人君子与之共治天下者乎。及其得贤也，曾不出闾巷，岂幸相遇哉？上之人不求之耳。今天下尚未定，此特求贤之急时也。'孟公绰为赵、魏老则优，不可以为滕、薛大夫'。若必廉士而后可用，则齐桓其何以霸世。今天下得无有被褐怀玉而钓于渭滨者乎？又得无盗嫂受金而未遇无知者乎？二三子其佐我明扬仄陋，唯才是举，吾得而用之。"[3] 荀攸死后，曹操令云："荀公达真贤人也，所谓'温良恭俭让以得之'。孔子称'晏平仲善与人交，久而敬之'，公达即其人也。"[4] 平荆州后，表王儁为先贤，并亲迎其丧[5]。过涿郡而嘉卢植"名著海内，学为儒宗，士之楷模，乃国之桢干也"，又言以"《春秋》之义，贤者之后，有异于人。敬遣丞掾修坟墓，并致薄醊，以彰厥德"[6]。及至文帝登基，黄初四年（223）以有鹈鹕鸟集灵芝池，诏举天下俊德茂才、独行君子，有王朗荐杨彪、华歆荐管宁。明帝太和四年（230）、青龙元年（233）诏公卿举贤良，有夏侯惠荐刘劭、杨阜大议任贤致治之策。甘露二年（257）高贵乡公祭贾逵祠，诏赞："逵没有遗爱，历世见祠。追闻风烈，朕甚嘉之。昔先帝东征，亦幸于此，亲发德音，褒扬逵美，徘徊之心，益有慨然。夫礼贤之义，或扫其坟墓，或修其门闾，所以崇敬也。其扫除祠堂，有穿漏者补治之。"[7] 甘露三年（258）华歆表云："伏见故汉大司农北海郑玄，当时之学，名冠华夏，为世儒宗。文皇帝旌录先贤，拜玄適孙小同以为郎中，长假在家。小同年逾三十，少有令质，学综六经，行著乡邑。海、岱之人莫不嘉其自然，美其气量。迹其所履，有质直不渝之性，然而恪恭静默，色养其亲，不治可见之美，不竞人间之名，斯诚清时所宜式叙，前后明诏所斟酌而求也。"[8] 魏崇郑学，贤其后人，实至名归。时诏云："夫养老兴教，三代所以树风化垂不朽也，必有三老、五更以崇至敬，乞言纳诲，著在惇史，然后六合承流，

---

[1]《三国志》卷六《魏书·袁绍传》注引《九州春秋》，119。
[2]《三国志》卷一《魏书·武帝纪》，17。
[3]《三国志》卷一《魏书·武帝纪》，19。
[4]《三国志》卷一〇《魏书·荀攸传》注引《魏书》，198。
[5]《三国志》卷一《魏书·武帝纪》注引《逸士传》，19。
[6]《三国志》卷二二《魏书·卢植传》注引《续汉书》，389。
[7]《三国志》卷一五《魏书·贾逵传》注引《魏略》，293。
[8]《三国志》卷四《魏书·三少帝纪》注引《魏名臣奏》，87。

下观而化。宜妙简德行，以充其选。关内侯王祥，履仁秉义，雅志淳固。关内侯郑小同，温恭孝友，帅礼不忒。其以祥为三老，小同为五更。"高贵乡公亲率群司躬行古礼[1]。王祥卧冰求鲤是为至孝，当属德行之范。以上褒贤礼贤皆国家之举，亦为地方官员所效仿。如黄初时王凌为豫州刺史，设条教以旌先贤之后，求未显之士。郑袤为济阴太守，下车即旌表孝悌，敬礼贤能。

通过乡议品评也可察时人对贤的态度。如人问许劭荀靖与荀爽孰贤，劭云："二人皆玉也，慈明外朗，叔慈内润。"[2]《彧别传》论荀彧云："德行周备，非正道不用心，名重天下，莫不以为仪表，海内英隽咸宗焉。"[3] 司马懿常称"逮百数十年间，贤才未有及荀令君者也"[4]。傅咸论近世大贤君子云："荀令君之仁，荀军师之智，斯可谓近世大贤君子矣。荀令君仁以立德，明以举贤，行无诡黩，谋能应机。孟轲称'五百年而有王者兴，其间必有命世者'，其荀令君乎？太祖称'荀令君之进善，不进不休，荀军师之去恶，不去不止'也。"[5] 是荀氏一族，魏晋皆贤之。由此可见贤者也兼功、贵、能之身。又证以黄初时文帝诏报何夔云："盖礼贤亲旧，帝王之常务也。以亲则君有辅弼之勋焉，以贤则君有醇固之茂焉。夫有阴德者必有阳报，今君疾虽未瘳，神明听之矣。君其即安，以顺朕意。"[6] 魏郎中鱼豢之《魏略》以董遇、贾洪、邯郸淳、薛夏、隗禧、苏林、乐详等七人为魏之儒宗，集为一卷，其序云："余以为是则下科耳，不当顾中庸以上，材质适等，而加之以文乎。今此数贤者，略余之所识也。检其事能，诚不多也。但以守学不辍，乃上为帝王所嘉，下为国家名儒，非由学乎？由是观之，学其胡可以已哉。"[7]《魏略》虽为私撰，却是时人对此七人的真实评价。另如邴原、王修、管宁、胡昭诸人，亦其类也。又，《文心雕龙·书记》云："状者，貌也。体貌本原，取其事实，先贤表谥，并有行状，状之大者也。"魏晋间人所撰"先贤行状"，裴注多引，亦世人论贤之证。曹操曾论"为国失贤则亡"[8]。华歆、贾诩曾言："汉自章、和之后，世多变故，稍以陵迟，洎乎孝灵，不恒其心，虐贤害仁，聚敛无度，政在嬖竖，视民如仇，遂令上天震

---

[1]《三国志》卷四《魏书·三少帝纪》，87。
[2]《三国志》卷一〇《魏书·荀彧传》注引《逸士传》，187。
[3]《三国志》卷一〇《魏书·荀彧传》注引《彧别传》，193。
[4]《三国志》卷一〇《魏书·荀彧传》注引《彧别传》，193。
[5]《三国志》卷一〇《魏书·荀攸传》注引《傅子》，198。
[6]《三国志》卷一二《魏书·何夔传》，232。《史记·太史公自序》云："国有贤相良将，民之师表也。维见汉兴以来将相名臣年表，贤者记其治，不贤者彰其事。作《汉兴以来将相名臣年表》第十。"是汉人亦以贤者能兼功。
[7]《三国志》卷一三《魏书·王朗传》注引《魏略》，256。
[8]《三国志》卷一二《魏书·何夔传》，231。

怒，百姓从风如归。"[1] 失贤虐贤害仁，是魏人所鉴汉政之失，由此而论议贤之制得入魏律，魏之拨乱反正，尊崇礼教，议贤实有其功也[2]。

魏议贤例无考，未议贤者仅郑小同例。《魏氏春秋》载"小同诣司马文王，文王有密疏，未之屏也。如厕还，谓之曰：'卿见吾疏乎？'对曰：'否。'文王犹疑而鸩之，卒"[3]。小同祖郑玄，举世所重；小同亦魏之五更，司马昭诛之而人不能救，非独司马氏之专擅，亦魏政之失。

四、议能

《汉书·章帝纪》载诏："汉承暴秦，褒显儒术，建立《五经》，为置博士。其后学者精进，虽曰承师，亦别名家。孝宣皇帝以为去圣久远，学不厌博，故遂立大、小夏侯《尚书》，后又立京氏《易》。至建武中，复置颜氏、严氏《春秋》，大、小戴《礼》博士。此皆所以扶进微学，尊广道艺也"，是汉人所言道艺与学术相关。三国时仍此表述，如《三国志·吴书·孙休传》云休"锐意于典籍，欲毕览百家之言，……欲与博士祭酒韦曜、博士盛冲讲论道艺"。《三国志·吴书·步骘传》云骘"昼勤四体，夜诵经传"。注引《吴书》云"骘博研道艺，靡不贯览，性宽雅沈深，能降志辱身"。《三国

---

[1]《三国志》卷二《魏书·文帝纪》注引《献帝传》，44。

[2]《三国志·吴书·张温传》载骆统表理张温之罪云："昔贾谊，至忠之臣也，汉文，大明之君也，然而绛、灌一言，贾谊远退。何者？疾之者深，谮之者巧也。然而误闻于天下，失彰于后世，故孔子曰'为君难，为臣不易'也。温虽智非从横，武非虓虎，然其弘雅之素，英秀之德，文章之采，论议之辨，卓跞冠群，炜晔曜世，世人未有及之者也。故论温才即可惜，言罪则可恕。若忍威烈以赦盛德，宥贤才以敦大业，固明朝之休光，四方之丽观也。"《三国志·吴书·陆抗传》载武昌左部督薛莹征下狱，陆抗上疏："夫俊乂者，国家之良宝，社稷之贵资，庶政所以伦叙，四门所以穆清也。故大司农楼玄、散骑中常侍王蕃、少府李勖，皆当世秀颖，一时显器，既蒙初宠，从容列位，而旋受诛殛，或圮族替祀，或投弃荒裔。盖《周礼》有赦贤之辟，《春秋》有宥善之义，《书》曰：'与其杀不辜，宁失不经。'而蕃等罪名未定，大辟以加，心经忠义，身被极刑，岂不痛哉。且已死之刑，固无所识，至乃焚烁流漂，弃之水滨，惧非先王之正典，或甫侯之所戒也。是以百姓哀耸，士民同戚。蕃、勖永已，悔亦靡及，诚望陛下赦召玄出，而顷闻薛莹卒见逮录。莹父综纳言先帝，傅弼文皇，及莹承基，内厉名行，今之所坐，罪在可宥。臣惧有司未详其事，如复诛戮，益失民望，乞垂天恩，原赦莹罪，哀矜庶狱，清澄刑网，则天下幸甚。"《三国志·吴书·陆凯传》载陆凯言孙皓之失云："臣闻有国以贤为本，夏桀龙逢，殷获伊挚，斯前世之明效，今日之师表也。中常侍王蕃黄中通理，处朝忠謇，斯社稷之重镇，大吴之龙逢也，而陛下忿其苦辞，恶其直对，枭之殿堂，尸骸暴弃。邦内伤心，有识悲悼，咸以吴国夫差复存。先帝亲贤，陛下反之，是陛下不遵先帝二也。"凡此三事，亦吴政虐贤害仁之失，吴人之言"宥贤""赦贤"，此理魏人亦当同。吴主诛贤，也是晋人讨伐之由，如《晋书·杜预传》载张华言"吴主荒淫骄虐，诛杀贤能，当今讨之，可不劳而定"。

[3]《三国志》卷四《魏书·三少帝纪》注引，87。

志·吴书·诸葛恪传》云恪"与顾谭、张休等侍太子登讲论道艺"。

博学通经当属有道艺之人，即为能者。若谓郑注"能者，有道艺者"专指博学通经者，又非确论。《唐律疏议》"能整军旅，莅政事，盐梅帝道，师范人伦者"的表述，无从得知是否始于魏，但八议入律在魏，其对议能的界定恐不会专指博学通经。能，可专指具有某一方面才能，但很多情况下又指地方官员的治能，这种能不仅包罗有学问之意，也有能治政事之谓。不管通学问还是晓政事，都是帝王辅助，也是人伦师范。因此，能有诸多体现，从表44所列汉魏间因能被赞誉，以能被任用、迁转的事例可窥大概：

表44 汉魏间能者之事例

人物	事例	出处
燕仓	为汝南太守，有能名。	《史记·建元以来侯者年表》
伏生	孝文帝时，欲求能治《尚书》者，天下无有，乃闻伏生能治，欲召之。	《史记·儒林列传》
辕丰	为长安令，治有能名，擢拜司隶校尉。	《汉书·成帝纪》应劭注
徐明	历五郡太守，有能名。	《汉书·艺文志》
张苍	迁为计相。文颖注云"以能计，故号曰计相"。	《汉书·张苍传》
杜熊	历五郡二千石，三州牧刺史，有能名。	《汉书·杜周传》
赵广汉 张敞 王尊 王章 王骏	京兆有赵广汉、张敞、王尊、王章，至（王）骏皆有能名。	《汉书·王吉传》
杜延年	明于法度，晓国家故事，前为九卿十余年，今在郡治有能名。	《汉书·丙吉传》
赵贡	为吏亦有能名。	《汉书·薛宣传》
尹咸	以能治《左氏》，与（刘）歆共校经传。	《汉书·刘歆传》
田广明	出为左冯翊，治有能名。	《汉书·田广明传》

续表

人物	事例	出处
冯商	成帝时以能属书待诏金马门，受诏续《太史公书》十余篇。	《汉书·张汤传》如淳注
淳于长	以能谋议为九卿。	《汉书·翟方进传》
何并	何武高其（指何并）志节，举能治剧，为长陵令。	《汉书·何并传》
龚遂	宣帝即位，久之，渤海左右郡岁饥，盗贼并起，二千石不能禽制。上选能治者，丞相御史举遂可用，上以为渤海太守。	《汉书·龚遂传》
尹赏	左冯翊薛宣奏赏能治剧，徙为频阳令。	《汉书·尹赏传》
陈遵	马宫举遵能治三辅剧县，补郁夷令。	《汉书·陈遵传》
原涉	史丹举能治剧，为谷口令。	《汉书·原涉传》
梁丘贺	以能心计，为武骑。	《汉书·梁丘贺传》
张霸	成帝时求其古文者，霸以能为《百两》征。	《汉书·孔安国传》
阙	王莽时，征能治河者以百数。	《汉书·沟洫志》
公孙述	为导江卒正，居临邛，复有能名。	《后汉书·公孙述传》
李通	出补巫丞，有能名。	《后汉书·李通传》
阮况、郭唐	阮况为南阳太守，郭唐至河南尹，皆有能名。	《后汉书·任光传》
侯霸	为淮平大尹，政理有能名。	《后汉书·侯霸传》
杨扶	为交趾刺史，有理能名。	《后汉书·杨琁传》
张敏	为汝南太守。清约不烦，用刑平正，有理能名。	《后汉书·张敏传》
崔舒	历四郡太守，所在有能名。	《后汉书·崔骃传》
种拂	初为司隶从事，拜宛令……政有能名，累迁光禄大夫政。	《后汉书·种拂传》
郭祯	以能法律至廷尉。	《后汉书·郭躬传》

续表

人物	事例	出处
赵广汉 张敞 王遵 王章 王骏 边凤 延笃	（延笃）迁左冯翊，又徙京兆尹。其政用宽仁，忧恤民黎，擢用长者，与参政事，郡中欢爱，三辅咨嗟焉。先是陈留边凤为京兆尹，亦有能名，郡人为之语曰："前有赵张三王，后有边延二君。"	《后汉书·延笃传》
史敞	为京兆尹，化有能名，尤善条教，见称于三辅。	《后汉书·史弼传》注引《续汉书》
王堂	张乔表巴郡太守王堂治能，迁右扶风。	《后汉书·王堂传》
桑弘羊	洛阳贾人也，以能心计为侍中。	《后汉书·蔡邕传》
王涣	补洛阳令，化行致贤。外行猛政，内怀慈仁……清身苦体，宿夜劳勤，化有能名，远近所闻。	《后汉书·王涣传》注引《古乐府歌》
索卢放	征为洛阳令，政有能名。	《后汉书·索卢放传》
第五种	徐兖二州盗贼群辈，高密在二州之郊，种乃大储粮稭，勤厉吏士，贼闻皆惮之，桴鼓不鸣，流民归之，岁中至数千家。以能换为卫相。	《后汉书·第五种传》
张升	仕郡为纲纪，以能出守外黄令。	《后汉书·张升传》
李善	显宗时辟公府，以能理剧，再迁日南太守。	《后汉书·李善传》
曹操	以能明古学，复征拜议郎。	《三国志·魏书·武帝纪》注引《魏书》
刘虞	仕县为户曹吏。以能治身奉职，召为郡吏。	《三国志·魏书·公孙瓒传》注引《吴书》
韦诞	太和中，诞为武都太守，以能书留补侍中。	《三国志·魏书·刘劭传》注引《文章叙录》
张缉	太和中为温令，名有治能。	《三国志·魏书·张既传》注引《魏略》
李严	曹公入荆州时，严宰秭归，遂西诣蜀，刘璋以为成都令，复有能名。	《三国志·蜀书·李严传》

续表

人物	事例	出处
杨沛	杨沛为长社令，时"曹洪宾客在县界，征调不肯如法，沛先挝折其脚，遂杀之。由此太祖以为能"。	《三国志·魏书·贾逵传》注引《魏略》
廉昭	以才能拔擢，颇好言事。	《三国志·魏书·杜恕传》
令狐愚	以才能为兖州刺史。	《三国志·魏书·王凌传》
司马望	忠公亲事，当官称能。	《三国志·魏书·毌丘俭传》注引
向宠	诸葛亮云："将军向宠，性行淑均，晓畅军事，试用于昔日，先帝称之曰能。"	《三国志·蜀书·诸葛亮传》
汉之酷吏	古者敦庞，善恶易分。至于画衣冠，异服色，而莫之犯。叔世偷薄，上下相蒙，德义不足以相洽，化导不能以惩违，遂乃严刑痛杀，随而绳之，致刻深之吏，以暴理奸，倚疾邪之公直，济忍苛之虐情。汉世所谓酷能者，盖有闻也。皆以敢捍精敏，巧附文理，风行霜烈，威誉喧赫。与夫断断守道之吏，何工否之殊乎！故严君蚩黄霸之术，密人笑卓茂之政，猛既穷矣，而犹或未胜。然朱邑不以答辱加物，袁安未尝鞠人臧罪，而猾恶自禁，人不敢犯。何者？以为威辟既用，而苟免这兴；仁信道孚，故感被之情著。苟免者威隙则奸起，感被者人亡而思存。由一邦以言天下，则刑讼繁措，可得而求乎！	《后汉书·酷吏列传》范晔论

以上所见"能"可分四种：一为治能，或称有能名、治有能名、为吏有能名、有理能名、当官称能、能治剧、能谋议等。二为通经博学之能，如能治《尚书》、能治《左氏》等。三是专门技能，如能计、能属书、能心计、能治河、能书、能法律等。四为晓畅军事，如向宠类。以上四类虽非汉魏"能"的全部表现，但足以让我们理解何谓"能整军旅，莅政事，盐梅帝道，师范人伦者"。曹操《选令》云"谚曰：'失晨之鸡，思补更鸣。'昔季阐在白马，有受金取婢之罪，弃而弗问，后以为济北相，以其能故"。这种以能

掩过，恐怕也不是常态。魏律对"能"之具体概括无法得知，但魏人对能的理解与界定恐不会超出一定范围，特别是汉代史料中对某人能的表述，无疑会给魏人提供借鉴。议能的前提，是罪者须是能者。只有界定能的范围，才能确定某人是否为能者，以后一旦赦罪能否适用议能。就宏观历史而言，两汉对某人有能，有何种能的界定、赞誉，于魏人言就是一种潜在的先例。就实际操作言，汉魏以来也有因能任官、考绩治能的制度，这也为界定能提供了现实依据。如《汉书·沟洫志》载孔光"奏请部刺史、三辅、三河、弘农太守举吏民能者"。《后汉书·百官志·州郡条》："诸州常以八月巡行所部郡国，录囚徒，考殿最。"注引胡广云："课第长吏不称职者为殿，举免之。其有治能者为最。"魏刘劭制定《都官考课》七十二条，又广议考课之法，这些考绩殿最的结果（文书）则可成为日后议能（当然也包括功、勤）的根据，对论罪议刑自然有潜在影响。

上引曹操《选令》，是选拔有罪能者之意，赦能者之罪自是议能之属。今可考魏议能得杨沛例：建安时杨沛"坐与督军争斗，髡刑五岁。输作未竟，会太祖出征在谯，闻邺下颇不奉科禁，乃发教选邺令，当得严能如杨沛比，故沛从徒中起为邺令"[1]。依程序言，八议当在论罪时，曹操治邺心切，于罪人中选拔能者当有临时性，实际上任用杨沛也是建立在其有能的基础上。故曹操虽赦杨沛在论罪之后，实不脱议能本旨。在杨沛例中所表现出现的"能"，即其被曹操任为邺令时所言的"竭尽心力，奉宣科法"，也正是曹操看重之处。史云杨沛"未到邺，而军中豪右曹洪、刘勋等畏沛名，遣家骑驰告子弟，使各自检敕。沛为令数年，以功能转为护羌都尉"。这说明能不仅是免罪依据，也是官员迁转的考量标准。史又云："黄初中，儒雅并进，而沛本以事能见用，遂以议郎冗散里巷。"文帝即位，重整儒风，所谓的"儒雅并进"是任用了大量有儒学背景之人，杨沛当初的"奉宣科法"尽管还是能，但不再是曹丕任用人才所着重考察的。"本以事能见用"恰可说明杨沛的迁转是得益于能，而非曹丕所要提倡的儒雅之风，其遭弃用亦时势也。《魏略》在描述杨沛事迹时，使用了能、严能、功能、事能，这些词汇是否有明显界限，是否为魏律关于议能的术语，不得而知（至少在杨沛例中，这些词汇都应指向"奉宣科法"）。但《魏略》作者鱼豢是魏郎中且活至晋，其使用这些词语亦反映了八议入律后魏人对能的认识。特别是对杨沛在文帝时期不再因能而重用的记载，这种用人政策中重儒雅之能、奉宣科法居次的政治风向，恐怕也会影响到司法中对议能的衡量。

---

[1]《三国志》卷一五《魏书·贾逵传》注引《魏略》，294。

五、议功

(一) 魏议功之范围——基于祀功臣、功封、录功的考察

褒德赏功，古之通义，百代同风，所褒所赏即论其功也。

1. 魏王功例

青龙元年（233）明帝诏祀夏侯惇、曹仁、程昱于庙庭配飨。诏云："昔先王之礼，于功臣存则显其爵禄，没则祭于大烝，故汉氏功臣，祀于庙庭。大魏元功之臣功勋优著，终始休明者，其皆依礼祀之。"[1] 正始四年（243）诏祀曹真、曹休、夏侯尚、桓阶、陈群、钟繇、张郃、徐晃、张辽、乐进、华歆、王朗、曹洪、夏侯渊、朱灵、文聘、臧霸、李典、庞德、典韦于庙庭[2]。正始五年（244）诏祀荀攸于庙庭[3]。正始六年（245）祫祭太祖庙，始祀佐命臣二十一人[4]。此二十一人即正始四年、正始五年所祀者。嘉平三年（251）有司奏诸功臣应飨食于太祖庙者，更以官为次，亦司马懿功高爵尊，最在上[5]。此次论功臣配享顺序以官阶高低为准，加司马懿一人。景元三年（262）又诏祀郭嘉于太祖庙庭[6]。至此，魏配享庙庭功臣凡二十六人。凡入配享者，魏佐命功臣，辅成王业，合《周礼》王功之属。此二十六人当属魏议功之列，实际上己身或子嗣涉罪的仅有曹真、曹洪、夏侯渊、夏侯惇、夏侯尚。其中曹真子曹爽、曹羲、曹训谋反，皆夷三族，既未议亲亦未议功，前已述。夏侯尚子夏侯玄谋废司马师，被夷三族。曹洪因功得免死；夏侯渊子夏侯霸叛蜀，其孙因渊功得免死；夏侯惇子夏侯楙坐诽谤因父功得免，详见下论。

又，正元元年（254）曹髦命有司"论废立定策之功"，封爵、增邑、进位、班赐各有差[7]。嘉平六年（254）太后令云："皇帝芳春秋已长，不亲万机，耽淫内宠，沈漫女德，日延倡优，纵其丑谑；迎六宫家人留止内房，毁人伦之叙，乱男女之节；恭孝日亏，悖傲滋甚，不可以承天绪，奉宗庙。使兼太尉高柔奉策，用一元大武告于宗庙，遣芳归藩于齐，以避皇位。"[8] "废立定策"即废曹芳立曹髦事，其实是司马氏攘夺魏政之举，但终有以匡扶曹魏春秋洪业之名，故"废立定策"者亦王功属。

---

[1] 《三国志》卷三《魏书·明帝纪》注引《魏书》，60。
[2] 《三国志》卷四《魏书·三少帝纪》，74。
[3] 《三国志》卷四《魏书·三少帝纪》，74。
[4] 《三国志》卷四《魏书·三少帝纪》，74。
[5] 《三国志》卷四《魏书·三少帝纪》，76。
[6] 《三国志》卷四《魏书·三少帝纪》，91。
[7] 《三国志》卷四《魏书·三少帝纪》，81。
[8] 《三国志》卷四《魏书·三少帝纪》，78。

2. 魏战功例

表45　魏因战功封侯例

人物	事迹	出处（凡出《三国志·魏书》者简引某纪某传）
王琰	建安十一年征高干，以功封侯。	《袁绍传》注引《典略》
严干	以建策捕高干，又追录前讨郭援功，封武乡侯。	《裴潜传》注引《魏略》
傅巽、蒯越、韩嵩	建安时以说刘琮降曹操之功，赐爵关内侯。时说降之人还有蒯越、韩嵩，皆获封侯。	《刘表传》注引《傅子》
杨阜	建安十七年封讨马超之功，侯者十一人，赐阜爵关内侯。	《杨阜传》
阎柔	建安时征乌丸，以功封关内侯。	《公孙瓒传》
乐进	征战皆先登有功，封广昌亭侯。建安十一年曹操表乐进等人云："武力既弘，计略周备，质忠性一，守执节义，每临战攻，常为督率……论功纪用，宜各显宠。"后又以合肥拒孙权之功，封一子为侯。	《乐进传》
于禁	建安时录其前后功，封益寿亭侯。	《于禁传》
吕虔	讨东莱群贼李条等，有功。曹操令云："卿在郡以来，禽奸讨暴，百姓获安，躬蹈矢石，所征辄克。昔寇恂立名于汝、颍，耿弇建策于青、兖，古今一也。"黄初时讨利城叛贼，斩获有功。明帝时封万年亭侯。	《吕虔传》
荀衍	征袁尚，以功封列侯。	《荀彧传》
卫兹	讨董卓战死，曹操"每涉郡境，辄遣使祠焉"。后操追录旧勋，赐子卫臻爵关内侯。	《卫臻传》
郭嘉	嘉亡于征乌丸途中，时曹操表云："军祭酒郭嘉，自从征伐，十有一年。每有大议，临敌制变。臣策未决，嘉辄成之。平定天下，谋功为高。不幸短命，事业未终。追思嘉勋，实不可忘。可增邑八百户，并前千户。"	《郭嘉传》
张郃	建安时以功迁平狄将军。太和五年郃战亡，明帝以郃前后征伐有功，分合户，封四子列侯，赐小子爵关内侯。	《张郃传》

续表

人物	事迹	出处（凡出《三国志·魏书》者简引某纪某传）
徐晃	征袁绍，功最多，封都亭侯。	《徐晃传》
张绣	以军功迁建忠将军，封宣威侯。官渡之役力战有功，迁破羌将军。	《张绣传》
曹仁	曹操录其前后功，封都亭侯。	《曹仁传》
娄圭	从破马超，功为多。	《崔琰传》注引《吴书》
卞秉	以功封都乡侯。秉为曹操卞皇后弟。	《后妃传》
郭芝	先时自以他功封侯。芝为明帝郭皇后从父。	《后妃传》
臧霸	征战有功，封都亭侯。明帝时以前后有功，封子三人列侯，赐一人爵关内侯。	《臧霸传》
郝昭	少入军为部曲督，数有战功，为杂号将军。	《明帝纪》注引《魏略》
满宠	征战有功，进封安昌亭侯，拜伏波将军。	《满宠传》
孙观	与臧霸俱战伐，"常为先登，征定青、徐群贼，功次于霸，封吕都亭侯"。	《臧霸传》注引《魏书》
文聘	讨关羽有功，封延寿亭侯。	《文聘传》
曹洪	征刘表有功，封国明亭侯。	《曹洪传》
曹彰	文帝诏云："彰前受命北伐，清定朔土，厥功茂焉。增邑五千，并前万户。"黄初二年进爵为公，三年立为任城王。	《任城王传》
典韦	数斩首有功，拜司马。建安二年韦战死，曹操将其葬襄邑，拜子满郎中。车驾每过，常祠以中牢。文帝时以满为都尉，赐爵关内侯。	《典韦传》
夏侯尚	延康时以前后功，封平陵亭侯。	《夏侯尚传》
许褚、许定	褚力战有功，赐爵关内侯。褚兄定，亦以军功为振威将军。明帝时思褚忠孝，下诏褒赞，复赐褚子孙二人爵关内侯。	《许褚传》

续表

人物	事迹	出处（凡出《三国志·魏书》者简引某纪某传）
李典	平兖州有功，迁青州刺史。黄初时文帝追念其"合肥之功"（注：时与孙权大战），诏曰："合肥之役，辽、典以步卒八百，破贼十万，自古用兵，未之有也。使贼至今夺气，可谓国之爪牙矣。其分辽、典邑各百户，赐一子爵关内侯。"	《李典传》
张辽	征吕布有功，迁裨将军；征袁谭有功，行中坚将军。黄初时文帝追念典"合肥之功"，诏曰："合肥之役，辽、典以步卒八百，破贼十万，自古用兵，未之有也。使贼至今夺气，可谓国之爪牙矣。其分辽、典邑各百户，赐一子爵关内侯。"	《张辽传》
鲍信	信为济北相，协归太祖，身以遇害，建安十七年操追录其功，表封勋兄邵新都亭侯，辟勋丞相掾。	《鲍勋传》
钟繇	录前功封东武亭侯。	《钟繇传》
苏则	黄初时讨羌有功，加护羌校尉，赐爵关内侯。	《苏则传》注引《魏名臣奏》
毌丘兴	黄初时讨张进及叛胡有功，封高阳乡侯。	《毌丘俭传》
朱灵	文帝即位封朱灵鄃侯，增其户邑。诏曰："将军佐命先帝，典兵历年，威过方、邵，功逾绛、灌。图籍所美，何以加焉？朕受天命，帝有海内，元功之将，社稷之臣，皆朕所与同福共庆，传之无穷者也。今封鄃侯。"	《徐晃传》注引《魏书》
李通李绪	建安十四年通战死，文帝即位谥刚侯。诏曰："昔袁绍之难，自许、蔡以南，人怀异心。通秉义不顾，使携贰率服，朕甚嘉之。不幸早薨，子基虽已袭爵，未足酬其庸勋。基兄绪，前屯樊城，又有功。世笃其劳，其以基为奉义中郎将，绪平虏中郎将，以宠异焉。"	《李通传》

续表

人物	事迹	出处（凡出《三国志·魏书》者简引某纪某传）
王凌	黄初时大败吴将吕范，有功，封宜城亭侯，加建武将军。	《王凌传》
陈登	征吕布有功，加伏波将军。文帝时追其功，拜子肃郎中。	《陈登传》注引《先贤列传》
任峻	官渡之战，任峻典军器粮运。曹操以峻功高，封都亭侯，邑三百户。峻建安九年薨，子先嗣侯，先无子国绝。文帝追录功臣，谥峻成侯。复以峻中子览为关内侯。	《任峻传》
曹真	文帝录真前后功，封东乡侯。真死后，明帝追思真功，诏曰："大司马蹈履忠节，佐命二祖，内不恃亲戚之宠，外不骄白屋之士，可谓能持盈守位，劳谦其德者也。其悉封真五子羲、训、则、彦、皑皆为列侯。"曹爽案发，曹真一族灭门，嘉平中绍功臣世，封真族孙熙为新昌亭侯，邑三百户，以奉真后。	《曹真传》《曹爽传》
曹休	黄初七年休破吴将诸葛瑾，文帝录前后功，封东阳亭侯。	《曹休传》
夏侯惇	建安十二年录前后功，增封邑千八百户。惇死，文帝追思其功，"欲使子孙毕侯，分惇邑千户，赐惇七子二孙爵皆关内侯。惇弟廉及子楙素自封列侯"。	《夏侯惇传》
曹纯	以前后功封高陵亭侯。	《曹纯传》
徐邈	明帝时为凉州刺史，"西域流通，荒戎入贡，皆邈勋也。讨叛羌柯吾有功，封都亭侯，邑三百户，加建威将军"。	《徐邈传》
陈群	青龙四年群薨，子陈泰嗣，明帝"追思群功德，分群户邑，封一子列侯"。	《陈群传》
陈泰	前后以功增邑二千六百户，赐子弟一人亭侯，二人关内侯。时武陔以为泰"明统简至，立功立事"过于其父。	《陈群传》

续表

人物	事迹	出处（凡出《三国志·魏书》者简引某纪某传）
毌丘俭	征辽东，以功进封安邑侯。	《毌丘俭传》
文钦	钦"骁果粗猛，数有战功，好增虏获，以徼宠赏"。	《毌丘俭传》
游楚	太和中诸葛亮伐陇右，陇西太守游楚固守，以功封列侯。	《张既传》
司马懿	黄初七年懿破吴将张霸，时论功行赏各有差。景初二年平公孙渊，又录其功。	《明帝纪》
司马师	平曹爽，以功封长平乡侯，食邑千户。	《晋书·景帝纪》
司马昭	诛曹爽，帅众卫二宫，以功增邑千户。后平新平羌胡叛，以功复封新城乡侯。	《晋书·文帝纪》
司马孚	宣帝诛爽，孚与景帝屯司马门，以功进爵长社县侯，加侍中。	《晋书·安平献王孚传》
司马望	讨王凌，以功封永安亭侯。	《晋书·安平献王孚传》
刘放 孙资	景初二年辽东平定，刘放、孙资以参谋之功进爵为侯。	《刘放传》
王沈 王业	高贵乡公将攻文帝，召沈及王业告之，沈、业驰白帝，以功封安平侯，邑二千户。	《晋书·王沈传》
郭淮	嘉平元年淮迁征西将军，与雍州刺史陈泰协策，降蜀牙门将句安等。二年诏曰："昔汉川之役，几至倾覆。淮临危济难，功书王府。在关右三十余年，外征寇虏，内绥民夷。比岁以来，摧破廖化，禽虏句安，功绩显著，朕甚嘉之。今以淮为车骑将军、仪同三司，持节、都督如故。"进封阳曲侯，封一子亭侯。	《郭淮传》
王昶	平毌丘俭之乱，昶相战有功，封二子亭侯、关内侯。	《王昶传》
傅嘏	平毌丘俭之乱，嘏有谋，以功封阳乡侯。	《傅嘏传》

续表

人物	事迹	出处（凡出《三国志·魏书》者简引某纪某传）
荀顗	顗预讨毌丘俭等有功，进爵万岁亭侯，邑四百户。	《晋书·荀顗传》
州泰	好立功业，善用兵，官至征虏将军。景元二年薨，追赠卫将军，谥壮侯。	《邓艾传》
邓艾	平毌丘俭之乱，以功封方城乡侯。景元四年诏云："艾曜威奋武，深入虏庭，斩将搴旗，枭其鲸鲵，使僭号之主，稽首系颈，历世逋诛，一朝而平。兵不逾时，战不终日，云彻席卷，荡定巴蜀。虽白起破强楚，韩信克劲赵，吴汉禽子阳，亚夫灭七国，计功论美，不足比勋也。其以艾为太尉，增邑二万户，封子二人亭侯，各食邑千户。"	《邓艾传》
牵弘	伐蜀有功，咸熙中为振威护军。	《牵招传》
段灼	破蜀有功，封关内侯。	《晋书·段灼传》
钟会	甘露三年以讨诸葛诞功进爵陈侯，屡让不受。诏曰："会典综军事，参同计策，料敌制胜，有谋谟之勋，而推宠固让，辞指款实，前后累重，志不可夺。夫成功不处，古人所重，其听会所执，以成其美。"[1] 迁司隶校尉。	《钟会传》

据《三国志》，魏尚有多次大小范围赏功事，如建安十二年（207）下令大论功行封，曹操云："忠正密谋，抚宁内外，文若是也。公达其次也。"文若即荀彧，公达即荀攸，"次"即功次之谓[2]。时曹操平河北，灭袁氏残部，论功行封者当不止二荀，只不过二人论功为高。建安十二年曹操下丁酉令云："吾起义兵诛暴乱，于今十九年，所征必克，岂吾功哉？乃贤士大夫之力也。天下虽未悉定，吾当要与贤士大夫共定之。而专飨其劳，吾何以安焉。其促定功行封。"时"大封功臣二十余人，皆为列侯，其余各以次受

---

[1]《三国志》卷二八《魏书·钟会传》，469。
[2]《三国志》卷一〇《魏书·荀攸传》，197。

封"[1]。上云论二荀之功，即此时。建安十三年（208）"论荆州服从之功"，封侯者十五人[2]。建安十七年（212）曹操封讨马超之功，封侯者凡十一人[3]。黄初四年（233）论征孙权功，"诸将已下进爵增户各有差"[4]。黄初七年（226）司马懿等大败吴将诸葛瑾、张霸，时"论功行赏各有差"[5]。太和二年（228）魏大败蜀军于街亭，"论讨亮功"，封爵增邑各有差[6]。青龙二年（234）魏东征，"录诸将功"，封赏各有差[7]。"录功"当有薄牒所记，或称叙录。景初二年（238）魏伐公孙渊，"录讨渊功，太尉宣王以下增邑封爵各有差"[8]。正始六年（245）毌丘俭征高句丽，"至肃慎氏南界，刻石纪功，刊丸都之山，铭不耐之城。诸所诛纳八千余口，论功受赏，侯者百余人"[9]。甘露三年（258）"大论淮南之功，封爵行赏各有差"[10]。淮南之功，即平定诸葛诞之乱。

上述诸人皆魏开国创业立下战功之人，也包括征战中计策谋谟者，如荀彧、郭嘉、傅嘏、钟会、刘放、孙资、傅巽、蒯越、韩嵩等。建安八年（203）曹操录荀彧前后功云："臣闻虑为功首，谋为赏本，野绩不越庙堂，战多不逾国勋。……天下之定，彧之功也。宜享高爵，以彰元勋。"荀彧固辞以无野战之劳，曹操又言"君之相为匡弼，君之相为举人，君之相为建计，君之相为密谋，亦以多矣。夫功未必皆野战也，愿君勿让"[11]。曹操表荀彧谋划之功，说明功不仅包括战功，也是与曹氏用人政策相吻合的，即文治、武功者皆属功臣，这从魏配享功臣名单也可窥视。如郭嘉死后，曹操表云："军祭酒郭嘉，自从征伐，十有一年。每有大议，临敌制变。臣策未决，嘉辄成之。平定天下，谋功为高。"[12]荀彧等人未必亲执干戈，但其"谋功"同样服务征战，甚至对战争胜负起着关键作用，作为军事统领的曹操自然深谙此理。对征战者录功论次、封赏有差，可证对功的认定有一定程序。录功目的不仅是与官与赏，这些记录在案的功也是功臣的护身符——一旦涉罪就发挥掩过饰罪的作用。要议功，除了针对具体案情外，也要界定涉罪者

---

[1]《三国志》卷一《魏书·武帝纪》，17。
[2]《三国志》卷一《魏书·武帝纪》，18。
[3]《三国志》卷二五《魏书·杨阜传》，420。
[4]《三国志》卷二《魏书·文帝纪》，51。
[5]《三国志》卷三《魏书·明帝纪》，56。
[6]《三国志》卷三《魏书·明帝纪》，58。
[7]《三国志》卷三《魏书·明帝纪》，64。
[8]《三国志》卷三《魏书·明帝纪》，69。
[9]《三国志》卷二八《魏书·毌丘俭传》，454。
[10]《三国志》卷四《魏书·三少帝纪》，87。
[11]《三国志》卷一〇《魏书·荀彧传》注引《彧别传》，192。
[12]《三国志》卷一四《魏书·郭嘉传》，264。

是否为功臣之列，功有几何。这就是录功纪勋的潜在功能。从史籍上看，有战功或以功封之人甚多。这未必意味着所有被计功者都会进入议功范围，因为增邑封爵各有差的依据肯定是战功大小，功有次必赏有差。可以肯定的是得录功之人，若所积功甚高，其必属于八议者。魏帝诏书中对战功者有这些评价词汇：斩将搴旗、临危济难、摧破禽虏、外征寇虏、内绥民夷、携贰率服、禽奸讨暴、功书王府等。若再参以唐人对功的解释："能斩将搴旗，摧锋万里，或率众归化，宁济一时，匡救艰难，铭功太常者"，不难发现，不管朝代更迭，计功论美之道一以贯之，古人对功的理解与界定在汉唐间就已定型。

3. 魏国功例

依《周礼》六功及郑注，"国功曰功"即保全国家之解，属此类者魏亦有例：

如曹操封田畴表云："王旅出塞，涂由山中九百余里，畴帅兵五百，启导山谷，遂灭乌丸，荡平塞表。畴文武有效，节义可嘉，诚应宠赏，以旌其美。"[1] 灭乌丸，平塞表，对于曹操统一北方起了莫大作用，据此言田畴保全国家之功并不为过。

如徐邈为凉州刺史，明帝以其"西域流通，荒戎入贡，皆邈勋也。讨叛羌柯吾有功，封都亭侯"[2]。徐邈的西北之功，也使得汉魏西域朝贡之制得以延续。

如魏平蜀，司马昭以谯周说降刘禅有"全国之功"，封阳城亭侯[3]。

4. 魏事功例

《周礼》"事功曰劳"，郑注"以劳定国，若禹"。检《三国志》，"事功"一词仅见《牵招传》，史云"渔阳傅容在雁门有名绩，继（牵）招后，在辽东又有事功云"[4]。《公孙渊传》注引《吴书》云："魏遣使者傅容、聂夔拜渊为乐浪公。"所云"事功"或指此事，嘉其远涉辽东之劳[5]。

5. 魏治功例

检《三国志》，"治功"一词仅见《徐邈传》，史云："邈同郡韩观曼游，有鉴识器干，与邈齐名，而在孙礼、卢毓先，为豫州刺史，甚有治功。"[6] 同传引《魏名臣奏》载杜恕表称："韩观、王昶，信有兼才，高官重任，不

---

[1]《三国志》卷一一《魏书·田畴传》注引《先贤行状》，208—209。
[2]《三国志》卷二七《魏书·徐邈传》，440。
[3]《三国志》卷四二《蜀书·谯周》，612。
[4]《三国志》卷二六《魏书·牵招传》，436。
[5]《三国志·钟会传》注引《王弼传》云："弼在台既浅，事功亦雅非所长。"这里的事功是指务实之意，与浮华相对。
[6]《三国志》卷二七《魏书·徐邈传》，441。

但三州。"[1] 所赞韩观"治功"，实治绩治能之谓。证以《先贤行状》载，魏国初建毛玠为尚书仆射典选举，"拔贞实，斥华伪，进逊行，抑阿党。诸宰官治民功绩不著而私财丰足者，皆免黜停废，久不选用"[2]。《魏书·陆俟传》载，俟"拜冀州刺史，仍本将军，时考州郡治功，唯俟与河内太守丘陈为天下第一"。若循此意，则见诸史料的很多地方官员都不乏"治功"。郑注《周礼》"治功曰力"为"制法成治，若咎繇"。贾疏："制其刑法，国家治理，故以咎繇拟之。"郑、贾以皋陶为治功之人，指其"明于五刑，以弼五教"。因此"制法成治"有制法与成治两层意思，制法于皋陶言是"明于五刑"，"以弼五教"即是成治。如《汉书·王嘉传》云"教化行而治功立"，说明汉人对治功的理解是注重教化的。由此可解释韩观例中的"治功"具体何指。

若从"制法"这层意思理解治功，创制曹魏制度者或即其属。如建安时军食不足，枣祗建置屯田，任峻为典农中郎将，"募百姓屯田于许下，得谷百万斛，郡国列置田官，数年中所在积粟，仓廪皆满。……军国之饶，起于枣祗而成于峻"。曹操下令彰表其功云："祗兴其功，不幸早没，追赠以郡，犹未副之。今重思之，祗宜受封，稽留至今，孤之过也。祗子处中，宜加封爵，以祀祗为不朽之事。"[3] 推而广之，参与修订魏律的陈群、刘劭等人皆此属，上已论晋赏修律功臣即是重视"治功"的流绪。

（二）魏议功例

魏议功例凡九：

文稷·文钦：魏讽反时，钦"坐与讽辞语相连"下狱当死，曹操"以稷故赦之"[4]。文钦父文稷建安时为骑将，有勇力，《魏书》又云钦"少以名将子，材武见称"，据此亦知世重文稷武功，曹操或以其功臣子，故赦之。又，文稷为谯郡人，或曹操赦钦亦虑及故旧之情。

贾逵：延康时，贾逵为丞相主簿祭酒，曾"坐人为罪"，曹丕言："叔向犹十世宥之，况逵功德亲在其身乎？"[5] 知贾逵虽滥刑亦能免坐，是其属议功之列。

曹洪：史云曹洪为"先帝功臣，时人多为觖望"。家虽富裕而性吝啬，曹丕"少时假求不称，常恨之，遂以舍客犯法，下狱当死。群臣并救莫能

---

[1] 《三国志》卷二七《魏书·徐邈传》注引，441。
[2] 《三国志》卷一二《魏书·毛玠传》，229。
[3] 《三国志》卷一六《魏书·任峻传》注引《魏武故事》，295。
[4] 《三国志》卷二八《魏书·毌丘俭传》，458。
[5] 《三国志》卷一五《魏书·贾逵传》，291。

得"。卞太后谓郭后云："令曹洪今日死，吾明日敕帝废后矣。"[1] 又责曹丕云："梁、沛之间，非子廉无有今日。"[2] 意谓曹洪自沛国起就追随曹操征战，于魏基业功劳显著。曹洪因此得以免死，唯免官削爵。事后曹丕欲没收曹洪财产，卞太后又制止之，足见时人重曹洪之功。对于此罪，曹洪也认识到难免一死，得赦宥之后上言"触突国网，罪迫三千，不在赦宥，当就辜诛，弃诸市朝"[3] 云云。时在魏初，八议尚未入律，但也能证议功之制实有之，所云"八议始于魏"者，仅指自魏始律方说明文而已。

田豫：黄初时为乌丸校尉"讨胡有功，小违节度"，和戎护军令狐浚"以法绳之"[4]。史云豫为校尉，"凡逋亡奸宄，为胡作计不利官者，豫皆构刺搅离，使凶邪之谋不遂，聚居之类不安。事业未究，而幽州刺史王雄支党欲令雄领乌丸校尉，毁豫乱边，为国生事"[5]。令狐浚以法所绳之事即指此。对于令狐浚的治罪，史记云："帝怒，械系愚，免官治罪，诏曰'浚何愚'。遂以名之。"[6] 田豫利用反间计分化鲜卑各族，有效防止北方民族侵扰，此曹丕所重之功，故赦田豫而罪令狐浚之诬。

袁涣与袁侃：魏明帝时袁侃与尚书选曹郎许允"同坐职事，皆收送狱，诏旨严切，当有死者，正直者为重。允谓侃曰：'卿，功臣之子，法应八议，不忧死也。'侃知其指，乃为受重。允刑竟复吏，出为郡守，稍迁为侍中尚书中领军"[7]。坐职事即坐公事。当时有朝议以重法治许、袁之罪，许允以袁侃为功臣子能入八议之列，不会处死。袁侃即主动承担罪责，二人皆得免死。许言除印证魏律有八议外，也证明议功之人包括功臣本人与子嗣。《三国志》记袁侃父袁涣"为政崇教训，恕思而后行，外温柔而内能断。以病去官，百姓思之。""家无所储，终不问产业，乏则取之于人，不为曒察之行，然时人服其清。"又"躬履清蹈，进退以道，盖是贡禹、两龚之匹"[8]。袁涣死后，曹操为之流涕，并下教赐谷。明帝时追其"忠直在朝，履蹈仁义"，录子袁侃为郎中，则袁涣为魏功臣可证。史论袁侃"清粹闲素，有父风"[9]。又云其"论议清当，柔而不犯，善与人交。在废兴之间，人之所趣

---

[1]《三国志》卷九《魏书·曹洪传》，169。
[2]《三国志》卷九《魏书·曹洪传》注引《魏略》，169。
[3]《三国志》卷九《魏书·曹洪传》，169。
[4]《三国志》卷二八《魏书·王凌传》注引《魏书》，452。
[5]《三国志》卷二六《魏书·田豫传》，433。
[6]《三国志》卷二八《魏书·王凌传》注引《魏书》，452。
[7]《三国志》卷九《魏书·夏侯玄传》注引《魏略》，184。
[8]《三国志》卷一一《魏书·袁涣传》，204、223。
[9]《三国志》卷一一《魏书·袁涣传》，204。

务者，常谦退不为也。时人以是称之。历位黄门选部郎，号为清平"[1]。可见袁氏父子多得清誉，非骄横坏法之人。许言显然有怂恿袁侃承担主要责任之意，是否想借此免罪不得而知。但袁侃甘受重罪显然出于义举，这也符合其为人。故《元龟》将此事收入《总录部·义》中以示对袁侃褒扬。《元龟》记作："袁侃明帝时与尚书选曹郎许允对直，同坐职事。"知《三国志》所言"与陈国袁侃对"即袁侃与许允对直，互相配合之意，或二人奏言直谏冒犯魏帝而其陷重罪。许允"刑竟复吏"知其免官，受何种刑罚不可考。但其复出为郡守，知当时刑余之人复出任官条件较为宽松。又，袁准《正书·明赏罚》云："先王制为八议赦宥之差，断之以三槐九棘之听，服念五六日至于旬时，全正义也。而后断之，仁心如此之厚，故至刑可为也。"准为侃弟，当知兄因父功免罪之事，其所美八议之言当是切身体会。有学者言"'八议'的对象主要是'亲贵'也有对功臣的议减，凡这类人犯罪均可得到减刑或免刑的优待"，并引袁侃之例。[2] 这显然误读了史料，因为功臣享受议减，不绝对等于或导致对功臣子嗣的议减。鲍勋就是一个反例，见下论。

丁谧：太和年间丁谧在邺下借人空屋，时曹氏诸王亦欲借之，但不知谧在其中。后曹氏诸王入空屋，丁谧卧而不起且呵使诸王。诸王怒其无礼上告，明帝收谧入狱，后"以其功臣子，原出"[3]。丁谧父丁斐，《武帝纪》载，建安十六年（211）马超聚兵潼关，时曹操自潼关渡河未济，为马军所逼，"校尉丁斐因放牛马以饵贼，贼乱取牛马"，曹操方得脱险。是谧得赦罪因父于曹操有救命之恩。

夏侯惇与夏侯楙：楙与妻清河公主不睦，楙群弟因与其不和，故"共构楙以诽谤，令主奏之"。明帝欲杀之，段默以为"此必清河公主与楙不睦，出于谮构，冀不推实耳。且伏波与先帝有定天下之功，宜加三思"[4]。伏波即夏侯楙父夏侯惇，魏伏波将军。本案中明帝也接受段默所言，事后证明夏侯楙诽谤事为他人诬蔑。可见，就算夏侯楙真属诽谤，其为功臣之后也能获得赦宥，这也是明帝所认同的。

夏侯渊与夏侯霸：曹爽受诛，夏侯霸自疑不能免罪亡入蜀，而又身涉谋叛之罪。时"以渊旧勋赦霸子，徙乐浪郡"[5]。夏侯霸叛，应入族刑，其子因祖功而免。

---

[1] 《三国志》卷一一《魏书·袁涣传》注引，204。
[2] 参见张竞生：《伦理与法律融合的重要时期——从魏晋南北朝看封建法律的伦理法特点》，载《重庆教育学院学报》1999年第2期。
[3] 《三国志》卷九《魏书·曹爽传》注引《魏略》，176。
[4] 《三国志》卷九《魏书·夏侯惇传》注引《魏略》，164。
[5] 《三国志》卷九《魏书·夏侯渊传》，166。

司马懿与司马师：毌丘俭起兵力抗司马师时曾奏师凡十一罪，但又言："按师之罪，宜加大辟，以彰奸慝。《春秋》之义，一世为善，一世宥之。懿有大功，海内所书，依古典议，废师以侯就弟。……《春秋》之义，大义灭亲，故周公诛弟，石碏戮子，季友鸩兄，上为国计，下全宗族。殛鲧用禹，圣人明典，古今所称。乞陛下下臣等所奏，朝堂博议。臣言当道，使师逊位避贤者，罢兵去备，如三皇旧法，则天下协同。"[1] 毌丘俭罪司马师，实曹魏诸集团之政治军事斗争，虽未变成现实案例，但由司马懿之功而论司马师之罪，所言"依古典议，废师以侯就弟"恰恰是魏人对议功的真实理解，就算是对抗之敌仍能有此心态，足证议功之制已深得人心，并不因人因事而废法诛心。

（三）魏未议功例

许攸：攸曾献计曹操决漳河水淹冀州，致袁尚兵败逃亡，摧毁了袁绍基业。后自恃勋劳时与曹操相戏，呼曹操小字，言："某甲，卿不得我，不得冀州也。""其后从行出邺东门，顾谓左右曰：'此家非得我，则不得出入此门也。'人有白者，遂见收之。"[2] 许攸不得议功，实自以功高盖主、傲慢无礼之故。史又云其"以恃旧不虔见诛"[3]，许攸少曾与曹操相善，则其又未得议故。

娄圭：前已述圭被人白以腹诽之罪，"以恃旧不虔见诛"，未得议旧之事[4]。又《吴书》云，娄圭"归曹公，遂为所用，军国大计常与焉。……从破马超等，子伯功为多。曹公常叹曰：'子伯之计，孤不及也。'后与南郡习授同载，见曹公出，授曰：'父子如此，何其快耶。'子伯曰：'居世间，当自为之，而但观他人乎。'授乃白，遂见诛"[5]。是圭亦有功之人，其见诛亦兼不得议功。

鲍信与鲍勋：鲍信为济北相，协归曹操，身以遇害，建安十七年（212）操追录其功，辟子勋丞相掾[6]。曹丕征吴屯陈留郡界，太守孙邕拜访鲍勋，时营垒未成，只竖起矮墙作记，邕"邪行不从正道"，军营令史刘曜欲推其罪，勋以"垫垒未成，解止不举"。后曜有罪被勋奏绌遣，曜密告勋"私解邕事"。曹丕下诏以勋"指鹿作马"，收狱。廷尉法议"正刑五岁"，三官驳"依律罚金二斤"。曹丕对廷尉等人的议罪并不满意，又以

---

[1]《三国志》卷二八《魏书·毌丘俭传》注引，455—456。
[2]《三国志》卷一二《魏书·崔琰传》注引《魏略》，228。
[3]《三国志》卷一二《魏书·崔琰传》，228。
[4]《三国志》卷一二《魏书·崔琰传》，228。
[5]《三国志》卷一二《魏书·崔琰传》注引，228。
[6]《三国志》卷一二《魏书·鲍勋传》，234。

三官宽纵鲍勋之罪,"收三官已下付刺奸,当令十鼠同穴"。时钟繇等人以勋父有功于曹操,请免鲍罪不果,勋后被诛[1]。史载:"帝以宿嫌,欲枉法诛治书执法鲍勋,而柔固执不从诏命。帝怒甚,遂召柔诣台;遣使者承指至廷尉考竟勋,勋死乃遣柔还寺。"[2] 所言"宿嫌",即曹操死时,曹丕曾外出打猎,被鲍勋责以不守居丧之礼,刘晔为讨好曹丕,称"行猎胜于古乐"。鲍勋又上奏弹劾刘晔佞谀不忠。则鲍勋之不得议功,亦有明帝泄私愤意图。

夏侯尚与夏侯玄:玄与李丰等人谋废司马师,被罪以大逆无道,皆夷三族,是玄未得议父夏侯尚之功。正元中,"绍功臣世,封尚从孙本为昌陵亭侯,邑三百户,以奉尚后"[3]。以夏侯尚"从孙"嗣后,可证夏侯尚一支皆已灭门。

许褚与许仪:景元四年(263)钟会伐蜀,"命牙门将许仪在前治道,会在后行,而桥穿,马足陷,于是斩仪。仪者,许褚之子,有功王室,犹不原贷"[4]。军行道中,桥踏马陷,军阵当乱,但罪不致死。且仪又为功臣子,当得入八议之列,或此军事紧急以军法重处。故《钟会传》亦有"诸军闻之,莫不震竦"之语,也可窥时人对许仪不得依律议功免死之叹。

公孙度、公孙康、公孙渊与公孙晃:公孙渊虽称臣于魏,却时怀贰心暗与吴交通,魏帝察觉后,渊上表自理其通吴属伪,效魏是真,又言其佐国之功云:"臣之慺慺念效于国,虽有非常之过,亦有非常之功,愿陛下原其逾阙之愆,采其毫毛之善,使得国恩,保全终始矣。"[5] 景初元年(237)公孙渊叛,魏军讨之,渊令属官郭昕等百余人上书魏帝,褒公孙氏之功以鸣冤,其言:"渊祖父度初来临郡,承受荒残,开日月之光,建神武之略,聚乌合之民,扫地为业,威震耀于殊俗,德泽被于群生。辽土之不坏,实度是赖。……康践统洪绪,克壮徽猷,文昭武烈,迈德种仁。乃心京辇,翼翼虔恭,佐国平乱,效绩纷纭,功隆事大,勋藏王府。度、康当值武皇帝休明之会,合策名之计,夹辅汉室,降身委质,卑己事魏。……渊纂戎祖考,君临万民,为国以礼,淑化流行,独见先睹,罗结遐方,勤王之义,视险如夷,世载忠亮,不陨厥名。……渊不顾敌雠之深,念存人臣之节,绝强吴之欢,昭事魏之心,灵祇明鉴,普天咸闻。……渊小心翼翼,恪恭于位,勤事奉上,可谓勉矣。尽忠竭节,还被患祸。……若信有罪,当垂

---

[1]《三国志》卷一二《魏书·鲍勋传》,235。
[2]《三国志》卷二三《魏书·高柔传》,410。
[3]《三国志》卷九《魏书·夏侯玄传》,182。
[4]《三国志》卷二八《魏书·钟会传》,469。
[5]《三国志》卷八《魏书·公孙渊传》注引《魏略》,156。

三宥。若不改窬，计功减降，当在八议。……自先帝初兴，爰暨陛下，荣渊累叶，丰功懿德，策名褒扬，辩著廊庙，胜衣举履，诵咏明文，以为口实。埋而掘之，古人所耻。……惟陛下恢崇抚育，亮其控告，使疏远之臣，永有保持。"[1] 时魏律已修成，郭昕等人所言八议当执魏律而论，公孙渊臣魏，自知其属魏功臣，即若入罪亦能依"计功减降"这一原则免死。郭昕诸人述公孙氏功虽具，终不能因之免罪，就算任质在魏都未预其事的兄长亦受诛，罪名考中已析此案。

六、议贵

曹操废秦汉以来二十等爵制，置名号侯至五大夫，与旧列侯、关内侯凡六等，以赏军功。黄初时定王、公、侯、伯、子、男、县侯、乡侯、关内侯九等爵制，则凡此九类人皆魏贵者之属。贵者又常与亲、功之人重合，如《荀彧传》云曹操"以女妻荀彧长子恽，后称安阳公主。彧及（荀）攸并贵重"[2]。陈寿评云："夏侯、曹氏，世为婚姻，故惇、渊、仁、洪、休、尚、真等并以亲旧肺腑，贵重于时，左右勋业，咸有效劳。"[3] 可见夏侯、曹氏皆亲、故、贵、功兼合之人。亦有称大臣为贵者，如《三国志·明帝纪》注引《魏略》云，蜀将孟达归魏，文帝闻其来，甚悦，"令贵臣有识察者往观之"。又如前引刘勋例，其既属曹操之故旧，但同时"贵震朝廷"[4]。

《三国志》缺乏议贵的直接例证，但魏所发生的诸多案例中，涉案者兼有贵身份的则大有人在，如曹爽案、李丰、张缉案、诸葛诞案、毌丘俭案等。这些案件有不少大臣身陷牢狱，若魏人是严格按照魏律行事的话，不难想象诸案都应启动了议贵程序。

七、议勤

从郑玄的"憔悴以事国"到唐律的"谓有大勤劳""谓大将吏恪居官次，夙夜在公，若远使绝域，经涉险难者"。对勤的理解，汉唐间并无实质性改变，唐律只是将郑注具体化而已。就魏而言，时人对勤的理解当不出郑注与唐律诠释左右。

建安时王朗上奏："上主簿赵郡张登，昔为本县主簿，值黑山贼围郡，

---

[1]《三国志》卷八《魏书·公孙度传》注引《魏书》，157—158。
[2]《三国志》卷一〇《魏书·荀彧传》，192。
[3]《三国志》卷九《魏书·夏侯玄传》，186。
[4]《三国志》卷一六《魏书·杜畿传》注引《杜氏新书》，299。

登与县长王隽帅吏兵七十二人直往赴救,与贼交战,吏兵散走。隽殆见害,登手格一贼,以全隽命。又守见夏逸,为督邮所枉,登身受考掠,理逸之罪。义济二君。宜加显异。"曹操时"以所急者多,未遑擢叙"。黄初时王朗又奏"登在职勤劳"。文帝诏:"登忠义彰着,在职功勤。名位虽卑,直亮宜显。饔膳近任,当得此吏。今以登为太官令。"[1] 观王朗所言,张登尽忠履义的事迹被赞为"在职勤劳、在职功勤",也与唐人所界定的"经涉险难"为勤意思相合。但曹操却以"所急者多"不及擢叙,其原因从上述重用杨沛奉宣科法之能可看出端倪。魏国初建,所急者军国之务都围绕军事,在用人方面必然重用有功、有能之人。史载曹冲"每见当刑者,辄探睹其冤枉之情而微理之。及勤劳之吏,以过误触罪,常为太祖陈说,宜宽宥之"[2]。曹冲为过误触罪的勤劳之吏向曹操求情,"以宜宽宥之",这从侧面也印证了勤者并非曹操所要重用之人。但到黄初儒雅并进之时,除巩固军事外,更需要一些尽心事国治政者。如凉州刺史温恢死,时诏云:"恢有柱石之质,服事先帝,功勤明著。及为朕执事,忠于王室,故授之以万里之任,任之以一方之事。如何不遂,吾甚愍之!"[3] 杜畿"受诏作御楼船,于陶河试船,遇风没"。诏云:"昔冥勤其官而水死,稷勤百谷而山死。故尚书仆射杜畿,于孟津试船,遂至覆没,忠之至也。朕甚愍焉。"[4] 后追赠杜畿太仆,谥戴侯。《魏略·苛吏传》载:"(王)思与薛悌、郤嘉俱从微起,官位略等。三人中,悌差挟儒术,所在名为闲省。嘉与思事行相似。文帝诏曰:'薛悌驳吏,王思、郤嘉纯吏也,各赐关内侯,以报其勤。'"[5] 张既平河西之乱,斩首获生以万数,文帝甚悦,诏云:"卿逾河历险,以劳击逸,以寡胜众,功过南仲,勤逾吉甫。此勋非但破胡,乃永宁河右,使吾长无西顾之念矣。"遂封既西乡侯,增邑二百[6]。凡此文帝褒扬之人,皆勤者之属。魏黄初三年(222),孙权以使聘魏,具上破刘备获印绶及首级、所得土地,表"将吏功勤宜加爵赏之意"。文帝报使,致鼲子裘、明光铠、騑马,又以素书所作《典论》及

---

[1]《三国志》卷一三《魏书·王朗传》注引《王朗集》,250。
[2]《三国志》卷二〇《魏书·武文世王公传》注引,348。
[3]《三国志》卷一五《魏书·温恢传》,289。
[4]《三国志》卷一六《魏书·杜畿传》,300。《三国志·诸葛诞传》注引《魏氏春秋》云诞为尚书郎,"与仆射杜畿试船陶河,遭风覆溺,诞亦俱溺。虎贲浮河救诞,诞曰:'先救杜侯。'诞飘至岸,绝而复苏"。或诸葛诞亦因此事纪功。韦昭《国语注》称《毛诗传》云:"冥,契六世孙也,为夏水官,勤于其职而死于水。稷、周弃也,勤播百谷,死于黑水之山。"
[5]《三国志》卷一五《魏书·梁习传》注引《魏略》,284。
[6]《三国志》卷一五《魏书·张既传》,287。"勤逾吉甫",吉甫指周宣王贤臣尹吉甫,曾讨伐侵扰周朝的少数民族,辅助周朝中兴。

诗赋与权[1]。可见，就算是"敌国"之勤吏，曹丕也不吝其赏[2]。由此，不难理解为何杨沛到了黄初年间便不受重用，当然这并不代表弃用杨沛这样有着奉宣科法之能的官员，而是说在其他职位上能裨益魏政者是不能忽略的，因此，像张登这样勤劳的官吏也可得到提拔。从杨沛的失宠到张登的重用，确实是魏治国理念的转变，对勤吏的重视无疑会对议勤入律产生推动作用，毕竟勤吏是国家所表彰推崇的，那么勤吏一旦因有罪入狱，其勤绩自然成为赦罪、免刑的理由。明帝时杜恕因父勤而免死罪便是最好的例证。

杜恕嘉平元年（249）任幽州刺史，征北将军程喜与之共事。程喜为人好面子，心胸狭窄，喜欢下属奉承。太和年间就曾与田豫不和而弹奏之，致田豫战胜无功[3]。杜恕为人刚直不阿，显然难与程喜共事。时"有鲜卑大人儿，不由关塞，径将数十骑诣州，州斩所从来小子一人，无表言上"。杜恕自行惩处了一个犯法的鲜卑人而未上报，程喜希望杜恕"折节谢己"，杜恕驳云："若令下官事无大小，咨而后行，则非上司弹绳之意；若咨而不从，又非上下相顺之宜。故推一心，任一意，直而行之耳。杀胡之事，天下谓之是邪，是仆谐也；呼为非邪，仆自受之，无所怨咎。"[4] 杜恕的刚直使程喜不能如愿，便抓住把柄深文劾奏，杜恕"下廷尉，当死。以父畿勤事水死，免为庶人，徙章武郡"[5]，知议勤范围除勤者本身，也包括其子嗣。

可见文帝时重用、褒扬勤者的做法对官场、司法起过积极作用，至明帝时此风仍行。如蒋济上疏言中书监、令好为专任之弊，曹睿诏赞其"才兼文

---

[1]《三国志》卷四七《吴书·孙权传》注引《吴历》，677。
[2] "悬赏俟功，惟勤是与"不仅仅是魏的观念，吴也多有表现。如《吴书·孙休传》云永安元年（公元258年）孙休诏"夫褒德赏功，古今通义。……长水校尉张布辅导勤劳，以布为辅义将军，封永康侯"。《吴书·宗室传》注引《吴书》云孙河"能服勤"，少从坚征讨，拜威寇中郎将，领庐江太守。《吴书·吕范传》载吕范"性好威仪，州民如陆逊、全琮及贵公子，皆修敬肃，不敢轻脱。其居处服饰，于时奢靡，然勤事奉法，故权悦其忠，不怪其侈"。又《吕范传》注引《江表传》载："人有白范与贺齐奢丽夸绮，服饰僭拟王者，权曰：'昔管仲逾礼，桓公优而容之，无损于霸。今子衡、公苗，身无夷吾之失，但其器械精好，舟车严整耳，此适足作军容，何损于治哉？'告者乃不敢复言。"吕范得以免罪，是孙权以其勤事之故。吕范死后，孙权怀之，亦言其勤："吕子衡忠笃亮直，性虽好奢，然以忧公为先，不足为损，避袁术自归于兄，兄作大将，别领部曲，故忧兄事，乞为都督，办护修整，加之恪勤，与吴汉相类，故方之。"
[3]《三国志》卷二六《魏书·田豫传》云豫督青州，"刺史程喜内怀不服，军事之际，多相违错。喜知帝宝爱明珠，乃密进逸言，由是功不见列"。
[4]《三国志》卷一六《魏书·杜恕传》注引《杜氏新书》，305。
[5]《三国志》卷一六《魏书·杜恕传》，304。又，《晋书·杜预传》载："属虏兵强盛，石鉴时为安西将军，使预出兵击之。预以虏乘胜马肥，而官军悬乏，宜并力大运，须春进讨，陈五不可、四不须。鉴大怒，复奏预擅饰城门官舍，稽乏军兴，遣御史槛车征诣廷尉。以预尚主，在八议，以侯赎论。"父子皆得八议，魏晋仅此一见。

武，服勤尽节，每军国大事，辄有奏议，忠诚奋发，吾甚壮之"[1]。又如刘放、孙资见信于明帝，制断时政，大臣莫不交好，唯辛毗不与其交。后冗从仆射毕轨表言："尚书仆射王思精勤旧吏，忠亮计略不如辛毗，毗宜代思。"刘放、孙资便在明帝面前贬低辛毗，力荐"精勤"的王思，结果辛毗被转为卫尉[2]。王思在文帝时即被诏书"报勤"，刘放、孙资举荐虽出私利，但仍为明帝所纳，足以说明勤劳之吏在魏官场的显著地位。又，明帝大修殿舍，时有殿中监擅收兰台令史，卫臻奏案之，诏以"殿舍不成，吾所留心，卿推之何"，欲不罪殿中监之过。卫臻上疏云："古制侵官之法，非恶其勤事也，诚以所益者小，所堕者大也。臣每察校事，类皆如此，惧群司将遂越职，以至陵迟矣。"[3] 明帝不罪殿中监，除自身好兴劳役外，恐怕也有着不责人因勤事而侵官的心态。事实上，杜恕在未因父勤免死罪前，对魏考课中勤吏状况就有所评论，其云："今大臣亲奉明诏，给事目下，其有夙夜在公，恪勤特立，当官不挠贵势，执平不阿所私，危言危行以处朝廷者，自明主所察也。若尸禄以为高，拱默以为智，当官苟在于免负，立朝不忘于容身，絜行逊言以处朝廷者，亦明主所察也。"[4] 又，秦州刺史李秉尝答司马昭问，秉后以此撰为家诫云："昔侍坐于先帝，时有三长吏俱见。临辞出，上曰：'为官长当清，当慎，当勤，修此三者，何患不治乎？'"[5] 杜恕所议考课虽未行，仍可感受到君臣在褒扬勤吏问题上的默契；李秉家训也更能印证勤的观念对时人为官为事的影响。由此而证对勤的理解汉唐间并无实质性改变，延至后世其理亦同，勤所充当的不仅是议罪原则，更是为官之道。

八、议宾

郑玄释宾为"所不臣者，三恪二代之后"，《唐律疏议》谓"先代之后为国宾者""若今周后介公、隋后酅公"。简单的文意足以证明汉唐间的宾已历变迁，这是我们考察议宾一制所须关注的，即各代对宾都有界定。在此意义上，首先需要解决的应是魏律中所界定的宾或者说魏人所认定的宾具体所指。朝代更迭，势必产生"先代之后"。汉魏禅代，既为议宾奠定了可供操作的政治环境，也为魏人"创造"了具体所指的宾——山阳公。若将议宾置于汉魏禅代，议宾早已超出其法律意义，也不单纯是法律儒家化的体现。议宾与礼宾一样，皆"所以示民亲仁善邻"之意，都是魏人寻求、论证、维护

---

[1]《三国志》卷一四《魏书·蒋济传》，273—274。
[2]《三国志》卷二五《魏书·辛毗传》，417。
[3]《三国志》卷二二《魏书·卫臻传》，387。
[4]《三国志》卷一六《魏书·杜恕传》，302。
[5]《三国志》卷一八《魏书·李通传》注引王隐《晋书》，321。

政权正统性、合法性的得力"助手"。三国鼎立,魏蜀吴都自认汉统忠实继承者,既如此,继承汉统就须礼待汉帝及宗室;若连礼宾都做不到,则一旦宾有罪,议宾就只能是无稽之谈。就现有史料,尚未发现魏议宾例,尽管有此遗憾,但谁也不会因此否认魏律有议宾之制,更不会对议宾的研究就此而止。如上论,研究议宾的"原点"应是宾的界定,即魏人所认可的宾究竟何指。不厘清此点,对魏议宾的研究恐怕只能停留在汉人经说与唐人律疏的层面[1]。

(一) 卫公:周之后

汉武帝元鼎四年(前113),封周王室后裔姬嘉为周子男君,位比列侯,"以奉周祀",以示汉继周非继秦。元帝时封姬嘉之孙姬延年为周承休侯,成帝时进为公爵,平帝时改封郑公。《后汉书·百官志》云"卫公、宋公。本注曰:建武二年,封周后姬常为周承休公。五年,封殷后孔安为殷绍嘉公第。十三年,改常为卫公,安为宋公,以为汉宾,在三公上"。据此知汉奉周后卫公为汉宾之列。魏高堂隆议云:"按《周礼》'公执桓珪'。公谓上公九命,分陕而理,及二王后也。今大司马公、大将军,实分征东西,可谓上公矣。山阳公、卫国公,则二王后也。"[2]《晋书·荀伯子传》载:"泰始元年,诏赐山阳公刘康子弟一人爵关内侯,卫公姬署、宋侯孔绍子弟一人驸马都尉。

---

[1] 在这里只论及魏宾的问题。实际上由于朝代更迭,前朝所确定的宾有可能遭遇降礼,这是值得进一步研究的课题。魏亡之后,魏帝是否能成为晋宾也曾引起过异议,如习凿齿论云:"自汉末鼎沸五六十年,吴魏犯顺而强,蜀人杖正而弱,三家不能相一,万姓旷然无主。夫有定天下之大功,为天下之所推,孰如见推于暗人,受尊于微弱?配天而为帝,方驾于三代,岂比俛首于曹氏,侧足于不正?即情而恒实,取之而无惭,何与诡事而托伪,开乱于将来者乎?是故除旧之恩可封魏后,三恪之数不宜见列。以晋承汉,功实显然,正名当事,情体亦厌,又何为虚尊不正之魏而亏我道于大通哉。"八议中的议宾不仅与律令,也与礼制,特别是古人之正统性观念有着千丝万缕的联系。如王夫之论云:"三恪之封,自曹魏而下,攘人之天下,而姑以虚名谢疚耳。然迄于唐,介、酅之封,犹不失为天下贵。但承所窃之闰位,而非崇元德显功之嗣以修配天之事守,如唐舍汉后而尊宇文、杨氏,非帝眷之不忘,民心之不昧也。……为中国之主,嗣百王而大一统,前有所承,则后有所授。沛国之子孙若手授之陇西,陇西之子孙若手授之天水,天水之子孙若手授之盱眙,所宜访求其嫡系,肇封公侯,使修其先祀,护其陵寝,以正中夏之大绪。而国家有纳后妃、降公主之典,自应于此族选之,选之不得而后及于他族,又清流品、正昏姻之大义也。一姓不再兴,何嫌何疑!而顾与盗贼夷狄相先后而不耻乎!以赫赫炎炎汉、唐、有宋之功施有夏,而顾不及妖贼张鲁之余孽,世受宠光,不待义夫而为之扼腕矣。敦忠厚立国之道以定民志,昭功德而侯其王,固不容不于此加之意也。"(《噩梦》,《船山全书》第12册,岳麓书社1988年版,第594—595页。)限于精力和篇目,这些问题留待日后再行详论。

[2] [唐]杜佑撰,王文锦等点校:《通典》卷七五《礼·宾礼·天子上公及诸侯卿大夫士等贽》,北京:中华书局1988年版,第2049页。

又泰始三年，太常上言博士刘嘉等议，称卫公署于大晋在三恪之数，应降称侯。"据此知魏晋皆奉卫公为宾，至泰始三年（267），方降爵为侯。

（二）宋侯：殷商之后

汉成帝封孔子后裔孔吉为殷绍嘉侯，奉殷商天子成汤祀，又进为公爵。后以孔子先祖为宋王室支脉，至平帝时改封为宋公。又，《晋书·荀伯子传》载："泰始元年，诏赐山阳公刘康子弟一人爵关内侯，卫公姬署、宋侯孔绍子弟一人驸马都尉。"入晋即称宋侯，则汉之宋公于魏时已降为侯，晋又承之。

（三）山阳公：汉帝之后

黄初元年（220），"以河内之山阳邑万户奉汉帝为山阳公，行汉正朔，以天子之礼郊祭，上书不称臣，京都有事于太庙，致胙；封公之四子为列侯。追尊皇祖太王曰太皇帝，考武王曰武皇帝，尊王太后曰皇太后。赐男子爵人一级，为父后及孝悌力田人二级。以汉诸侯王为崇德侯，列侯为关中侯。"[1]又下为汉帝置守冢诏云："朕承符运，受终革命。其敬事山阳公，如舜之宗尧。有始有卒，传之无穷。前群司奏处正朔，欲使一皆从魏制，意所不安。其令山阳公于其国中，正朔、服色、祭祀、礼乐自如汉。又为武、昭、宣、明帝置守冢各三百家。"[2]比起汉敬卫公、宋公，魏之山阳公算得上真正的先代之后。其以汉诸侯王为崇德侯，列侯为关中侯，降前代之侯王一制，亦为晋宋所承。

青龙二年（234），山阳公刘协薨。明帝素服发哀，使和洽吊祭、崔林监护丧。诏有司以太牢告祠文帝庙，追谥山阳公为汉孝献皇帝，葬以汉礼[3]。时诏云："盖五帝之事尚矣，仲尼盛称尧、舜巍巍荡荡之功者，以为禅代乃大圣之懿事也。山阳公深识天禄永终之运，禅位文皇帝以顺天命。先帝命公行汉正朔，郊天祀祖以天子之礼，言事不称臣，此舜事尧之义也。昔放勋殂落，四海如丧考妣，遏密八音，明丧葬之礼同于王者也。今有司奏丧礼比诸侯王，此岂古之遗制而先帝之至意哉？今谥公汉孝献皇帝。"[4]又使太尉告文帝庙云："今追谥山阳公曰孝献皇帝，册赠玺绶。命司徒、司空持节吊祭护丧，光禄、大鸿胪为副，将作大匠、复土将军营成陵墓，及置百官群吏，

---

[1]《三国志》卷二《魏书·文帝纪》，46—47。
[2] [宋] 李昉等撰，任明等点校：《太平御览》卷五六〇《礼仪部·冢墓》，第5卷，石家庄：河北教育出版社1994年版，第425页。
[3]《三国志》卷三《魏书·明帝纪》，62。
[4]《三国志》卷三《魏书·明帝纪》注引《献帝传》，62。

车旗服章丧葬礼仪，一如汉氏故事；丧葬所供群官之费，皆仰大司农。立其后嗣为山阳公，以通三统，永为魏宾。"[1] 明帝以"古之遗制"待汉献帝丧事，而不以"礼比诸侯王"，在三国正统之争中，魏礼宾之举虽不能左右政治，但尽礼崇礼总能为维护其政治运作与权力继承起到作用，为其权力正统寻找合法性的依据。

时王肃议云："昔唐禅虞，虞禅夏，皆终三年之丧，然后践天子之尊。是以帝号无亏，君礼犹存。今山阳公承顺天命，允答民望，进禅大魏，退处宾位。公之奉魏，不敢不尽节。魏之待公，优崇而不臣。既至其薨，榇敛之制，舆徒之饰，皆同之于王者，是故远近归仁，以为盛美。且汉总帝皇之号，号曰皇帝。有别称帝，无别称皇，则皇是其差轻者也。故当高祖之时，土无二王，其父见在而使称皇，明非二王之嫌也。况今以赠终，可使称皇以配其谥。"此不为魏明帝所纳[2]。魏依汉礼葬汉献帝，立其后嗣，永敬为宾的最终目的是追寻夏商周的正统能在魏得到继承，即曹睿所言"以通三统"，通三王之统。《后汉书·百官志·宋卫国条》郑玄注云："王者存二代而封及五，郊天用天子礼以祭其始祖，行其正朔，此谓通三统也。"依公羊三统之说，凡新朝建立，受命于天必改正朔，在师法前代时亦损益旧制，取其善者从之，使今世之统通前代之统，使今君之道通旧王之道，从而实现新朝一统天下。为表示礼敬旧君，新朝须封赠前君后人为公，所谓"王者必存二王之后，所以通三统也"。因此曹睿的"以通三统"已远远超出了"礼比诸侯王"抑或"礼同王者"之争，而是在礼制下践行春秋大一统的观念。

魏敬刘协亦及其亲属，一如敬汉宾之礼。如黄初四年（223）赐山阳公夫人汤沐邑，公女曼为长乐郡公主，食邑各五百户。景元元年（260）山阳公夫人节薨，曹奂追谥其为献穆皇后。及葬，车服制度皆如汉氏故事[3]。刘协亡后，其孙刘康嗣为山阳公而成魏宾，入晋亦奉之；又历刘瑾、刘秋两任，秋亡于永嘉之乱，曾经的"永为魏宾"遂泯灭于世。

---

[1]《三国志》卷三《魏书·明帝纪》注引《献帝传》，62—63。《通典》卷七四《礼·宾礼·三恪二王后》引王彪之云："山阳公薨故事，给绢二百匹。"又，《后汉书·献帝纪》赞云："献生不辰，身播国屯。终我四百，永作虞宾。"《虞书》云"虞宾在位"，指舜以尧子丹朱为宾，此喻山阳公为魏宾。
[2]《三国志》卷一三《魏书·王肃传》，253。孙盛论云："化合神者曰皇，德合天者曰帝。是故三皇创号，五帝次之。然则皇之为称，妙于帝矣。肃谓为轻，不亦谬乎！"裴松之论云："上古谓皇皇后帝，次言三、五，先皇后帝，诚如盛言。然汉氏诸帝，虽尊父为皇，其实则贵而无位，高而无民，比之于帝，得不谓之轻乎！魏因汉礼，名号无改。孝献之崩，岂得远考古义？肃之所云，盖就汉制而为言耳。谓之为谬，乃是讥汉，非难肃也。"
[3]《三国志》卷四《魏书·三少帝纪》，90。

（四）安乐公：蜀帝之后

景元四年（263）刘禅降魏，次年刘禅至洛阳，魏帝曹奂策命刘禅为安乐县公，食邑万户，赐绢万匹，奴婢百人，子孙为三都尉封侯者五十余人[1]。咸熙元年（264）封刘禅为安乐公。入晋亦奉之，禅亡于泰始七年（271），其亦属晋宾之列。

《唐六典》注云："八议自魏、晋、宋、齐、梁、陈、后魏、北齐、后周及隋，皆载于律，是八议入律始于魏也。"若说这样的记载暗示着唐律八议承袭魏制的话，那么当我们看到唐人视国宾"若今周后介公、隋后酅公"时，恐怕不会再对魏宾"若何"产生疑问了。以上四者，魏所敬"三恪二王"之后，即议宾之"宾"。其中卫公、宋侯承汉宾之旧；山阳公为汉魏禅代所产生的"新"宾；此三者即八议入律时宾的具体所指。安乐公成为魏宾在修律后，所敬时间虽短，但在泰始三年（267）晋律修成前，其亦仍在魏宾之列。

第三节 凌烟录尽到云台：议功再考

从郑玄的"大勋力立功者"到《唐律疏议》的"能斩将搴旗，摧锋万里，或率众归化，宁济一时，匡救艰难，铭功太常者"，自唐至清，法律上对功的认同与定性并未有实质性变化，惟古人对功的诠释更显生动。事实上，法律对功的认同与定性是与当时的社会现实、历史境况分不开的。并非每一朝代或每位君主在位时都会征战连绵，这势必导致拥有战功者的比例下降；而每一朝代创业之初又多是功臣涌现之时。当某一朝代内困外忧时，匡国救民于艰难者必多。当某一朝代偏安一方或国势衰弱时，恐怕也无力怀柔敌夷，而奉使者亦稀。诸如此类，也可说是中国几千年历史演进之"潜规则"[2]。议功一制看似有着法律制度独自形成、发展、演变的脉络，在此规则之下论臣子之功，由对功的界定而至议功，在论功之时实为日后议罪末减埋下伏笔。并非每一功臣都会经历议功，因为八议设立的初衷并非鼓励犯罪，只是一旦功臣涉罪，议功程序就可启动。至于是否必然启动、启动结果如何或可退而论之，所谓"简在帝心"者，并非绝对的制度保障，既可生前

---

[1] 《三国志》卷三三《蜀书·后主传》，538。
[2] 如《魏书·慕容白曜传》史臣所言，"魏之诸将，罕立方面之功。尉元以宽雅之风，受将帅之任，取瑕丘如覆掌，克彭城犹拾遗，擒将馘卫，威名远被。位极公老，圣主乞言。无乃近世之一人欤？白曜有敦正之风，出当薄伐，席卷三齐，如风靡草，接物有礼，海垂欣慰。其劳固不细矣。功名难处，追猜婴戮，宥贤议勤，未闻于斯日也"。《北史·宇文福传》史臣所论亦同此言。

论功掩过保其命，又何尝不能诛之而死后褒其名呢？兔死狗烹、鸟尽弓藏之例亦于史有征。

功，当它被引入论罪议刑时则被赋予了法律上的意义，但这并不代表其所蕴含的政治、文化、军事等意义被淹没。功这一词也不因其成为律语而别于同时代甚至后世对它的理解、界定与认同，立功与立德、立言同是古人追求的不朽之事，功的意义是超过法律远达家国、天下与人生的。这也是三国时人所追求的政治文化与人生理想，如曹操曾立志"为国家讨贼立功，欲望封侯作征西将军"[1]，而自题碑铭。陈琳讨伐曹操时谓："当今汉道陵迟，纲弛纪绝。……乃忠臣肝脑涂地之秋，烈士立功之会也，可不勖哉！"[2] 孙策为许贡门客所害，临死前尚"引镜自照"，慷慨而云"面如此，尚可复建功立事乎？"[3] 荀彧建言曹操云："既立德立功，而又兼立言，诚仲尼述作之意。显制度于当时，扬名于后世，岂不盛哉。"[4] 蜀郤正曾论："今三方鼎跱，九有未乂……此诚圣贤拯救之秋，烈士树功之会也。"[5] 吴张纮论云："自古帝王受命之君，虽有皇灵佐于上，文德播于下，亦赖武功以昭其勋。"[6] 曹植云："夫爵禄者，非虚张者也，有功德然后应之，当矣。无功而爵厚，无德而禄重，或人以为荣，而壮夫以为耻。故太上立德，其次立功，盖功德者所以垂名也。"[7] 魏不乏好立功名者，如史云州泰"好立功业"[8]。曹彰好于征战，曹操课其读《诗》《书》，彰言："丈夫一为卫、霍，

---

[1]《三国志》卷一《魏书·武帝纪》注引《魏武故事》，19。
[2]《三国志》卷六《魏书·袁绍传》注引《魏书春秋》，121。
[3]《三国志》卷四六《吴书·孙策传》注引《吴历》，660。
[4]《三国志》卷一〇《魏书·荀彧传》注引《彧别传》，193。
[5]《三国志》卷四二《蜀书·郤正传》，614。
[6]《三国志》卷五三《吴书·张纮传》，738。
[7]《三国志》卷一九《魏书·陈思王传》，341。魏宗室禁锢之策更激发了曹植渴望立功的人生理想，在《三国志》中这样的思想表达多矣，如云："辞赋小道，固未足以揄扬大义，彰示来世也。昔扬子云，先朝执戟之臣耳，犹称'壮夫不为'也；吾虽薄德，位为藩侯，犹庶几戮力上国，流惠下民，建永世之业，流金石之功，岂徒以翰墨为勋绩，辞颂为君子哉？""虽贤不乏世，宿将旧卒，犹习战陈，窃不自量，志在效命，庶立毛发之功，以报所受之恩。""夫论德而授官者，成功之君也；量能而受爵者，毕命之臣也。故君无虚授，臣无虚受；虚授谓之谬举，虚受谓之尸禄，诗之'素餐'所由作也。昔二虢不辞两国之任，其德厚也；旦、奭不让燕、鲁之封，其功大也。今臣蒙国重恩，三世于兹矣。正值陛下升平之际，沐浴圣泽，潜润德教，可谓厚幸矣。而窃位东藩，爵在上列，身被轻暖，口厌百味，目极华靡，耳倦丝竹者，爵重禄厚之所致也。退查古之授爵者，有异於此，皆以功勤济国，辅主惠民。今臣无德可述，无功可纪，若此终年无益国朝，将挂风人'彼其'之讥。""夫君之宠臣，欲以除患兴利；臣之事君，必以杀身靖乱，以功报主也。"
[8]《三国志》卷二八《魏书·邓艾传》，467。

将十万骑驰沙漠，驱戎狄，立功建号耳，何能作博士邪？"[1] 曹操亦不怪之。又有以功业品藻人物者，如史载："司马景王、文王皆与（陈）泰亲友，及沛国武陔亦与泰善。文王问陔曰：'玄伯何如其父司空也？'陔曰：'通雅博畅，能以天下声教为己任者，不如也；明统简至，立功立事，过之。'"[2] 以下讨论也要暂且搁置对"议"的司法程序和具体案情讨论，试图从古人立德、立功、立言这一儒家价值观作分析。由此再论议功，或有助于理解此制何以得成典制、化为律文。

一、释"功"

上引诸儒对功的解释，由于诠释角度、表述词汇或归类的差异而不尽统一，恐怕无人会因此否认古人对功的解释在意义上的互通互训。下再举数例以证：

司马迁云："古者人臣功有五品，以德立宗庙定社稷曰勋，以言曰劳，用力曰功，明其等曰伐，积日曰阅。"[3] 后二品之功，即后世所称"伐阅"。伐通阀，故又名阀阅。如《汉书·朱博传》云："赍伐阅诣府。"《汉书·田千秋传》云："千秋无他材能术学，又无伐阅功劳。"《后汉书·章帝纪》云："每寻前世举人贡士，或起圳亩，不系阀阅。"《后汉书·韦彪传》云："士宜以才行为先，不可纯以阀阅。"《晋书·张载传》云："积阶级，累阀阅，碌碌然以取世资。"《旧唐书·张献诚传》云："献诚子煦，积阀亦至夏州节度使。"积阀亦积功之意。阀阅是家族功绩、官历的代称，如魏晋南北朝之门阀。又，《玉篇·门部》云："在左曰阀，在右曰阅。"功臣仕官为标榜功状在门侧立柱，左名"阀"，右名"阅"。祖先功业成为后人资本，"阀阅"之功于此可见。

《史记·绛侯周勃世家》云："击章邯车骑，殿"；"攻开封，先至城下为多"；"攻槐里、好畤，最"。《集解》引臣瓒云："在军后曰殿。"如淳云："于将率之中功为最。"孙检云："一说上功曰最，下功曰殿，战功曰多。周勃事中有此三品，与诸将俱计功则曰殿，最独捷则曰多。多义见《周礼》。"[4] 是军功又可释为上功、中功、下功，战功三品。三国时仍循此法，如《三国志·吴书·甘宁传》云宁"为吏士先，卒破获朱光。计功，吕蒙为最，宁次之，拜折冲将军"。

《元龟》一书汇集历代君臣事迹，勒成一千一百零四门。门内有王钦若

---

[1]《三国志》卷一九《魏书·任城王传》，333。
[2]《三国志》卷二二《魏书·陈群传》，384。
[3]《史记》卷一八《高祖功臣侯者年表》，北京：中华书局1962年版，第877页。
[4]《史记·管蔡世家》《索隐》云："孙检，未详何代，或云齐人，亦恐其人不注史记。今以王俭《七志》、阮孝绪《七录》并无，又不知是裴骃所录否？"裴骃为南朝宋人，其《集解》录前人之说，则孙氏或汉魏晋间人。

等人所作小序，述其指归，有的小序对功不乏阐释。虽王钦若等人所论非直接针对律之议功而发，但其意旨皆本《周礼》，较前人所论为精，借此可窥宋人对功的理解。要指出的是，《元龟》始修于宋真宗景德二年（1005），在修书的前一年，即景德元年（1004），辽国侵宋，两军澶渊相交，宋胜罢兵，以每年向辽进贡岁币"购置"和平，定澶渊之盟。而主修《元龟》的王钦若正是与主战的寇准对立，提议南迁之主和派，《宋史》因此对王氏多有贬损，谓其"奸邪险伪"之"鬼"。在这样的历史背景下，又加上个人的政治际遇，王钦若等人对功的理解必然有着特定的时空色彩，更丰富了功的内涵。今择录如下，见表46。

表46 《册府元龟》对"功"的注释

序号	内容	出处	备注
1	夫赏，国之典也，所以褒有功劝能者，为国之大柄，藏在盟府而不可废焉。历代而下，致治之后，曷尝不旌劳显庸，录勤耸善，报之以封爵，宠之以名秩，赍之以金帛，赐之以车服，颁之于公朝而不僭，载之于史策而弗忘。是故懋功之义明而邦典有叙，为善之效速而人伦知劝。盖《周官》之以庸制禄，先王之加膳饫赐，率是道也。其百世所不易者哉。	《帝王部·明赏》	帝王部列明赏、褒功、念功三目，此归类既本《论语》"简在帝心"之意，又合《唐律疏议》所释。明赏一目特言《周礼》"以庸制禄"之制，是以赏功劝能本于经义典制。
2	《周官·司勋》："掌六功之名数，而制其褒赏之典。"由三代而下，乃有参豫缔构，辅成大业，扶奖王室，佐佑生民。处帷幄而运筹，内申于毗赞，执干戈而戡难，外震于威灵。至或矢谋尽规，经物成务，定策佐命而安宗社，奉辞出塞而清戎羯，勋烈并建，威声载路。于是有金石之赐，车服之锡，加以殊礼，形于善颂，乃至增其爵秩，赏及胄裔。推诏奖以温密，著图缋之炳焕，示慈于燕喜，宥死于甲令，陪葬于园寝，配飨于大烝，称伐于铭篆，饰终于赠谥，皆所以显扬其丕绩，懋观于来者，使知夫为善之益，而慕报德之盛焉。	《帝王部·褒功》	褒功一目复引《周礼》六勋，其"乃有参豫缔构"至"威声载路"云云，皆释六勋之文。"于是有金石之赐"以下云云，实亦赏功之属，其褒又分著图、配享、赠谥等表现。唯"宥死于甲令"者实议功之谓。

续表

序号	内容	出处	备注
3	夫八辟丽法，《周官》之明训；十世犹宥，《左氏》之格言。是知帝王存忘过之德，恢包荒之度，念基业之绵构，知臣下之勤劳，莫不疏以大封，縻之好爵。其或罹乎宪网，属诸吏议，而能追其旧绩，录功恕罪，责其后效，屈法申恩，所以使忠者竭诚而勋臣兢劝也。若乃子孙席其旧德，朝廷命以世封，或自贻伊戚，或坐招官谤，而复念勋伐之后，哀门户所寄，或全其嗣息，或复其邑封，兹义士所以忘死，而贤人所以发愤也。	《帝王部·念功》	此目专论议功之制，"若乃子孙席其旧德"以下云云，专言议功不独行于功臣，其子嗣亦得因祖勋伐享之，议功之范围此可揭示。
4	夫琴瑟是听，君子有志义之；思卿佐或亏，元首有股肱之痛，君臣之道，不亦重乎？粤若天历余分，鼎峙立国，宋齐而下，互专霸业，必有良士，勤宣令图，或经武以著能，或纬俗而底绩。及夫守节死义，先时物故，竭诚率职，奄忽沦谢，是用震悼上心，悲涕斯集，形于嗟叹，发乎言谕。乃至撤去盛食，具乃素服，托深辞于文诔，摅哀兴于风什，躬设祖奠，亲临吊祭，易徽名而表行，加异数以报功，赐予便蕃，追叙优渥，谅非德俸咸一，情敦终始者，畴克以当之哉！	《闰位部·念良臣》	《史通·列传》云："如项羽者，事起秦余，身终汉始。殊夏氏之后羿，似黄帝之蚩尤。譬诸闰位，容可列纪。"此史家书法，《元龟》采之而设闰位部，所列者皆宋人所界定的非正统帝君。闰位部所列念良臣、念功二目，是明正统之帝、闰位之君念人之功其理同一。下言"君臣之际，今古共然"可证。
5	非贤罔治，实著于昌言，惟帝念功，式敷于光宅。君臣之际，今古共然。自皇阶未夷，世道多梗，合离之期有数，雄俊之才遂兴。虽谶纬之符未参于命历，然经纶之业咸阐于茂勋。观其感召风云，招延心膂，爪牙之用，苟有补于当时，带砺之盟，乃仰同于前典。至于顾待终始，感慨存亡，必旧人而是图，虽小忿而无废，岂唯忠谅之节类，王臣而匪躬，抑亦沮劝之方，俾懦夫而增气。	《闰位部·念功》	旧人是图，小忿无废。图者，图其功也。无废者，议其功而未减也。

续表

序号	内容	出处	备注
6	古人有言："太上立德，其次立功。"功也者，辅世排难，戡济生民之谓也。矧乃挺生公族，内怀毅勇，练达戎志，激卬忠力，以奉辞伐罪，殱乱逆之党，乘时奋庸，参缔构之业，其或攘却戎虏，保完城堞，棱威震于临敌，勋伐申于翎戴，斯所以彰夹辅之美，著维屏之绩。盖周之并建贤戚，汉之大封子弟，风声攸著，载祀弥久，其于保邦固本之义，岂不韪哉。魏晋而下，笔牍所纪，皆可观也。	《宗室部·立功》	宗室可得议亲，《宗室部》亦设"遣让"一目以明其义，前已引。此设立功目，是明宗室为亲、功可兼得之人。"古人"之言本《左传》，"功也者"云云释功之文。
7	天帝王之兴也，必有命世之人杰，折冲之虎臣，周旋翼从，夷凶戡难，然后大勋以集，归运斯格，御天下之图，制亿兆之命者也。自成周著伐罪之誓，汉高有扶义之举，白水兴复，当涂缔构，由是而下，或艰难以创业，或累积而启祚，莫不有毅勇之士为之爪牙，奋扬威武，式遏乱略，周旋夷险，勤宣忠力，搴旗以克敌，略地以辟国，用能震天声而消群，慝厉舆师而一众志，成乐推欣戴之美，享利建世及之报，功成名立，为方策之所称述，其不伟欤。	《将帅部·佐命》	《周礼》："王功曰勋。"郑注："辅成王业，若周公。"佐命一目所论即王功之人。
8	夫受命于朝，受赈于社，推毂以遣，凿门而出，衽金革而不厌，听鼙鼓而忘身者，将帅之事也。盖五材并设，未尝去兵；四征弗庭，于是用武。自三五之世，乃有威让之训，原野之罚焉。春秋战国，革车交驾，故其握戎著攻城略地之绩，成斩将搴旗之效者，比比有之。楚汉竞逐，勋策可举。由是之后，	《将帅部·立功》	此言将帅立功者不独于开国创业之勋臣，《周礼》言保全国家之"国功""克敌出奇"之战功者亦明之。

续表

序号	内容	出处	备注
8	或内平乱略，外攘夷寇，奉辞以讨有罪，励兵而翦勃敌，乃能戡夷凶丑，谧清边圉，卤获之数无等，追北之威靡亢。辟疆以益地，平国而吊民，纪功于竹帛，称伐于钟鼎。斯所谓折冲之虎臣，殿邦之良帅者也。		
9	夫褒劝之典，有国之常道也。况夫三军之帅，百夫之特，有斩将搴旗之勇，却敌捕虏之劳，足以经武贞帅，开地斥境，何尝不剖符疏壤，厚封崇之命；畴庸赞书，极尊奖之数，以至加地进律，称功计伐。或锡之车服，或加之印绶，或许其世袭，或崇其官呼，或没而可称，礼光于诏葬，或死而可作，事美于追荣，皆所以畴劳而功能，赏善而旌德，使效节之士罄其精忠，方来之人于焉激励。《传》曰："藏在盟府，不可废也。"谓是物矣。	《将帅部·褒异》	此目论赏将帅之功。《左传·襄公十年》云："夫赏，国之典也，藏在盟府，不可废也。"杜注："司盟之府，有赏功之制。"《昭公十五年》云："夫有勋而不废，有绩而载。"杜注："书功于策。"《周礼·司约》云："司约掌邦国及万民之约剂者"有"功约"。王安石《周官新义·司约》云："治功之约，谓若虢叔虢仲勋在王室，藏在盟府之属。""是物"者即功约、功策之谓。
10	《书》曰："汝惟不伐，天下莫与汝争功。"则知居将帅之任，专斧钺之权，必在推功让贤，先人后己，以协注意之重，允符率下之宜。后入见于范文，晋国以霸；坐树美于冯异，汉室攸兴，故可垂美于竹帛，保全于茅土者也。	《将帅部·让功》	竞逐功名是求不朽，视之浮云是为大德。让功、争功矜伐二目看似与议功无涉，但视浮云者人愈重其功，竞逐者未必因此全身，多适得其反，故又事关议功。

续表

序号	内容	出处	备注
11	《书》曰："汝惟不矜，天下莫与汝争能。"盖夫狠而求胜，竞不以心，斯事之末，而德之丑也。肇自三季，世事军旅，后己之义靡笃，夺人之心纷起。其有受鈇钺之寄，忘礼让之训。当受脤齐出，握兵分道，匀旗斩将，攻略城池。竞图勋伐，相尚谋诈。或逗遛期会，以沮彼众；或增益首级，以大己功。或倍道以先至，或抽戈以相逐。书劳之际，求质实于俘获；行封之始，请辨正于先后。廷争以发愤叹，耦语以图叛戾。至有夺珪爵、伏斧锧而不悔者矣。兹所谓矜其能而丧厥功者焉。	《将帅部·争功矜伐》	论功本循先王德教之义，争功矜伐者强名己功实违于此。名实相乖之功，一旦涉罪议之，恐亦难偿其愿。
12	《周官·行人》，著用节之制；《小雅·四牡》，歌有功之来。斯盖膺出疆之选者，能奋奇略，以集巨伐，繇是申劳徕之典，形风雅之咏焉。自汉而后，或殊邻猾夏，申严御备，德教未洽，逆节萌起；或羁縻之不绝，或反侧以犹斗，桀骜滋炽，草窃群聚，捐负盟约，凭恃险固。然后奉诏，告驰传遽，践不测之境，申风谕之旨，见机有作，岂俟乎终日；徇死无贰，所期于必胜。用能素定奇计，布昭天声，纠合异俗，征发士伍。大则悬戎首于街邸，次则穷叛党于巢穴，系垒驱获，捷音亟至，克宣威信，底靖疆埸。故虽矫借王命，擅持利器，诚足尚其可专而懋以赏典也。	《奉使部·立功》	《周礼·大行人》"掌大宾之礼，及大客之仪，以亲诸侯"，《四牧》"王事靡盬，我心伤悲"之言，发为国事伤悲之情。《周礼》"事功曰劳"，郑注"以劳定国，若禹"之人正此谓。末言"矫借王命，擅持利器"明奉使之人得成使命，中有专擅之举亦可据功而免责。《春秋》之义，虽以"大夫出疆，有可以安社稷，利国家，专之可也"，实际上汉魏矫制专擅不得受封，至惹祸上身者亦有，如汉冯奉世，魏邓艾。

续表

序号	内容	出处	备注
13	《周官·司马》有撢人之职，掌诵王志，以巡天下之邦国而语之，使万民和说，斯古道也。若夫新造之邦，民怀去就，荐饥之岁，下有攘夺，或连城叛涣，陷赤子于匪人；或灵旗濯征，困齐甿于物役，以至殊俗款附，勍冠荡平，天灾流行，比屋凋弊。繇是申择俊望，奉宣国命，布露恩诏，导扬德泽，陈之以祸福，譬之以逆顺，用能定万众之反侧，悟积年之迷妄，劳徕安集，抚怀存恤，使从乱者知归，慕化者无斁，凶狡革虑，逋播还复者。向非穷理而达变，研几而适道，周物之智罔滞，临难之节不夺者，人曷足以膺是选哉！	《奉使部·招抚》	"使万民和说"，郑注云"使民之心晓而正乡王"。奉使招抚，开拓疆土，亦以劳定国，事功之属。又，奉使者多"远使绝域，经涉险难"，其又兼得勤者。
14	自秦分天下为三十六郡，而守尉皆领兵。至晋武平吴，去州郡武备，其后盗贼四起，以至大乱。山涛之论精矣。若乃百城提封之广，比屋士民之富，或因岁凶荒，啸聚不逞，合乌鸟之众，弄潢池之兵，窃法干纪，敢行称乱。至于边城候望之所，羌戎走集之地，或伺间而入寇，或属国之内叛，烈火燎原，当急图于扑灭，农夫去草，非可使其滋蔓。盖有乘其便宜，不暇中覆，率厉士众，摧锋致讨，震耀国威，攘除民患，固已名载勋籍，事藏策府。其或邻敌接畛，申严警备，拒战而克胜，交侵而大获者，其绩亦茂矣。《诗》云"干城"，《传》云"保障"，皆是之谓欤。	《牧守部·武功》	汉魏州郡皆领兵，是其多有立战功者，上引将帅之功实与此同。

续表

序号	内容	出处	备注
15	士之结发筮仕，委质从政，参预幕画，列于丞佐，又岂只樽俎刀笔之用而已哉？乃有内怀义勇，兼资英概，因寇钞之窃发，或夷蛮之内侮，而能率励骁果，挺身进击，冒刃转藩斗，劫质靡顾，临机制变，歼厥丑类，以至追讨亡叛，乘危转祸，参从征伐，分部四方。或逆党侵逼，奸谋中遘，驱攘摧败，先期剪灭，坚壁固守，保完城堞，集兹茂伐，载之策府，由东汉而下咸可述焉。	《幕府部·武功》	立功者非必亲执干戈，魏荀彧、荀攸、郭嘉、贾诩、程昱、刘晔即此类。

二、论功与纪功

论功，计其功也，多以议的形式进行。如汉冯奉世斩莎车王，获名马象龙而还，时昭帝下诏议其封，丞相、将军议："《春秋》之义，大夫出疆，有可以安国家，则颛之可也。奉世功效尤著，宜加爵土之赏。"萧望之议："奉世奉使有指，而擅矫制违命，发诸国兵，虽有功效，不可为后法。即封奉世，开后奉使者利，以奉世为比，争逐发兵，要功万里之外，为国家生事于夷狄。渐不可长，奉世不宜受封。"昭帝"善望之议，以奉世为光禄大夫、水衡都尉"[1]。所谓论功，实亦议功也。史又载奉世死后二年，"西域都护甘延寿以诛郅支单于封为列侯。时，丞相匡衡亦用延寿矫制生事，据萧望之前议，以为不当封，而议者咸美其功，上从众而侯之"。更有杜钦上疏追讼奉世之功重于延寿，欲为之翻案。"上以先帝时事，不复录。"[2] 冯案中有议有驳，论而定功。则论功可自皇帝下议，也可出于大臣提议。在坚持有功必录前提下，众人对是否有功和功之大小、应获何种封赏有所讨论，甚至出现意见相左也属正常。

虽谓"简在帝心"，但有时皇帝在论某人之功时也会征求大臣意见。如黄初时金城太守苏则平定魏演叛乱，曹丕曾与苏则的上级雍州刺史张既就论功赐爵有所讨论，曹丕令问张既云："试守金城太守苏则，既有绥民平夷之功，闻又出军西定湟中，为河西作声势，吾甚嘉之。则之功效，为可加爵邑未邪？封爵重事，故以问卿。密白意，且勿宣露也。"曹丕以封爵重事以告

---

[1]《汉书》卷七九《冯奉世传》，北京：中华书局1962年版，第3294—3295页。
[2]《汉书》卷七九《冯奉世传》，北京：中华书局1962年版，第3300页。

勿外泄，这并非说封爵是帝王秘密擅为，反能证明曹丕的慎重态度。若下诏广议，或会出现争功矜伐的情况，毕竟远在帝宫难以全面了解地方军政事务，而金城郡为雍州所辖，张既方是最了解实情者。张既答云："西平麹演等倡造邪谋，则寻出军，临其项领，演即归命送质，破绝贼粮。则既有恤民之效，又能和戎狄，尽忠效节。遭遇圣明，有功必录。若则加爵邑，诚足以劝忠臣，励风俗也。"[1] 张既依实论苏则之功，则最后以功加护羌校尉，赐爵关内侯。又如毌丘兴黄初中为武威太守，"伐叛柔服，开通河右，名次金城太守苏则。讨贼张进及讨叛胡有功，封高阳乡侯"[2]。张既表云："领太守毌丘兴到官，内抚吏民，外怀羌、胡，卒使柔附，为官效用。……兴每所历，尽竭心力，诚国之良吏。殿下即位，留心万机，苟有毫毛之善，必有赏录，臣伏缘圣旨，指陈其事。"[3] 武威亦雍州一郡，张既上议毌丘兴之功或与苏则例同。这种依实论事，美人之功的情况魏并不乏见，说明魏在论功问题上是信守赏功效能之道[4]。只有如此，褒赏功臣的社会效果才能发挥更佳。又有论功以抚慰人异心者，如吴孙綝"一门五侯皆典禁兵，权倾人主，有所陈述，敬而不违，于是益恣。（孙）休恐其有变，数加赏赐"[5]。更有借表人之功以排除异己者，如曹爽辅政时欲架空司马懿，竟使曹羲表司马懿之功，举其为太傅[6]。

─────────

[1]《三国志》卷一六《魏书·苏则传》注引《魏名臣奏》，296。
[2]《三国志》卷二八《魏书·毌丘俭传》，454。
[3]《三国志》卷二八《魏书·毌丘俭传》注引《魏名臣奏》，454。
[4]《三国志·魏书·田豫传》载：太和年间汝南太守田豫督青州，青州刺史程喜"内怀不服，军事之际，多相违错"，"喜知帝宝爱明珠，乃密上：'豫虽有战功而禁令宽弛，所得器仗珠金甚多，放散皆不纳官。'由是功不见列"。知田豫不能以功升迁，实因与上级不合之故，美人之功实与胸襟有关。
[5]《三国志》卷四八《吴书·孙休传》，686。时诏云："大将军忠款内表，首建大计以安社稷，卿士内外，咸赞其议，并有勋劳。……亟案前日与议定策告庙人名，依故事应加爵位者，促施行之。"
[6]《三国志》卷九《魏书·曹爽传》注引《魏书》，172。曹羲表云："臣闻虞舜序贤，以稷、契为先，成汤褒功，以伊、吕为首，审选博举，优劣得所，斯诚辅世长民之大经，录勋报功之令典，自古以来，未之或阙。……懿本以高明中正，处上司之位，名足镇众，义足率下，一也。包怀大略，允文允武，仍立征伐之勋，遐迩归功，二也。万里旋斾，亲受遗诏，翼亮皇家，内外所向，三也。加之耆艾，纪纲邦国，体练朝政。论德则过于吉甫、樊仲，课功则逾于方叔、召虎：凡此数者，懿实兼之。……臣以为宜以懿为太傅、大司马，上昭陛下进贤之明，中显懿身文武之实，下使愚臣免于谤诮。"时从曹爽之议，诏云："今大将军荐太尉宜为大司马，既合先帝本旨，又放推让，进德尚勋，乃欲明贤良、辩等列、顺长少也。虽旦、奭之属，宗师吕望，念在引领以处其下，何以过哉。朕甚嘉焉。朕惟先帝固知君子乐天知命，纤芥细疑，不足为忌，当顾柏人彭亡之文，故用低佪，有意未遂耳。斯亦先帝敬重大臣，恩爱深厚之至也。昔成王建保傅之官，近汉显宗以邓禹为太傅，皆所以优崇俊义，必有尊也。其以太尉为太傅。"

《史记》有"高祖功臣侯者年表""汉兴以来将相名臣年表";《汉书》有"高惠高后文功臣表""景武昭宣元成功臣表"。太史公与班固以经典之义、秦汉之形势述功已详,亦设表罗列。诸表所论所列,皆汉人论功纪功之法,今不赘述。史家追褒之外,秦汉以降论功纪功尚有他途,如以下者:

(一) 依科令以论功

商鞅变法为律,重奖军功,其军功爵制为汉所承,世已熟之。《后汉书·南匈奴传》载诏云:"其南部斩首获生,计功受赏如常科。"居延新简、额济纳汉简皆有"购偿科别""购赏科条",是汉计功之法甚多。《三国志·魏书·武帝纪》己酉令云:"其令诸将出征,败军者抵罪,失利者免官爵。"注引《魏书》载庚申令:"议者或以军吏虽有功能,德行不足堪任郡国之选,……未闻无能之人,不斗之士,并受禄赏,而可以立功兴国者也。故明君不官无功之臣,不赏不战之士。治平尚德行,有事赏功能。"魏赏功劝能亦多以令为载体。又有以诏书定功者,如《晋书·段灼传》云魏正始四年(243)伐蜀下,《乙亥诏书》云:"州郡将督,不与中外军同,虽在上功,无应封者。"又,《晋书·陈頵传》载永宁元年(301)赵王伦篡位,三王起义"制《己亥格》,其后论功虽小,亦皆依用"。则论功之法律载体又有格一类。

又,《通典·职官·司勋郎中》云:"《周礼·夏官》有司勋上士,掌六乡赏地之法。历代无闻。至后周,吏部有司勋上士一人,掌六勋之赏,以等其功,如古之主爵。隋文帝置司勋侍郎,炀帝改为司勋郎。……龙朔二年,改为司勋大夫,咸亨初复故。掌校定勋绩、论官赏勋、官告身等事。隋文帝时置员外郎二人。炀帝改为司勋承务郎。武德初,为司勋员外郎。"《南齐书·百官志》载:"凡诸除署、功论、封爵、贬黜、八议、疑谳、通关案,则左仆射主,右仆射次经,维是黄案,左仆射右仆射署朱符见字,经都丞竟,右仆射横画成目,左仆射画,令画。"既有论功纪功之法,当有人专职掌之以计勋定绩,非"历代无闻"。

功赏虽有律令科条以明其法,但坏其制者亦有。坏其制者,虚张首级,冒领功封之类。《史记·冯唐列传》云魏尚"坐上功首虏差六级",削爵罚作。《汉书·外戚恩泽侯表》载车顺"坐诈增虏获",自杀是斩首不实,坏功赏之制者汉法有治。《三国志·魏书·国渊传》载曹操征关中,以国渊为居府长史统事,时"田银、苏伯反河间,银等既破,后有余党,皆应伏法。渊以为非首恶,请不行刑。太祖从之,赖渊得生者千余人。破贼文书,旧以一为十,及渊上首级,如其实数。太祖问其故,渊曰:'夫征讨外寇,多其斩获之数者,欲以大武功,且示民听也。河间在封域之内,银等叛逆,虽克捷有功,渊窃耻之。'太祖大悦,迁魏郡太守"。律虽设防,国渊从实只是严其制而已，虚功之弊魏人亦染。魏设诈伪律，诈增虏获之事律当有文。晋承汉魏，亦重"虚张首级""斩首不实""诈增虏获"之罪。如《晋书·石鉴传》载晋武帝时，"秦凉为虏所败，遣（石）鉴都督陇右诸军事，坐论功虚伪免官。后为镇南将军、豫州刺史，坐讨吴贼虚张首级。诏曰：'昔云中守魏尚以斩首不实受刑，武牙将军田顺以诈增虏获自杀，诬罔败法，古今所疾。鉴备大臣，吾所取信。往者西事，公欺朝廷，以败为得，竟不推究。中间黜免未久，寻复授用，冀能补过，而与下同诈。所谓大臣，义得尔乎。有司奏是也，顾未忍耳。今遣归田里，终身不得复用，勿削爵土也"。晋革旧弊，既严律令，又正功之名实[1]。

《尚书》云："汝惟不矜，天下莫与汝争能。汝惟不伐，天下莫与汝争功。"《老子》云："不自伐，故有功；不自矜；故长；夫唯不争，故天下莫能与之争。"律虽有赏，但亦有不居功自傲者。如李典"好学问，贵儒雅，不与诸将争功"[2]。曹彰大败鲜卑轲比能后，曹丕戒云："卿新有功，今西见上，宜勿自伐，应对常若不足者。"彰从其言归功诸将，为曹操所赞[3]。曹操论平陇右之功，侯者十一人，赐杨阜爵关内侯，阜让功云："阜君存无扞难之功，君亡无死节之效，于义当绌，于法当诛；超又不死，无宜苟荷爵禄。"曹操赞其"君与群贤共建大功，西土之人以为美谈。子贡辞赏，仲尼谓之止善。君其剖心以顺国命。姜叙之母，劝叙早发，明智乃尔，虽杨敞之妻盖不过此。贤哉，贤哉！良史记录，必不坠于地矣"[4]。田畴曾四让曹操赏功，以死自誓。曹操以其让封是"是成一人之志，而亏王法大制也"[5]。有司奏其"狷介违道，苟立小节，宜免官加刑"。曹操令群臣博议此事，曹丕议："畴同于子文辞禄，申胥逃赏，宜勿夺以优其节。""昔薳敖逃禄，传载其美，所以激浊世，励贪夫，贤于尸禄素餐之人也。故可得而小，不可得而毁。至于田畴，方斯近矣。免官加刑，于法为重。"[6]荀彧议："君子之

---

[1] 实际上，晋也有以徇私论功、笼络人心而坏法者，如《晋书·汝南王亮传》云："亮论赏诛杨骏之功过差，欲以苟悦众心，由是失望。"时傅咸上书论驳"无功而厚赏，莫不乐国有祸，祸起当复有大功也"云云，事见《晋书·傅咸传》。正如丘浚论云："天下所最难清者报军功之数也，史谓故事破贼文书以一为十，盖自汉以来则然矣，岂但今日之弊哉？然今日之弊则下所为而上不知也，魏人之弊则假其虚数以威敌耳，盖是时天下分裂各相为敌故也，今则天下一家矣，非列国相矜伐之比，尤宜痛革其弊。""虚张首级，此古今之通弊也，然后世人主能如晋武帝以义责其纪功之臣，有犯者痛加摩斥，终身除名，虽有功能亦不复用，则下人皆知所警矣。"（《大学衍义补》卷一三九《赏功之格》）
[2] 《三国志》卷一八《魏书·李典传》，320。
[3] 《三国志》卷一九《魏书·任城王传》，333。
[4] 《三国志》卷二五《魏书·杨阜传》，420。
[5] 《三国志》卷一一《魏书·田畴传》注引《先贤行状》，209。
[6] 《三国志》卷一一《魏书·田畴传》注引《魏书》，209—210。

道，或出或处，期于为善而已。故匹夫守志，圣人各因而成之"。钟繇亦议："原思辞粟，仲尼不与，子路拒牛，谓之止善，虽可以激清励浊，犹不足多也。畴虽不合大义，有益推让之风，宜如世子议。"[1] 是让功高风，魏人多嘉之。又如韩约亡后，郭宪部属斩其首送曹操，欲"条疏宪名"，郭宪不从，以为"我尚不忍生图之，岂忍取死人以要功乎？"曹操嘉其志义赐爵关内侯；正始年间又追嘉其事，赐其子关内侯[2]。明帝以王基平淮南之功，封东武侯，"基上疏固让，归功参佐，由是长史司马等七人皆侯"[3]。司马懿除诛曹爽之党，以蒋济有辅佐之功，进封都乡侯，济辞云："夫封宠庆赏，必加有功。今论谋则臣不先知，语战则非臣所率，而上失其制，下受其弊。臣备宰司，民所具瞻，诚恐冒赏之渐自此而兴，推让之风由此而废。"[4] 甘露三年（258），钟会以讨诸葛诞功进爵陈侯，屡让不受。诏云："会典综军事，参同计策，料敌制胜，有谋谟之勋，而推宠固让，辞指款实，前后累重，志不可夺。夫成功不处，古人所重，其听会所执，以成其美。"[5] 让功之风不独魏，如蜀尚书令蒋琬领益州刺史上疏以让董允云："允内侍历年，翼赞王室，宜赐爵土以褒勋劳。"允亦固辞不受[6]。孙权以会稽东部都尉纮"有镇守之劳，欲论功加赏。纮厚自挹损，不敢蒙宠"。孙权亦不夺其志[7]。

是故人有让功之高风，视如浮云之高洁，也不免有矜伐争功，坏功赏之制者。如扬州刺史文钦"骁果粗猛，数有战功，好增虏获，以徼宠赏，多不见许，怨恨日甚"[8]。其贪功个性也使得与毌丘俭走上谋反之路。曹丕即位以诸侯就国，曹彰"自以先王见任有功，冀因此遂见授用，而闻当随例，意甚不悦，不待遣而去"[9]。彰不得授用，曹丕禁锢宗室虽为主因，但其以功相抗，最后暴毙而薨，人或言曹丕害之，窃谓其矜伐自度、胸襟乏量亦诱因。如《晋书·王濬传》载晋平孙吴，"濬自以功大，而为（王）浑父子及豪强所抑，屡为有司所奏，每进见，陈其攻伐之劳，及见枉之状，或不胜忿愤，径出不辞"。《晋书·刘颂传》载："会灭吴，诸将争功，遣（刘）颂校其

---

[1]《三国志》卷一一《魏书·田畴传》注引《魏书》，210。
[2]《三国志》卷一一《魏书·王修传》注引《魏略》，213。
[3]《三国志》卷二七《魏书·王基传》，449。
[4]《三国志》卷一四《魏书·蒋济传》，275。孙盛评云："蒋济之辞邑，可谓不负心矣。语曰'不为利回，不为义疚'，蒋济其有焉。"济之辞功虽示效魏之心，实为司马氏所用，孙言甚是。
[5]《三国志》卷二八《魏书·钟会传》，469。
[6]《三国志》卷三九《蜀书·董允传》，587。
[7]《三国志》卷五三《吴书·张纮传》注引《吴书》，738。
[8]《三国志》卷二八《魏书·毌丘俭传》，455。
[9]《三国志》卷一九《魏书·任城王传》注引《魏略》，334。

事，以工浑为上功，工濬为中功。帝以颁持法失理，左迁京兆太守。"二王争功，连计功定绩者亦牵连其中，为古人所耻，以其逆"贵让""谦光"之道也[1]。但晋论平吴之功，也不乏谦者，如《晋书·李胤传》载咸宁时胤"以吴会初平，大臣多有勋劳，宜有登进，乃上疏逊位"。《晋书·段灼传》载灼曾随邓艾伐蜀，入晋后上书鸣邓艾之冤云："昔伐蜀，募取凉州兵马、羌胡健儿，许以重报，五千余人，随艾讨贼，功皆第一。而《乙亥诏书》，州郡将督，不与中外军同，虽在上功，无应封者。唯金城太守杨欣所领兵，以逼江由之势，得封者三十人。自金城以西，非在欣部，无一人封者。苟在中军之例，虽下功必侯。如在州郡，虽功高不封，非所谓近不重施，远不遗恩之谓也。臣闻鱼悬由于甘饵，勇夫死于重报。故荆轲慕燕丹之义，专诸感阊阃之爱，匕首振于秦庭，吴刀耀于鱼腹，视死如归，岂不有由也哉！夫功名重赏，士之所竞，不平致怨，由来久矣。"人有不平则鸣，功赏不平则言，其理一也。段灼之论，理人冤亦为人争功。又如《晋书·蔡谟传》载："郗鉴上部下有勋劳者凡一百八十人，帝并酬其功，未卒而鉴薨，断不复与。谟上疏以为先已许鉴，今不宜断。且鉴所上者皆积年勋效，百战之余，亦不可不报。诏听之。"此类争功非损功赏之典，实匡正赏功劝能之义而别于二王之事。

（二）器石图像纪功

有功之臣依律有爵秩之赠、金帛之赐，勋绩"藏在盟府"以纪之；亦得笔牍称述，史策垂美。除此之外，亦得世人以器石图像旌德纪功。

《左传·宣公十二年》载，楚晋之战，晋军惨败，潘党建议楚庄王"收晋尸以为京观"，楚庄王以"古者明王伐不敬，取其鲸鲵而封之，以为大戮，于是乎有京观以惩淫慝"相拒，杜预注"京观"云"积尸封土其上"。知京观为炫耀战功，堆积敌尸而成的高冢，亦春秋以来在战争中对失败者的惩罚或侮辱，使之不能入土为安。但在一些行仁政者看来，这是没有"武德"之举，如楚庄王。在《左传》中并没有得到楚庄王认同的"京观"之义在魏却被重提以纪功绩，足见魏对古义与武功的推崇是达到了"盲目"的地步[2]。如正始六年（245）毌丘俭征高句丽，"至肃慎氏南界，刻石纪功，刊丸都之山，铭不耐之城。诸所诛纳八千余口，论功受赏，侯者百余人"[3]。甘露三

---

[1] 唐人裴行检有言"浑、濬之事，古今耻之"，见《旧唐书·裴行俭传》。
[2] 事实上，京观作为一种战争文化或者说战争的野蛮惩罚，也为魏晋以后各朝所追捧。今广西鹿寨县中渡镇洛江河畔仍保存一处明代京观遗址，上刻"京观"与"斩首级五百一十余头"等字，以"纪念"万历三年镇压广西壮、瑶农民起义的"功绩"。
[3] 《三国志》卷二八《魏书·毌丘俭传》，454。

年（258）司马昭平诸葛诞之叛，诏云："古者克敌，收其尸以为京观，所以惩昏逆而章武功。汉孝武元鼎中，改桐乡为闻喜，新乡为获嘉，以著南越之亡。大将军亲总六戎，营据丘头，内夷群凶，外殄寇虏，功济兆民，声振四海。克敌之地，宜有令名，其改丘头为武丘，明以武平乱，后世不忘，亦京观二邑之义也。"[1] 邓艾平蜀，"使于绵竹筑台以为京观，用彰战功。士卒死事者，皆与蜀兵同共埋藏"[2]。

《礼记·檀弓》云："铭，明旌也。"《礼记·祭统》云："铭者，自名也。自名以称扬其先祖之美而明著之后世者也。""称伐于钟鼎"者即谓以铭器旌其功，以此为法者不独周商，秦汉以降亦行之。如崔瑗《窦大将军鼎铭》云："大禹铸鼎，象物百神。飨帝养贤，命锡宗臣。三距金铉，公德配焉。雉膏之美，咸在择人。惟王建国，分之彝器。鼎为元宝，君臣享位。足胜其任，鸷保宝器。持盈若冲，满而不溢。黄耳不革，玉铉终吉。禹镂其鼎，汤刻其盘。纪功申戒，贻则后人。"[3] 崔瑗所美者，窦宪北击匈奴之功也。又，曹丕在东宫时，赐相国钟繇五熟釜为之铭曰："于赫有魏，作汉藩辅。厥相惟钟，实干心膂。靖恭夙夜，匪遑安处。百寮师师，楷兹度矩。"[4] 又与其书云："昔有黄三鼎，周之九宝，咸以一体使调一味，岂若斯釜五味时芳？盖鼎之烹饪，以飨上帝，以养圣贤，昭德祈福，莫斯之美。故非大人，莫之能造；故非斯器，莫宜盛德。今之嘉釜，有逾兹美。夫周之尸臣，宋之考父，卫之孔悝，晋之魏颗，彼四臣者，并以功德勒名钟鼎。今执事寅亮大魏，以隆圣化。堂堂之德，于斯为盛。诚太常之所宜铭，彝器之所宜勒。故作斯铭，勒之釜口，庶可赞扬洪美，垂之不朽。"[5]《说文》云："鼎，三足两耳，和五味之宝器也。"《左传·昭公二十年》云："和如羹焉，水火醯醢盐梅以烹鱼肉，燀之以薪。宰夫和之，齐之以味，济其不及，以泄其过。君子食之，以平其心。"《诗·小雅·宾之初筵》云："亦有和羹"，郑玄笺"和羹者，五味调，腥熟得节，食之于人性安和，喻诸侯有和顺之德也"。"和羹"调五味，后人以其喻宰相辅佐君主朝政。曹丕赐予五熟釜与钟繇，是歌其治国经邦之雄才伟略，辅魏之功。以鼎铭纪功之法，《文心雕龙·铭箴》论之最详，今摘录之。"昔帝轩刻舆几以弼违，大禹勒笋虡而招谏。成汤盘盂，著日新之规；武王户席，题必诫之训。周公慎言于金人，仲尼革容于欹器，则先圣鉴戒，其来久矣。故铭者，名也，观器必也正名，审用贵乎

---

[1]《三国志》卷四《魏书·三少帝纪》，86。
[2]《三国志》卷二八《魏书·邓艾传》，464。
[3] [唐] 欧阳询等撰，汪绍楹校：《艺文类聚》卷七三《杂器物部·鼎》，上海：上海古籍出版社1965年版，第1254页。
[4]《三国志》卷一三《魏书·钟繇传》，240。
[5]《三国志》卷一三《魏书·钟繇传》，240。

慎德。盖臧武仲之论铭也，曰：'天子令德，诸侯计功，大夫称伐。'夏铸九牧之金鼎，周勒肃慎之楛矢，令德之事也；吕望铭功于昆吾，仲山镂绩于庸器，计功之义也；魏颗纪勋于景钟，孔悝表勤于卫鼎，称伐之类也。若乃飞廉有石棺之锡，灵公有夺里之谥，铭发幽石，吁可怪矣！赵灵勒迹于番吾，秦昭刻博于华山，夸诞示后，吁可笑也！详观众例，铭义见矣。至于始皇勒岳，政暴而文泽，亦有疏通之美焉。若班固《燕然》之勒，张昶《华阴》之碣，序亦盛矣。蔡邕铭思，独冠古今。桥公之钺，吐纳典谟；朱穆之鼎，全成碑文，溺所长也。至如敬通杂器，准篾武铭，而事非其物，繁略违中。崔骃品物，赞多戒少，李尤积篇，义俭辞碎。蓍龟神物，而居博奕之中；衡斛嘉量，而在臼杵之末。曾名品之未暇，何事理之能闲哉！魏文九宝，器利辞钝。唯张载《剑阁》，其才清采。迅足骎骎，后发前至，勒铭岷汉，得其宜矣。"

以图像纪功，汉唐尤盛。汉甘露三年（前53）令人画十一功臣图像于麒麟阁以示纪念，世称麒麟阁十一功臣。永平三年（60）命图二十八将于南宫云台，世称云台二十八将。《文苑英华·碑·（庾信）周国柱大将军纥干弘神道碑》云"天子画凌烟之阁，言念归臣"，是唐前亦有凌烟阁之谓[1]。唐贞观十七年（643），命阎立本于凌烟阁绘二十四位功臣画像，是为唐二十四功臣图。凡此麒麟阁、云台、凌烟阁，皆汉唐大规模褒赏功臣之举，唐后诸帝虽少有效行，但人逐凌烟、云台之心之理常存[2]。

（三）功臣配享宗庙

《周礼·司勋》云："凡有功者，铭书于王之大常，祭于大烝，司勋诏之。"汉制亦祭功臣于庭，唯"生时侍宴于堂，死则降在庭位，与士庶为列"[3]。魏承此礼，分别于青龙元年、正始四年、正始五年、嘉平三年、景元三年诏以夏侯惇等二十六人配飨庙庭。高堂隆曾议其制云："按先典，祭祀之礼，皆依生前尊卑之叙，以为位次。功臣配享于先王，像生时侍

---

[1] 在碑志文学史上，庾信的碑文创作直追蔡邕，也很好地体现了碑文纪功歌德的职能，例证尚有《文苑英华·碑·（庾信）周柱国楚国公歧州刺史慕容公神道碑》云："昔在《殷书》懋赏，《周礼》议勋，诸侯计功，大夫称伐。"

[2] 宋承汉唐，曾于显谟阁、景灵宫、昭勋崇德阁图绘功臣像，具体研究可参王隽：《宋代功臣画像考述》，载《河南大学学报》（社会科学版）2011年第6期。据故宫博物院宫廷绘画家聂崇正考证，乾隆为宣扬十全武功，曾制平定西域准回部功臣像100幅，平定大小金川功臣像100幅，平定台湾功臣像50幅，平定廓尔喀功臣像30幅。凡280幅，世称紫光阁功臣像，皆散佚于庚子之乱，存世者仅20幅。（参见《聂崇正谈紫光阁功臣像》，载《紫禁城》2008年第1期。）

[3] [唐]杜佑撰，王文锦等点校：《通典》卷五〇《礼·吉礼·功臣配享》，北京：中华书局1988年版，第1408页。

宴。……使功臣配食于烝祭，所以尊崇其德，明其勋，以劝嗣臣也。议者欲从汉氏祭之于庭，此为贬损，非宠异之谓也。"[1] 是魏改汉死则降庭之制。晋咸宁元年，亦以郑冲、荀顗、石苞、裴秀、王沈、司马孚、何曾、贾充、陈骞、荀勖、羊祜、司马攸等"皆刻名列于朝庙受飨"[2]。又，晋虽代魏，陈留王贵为国宾，魏宗庙仍存。时任茂议云："按魏功臣配食之礼，叙六功之勋，祭陈五事之品，或祀之于一代，或传之于百代。……今之功臣，论其勋迹，比咎繇、伊尹、吕尚犹或未及，凡云配食，各配食于主也，今主迁庙，臣宜从享。"石苞亦议："魏氏代功臣，宜归之陈留国，使修常祀，允合事理。"[3] 是晋禅魏后，魏宗庙配飨功臣迁于陈留继续受祭。

又，曹操终令云："《周礼》冢人掌公墓之地，凡诸侯居左右以前，卿大夫居后，汉制亦谓之陪陵。其公卿大臣列将有功者，宜陪寿陵，其广为兆域，使足相容。"[4] 功臣陪陵，此亦褒功之法，唯今考古发掘尚不见其踪迹，近年西高穴曹魏大墓又添疑云，暂难辨其详。

（四）分封、追封功臣子嗣

魏军祭酒郭嘉死后，曹操表云："臣闻褒忠宠贤，未必当身，念功惟绩，恩隆后嗣。……宜追增嘉封，并前千户，褒亡为存，厚往劝来也。"[5] 遂增郭嘉之封，以其子奕嗣侯。是臣之有功，生前死后，子嗣亦借此获封、分邑。汉魏崇尚此道，前魏战功例所列诸人皆可证。元功之臣，"有诛无绝"，就算功臣之家有不赦之罪，子孙仍可以祖功承封[6]。如明帝时以曹真佐命之功，封真五子羲、训、则、彦、皑为列侯。后曹爽案发，曹真一族灭门，嘉平中

---

[1] [唐]杜佑撰，王文锦等点校：《通典》卷五〇《礼·吉礼·功臣配享》，北京：中华书局1988年版，第1408页。
[2] 《晋书·郑冲传》载，泰始六年下诏褒郑冲诸人佐晋之功："昔汉祖以知人善任，克平宇宙，推述勋劳，归美三俊。遂与功臣剖符作誓，藏之宗庙，副在有司，所以明德庸勋，藩翼王室者也。昔我祖考，遭世多难，揽授英俊，与之断金，遂济时务，克定大业。太傅寿光公郑冲、太保朗陵公何曾、太尉临淮公荀顗各尚德依仁，允明笃诚，翼亮先皇，光济帝业。故司空博陵元公王沈、卫将军钜平侯羊祜才兼文武，忠肃居正，朕甚嘉之。《书》不云乎：'天秩有礼，五服五章哉。'其为寿光、朗陵、临淮、博陵、钜平国置郎中令，假夫人、世子印绶，食本秩三分之一，皆如郡公侯比。"
[3] [唐]杜佑撰，王文锦等点校：《通典》卷五〇《礼·吉礼·功臣配享》，北京：中华书局1988年版，第1409页。
[4] 《三国志》卷一《魏书·武帝纪》，32。
[5] 《三国志》卷一四《魏书·郭嘉传》注引《魏书》，264。
[6] 《汉书·郑吉传》载元始中录功臣不以罪绝者，封郑吉曾孙永为安远侯。

绍功臣世，蒋济议"以曹真之勋力，不宜绝祀，故以熙为后"[1]。故封曹真族孙曹熙为新昌亭侯以奉真后[2]。《晋书·文帝纪》载甘露三年（258），司马昭又奏录先世名臣元功大勋之子，随才叙用。

若说魏以功臣配享宗庙是追褒其佐魏之功，那么晋仍许其受祭除了礼宾用意外，更有宣明晋承魏统的态度，即承认魏功臣所立基业为晋所承。事实上，咸熙元年（264）司马氏已有此举，时司马昭奏复公侯伯子男五等爵，时以裴秀典其事，受封自骑督以上凡六百余人，并以"著勋前朝"追封魏功臣子嗣[3]。表47仅《三国志》所见者。

表49　《三国志》所载追封魏功臣子嗣例

人物	事迹	出处
高柔	柔薨，孙浑嗣，咸熙开建五等，以柔著勋前朝，改封浑昌陆子。	《高柔传》
郭淮	淮薨，谥曰侯。子正嗣。咸熙开建五等，以淮著勋前朝，改封正汾阳子。	《郭淮传》
王基	基薨，子王徽嗣景侯，咸熙开建五等，以基著勋前朝，改封基孙廙，以东武余邑赐一子爵关内侯。	《王基传》
荀𫖮	咸熙开建五等，以𫖮著勋前朝，改封子恺南顿子。	《荀彧传》
陈泰	泰薨，子陈恂嗣。恂无嗣，弟温绍封。咸熙开建五等，以泰著勋前朝，改封温为慎子。	《陈群传》
王肃	肃子王恽嗣景侯，无子，国绝。景元四年封肃子恂为兰陵侯。咸熙开建五等，以肃著勋前朝，改封恂为丞子。	《王肃传》
王观	观薨，谥肃侯。子悝嗣。咸熙开建五等，以观著勋前朝，改封悝胶东子。	《王观传》

---

[1]《三国志》卷九《魏书·曹爽传》注引干宝《晋纪》，178。
[2]《三国志》卷九《魏书·曹爽传》，175。
[3]《晋书》无"表"，此600人大多数始封者、袭封者已不可考。可参见陶元珍《魏咸熙中开建五等考》，载《禹贡》半月刊，1935年第6卷第1期。

续表

人物	事迹	出处
傅嘏	嘏以功封阳乡侯。子祗嗣。咸熙开建五等,以著勋前朝,改封祗泾原子。	《傅嘏传》
蒋济	咸熙开建五等,以济著勋前朝,改封其子凯为下蔡子。	《蒋济传》
刘放	以放著勋前朝,改封子正方城子。	《刘放传》
孙资	以资著勋前朝,改封子宏离石子。	《刘放传》

重视功臣,是每个朝代的共性,在禅代之际,这种重视更增添了正统的味道,礼敬前朝功臣,实际上是为自己的统治合法性添加砝码。入晋之后仍有褒赏魏功臣子嗣的情况,如晋人为邓艾案平反,泰始元年(265)诏云:"征西将军邓艾,矜功失节,实应大辟。然被书之日,罢遣人众,束手受罪,比干求生遂为恶者,诚复不同。今大赦得还,若无子孙者听使立后,令祭祀不绝。"泰始三年(267)段灼又上疏理邓艾之冤云:"艾身首分离,捐弃草土,宜收尸丧,还其田宅。以平蜀之功,绍封其孙,使阖棺定谥,死无余恨。"泰始九年(273)诏以"艾有功勋,受罪不逃刑,而子孙为民隶,朕常愍之。其以嫡孙朗为郎中"[1]。又如泰始二年(266)夏侯惇之孙高安乡侯夏侯佐卒,嗣绝。诏云:"惇,魏之元功,勋书竹帛。昔庭坚不祀,犹或悼之,况朕受禅于魏,而可以忘其功臣哉!宜择惇近属劭封之。"[2]

(五) 谥号纪功

《逸周书·谥法解》云:"谥者,行之迹也。号者,功之表也。"是谥号亦有纪功功能。《仪礼·士冠礼》云:"生无爵,死无谥。卿大夫有爵,故有谥。"是古制以有爵位与否作为给谥的标准。汉承此制,袭爵子孙也可依祖先功绩得谥。《晋书·职官志》载:"太常博士,魏官也。魏文帝初置,晋因之。……王公已下应追谥者,则博士议定之。"是魏亦有赐谥之制。《通典》有一段魏明帝时关于赐谥的讨论,时刘辅等启论赐谥云:"古者存有号则没有谥,必考行迹、论功业而为之制。汉不修古礼,大臣有宠乃赐之谥。今国家因用未革。臣以为今诸侯薨于位者可有谥,主者宜作得谥者秩品之限。"卫觊奏:"旧制,诸王及列侯薨,无少长皆赐谥。古之有谥,随行美恶,非所以优之。又次以明识昭穆,使不错乱也。臣以为诸侯王及王子诸公侯薨,可随行迹赐谥;其列侯始有功劳,可一切赐谥;至于袭封者则不赐谥。"赵咨奏:"其诸袭爵守嗣无殊才异勋于国

---

[1] 《三国志》卷二八《魏书·邓艾传》,466。
[2] 《三国志》卷九《魏书·夏侯惇传》注引《晋阳秋》,164。

及未冠成人,皆不应赐谥。"荀侯[1]议:"古之谥,纪功惩恶也,故有桓文灵厉之谥。今侯始封,其以功美受爵土者,虽无官位,宜皆赐谥以纪其功,且旌奉法能全爵禄者也。其斩将搴旗,以功受爵,而身在本位,类皆比列侯。自关内侯以下及名号赐爵附庸,非谥所及,皆可阙之。若列侯袭有官位,比大夫以上;其不莅官理事,则当宿卫忠勤,或身死王事,皆宜加谥。其袭余爵,既无功劳,官小善微,皆不足录。"八座议:"太尉荀颛所撰定体统,通叙五等列侯以上,尝为郡国太守、内史、郡尉、牙门将、骑督以上薨者,皆赐谥。"[2] 从这段讨论可以看出,魏确定了"得谥者秩品之限",结合爵位决定赐谥,取消因父荫得谥,强调的是谥以赏功,以功来考察赐谥,实际上是把谥号看作褒奖功臣的手段[3]。故有学者云魏"把谥法看成是奖掖勋臣的盛典";其"从人才思想出发,否定了王公列侯无功得谥的陋习";"把谥号的机会,更多地给予了那些为朝廷建功立业的文臣武将",是对"有爵则有谥"古制的强烈冲击,是古代谥法制度之一大变革[4]。表48 所录者皆《三国志》及裴注、《晋书》所见魏谥号例,以揭魏人以谥纪功表迹之意:

---

[1] 侯或作闲。——笔者注
[2] [唐]杜佑撰,王文锦等点校:《通典》卷一〇四《礼·凶礼·诸侯卿大夫谥议》,北京:中华书局,1988年版,第2716—2717页。
[3] 以谥表功在蜀同样盛行,《三国志·蜀书·赵云传》载:"先主时,惟法正见谥。后主时,诸葛亮功德盖世,蒋琬、费祎荷国之重,亦见谥。陈祗宠待,特加殊奖,夏侯霸远来归国,故复得谥。于是关羽、张飞、马超、庞统、黄忠及云乃追谥,时论以为荣。"裴注引《云别传》载后主诏云:"(赵)云昔从先帝,功积既著。朕以幼冲,涉涂艰难,赖恃忠顺,济于危险。夫谥所以叙元勋也,外议云宜谥。"时姜维等议以为:"云昔从先帝,劳绩既著,经营天下,遵奉法度,功效可书。当阳之役,义贯金石,忠以卫上,君念其赏。礼以厚下,臣忘其死。死者有知,足以不朽。生者感恩,足以殒身。谨按谥法,柔贤慈惠曰顺,执事有班曰平,克定祸乱曰平,应谥云曰顺平侯。"时关羽谥"壮缪"、张飞谥"桓"、马超谥"威"、黄忠谥"刚"、赵云谥"顺平"、庞统谥"靖"、法正谥"翼"、陈祗谥"忠"、诸葛亮谥"忠武"、黄权谥"景"、蒋琬谥"恭"、费祎谥"敬"。又,《晋书·刘毅传》载毅卒,"羽林左监北海王宫上疏曰:'中诏以毅忠允匪躬,赠班台司,斯诚圣朝考绩以毅叙勋之美事也。臣谨按,谥者行之迹,而号者功之表。今毅功德并立,而有号无谥,于义不体。臣窃以《春秋》之事求之,谥法主于行而不系爵。然汉、魏相承,爵非列侯,则皆没而高行,不加之谥,至使三事之贤臣,不如野战之将。铭迹所殊,臣愿圣世举《春秋》之远制,改列爵之旧限,使夫功行之实不相掩替,则莫不率赖。若以革旧毁制,非所仓卒,则毅之忠益,虽不攻城略地,论德进爵,亦应在例。臣敢惟行甫请周之义,谨牒毅功行如石。'帝出其表使八坐议之,多同宫冥。奏寝不报"。王宫所言汉魏赐谥重列侯成功之将,确是事实,且这种做法也为晋帝所纳。
[4] 参见汪受宽:《谥法研究》,上海:上海古籍出版社1995年版,第29、121页。戴卫红《魏晋南北朝得谥官员身份的重大转变——魏晋南北朝官员谥法、谥号研究》(一)(《南都学刊》2010年第6期),《魏晋南北朝时期官员谥号用字——魏晋南北朝官员谥法、谥号研究之二)》(《南京晓庄学院学报》2010年第4期)亦承此说。

表48　魏谥号例

谥"贞"	荀𫖮、郭嘉、孙资、桓阶、陈矫、徐宣、常林、裴潜、胡质
谥"壮"	曹休、张郃、徐晃、文聘、许诸、庞德、桓嘉、州泰[1]
谥"敬"	荀彧、荀攸、华歆、蒋济、刘放、卫觊、卫臻、郭淮
谥"威"	郭修、曹纯、乐进、朱灵、臧霸、曹彰、吴质[2]
谥"景"	王肃、程昱、刘晔、刘馥、孙礼、满宠、王基
谥"肃"	贾诩、程昱、张既、贾逵、王观、辛毗
谥"穆"	陈泰、赵俨、徐邈、王昶
谥"定"	张绣、董昭、杜袭
谥"靖"	何夔、陈群、卢毓
谥"成"	钟繇、王朗、任峻
谥"刚"	张辽、苏则、李通
谥"愍"	夏侯渊、乐綝、李典
谥"恭"	曹洪、臧艾、韩暨
谥"元"	曹真、傅嘏、高柔
谥"文"	司马懿、司马昭
谥"忠"	夏侯惇、曹仁
谥"忠武"	司马师
谥"孝"	崔林
谥"简"	和洽
谥"戴"	杜畿
谥"惠"	钟毓
谥"悼"	夏侯尚
谥"原"	张鲁
谥"厉"	于禁

（六）屋舍门第纪功

"阀阅"一词前已述及，其不仅是功绩之谓，亦演化成纪功的实物形式。汉魏以来之屋舍门第，又被赋予了纪功的功能。如《汉书·高帝纪》载汉高祖十二年（前195），刘邦病危颁布告天下之诏云："吾立为天子，帝有天下，十二年于今矣。其有功者上致之王，次为列侯，下乃食邑。……为列侯食邑

---

[1]《三国志·魏书·庞德传》载："文帝即王位，乃遣使就德墓赐谥，策曰：'昔先轸丧元，王蠋绝脰，陨身徇节，前代美之。惟侯式昭果毅，蹈难成名，声溢当时，义高在昔，寡人愍焉，谥曰壮侯'。"

[2]《三国志·魏书·王粲传》注引《魏略》云："质先以怙威肆行，谥曰丑侯。质子应仍上书论枉，至正元中乃改谥威侯。"

者，皆佩之印，赐大第室。吏二千石，徙之长安，受小第室。入蜀、汉定三秦者，皆世世复。吾于天下贤士功臣，可谓亡负矣。其有不义背天子擅起兵者，与天下共伐诛之。布告天下，使明知朕意。"知得居"大第室"者，汉功臣也。孟康注云："有甲乙次第，故曰第也。"是屋舍之等亦据功次而定，证之以《荀氏家传》云。"太祖既定冀州，为公[1]起大第于邺。诸将各以功次受居第。太祖亲游之，笑曰：'此亦《周礼》六勋之差也。'"[2] 曹操为功臣修舍不离《周礼》之义，议功之制于魏始入律，其有由也。

本章小结

后世论及八议，多不离法律儒家化、特权法这两个论调；但其何以言之为"儒家化"，"儒"在何处，恐未深究。唐前八议律文难觅，故论八议者多据唐律发挥。八议入律为魏，为后世所仍，论唐前之制，唐律无疑要承担"参照物"的功能。对于亲、故、贤、能、功、贵、勤、宾此八议，就算没有唐前律文为证，《唐律疏议》之文也并非"空穴来风"，起码在同时代唐人的经学典籍中可找到诸多诠释。这些诠释未必都指向唐律，也并非只有经学上的意义。自汉至唐，乃至唐以后诸儒对八议的诠释，都是在礼法体系之下进行的。这使得经学诠释势必反映、影响同时代的礼法体系构建，甚至有的诠释者本身就参与其中。既然唐律可以成考察八议的"参照物"，那么被经义浸濡的诸儒诠释也应是考察的另一途径。就法律儒家化进程而言，恐怕不会有人忽视汉儒特别是郑玄经学诠释对同时代，乃至后世礼法体系构建与发展的影响。这又使得我们在讨论唐前八议时会视郑玄关于八议的注释为圭臬，并以此考察此制在汉魏晋的形成、发展。就诠释学角度而言，若对《唐律疏议》诠释八议的诸多词汇进行分析，恐怕无人会质疑礼律融合的程度，毕竟这些词汇本身就源于经典，律语与经文的联系不言自明。若将议亲、故、贤、能、功、贵、勤、宾八者独立分项加以考察，从二郑到孔、贾，从《唐律疏议》到董康，以上所集诸家注释能让人看出古人跨越千年的思想共性，也会看到古人关于八议的理论深化过程。本章第一节所述，虽不能称为古人对《周礼》八辟的经典诠释史，但作为一个简单的经典诠释过程或能差强人意，亦借以说明经典诠释是与八议一制的形成发展同步而行的。法律儒家化若无儒家经典诠释推波助澜，恐怕功力有减，八议入律就会缺少理论支撑；反之，儒家之礼得以化律，观念的儒家化并一以贯之，是为制度的儒家化奠

---

[1] 即荀彧。——笔者注
[2] [宋]李昉等撰，任明等点校：《太平御览》卷一八一《居处部·第》，第2卷，石家庄：河北教育出版社1994年版，第711页。

定根基，八议的历代经典诠释即为明证。

本书虽持考证之名，但就魏八议而言，在涉及八议律文的问题上或有失考证之实，因此方家有所指责，必坦然接受。但魏律已亡，不独是笔者所要承认、面对的事实，若非要在掌握律文的基础上才能对魏制进行研究，则只能把希望寄托于考古发掘工作了。汉律出土也是近世之事，但治汉律者自王应麟算来，亦数百年之隔，对汉律的研究又何尝终止？故魏律无存虽是遗憾，但绝非研究的烦恼与障碍。就八议研究而言，从案例的角度分析是绝佳方法，故第二节对所能搜集到的若干魏八议案例，包括未得八议例进行了论述，以求揭示八议在司法中的运用。以案例进行讨论，前提是文献足征。就八议每一类案例而言，笔者无法实现数量上的均衡，甚至有的类别本身就缺少例证，要检讨的自然是笔者研究不深，而非归咎史家阙文。但要将八议的研究限制在律文、案例、议罪等层面，不去挖掘八议所蕴含的其他意义，那么笔者在第一节所作的努力恐怕也要大打折扣了。若研究八议只针对议罪部分，而忽视"议"的前提，即亲、故、贤、能、功、贵、勤、宾八者的范围与界定，是否有点"尚未立项就仓促开工"的意味呢？汉唐间人及后世的经注、律文或多或少都为我们寻找亲、故、贤、能、功、贵、勤、宾八者具体所指提供了方向，故第二节除论述案例外，笔者也着力查考魏究竟有哪些人能属此八者，亲、故、贤、能、功、贵、勤、宾在汉魏晋间有着何种表述。

有论者谓《唐律疏议》"从未明确地给'八议者'这个概念下过具体确切的定义"，仅亲、贵有详解，功、宾所指不明，对故、贤、能、勤的解释都是"非常模糊不清、闪烁不定的词汇，很笼统地一笔带过，给人一种朦胧的印象"；因此唐律之八议"只有四分之一有确切解释，其他四分之三在法律解释上都有明显出随意性和不确定性的缺陷"[1]。若承此论调，唐律有文尚觉八议难以确定，唐前无律可征，岂不是意味着唐前八议的界定是空中楼阁[2]。在笔者看来，《唐律疏议》对八议有无确切解释、解释有无随意性和

---

[1] 张建一：《唐律实施考述》，载杨一凡总主编：《中国法制史考证》甲编第4卷，北京：中国社会科学出版社2003年版，第114页。

[2] 这种在笔者看来对唐律"伤心"，势必带来对魏律"死心"的论调还有："正如'刑不上大夫'是难以完全兑现的空话一样，建立在此基础上的唐代八议制度，似乎在很大程度上也只是法律的虚构。""唐代立法者本着'尊尊''亲亲''贵贵'的愿望，在立法时从前代制度中继承了八议制度，但是他们忽视了八议制度在法制解释上概念不清的毛病，正因如此，对唐代八议制度的实际可行性便不能不提出疑问。""历朝有关八议的案例中，享受议的权利的主要是亲。……而议故以下的记载则很难发现，这恐怕与议故以下指向不明不无关系。"见张建一《唐律实施考述》，载杨一凡总主编：《中国法制史考证》甲编第4卷，北京：中国社会科学出版社2003年版，第114页、第115—116页、第115页。又，张氏《唐律具文考述》（载叶孝信、郭建主编《中国法律史研究》，学林出版社2003年版）亦持此论。

不确定性，这不是以今人理解为标准的。对八议者的界定，并非律令所能解决的，需要礼制或者儒家观念来实现，《唐律疏议》对亲的界定即最好例证；论功源于《周礼》"六功"之义；贤能有六德六艺可释；论宾又取法三恪二王之道。凡此种种，皆离不开礼制和儒家观念对亲、故、贤、能、功、贵、勤、宾八者的诠释，而八议之界定就在其中。以为唐人对八议无确切解释或解释有随意性和不确定性，恐怕有"责备"唐人语焉不详的态度，但须知唐律所要面对的是唐人，这些解释对他们来说足够完备。退而论之，两京以降，儒浸人心，对于贤能之人即使没有律令上的界定，儒家观念难道就不存在界定吗？社会评价、历史评价总是存在的吧。或谓功者所指不甚明确，试问唐凌烟阁二十四功臣不是所指，又为何物？况长孙无忌、李绩等人本属凌烟阁功臣，唐律修撰又经其手，总不至于要在律文标榜"功者，若凌烟阁二十四功臣"云云吧。就算长孙无忌、李绩等人没有参修唐律，其仍活至《唐律疏议》修成后，他们不正是当时唐人理解何谓功者的"活体"吗？否则又如何有"男儿何不带吴钩，收取关山五十州。请君暂上凌烟阁，若个书生万户侯？"（唐李贺《南园》）这样的佳作传世！[1] 何谓贤能，唐人自然晓于今人，因为儒家观念足以为之界定；如同评判、界定亲者、宾者一样，礼方是主导，律令的解释或界定只是辅助，笔者无法想象对贤能的评判离开了礼会陷入何种境地；也无法想象没有三恪二王的理论，唐律会凭空以周后介公、隋后鄎公为国宾。对亲、故、贤、能、功、贵、勤、宾八者，律令之外自有评判与界定标准，那就是礼。礼已经为八者的界定奠定基础，律文规定只是取其"果实"而已。既然礼有这种功能与作用，且这些评判与界定能为时人所理解、接受，律文中省此一笔，不损律意反而更显礼之精妙与价值。要

---

[1] 凌烟阁对于唐人来说业已成为功名的代名词，又怎能说唐律对功者界定不甚明确、唐人对功者不甚知晓呢？唐人在心态观念、思想中所构建和体现的功名文化，其意义绝对大于律令对功的诠释与传播。仍举唐诗为证：王建《宫词一百首》："少年天子重边功，亲到凌烟画阁中。教觅勋臣写图本，长将殿里作屏风。"杨巨源《薛司空自青州归朝》："一门累叶凌烟阁，次第仪形汉上公。"张籍《赠将军》："当年胆略已纵横，每见妖星气不平。身贵早登龙尾道，功高自破鹿头城。寻常得对论边事，委曲承恩掌内兵。会取安西将报国，凌烟阁上大书名。"白居易《题旧写真图》："形骸属日月，老去何足惊。所恨凌烟阁，不得画功名。"白居易《题酒瓮呈梦得》："凌烟阁上功无分，伏火炉中药未成。更拟共君何处去，且来同作醉先生。"鲍溶《赠远》："莫劳雁足传书信，愿向凌烟阁上看。"杜牧《寄远》："功名待寄凌烟阁，力尽辽城不肯回。"温庭筠《塞寒行》："心许凌烟名不灭，年年锦字伤离别。"刘驾《唐乐府十首·送征夫》："昔送征夫苦，今送征夫乐。寒衣纵携去，应向归时著。天子待功成，别造凌烟阁。"司空图《有感》："国事皆须救未然，汉家高阁漫凌烟。功臣尽遣词人赞，不省沧洲画鲁连。"张蠙《夏日题老将林亭》："几人图在凌烟阁，曾不交锋向塞沙。"徐铉《送写真成处士入京》："京邑功臣多伫望，凌烟阁上莫辞劳。"刘公兴《望凌烟阁》："画阁凌虚构，遥瞻在九天。丹楹崇壮丽，素壁绘勋贤。

"悟其玄妙",不从礼法体系角度审视,而论其为唐律"缺陷",岂不谬哉?故唐律关于八议的界定既非"缺陷",于魏而言,必不为空中楼阁。如上所考,汉魏间之能有诸多表现和类别,也反映了同时代的政治与社会评价,这些类别与评价皆可为律令中议能提供参考。功有六功之别,魏亦各有人证;曹操、曹丕先后改革爵制,魏有《官品令》之设,功、贵何指即若魏律无述,只要参以爵等官品,魏人自晓。魏吴蜀三家,各争汉统,刘协汉帝而"永作魏宾",人所共见;刘禅享乐而不思蜀,于史昭然。故魏亲、故、贤、能、功、贵、勤、宾八者实有所指,考此八者人等实关八议,毕竟他们是史上首批在律典中确认获此殊荣之人。我们断不能以此类人不会涉案陷罪而置之不论,作为法律儒家化所造就的"受益者",何以能受益,礼法依据何在,这点意义在笔者看来是至关紧要的。

笔者无意指责"唐人对八议无确切解释,或解释有随意性和不确定性"这一论调,也左右不了他人的理解。笔者之努力是要多作论证,先让自己放下古人对八议者的界定是模糊不定的这种"成见"。唯一方法是先对八议的每一项内容都细化研究,且深入亲、故、贤、能、功、贵、勤、宾八者的具体含义、律令规定、儒家思想甚至社会观念当中去,这无疑是超出本书内容的工作。但这样的研究其他学者却已开展了,如卢尚国的《中国传统政治文化研究》(中共中央党校出版社 2004 年版)对尚贤思想、尚贤心理、尚贤制度曾有深入分析,这样的研究无疑有助于加深对贤的理解。若视古人尚贤文化不见,而专论议贤为特权法、逃避犯罪的护身符云云,实非议贤正解。本章第三节中对功的探讨,实际上也是基于古人崇功文化来拓展对议功的认识,以揭汉魏间人如何论功、纪功。论功纪功,形式多样,于律有法,于礼有制。从立德、立功、立言这一儒家价值观来论议功,或有助于理解此制何以化为典制、衍为律文;又或能体谅古人为使己身(或为子孙、家族)成为"八议体制的受益者",而强立功名、竞逐凌烟背后的那些劳苦与凄凉。功成名就,打江山者坐江山,如何坐而稳之,不坠其位,当年勋功荫及子孙正其一大"法宝"(法律保障)也。又,若论每个朝代的亲、故、贤、能、功、贵、勤、宾八者有何特殊性的话,窃谓宾者属之。一如前论,宾的界定绝非律令所能独自完成的任务,礼制是为关键。朝代更迭,催生了新宾;历史景迁,又使旧宾泯没尘世,而皇权的合法性与正统性就显现其间[1]。议宾之事并非律令意义所能涵盖,礼制影响下的政治生态延绵后世,至 1924 年溥仪被逐出故宫那一刻,是否意味着议宾的寿终正寝呢?限于篇幅,已不能对此问题再行讨论,唯在行文、注释之处伏笔交代,以明其重要意义,是为缺憾,

---

[1] 晋永嘉之乱至南朝,很多汉魏旧宾渐亡或被降爵,晋南北朝史书、《通典》多载,限于篇目暂不赘列。

留以待考。

　　回到律文或者律令体系的角度，要对魏律八议之文进行一些"推测"又未尝不可。推测一：魏以汉儒律章句为法，后专用郑玄一家。郑说关于八议的注解，若和其经注互通互训的话，那么经注之文应是郑玄律章句八议部分的遗文，起码也是魏人所认同的法律理论，并在司法中发挥作用。从汉儒经律互注的传统言此，并不为过；笔者之前对魏律章句的研究也持此观点。推测二：既言唐承魏制，那么《唐律疏议》对八议的解释在理论上是否有承袭的痕迹呢？如前言魏帝诏书中对功者有这些评价词汇：斩将搴旗、临危济难、摧破禽虏、外征寇虏、内绥民夷、携贰率服、禽奸讨暴、功书王府等。若再参以唐人对功的解释"能斩将搴旗，摧锋万里，或率众归化，宁济一时，匡救艰难，铭功太常者"不难发现，不管朝代更迭，计功论美之道一以贯之，就算对功在语言表达上有何种修饰，古人对功的理解与界定在汉唐间实已定型，语言的修饰并不会改变功的性质。再如上考魏宾，于史有征，《唐律疏议》云："昔武王克商，封夏后氏之后于杞，封殷氏之后于宋，若今周后介公、隋后酅公，并为国宾者。"具体到议宾的实践，这种承袭是再明显不过的了。从汉唐八议理论与实践的承袭而言，唐律有魏制之"影像"，实非妄论。推测三：《北堂书钞·刑法部·赎刑》"八议得减皆收赎"条引晋律云："诸侯应八议以上请得减收留赎，勿髡钳笞也。"晋律涉八议者也仅此存世。若论八议之制完全创于魏，则此条律文不渊源于魏律又是何方？若论八议汉本有其法，则晋号称"增损"前律，既要承汉，魏又如何能越？视此条晋律承汉魏之旧，难免隔靴搔痒，但也不失为最接近曹魏八议律文真实面目的方法了。凡此三点"推测"，能否一一论证，恐非一日所达事，以其尚可作为继续深入讨论之话题，亦属私见。

第五章 魏条教考

对政教的讨论虽非法律史研究的专利，但又为绕不开的话题。首先，要述清何为政教、古代是否有政教传统或政教合一的现象，以本书的考证初衷恐怕无法担此"重任"。其次，就有志于法律史研究的大多数学者而言，在对待儒家的问题上，恐怕对"德礼为政教之本"这样的命题是不会陌生的，对儒家所提倡的礼教、教化在论述时更是轻车熟路。再者，自20世纪20年代以来，以接续儒学"道统"为己任的诸多学者对儒家政教或儒教问题已有可观研究，这些著述笔者虽非尽读，但通过学习、理解，仍有很多论断是为内心信服并受之影响的[1]。起笔前的这些交代，旁观者看来似有意推卸论证之责，笔者若执意要在儒家礼教、教化的史实基础上——而非持儒家是（宗）教的观点——去论述本章内容，也应是言之有据的。要论儒家的政教传统和古代是否存在政教合一等问题，坦诚而言，笔者缺乏这样的宏观视野和思想体系，也无意卷进就这些问题曾经在学界所引起的论争（如视"儒学为宗教"是伪命题，认为中国古代不存在西学概念中的政教合一等）。但从微观去讨论政教的问题，将研究视角指向笔者目前所理解、又最能反映儒家政教传统的现象——条教，并为之作一二考证，尚不失为"力所能及"之事。

若说本书是为考证曹魏法制，则本章所及者会前论汉又后论两晋南北朝，这样的体例或会遭人非议。要说明的是，本书并非以断代史的心态来成稿（尽管心态与落笔有差距），在之前四章的考证中，也并未将任何问题的讨论都限定在魏（或只以魏代资料为证），况且很多问题若不推前衍后势必无法将论证开展。不就魏而专论魏，而视之为论证汉唐间若干重要问题不可逾越的一环，此法对曹魏法制研究是有所裨益的。要言为何将讨论的起点定在汉，儒家礼教在汉融入、影响政治，这点无须繁复论证了。自魏晋迄唐，法律儒家化也成事实（更何况从事汉唐间法律史研究的学者也都难免法律儒家化的"研究情结"），借助条教考察儒家政教何以推行或是很好的切入点。而此间条教的内容、思想流变，儒家礼教在观念与实践的历史沉积也会有助于认识唐人何以倡言"德礼为政教之本"，何以对礼法关系有如此高度总结。若专论曹魏的条教与政教问题，成文自当不难，但要以之论证儒家政教传统

---

[1] 参见杨阳《王权的图腾化——政教合一与中国社会》（浙江人民出版社2000年版）、《文化秩序与政治秩序：儒家中国的政治文化解读》（中国政法大学出版社2007年版）、张荣明《权力的谎言——中国传统的政治宗教》（浙江人民出版社2000年版）、崔向东等编《王权与社会——中国传统政治文化研究》（崇文书局2005年版）、何光沪《论中国历史上的政教合一》（载《文化：中国与世界》第4辑，生活·读书·新知三联书店1988年版）、李申《中国儒教史》（上海人民出版社1999年版、2000年版）。杨万江、陈明、杨阳：《中国古代社会是"政教合一"的吗》（http://yangwanjiang.bokee.com/6292732.html）、蒋庆：《儒家的生命之道与政教传统——蒋庆先生谈儒家的心性学统、道统与政统》（http://www.confucius2000.com/admin/list.asp?id=1269）、吴文璋：《政教结合与政教冲突——以西汉的儒教为考察重点》（http://www.confucius2000.com/confucian/rujiao/zjjhyzjctyxhrjwkczd.htm）。

和法律儒家化等问题，无疑显得单薄；若置魏的任何问题于汉唐历史发展，能予思考的余地或会更多，论证时也更易发挥，此点望方家明察。

进入正题前，不妨温习韩愈的《原道》，其云："夫所谓先王之教者，何也？博爱之谓仁，行而宜之之谓义。由是而之焉之谓道。足乎己无待于外之谓德。……斯吾所谓道也，非向所谓老与佛之道也。尧以是传之舜，舜以是传之禹，禹以是传之汤，汤以是传之文、武、周公，文、武、周公传之孔子，孔子传之孟轲，轲之死，不得其传焉。"这段经典的话语，除论及"先王之教"外，笔者更关注的是七个"传"字。在韩愈看来，孟轲死而道统亡。站在师法先圣的历史高度，道统已亡恐是千百年来儒者的忧心而不独韩愈，复兴道统也就成了他们的人生追求，而回到政治历史，也必须承认历代统治者有为复兴道统担当的心态与努力。汉以来的礼法并用、法律儒家化，尽管不是先圣的那种"道统"，但圣人不出，孔孟之道、之教就亡了吗？在笔者看来，汉以降的礼法并用、儒法合流实是儒家政教有存、有传也。盛唐政教之风，实得汉魏晋南北朝之"传"也。以下进入微观考证。

第一节 条教辨

汉魏晋南北朝条教众多，蒐集者首见于《文选》（附在"令"类），又如《文心雕龙》首开对条教的文体学探讨，唐修《文馆词林》亦列专篇并分类。唐宋间类书《北堂书钞》《初学记》《艺文类聚》《太平御览》《文苑英华》等多有散见；其中《册府元龟》辑入"牧守部"中，其论议已渐得法意。明清时人亦循《文选》《词林》之法汇编前人条教，如徐师曾的《文体明辨序说》、贺复征的《文章辨体汇选》、李兆洛的《骈体文钞》等皆有专目，但所集甚略；唯严可均的《全上古三代秦汉三国六朝文》尚极力网罗。今人刘敏的《先唐教文研究》曾从文体学角度对先唐教文种类、内容、特点、价值等进行了分析，对严氏所辑先唐教文有所辑补[1]。杨一凡、刘笃才的《两汉地方法制资料辑佚三国魏晋附》辑有汉魏晋时期条教、教资料，其中汉13条，魏2条，晋6条，虽非尽辑，但在法史学界已开研究先声。今就条教再行整理、补正、论述之。曹魏条教，承两京遗绪。凡典章制度皆有其流变轨迹，故又附考以蜀吴晋南北朝条教诸例，意在佐证，非脱文旨。

一、教与条教

教始见于《尚书·尧典》"敬敷五教"。这里的教是指五伦、五品，如《国语》韦昭注云："五教，谓父义、母慈、兄友、弟恭、子孝。"《周礼·

---

[1] 参见刘敏：《先唐教文研究》，广西师范大学2006年硕士学位论文。

大司徒》郑注云："教所以亲百姓，训五品。"由此五教之义推而广之，教便有了教化、教导之意。如《孝经》"先王见教之可以化民"。《论语·子路》"善人教民七年，亦可以即戎矣。以不教之民战，是谓弃民"。《尚书·吕刑》"以教祗德"。《诗经·小雅·角弓》"尔之教矣，民胥效矣"。《荀子·修身篇》云："以善先人者谓之教。"从教以化民的目的出发，教对百姓便有着接受并效法五伦的希冀。要实现之，需上行方能下效，故教也指以上之言传身教达下之效仿。如《说文》云："教，上所施下所效也。"《白虎通义》云："教者'效'也，上为之，下效之，民有质朴，不教不成。"《释名》云："教，效也。下所效法也。"崔寔《政论》云："上为下效，然后谓之教。"又，《礼记·学记》云："教也者，长善而救其失者也。"《礼记·乐记》云："教者，民之寒暑也。"《孟子·尽心上》云："仁言不如仁声之入人深也，善政不如善教之得民也。善政，民畏之；善教，民爱之。善政，得民财；善教，得民心。"《国语·周语》云："教，文之施也。"《乐稽耀嘉》云："教者，所以追补败政。"《春秋纬元命苞》云："天人同度，正法相受，天垂文象，人行其事，谓之教，教之为言'效'也，上为下效，道之始也。"故教亦为治化之道。

余英时云："汉代郡守下令曰'教'或许渊源于儒教。当然我们也不敢断然否定它完全与韩非的'以法为教'、'以吏为师'无关。不过以汉代'政'、'教'并举的情形来看，这一用法是更接近孟子的。""'条教'的较早的用法也恰好和儒家背景的守、相有关。"[1] 要如何传达此种治化之道，其以何种形式为载体，恐怕没有任何比儒家之"教"这个字眼更名副其实的了。因之，教作为涵盖教化内容和充当教化形式时，是为名词。如蔡邕《独断》云"诸侯言曰教"。《隋书·百官志》云："诸王言曰令，境内称之曰殿下。公侯封郡县者，言曰教，境内称之曰第下。"明胡之骥云教"犹今之条教也"[2]。徐师曾谓："李周翰云'教，示于人也。'秦法，王侯称教；而汉时大臣亦得用之，若京兆尹王尊出教告属县是也。故陈绎曾以为大臣告众臣之词。"[3] 可知，古人以"教"作为教化内容载体之名，这种载体其实是一种下行文书，王侯大臣皆得用。《文心雕龙·诏策》云："教者，效也，出言而民效也。契敷五教，故王侯称教。昔郑弘之守南阳，条教为后所述，乃事绪明也；孔融之守北海，文教丽而罕施，乃治体乖也。若诸葛孔明之详约，庾稚恭之明断，并理得而辞中，教之善也。"这是古人对秦汉以来教的精辟

---

[1] 余英时：《士与中国文化》，上海：上海人民出版社1987年版，第203页。
[2] [明]胡之骥注：《江文通集汇注》，北京：中华书局1984年版，第205页。胡言是对江淹所撰"教"的注释。
[3] [明]徐师曾：《文体明辨序说》，北京：人民文学出版社1962年版，第120页。李周翰，南朝梁人，曾注《文选》。陈绎曾，元人，著有《古今文式》《科举文阶》。又，明贺复征《文章辨体汇选》卷四五《教》亦引徐说。

阐释。《通鉴·梁纪》"政教严明",胡三省注:"教谓教令,州郡下令谓之教。"《广韵》云:"教,训也。"《玉篇》云:"教,令也。"知教与训、令互训,故称条教、教令。《文心雕龙》的文体学解释并没有掩盖教与条教的法律属性,胡注便是最好的注脚。秦汉以来史书所见"条教",虽非研究的新史料,但此老话题尚能有新意,本章即据此为旧瓶略添新酒。

二、关于条教的法律属性

两汉郡县长官有辟举、赏罚、司法和监察诸权,也有自设条教之权。在此权力下,便催生了条教。古者政教并称,政者治民,教者化民,若说政指朝廷国法政令,条教则为地方性的法律制度。条教的法律属性指其作为一种法律形式,特别是两汉以来诸多朝代所共有的一种地方法律形式与立法成果而存在。对此问题的深入讨论,就所览文献而言,或发轫于余英时的名作《汉代循吏与文化传播》[1]。

余氏认为,"条教大概便是地方长官所颁布的教令而分条列举者。其最早见于《董仲舒传》",并指出董氏"条教"必是其在国相任内所出教令,"因为其教令是出之以条列的方式,故称为'条教'"[2]。又云:"每一套'条教'都代表一个地方官在他任内的政治设施;这种设施之所以称为'条教',则是因为它是以分条列举的方式著之于文字的。所以'条教'对于每一郡内的吏民都具有法律的效力,任何人选犯了其中某一条'教令'是会受到惩罚的。"[3]

余论之后,条教的法律属性,特别是其地方立法性也渐为相关学者关注与重视。如:

杨一凡、刘笃才谓汉地方官"根据治理地方的需要颁布条教,制定科令,是其职权之一"。"两汉的地方法律形式除条教外,还有科令、约束、章程及府书等。"[4]二人在对古代地方法律文献进行整理时,搜集了汉魏晋条教,其视条教为古代地方法律形式之一不言自明。

闫晓君谓秦汉地方行政官员以"教""条教""条式"等形式发布的"较具条理性、规范性"的地方性法规是秦汉法律体系的组成部分[5]。

陈苏镇谓条教是"地方长官在辖区内发布的命令和地方性法规"[6]。

---

[1] 此文成于1986年,收入余著《士与中国文化》。
[2] 余英时:《士与中国文化》,上海:上海人民出版社1987年版,第202页。
[3] 余英时:《士与中国文化》,上海:上海人民出版社1987年版,第205页。
[4] 杨一凡、刘笃才编:《中国古代地方法律文献》甲编第1册,北京:世界图书出版公司2006年版,第17页。杨一凡:《注重法律形式研究,全面揭示古代法律体系和法制的面貌》(《法学研究》2009年第2期)也认为汉代地方法律形式有教令之属。
[5] 参见闫晓君:《略论秦汉时期地方性立法》,载《江西师范大学学报》(哲学社会科学版)2000年第3期。
[6] 陈苏镇:《汉代政治与〈春秋学〉》,北京:中国广播电视出版社2001年版,第306页。

孙家洲谓"条教"的特定含义是指汉诸侯王、郡守所制定和颁布的地方性法规，是汉代重要的立法形式之一[1]。

陈明云："条教即是条文与教令的合称……它是由官吏颁布实行的有教化内容的管理条令。"[2]

卜宪群云："黄霸、王景、秦彭把各种发展生产的措施以'条教'、'训令'、'法制'的形式颁行于民间、乡亭，……形成了相应的经济政策，以公文的形式下发，并需要下级贯彻实施。"[3]

吴树平云："'教'，谕告之词，其义与'令'同。……汉代郡中下令谓之'教'。"[4]

邹水杰云：条教是"地方长官在辖区内发布的命令和地方性法规"，"是中央颁布的法令与地方礼俗结合的产物"，"以行政命令的形式发出的"[5]。

郭英德云：条教原意为条文、教令，"后多指郡守等地方长官所下的教令"[6]。

以上诸说，皆直指条教是两汉的一种地方法律形式，作为地方性法规存在，属当时的立法成果之一。这些结论也是启发笔者努力探讨此问题的研究基础。由此而言，汉魏晋南北朝的法律形式与立法成果有条教的一席之地，不是标新立异，更非迎合古代法律体系由国家律令与地方法制共构的观点而强名之。既然条教有一定的法律属性，也有礼教的功能，则以其作为儒家政教传统之证，也并非因为二者同含"教"字所作的牵强之论。

第二节 条教源流考

需要说明的是，本章所辑汉魏晋南北朝条教之例，范围上或陷"扩大化"而需再行甄别。但就基础研究而言，任何涉及教、条教的字眼恐怕是在辑考过程中不应遗漏的。

一、魏条教之源——汉条教辑考

此先列两汉条教之例，既明条教之源，亦可窥条教之大概。凡申说、论辨之言，皆附备注一栏，见表49。

---

[1] 孙家洲：《两汉"条教"考释》，2007年中国秦汉史研究会第11届年会暨国际学术研讨会论文。
[2] 陈明：《儒学与汉代吏治》，载《儒学的历史文化功能》，北京：中国社会科学出版社2005年版，第100页，注释1。
[3] 卜宪群：《从简帛看秦汉乡里组织的经济职能问题》，载《史学月刊》2008年第3期。
[4] [汉]刘珍等撰，吴树平校注：《东观汉记》，郑州：中州古籍出版社1987年版，第563页，注释2。
[5] 参见邹水杰：《三老与汉代基层政治格局之演变》，载《史学月刊》2011年第6期。
[6] 参见郭英德：《〈后汉书〉列传著录文体考述》，载《文史》2002年第3辑。

表 49　两汉条教之例

设条教者（凡 40 人）	条教内容或事例	出处[1]	备注
董仲舒	仲舒所著，皆明经术之意，及上疏条教，凡百二十三篇。	《汉书·董仲舒传》	所言条教应是董氏在江都相、胶西相时所设。本传载其奏云："愿陛下兴太学，置明师，以养天下之士，数考问以尽其材，则英俊宜可得矣。今之郡守、县令，民之师帅，所使承流而宣化也。故师帅不贤，则主德不宣，恩泽不流。今吏既亡教训于下，或不承用主上之法，暴虐百姓，与奸为市，贫穷孤弱，冤苦失职，甚不称陛下之意。是以阴阳错缪，氛气充塞，群生寡遂，黎民未济，皆长吏不明，使至于此也。"从教的角度主张培养教化之吏，董氏之教或如此类。
	仲舒："凡相两国，辄事骄王，正身以率下，数上疏谏争，教令国中，所居而治。"		此所言教令者，当为仲舒所著条教之属。两相即上言江都相、胶西相。
韩延寿	延寿为颍川太守。因与议定嫁娶丧祭仪品，略依古礼，不得过法，百姓遵用其教。	《汉书·韩延寿传》	《前汉纪·孝宣皇帝纪》记作："延寿乃道之以礼让，和辑其俗，俾有制度。为之礼节，养生送死，不逾礼法，百姓遵用其教。"延寿设教，以"不得过法"为准，法即国法，知条教内容范围受国法支配，不得抵触，此即设教准则。条教虽可见本传又云黄霸代延寿为太守，"因其迹而大治"，霸普著条教尚循延寿之治，则延寿可取式处甚多。此可证条教虽有一地一时的性质，但也有继承性。

[1]　凡《文馆词林》《北堂书钞》《艺文类聚》《太平御览》《册府元龟》皆简称《词林》《书钞》《类聚》《御览》《元龟》。

续表

设条教者（凡40人）	条教内容或事例	出处	备注
	霸为颍川太守，"以礼义条教喻告化之。犯法者，风晓令自杀。化大行，名声闻。孝宣帝下诏曰：'颍川太守霸，以宣布诏令治民，道不拾遗，男女异路，狱中无重囚，赐爵关内侯，黄金百斤。'征为京兆尹而至丞相，复以礼义为治"。	《史记·张丞相列传》	霸习文法，又长于宽和治民，甚得人心。然其才只堪治郡，为丞相后功名有损，亦因重条教故被张敞弹奏。详见后论。
黄霸	宣帝垂意于治，数下恩泽诏书，吏不奉宣。太守霸为选择良吏，分部宣布诏令，令民咸知上意。使邮亭乡官皆畜鸡豚，以赡鳏寡贫穷者。然后为条教，置父老师帅伍长，班行之于民间，劝以为善防奸之意，及务耕桑，节用殖财，种树畜养，去食谷马。米盐靡密，初若烦碎，然霸精力能推行之。	《汉书·黄霸传》	霸先为择良吏分部宣诏，令民咸知上意，然后制条教，使民知条教之设皆承宣帝意，故易于信从。
张敞	张敞衎衎，履忠进言，缘饰儒雅，刑罚必行，纵敞有度，然被轻媚之名。	《汉书·张敞传》	衎衎，刚直从容也。本传云敞为胶东相，"明设购赏，开群盗令相捕斩除罪。吏追捕有功，传相舍藏，辄以熟自出。一人有功，坐者十人，由是盗贼解散，传相捕斩。吏追捕数千人，国中遂平"。此治盗贼所设购赏汉之迹，略循赵广汉"钩距"之法。方略习目，发伏禁奸，不如广汉"。颜注云"轻媚之名"，"谓走马抨马及画眉"，言其为事轻薄不整，有失威仪。

[1] 班固记张敞、韩延寿治郡之法皆与赵广汉相较，《赵广汉传》多记治绩，云其"为京兆尹廉明，威制豪强，小民得职"，惜不见直言条教者。

续表

设条教者 (凡40人)	条教内容或事例	出处	备注
张敞	敞为京兆九岁，坐与光禄勋杨恽党友，后恽坐大逆诛，公卿奏恽党友，不宜处位，等比皆免，而敞奏独寝不下。敞使贼捕掾絮舜有所案验。舜以敞劾奏当免，不肯为敞竟事，私归其家。人或谏舜，舜曰："吾为是公尽力多矣，今五日京兆耳，安能复案事？"敞闻舜语，即部吏收舜系狱。是时，冬月未尽数日，案事吏昼夜验治舜竟致其死事。舜当出死，敞使主簿持教告舜曰："五日京兆竟何如？冬月已尽，延命平？"乃弃舜市。会立春，行冤狱使者出，舜家载尸，并编敞教，自言使者。使者奏敞贼杀不辜。	《汉书·张敞传》	敞曾奏黄霸擅为条教，今其坐贼杀属吏，实是擅出教而杀人，此教讯定罪之证据，实是讽刺。本传又赞"赏罚分明"，"本治《春秋》，以经术自辅，其政颇杂儒雅，任在表贤显善，不醇用诛罚，以此得名"。此教又成为"使主簿持教告"，"使言""主簿读教"，"使过誉""主簿读教"，实过誉也。此"主簿读之"，欧阳歙亦有"主簿宣读之"，由主簿宣读之，知地方长官设教后，由主簿宣读之，此为教的公布程序。
	敞为京兆尹，长安游徼受臧布，其母年八十，守遗腹子，诸敞自陈，罪名已定。敞出教，贾量一生之命。敞多其母守节；而出教，所受布节度中疏，狭幅短度，亏二尺，贾直五百，由此得不死。	《御览·布帛部·布》引《汉书》	今《汉书》无此事。出教断案，案结当止，则地方官员所设条教既有通行于任期者，也有专门针对某事者。通行于任期内的条教有所弃，但也不排除任满后为继任者所弃，而专门针对某事教之条教其时效性更短。

续表

设条教者（凡40人）	条教内容或事例	出处	备注
朱博	博为琅琊太守。齐郡舒缓养名，博新视事，右曹掾史皆移病卧。博问其故，对言"惶恐。故事二千石新到，辄遣吏存问致意，乃敢起就职"。博奋髯抵几曰："观齐儿欲以此为俗邪！"乃召见诸曹史书佐及县大吏，选视其可用者，出教置之，皆斥罢诸病吏，白巾走出府门，郡中大惊。顷之，门下掾赣遂耆老大儒，教授数百人，拜起舒迟。博出教主簿："赣老不习吏礼，主簿且教掾起，闲习乃止。"……视事数年，大改其俗，掾史礼节如楚，赵吏。	《汉书·朱博传》	《朱博传》颜注云："言齐人之俗，高大以养名声。"《论衡·率性》云："楚越之人处庄岳之间，经历岁月，变为舒缓，风俗移也。故曰'舒缓'，言性迟缓亦自齐出尚大。故朱博被右曹掾史急慢台。博武官出身，不奉儒术难免，其教亦彰个性。博后任廷尉，曾言已"本起于武吏，不通法律"，则其条教之风或有别于儒，酷二者。
郑昌，郑弘	郑弘兄昌字次卿，亦好学，皆明经，通法律政事。次卿为太原，涿郡太守，弘为南阳郡太守，皆著治迹，条教法度，为后所述。次卿用刑罚深，不如弘平。	《汉书·郑弘传》	文中"昔"字两见。唯弘治平而昌治深刻，知郑氏兄弟经律双修，又善为条教，方长官个性而异，条教之设亦因地方官个性而异，酷色彩，于此可见。《文心雕龙·诏策》云："昔郑弘之守南阳，条教弘文理可称。""事绪明也。""事绪弘明"，其指郑弘之守南阳，故不记云。又，本传云二郡条教皆"为后所述"，或后人治郡亦循其迹，惜史不详载。
郑弘	弘所在著名迹，法度条教为后世所称。	《前汉纪·孝元皇帝纪》	

续表

设条教者 （凡40人）	条教内容或事例	出处	备注
冯立	立为五原太守，徙西河、上郡。立居职公廉，治行略与野王相似，而多知恩贷，好为条教。吏民代相为太守歌之曰："大冯君，小冯君，兄弟继踵相因循，聪明贤知惠吏民，政如鲁，卫德化钧，周公、康叔犹二君。"	《汉书·冯立传》	野王、立皆冯奉世子。冯氏九子多习经学，野王精《诗》，立通《春秋》。立"好为条教"又得民颂，其条教当甚合儒家经义。
薛宣	宣为吏赏罚明，用法平而必行，所居皆有条教可纪，多仁恕爱利。 及日至休吏，贼曹张扶独不肯休，坐曹治事。宣出教曰："盖礼贵和，人道尚通。日至，吏以令休，所谿来久，曹虽有公职事，家亦望私恩意。掾宜从众，归对妻子，设酒肴，请邻里，一笑相乐，斯亦可矣！"扶惭愧。官属善之。	《汉书·薛宣传》	本传载谷永荐宣："出守临淮、陈留，二郡称治。为左冯翊，崇教养善，威德并行，众职修理……功效卓尔，自左内史初置以来未尝有也。"其法律任职廷有余，经术文雅足以谋王体，断国论。"此论可作为宣条教足以法兼备之证。 此为专事出教。一则劝扶守日至休吏之国法，二则导扶夫妻人伦之道。虽一事立教，但教化之味不落他者，宣条教"多仁恕爱利"正如此。
王尊	尊为安定太守，到官，出教告属县曰："令长丞尉奉法宣德，为民父母，抑强扶弱，宣恩广泽，甚劳苦矣。太守以今日至府，愿诸君卿勉力正身以率下。故行贪鄙，能变更者与治。明慎所职，毋以身试法。"	《汉书·王尊传》	

续表

设条教者（凡40人）	条教内容或事例	出处	备注
王尊	出教敕掾功曹"各自底厉，助太守为治。其不中用，趣自避退，毋久妨贤。夫羽翮不修，则不可以致千里，阃内不理，无以整外。府丞悉署吏行能，分别白之。贤为上，毋以富。七日诛少正卯，今太守视事已一月矣，五官掾张辅怀虎狼之心，贪污不轨，一部之钱尽入辅家，然适足以葬矣。今将辅送狱，直符吏诣阁下，从太守受其事。丞戒之戒之。相随入狱矣。辅系狱数日死，尽得其狡猾不道，百万奸臧。威震郡中，盗贼分散，人偝郡界。	《汉书·王尊传》	条教既有化民，也有治吏之功能，以上两条皆例证。
	京兆尹王尊出教令。	《御览·文部·教》引《汉书》	今《汉书》无此文，或末人概述之言。《汉书·百官公卿表》有"守京辅都尉王遵为京兆尹"，是尊、遵字通。
文翁	文翁为蜀郡守。每出行县，益从学官诸生明经饬行者与俱，使传教令，出入闾閤。县邑吏民见而荣之，数年，争欲为学官弟子，富人至出钱以求之。	《汉书·文翁传》	文翁善治政，诸生所传教令当有条教之类。吏民富人争为学官弟子，文翁兴学之功可见，亦知官读条教者地位之尊崇。

续表

设条教者（凡40人）	条教内容或事例	出处	备注
张湛	湛为左冯翊。在郡修典礼，设条教，政化大行。	《后汉书·张湛传》	本传云湛"矜严好礼，动止有则，居处幽室，必自修整，虽遇妻子，若严君焉。及在乡党，详言正色，三辅以为仪表"。则湛设条教能以身作则，亦条教之设受地方官员影响之证。
刘陶	上书言当世便事，条教……辩疑，凡百条篇。	《后汉书·刘陶传》	本传云陶曾为顺阳长，治郡充之事有方，民亦颂后为京兆尹。其条教或任此二职时下。陶又通《尚书》《春秋》，其教或设及经义。
史敞	敞为京兆尹，化有能名，尤善条教，见称于三辅。	《后汉书·史弼传》注引《续汉书》	敞子弼，传称"颉颃严吏"，"为政特挫抑强豪，其中小民有罪，多所容贷"，"亦有治能之人，唯不见《后汉书》言其有条教。下引有延笃为京兆尹、三辅资其政事，与此言"见称于三辅"意同，或左冯翊、右扶风亦有效法。
欧阳歙	长沙太守汝南郅恽君章，少时为都功曹。郡里冬饮，百里内县皆赍牛酒到府宴饮。时太守司徒欧阳歙临觞礼讫，教曰："西部督邮繇延，天资忠贞，不严文雄，摧破奸慝，黎民怀之。'安民则惠，黎民怀之。'盖举善以教，则不能民则惠，今与诸儒共论延功，显之于朝。"主簿读教，户曹引延受赐。	《风俗通·过誉》	知条教既是禁止性规范，亦有赏赐功能。郅恽当众指责欧阳歙信赖的谄延贪邪，实不善人。又欧阳歙《后汉书·欧阳歙传》云歙自诩举善以教，知郅恽之谄并非任言，是歙坐汝南赃罪下狱，罔上善也。《全后汉文》作"下教论谄延功"。

374 ● 曹魏法制综考

续表

设条教者 （凡40人）	条教内容或事例	出处	备注
王堂	堂为鲁相，政存简一，至数年无辞讼。迁汝南太守，搜才礼士，不苟自专，乃教掾史曰："古人劳于求贤，逸于任使，故能化清于上，事缉于下。其宪章朝右，简核才职，委功曹陈蕃。匡政理务，拾遗补阙，任是簿曹应嗣。庶循名责实，察言观效焉。自是诚求当，不复委有辞教，郡内称治。	《后汉书·王堂传》	范书《循吏传》赞云："王堂、陈宠任贤良，斯皆可以感物而行化也。"即指堂任陈蕃、应嗣，治吏严格，《全后汉文》作"汝南太守教掾吏"。
葛兴之子	韩棱为颍川郡功曹，太守葛兴中风，病不能听政。兴阴代兴视事，出入二年，令无违者。兴子尝发教欲署吏，棱拒执不从，因令怨者章之。事下案验，吏以棱掩蔽兴病，专典郡职，遂致禁锢。	《后汉书·韩棱传》	棱"阴代"太守葛兴之职，私设条教是冒名之罪，也并非葛兴儿子泄私愤之故。至于兴子居间官，何得发教，是否擅为条教之类，不得而知。
皇甫规	所著赋……教令……笺记，凡二十七篇。	《后汉书·皇甫规传》	此教令即条教。本传赞规"夫其审己则干禄，见贤则委位而不求也。规干禄不惧情"。规曾任泰山、弘农太守，又为度辽将军镇边事，其条教或当时所设。

续表

设条条教者（凡40人）	条教内容或事例	出处	备注
延笃	笃论解经传，多所驳正，后儒服虔等以为折中。所著诗、论……教令，凡二十篇。	《后汉书·延笃传》	笃，马融门生，其教自能本之经义。本传云笃为京兆尹，"政用宽仁，忧恤民黎，擢用长者，与参政事，郡中欢爱，三辅咨嗟焉。先是陈留边凤为京兆尹，亦有能名，郡人为之语曰：前有赵、张、三王，后有边、延二君。"又，《汉书·王吉传》云："京兆有能吏，延笃先后为京兆尹。"赵广汉、张敞、王尊、王章，至（王）骏皆有能名，故京师称曰'前有赵、张、后有三王。'范晔于《循吏传》又赞曰："边、张、三王，晋潘岳《西征赋》云："赵张三王之前世兮，延笃赵之之听理。"则笃、张、王、边、延诸人皆善于政教治郡，故后世类之。时人以辈前世诚。定国释之于政教治郡，
	笃为京兆尹，三辅资其政教。	《书钞·设官部·大守》"三辅资其政教"条引谢承《后汉书》	资者，取之为资鉴。是左冯翊、右扶风亦取法于笃条教。
李固	所著章……教令……铭凡十一篇。	《后汉书·李固传》	固为荆州刺史，治盗贼有方，本传多载其事。固为直言臣，梁冀专权时被诬入狱死。弟子赵承等共论固言迹，以为《德行》一篇。固为人如是，则其设教当不离承德教主旨。

续表

设条教者 （凡40人）	条教内容或事例	出处	备注
	固为荆州刺史。下辟书："夫采名珠求之于蚌，欲得名士求之文学。或割百蚌不得一珠，不可舍蚌求之于鱼；或百文学不出奇士，不可舍文学求之于斗筲也。由是言之，蚌乃珠之所藏，文学亦土之场矣。"	《御览·职官部·文学》引《长沙耆旧传》	《全后汉文》作"临荆州辟文学教"。原书虽未直言"教"，观其意实与其他辟举类条教同，今存之。
李固	李固助展允婚，教曰：告文学师，议曹史展允等推让，慈孝推让，年将知命，妃匹未定。闻之怆然，甚冈哀惜。夫冠娶仕进，非所以已，允亲兄弟无娶，亦复兄弟无娶，云谭处士等。各欲佐助，迄今未定出钱千及谭豪等。前遣师辅为允娶，云谭处士等，各欲佐助，迄今未定出钱千及谭豪等。先夫大夫府内掾史守助佐干及谭豪等，朋友少征条名目。允宜从约，二三万钱，礼以成婚，足以成婚。	《御览·礼仪部·婚姻》	本传不载此教。《全后汉文》作"助展允婚教"。知时婚嫁费用甚高，非一般官吏所能承受。固出教为之筹资，亦其德行。

续表

设奏教者 （凡 40 人）	条教内容或事例	出处	备注
李固	辄奉高令丞事教：告曹侍事掾师及吴黑平城车基：廉令在奉高，修勒闻门，教禁施从，盗贼衰息，狱讼寡少，兴崇经典，威武兼并。考功效实，为郡中最。当龚先基，劳极荣寿，何意小疾，乃至颠陨，可痛可惜，断绝肝心。太守共视丧事，母老子弱，门户单微。又令北州旧族，始终立清高，遣言恳恻，欲令嗷等共视丧事。故遣〔严〕，熹等共丧车辆，约勒丞掾，勿委为非法法赙。从吏车辆，已遣严事，以时备办。闻有合任就奸，已严耀〔梁〕，当今时售，勿令吏得容奸。时既浅薄，此郡允基，〔严〕等务加恻隐，动静甚言。	日藏弘仁本《文馆词林》卷六九九《教四》[1]（下仅简引《词林》，标注页码）	以下两教其他资料不载。奉高在汉泰山郡。奉高任汉泰山太守时下。教言该该荟"教禁施从"云云，其或有条教之设。知教令亦办主张德教之人，受教者除为奉高令治该外，李固皆死后李固褒以督察平梁，尚委以督蔡以抚民之举。

---

[1] ［唐］许敬宗编，罗国威整理：《日藏弘仁本文馆词林校证》，北京：中华书局2001年版，第451页。

续表

设条教者 (凡40人)	条教内容或事例	出处	备注
李固	祀胡毋先生教:告曹,《礼记》曰"夫圣王之制祠也,法施于人则祀之,以劳定国则祀之"。尧遭洪水,人处巢窟;斯禹平水土,附祀于河。弃裡嘉谷,托祀于稷,斯所谓以劳定国者也。自宣尼没,七十子亡,经义乖散,秦复火之。然胡毋子都禀天淳和,沉沦大道,深演圣人之旨,始为《春秋》制造章句。是故严颜有所祖述,微微后生,得以光启。斯所谓法施于人者也。故宣尼豫表之曰,胡毋生知我情,厉书自藏不敢有声。胡毋亦称吴楚之王,斯为南面。然而茅仁嘏义,青本畔帝,故名为小人。实为匹夫,贫而乐义好礼,正行甚可羞可贵也。胡毋子都贱为布衣,贵为天下尊其身,思睹其人,尝学《春秋》章句。太守以为不材,茅载其人。不意千载未荣也。太守读其书,蒙学其声,而乐义好礼,思睹其人,是乃太守之先师,礼宜有祀。今月甲子,祀胡毋先生五官椽,奉谒齐稻粱各三升,豚一头,荐神坐前,务加祀肃,二月、八月报求之时,因社余福以为常。	《词林·教四》,第466页。	胡毋子都即汉泰山名儒胡毋生,固为其建祀,自是追慕先贤。二、"因社余福以为常",知其设此条教虽针对专人专事,但至少在其任朔内具备施行效力。时杜乔察兖州,秦固政为天下第一,观固教,知杜言不虚。

续表

设条教者（凡40人）	条教内容或事例	出处	备注
李膺	膺为蜀郡太守，修庠序，设条教，明法令，威恩并行。蜀之珍玩，不入于门。益州纪其政化，朝廷举能理剧，转乌桓校尉。	《后汉书·李膺传》注引《谢承书》	膺任青州刺史时，"守令畏威明，多望风弃官"。膺条教赏罚之法甚严。
童恢	恢为不其令。吏人有犯违禁法，辄随方晓示。若吏称其职，人行善事者，皆赐以酒肴之礼，以劝励之。耕织种收，皆有条章。一境清静，牢狱连年无囚。比县流人归化，徙居二万余户。	《后汉书·童恢传》	条章亦条教之谓。不其为汉县，知县令长亦有设条教之权，非独州郡一级长官。恢教有禁有赏，有政事有经济，已得两汉条教大概。
仇览	览为蒲亭长，劝人生业，为制科令，至于果菜为限，鸡豕有数，农事既毕，乃令子弟群居，还就黉学。其剽轻游恣者，皆役以田桑，严设科罚。躬助贫寡，朞年称大化。	《后汉书·仇览传》	览所制"科令"当属条教，条贵时亦持此论。
秦彭	彭为山阳太守。以礼训人，不任刑罚。崇好儒雅，敦明庠序。每春秋飨射，辄修升降揖让之仪。乃为人设四诫，以定六亲长幼之礼。有遵奉教化者，擢为乡三老，常以八月致酒肉以劝勉之。吏有过咎，罢谴而已，不加耻辱。百姓怀爱，莫有欺犯。兴起稻田数千顷，每于农月，亲度顷亩，分别肥塉，差为三品，各立文簿，藏之乡县。于是奸吏跼蹐，无所容作。彭乃上言，宜令天下齐同其制。诏书以其所立条式，班下州郡，并令三府。	《后汉书·秦彭传》	式者，法也。彭之条式为汉廷所认可且推行全国，正是条教成为两汉地方法规与法律形式之一的明证。

续表

设条教者 （凡 40 人）	条教内容或事例	出处	备注
周纡	纡为南行唐长。晓吏人曰："朝廷不以长不肖，使牧黎民，而性仇猾，且勿相试。"遂杀县中尤无状者数十人，吏人大震。以考严臧，亦颇严酷，出狱者名迁齐相，专任刑法，威名为辞条教，为州内所则。	《后汉书·周纡传》	纡为人酷吏之属，专任刑法又善为条教，知条教之设非循吏专利。奉儒者不弃法，主法者亦用儒教"为州内所则"，足见其影响力。儒法合流，条教可证。
阳球	球为平原相。出教曰："相前莅高唐，志埽奸鄙，遂为贵郡公释管仲射钩之仇，高祖赦季布柱亡之罪。虽以不德，敢忘前义。况者臣分定，期诸末劾，今一蠲住怨，不得复有所咎。"而不改奸状者，郡中咸畏服焉。	《后汉书·阳球传》	本传云球好申、韩之学，又善条教如此，先教而后惩，是酷吏非尽用法也。
刘咸	王莽时李业以病去官，不从州郡辟，广汉太守刘咸强召之，业载病诣门。咸怒，出教曰："贤者不避害，譬犹彀弩射市，故欲与之为治，而反托病乎？"令诣狱养病，欲杀之。答有说咸曰："赵杀鸣椟，孔子临河而返。未闻求贤而胁以牢狱者也。"咸乃出之，因举方正。	《后汉书·李业传》	咸条教虽有用才之意，但业本有志操，不从世俗，强辟为己用，是有教之名而乏下顺人情之实，《全后汉文》作"今李业诣狱养病教"。

续表

设条教者（凡40人）	条教内容或事例	出处	备注
窦翔 钟离意	会稽太守窦翔召离意署功曹吏，意乃为府立条式，条教颁布；莫不肃恭。后日，窦君与意相见曰："功曹须严立科，吏无大小，莫不畏威。"	《御览·职官部·功曹参军》引《钟离意别传》	离意一生为官甚有儒风，其为郡府立条式整肃官仪，既属洽吏条教之类，亦奉《仪礼》之典。又，该条式虽为离意颁布当以太守之名。
宰晁	西部都尉宰晁行（会稽）太守事，主簿钟离意争谏甚切，晁怒，收吴县狱吏，使收案之，欲杀缚意。敢诤于主簿，拜手主簿，廷于主簿，初不奉行，废命不忠，岂非过邪？" 曰："受教三日，	《后汉书·彭修传》	据"受教三日"知宰晁曾出教使离意收吴县狱吏，离意违教争谏，故被责。
王逸	逸为豫州刺史。教云为我答能举遗逸于山薮，黜奸邪于邦国，给金五百斛。	《书钞·政术部·荐贤》"举遗逸"条	魏王沈为豫州刺史亦教云："若能举遗逸于林薮，说百姓之可否，兴利除害，损益昭然者，给金五百斛。" 沈，逸皆于豫州设条举遗逸之教，文理皆同，斯为力证。沈教为用，汉魏相承，条教见后引。
任延	吴郡龙丘苌志笃好学，隐居不从征辟。郡主簿钟离意请苌为门下祭酒。延教曰："龙丘先生清芳夷齐，志凌巢原宪，都尉酒扫其门，抗俨辱之，何召之有？"	《御览·逸民部·逸民》引谢沈《后汉书》	谢书早出，范晔《后汉书·任延传》同载，唯作《御意教》。"延"作"延"字；谢书出，《全后汉文》所引。《御览》"教"，脱"作""下主簿钟离意教"。

续表

设条教者 (凡40人)	条教内容或事例	出处	备注
任延	延为九真太守。骆越之民无嫁娶礼法，各因淫好，无适对匹，不识父子之性，夫妇之道。延乃移书属县，各使男年二十至五十，女年十五至四十，皆以年齿相配。其贫无礼娉，令长吏以下各省奉禄以赈助之，同时相娶者二千余人。	《后汉书·任延传》	《元龟·牧守部·条教》引此资料，是视延所正嫁娶之礼为条教之属，兹从之。
王景	景荐庐江太守。铭石刻誓，令民知常禁。又训令蚕织，为作法制，皆著于乡亭，庐江传其文辞。	《后汉书·王景传》	《元龟·牧守部·条教》引此资料，归条教之属，即作证。景所训令，所作法制，据此例知条教传播途径，可铭刻著于乡亭。
刘护	①黄香，字文强，江夏安陆人。父况为郡五官椽。刘设教令署香门下孝子。②黄香字文强，江夏安陆召之，太守刘护闻而召之，……年十二，太守刘护闻而召之，署门下孝子。	①《书钞·衣冠部·袴褶》条引"黄香冬无袴子"一句 ②《东观记》 ③《后汉书·黄香传》	《东观记》即《东观汉记》，"刘设教令署门下孝子"一句，应有脱误。参《后汉书·黄香传》所言，意指江夏太守刘护出教辟黄香。
高伦	陈寔尝为颍川郡功曹，太守高伦出教教之，中常侍侯览属其非人，太守曰："侯常侍不可违，君勿言。"寔乃封教人见："必不得已，寔请自举之，不足以损明德。"退而署文学椽。	《后汉书·孝灵皇帝纪》	出教教之即出教辟，教署之意。此是针对个人所下之教，教当宣读于个人并接受之，故寔有"封教人见"之举。

续表

设条教者（凡40人）	条教内容或事例	出处	备注
刘伟	太守刘伟受臣者赵津请托，召中都路拂为五官掾。（郡主薄王）允以拂狡猾不良，封还伟教，至于四五，坐鞭杖数十，终不屈挠。拂由是废弃，而允名晨远近。	《后汉纪·孝献皇帝纪》	此封还教者，即拒拂行郡守之教也。王允屡不受教致罚，是护条教之名实。
孙策	策表孙太史慈，乃出教曰："龙欲腾骞，先阶尺水。且今署慈为门下督，须军还当更议。"	《初学记·鳞介部·跃渊阶水》事对"条引赵晔《献帝春秋》	《论衡·龙虚》云："尺木，谓龙从木中升天也。"《新论》云："龙无尺木，无以升天；圣人无尺土，无以王天下。"尺木、尺水皆喻龙登仕的凭借，策教亦重才之意。《全三国文》作"表太史慈教"。
黄盖	盖为石城长，吏特难检御，盖乃署两掾，分主诸曹。教曰："令长不德，徒以武功为官，不以文吏为称。今贼寇未平，有军旅之务，一以文书付两掾，当检摄诸曹，纠擿谬误。两掾所署，事入诺出，若有奸欺，终不加以鞭杖，宜各尽心，无为众先。"初皆布威，夙夜恭职；久之，吏以盖不视文书，渐容人事。盖亦嫌外懈息，时有所省，各得两掾不奉法数事。乃悉请诸掾吏，赐酒食，因出事诘问。两掾辞屈，皆叩头谢罪。盖曰："前已相敕，终不以鞭杖相加，非相欺也。"遂杀之。	《三国志·吴书·黄盖传》	盖设教严苛，雷厉风行，一如武风。故本传赞其"当官决断，事无留滞"，是之谓也。

续表

设条教者（凡40人）	条教内容或事例	出处	备注
董卓	士壹与司徒黄琬相善，董卓恶之，署教曰："司徒掾士壹，不得除用。"士壹故历年不迁，会卓入关，壹乃亡归。	《三国志·吴书·士燮传》注引《吴书》	士壹历年不迁，是不善之教，淫威之下实难能悖之。
	所著诗……教令、书记凡二十五篇。	《后汉书》	
孔融	孔融为北海相，举王修为孝廉，修让邴原，融答修教曰："原古贤之矣。昔高阳氏有才子八人，尧不能用，舜实举之。原可谓不舀无位之士。以遗贤，不亦可乎！"修又让，融又答曰："掾清身絜己，历试诸难，谋而鲜过，惠训不倦，余嘉乃勋，应乃懿德，用升尔于王庭，其可辞乎！"	《三国志·魏书·王修传》注引《孔融集》	《全后汉文》作"修举孝廉让邴原教"，"答修教"。指出教以答王修，非答王修之教。
	时鲁国孔融在郡，教选计当任公卿之才，乃以郑玄为计掾，彭璆为计吏，（邴）原为计佐。	《三国志·魏书·邴原传》注引《原别传》	教选计，即下教辟举上计官吏。上例融言"原之贤也，吾已知之矣"，此可证。

续表

设条教者(凡40人)	条教内容或事例	出处	备注
孔融	①孔融深敬于玄，履履造门。告高密县为玄特立一乡，曰："昔齐置'士乡'，越有'君子军'，皆异贤之意也。郑君好学，实怀明德。昔太史公、廷尉吴公、谒者仆射邓公，皆汉之名臣。又南山四皓有园公、夏黄公，潜光隐耀，世嘉其高，皆悉称公。然则公者仁德之正号，不必三事大夫也。今郑君乡宜曰'郑公乡'。昔东海于公仅有一节，犹或戒乡人侈其门闾，钦乃郑公之德，而无骊驷之衢，可广开门衢，令容高车，号为'通德门'。"②孔融教："高密县有一衡，名曰'郑公'，也。"③国相孔文举教高密县，又教曰："公者，人德之正号，今欲为郑公后专造一乡，曰'宗学'，也。"③国相孔文举时为北海相，孔文举感恻，教请郑玄，欲其返郡，教请南夏，令难艰稍平，倘有归来之思？无寓人于室，必伤共藩垣林木，字以俟还。"教高密令："高密侯国笺言，郑国增门之崇，今容高车结驷之路；出麦五斛，以酬执事者之劳。"	①《后汉书·郑玄传》②《书钞·礼仪部·学校》"专造一乡名宗学"条③《御览·州郡部·乡》引《郑玄别传》 南朝梁殷芸《殷芸小说·后汉人》 《御览·百谷部·麦》引	《全后汉文》作"告高密相立郑公乡教"。汉魏人重郑玄，孔教可证。实崇儒风也。 《太平广记·名贤》引同，《全后汉文》作"善治郑公宅教"。

续表

设条教者（凡40人）	条教内容或事例	出处	备注
	孔融告昌安县教曰："邑人高幼，自言辟得井中鼎。夫鼎久潜于井，德之休明，虽小重也。黄耳金铉，利贞之得象，国遭凶荒，彝器出，或者明以儆人。"	《初学记·地部》"投错潜鼎"条引	彝器即祭祀礼器。藏礼于器者，融能识之又之出教，是重礼也。
	孔融教高密："志士邓子然告困焉，得爱釜庾之同，以锡烈士之心？今与豆三斛，后之复言"。	《御览·百谷部·豆》引	《后汉书·孔融传》云："郡人甄子然，临孝存知名早卒，融恨不反之，乃命配食县社。"《后汉书·五神传》有"高密配甄子然"。《郡志目录》有《答甄子然书》。知"邓"为"甄"之误。
孔融	①融在北海，自以智能优赡，溢才命世，当时豪俊皆不能及。亦自许大志，且欲举军曜甲，与群贤要功，自于海岱结殖根本。不肯碌碌如平居郡守，好奇取异，事方伯，皆轻所之才。然其所任用，谬为恭敬，礼之虽备，不至于性古之士。高密郑玄，称之郑公，执子孙礼也。及高谈教令，盈溢官曹，辞气温雅，可玩而诵。论事考实，难可悉行。但能张磔网罗，其自理甚疏，租赋少稽，一朝杀五部督邮，奸民污吏，猾乱朝市，亦不能治。②融持论经理，不及边让。③融不能持论，理不胜辞。④孔融、边让，文学邈俗，而并不达治务，所在败绩。	①《三国志·魏书·崔琰传》注引司马彪《九州春秋》 ②《三国志·魏书·崔琰传》注引《续汉书》 ③《三国志·魏书·王粲传》注引《典略》 ④《抱朴子外篇·清鉴》	此四条资料皆是对孔融治政施教的评价，多近毁誉。融虽恭恭子礼，条教可观可诵，但难行难用。此即《文心雕龙》所言："孔融之守北海，文教丽而罕施，乃治体乖也。"《答王修教》云："孔北海之国，有典诰之风，唯所可用。"《困学纪闻·考史》："汉郡国之条教如此，历试诸难，恐不可用。"仅从条教文体、形式言，融或能得其精妙。

388 ● 曹魏法制综考

续表

设条教者（凡40人）	条教内容或事事例	出处	备注
汝南太守	伍孚为汝南郡门下书佐，太守使孚出教，救曹下督邮收之。伏地仰谏曰："君虽不君，臣不可不受教，明府奈何令孚受教佐他吏？乞授他吏。太守奇而听之。"	《三国志·魏书·董卓传》注引谢承《后汉书》	邑长虽有罪，孚仍奉君臣之道，故不受太守之教。前有主簿宣教例，此知郡门下书佐亦可行之。

二、魏条教辑考

凡列入魏条教者（见表50），始于建安之魏臣，终于司马氏父子。

表 50 魏教条之例

设条教者（凡20人）	条教内容或事事例	出处	备注
曹操	《魏武故事》载令曰：领长史王必，是吾披荆棘时吏也。忠能勤事，心如铁石，国之良吏也。蹉跎久未辟之，舍骐骥而弗乘，焉遑遑而更求哉？故教辟之，已署所宣，便以领长史统事如故。	《三国志·魏书·武帝纪》注引《魏武故事》	时在建安二十三年，昔本攻讦，王必讨斩。操褒其功，故教辟之。教辟，出教辟举。令教言教，二者字又互训，实亦通用。
	时有孝廉安王模、下邳周逵者，太祖辟之。（司空西曹属陈）群封还教，以为模、逵秽德，终必败，太祖不听。后模、逵皆坐奸宄诛，太祖以谢群。	《三国志·魏书·陈群传》	操"辟之"，亦教辟之意，否则陈群不会"封还教"，可参前引汉高伉、刘伟例。

续表

设条教者 （凡20人）	条教内容或事例	出处	备注
曹操	操辟王修为司金中郎将，其教云："昔遣父陶正，民赖其器用，建侯子陈；及子妨满，位至三公。此君无元龟之兆先告者也。"	《三国志·魏书·王修传》	《全三国文》未析出此教，仅附在"卷三《与王修书》"中。按本传云修陈"黄白异议"，是其曾论金铜之事。此教看似辟修专管冶铁事务，所教实在于盐铁之利，能赡军国之道。
	杨沛与督军争斗，髡刑五岁，输作未竟，会曹操出征在谯，闻邺下颇不奉科禁，乃发教选邺令，当得严能如杨沛比，徒中起为邺令。	《三国志·魏书·贾逵传》	操能用人，此教可证。
	操授崔琰为东西曹掾属征事，教曰："君有伯夷之风，史鱼之直，贪夫慕名而清，壮士尚称而厉，斯可以率时者已。故授东曹，往践厥职。"	《三国志·魏书·崔琰传》	《全三国文》作"授崔琰东曹事教"。以上皆操选才用人之教。
	袁涣死，曹操为之流涕，赐谷二千斛，一教"以垣下谷二千斛，赐郎中令之家"，一教曰："以太仓谷千斛与曜卿家，外不解其意。教曰：'以垣下谷者，官法也；以太仓者，亲旧也。'"	《三国志·魏书·袁涣传》	左引操所出教有三。《全三国文》作"赐袁涣家谷教"。操褒赏袁此句后成为典故，如《梁书·何点传》载"诏曰：征士何点，居贞物表，纵心尘外，……可议加资给，并出在所，日费所须，太官别给。既人高曜卿，故事同垣下"。曜卿即何点除获得官赐外，也获得如须袁涣一样的私赐。

续表

设条教者（凡20人）	条教内容或事例	出处	备注
曹操	建安二十一年曹操征吴，三军多不愿行，遂下教戒严。贾逵直谏被曹操收狱。时"取造意者"，贾逵以造意出己著狱。狱吏以贾逵身为主簿不与教者复职，原复其职。	《三国志·魏书·贾逵传》注引《魏略》	《全三国文》作"原贾逵教"。
	曹操教云："昔夷、齐弃爵而饥夷叔，可谓愚蠢，孔子犹以为'求仁得仁'。畴之所守，虽不合道，但欲清高耳。即墨翟兼爱尚同之事，而老聃爱尚同之事，为复使令司隶以结绳之道也。外议虽善，吾不取也。"	《三国志·魏书·田畴传》注引《魏略》	田畴曾献计曹操击破乌丸，操以其功欲封畴亭侯，畴要辞不受。时有司劾畴狷介造道，宜免官加刑。故操下此教议畴罪。《全三国文》作"决议田畴让官教"。以上为赏罚类条教。
	建安十四年教："谢文约：卿始起兵时，自有所通，我所具明也。当早来，共匡辅国朝。"	《三国志·魏书·张既传》注引《魏略》	文约，韩遂字。谢文约，即告诫韩遂之意。"谢"字应是告诫某人某事类条教的起头辞，下引尚有"谢主簿"例。时韩遂与马腾反目，操欲引遂为己用，故下此教遣健为太守间行宣之。《全三国文》作"与韩遂教"。
	建安中袁谭败，其主簿李孚见曹操言："今城中强弱相陵，心皆不定，以为宜令新降为内所识信者宣传明教。"并向曹人宣教"各安故业"，曹操从李孚议，令人城宣教议。城中遂安。不得相侵陵。	《三国志·魏书·贾逵传》注引《魏略》	以上为招抚类条教。

第五章　魏条教考　391

续表

设条教者（凡20人）	条教内容或事例	出处	备注
	操征张鲁，使张辽等屯合肥以防孙权，又教与护军薛悌，署函边曰"贼至乃发"。后孙权围合肥，薛悌乃发曹操教，教曰："若孙权至者，张、李将军出战；乐将军守，护军勿得与战。"	《三国志·魏书·张辽传》	《全三国文》作"合肥密教"。教有军事命令的性质。
	建安二十一年操征吴。时有大霖雨，三军多不愿行。曹操恐众不从命而有谏者，下教曰："今孤戒严，未知所之，有谏者死。"	《三国志·魏书·贾逵传》注引《魏略》	时贾逵谏之，被收狱，见前引。《全三国文》"征吴教"。为行戒严而出教者晋末间多有，如刘峻《诫严教》等，见后引。以上为军事活动类条教。
曹操	①建安二十四年杨修"坐漏泄言教"，被曹操所杀。②杨修与曹植善，"每当就植，虑事有阙，忖度太祖意，豫作答教十余条，敕门下，教出以次答。"教裁出，答已入，太祖怪其捷，推问始验。③杨修为丞相主簿。修常白事，知当有反覆教，豫为答对数纸，以次缀之而行。教一日露数事，豫见白事，必教出纸吹乱，次第连答。已而风吹纸乱，修惧，其所白皆有理。公怒推问，修遂错误，然以次相别，而所白皆有理。公怒推问，修亦是修。终以被帝所诛。	①《三国志·陈思王传》注引《典略》②《三国志·陈思王传》注引《世语》③《世说新语·捷悟》注引《文士传》	操虽有意陷害杨修，亦修个性所致，知教不得泄露。又，《后汉书·杨修传》云："及操自平汉中，欲因讨刘备而不得进，欲守之又难为功，护军不知进止何依。操出教唯曰'鸡肋'，外曹莫能晓，修独曰：'夫鸡肋，食之则无所得，弃之则如可惜，公归计决矣。'乃令外白稍严，操于此回师。修之几决，多有此类。"是操与杨修之教多近诡异，今不可考。

续表

设条教者（凡20人）	条教内容或事例	出处	备注
曹操	贾逵为弘农太守。与典农校尉争公事，不得理，乃发愤生瘿，后所病遂忠，自启愿欲令医割之。太祖惜之，教曰："谢主簿：吾闻十人割瘿九人死。"	《三国志·魏书·贾逵传》注引《魏略》	此教与法无涉，但劝人就医谨慎，亦体恤之属。遂曾任丞相主簿，故言"谢主簿"。
曹丕	（丕）兰献赋赞述太子德美，太子报曰："赋者，言事类之所附也。颂者，美盛德之形容也。故作者不虚其辞，受者必当其实。兰此赋，岂吾实哉？昔吾丘寿王一陈宝鼎，何武等徒以歌颂，犹受金帛之赐。今赐兰等牛一头，又足嘉也。"	《三国志·魏书·后妃传》注引《魏略》	《类聚·储宫部·储宫》《全三国文》录作"答卞兰教"，是《魏略》所言"报"之也。下兰所上者即《赞述太子赋》，《类聚》《初学记》皆录其文，今不引。颂者，所以美圣王之德。丕嘉人赋颂，亦标已德化。
曹植	说灌均上事令：孤前令灌均所上孤章，及诏书一通，置之座隅，孤欲朝夕讽咏，以自警诫。	《御览·文部·诏》	前引蔡邕云："诸侯言曰教。"《隋志》云："诸王言教。"言教之曰教。公侯封郡县县严，境内称之曰第下。魏宗室王如教类，窃谓教令如教。今录之，时均为监国谒者，实曹丕眼线，所言章，诏书即丕罪责植之文，故植教实自警保身。《三国志·魏书·曹植传》载黄初三年（222）"监国谒者灌均希指，奏植醉酒悖慢，劫胁使者"，有司请治罪，《全三国文》作"写灌均所云事，即此令所云事"，作"写灌均所上事令"。

续表

设条教者 (凡20人)	条教内容或事例	出处	备注
曹植	毁鄄城故殿令:"鄄城有故殿名汉武帝殿,昔武帝好游行,或所幸处也。梁桷倾顿,栋宇零落,修之不成良宅,置之终于毁坏,故颇撤取,以备宫合。余时获疾,望风乘虚,卒得慌惚数日,后廖而坐安说,以为武帝魂神生兹疾病。此小人之无知,愚惑之甚者也。昔汤之隆也,则复馆无余迹。武之兴也,则殷台无遗基。周之亡也,则伊洛无只椽。秦之灭也,则阿房无尺椽。高祖汉道衰则建章章撤,灵帝崩则两观之魏不能全未央,孝明之神不能救德阳。天子之行在,必居名邦散土,则死有知,则甘泉有通亦当逍遥于华都,留神于旧室。则云阳九层之阁,足以绥神育灵天之台,而居灵于朽宅之谕?以生豢死则不然也。况于死者之无知乎?且至帝夫恋于时者,苑囿之修,大魏龙兴,明王顾宫阙之秦。况汉有咸阳则两树闾阖,平省以惠人。非复汉有,是以夷朱雀之西都,伊洛为魏之东京,故下县腐殿以狐狸之宿藏德阳而建泰极,今将撤坏以修殿合,恐无知之人,者乎。坐自生疑,故为此令,亦足以反惑而解迷焉。"	《词林·令》,第425页	《全三国文》收此令。植少居鄄城,黄初二年(221)封植为鄄城侯,次年晋为鄄城王。植拆除汉武帝殿行宫大殿时偶患小疾,人有妄论以为植拆殿得罪汉帝,故遭惩罚,故下此令以驳谬论,平息谣言。禅代之际,尺土虽"非复汉有",但人心无必难忘归魏,植废汉旧宫,亦有宣扬魏正统的政治合义。

续表

设条教者 (凡 20 人)	条教内容或事例	出处	备注
曹植	赏罚令：夫远不可知者天也，近不可知者人也。《传》曰："知人则哲，尧犹病诸。"谚曰："人心不同，若其面焉。"唯女子与小人为难养，近之则不逊，远之则怨。《诗》云："忧心悄悄，愠于群小。"自闲人从，或受宠而背恩，或无故而叛违，顾左右昕然怨怼。夫嘴者昨断其右，右手执者左手伤之。一身之中，尚有不可信，况于人乎。唯无深瑕潜衅，隐过匿怨，乃可以为人君。上行刀锯于左右，前后无其人也。谚曰："谷驾马不如养一騄"又曰："谷驾马庸夫无益卖。"乃知韩昭侯之藏弊袴，良有已也。役使臣无二者不足仁义化之，有可以恩惠驱者，此二者不足以道导之，乃当以刑罚使之。故尧舜至圣不容无益之子，汤武至圣不能养无益之臣，九折臂知为良医，吾知所以待下矣。诸吏各敬尔在位，孤推一概之平，功之宜赏，干疏必与；罪之宜戮，在亲不赦，此令之行，有若高日，于戏，群司其览之哉！	《词林·令》，第435—436 页	《类聚》引作"黄初五年令"。参下引令，曹植曾为王机、仓辑等所诬曰，"出人二载"，仍"吹毛求瑕，千端万绪"；后又"为监官在位"，亦以纷若"。是植告诫属吏"敬尔在事端"，明赏罚之公平，实不愿属吏滋生事柄，授人话柄。若属吏有何非法之举动，监官等人显然不会再"吹毛求瑕"，而是名正言顺归罪于植。是植教吏吏自爱，亦能助其已保身之故。

续表

设条教者（凡20人）	条教内容或事例	出处	备注
曹植	自试令：吾昔以信人之心，无忌于左右，深为东郡太守王机、防辅吏仓辑等任所谮白，获罪圣朝，身轻于鸿毛，而谤重于太山。赖蒙帝主天地之仁，违百寮之典议，舍三千之首戾，反我旧居，袭我初服，云雨之施，焉有量哉。机等吹毛求瑕，千端万绪，然终无可言者。反到雍，又为监官所举，亦以纷若，于今复三年矣，然卒归本于孤者，信心足以贯三军之神明也。昔罴李广武发石开，邹子囚燕中夏霜下，杞妻哭梁山为之崩，固精诚可以动天地金石，而况于人乎。今皇帝遥过鄙国，旷然大赦，与孤更始，欣笑和乐以欢孤，陨涕咨嗟以悼孤，丰赐光厚，名马充廐，驱牛塞路，孤以何德，刻以何功，而纳斯既？宠至不赀，蒙更以荣为感，何者？其人也。孤小人耳，深于细微，脱尔之感，一朝复覆也。故恐修吾德，守吾身，将以全座下厚德，究孤大马之年，此难能也。然孤固欲行众人之所难。《诗》曰："德輶如毛，人鲜克举之。"此之谓也。故为此令，著于宫门，欲使左右共观志焉。	《词林·令》，第443—444页	《三国志·魏书·文帝纪》载黄初六年(225)帝"行自谯过雍丘"。《三国志·魏书·陈思王传》载黄初六年帝"还过雍丘，幸植宫"。与今言"今皇帝遥过鄙国"相合，可证该令作于黄初六年，故《类聚》卷五四标作"黄初六年，(曹子建)责躬诗"以明志，实自诚与履薄冰，令诚以明志。又，《文选》(曹子建)《责躬诗》注引《全三国文》云："虽免大沐，得归本国。"可证言"旷然大赦，与孤更始"、"修吾任业"云云。是植求习业表，又《植令》"使左右共观志，其左右者实曹丕也。

续表

设条教者（凡20人）	条教内容或事例	出处	备注
曹植	令：谚云"相门有相，将门有将"。夫相者文德昭，将者武功烈。	《御览·人事部·谚》	《文选·(刘越石)答卢谌诗并书》《(陆机)行》注皆引令，缺"谚"文。《三国志·魏书·陈植传》载太和五年(231)植上疏陈审举之义，亦有"相门有相，将门有将。"夫相者，文德昭者也；将者，武功烈者也"云云。或植于国下令署吏曾用此语，上疏时复引。
何夔	建安六年"始制新科下州郡，又收租税绵绢。时长广太守何夔以郡初立，近以师旅之后，不可卒绳以法，上言'自袁乱已来，民人失所，今虽小安，然服教日浅。所领六县，疆域初定，加以饥馑，若一切齐以新科，恐或有不从教者不得不诛，则非观民设教随时之意也。愚以为此郡宜依远域新邦之典，使长吏临时随宜，上不背正法，下以顺百姓之心'。"	《三国志·魏书·何夔传》	夔请操许其"临时随宜"，暂缓"齐以科禁"，操所主张有"以为此郡宜依远域新邦之典，使长吏临时随宜"，虽不直承"观民设教"之旨，但揣通篇之议皆本"观民设教"之议，是其任所制当是上从正法，下顺民心之教。
高柔	柔为菅长，县中素闻其名，奸吏数人，皆自引去。柔教曰："昔邴吉临政，吏尝有非，犹尚容之。况此诸吏，于吾未有失乎！其召复之。"众人复还，皆自励而成佳吏。	《三国志·魏书·高柔传》	柔教亦与司马芝条教意合，皆恕人责己以化人之例。《全三国文》作"菅长教还引去吏"。

续表

设条教者 (凡20人)	条教内容或事例	出处	备注
袁涣	谷熟长吕岐遣朱渊、爰津受学,归后,署朱师友祭酒,爰决疑祭酒。但朱、爰却各归家,岐欲杀二人,爰却非之。主簿孙徽等以为"渊等罪不足死,不可长吏无专杀之义,孔子称唯器与名,不可以假人。"谓之"教勿劾",其罪不可以训"曰:"主簿以不请为罪,此则然矣。谓渊等罪不足,夫师友之名,古今有之。然有君之师友,有士大夫之师友。夫君置师友之官者,所以敬其臣也。今论其罪而加于刑焉,斯失之矣。非失类也。主簿取弟子毁师之名,加君诛臣之实,故不必偭其事,犹惑未也,而反长世之乱,不亦谬乎!"	《三国志·魏书·袁涣传》	《全后汉文》作"与主簿孙徽等教"。涣以吕岐虽有擅杀之举,但重其毁师之名有失经权,亦损尊君卑臣之道,故不弹劾。所言"不必偭常,将有权"正是地方长官观时设教的体现。本传又云涣任梁相,每"为政崇教训,恕思而后行,外温柔而内能断";敕诸县"务存鳏寡高年,表异孝子贞妇"。则涣条教多褒扬之文。
司马芝	黄初中为河南尹,抑强扶弱,禁绝私请不行,其官属乃至亲戚惧其威严不敢因事相请。司马芝为教与群下曰:"盖君能设教,而不能使吏必不犯也。吏能犯教,而不能使君必不闻也。夫设教而犯,君之劣也;犯教而闻,吏之祸也。君劣于上,吏祸于下,此政事所以不理也。可各勉之哉!"	《三国志·魏书·司马芝传》	《全三国文》作"与群下教"。芝历甘陵、沛、阳平二太守,所在皆有绩,其条教当不独此条,听讼二条,设教禁防,不能绝人为犯,芝不独责犯者,而明"君之劣",最得设教之意。

续表

设条教者 (凡20人)	条教内容或事迹	出处	备注
司马芝	门下循行尝疑门干盗簪，干辞不符，曹执为狱。芝教曰："凡物有相似而难分者，自非离娄，鲜能不惑。就其实然，循行何忍重惜一簪，轻伤同类乎！其寝勿问。"	《三国志·魏书·司马芝传》	《全三国文》作"门干盗簪辞不符下教"。芝断罪时有不以鼠损人之教，皆宽恕体谅，颇与某同，见后引。
苏则	则建安时为金城太守。是时丧乱之后，吏民流散饥穷，户口损耗，则抚循之甚谨。外招怀羌胡，得其牛羊，以养贫老。与民分粮而食，旬月之间，流民皆归，得数千家。乃明为禁令，有干犯者辄戮，其从教者必赏。	《三国志·魏书·苏则传》	则所制禁令守人称之"从教"，知其亦有条教类。故《册府元龟·牧守部·条教》亦收此条。
贾逵	①王凌"与司马朗、贾逵友善，及临兖，继其名迹"。②王沈为豫州刺史。"探寻善政，诸所施行，咸悦道教，移风易俗。"来法制禁令，条贯甚有伦理，择善者而从之……于是兖、豫之士，……。	①《三国志·魏书·王凌传》②《三国志·魏书·王沈传》	逵曾任豫州刺史。凌、沈先后继之。凌、沈皆循贾逵条教(见下引)，又循逵治条教令可知，则逵在豫州曾设条教。又，《三国志·魏书·贾逵传》云"其治务宽惠"，"云朗不犯禁"，"政化大行，百姓称之"。迁兖州刺史，或朗曾继为条教。
王凌	黄初时，凌为青州刺史，"布政施教，赏善罚恶，甚有纲纪，百姓称之，不容于口。……始至豫州，进先贤之士，求未显名，甚有条教，意义甚美。及临兖，贾逵友善，继其名迹。	《三国志·魏书·王凌传》	敬贤求士，"各有条教"，此皆为某一专一事设教。"意义甚美"，应指其条教文理可观。

续表

设条教者（凡20人）	条教内容或事例	出处	备注
王基	基为荆州刺史。明制度，整军农，兼修学校，南方称之。	《三国志·魏书·王基传》	本传云："时青土初定，刺史王凌特表请基为别驾……凌流称青土，盖亦由基协和之辅也。"是王凌治郡，基有辅助功，则凌请严威惠，基当晓知。又云基任安丰太守，"为政清严有威惠，明设防备，敌不敢犯"。陈寿赞基"学行坚白，持之弥纯"，时之良臣，皆掌统方任。观基事迹，称著绩。可谓国之良臣，时之彦士矣。又，寿明言而其于荆州所明"制度"，或有条教之类"出为安丰太守，敷崇惠训，典刑惟明"[1]。《东武侯王基碑》云基太守治绩。
卢毓	广平太守卢毓到官三日，纲纪白承前致版谒斫。毓教曰："张先生所谓上不事天子，下不友诸侯者也。此版谒所可光饰哉！"但遣主簿奉书致羊酒之礼。	《三国志·魏书·管宁传》	张先生即郡人张斫。《全三国文》作"致礼张斫教"，令其礼敬纲纪即主簿，是该教下于主簿，张斫。

---

[1] 该碑景元二年立于洛阳，清乾隆初年出土，孝出土，现存河南洛阳古代艺术馆。笔者据网上所见民国旧拓释文，http://www.qyx888.com/thread-79159-1-1.html。

续表

设条教者（凡20人）	条教内容或事例	出处	备注
王肃	正始年间，肃任广平太守，教下县曰："前在京都，闻张子明，来至问之，会其已亡，致捕惜之。此君笃学隐居，不与时竞，以道乐身。昔缝掖老人屈在泥涂，诸侯用睦。愍其耆勤好道，而不豪荣，书到，遣吏劳问其家，显题门户，务加殊异，以慰既往，以劝将来。"	同上	《全三国文》作"广平太守下教问张臻家"。两任太守均褒敬张家，可证条教之设有继承性。
夏侯玄	玄世名知人，为中护军，拔用武官，参戟牙门，无非俊杰，多牧州典郡，立法垂教，于今皆为后式。	《三国志·魏书·夏侯玄传》注引郭颁《世语》	颁为晋人，言"于今皆为后式"，是知玄虽浮华之徒，但于魏制构建仍多贡献，护军能设教，下引王羲之亦行此道。
王观	明帝时观为涿郡太守，"涿北接鲜卑，数有寇盗"，时诏书使郡县条为剧、中、平，主者欲言郡为中平，观教诸外房，数言寇害，云何不为剧邪？'主者曰：'若郡为外剧，恐于明府有任子。'观曰：'夫君者，所以为民也。今郡在外剧，则于役条当有降差，岂可为太守之私而负一郡之民乎？'"	《三国志·魏书·王观传》	时被列人外剧郡者，郡守须送子质任，但郡民徭役能得减免。观不行诈伪，故有《礼记》"教也者，长善而救其失也"，此郡民虽无失而有祸，郡守救之，亦其教也。虽教郡主者（主簿），实教郡民。《全三国文》作"下涿郡教"。

续表

设条教者（凡20人）	条教内容或事例	出处	备注
杜畿	畿为河东太守。"时天下郡县皆残破，河东最先定，少耗减，崇宽惠，与民无为。民尝辞讼，有相告者，畿亲见为陈大义，遣令归谛思之，若意有所不尽，更来诣府。"乡邑父老自相责怒曰："有君如此，自是少有辞讼。班下属县，顺孙、贞妇、孝子，复其繇役，随时慰勉之。渐课民畜牸牛、草马，下逮鸡豚犬豕，皆有章程。百姓勤农，家家丰实。畿乃曰：'民富矣，不可不教也。'于是冬月修戎讲武，又开学宫，亲自执经教授，郡中化之。"	《三国志·魏书·杜畿传》	畿所制章程即条章，条教之属。《杜畿传》注引《魏略》云："博士乐详，由畿而升。至今河东特多儒者，则畿之由矣。"是河东儒风实得畿条教之助。
郑袤	明帝时袤为广平太守。"以德化为先，善作条教，郡中爱之。"	《晋书·郑袤传》	本传云袤为黎阳令，吏民悦服，"太守班下属城，特见甄异，为诸县之最。……转济阴太守，下车崇俭，表孝悌，敬礼贤能，兴立庠序，开诱后进"，魏郡，百姓蒙惠化。且户子家称于阳平，王子雍继踵此郡，使世不乏贤，复相属。"贤叔继即表叔袤。卢子家即卢毓，王子雍即王肃。卢、王表教前已引，是袤治广平亦能追其治绩。	《晋书·郑袤传》

续表

设条教者 （凡20人）	条教内容或事例	出处	备注
王思	思正始中为大司农，年老目暗，又少信。时有思父病笃，近在外舍，自白求假。思疑其不实，发教曰："世有思妇病母者，此谓乎？"遂不与假。吏父明日死，思无根意。其为刻薄如此。	《御览·治道部·急假》引《魏志》	今本《三国志·魏书·梁习传》注引《魏略·苛吏传》"发教"作"发怒"。今通行《三国志》有百衲本，武英殿本。百衲本是据南宋绍兴、绍熙两种刻本配合影印，但《御览》成于北宋太平兴国年，其所引者版本早于南宋刻本，故从《御览》文。思苛吏之属，故其教亦不通人情。
王沈	①沈字处道，迁豫州刺史，黜驾奸邪，举遗也。别驾主簿奉行，九郡施行。②沈出豫州刺史，下教曰："自古圣贤，乐闻诽谤谣之语。故令有可录之事，负薪庙廊之言，至镇，乃下教曰："自古圣贤，乐闻诽谤谣之语。听舆人之论，今荒土未辟，庶及士庶，故令逆耳之言，岂未明虚心，故令百姓有疑。其宣下属城及士庶，若能举遗言者勿疑。其宣下属城及士庶，若能举遗逸于林薮，黜奸佞于州国，陈长吏之可否，说百姓之所患，兴利除害，损益政令，说刺史吏之得失，谓之可否，若达一至之言，给谷五百斛。若刚柔得适者，令如旧制。朝政宽猛，明如冠日。"主簿陈、敞、褚隆言，伏用感叹。劳谦之戒，近未有。愚谓教曰：思闻古言，极谏之辞，近无不应。诚得失之事，将未有也。今使教命班下，示以赏劝，将恐拘介之士，或惮赏而不言；贪赖之人，将	①《书钞·设官部·刺史》"教施九郡"条引王隐《晋书》 ②《晋书·王沈传》	唐修《晋书》采王书，是"别驾主簿奉行，九郡施行"一句当在"明如皎日"后。按唐修"平蜀封建"一句当在"明如皎日"后。按唐修"平蜀封建"事前，则其下教答系在景元元年间，沈下教或在为豫州刺史，黜奸邪于汉为豫州刺史，黜奸邪于国，教云："为我答能逸五百斛"。"给谷五百斛"，汉魏逸于林薮，黜奸佞于州国……给谷五郡，所言九郡，即豫州所辖。条教之承袭，此可证。又，沈下教答能举遗逸于州国，复数"若能举遗逸于州国，给谷五百斛"，汉魏条教之承袭，此可证。

续表

设条教者(凡20人)	条教内容或事例	出处	备注
	慕利而妄举。赏不合宜,赏不虚行,则远听者未知否之所在,徒见赏之不用,谓设有而不行。愚以告下之事,可小须后。"		
王沈	沈又教曰:"夫德薄而位厚,功轻而禄重,贪夫之所徇,高士之所不处也。若陈至言于刺史,兴益于本州,达幽隐之贤,去祝鮀之佞,立德于上,受分于下,斯乃君子之操,何不言之有!直言至理,忠也。惠加一州,仁也。功成辞赏,廉也。兼斯而行,仁智之事,何故怀其道而迷其国哉!"褚絜复白曰:"尧、舜,周公所以能致忠谏者,以其款诚之心著也。冰炭不言,而冷热之质自明者,以其有实也。若好忠直,如冰炭之自然,则谔谔之臣,将济济而盈庭;逆耳之言,不求而自至。若德不足以配唐虞,明不足以并周公,实不可以同冰炭,虽悬重赏,忠谏之言未可致也。昔魏绛由和戎之赐,蒙女乐之赐,管仲有兴齐之勋,而加上卿之礼,功勋明著,悬劝吊赏以劝能之,未闻张重赏以待谏臣,遂从絜议。求尽其言也。"沈无以夺之,	《晋书•王沈传》	从沈与陈、褚的讨论可见其言对悬赏求谏一事尚持不同态度,而陈、褚以德求言的观点也为沈所纳。据此知,郡守设教虽多对主簿而发(诸多例皆可证出主簿对郡守所有建议,但主簿对设教亦有建议,非盲从郡守所言。陈、褚不从不善教,沈"无以夺之",实嘉其忠直而采善教,下例可证。

续表

设条教者（凡20人）	条教内容或事例	出处	备注
	沈探寻善政，案贾逵以来法制禁令，诸所施行，择善者而从之。		贾逵以来法制禁令，即前任豫州刺史条教，尚有出王凌者，前引已揭。条教之设，本因地宜顺人情，前人既立，民亦渐习行之，沈循旧制不尽废，亦安民心之举。弈不善条教非谓贾逵诸人设教不当，是沈善用经权也。
王沈	沈又教曰："后生不闻先王之教，而望政道日兴，不可得也。文武并用，长久之道也。俗化陵迟，不可不革。革俗之要，实在敦学。昔原伯鲁不悦学，闵马父知其必亡。将吏子弟，优闲家门，若不教之，必致游戏，伤毁风俗矣。"于是九郡之士，咸悦道教，移风易俗。	《晋书·王沈传》	
阮籍	①晋文帝亲爱籍，恒与谈戏，不迫以职事。籍常从容言于帝曰："平生曾游东平，乐其土风，愿得为东平太守。"文帝悦，从其意。籍便骑驴径到郡，皆坏府舍诸壁障，使内外相望，法令清简。旬日便复骑驴去。②文帝辅政，籍尝从容言于帝曰："籍平生曾游东平，乐其风土。"帝大悦，即拜东平相，籍乘驴到郡，坏府舍屏鄣，使内外相望，法令清简，旬日而还。	①《世说新语·任诞》注引《文士传》②《晋书·阮籍传》	教令清宁，法令清简，《类聚·兽部·驴》引《文士传》作"教令清当，当善籍条教清约，非繁碎失大体者。

续表

设条教者（凡20人）	条教内容或事例	出处	备注
	晋宣帝教曰：今日当将作四千人，东为三军营牌垒，又当将斧三百枚，破树作木鹿角，塞诸邮漏处。	《御览·兵部·鹿角》	以下三例皆征伐之属。
司马懿	晋宣帝教曰：当教诸围上守士皆作桔，人一具，轻重长短者，各各可守，皆当头施纫挂膏，贼重破，死在旦夕。邂逅突围，当以桔之。	《御览·兵部·桔》	
	晋宣帝杂教云：当预作太平木屐遂践，时有蒺藜屐著展行，蒺藜悉著屐底。	《御览·服章部·屐》	《晋书·宣帝纪》载，时诸葛亮逝于五丈原，蜀秘不发丧，整军后撤，懿不知其事，仍发兵追之，又记"关中多蒺藜懿，帝使军士二千人著软材平底木屐前行，蒺藜悉著屐，然后马步俱进"。可证此教。
司马昭	晋文王教云：嵇康学生三千人上书请（嵇）康为博士。	《书钞·设官部·学士》"上书请嵇康"条引王（隐）《晋书》	此教疑有阙文。《晋书·嵇康传》云康临刑，"太学生三千人请以为师，弗许"。所请者皆昭，则王书所引教即"弗许"之言，或列康之罪。

三、魏条教之流——蜀吴晋南北朝条教辑考

蜀吴晋南北朝条教,皆承汉魏,不忍弃之,故附于此。于宏观处,有助于了解条教在汉唐间演变,特别是儒家治化之道;于细微处,也可察明条教形式,内容变迁(见表51)。

表51 蜀吴晋南北朝之条教

设条教者凡71人	条教内容或事例	出处	备注
蜀·诸葛亮	作人务,七戒,六恐,五惧,皆有条章,以训厉臣子。	《三国志·蜀书·诸葛亮传》注引《魏氏春秋》	条章即训诫属下条教之谓。
	教:"将军来敏对上官显言'新人有何功德而夺我荣贵与之邪?诸人共憎我,何故如是?'敏年老狂悖,生此怨言。昔成都初定,议者以为来敏乱群,先帝以新定之际,故遂含之,无所礼用。后刘子初礼而不忍于大子家令,吾暗于知人,遂复擢为将军祭酒,违议者之审见,背先帝所疏外,自谓能以教厉薄俗,帅之以义。今既不能,表退职,使闭门思愆。"	《三国志·蜀书·诸葛亮传》注引《亮集》	来敏多次被免官,皆因言语不节,举动违常,时坐事来敏教"。《全三国文》作"要来敏教"。
	亮教蒋琬为茂才,琬固让。亮教答:"思惟背亲舍德,以丞百姓,众人既不解于心,实又使远近不解其义,是以君宜显其功举,以明此选之清重也。"	《三国志·蜀书·诸葛亮传》	

续表

设条教者凡71人	条教内容或事例	出处	备注
蜀·诸葛亮	亮教与群下："夫参署者，集众思广忠益也。若远小嫌，难相违覆，旷阙损矣。违覆而得中，惟徐元直处兹不惑，又董幼宰参署七年，事有不至，至于十反，来相启告。苟能慕元直之十一，幼宰之殷勤，有忠于国，则亮可少过矣。"又曰："昔初交州平，屡闻得失，后交元直，勤见启诲，前参事于幼宰，每言则尽，后从事于伟度，数有谏止。虽姿性鄙暗，不能悉纳，然与此四子终始好合，亦足以明其不疑于直言也。"	《三国志·蜀书·诸葛亮传》	此教求众人直言诮过。《御览·职官部·府参军》引作"与参军掾属教"。《全三国文》作"与群下教"，文不全。
	亮与李子丰教："吾与君父子勠力以奖汉室，此神明所闻，非但人知之也。表都护典汉中，委君于东关者，不与人议也。昔楚卿屡绁，亦乃克复，思道则福，思祸则楚，应自然之数，不可虚感动。愿寝疴瘳护，勤崇降前，今虽解任，形业失故，奴婢宾客百数十人，君以中郎参军居府，方之气类，犹为上家。若都护思负一意，君可公瑒推心从事者，否可复通，逝可复还也。详思斯戒，勿违吾言，临书长叹，涕泣而已。"	《三国志·蜀书·诸葛亮传》	建兴九年蜀北伐，李平坐督运事稽留，又坐诬罔，被废为民。习凿齿论云："诸葛亮之使廖立垂泣，李平致死，岂徒无怨言而已哉！……诸葛亮可谓能用兵矣，自秦、汉以来未之有也。"[1] 诸葛化李丰之怨，实用德教也。

[1]《三国志》卷四〇《蜀书·李严传》注引，595。

续表

设条教者凡71人	条教内容或事例	出处	备注
	教：昔孙叔敖乘马三年，不知牝牡，称其贤也。	《类聚·兽部·马》	《孙叔敖庙碑记》记："其忧国忘私，乘马三年，不别牝牡。"……《类聚·兽部》"乘马三年，不知牝牡，"曾国权笼，而不荣华。《鬻子》引"董仲舒勤学，三年不窥园"云："此即诸葛之典，借以诫属僚为官勤事敬业。
	教张君嗣：去妇不顾门，萎韭不入园。以妇人之性，草菜之精，犹有所耻；想忠壮者，意何所之？	《御览·菜茹部·韭》	张君嗣即张裔。被弃之妇不再回夫家，被割后枯后萎的韭菜不能再种，皆因其有羞耻之心。亮引为喻，是欲弃用张裔。
蜀·诸葛亮	教：若贼骑来至徒行以战者，陟岭不便，宜以车蒙陈而待之。	《书钞·武功部·阵》"以车蒙阵而待之"条	以下诸条教皆军事行动、物资之类。
	教：若贼骑左右来至，徒从行以战者，陟岭不便，宜以车蒙陈而待之。地狭者，宜以锯齿以锯齿之。	《书钞·武功部·阵》"地狭者以锯齿而待之"条	
	教：百步作乜首五百枚以给骑士。	《书钞·武功部·乜》"乜首五百"条	

续表

设条教者 凡71人	条教内容或事例	出处	备注
蜀·诸葛亮	①教：前后所作斧，都不可用。前伐鹿角，坏刀斧千枚，赖贼已走，同自令作部刀斧数百枚，用之百余日，初无坏者。尔乃知彼主者无意，宜收治之。此非小事也，若临敌，败人军事矣。②教：前到武都一日，鹿角坏刀斧千余枚，赖贼已走。若未走，无所复用。	①《御览·器物部·斧》 ②《御览·兵部·鹿角》	《全三国文》皆作"作教"。此教是督励有关官吏提高武器制造质量。
	转教：计一岁运，用蓬旅簟十万具。	《御览·服用部·簟》	《说文》云："转，运也。"《史记·项羽本纪》索隐云："车运曰转，水运曰漕。"转教当是针对后勤物资转运制度而设，故名转。
	敕作部皆作五折钢铠，十折矛以给之。	《御览·兵部·矛》引《诸葛亮集》	以下两条，《全三国文》皆引作"教"，观其文，亦督励武器制造、转运物资之属。
	今民贫国虚，决敌之资，惟仰锦耳。	《御览·布帛部·锦》引《诸葛亮集》	
	亮辟姚伷为掾，称曰："忠益者莫大于进人，进人者务各其所尚。今姚掾并存刚柔，以广文武之用，可谓博雅矣，愿诸掾各希此事，以属其望。"	《三国志·蜀书·杨戏传》	此资料所引亮言，《全三国文》作"称姚伷"。清张澍辑《诸葛忠武侯文集》作"称姚伷教"。姑附于此。

续表

设条教者凡71人	条教内容或事例	出处	备注
蜀·诸葛亮	或劝亮更发兵者，亮曰："大军在祁山、箕谷，皆多于贼，而不能破贼为贼所破者，则此病不在兵少也，在一人耳。今欲减兵省将、明罚思过，校变通之道于将来。若不然者，虽兵多何益。自今已后，诸有忠虑于国，但勤攻吾之阙，则事可定，贼可死，功可足而待矣。"	《三国志·蜀书·诸葛亮传》注引《汉晋春秋》	时蜀军北伐，以赵云箕谷，以马谡攻街亭，亮率军驻祁山，兵力有所分散，故有人劝亮加兵。"亮曰"云云，《全三国文》作"劝将士勤攻己阙教"。姑附于此。
蜀·雍闿	益州郡杀太守正昂，耆率雍闿恩信著于南土，使命周旋，远通孙权。乃以（张）裔为益州太守，径往至郡，闿遂趑趄不宾，假鬼教曰："张府君如瓠壶，外虽泽而内实粗，不足杀，令缚与吴。"于是遂送裔于权。		《全三国文》作"假鬼教"。假皇，隐密不测也，是时雍闿叛蜀归吴，故诈作教。
吴·吾粲	粲为会稽太守，辟处士谢谭为功曹，粲教："夫应龙以屈伸为神，凤皇以嘉鸣为贵，何必隐形于天外，潜鳞于重渊者哉?"	《三国志·吴书·吾粲传》	时谭以疾不从命。

续表

设条教者凡71人	条教内容或事例	出处	备注
晋·司马攸	攸迁骠骑将军。常叹公府不案吏，然以董御政事，复有威克之宜，乃下教："夫王政之世，明罚敕法，以正通慢。扰须督责，鞭扑作教。前欲撰次其事，使粗有常。惧烦简之宜，未审其要，故令刘、程二君详定。然思惟之，仲尼讥之，郑铸刑书，叔向不惠。范宣议制，其常节度所不及者，随事处夺。诸吏各竭乃心，思赖股肱匡救之节，无有所阙，以隆济古人之规。如有所负，于是内外祗肃。"	《晋书·齐王攸传》	《汉书·丙吉传》载："掾史有罪臧，不称职，辄予长休告，终无所案验。吉曰：'夫以三公之府有案吏之名，因入代吉，'后人代吉，公府不案吏，自吉始。"《后汉书·马援传》载中丞马严因冬有日食之灾上封事云："旧丞相、御史亲治职事，唯丙吉以年老优养，不案吏职，于是宰府习为常俗，更共建官养，以崇虚名，或未晓其理，便复迁徙，诚非建官赋禄之意。官署正百司，各责以事，州郡所举，必得其人。若不如言，裁以法令。"时章帝从严之议，则知汉曾废丙吉故事，至司马攸"叹公府不案吏"，知魏晋仍有人循丙吉故事，攸早有改制之意，此即下教初成"令皆遵行如旧，无所增损"。据《全晋文》"今皆不案吏之制，人多不能用"标"下教诸吏慎刑"，失该教意旨。
晋·唐彬	彬为雍州刺史。下教："此州名都，士人林薮。处士皇甫申叔、严舒龙、姜茂时、梁子远等，并志节清妙，履行高洁。践境增望风，虚心饥渴，思加延致，待以不臣之典。幅巾相见，论道而已，岂以吏职，屈其高规。郡国备礼发遣，以副于邑之望。"	《晋书·唐彬传》	时皇甫申叔等人从辟，举遗逸名士，表扬往行，所以崇贤垂训，厚德兴教，自汉以来地方长官多为之设教。

续表

设条教者凡71人	条教内容或事例	出处	备注
晋·刘弘	①时朝廷欲以襄阳太守皮初为荆州刺史刘弘女婿夏侯陟代皮初为襄阳太守。弘下教曰："夫统天下者，宜与天下一心；化一国者，宜与一国为一。若必姻亲然后可用，则荆州十郡，安得十女婿然后为政哉！"乃表"陟姻亲，旧制不得相监，皮初之勋宜见酬报"。②弘曰："夫统天下者当与天下同心，治一国者当与一国推实，吾统荆州十郡，安得十女婿，然后为治哉。" 旧制，峣方二山泽中不听百姓捕鱼。弘下教制，"礼，名山大泽不封，与共其利。今公私并兼，百姓无复厝手地，当何谓邪！速改此法。" 教：酒室中云齐中酒、听事酒、猥酒，同用曲米，而优劣三品，自今不得分别。	①《晋书·刘弘传》 ②《三国志·魏书·刘馥传》注引《晋阳秋》 《晋书·刘弘传》	时从弘之议，以皮初为襄阳太守。《晋阳秋》"教"不言"教"，略文而已。《晋书》本云弘"劝课农桑，宽刑省赋，岁用有年，百姓爱悦"。宁款密，所以人皆感悦，争赴之，咸曰："得刘公一纸书，贤于十部从事。"知其所下教甚有其理，人亦欣从其教，即"一纸书"之"兴废"也。 魏晋以来，豪强占据山川湖泽，多所掠夺。弘开山泽之禁，与民共利，其教即富民之策。《全晋文》作"下荆部教"。 《说郛》卷六六引《酒谱》云："晋时荆州公厨有斋中酒、厅事酒、猥酒，优劣三品，始命合为一，不必分别，人伏其平。"末末脱《酒经》云："昔人有斋中贤、厅事酒、清浊不同，《晋书》"齐中酒"或为"斋中酒"之误。知酒有三品，斋中酒是祭祀及祭祀前斋戒用酒，酒之上者。厅（听）事酒应酬之酒。猥酒则是酒之劣者。弘统三酒于一，与复民同甘，以绝酒品争议，平人心。《全晋文》作"下荆部教"。

续表

设条教者凡71人	条教内容或事例	出处	备注
	教：录事参军，务举善弹非，令史亦各随职事修习也。	《书钞·设官部·录事参军》"举善弹非"条引	《全晋文》作"下荆部教"。《书钞·设官部·录事参军》"举直错枉"条引干宝《司徒仪》云："参军，掌举直错枉也。"《南齐书·百官志》载："晋世王导为司徒，右长史干宝撰立官府职仪已具。"《司徒仪》即此书。弘参军与干书同，皆对司徒参军职仪的规定。干书成于刘弘等人已设之前，如刘弘等人已设相关制度。
晋·刘弘	教：太康以来，天下无虞，遂共尚无为，贵谈庄老，少有说事。外托无载，内但共谈笑，令既同舟而载，安可不人人致力耶？	《御览·职官部·郡参军》	《文选·(干令升)晋纪总论一首》注引干宝《晋纪》亦引，文不全。此教是针对官场玄风而发。《全晋文》作"下荆部教"。
	①教：将士寒穷者，皆本部为之增给一韦袍。 ②教：将士寒穷者给一韦袍，复帽。	①《书钞·衣冠部·袍》"给将士韦袍"条 ②《御览·服章部·袍》引	《晋书》本传云弘"尝夜起，闻城上持更者叹声甚苦，遂呼省之。兵年过六十，羸疾无襦，弘愍之，乃谪罚主者，遂给韦袍复帽，转以相付。"此即设条教之由。《全晋文》作"与督将教"。
	教：录事巫卫，忠清厉节，衣食不充。赐单复衣各一，旦恒令厨食，给其家各三百斛。诸吏宜见贤思齐。	《御览·人事部·清廉》	《全晋文》作"给赐巫卫教"。

续表

设条教者 凡71人	条教内容或事例	出处	备注
晋·刘弘	教：吾昨四鼓中起，闻西城上兵咳声甚深，即呼省之。年过六十，羸病无襦，而督将差以持时，备不虞耳。此既无所防捍，又老病羸冻，不隐恤，必致死亡，督将岂可乃尔耶？	《御览·疾病部·咳嗽》	《全晋文》作"与督将教"。以上三条皆恤吏之教。
晋·傅咸	司隶教：闻南方有蜀姬，作茶粥卖，廉事欧其器具。无为，又卖饼于市。以困蜀姥何哉。	《御览·饮食部·茗》	《书钞·酒食部·粥》"廉事打破器物"条亦引，文不全。《全晋文》作傅咸"司隶校尉教"。南市即洛阳南市，廉事即市吏之属。咸恤蜀妪劳苦，妪廉事人于市卖妄为，故改出此教。此教当有下文，故南北市又当有明文禁止。
	教云：司隶校尉，旧号卧虎。诚以举网而万目理，提领而众毛从也。	《书钞·设官部·司隶校尉》"旧号卧虎"条引《傅咸集》	此教应是咸为司隶校尉所下。咸释其意，是重其督查之责，欲人皆守法不犯其教。据《晋书》本传云咸"风格峻整，识性明悟，疾恶如仇"，其为司隶校尉不畏强权，纠举不法。
	犀牛，酤酒，凿钱作钖，皆有损害。	《御览·资产部·屑》引《傅咸集》	《全晋文》引作"又教"，置在以上二条后，似以其属咸司隶校尉教。
晋·司马睿（晋元帝）	永嘉末睿镇建邺，教曰："王佑三息始至，名德之冑，并有操行，宜蒙饰叙。旦可给钱三十万，帛三百匹，米五十斛，亲兵二十人。"	《晋书·王湛传》	时晋北军中候王佑三子皆避乱渡江。

续表

设条教者 凡71人	条教内容或事例	出处	备注
晋·司马睿 （晋元帝）	睿为丞相，教曰："今大又颓替，礼典无宗，朝廷滞义莫能攸正，宜特立儒林祭酒官，以弘其事。处士杜夷栖情遗远，确然绝俗，才学精博，道行优备，其以夷为祭酒。"	《晋书·杜夷传》	此教与下引华轶教同，或轶为刺史先下教，上报朝廷时司马睿又重下教。
晋·司马昱	昱为抚军时，有参军见鼠白日行，以手板批杀之，抚军意色不说。门下起弹，教曰："鼠被害，尚不能忘怀，今复以鼠损人，无乃不可乎？"	《世说新语·德行》	昱所教者，存宽恕也。
晋·华轶	轶为江州刺史。虽逢丧乱，每崇典礼，置儒林祭酒以弘道训，下教曰："今大又颓替，礼典无宗，朝廷滞议，莫能攸正，宜特立此官，以弘其事。军谘祭酒杜夷，栖情玄远，确然绝俗，酒以慨然，道行优备，其以为儒林祭酒。"	《晋书·华轶传》	本传云轶"在州甚有威惠，州之豪士接以友道，得江表之欢心，流亡之士赴之如归"。人心归向，是崇儒所致。《全晋文》作"置儒林祭酒教"。
晋·周馥	教曰：参军杜夷，优游养素。	《文选·诗·（谢宣远）戏马台送孔令诗》注引王隐《晋书》	《晋书·杜夷传》云："镇东将军周馥，倾心礼接，引此教为辟举杜夷所下。"

续表

设条教者 凡71人	条教内容或事例	出处	备注
晋·刘陶	刺史刘陶告庐江郡曰："昔魏文侯轼干木之闾，齐相曹参尊盖公，皆所以优贤表德，教励末俗。征士杜君德懿行洁，高尚其志，顷其道离流路，而史表任，不能崇饰有道，而使高操之士有此艰屯，今遣吏宣慰，郡可遣一吏、县五吏，恒营恤之，常以市租供给家人粮禀，勿令阙乏。"	《晋书·杜夷传》	杜君即杜夷。《全晋文》作"告庐江郡教"。时陶为扬州刺史，观其"告""教"语与诸碑举杜夷条教意旨相合，今存之。
晋·周顗	荆州刺史周顗以杜机为参军事，出教曰：杜参军职守真直，耽学乐道。	《书钞·设官部·公府舍人》"耽学乐道"条引《晋书》	唐修《晋书》无此文。
晋·王导	咸和中丞相王导教："卫洗马明当改葬。此君风流名士，海内所瞻，可修薄祭，以敦旧好。"	《晋书·王导传》	王导之教，后人多称王丞相教。卫洗马即卫玠。《全晋文》作"祭卫玠教"。
	教：治中张称、在朝诚亮，可补别驾。	《书钞·设官部·别驾》"在朝诚亮"条	以下诸教皆举才。
	以顾和为别驾，教曰：护军长史顾和，体治平实，宜得其才，以为别驾矣。	《书钞·设官部·别驾》"宜得其才"条引《王丞相集》	

续表

设条教者 凡71人	条教内容或事例	出处	备注
晋·王导	教：丹阳从事陈器局弘正，可转主簿；吴兴从事谢鸾，才干正直，可转西曹。	《御览·职官部·从事》引《王丞相集》	洽为王导子。太伯，吴国开创者，故祀之。《晋书》本传云洽曾任吴郡内史，则该教为任上所下。对太伯庙"筹量修护，使有常制"，虽针对专事而下教，但因庙宅受损不能预见，这种不确定性使得修护工作不能事毕而止，而需要形成"常制"，条教明确定性与效力于此可见。此教其他文献不载。
晋·王洽	修太伯庙教：太伯既至德高让，风流千载，加端委而大造于吴。而仪行所殊非礼贤达，殆同逆旅，便可筹量修护，使有常制。	《词林·教四》，第461页	
晋·虞溥	除鄱阳内史。大修庠序，广招学徒，移告属县曰："学所以定情理性而积众善者也。情定于内而行成于外，积善于心而名显于教，故中人之性随教而移，万里同轨，熙熙同道素，今四海一统，宜崇尚道素，咸休息乎太和之中，光扬盛化。"条制。于是至者七百余人。	《晋书·虞溥传》	《元龟·牧守部·条教》引此[1]。按，溥"移告属县""乃具为条制"，则"条教"当属修文，又言"条制"。本传云溥涉兴教学之类，风化大行，此可证。

[1]"于是至者七百余人"文后，《元龟》又接引以"溥乃作诰以奖训之，曰"以下云云，"诰"当自成一类文体，归入条教不妥，兹不录。

续表

设条教者凡71人	条教内容或事例	出处	备注
	晋永和中庾亮在武昌开置学官。教曰："人情重文而轻逸，好逸而恶劳。学业致苦，而禄答者多，由捷径之可用心。……今使三时既务，五教并修，军旅用心。姐豆无废，岂非善者哉！便处分安学校处所，筹量起立讲舍。参佐大将之弟，悉令入学，吾家子弟，亦令受业。四府博学经纶者，建儒林祭酒，使班同三署，厚其供给；皆妙选邦彦，必有其宜者，以充此举。近临川、临贺二郡，并求复学校，可下听之。若非束修之流，礼教所不及，而欲阶缘免役者，不得为生。明为条制，令法清而人贵。"	《宋书·礼志》	言"明为条制"，是将崇学之教设为制度。亮之重学，不仅限于江左，已化及临川、临贺这些岭外之地。兴修地方官学也是地方长官条教的重要内容。
晋·庾亮	驰故江州刺史王敦像赞教曰：国像所纲纪，若乃德为物宗，以表其形容，而昭其事迹，功施于人，图之可也。咏之可也，是乱大从，是鬓可人无革矣。王敦始者以朗素致称，遂公之与王莽之名，然其晚节晋啾也，拒汉公之晋于天下，而乃图其耳。阖棺之恶，固以暴于天下，义何可依。像貌，著之铭赞，言何可处乎！便下毁之，且吾岂与贼臣之像同堂而处之？以为鉴戒。	《词林·教四》，第465页	此教其他文献不载。《晋书》本传云亮于太宁大兴年间平王敦之乱，咸和年间为江州刺史，该教即下于此时。

续表

设条教者 凡71人	条教内容或事例	出处	备注
	庾稚恭之明断,并理得而辞中,教之善也。	《文心雕龙·诏策》	庾稚恭即庾翼,庾亮弟。《晋书》本传不载其条教事,但云翼为西阳太守,甚得欢心"。《类聚》卷五十《职官部·刺史》云谡江荆益三州,"制度规模,称其才明,每出于人,数年以中,军国充实,人情翕然,称其才明,由是自河以南,皆怀归附"。翼有"制度规模"或即条教之属,知其为教也善,故得民心。《宋书·礼志》云庾亮在武昌下教置学官,"又缮造礼器俎豆之属,将行大射之礼。亮寻薨,又废"。据此文意是亮亡而条教废。《庾翼传》云庾亮卒后,翼代之镇武昌,戎政严明,经略深远,数年之中,公私充实,人情翕然,称其才干"。翼之为政亦如亮,其继任恐不会废亮所设条教,罢官学事或他人所为。
晋·庾翼	顷闻诸君有樗蒲过差者,初为是,政事闲暇以娱意耳,故未有言也;今知大相聚集,渐以成俗,闻之能不忧然!	《御览·工艺部·樗蒲》引《庾翼集》	樗蒲(蒲)即博戏。《晋书·陶侃传》云佃勤于吏职,"诸参佐或以谈戏废事者,乃命取其酒器,捕博之具,悉投之于江,吏将吏事,知魏晋间吏多好樗蒲之戏而耽误政事,为官长惩,整顿政风之类,访谓翼条教亦可,《全晋文》亦作"与僚属教"。

续表

设条教者 凡71人	条教内容或事例	出处	备注
晋·庾翼	襃荆州主者王谦教：夫编名䚋录，执笏为吏，诚应洁己奉时，以效忠节。而末俗偷薄，贪浊者众，虽罪黜相寻，而莫之改也。兵曹书佐王谦近得区闲赈赎不受，虽曹吏下之体，不可不然。然在事者多复不能，尔以人相望，令人嘉之。纲纪宜共甄识。至于劳满，清贫之超也。用意如此，理当清贫，所以厉不清也。可赐布三十匹。	《词林·教四》，第459页	此教其他文献未征。刘勰赞言，此教可证。
	北征教：主簿，夫兵家之兴，岂不以其器本不祥，动违行正之所致哉。……便今日建牙发命，要与所统文武土庶，振王威于北山，显又征于赵魏，遇可降而纳之，遭可讨而伐之。……诸曹宣示诸部分，无令临事一物有阙。其速宣示，咸使闻知。	《词林·教四》，第471页	此教当指晋建元初翼北征石季龙事，是征伐之属。
晋·刘璡	废袁真像教：纲纪，夫图像之兴，有自来矣，大小虽殊，理存德又。未有肆其咏而非其人者也。袁真获举天朝，身陷所秸之责，犹与众贤列图，垂之不朽，所谓大盗居正，昔王大将军雌亦莫大，庶大树任临贵州，除其像赞，雅裁甚然，是百代之高准也。幸速废之，以允大体。	《词林·教四》，第465页	《晋书》无刘璡传，《晋书·武帝纪》云桓玄以刘璡为尚书。《宋书·礼志》有晋太常刘璡议。《隋书·经籍志》有晋太常卿《刘璡集》。即此人。《晋太和四年（369）桓温北伐豫州刺史袁真，教言"贵邦"即豫州。璡既为豫州所辟，当是桓氏属僚，其废袁真像立场所致。此教追及庚亮废王敦画像事，效法前人"高准"，是托教化之名除异已。

续表

设条教者凡71人	条教内容或事例	出处	备注
晋·王述	①王蓝田拜扬州，主簿请讳，教云："亡祖先君，名播海内，远近所知；内讳不出于外。余无所讳。" ②述会稽内史……初至，主簿请讳。报曰："亡祖先君，名播海内，内讳不出门，余无所讳。" ③王蓝田作会稽令，人问讳，答曰："惟祖惟考，四海所知。过无复讳。徐邈表上称皇太子名，又兴太守稽乘上表称皇太子名，尚书下之礼官，以时议其可否？礼官议之曰：《礼记》无适推王，聊率所见，以论之曰：夫人之讳虽重，君之讳轻。君之前，臣不讳也。案：夫人，国之小君，君之一体，太子之母也。《礼》：君之前不讳，则太子之前亦不讳，又君周公告文王皆称武王名，可益明矣。"	①《世说新语·赏誉篇》 ②《晋书·王述传》 ③《御览·礼仪部·讳》引《语林》	述父王承，晋蓝田侯，述嗣爵，故称王蓝田。《晋文》引《世说》，作"下主簿教"。《语林》《晋书》所记"会稽内史任会稽令时答讳，可与下"主簿在为会稽令时答问忧去职……母忧去职"。《晋书·王承传》疑此三条资料皆出自一教。又，《晋书·王承传》云："渡江名臣王导、卫玠、周颉、庾亮之徒皆出其下，为中兴第一。……自祖至孙，孙不及父。"《晋书·卫玠传》："于时中兴名士，唯王承及玠为当时第一云。"知时人多敬重王氏，故王母亡后，为示尊敬问讳。
晋·温峤	教：禀者无米，受得觥下湿米，岂是吾遇兵众无旱之怀乎？虽是数合米，钦合齐均。若有不如教，鞭五十也。	《御览·舟部·觥》引《温峤教》	觥教与上引刘弘劾一酒品意同，皆教人公平之义，以恤下属。《全晋文》作"禁给失米教"。

续表

设条教者凡71人	条教内容或事例	出处	备注
晋·殷仲堪	晋陵太守仲堪居郡禁产子不举，久丧不葬，录父母以质亡叛者，所下条教甚有义理。	《晋书·殷仲堪传》	汉魏民间有"不举五月子"恶俗。《后汉书·王吉传》：即斥其父母，合土棘埋之。《三国志·魏书·郑浑传》载："天下未定，民皆剽轻，不念产殖；其生子无以相活，率皆不举。"又(邵陵令郑)浑所在夺其渔猎之具，课使耕桑，又兼开稻田，重去子之法。"地方官员虽禁之不绝，仲堪之教办循前人治迹。《宋书·何承天传》载元嘉时"沇等久丧不葬，承天议曰：'礼所云葬，承天下云还葬。丁况三家当请荒俭一时，故许其称财而不求备。丁况等数年中，葬郦无棺椁，实由浅情薄恩，同子禽兽，绳之以法。十六年冬，窃以为丁至等同伍等劾功之以，云尝效尤薄科，又未申明旧制，因此附定制旨，敕然相纠。……臣愚谓况等三家，若民人葬不如法，同伍当即纠言，不得追相告列，宋本禁久丧不葬之俗，既无新科，法不守下，又未申明旧三年除服之后，同伍等久丧不葬，于事为宜'。知晋宋有久丧不葬，同伍告不举之俗，宋本禁者必其自之类，如仲堪之制"，也能因地制宜为民所服。
晋·贺循	循为武康令，俗多厚葬，及有拘忌回避岁月，停丧不葬者，循皆禁焉。改教大行，邻城宗之。	《晋书·贺循传》	循所禁者与上引殷仲堪条教同，是循所禁者必有其流，或即条教之类。又，本传载循"以宽惠为本"，陆机序循云："德量邈茂，才鉴清远，服膺道素，风操凝峻，历试二城，刑政肃穆"，所誉非虚。

续表

设条教者 凡71人	条教内容或事例	出处	备注
晋·王羲之	①羲之为护军，教曰：令所任之职，在于赋役公平。 ②临护军教：令所在公要，谨在公役均平。其差大史，忠谨诸营，覆行诸营，家至人告，或有老落笃癃，不堪从役，或有饥寒之色，不能自存者，区分处别，自当参详其宜。	①《书钞·设官部·护军将军》"任役在平"条引《晋中兴书·琅琊王录》 ②《御览·职官部·杂号将军·中护军》	平役均赋，是抑强扶弱，使民来苏。此与下引王彪教意同。
晋·王彪之	整市教：古人同市朝者，岂不以众之所归，宜不以众之所归，近检校山阴市，多不如法。或店肆错乱，或商估沒漏，假冒豪强之名，拥护贸易之利，凌践平弱之人，专固要害之处。亦皆如之。	《初学记·居处部·市》	前傅咸就老妪被市吏欺压事设教，当如此类。或禁隐漏估税，或禁官商勾结，仗势横行等。
晋·孔严	严用阮叔为儒林祭酒，教云：方当序之教，宜素业士。	《书钞·设官部》"国子祭酒""宜素业士"条	《晋书》本传云严曾为吴兴太守"善于莅牧，甚得人和"；"又甄赏才能之士，论者美焉"。

续表

设条教者凡71人	条教内容或事例	出处	备注
晋·范宁	教：土纸不可以作文书，皆令用藤角纸。	《御览·文部·笔》	晋张华《博物志》载："剡溪古藤甚多，可造纸，故剡名纸即剡藤。"藤角纸即剡藤纸，是晋唐间品越中江剡溪、余杭等地藤本植物所造，文书需地藤本植物所造，文书需纸质佳者，此教或职公文用纸。按《晋书·范宁传》，陈迁职或迁转之簿籍，少有存者。"营起解云："营起解令，东西流迁，据此如官府频繁搬府迁转之簿籍，少有存者。"据此如官府频繁搬迁可能使得纸质不好的文书大量毁失。"文书教"。本传又云"为余杭令，兴学校，养生徒已修礼。自中兴以来，崇学教，未有如宁者风化大行。自中兴以来，崇学教，未有如宁者也。"则此教当是为余杭令时所下。
	教：籍，官之大信，而比散在众曹，此不可也。可令作十五籍厨，一县一厨。	《御览·服用部·厨》	《全晋文》作"厨籍教"。《晋书》本传云宁后任临淮太守，"大设庠序，遣人往交州采磬石，以供学用，改革旧制，不拘常宪。"宁设"一县一厨"应是其任太守时"改革旧制，不拘常宪"之举。
晋·王彪	彪临会稽政，教：平役均赋则民皆未苏，抑强扶弱则众无冤狱矣。	《书钞·政术部·公正》"平役均赋，抑强扶弱"条	

续表

设条教者 凡71人	条教内容或事例	出处	备注
晋·湛方生	修学校教：贵郡之境，山秀水清，岭举云霞之标，泽流清旷之气，荆蓝之璞，岂不在兹。	《类聚·礼部·学校》	方生事迹无考。《晋书·列女传·皮京妻龙氏传》载："皮京妻龙氏，字怜，西道县人也。怜誓不改醮……宁节居五十余载而卒"。《类聚·人部·贤妇人》引湛方生《上贞女解》，有"伏见西道县洽下里龙怜"云云，知方生曾为西道县令，其教或任上所设。
晋·孙盛	作南昌令教曰：且欲先婚配境内，然后督其农桑。	《御览·资产部·衣》	
晋·殷康	教云：自今郡邑居民有死丧者，可令送糜粥。	《书钞·酒食部·粥篇》"郡邑死丧可令送粥"条	《御览·饮食部·糜粥》引《殷康集》有"康为武康县，教曰"云云，与《书钞》同。是康为任武康县令时所颁，皆县令之教。
晋·庾肃之	教令：大赦荡然，万物更新。阳幡既建，抚循物性。事从宽简，差可得询求民瘼。	《御览·兵部·幡》	肃之曾任武康县令，湘东太守。《晋书·隐逸传》载沈道虔少仁爱，好《老》《易》，居武康县北石山下，"县令庾肃之迎出县南废头里，为立小宅，临溪，有山水之玩"。此例即肃之"抚循物性"之证。

续表

设条教者凡71人	条教内容或事例	出处	备注
晋·桓温	孙兴公作永嘉郡，郡人甚轻之。桓公后遣传教，令作《敬夫人碑》，郡人云："敬夫人碑，有才，不尔，桓公那得令作碑？"于此重之。	《御览·文部·碑》引《语林》	孙兴公即孙绰。《晋书》本传云转永嘉太守。又云绰为右军长史，后转永嘉太守。又云绰"少以文才垂称，于时文士，绰为其冠。温、王、郗、庾诸公之薨，必须绰为碑文，然后刊石焉"。绰还是参加王羲之兰亭修禊的诗人和书法家，知其善碑文。故温公之引绰为教的诗人何故"甚轻"。绰还时人和书法家，郡人重绰之才，此或时人衡量郡守的标准。但人之长掩其短，郡人何故"甚轻"绰，今不可考。复经温教后，人重绰才，人心已平，此实温拂民之道。敬孙绰，人心已平，此实温拂民之道。
晋·桓玄	桓玄辅政欲沙汰众僧与僚属教：夫神道设教，圣人之所不言。然惟其制作所弘，勤在于绝欲，如将可见。佛所贵无为，殷勤在于绝欲，而比者陵迟，遂失斯道。京师竞其奢淫，荣观纷于朝市。天府以之倾覆，名器为之秽黩。避役钟于百里，逋逃盈于寺庙。乃至一县数千，猥成屯落。邑聚游食之群，境科不羁之众。其所以伤治害政，尘滓佛教，固已彼此俱弊，实污风轨，便可严下。在此诸沙门，有能申述经旨，畅说义理者；或禁行修整，奉戒无亏，恒为阿练若者；或山居养志，不营流俗者，皆足以宣寄大化。亦所以示训作范，弘训以道，率兼领其外。其有违于此者，皆悉罢遣。所在领其户籍，严为之制，速申下之，并列上也。唯庐山道德所居，不在搜简之例。	梁僧祐《弘明集》卷一二	梁慧皎《高僧传》引此教，文多阙。《全晋文》作"沙汰众僧教"。时佛僧有不少逃避赋役者混迹其间，又尚奢华，玄教意欲澄清佛教。

续表

设条教者凡71人	条教内容或事例	出处	备注
	为宋公复前汉诸陵教：纲纪……汉高拨乱反正，大造区宇，道拯横流，功崇百代，盛德之烈，义在不泯。是以大晋之初，尊礼三恪，而丧乱遐缅，与时沦昔。山阳不祀，陵茔芜亵，顾瞻北原，情兼九京。长陵可复十家。其余十陵可各复三家。并即近陵居人，长给洒扫。主者申下施行。	《词林·教四》，第461—462页	此教《类聚·礼部·冢墓》亦引，阙"又在不泯"以下文。"纲纪"二字，据下引三教，皆教宣教文起头之语，即由主簿宣教之意。可参《文选·之选》李善注："纲纪谓请主簿起草友》为宋公修张良庙教》主簿宣之，故曰纲纪。"此可证宣教程序。教，主簿宣之，故曰纲纪。"此可证宣教程序。为宋公"云云，知教为傅亮所拟，其施行仿以宋公刘裕之名。《宋书·武帝本纪》，裕为刘邦弟楚元王刘交之后，其修汉陵、楚元王墓，皆慎终追远，以亚孝道，亦冀民德归厚。
晋·刘裕、傅亮	为宋公修楚元王墓教：纲纪……楚元王积仁基德，启藩斯境；素风道昆，作范启昆。本支之祚，实隆鄾宗；遗芳馀烈，奋乎百世。……可蠲复近墓五家，长给洒扫，便可施行。	《文选·教》	《类聚·礼部·冢墓》《词林·教四》亦引此教，《文选·教》早出，兹从之。
	为宋公修张良庙教：纲纪……张子房道亚黄中，照邻殆庶；风云玄感，蔚为帝师，仁基定汉，大抵斯流，……可改构栋宇，修饰丹青，蘋蘩行潦，以时致荐。抒怀古之情，存不刊之烈。主者施行。	《文选·教》	子房，张良字。

第五章　魏条教考　427

续表

设条教者凡71人	条教内容或事例	出处	备注
晋·刘裕傅亮	为宋公收葬荆雍二州文武教：纲纪……可宣郡郡，有家人及亲戚在此者，各令收敛。若家远外无相料理者，敕右户给材器，并物色人形，标揭题识，令六时殡瘗之，横遭非命，事至于此，愧怅兼怀。亲寻致。今天人羁旅，	《词林·教四》，第453页	《词林》标作者为"傅亮"，一如上例，亮为刘裕而做，下例同。
	为宋公诫严教：纲纪，自戎狄擅命，跨制中畿，园陵幽隔，情敬纪沦。……今上表大举，指期进讨，便可驰日诫严，诸所备办，随局申摄，速施行。	《词林·教四》，第473页	民国张钧衡辑适园丛书本《文馆词林丛刻》录此教，标题与正文之"诫严"，均作"试严"，误。凡刘裕之教皆未称帝时所下，故入晋。
晋·司马休之、范泰	为大司马作北征教：阁下……太尉允迪神武，志一六合，家国之耻，于是乎雪。吾傲若时之会，何宜宴安荣宠，今便抗表求行，以申诫节。随局备办，勿令稽后。	《词林·教四》，第473页	晋义熙十二年（416）刘裕北伐，即教言北征。按《宋书·范泰传》云司马休之为荆州刺史，以泰为长史，后又转大司马左长史，刘裕北伐，司马休之为大司马是时称帝未则该教是为司马休之而作。教言"太尉"者，衰湛。

第五章 魏条教考

续表

设条教者 凡71人	条教内容或事例	出处	备注
	临徐兖二州搜扬教：徐方地兼梁楚，秀士攸出，兖土乐颂所流，风礼自古，……所在搜扬举进，咸用名闻。	《类聚·治政部·荐举》	"搜扬"典出《尚书·尧典》"明明，扬侧陋"，访求举拔人才之意[1]。《宋书·孝武帝本纪》载元嘉二十五年（448）骏督徐兖诸州军事，领兖州刺史，知该教设于此时。
宋·刘骏（孝武帝）	诫严教：……赈劝狂忍，躬行弑逆。冤酷之深，古今无二。叩心崩号，泣枭凶丑，志枭凶丑，便就篡勒，吾奉承大讳，……吾当统领大众，躬御戎旗，辱耻责。……诫严，可内外戒严，星速备办，仰凭社稷之灵，使府乘逆顺之数，屠脍元凶，骄足为期。使饥耻顺兹申，展衷陵寝，虽死之日，抗生之年。临纸号踊，肝心寸裂。	《词林·教四》，第472页	适园丛书本《文馆词林丛刻》录此教，标题与正文之"诫（戒）严"均作"试严"，误。此教载其他文献不载，宋元嘉三十年（453年）太子刘劭弑父宋武帝，骏率军讨伐取皇位，故有此教。

[1] "搜扬"一典，魏以后人喜用，如曹植《文帝诔》云："思良股肱，嘉昔伊、吕，搜扬岩穴，举扬代禹。"孙盛云："公府掾属，古之造士也，必擢时集，搜扬英逸。"《晋书·哀帝纪》载诏："岂政事未洽，将有板筑，悻讼之士邪。其搜扬隐滞，蠲除奇碎，详议法令，咸从损要。"《晋书·郑冲传》：魏文扶苏之才，野无衍私亦子，……。"《晋书·羊祜传》："搜扬侧陋，命冲为文学。"《晋书·纪瞻传》："先王身下白屋，搜扬仄陋，使山无扶苏之才，野无衍延朝彦，询读时政，以广圣聪。"《晋书·陈頵传》："昔江外初平，中州荒乱，宜渐循旧，搜扬隐逸，试以经策。"《晋书·孔衍传》："王敦专权，衍私白太子曰："殿下宜博延朝彦，搜扬才俊，询读时政，以广圣聪。"《晋书·裴玄之传》："夫哲王御世，必搜扬幽隐。"《宋书·武帝纪》诏："古之王者，巡狩省方，躬览民物，搜扬幽隐，拯欠血惠。"《宋书·明帝纪》载诏云："若乃林泽贞栖，丘园联诟，博洽古今，敦崇孝让，四方在任，具即以闻，随就褒立。"《宋书·顺帝纪》诏："今可宣下州郡，搜扬幽仄，摽采乡邑，随名荐上。"

续表

设条教者 凡71人	条教内容或事例	出处	备注
宋·刘义季	藏枯骨教：纲纪……思广消卹，义存令典。收枯行瘗，又广消卹，义存令典。收枯行瘗，埋胔有常。四境之内，必枯设酸，陈。四境之内，为经途所践踏者，可申命有司，严加敛藏，其宜资须，取给官物，便速施行。	《词林·教四》，第453页	此教其他文献不载。《宋书·刘义季传》云季曾任徐州、荆州刺史，一生征战多地，其教当征战后所下。
	为宋建平王王聘隐逸教：府州国纪纲：夫妨夏已没，大道不行。扰有渔潭之士，汉教之隆，亦有栖山之夫。螭骥首，翠虬云气。意负青天。皆侍绎，斯乃遗风独晌百代，除烈激厉后生。是以遗风独晌百代，除烈激厉后生。斯乃王教之助，古人之意焉。……宜速详旧礼，各遣缥招。庶畅此幽懔，以隆蓬莱。		宋建平王即荆州刺史刘景素，江淹曾人其府为傺，故该教是淹所写，以刘景素名下之。
宋·刘景素、江淹	（为）建平王赦五刑教：府州国纪纲……自项田邑榛故，封井来芜，财赋方屈，奸狱实繁。思刑以厚风厘俗，变悉改调，自五岁刑已下，未连台者，一皆原遣，文武弹坐，亦悉复职。主局依旧施散，薄纤此怀。	《江文通集·教》	"未连台者"即未没入台府为奴之人。"依旧施散"据此知条教与其他法律制度的关系，即条教在一些情况下是对"旧制"（其他法律形式所确定的制度）的重申。条教在重申旧制法律效力时，前提是自身也应具备效力，否则便无人从教，也无人"依旧"。此类"依旧"例还可参下引"为萧骠骑发徐州三五教"中的"咸依旧科"，此教亦条教对科制的确认。

续表

设条教者 凡71人	条教内容或事例	出处	备注
宋·王韶之	（吴兴）太守王韶之临郡，发教曰："前被符，孝廉之选，必审其人，虽四科难该，文质罕应，必能孝义迈俗，披莱著闻者，便足以显应符命。允将符命，乌程吴遂义行纯至，死事难，全亲济难。乌程吴遂义行纯淳，咸精诚内淳，休声外著，可并列上州行。"咸精诚行，并列上州行迹。	《宋书·潘综传》	《潘综传》记载晋孙恩之乱，潘综以死救父免于贼祸，人嘉其志辞为遂昌长，入宋时已岁满还家，韶之又辟之。吴遂众多，死者众多，遂夫妇蔡潘综孝廉教》，为郡所褒《宋书·王韶之传》作"临郡蔡潘综孝廉教"（423），元嘉十二年（435）两次出任吴兴太守。此教或初任时所下。
宋·蔡兴宗	兴宗为会稽太守，"以私米饷原平及山阴朱百年妻，教曰：'秋年之贼，著自国书，饮贫之典，有闻甲令。况高柴孝德，洞业储灵，善耆欸。永兴郭原平禀世孝德，追风仁绝操，栖风处约，华葛方严。山阴朱百年道终终物表，妻孔齿媚居，嗟慨满怀，可以帐下米，各饷百斛。'"	《宋书·郭原平传》	原平事亲至孝，兴宗褒赐之，是推崇孝道，显其孝节。
宋·刘澂	元嘉时澂为扬州刺史，以沈璞为主簿。教尝：《旧宫赋》，久而未毕，……澂重教曰："卿沈思渐日，向聊相数问，还白斐然，良谓逸才省。作纸翰。昔曹植有言，下笔成章，今况之，方知其信。执言之宾，近愧梁鸿，吾复不已。庭列梁矣，马之交至，凉唯深矣。薄因未遂，以代一面。"	《宋书·自序·沈璞传》	《全宋文》作"重与沈璞教"。

续表

设条教者凡71人	条教内容或事例	出处	备注
宋·沈邵	安成相沈邵赠王孚孝廉，板教曰："前文学主簿王孚，行洁业淳，弃华息竞，志学修道、老而弥笃。方授右职，不幸暴亡，可假孝廉板，荐以特性，缅想延陵，以遂本怀。"	《宋书·自序·沈邵传》	王孚学业志行见称而早卒，邵赠其孝廉，下教嘉之。《宋书》又云邵"在郡郡以宽和恩信，为南土所怀"，"慰恤孤老，劝课农桑，前后累蒙赏赐。"是沈邵教善于时多有盛誉。《全宋文》作《赠王孚孝廉板教》。
宋·萧道成、江淹	为萧骠骑发徐州三五教：府州纲纪，沈攸之背慢灵极，稽诛兵江汉之上，图畔庙朝之下，恶炽罪盈所绝。朝廷庙冠辰篡严，令舆凤驾。况称兵江汉矣。民灵所愤……所统郡县，咸依旧格，便普三五。主者飞火施行。	《江文通集·教》	时在宋末，道成为来骠骑大将军，未称帝。道成教作人《江文通集》中，《词林》《全梁文》标作者为江淹，知教为淹所写，又《孙子兵法》即《江淹传》载道成所下之教。《梁书·江淹传》载沈攸之作乱时，道成问淹对策，淹分析了五个道成必胜，攸之必败的原因，道成赏之，又云"是时军书表记，皆使淹具草"。可证此教出自江淹。
	萧骠骑筑新亭垒埋枯胃教：府州纲纪，夫河南称慈，谅由掩骼，广汉流仁，实存瘗朽。……宜并为收勿改，即毁莫杞。主局详办施行。		《南齐书·高帝本纪》所载略同，时道成大败沈攸之于新亭，故有此教。又，《江集》有《从萧骠骑新亭垒诗》，亦应事而做。
	为萧太傅东耕教：三府二州纲纪，夫炎汉泰录，巡耕去贩，光炎汉纪，夫宝衣贱货，综绍周滕，产毁敏县……便当躬速故能业滋郡野，道先列辟，迹在永豫。钳耕错糕，事均暂劳，可克日备办，详典施行。		萧太傅即萧道成，《江集》又有《萧太傅东耕祝文》，知此教与祝文皆应道成任东郊耕籍田事而作。

续表

设条教者 凡71人	条教内容或事例	出处	备注
宋·萧道成、谢朓	为录公拜扬州恩教：昔召南分陕，流甘棠之咏，平阳好道，深狱市之寄，……兴念下车，无忘待旦，弘漏网之宽，申有齐礼导德，任总侯伯，致之仁寿，在省之泽。	《类聚·职官部·刺史》	《类聚》引作者为谢朓。晋以来有称以太博灵录尚书事权独揽者为"录公"。《宋书·顺帝本纪》即称道成为"录公齐王"，时道成领扬州牧，此教当为道成所下，成为朓所拟，道成所下。
宋·萧道成	宋升明中道成为太博，教辟僧绍及顾欢，臧荣绪以胗而征之礼，征为记室参军。	《南齐书·明僧绍传》	教辟，教选意同，出教选才之意。
齐·萧疑	建元初，疑教虬为别驾。虬不应辟命。	《南齐书·刘虬传》	虬曾仕宋，人齐启罢官归家。
齐·萧宝融	永元二年宝融教繁严。又教："……所领内系囚见徒，罪无轻重，殊死已下，皆原遣。从征先有位署，即复本职。将吏转一阶。凡诸杂役见在诸军带甲之身，身有家口停镇，给廪食，给廪镇，兔定之后，悉免为民。其功效赏报，别有科条。"	《南齐书·和帝本纪》	时宝融督荆雍诸军事，领荆州刺史，未登帝位。《通鉴·齐东昏侯永元二年》亦载："南康王宝融教繁严，又教赦囚徒，施惠泽，颁赏格。"胡注："繁严，繁集行装也。"前揭条教具有法律效力，也可重申其他法律形式所确定的法律效力。此言"其功效赏报，别有科条"，意指关于功效赏报已有科条之文，无须在条教中再行制定。这是对科条法律效力的重申。《全齐文》作"举又下教"。
齐·谢朓	建武初东海太守朓辟诸葛璩，教："……处士诸葛璩，高风夙渐，结辙前修，将幽贞独往，不事王侯者邪？闻韬王待价？将幽寂之要，就羞蒸玉之给，岂得独事亲有啜菽之欢，而忘兹弦王秉。可饷合百斛。"	《梁书·诸葛璩传》	《南史·诸葛璩传》仅言"下教扬其风概，饷合百斛"，未录教文。史云璩安贫守道，悦礼敦诗，曾为江禄所辟，不从。

续表

设条教者 凡71人	条教内容或事例	出处	备注
齐·王敬则	敬则虽不大识书，而性甚警黠，临州郡，令省事读辞，下教判决，皆不失理。	《南齐书·王敬则传》	时敬则为会稽太守。敬则非通学之人，教却不失理，是条教未必尽属儒生。条教要上从国法，下顺人情，敬则"警黠""个性恐是弥补了"不大识书"的缺陷。
齐·沈约	祭故徐崔文教：纲纪，贵邦冠衣不少，有士如林。刘郑博路之家，楼留徐杨之族，而余风未改，旧俗沈存。……郡前孝廉太夫徐崔文结发从军，华首未倦，详洽之功，俾训后昆。故屈总学务，曾未期儿，奄然长谢。本怀不遂，怆怅兼情。及其任殡，可遭薄殡。楼功曹才思斐然，抑惟材子，并为祭文，用申在意。	《词林·教四》，第457页	按《梁书·沈约传》云齐隆昌元年（494）约为东阳太守，教所言"刘郑博路""楼留徐杨"皆吴越东阳郡为其郡望，东阳郡望族，与《梁书》合。则该教下于东阳任上。此教其他文献不载。
齐·沈约	赠留真人祖父教：（金华东山留）真人门基胄，此邦冠冕，而祖绪胄，荣命不及。言念追远，增怀无已。若未末穆私谥，尚允昔谈，潘章追谈，父惟旧典，父孝廉，可赠真人祖功曹吴吏，庶厥幽灵，薄蔚丘陇。	《词林·教四》，第458页	晋之东阳今为浙江金华属错；今南渡留姓亦视金华为其祖庭，东阳为其郡望，故"留"姓更人，"金华"皆可证此教下于东阳任上。

续表

设条教者凡71人	条教内容或事例	出处	备注
梁·萧衍、陆倕	（为）豫章王拜后赦教：夫议狱缓死，著自令图，疑罪惟轻，闻诸雅诰，是以虞经经侧隐，流涕冬笈，吾矜箕送，哀矜箕送，钟意惟仁，诸侯垂仁，吾以唐薄，厥颁宠章，光宅标隐，奋大宅全粤，非有清献矜严，空纡青组，东平智思，徒举赤雌，思有清弘泽，导扬弘泽，遵彼下车，譬兹解网。	《类聚·治政部·赦宥》	《梁书·萧综传》云，豫章王萧综本是齐废帝萧宝卷的宫人，后被齐废帝萧宝卷赐武帝二子，因母吴氏本是齐废帝萧宝卷的宫人，后被武帝立为淑媛，自认帝削爵绝籍，改姓为怜氏。《南史·萧投奔北魏，被武帝直为永新侯，邑千户。"综传》又云综与其子萧直皆亡所杀。"俄有诏复之，封其子直为永新侯，邑千户。《南史·萧综传》又云综抚其子萧直皆亡所杀。此教《类聚》武帝为之立嗣即拜后也，故敕其罪。或综与其子萧直皆亡所杀。此教《类聚》归为陆倕所作，当是以萧衍名义所下。
梁·萧昭胄、任昉	为齐竟陵王世子临会稽郡教：富室兼并，前史共蠹，大姓侵渔，在哲攸嫉，而权豪之家，擅割林池，势家之党，专利山海，至乃水称峻岩，严卖君岩，崇墉增岩，内史通神明，出符大顺，火炎昆冈，神岳崩溃，哲人遭命，哀有兰艾同烬，玉石俱碎，余慨。	《类聚·职官部·太守》	《南齐书·萧昭胄传》载永明八年（490）昭胄自竟陵王世子为宁朔将军，会稽太守。知该教是任昉拟写，昭胄所下。北人南渡，除带来开发技术外，亦导致山湖川泽为权贵所占，故下教怒禁夺民之利。
梁·任昉	转送亡军士教：府州国纲纪……今春所上人丁将吏，身须战场，或命离灾，瞻言朔野，良以怆情，迎犯逞还本。余孤遗屡老，薄有余儿。其将吏在军，身经战阵，玉石同烬，分明标谨，宜存疹异，赐之缓假。	《词林·教四》，第456页	此教其他文献不载，《词林》作者为任昉。昉历历仕宋齐梁，出入王侯幕府。《梁书》本传云昉精文笔，"当世王公表奏，莫不请焉"，但终死未得刺史之任，因此教云"府州国纲纪"云云非昉为政之教，实替他人捉笔。此类情况南北朝多见，以何人名义下教，今不可考。姑置梁时标昉之名。

续表

设条教者凡71人	条教内容或事例	出处	备注
梁·萧秀	天监六年秀都督江州军事。主者奏求坚船以为斋舫。秀曰："吾岂爱财而不爱士。"乃教所由，以牢者给参佐，下者载斋物。		
	盛夏水泛长，津梁断绝，外司请依旧徼度收其价直。秀教曰："刺史不德，水潦为患。可利之乎。给船而已。"	《梁书·安成王秀传》	徼，租赁；徼度谓雇船而渡。条教对旧制也有不遵从者，不遵从或徼因地，时制宜；又或如该例以水灾为治政失德之警，故不从旧制以徼度而收民钱，方显仁惠。《全齐文》卷一六"（梁）元帝"引作"下荆州辟韩怀明等教"，误。《全齐文》卷二三"安成王秀"引作"临荆州下招隐逸教"，是。
梁·萧纲（简文帝）	天监七年秀都督荆湘诸州军事。下教曰："……处士河东韩怀明，南平韩望，南郡庾承先，河东郡麻，高蹈其事。……可加引辟，并遣喻意。"既同魏侯致袂三请，庶无辟强三缄之叹。"		
	甄异张景愿复雠教。亦道均荆棘，亦理感孝移。广平太守蔡天起嗾送阴县安乐村为父景仁缚到郡，列称其父以天监七年为阴戍村韦法所杀，尔时年始八岁，从来恒加伺捕，不相逢遇，束身归官，实足可嘉。防九日于公田清新法缉墓近，实身归官，实足可嘉。防泽抗剑，河南执愤，远悖古义，丁兰愿遇，擢以广刀雠，敕其任荆棘之罪，下属长辔其一户租大夫之位，司原愿罪，下属长辔其一户租课，以旌孝烈，并上尚书，外速宣下。	《词林·教四》，第460—461页	时纲为雍州刺史，以下教皆未称帝前颁。《词林》所引为全。张景仁，《南史·张景仁传》略载，当本《类聚·人部·报雠》作晚出，张景愿。甄异，避李渊讳，愿音近，《南史》作"张景愿"。据此例以知条教也有决罪功能。

[1] 中华书局本《南史》未出校，《类聚》《全梁文》录此教皆作"张景愿"。

续表

设条教者凡71人	条教内容或事例	出处	备注
	移市教：临淮作守，白鹿随而忘反，黄淮从而不归，况慨弘多，瞻言前古，日中总会，民拥榜，解绶，阻兹洄水，晏得所求，而旗亭曹参，远逐孔备，虽有常处，不容近违孔备，肆盈虚，或成彫废。萧令追解，交贸迁移，冬旅泊车，吾旅泊体，正恐旧川，	《类聚·产业部·针》	汉魏以来开市，罢市皆有定时。教言"日中总会"即市在中午达到顶峰[1]。此教是对市场贸易时的管理担心市场彫废，欲移新市复旧肆，故有此言。《答移市教》云："初学楷记·居处部·市》引庾信《答移弘衣之市；'宜官妙案，抚致酒护之硕儒，尚移弘衣之市；'宜官妙案，抚致酒护之答。……欲令吹萧舞鹤，卖卜屠羊，请辞新阗，谢岐旧鄙。"《周书·庾信传》"云令吹货之党好留，信所答云教即萧纲旧教，谢岐旧鄙之众难遭。"阇"者，市门之谓，据此可证，而交货少事萧舞鹤，请辞新阗，谢岐旧鄙之众难遭，卖卜屠羊，知萧纲新市复入旧鄙的意图遭到庾信反对。
梁·萧纲（简文帝）	图雍州贤能刺史教：二府州国纲纪……晋建兴之初，迄济永明之末，此土州将，是为不少。或有留爱萌口，或武猛纷纭，或风流名望，宜其写彼芳史籍，长为淮的。抚忆王镕金，尚思范蠡；汉君梁画，抚忆高彪，别彼前贤，宁忘景慕，可并图象厅事，以旌厥善，庶以论兹琴海，譬彼乔木。主者即施行，称吾此意。	《词林·教四》，第460页	以下诸教皆崇德褒贤，劝诚体恤之类。

[1] "日中总会"可参见左思《魏都赋》云："济有无之常偏，距日中而毕会。"梁庾肩吾《看放市诗》云："日中人已合，黄昏故未晞。"陈张正见《日中市朝满诗》云："云阁绮霞生，旗亭丽日明，尘飞三市路，盖入九重城。"

续表

设条教者凡71人	条教内容或事例	出处	备注
	临雍州原减民间资教：诚欲投躯决大堤，曝身求雨，九伐方弘，三驱未息，兵家斯忌，日用弥广，今春流既长，舻舳争前，转漕相造，馈粮不阙，又存矜急，无侯多费。	《类聚·职官部·刺史》	
梁·萧纲（简文帝）	临雍州革贪惰教：壮夫披干擐甲，匹妇劳于转输，黎霍难充，转死沟壑，春蚕不暖寒肌，冬收不周夏饱，胡宁斯忍，复加衰削，伤盗振罪，遂为十一之资，金作赎刑，翻成润屋之产。		
	复临丹阳教：昔越张修猛，用弘美绩，边延善政，定著民谣，吾冲弱寡能，未明理道，猥以庸薄，作守京河，将恐五恩无谕，两岐难颂，思立恩惠，微宣风范。	《类聚·职官部·太守》	
	资遣孔焘二女教：……故无锡令孔焘，术弘长，志履贞概，游处积年，闻其任在室二女，并未有行，可广访姻家，务求偶对。	《类聚·礼部·婚》	此教为故吏孔焘女访婚，亦褒恤之举。

第五章　魏条教考

续表

设条教者凡71人	条教内容或事例	出处	备注
	三曰赋诗教：二府州纲纪，今气序韶明，风云调谧，落兴谱，舞雩斯在，咸可赋诗。	《词林·教四》，第470页	此教其他文献不见。教称"二府州纲纪"，"二府"应指将军府、宁蛮府。温柔州，诗教敦厚，即重雍州诗教之道，即重诗体文学也。纲令幕府赋诗，此可觇，魏晋后所常见应诏、应令造诣，所应者即此类教；多有教诗，今直洛格嘉宴，金合可游，因内容与法律多不相涉，此暂不录。这类应教诗本自孔子"诗可以群"理念，体现儒家"群"的思想，也是礼乐实践。这些问题在此不作展开[1]。
梁·萧纲（简文帝）	北略教：二府州国纲纪……穰城余寇，久应殄拔，诸将按兵，不能底定，扰令羽书人塞，燎火出关，未静游魂，久劳擐甲。吾今便总率磨下，一举扫定。……便冠今月廿一日内外戒严，行留处分，每含精速。若大军近次，洪宪即能送欹输诚，释缚焚榇，其守迷不反，弘之漏网，男女小大，一无所戮。如其守迷不反，并同城掠。外速施行。	《词林·教四》，第474—475页	纲为雍州刺史，于梁大通二年（528）北伐元魏荆州穰城，故有此教。以下诸教皆褒扬北征时战亡的官士，其他文献均不载。

---

[1] 可参见傅道彬：《乡人、乡乐与"诗可以群"的理论意义》，载《中国社会科学》2006年第2期；程建虎《中古应制诗的双重观照》，人民出版社2010年版。

续表

设条教者	条教内容或事例	出处	备注
梁·萧纲（简文帝）凡71人	祭北行战亡将客教：二府州国纲纪，吾奉命西潘，拥麾鼓伐，深人寇场……凡诸逝者，可袒日奠祭，庶长城之下，永息委骨之谣，洛水之南，无复零雨之哭。雄堞委忠魂，少慰原野。外即施行。		
	赠赗眉玄达教：二府州国纲纪……军主眉玄达摧坚陷敌，战亡旋踵。自出师薄伐，实有厥劳，殒命锋刃，宜加甄宠，可赠本郡渐野太守，赗钱一万，布廿匹，时遣监塞。外速施行。	《词林·教四》，第454页	
	监护杜嵩丧教：二府州国纲纪，水曹参军杜嵩殒命戎间，甚用伤恻。可赗钱十万，布百匹，马汗累年，并遣监护丧事。别表申闻，加以荣爵。外即施行。		
	赈恤部曲丧柩教：二府（州）国纲纪，岁时淹积，屡变寒暑，频经寇戎。今荷玺书，得蒙收短绁，东从土庶。有于此殒命，棺柩妻子不能自反者，外可量宜赈恤，使得沿流。庶龙沙之塞，无忧于沉水；鹤奔之鬼，不芳于通梦。外即施行。	《词林·教四》，第455页	

续表

设条教者	条教内容或事例	出处	备注
凡71人	修理羊太傅司徒碑教：国纲纪，吾比维舟渚涯，亟登南岘，晋太傅矩平侯、齐司徒昭王二碑旧经有屋，倾榱弗复修……可遣国常侍庾信领之饶先立，庶令冠盖之傍，有蹢七蔚之领，无惭四皓之机；高车之载。	《词林·教四》，第463—464页	《晋书·羊祜传》载祜曾驻军襄阳，亡后，百姓于岘山建碑立庙，岁时飨祭。《南齐书·安陆昭王绪传》载萧缅任雍州刺史为百姓爱戴，亡后，百姓亦于岘山为立碑。纲所修即此二碑。下引凡同一事。
梁·萧纲（简文帝）	祠司徒安陆王教：国纲纪：……齐故待中司徒安陆昭王昔抚兹藩，神明其政，年岁未淹，遗观不息。今者结缆钓台，舣舟华岘，遥瞻虚庙，前旌已深，钦风斯在。外可具彼簌，克明祭谒，庶令孤淄惠陇，不独高于秦令，高阳郎坐，已擅于曹文。	《词林·教四》，第467页	
	罢雍州恩教：折以片言，事关往圣，寄之勿扰，传彼昔贤，故刽木不对，画狱无人，吾白之雍，矜怀固折，幸得天无虚年，地歇怪虫，令轴车行涤，舟楫有僣，植柳官度，尚彧依然，荼饭曹僖，扰思恩有，寄离君民，节离寒暑，树兹歧路，宜留义化惠泽。	《类聚·职官部·刺史》	纲初临雍州即设教以治，离任时又下教与民，足见其对教化的殷切之心。

续表

设条教者凡71人	条教内容或事例	出处	备注
梁·萧绎（梁元帝）	召学生教：阁下，昔楚王好《诗》，沛王传《易》，犹且传之不朽，以为盛事，况吾亲禀天旨，闻《礼》《诗》，方欲化行南国，被于西楚。	《类聚·礼部·学校》	楚王即前汉楚王刘交，其受《诗》于浮丘伯；沛王即后汉沛献刘辅，其善说《京氏易》。此为崇学之教。
	庾承先卒，刺史厚葬有赠赙。门人黄士龙让曰："先师平素食不求饱，衣不求轻，凡有赠遗，皆无所受。临终之日，诚约家门，薄棺周形，巾褐为敛，虽蒙贵及，不敢轻废教旨，以违平生之操。"钱布辄付使反。	《南史·庾承先传》	《全梁文》引士龙言作"为先师让刺史湘东王赠赙"。湘东王即萧绎，梁普通七年（526）任荆州刺史，士龙言"不敢轻承教旨"，知时绎下教辟承先。前引萧天监时亦曾辟承先。
梁·刘潜	潜为临海太守。是时政纲疏阔，百姓多不遵禁，孝仪下车，宣示条制，风俗大革。	《梁书·刘潜传》	孝仪，潜字。"条制"即条教。
梁·王僧孺	至南海郡求士教：……百越旧都，汉开吴川岳所产，分星画部，风序泱泱，衣簪斯盛，其直明珠大贝，桂蠹翠羽威，岂实人经，则有罗颂，唐蠹斋羽威，学惟业哉，至于高尚独往，相望而无朕，又闻陈元，士爰，怀仁抱义，继踪于前史。	《类聚·治政部·荐举》	南海即今广州，番禺之地。南海太守、北分割，客观上使得治化之风南移。《南史·范云传》亦载云为广州刺史，"遣使祭子密顿琦等墓"，苍梧丁密，唐颂，罗、唐、陈，土皆汉晋间岭南名贤，是因地设教而追崇古人。

第五章　魏条教考　443

续表

设条教者凡71人	条教内容或事例	出处	备注
梁·王僧孺	任县祭杜西曹教：……杜生者，实南国之俊人，东山之异土。造次玄远，被服仁义，五业必该，六行无缺。……吾山之东皋。一同山川，多阻岭南彼返亦东皋。而此子不追，涂阻目遥，瞻赴事隔者寿，胸告故友，以笃故友，薄祭，……聊漱申其薄祭，指告蓥田，即蘋溪可辨。明便宿舂摩食，蹇龄适迈。可命彼舟人，	《词林·教四》，第458—459页	僧孺教言杜生为"南国之俊人"，言已"从禄南障"，当是身在岭南，该教亦当下于南海任上。此教其他文献不载。
梁·范缜	缜为宜都太守。时夷陵有伍相庙、唐汉三神庙、胡里神庙，缜乃下教断不祠。	《南史·范缜传》	缜性不信神鬼，教禁淫祀，可与其《神灭论》互证。
梁·王筠	造立腾霄观教：此境虽昇岳灵罗，仙隐攸集，而郭内城傍，了无基馆。靖言任怀，常以丁邑。知城西寺东，地惟爽垲，朝市相望。而即目林阜，聚落非远，革绝嚣尘，此实胜地，便可依止其台堂。所须工力资费，今宣告同好，庶不日而成。赞扬功化，请自余始。并制名腾霄，别事闻奏，前修理临海光化馆事已毕功，亦并腾述言上。	《词林·教四》，第469页	筠梁中大通三年（531年）为临海太守，可与"修理临海光化馆事已毕功"互证。筠在临海推崇道教与临海风气和其个人秉性相关[1]。

[1]　筠曾答释法云书难范缜《神灭论》云"弟子世奉法言，家传道训"，http: //www.lhww.gov.cn/info.asp? id=112。两晋南朝临海奉道教，知其奉道教。两晋南北朝时期的临海，见临海文化遗产网，可参见《三国两晋南北朝时期的临海》。

续表

设条教者凡71人	条教内容或事例	出处	备注
梁·王筠	已战备教：教纲纪……顷岁虽尔蠢类，寇掠公行，侵轶郊疆，凭陵城邑，大则系房妻奴，其为耻痛，论情语事，曾无愤激，务存宁济。失之已远，而此境无言，寄语细则掠夺赀产，流离绝域，难以私教力，务存宁济。《书》云："兵不素习，以时教习，将率又勇，人怀敌心，则小寇余孽，望风自弭矣。"又云："不教人战，是谓弃之。"又云："不教人战，不可以战。"便宜使里闾乡党，土庶童耋，皆有武备，主者详具施行。	《词林·教四》，第476页	《书》云："不教人战，是谓弃之"当本《论语·子路》，此言"书"，殊不可解。筠教民武备，循孔子爱民仁心，是武教民意旨。此教其他文献不见，疑下于临海任上。又，《南史·王筠传》载筠为临海太守，"在郡累载，不调，还资有芒屦两肋，他物称是，为有司奏，不调累年"。似筠爱民难征其实。又，《梁书·王筠传》云筠"自撰其文章，以一官为一集，自洗马、中书、中庶子、吏部佐、临海、太府各十卷"。《隋书·经籍志》有王筠《临海集》。或筠临海之教皆在集中。
梁·丘迟	永嘉郡教：贵郡控带山海，利兼水陆，东南之沃壤，一都之巨会，而曝背狗牛，实有耕于畎亩；废空于堂庑，绣麻洽丝，无闻于茧里，桑榆荫宇，遨游鹰巷，醍醐相如，才异相如，流俗忘返，高渐仲尉，高惭独立，而三径设人，谢文翁之正俗，庶几袁之移风。	《类聚·职官部·太守》	永嘉本晋名郡，得山水之利，民众堕作衣桑，好市鏖之事。此类劝农之言是条教的典型。

[1] 在此借用文教、武教的说法。如《商君书·赏刑》云"壹教事，行文教"；宋鲍照《河清颂》"制礼裁乐，淳风迁俗"，"文教"，是相对于武教而言，谓文事武教。（《文心雕龙义疏》，武汉大学出版社2002年版，第239页。）如《文心》即称孔融之教为"文教"，武事之教当与军事活动相关。吴林伯云"则文者，文教也"；

续表

设条教者 凡71人	条教内容或事例	出处	备注
	未至浔阳郡教：……太守薄德，谬叨龟组，钦叨巴祇阖坐接客，思匹吴隐被絷对寞，常药自随，武瞻无远，单车人境，钦所庶几，旧须发民洽道及戍逻输樵采，诸如此类，一皆省息。		《梁书》本传载，天监十五年（516）陛为浔阳太守，行江州府州事。据此例知地方长官设教，有任期内发者，亦有离任发者，有未至任地而先发者，未至而先发，教化之心更胜他者，其教亦当行于任内。此言省息"发民洽道及戍逻输樵采"旧制，知条教也有废除其他地方制度的功能。
梁·陆陲	教又云：太守家本诸生，伏膺典记，光武灵台之籍，较涉根基；张华聚土之书，略见庭户。贵郡图象，其具存方策，校以山经，参诸括象，原野拓象，宛在心目，龙泉鹤岭，不昜穷登，所撰郡图，可勿亲用，公孙陛载，既似井蛙，延寿执戈，实同儿戏。	《类聚·职官部·太守》	此教亦未至浔阳郡而设。仅言己服膺坟典，实俱洽郡崇学之风。
	教使行江州事启曰：封畛退旷，偏属疚境，兼以改亲明德，宣述条教，匡赞盛猷，自非同望兼弘，宁可擢膺嘉举。	《类聚·职官部·刺史》	启言"宣述条教"，知其在江州有条教之设。

续表

设条教者 凡71人	条教内容或事例	出处	备注
梁·萧詧	中大同元年，詧为雍州刺史。下教曰："……吾以陋识，来牧盛藩。每惧德不被民，政道或紊。中宵柎枕，对案忘飡。思纳良谟，以匡弗逮。雍州部内有不便于民，不利于政，长吏贪残，皮将懦弱，关市恣其食刻，豪猾多所包藏，并密以名闻，当加匡正。若刺史治道之要，弛张未允，循酷乖理，任用迕进，用桧末悟，盐梅舟楫，忠謇弥励，思启告，苦口恶石，想勿余隐。并广示乡闾，知其款意。"于是境内称治。	《周书·萧詧传》	此教末言"广示乡闾，知其款意"，可证条教在地方传播之事。
梁·陆襄	下车轩日，求瘼康时。良辰化曛，朗夜坐啸，佩楝去思，精蔡亳匪。典选搜扬，操刀密勿。悬鱼化静，弘条教，精察毫匪。典选搜扬，操刀密勿。	《文苑英华·诔》（江总）梁故度支尚书陆君诔》	《梁书》本传载天监七年（508）襄为鄱阳内史，甚有德化，民于郡立碑，又歌云："陆君政，无怨家，斗既罢，仇共车。"则襄"广弘条教"有明证，于梁太清元年（547）为度支尚书；三年，侯景之乱，忧而身亡，隋人江总为之诔。

续表

设条教者凡71人	条教内容或事例	出处	备注
陈·沈炯	为王公修相国德政碑教：教州府，甘棠不翦，取茂邵南之风，实闻叔子之德。相国殿下，地居不贱，道济生灵。昔因求瘼，建旗莅蕃，人德归厚，翠石生金，作教在宽，中和属咏，勋比盘盂；麟趾增哥，玄龟负字，勒石夷陵，刊同鼎鼎。饮马江派。城寺樱楚，庐井夷灭。唯百姓所立德政碑，岿然独在，此所谓道高北极，德固南山，百灵扶持，万岁退社。预奉休风，谁不载跃。外可即开扫修饰，王营造屋观，当使扬修辩察，常识好辞。祭经过，不逢缺字。式展人心，用旌万寿。虑施行。	《词林·教四》，第464页	炯历仕梁陈，《词林》标"陈"，不知此教下于何时何地。王公相国德政碑教，此碑为王公相国生时百姓所立，或文有磨灭，炯下教修之。则此教宽，与前引傅亮为宋公下教异。又，叔子、羊祜字。"岘山常存，实闻叔子之德"即襄阳民为祜建碑立庙事，前引梁萧纲曾下教修理之。是此类修复之教后世仍习。
北魏·杨津	津为岐州刺史。有武功民，赍绢三匹，去城十里，为贼所劫。时有使者驰驿而至，被劫人因以告之。使者到州，以状白津，津乃下教云："有人昔某色衣，乘某色马，在城东十里被劫，不知姓名，若有家人，可速收视。"有一老母，行出而哭，云是已子。于是遣骑追捕，并绢俱获。自是阖境畏服。	《魏书·杨津传》	杨津获绢之典，后世多引为断狱经典。其以教察案，术近诈伪，但寻母而获盗儿，亦深晓人情之故。《全后魏文》察案如此，设教当不失此道。作"临岐州下教威教"。

续表

设条教者凡71人	条教内容或事例	出处	备注
北魏·封轨	轨为东郡太守，行夏州事。好立条教，所在有绩。	《魏书·封轨传》	渤海封氏，长于律学。轨亦通览经传，曾任廷尉少卿，修身经律双修，知之巨著；乃为《务德》、《慎言》、《回谗言》、《防奸》、《远佞》四戒。轨之设教当能应经合律。
北魏·高祐	祐任西兖州刺史，"以郡国虽有太学，县党宜有黉序，乃县立讲学，党立小学。"又令一家之中，自立一碓，五家共造一井，以供行客，不听妇人寄春取水。又设禁贼之方，令五五相保，若盗发则连其坐。	《魏书·高祐传》	祐教虽便民利，唯不准妇女借石碓春米或取井水之制有损教旨。又，祐"立小学"之教，是今见最早由地方官员明令设立乡村小学的记载。本传云此制"初虽似烦碎，后风化大行，寇盗止息。"教之烦碎者虽非善类，但民习能守亦能改人心所向。又云祐有"参定律令之勤"，观祐之教，多近于严，或习律之故也。
北齐·苏琼	琼为清河太守。禁断淫祠，婚姻丧葬皆教令俭而中礼。又蚕月预下绵绢度样于部内，其兵赋次第并立明式，至于调役，事必先办，郡县长吏常无十杖稽失。当时州郡无不遣人至境，访其政术。	《北齐书·苏琼传》	琼为条教式，明式亦条式。琼条教盛誉当时，故其他州郡"访其政术"以为资鉴。据此可知条教传播的跨地域性，州郡间互习善教而条教由国家不禁，是默许其效力之证。

续表

设条教者 凡71人	条教内容或事例	出处	备注
北周·元肇	雍州别驾元肇言于上曰："有一州吏，受人馈钱一百。然臣下车之始，与其为约。此吏故违，请加徒一年。"刘行本驳之行：" 律令之行，并发明诏，与民为约。今肇已言约信，欲申己言之必行，忘朝廷之大信，亏法取威，非人臣之礼。"	《隋书·刘行本传》	《北史·刘璠传》所载略同，唯"三百文"作"二百文"，此两书中华书局标点本均未就此字出校。两书分别成于唐高宗显庆元年、显庆四年，不知何者为确；《隋书》官修，兹从之。肇当是重属吏受人馈钱罪倍于常法的条教，故行本方驳其"重其教命，轻忽宪章"，此责颇类张敞罪黄霸之言。

第三节　条教新考

一、条教之形式

余英时谓条教是"分条列举的方式著之于文字",这是就条教的形式而言,其关注点在"条"字,取其分条列举之意。余又谓《后汉书·东夷传》所载箕子至朝鲜作"八条之教";沃沮、濊貊于乐浪制"六十余条"法禁,皆汉代郡守所设之教,通过这些可知汉代条教的大致形式[1]。察以上所辑条教,既有分条、分类列举者,也有针对专事专人所出者。后者并没有完全体现出分条、分类列举的形式,都是语结而教毕。因此,名"条教"者,其确有分条、分类列举的特色,但这并不能全盘概括其他的条教。窃谓在形式上,广义上的教既包括分条、分类列举者,即条教(此为狭义之教),也包含其他未分条、分类列举之教。若以今人思维,名"条教"者恐要罗列"一、二、三、四"方能称为"条",实际上此种理解并不得"条"的真正含义。"条"的本质应如《书·盘庚》所言"若网在纲,有条而不紊"。罗列"一、二、三、四",只不过借助语言文字来表述,是其表面形式。"有理而不紊"方是"条"的内在,没有罗列"一、二、三、四"之教只要有的放矢,有理而不紊,符合教化之义,都与狭义的条教在性质上同等。从资料搜集而言,能发掘更多分条、分类列举的条教,确实是研究者所乐见的;但史料有限,分条分类列举者少,针对专事专人独立成篇之教多。这看似让人苦恼,若跳出"条"的狭义理解,把某一地方长官所下的全部教置于他治理某地任期内来考察的话,就豁然开朗了。一个地方长官在其任内针对专事专人下教,虽都独立成篇,但将这些教集中起来,不正是他治理某地方略和所施行的制度吗?[2]如此宏观看待一篇篇独立的(看似零散)教构成了某官治理某地的地方性法规,其意义并不逊于从微观上考察某一教包含着"一、二、三、四"数条。更何况那些针对专事专人独立成篇之教也都是文理可观,"条而不紊"的。因此,在形式上设专条之教,是为条教;无专条形式但"条而不紊"者,亦堪称之。

---

[1]　余英时:《士与中国文化》,上海:上海人民出版社1987年版,第209—210页。
[2]　若翻阅传世的古人文集,确实可见将某人所颁布的或为长官拟撰的条教汇集成篇的现象,如前引《江文通集》,又如《梁书·王筠传》云筠"自撰其文章,以一官为一集,自洗马、中书、中庶子、吏部佐、临海、太府各十卷"。曹操、诸葛亮的条教,不也是在他们传世的文集中得到保留吗?不管是下教者自己集中,还是后人为其整理,此举在客观上恰好为考察条教的内容形式,特别是研究、总结下教者的思想观念奠定了基础。

（一）条教与教的别称

设教者当晓教之文理须"条而不紊"，此种思维（或者说设教所要遵循的原则）并非笔者所强加于古人的。因此，当看到一些没有直言"条教"或教，而以其他词汇相称，但其内容和性质皆属教化的资料时，是无须困惑的。如称条式、条款、条章等，名异而义合。又如教令者，因教、令语义可以互训，故史料亦得见以教令称者，或以令称者。这些具体例子在以上三表备注中皆论及，此不复言[1]。其实，我们也应考虑到史家撰书时的语言运用，要史家凡涉及此问题都专用"条教"一词，恐不现实。今人写作，用语习惯尚千差百异，甚至前后抵牾。再者，古人阅读那些记述地方长官教、条教、条式、条款、条章、教令等资料，显然不会像今人一样有很大的理解障碍。因为他们就生活在教、条教的世界，受它们约束，他们比今人更了解这些不同词汇背后所指为何。又如童恢为县令时"皆有条章"、仇览为亭长时"制科令"，余氏采此二例认为"这个'科令'也是一种'条教'。不知是否因为这两人一是县令，一是亭长，所以才不用'条教'"[2]。实际上，从湛方生、孙盛、殷康诸例都可看到县令可以设教。这并非说余氏多虑（其实资料搜集得越多，事例越丰富，这种"谨慎"的立论或许是可以稍稍打破的）。相反，从其论述中不难看出，对那些没有直言"条教"或教而以其他词汇相称，但内容和性质皆属教化的资料，余氏并没有排斥，其考察细致也启发了笔者对此类资料的考辨。

（二）教的若干信息

地方长官设教又称下教、出教、教曰等，其对象根据教文内容而异，但一般都是通过主簿一级属吏相告传达，如李固助展允婚教"告文学师"，恤奉高令丧事教"告曹侍事掾师俨"，祀胡毋先生教"告曹"。可称"告"，也称"谢"，如曹操教有"谢主簿"例。《文选·为宋公修张良庙教》注云："纲纪谓主簿也。教，主簿宣之，故曰纲纪。"主簿即纲纪，故晋南朝时多有教府州纪纲、僚΢、阁下之例。主簿负责宣读教文。条教通过主簿宣读、铭刻立碑等方式告于治下、为后任所继承、为其他州郡所借鉴，为国家所推广，这些都是条教的传播途径。教的内容各异，官员初任某地之教，往往自谦不才不德而担大任，又颂某地之美，然后方述内容。

---

[1] 余氏云："我们已不能确定郡县守令下'令'为什么又要称之为'教'，也不知道这一习惯始于何时。但是我们所能见到的最早用法则是文翁……即《文翁传》中的'使传教令，出入闺阁。'"见余氏著《士与中国文化》，上海人民出版社1987年版，第203页。

[2] 余英时：《士与中国文化》，上海：上海人民出版社1987年版，第204页。

教辟、贡举某人，褒赐、祭祀某人条教多有赞誉之词。教文之后往往申明要让条教颁行于民间，广为传播，或让主者及时施行。拒绝受教称封教，如陈寔拒高伦、王允拒刘伟、陈群拒曹操例。教多用典，或引儒家经义，或征前事旧制，亦有用谚语者。从用语措辞上看，条教多谆谆之言，平易近人之态，因此很多条教也极具文学色彩。闫晓君认为："教是郡守以个人名义发布的政令，一般都是亲自起草。"[1] 今所存条教者，有不少文献明确记载作者，但阅读资料时实需注意此作者是否为真正颁布条教之人。如南朝文士精善辞章，多为某官属僚，因此经常为长官作教，传世文献多标作者为作教之文士，实其长官所颁。作为文学作品，或可将作者归为某文士；作为施行制度，归之则不妥。

二、条教之设立

郡守代表皇帝治理一郡，除对朝廷负责外，一郡之内则是郡守专制。其职权相当广泛，凡民政、司法、教育、选举以及兵事等，可谓职无不总，同时也有随时宜立制设法之权，这便是地方官何以得设立"条教"的原因。对于地方长官设立条教，下再作细论。

（一）设条教非循吏专利

对此余英时已有先论，其以为"决不能说凡设'条教'者都是推行儒家教化的循吏"[2]。因为也有一些酷吏郡守是善于"条教"，如郑昌、周纡、阳球等皆是例证。

（二）非州郡长官方可设教

今所见条教，州郡长官所设者居多，但据以上所辑例，尚有诸侯王、县令、亭长、护军、司隶校尉等，此或补充胡三省所言"州郡下令谓之教"。

（三）教的施行

一般而言，地方官出教，其所施行的范围自然是管辖之地。有专门针对民众者，有针对官吏者，也有官民皆适用者；有针对军中，也有针对具体个人者。教有出于上任之初，有出于离任时，更多是任官期间所出，这些教在

---

[1] 闫晓君：《略论秦汉时期地方性立法》，载《江西师范大学学报》（哲学社会科学版）2000年第3期。
[2] 余英时：《士与中国文化》，上海：上海人民出版社1987年版，第204页。

该地方长官任职期内自当长期施行[1]。即大部分教于地方官在任时是一直有效的。也有不少临时性的一事一教之例,如赏罚、戒严、听讼等,应是事毕而教止。某些一事一教虽然事毕,但其教化影响仍在,如举遗逸、褒赐贤人、修墓。这些教虽在某事上完成了其形式作用,但在社会中仍然会发挥教化的功效。某些教为后任者所继承、修改,就是最好明证;并不排除某些"不善"之教为受教者所抵制或提出反对、修改意见。

(四) 设教的原则

余英时认为:"从制度史的观念说,汉代循吏以'教化'自任则是完全没有根据的。汉廷并没有规定守、令有'教化'的任务。"[2]余氏所认为的地方官员设立条教没有"依据""任务"非指设立条教是越权行为,因此缺乏法律效力,而是指在国家承认其设教的事实下,地方官员自觉承担了设教责任,成为地方的立法者。条教具有自发性与地方性,更与地方官个人素养、秉性相涉。事实上,为官一方而求治绩,在执行国家律令前提下,莫不辅以教化,善为条教者只不过是典型代表而已。教化之道,在于观民随时,上从国法、下顺人情,此为设教原则,也是判定教之善与劣、清当与烦碎的标准。从这个意义上言,教也有随时性、因民性,要教而不犯,须观民随时。设教自然会给吏民制定很多"额外"的规范,可能是劝导性的也可能是禁止性的。要使这些规范为吏民所信从,实现教而不犯,推崇简约、虽有教而不烦无疑是最好的选择。

晋潘岳赴长安令途中曾作《西征赋》云:"子嬴锄以借父,训秦法而著色;耕让畔以闲田,沾姬化而生棘。苏张喜而诈骋,虞芮愧而讼息。由此观之,土无常俗,而教有定式。上之迁下,均之埏埴。"史料中尚查不到潘安设立条教的确切事例,但所云"土无常俗,而教有定式"却是精言。所谓"定式"不就是观民随时吗?其实不管一个地方官员是否设立过条教(有可能是史料缺乏记载),其推行教化总不会偏离此道,也尽量避免教化烦碎有失大体。如桓麟赞汉南阳太守刘宽"壹行质省简易之教,推贞谅以示下,显众善以厉否,恻隐之诚,通乎神人"。(《太尉刘宽碑》)仲长统《昌言》云:"法明而易脂,教约而易从。"陆机云:"夫导民在简,为政以仁;仁实生爱,简亦易遵。罔疏下睦,禁密巧繁,深文碎教,伊何能存?"(《类聚·职官部·丞相》引《丞相箴》)这样的例子恐无须再多列举,因为这种观民随时设教的事例在古代确实是蔚为可观的。

---

[1] 初到任地而发教似有例行公事之意;未至任地而发教是先声夺人,提前宣传教化;离任而发教是希望教有余惠。
[2] 余英时:《士与中国文化》,上海:上海人民出版社1987年版,第177页。

三、条教与国法之关系

地方长官在施行条教时观民随时，有其地方性，并非绝对专奉国法。条教意味着变通，但又在国法体系下运行。实施条教，势必遇到以下问题：条教会否破坏国家律令的统一？条教如何在贯彻国家律令基础上实现教化？

西汉出现过地方官吏擅为、私为条教的趋势，这与黄霸担任丞相有关。霸在地方善为条教，成效犹著；到中央后也鼓励地方官员广设条教，甚至在接见地方上计吏时使不为条教者在后叩谢。这种歧视遭到了张敞的指责，敞云："窃见丞相请与中二千石博士杂问郡国上计长吏守丞，为民兴利除害成大化条其对，有耕者让畔，男女异路，道不拾遗，及举孝子弟弟贞妇者为一辈，先上殿，举而不知其人数者次之，不为条教者在后叩头谢。丞相虽口不言，而心欲其为之也。……臣敞非敢毁丞相也，诚恐群臣莫白，而长吏守丞畏丞相指，归舍法令，各为私教，务相增加，浇淳散朴，并行伪貌，有名亡实，倾摇解怠，甚者为妖。假令京师先行让畔异路，道不拾遗，其实亡益廉贪贞淫之行，而以伪先天下，固未可也。即诸侯先行之，伪声轶于京师，非细事也。汉家承敝通变，造起律令，所以劝善禁奸，条贯详备，不可复加。宜令贵臣明饬长吏守丞，归告二千石，举三老孝弟力田孝廉廉吏务得其人，郡事皆以义法令捡式，毋得擅为条教。敢挟诈伪以奸名誉者，必先受戮，以正明好恶。"[1] 张敞奏言为汉宣帝所纳，史云黄霸因此"甚惭"。

张敞之责，非责条教本身（其本人也曾设条教），而是针对地方长官唯条教是从，舍国家律令不用的乱象。这又与宣帝"汉家自有制度，本以霸王道杂之"，严防臣下擅权膺上的政治态度有关。对于黄霸在地方善为条教所取得的名声，宣帝也未尝不予承认。条教的设立、施行，须符合国家律令的精神，不得与之冲突。因此，条教对国家律令只能起补充、辅助功能，要超越地方性，上升为国家意志（尽管国家也提倡教化），并非易事。但黄霸将自己施行条教的经验作为个人意志推行全国，要各地遵行，甚至带有偏见地对待其他官吏，这无疑犯了政治大忌。

余英时在考察张敞奏议后曾论："奏文中'毋得擅为条教'一语也不能看得太死；它的含义并不是禁绝一切'条教'，只是不要郡守设不符合'汉家法令'的'条教'而已。"[2] 因此，黄霸在全国推行条教的失败，并不意

---

[1]《汉书》卷八九《黄霸传》，北京：中华书局1962年版，第3632—3633页。
[2] 余英时：《士与中国文化》，上海：上海人民出版社1987年版，第208页。

味着条教在地方实施陷入困境。相反,两汉条教施行还是昌盛的,特别是宣帝之后,如秦彭的条教还被作为典型在其他州郡推广,这无疑是地方性法规上升为全国制度的例证。同时,也有不少地方长官所设的"善"教为其他州县所借鉴,或为后任者继承。这些例子都说明了条教在某些情况下可以超越地方界限,这种超越也是在国家明许或默认的情况下进行的。

又,《晋志》载刘颂云"古人有言:'善为政者,看人设教。'看人设教,制法之谓也。又曰'随时之宜',当务之谓也。然则看人随时,在大量也,而制其法。法轨既定则行之,行之信如四时,执之坚如金石,群吏岂得在成制之内,复称随时之宜,傍引看人设教,以乱政典哉。何则?始制之初,固已看人而随时矣。今若设法未尽当,则宜改之。若谓已善,不得尽以为制,而使奉用之司公得出入以差轻重也。夫人君所与天下共者,法也。已令四海,不可不信以为教,方求天下之不慢,不可绳以不信之法。且先识有言,人至愚而不可欺也。不谓平时背法意断,不胜百姓愿也"[1]。这里谈到的"设教"是"制法"之一端,但是在法律确定之后,刘颂并不赞成任意设教打破"成制"。

又,前引北魏雍州别驾元肇上任时曾与州吏为"约","受人馈钱二百文"者除依律令杖一百外,还须加徒一年。结果被刘行本劾以"律令之行,盖发明诏。今肇乃敢重其教命,轻忽宪章,亏法取威,非人臣之礼"。是元肇条教重属吏受人馈钱罪倍于常法。

以上三例看似条教违背了国家律令,但实际上,我们并不能从中找到条教破坏国法的"罪证",更不能说条教与国法之间存在某种异常紧张的关系。为维护国家律令的统一,限制、禁止越权之教,并不当然等于弃条教不用。而在以上所辑条教例中,以条教不得过法或重申旧制,或条教被国家推广、临郡借鉴的例子也不乏见。

四、条教的具体内容——以《文馆词林》的分类为基础

王钦若等在编撰《元龟》时将"条教"收入《牧守部》,并云"《易》临之象曰:君子以教,思无穷容,保民无疆。《语》云:既富矣,又何加焉?盖夫长人之任,兴教为本,令下禁止,风行草偃,其所由来尚矣。汉氏而下,良吏继出,乃能推本俗尚,讲求治要,思所惩革,树之风声。由是奖善防非,置之表率;遏强抚弱,为之约束。尊贤兴学,禁淫起废,除律令之不便,祛风轨之因习。至于树艺之便利,蚕绩之程品,布帛之度,春汲之宜,靡不为立科条以杜纷竞,真得夫善人为邦之旨哉!《诗》曰:恺悌君子,民之父母

---

[1]《晋书》卷三〇《刑法志》,北京:中华书局1974年版,第936—937页。

异乎！不戒视成者已"[1]。是宋人已从法律的角度考察条教，并对其内容略作概述。惜《元龟》所录条教不多，且未行分类，今所见对条教内容进行分类者唯得唐修《文馆词林》。

日藏弘文本《文馆词林》卷六九九《教四》把收录的37篇教文分为"恤亡、褒贤、显节、终复、毁废、祷祀、崇法"七类（以小注字依次附在标题"教"字后），这是目前查阅到的关于条教内容分类的最早史料，但《词林》并未直接标注某教属哪一类。其体例是在"《文馆词林》卷六九九《教四》"抬头之下依次著录37篇教的篇名，然后才分别著录每篇教文。若这37篇教是按照恤亡、褒贤、显节、终复、毁废、祷祀、崇法如此顺序编排的话，或可推断《词林》的分类，见表52[2]：

表52　日藏弘文本《文馆词林》对"教"的分类

类别	教	备注
恤亡	后汉李固恤奉高令丧事教 宋刘义季藏枯骨教 宋傅亮为宋公收葬荆雍二州文武教 梁简文帝祭北行战亡将客教 梁简文帝赠赗巵玄达教 梁简文帝监护杜嵩丧教 梁简文帝赡卹部曲丧柩教 梁江淹为萧骠骑筑新亭垒埋枯骸教 梁任昉转送亡军士教 梁沈约祭故徐崔文教 梁沈约赠留真人祖父教 梁王僧孺在县祭杜西曹教	日藏弘文本《文馆词林》整理者罗国威在"梁王僧孺在县祭杜西曹教"后分行。
褒贤	东晋庾翼褒荆州主者王谦教 梁简文帝图雍州贤能刺史教	罗国威在"梁简文帝图雍州贤能刺史教"后分行。
显节	梁简文帝甄异张景愿复仇教	罗国威在此教后分行。

---

[1]　[宋]王钦若等：《册府元龟》卷六八四《牧守部·条教》，北京：中华书局1988年版，第2354页。
[2]　查卷六九五《令下》分"移都、毁废、祭祀、崇学、田农、政事、举士、赏罚、军令、赦令、杂令"十一类，而其所收录的34篇令亦皆按此分类进行编排。这种情况在其他卷次也是一样的，这应是《词林》编撰的体例。

续表

类别	教	备注
终（修）复	东晋王洽修太伯庙教 宋傅亮为宋公修复前汉诸陵教 宋傅亮为宋公修楚元王墓教 宋傅亮为宋公修张良庙教 梁简文帝修理羊太傅萧司徒碑教 陈沈炯为王公修相国德政碑教	日藏弘文本《文馆词林校证》出版时在"陈沈炯为王公修相国德政碑教"后分页，根据以下两教内容知是分行。适园丛书本《文馆词林丛刻》作"终复"，古逸丛书本《文馆词林》作修复。终复，终而复始，谓循环相继。观此类教内容似"修复"为妥，终、修，形近夺[1]。
毁废	东晋庾亮黜故江州刺史王敦像赞教 东晋刘瑾废袁真像教	罗国威在"东晋刘瑾废袁真像教"后分行。宋人所言"禁淫起废"即此。
祷祀	后汉李固祀胡毋先生教 梁简文帝祠司徒安陆王教	罗国威在"梁简文帝祠司徒安陆王教"后分行。
崇法	梁简文帝与僧正教 梁萧纶无导会教 梁王筠造立腾霄观教 梁萧子晖为武陵王府州上礼迴为法会教 梁简文帝三日赋诗教	罗国威在"梁简文帝三日赋诗教"后分行。这里的法是道、佛之法。
征伐	东晋庾翼北征教 宋孝武帝诫严教 宋傅亮为宋公诫严教 宋范泰为大司马作北征教 梁简文帝北略教 梁江淹为萧骠骑发徐州三五教 梁王筠习战备教	此七教与军事活动相涉，非"恤亡、褒贤、显节、终复、毁废、祷祀、崇法"之类，但又收入卷六九九《教四》中，或"崇法"后有脱字以示分类。今暂名"征伐"。

---

[1]《册府元龟》卷一七四《帝王部》有"修废"一目，其云："盖夫兴灭修废者，仁政之攸先也。古之哲后，未有不先于兹道，而天下归心焉。若乃躬膺天禄，陟于元后，享历弥久，传祚悠远，虽宗祀已绝，而德施未已。其或遗风馀烈，蔼于旧邦；鸿猷大集，流于载籍。属巡豫之所出，瞻轨迹而匪遑。因庆赏之云始，著条式而咸备。由是增饰园寝，申严庙貌，谨樵苏之禁，给扫除之户，秩以纪典，垂于令甲，虽余分闰位，亦俯及之。盖德之盛者，蔑以加此矣。"是修废之事与修复同。

适园丛书本《文馆词林丛刻》所列37篇教顺序同上，但在两类教之间并未分行以示区别。恐怕会有人以为分行是整理者或出版者有意为之，是笔者妄自猜疑。实际上通过教名与内容的分析，不难发现分行只是整理者为后人更为清晰地标注教与教之间的类别差异，即便没有分行，也不影响分析这37篇教分属《词林》所拟定的某一类别。更何况清末驻日公使黎庶昌与随员杨守敬在日本访书时所辑刻的古逸丛书本《文馆词林》，此部分内容也同样确有分行，而这种分行就意味着教与教的类别差异。就算分行是黎、杨一家之言，但以杨氏金石文字与目录版本之功底，足让笔者信服其刊行此部分内容时对教与教分行，是出于区分类别的初衷，以便后人阅读。古逸丛书本《文馆词林》卷六九九《教四》所收教仅23篇，今依次列之（表53）。

表53　古逸丛书本《文馆词林》对"教"的分类

类别	教	备注
恤亡	后汉李固恤奉高令丧事教 宋刘义季藏枯骨教 宋傅亮为宋公收葬荆雍二州文武教 梁简文帝祭北行战亡将客教 梁简文帝赠赗扈玄达教 梁简文帝监护杜嵩丧教 梁简文帝赡卹部曲丧柩教 梁江淹为萧骠骑筑新亭垒埋枯骸教 梁任昉转送亡军士教 梁沈约祭故徐崔文教 梁沈约赠留真人祖父教 梁王僧孺在县祭杜西曹教	"梁王僧孺在县祭杜西曹教"后分行。
褒贤	东晋庾翼褒荆州主者王谦教 梁简文帝图雍州贤能刺史教	"梁简文帝图雍州贤能刺史教"后分行。
显节	梁简文帝甄异张景愿复仇教	此教后分行。
终（修）复	东晋王洽修太伯庙教 宋傅亮为宋公修复前汉诸陵教 宋傅亮为宋公修楚元王墓教 宋傅亮为宋公修张良庙教 梁简文帝修理羊太傅萧司徒碑教 陈沈炯为王公修相国德政碑教	"陈沈炯为王公修相国德政碑教"后分行。
毁废	缺	
祷祀	缺	
崇法	缺	
征伐	梁江淹为萧骠骑发徐州三五教 梁王筠习战备教	

古逸丛书本《文馆词林》缺毁废、祷祀、崇法三类教，征战类也未全录。但据该版本在著列"后汉李固恤奉高令丧事教"至"陈沈炯为王公修相国德政碑教"这21篇教时的三次分行，已是将此21篇教分别归入恤亡、褒贤、显节、终（修）复四类内容无疑。再者，征战类虽未全录，但是依然要在"陈沈炯为王公修相国德政碑教"后分行，以示"梁江淹为萧骠骑发徐州三五教"与"梁王筠习战备教"别于前者。这说明黎庶昌、杨守敬对条教内容归类是有合理判断的。

以上所考，终归一点：《词林》的编撰体例是可信的。其所录30篇教（除去"军战"7篇）的编排顺序依次符合恤亡、褒贤、显节、终复、毁废、祷祀、崇法七种分类。这七种分类恰恰反映了古人对教的具体认识，特别是内容上的归纳总结。进言之，地方长官所设立的条教也就包括以上内容。

显然，以上七类内容再加上笔者自拟的"征伐"类，仅是条教的一部分内容而已。其余者仍可据《词林》作考证。

今存《词林》卷六九九《教四》前卷即为"卷六九五《令下》"，是卷六九六、六九七、六九八皆亡，疑其分别是《教一》《教二》《教三》。《教一》《教二》《教三》则应是上言七类内容之外的其他教。根据《词林》体例，在某卷标题（如"令下""教四"）下皆有小注，这些小注即该卷所集内容类别，小注顺序也是所集内容顺序。在此不妨看看《词林》对诏、敕、令的分类（表54）。

表54　《词林》对诏、敕、令的分类

诏	征伐上	卷六六二《诏三二》
	抚边	卷六六四《诏三四》
	赦宥一	卷六六五《诏三五》
	赦宥二	卷六六六《诏三六》
	赦宥三	卷六六七《诏三七》
	赦宥四	卷六六八《诏三八》
	赦宥五	卷六六九《诏三九》
	赦宥六	卷六七〇《诏四〇》
敕	诫敕、贡举、除授、黜免	卷六九一《敕上》
令	移都、毁废、祭祀、崇学、田农、政事、举士、赏罚、军令、赦令、杂令	卷六九五《令下》
教		卷六九六《教一》
教		卷六九七《教二》
教		卷六九八《教三》
教	恤亡、褒贤、显节、终复、毁废、祷祀、崇法	卷六九九《教四》

令亦教也，故古人往往教令并称。那么《词林》中令的分类标准会不会与教的分类有所重合呢？通过上表，确实可见"毁废"重合，"祭祀"也应与"祷祀"同。令的分类中所见"崇学、田农、政事、举士、赏罚"，虽在《教四》没有体现，但应收入《教一》《教二》《教三》中，只不过这三卷皆亡，后人无法看到原文而已。更何况从以上所辑的条教中，很容易找到那些关于"崇学、田农、政事、举十、赏罚"的例子。至于那些军事活动的教，应与诏中划分出"征伐"一类相似，故笔者前将卷六九九《教四》中最后那7篇教都名之"征伐"类，而以上所辑不少涉及军事活动的条教都可以旁证此分类是合理的。

综上，《词林》对条教或有十三种分类：崇学、田农、政事、举士、赏罚、恤亡、褒贤、显节、终（修）复、毁废、祷祀（祭祀）、崇法、征伐。由此推之，古人所设立的条教有哪些具体内容就不言而喻了。当然《词林》作为一个文学类的总集，其收录的条教或多或少都带有文学色彩，但诏、命、制、教这些法律形式与具体内容是古人所能接触到的，因此诏、命、制、教即使收入文学总集，恐怕也不会对古人认识（当然也包括从法的角度认识）它们并为之分类构成实质影响。更重要的是，对汉唐间条教进行分类的著述，就目前所查唐人所编《词林》算是最早、最全面了。

其实以古人的词汇、古人的分类来概括条教内容，也更能接近历史。这些具体、微观的词汇，比起今人宏观、抽象地概括古人条教包含哪些方面内容（如称改善经济、易风移俗、设立学校等），恐怕更具说服力，也更为原始、直接。至少活在条教世界的唐人编修《词林》时，比今人更清楚何为条教，条教有何。

条教所涉内容众多，不排除有的地方长官在任期内对此一一设立，但根据实际情况设立某一类内容的条教或许是人皆得为之的。从以上所辑条教例可见，有的史料只言其设条教而无具体所指；有的只记载其设立了某类条教，是否还设立过其他内容不得而知。但就探讨条教的性质与效力而言，某个地方长官条教数量可观与否、内容丰富与否，这样的问题或可退其次而论之，也有待史料的进一步发掘。

本章小结

袁准《袁子正书·厚德》云："明其刑，不如厚其德也。故有教禁，有刑禁，有物禁，圣人者，兼而用之。故民知耻而无过行也。"是化民之术，教为其一，教能褒扬亦能禁惩。条教作为地方法律形式与立法成果，是国家律令的补充，是其在地方的具体体现或实施细则，包括条教在内的地方性法规是国家律令体系的组成部分。其在古代法律体系中的地位与作用，学者已多有研究。如杨一凡、刘笃才曾着力搜集古代地方立法资料，汇编《中国古代地方法律文献》，他们在该书前言部分对地方立法形式与成果进行了讨论，这些观点是为笔者所接受的，在此便不再详引了。但又指出，"就现见地方法律的形式和立法的数量而言，明代以前的法律形式比较简单，有关法规的记载较少"[1]。今辑汉魏晋南北朝条教、教或可作补充。

又如闫晓君认为秦汉时期地方立法好坏会受到地方官吏个人因素影响[2]。地方性立法可能会受地方官员个人因素（如个性素养、政治取向等）影响，就条教而言是否如此，闫氏并未举出详证。教之精者，义理、文辞合一。通过孔融、司马芝的例子，特别是《文心雕龙》关于孔融、郑弘、诸葛亮、庾翼等条教的评价，可见对教的"优劣"，古人早有评判，而个人因素往往又影响了教的"优劣"。这些材料在目前研究中并未被重视。

又如曹操辟王修为司金中郎将之教，其最终目的是军国之利；曹植的教令，看似教属吏，实是如履薄冰的自保之策；桓温下教让孙绰写碑，是为了平息民议。诸多例子皆可说明，古人设教并非都是上任时的例行公事，也不全是劝民兴学，而是治政的综合考虑，在此意义上，条教也成为设教者政治经验的总结。这又是笔者在备注中讨论一些教颁于何时，其前因后果如何的原因。只有厘清事件经过，才能更深刻地认识为何要下这样的教，下于何地、何时，其又得到何种成效，这样的分析对研究条教或有所帮助。

又如余英时等学者多从循吏角度来考察条教。余认为"'条教'在汉代并不是循吏的专利品。但是就两汉的记载而言，'条教'终是与循吏的关系较深。最低限度，少数受儒家熏陶的循吏曾企图运用守令的庞大权力把'条教'导入'先富后教'的方向，使'条教'之'教'名副其实。无论如何，后世的儒家大致是如此理解这个概念的"[3]。陈苏镇谓："循吏政治的关键是扩大和强化条教的作用，使之成为国家律令与民间习俗即'公法'与'人情'之间的桥梁。与文吏政治相比，它的特点在于比较接近民俗，而与律令有一定距离。"[4] 既然条教是地方官员传播儒家礼乐教化的手段，是国家法律和地方习俗之间的桥梁，那么将条教置于汉晋这样一个历史时期，我们不得不将其与法律儒家化的进程联系在一起。若说汉晋对法律儒家化的努力可分为国家层面与地方层面的话（笔者在此无意提出法律儒家化进程可分中央

---

[1] 杨一凡、刘笃才编：《中国古代地方法律文献》甲编第1册，前言，北京：世界图书出版公司2006年版。杨一凡：《注重法律形式研究，全面揭示古代法律体系和法制的面貌》（《法学研究》2009年第2期）也重述了这些观点。

[2] 参见闫晓君：《略论秦汉时期地方性立法》，载《江西师范大学学报》（哲学社会科学版）2000年第3期。

[3] 余英时：《士与中国文化》，上海：上海人民出版社1987年版，第210页。

[4] 陈苏镇：《汉代政治与〈春秋学〉》，北京：中国广播电视出版社2001年版，第309页。

与地方两条脉络这样的观点，但事实上法律儒家化作为历史的进程恐怕是离不开地方努力贯彻实施的），那么条教的出现应该就是汉晋法律儒家化在地方的体现，是地方官员对法律儒家化的实践。条教是循吏将法律儒家化的实践，也是酷吏将儒家法律化的实践。循吏自然是儒家德治的代表，但是酷吏所持又未必全是法家刑政的思想。如王粲《儒吏论》曾言："吏服训雅，儒通文法，故能宽猛相济，刚柔自克也。"泰始四年（公元268年）武帝责二千石诏书云："田畴辟，生业修，礼教设，禁令行，则长吏之能也。人穷匮，农事荒，奸盗起，刑狱烦，下陵上替，礼义不兴，斯长吏之否也。"[1] 判断吏之能否，纯儒纯法皆非善则，有法有教者方堪此职。是法能为儒用，儒可为法纳，并不见得两者犹如二水分流，不通彼此。通过条教这样的地方性立法，或为考察汉晋间法律儒家化进程中地方官员如何实践提供研究角度。晋改魏法，"蠲其苛秽，存其清约，事从中典，归于益时。其余未宜除者，若军事、田农、酤酒，未得皆从人心，权设其法，太平当除，故不入律，悉以为令。施行制度，以此设教，违令有罪则入律"[2]。这里的"设教"虽非条教，但是不难看出，汉晋间对于"教"是何等重视。国家层面的令典尚注重"教"的功能，那么地方官员所设的真正条教断不会偏此轨迹。傅咸所下司隶校尉教"屠牛、酤酒，凿钱作锡，皆有损害"即为明证。

又如余英时《汉代循吏与文化传播》文末引用了两条宋明新儒家关于"条教"的论述来说明其含义与循吏观念分不开[3]。若将时间再往后推，看看清代尹会一的《健余先生抚豫条教》等，"条教"与循吏观念的关系就更为明显，其"条式"俱备、内容丰富，对研究古代地方法律文献的学者来说已是再熟悉不过了（可参《中国古代地方法律文献》所辑资料）。又如条约、条谕、规条、教约等，这些地方法律形式与立法成果，若从本源上看恐怕就是直追汉唐时期的条教了。

以上诸点是为本章微观考证所得若干心得，也是为笔者所支持的儒家政教传统作论证。就本章所辑录的若干条教或条教事例而言，有不少内容本身并不属于真正的法令[4]，这对于论证条教具有一定法律属性且属于地方性法规而言，的确不算最有力的证据。但对论证儒家政教传统而言，却是极具说

---

[1]《晋书》卷三《武帝纪》，北京：中华书局1974年版，第57页。
[2]《晋书》卷三〇《刑法志》，北京：中华书局1974年版，第927页。
[3]《河南程氏遗书》附录《门人朋友叙述》："（明道）先生为教，条教精密，而主之以诚心。"明宋仪望《赠邑侯任菴陈公入觐序》曰："吾吉守湘潭周公以廉明仁爱为诸令先。诸所教条，动以儒雅饰吏治。
[4] 在此感谢杨一凡老师对本章内容的指正，正是由于他提出有的条教内容还包括非法令的内容，因此有必要再行推敲论证，使本章对条教的思考转向了政教的视角，这或许是笔者目前所能给出的回答。

服力的。某些条教确实具备了地方性法规的形式与实质，但要将所有条教都限定在狭义的法令之内，恐怕不利于我们理解条教，也割断了条教与儒家政教传统的联系。在古人的思维方式中，条教是否只能体现狭义的法令内容？条教当中那些非法令内容，究竟是什么？《文馆词林》对条教的十三种分类〔崇学、田农、政事、举士、赏罚、恤亡、褒贤、显节、终（修）复、毁废、祷祀（祭祀）、崇法、征伐〕，是很值得玩味的。这些词汇不仅被唐人用来区分汉魏晋南北朝时期的条教，甚至用以区分诏、令。这种分类的背后体现的正是唐人对汉魏以来政教观念与实践的总结，而这种总结在思想上的渊源就是《周礼·司徒》的"十二教"："一曰以祀礼教敬，则民不苟。二曰以阳礼教让，则民不争。三曰以阴礼教亲，则民不怨。四曰以乐礼教和，则民不乖。五曰以仪辨等，则民不越。六曰以俗教安，则民不愉。七曰以刑教中，则民不虣。八曰以誓教恤，则民不怠。九曰以度教节，则民知足。十曰以世事教能，则民不失职。十有一曰以贤制爵，则民慎德。十有二曰以庸制禄，则民兴功。"政与教之间更不会存在明显的分离，亦如王夫之所言："治国推教而必有恒政，故既以孝弟慈为教本，而尤必通其意于法制，以旁行于理财用人之中，而纳民于清明公正之道。故教与养有兼成，而政与教无殊理。"[1] 章学诚言："教之为事，羲、轩以来，盖已有之。观《易·大传》之所称述，则知圣人即身示法，因事立教，而未尝于敷政出治之外，别有所谓教法也。"[2] 正所谓立于礼，辅于政，施于教。

如果说律令制度以固定的体制形式整合人的行为，那么条教则是超越了一般意义上的律令制度，以内化人的精神世界，构造人的信仰、价值观，最终改变人的行为模式，实现社会治理和社会秩序的构建。汉魏晋南北朝跨越数百年，每个朝代所存在的条教必然受某一政权体系的影响，但作为体现儒家政教传统的现象，更确切地说是地方官员的施政措施，仍可在新政权体系下长久地维持其影响，这就是笔者所理解的自汉以来的政教之存、政教之传。政教有存、有传，也促使礼法通过不断的社会化过程，逐步内化为世人所奉行的价值和行为准则。魏人政教之风如何？窃谓曹操在建安十五年（公元210年）的自述是最好注脚，并以此作为本章之收笔："孤始举孝廉，年少，自以本非岩穴知名之士，恐为海内人之所见凡愚，欲为一郡守，好作政教，以建立名誉，使世士明知之。"[3]

---

[1] ［明］王夫之：《读四书大全》卷一《大学·传第十章》，北京：中华书局1975年版，第44页。
[2] ［清］章学诚：《文史通义》卷二《内篇二·原道中》，上海：上海书店1988年版，第35页。
[3] 《三国志》卷一《魏书·武帝纪》注引《魏武故事》，19。

结　　语

　　曹魏法制研究成果比之汉唐，略显荒芜。重大问题的解决有时要依赖长期积累的点滴研究成果，不单是法制史考证，任何学术成就的取得都需经历资料的积累与整理。随着考古事业的发展，考古学、历史学、法学理论的融合，学界对汉律的研究事业得以延续，至今仍热情不减。由于魏晋律承袭秦汉旧律，事实上，很多学者对秦汉法律体系的研究或多或少都介入了对魏律的讨论，准确而言是介入魏律改革秦汉旧律、《魏律序略》的讨论，毕竟《晋志》对魏律的记载不仅是认识魏律，也是认识秦汉法律体系的重要史料。这些对秦汉法律体系研究的论述，可以为研究魏律提供参考，而对秦汉旧律的讨论也无法绕开魏律。如通过《魏律序略》中的"正律"问题来论述汉九章、旁章；通过魏律的改革，来反推汉律令。如大庭修所云："魏晋时律典、令典的编纂，具有对汉代法律条文进行增补整理的意义，但不能认为这单纯地具有整理的消极意义。"[1] 故本书所提到的若干名家著述都与讨论秦汉、晋的法律制度密切相关，这些讨论无疑会为曹魏法制的研究提供各种旁证，也是笔者所极力摄取的学术营养。

　　沈家本《重刻唐律疏议序》："尝考元魏太和中置律博士时，儒说十余家，诏但用郑氏章句，不得杂用余家。《唐律》本隋，由魏而周而隋，渊源具在。然则《唐律》之《疏议》，虽不纯本太和，而郑义多在其中。《汉律》虽亡，其意犹赖以考见，深可实贵。"[2] 程树德云："魏自中叶而后，王室渐微，政归典午，国祚既促，江左巴蜀，犹阻声教，其流传不远，抑有由也。"[3] 梁启超云：魏晋编纂法典，"实我国法制史上一大事，后此南北朝循之直至隋唐，少所更革。然则魏晋律者，笔法经与唐律之中枢，而为其重要之媒介者也。而后一度易姓，必有新法典之发布，然大率沿袭魏晋，无大

---

[1] [日]大庭修著，林剑鸣等译：《秦汉法制史研究》，上海：上海人民出版社1991年版，第6页。相关研究可参徐世虹：《近年来二年律令与秦汉法律体系研究述评》，载《中国古代法律文献研究》第3辑，北京：中国政法大学出版社2007年版。

[2] [清]沈家本：《历代刑法考》，北京：中华书局1985年版，第2208页。魏孝文帝迁都洛阳，改姓拓跋为元，故后世亦称北魏为元魏。韩愈《论佛骨表》云："宋、齐、梁、陈、元魏已下，事佛渐谨，年代尤促。"《三字经》有"北元魏，分东西；宇文周，与高齐"。以元魏称曹魏者，无史可征，故沈氏于此处称元魏或为笔误。

[3] 程树德：《九朝律考》，北京：中华书局2003年版，第187页。

改作"。"就律一方面论之,今律云即唐律之旧,亦即魏晋律之旧,亦即萧何李悝之旧。"[1]

历代学者探赜钩稽,为研究曹魏法制奠定了坚实的基础。然而,《三国志》即使是《晋志》所能传输的信息毕竟有限,在未有新的考古发现面世之前,有关曹魏法制的深入探讨几乎停步不前。在论述时往往汉魏晋兼并而论,特别是魏晋统言。曹魏的律令对于了解汉唐间法律体系的建立是具有重要意义的,遗憾的是由于律令散佚殆尽,我们难以识其面貌。因此,少数佚存的条文,在作为宝贵线索的意义上成为金科玉律。就晋律注而言,即使是只有一个字,假若有助于认识魏晋间的律令体系,也必须努力探求其意义,然而这并非易事。诚如大庭修所言:"由于完全是以一斑推定全豹,必须考虑各种可能性,进行种种假设。假设的方法是容许的,至于能否做到根据一条佚文所作的假设而与其他佚文互不矛盾,则几乎是不可能的。结果总是只能反复提出结论含混暧昧的假设或概念,导致这种恶性循环的决定性的原因是资料的缺乏。"[2]研究曹魏法制者必须面对材料的困境,魏律早亡,曹魏文献关于魏律的记载十分稀少,即使《晋志》中也残存不多。因此后人对曹魏法制的总体认识难能像研究汉律一样取得长足进展。既然选择了这一研究课题,就必须在一些问题上做出选择:在史料充满谜团的情况下,是否能依靠现有的曹魏史料或汉晋间的其他史料作进一步研究?繁文五章,既言"错综其数",错漏失审自难免,但也总算是笔者的选择和对研究的交代。

《晋书·礼志》云:"汉兴,承秦灭学之后,制度多未能复古。历东、西京四百余年,故往往改变。魏氏承汉末大乱,旧章殄灭。"在战乱之间,典籍散灭之际,也不乏有识之士草创制度,企图复兴礼治,如荀彧尝建言曹操云:"昔舜分命禹、稷、契、皋陶以揆庶绩,教化征伐,并时而用。及高祖之初,金革方殷,犹举民能善教训者,叔孙通习礼仪于戎旅之间,世祖有投戈讲艺、息马论道之事,君子无终食之间违仁。今公外定武功,内兴文学,使干戈戢睦,大道流行,国难方弭,六礼俱治,此姬旦宰周之所以速平也。既立德立功,而又兼立言,诚仲尼述作之意;显制度于当时,扬名于后世,岂不盛哉!若须武事毕而后制作,以稽治化,于事未敏。宜集天下大才通儒,考论六经,刊定传记,存古今之学,除其烦重,以一圣真,并隆礼学,渐敦教化,则王道两济。"[3]这种效仿"叔孙通习礼仪于戎旅之间"隆兴礼学的

---

[1] 梁启超:《论中国成文法编制之沿革得失》,《饮冰室文集》之十六,北京:中华书局1989年版,第19、38页。
[2] [日]大庭修著,林剑鸣等译:《秦汉法制史研究》,上海:上海人民出版社1991年版,第256页。
[3] 《三国志》卷一○《魏书·荀彧传》注引《彧别传》,193。

态度，其直接的功效虽然是复兴儒学，但"武事毕而后制作"仍然是最终的目的，所谓的"制度"，当指重建礼制，以为治具。也有学者认为三国时期删节经书以为今用，其实也是制礼的表现，如甘怀真认为，"在曹魏时期，当时的曹操首席谋臣荀彧曾建议曹操：'宜集天下大才通儒，考论六经，刊定传记，存古今之学，除其烦重，以一圣真，并隆礼学，渐敦教化，……'这是另一种形式的制礼，即每一朝根据当时的经说加以简约，定出一套定本。又如三国孙吴人阚泽，史书说：'泽以经传文多，难得尽用，乃斟酌诸家，刊约礼文及诸注说以授二宫，为制行出入及见宾仪。'这是直接采用经说与其批注作为朝廷（主要指二宫，皇帝与太子之宫）行礼的仪注。另一位三国人杜理，史书说他：'经传之义，多所论驳，皆草创未就，惟删集《礼记》及《春秋左氏传》解。'这类删集的工作与其看成是学术活动，不如看成是另类制礼"[1]。因此，在两汉经学风气的继续作用下，对礼制相关问题的探讨成为当时儒家学者治学与实践的重要内容。《三国志》记载了曹魏采用与施行"故事"之例，其中有些"故事"即是礼仪、礼制方面的"故事"，且主要是沿袭汉"故事"。这些"故事"的采用与施行，实际上也是礼仪、礼制在汉末之后重建，或重新得以运用，或其体现的礼制原则、精神为人所重视的例证。

对于曹魏的礼制构建，《晋书·礼志》曾有这样的评价："魏氏光宅，宪章斯美。王肃、高堂隆之徒，博通前载，三千条之礼，十七篇之学，各以旧文增损当世，岂所谓致君于尧舜之道焉。世属雕墙，时逢秕政，周因之典，务多违俗，而遗编残册，犹有可观者也。景初元年，营洛阳南委粟山以为圆丘，祀之日以始祖帝舜配，房俎生鱼，陶樽玄酒，非搢绅为之纲纪，其孰能兴于此者哉！"如果说曹魏开创了律令分途，承担不同的功能并各自走向系统编撰、汇编成典的时代，那么我们不禁要作出这样判断：在这样的大背景下，所谓的"遗编残册，犹有可观者"，其实也昭示着曹魏的礼制在王粲、卫觊之徒"典定众仪"，王肃、高堂隆之徒"增损当世"的推动下，开始向系统编撰、汇编成典的时代——礼典体系时代迈进。

曹操在《秋胡行》中曾言："仁义为名，礼乐为荣。"从律令体系的角度，曹魏因其律典、令典的编撰和逐渐分途，早已经实现其"名"。本书很多问题，实际上就是围绕曹魏律令体系之"名"而展开讨论。然而，这些讨论绝非曹魏法制的全貌。曹魏律令之"名"虽盛，但在中华法系历史演变进程中，也只是其中的一个阶段和环节，更不能忽视曹魏曾经的礼乐之"荣"，如此，我们视中华法系为礼法体系方能言之确凿。

---

[1] 甘怀真：《皇权、礼仪与经典诠释：中国古代政治史研究》，上海：华东师范大学出版社2008年版，第68页。

参考文献

一、古籍文献

1. ［汉］司马迁：《史记》，北京：中华书局1962年版。
2. ［汉］班固：《汉书》，北京：中华书局1962年版。
3. ［宋］范晔：《后汉书》，北京：中华书局1965年版。
4. ［晋］陈寿撰，［宋］裴松之注，陈乃乾点校：《三国志》，北京：中华书局1959年版、1999年版、2006年版。
5. ［晋］陈寿撰，［宋］裴松之注，吴金华点校：《三国志》，长沙：岳麓书社2002年修订本。
6. ［唐］房玄龄：《晋书》，北京：中华书局1974年版。
7. ［梁］沈约：《宋书》，北京：中华书局1974年版。
8. ［北齐］魏收：《魏书》，北京：中华书局1974年版。
9. ［唐］李延寿：《南史》，北京：中华书局1975年版。
10. ［唐］魏征：《隋书》，北京：中华书局1973年版。
11. ［后晋］刘昫：《旧唐书》，北京：中华书局1975年版。
12. ［宋］欧阳修：《新唐书》，北京：中华书局1975年版。
13. ［唐］长孙无忌：《唐律疏议》，北京：中华书局1983年版。
14. ［唐］杜佑：《通典》，北京：中华书局1988年版。
15. ［唐］李林甫：《唐六典》，北京：中华书局1992年版。
16. ［唐］欧阳询：《艺文类聚》，上海：上海古籍出版社1965年版。
17. ［唐］虞世南：《北堂书钞》，北京：中国书店1989年版。
18. ［唐］白居易：《白氏六帖事类集》，北京：文物出版社1987年版。
19. ［唐］许敬宗编，罗国威整理：《日藏弘仁本文馆词林校证》，北京：中华书局2001年版。
20. ［唐］颜师古：《匡谬正俗》，关中丛书本，陕西通志馆1936年排印。
21. ［宋］李昉：《太平御览》，石家庄：河北教育出版社1994年版。
22. ［宋］司马光撰，［元］胡三省注：《资治通鉴》，北京：中华书局1956年版。
23. ［宋］司马光：《资治通鉴考异》，北京：中华书局1956年版。
24. ［宋］袁枢：《通鉴纪事本末》，北京：中华书局1964年版。
25. ［宋］朱熹：《朱子全书》，上海：上海古籍出版社2002年版。

26. ［宋］王钦若：《册府元龟》，北京：中华书局1989年版。
27. ［宋］郑樵：《通志》，北京：中华书局1987年版。
28. ［元］马端临：《文献通考》，北京：中华书局1986年版。
29. ［清］严可均：《全上古三代秦汉三国六朝文》，北京：商务印书馆1999年版。
30. ［清］钱仪吉：《三国会要》，上海：上海古籍出版社1991年版。
31. ［清］杨晨：《三国会要》，北京：中华书局1956年版。
32. ［清］吴士鉴、刘承干：《晋书斠注》，民国十七年吴兴刘氏嘉业堂本。
33. ［清］汤球辑，杨朝明校补：《九家旧晋书辑本》，郑州：中州古籍出版社1991年版。
34. ［清］沈家本：《历代刑法考》，北京：中华书局1985年版。
35. ［清］孙荣：《古今法制表》，清光绪三十二年四川泸州学正署刻本。
36. 十三经注疏整理委员会：《十三经注疏》标点本，北京：北京大学出版社1999年版。
37. 徐蜀选编：《二十四史订补文献汇编》，北京：书目文献出版社1996年版。
38. 《二十五史补编》编委会：《二十五史补编》，北京：北京图书馆出版社2005年版。

二、今人著述

39. 白钢主编：《中国政治制度通史》北京：人民出版社1996年版。
40. 蔡枢衡：《中国刑法史》，北京：中国法制出版社2005年版。
41. 陈寅恪：《隋唐制度渊源略论稿》，上海：三联书店2001年版。
42. 陈顾远：《中国法制史》，北京：商务印书馆1959年版。
43. 陈灵海：《横看成岭侧成峰——梁启超以来的中国传统法律样式研究》，载《华东政法大学学报》，2010年第4期。
44. 程树德：《九朝律考》，北京：中华书局2003年版。
45. 程树德：《中国法制史》，上海：上海华通书局1931年版。
46. 戴炎辉：《中国法制史》，台北：三民书局，1966年版，1979年再版。
47. 董念清：《魏律略论》，载《敦煌学辑刊》，1995年第2期。
48. 董念清：《魏律略考》，载《法学杂志》，1996年第5期。
49. 丁元普：《中国法制史》，上海：上海法学编译社1933年版。
50. 高敏：《魏晋南北朝兵制研究》，郑州：大象出版社1998年版。
51. 高恒：《秦汉法制论考》，厦门：厦门大学出版社1993年版。
52. 高明士：《从律令制的演变看唐宋间的变革》，载《台大历史学报》，2003年第32期。
53. 高明士：《中国中古政治的探索》，台北：五南图书出版公司2006年版。
54. 甘怀真：《魏晋时期官人间的丧服礼》，载《中国历史学会史学集刊》，1995年9月第27期。

55. 甘怀真：《皇权、礼仪与经典诠释：中国古代政治史研究》，上海：华东师范大学出版社 2008 年版。

56. 韩国磐：《中国古代法制史研究》，北京：人民出版社 1997 年版。

57. 韩国磐：《魏晋南北朝史纲》，北京：人民出版社 1983 年版。

58. 韩树峰：《魏晋法律体例的变化与学术风气之关系》，载《中国人民大学学报》，2007 年第 4 期。

59. 怀效锋：《魏律中无囚律》，载《争鸣》，1983 年第 1 期。

60. 黄秉心：《中国刑法史》，上海：上海书店 1989 年版。

61. 贺昌群：《贺昌群文集》，北京：商务印书馆 2003 年版。

62. 何勤华：《中国法学史》（第一卷），北京：法律出版社 2000 年版。

63. 江必新：《中国法文化的渊源与流变》，北京：法律出版社 2003 年版。

64. 李均明：《秦汉简牍文书分类辑解》，北京：文物出版社 2009 年版。

65. 李玉生：《魏晋律令分野的几个问题》，载《法学研究》，2003 年第 5 期。

66. 梁启超：《饮冰室文集》，北京：中华书局 1989 年版。

67. 林咏荣：《中国法制史》，台北：大中国图书公司，1960 年初版、1976 年增订版。

68. 刘俊文主编，姚荣涛、徐世虹译：《日本学者研究中国史论著选译》，北京：中华书局 1992 年版。

69. 刘海年：《战国秦汉法制管窥》，北京：法律出版社 2006 年版。

70. 刘笃才：《论汉代法律体系的几个问题》，载《当代法学》，2004 年第 4 期。

71. 刘笃才：《汉科考略》，载《法学研究》，2003 年第 4 期。

72. 卢弼：《三国志集解》，北京：中华书局 1982 年版。

73. 陆心国：《晋书刑法志注释》，北京：群众出版社 1986 年版。

74. 卢尚国：《中国传统政治文化研究》，北京：中共中央党校出版社 2004 年版。

75. 吕思勉：《中国制度史》，上海：上海教育出版社 1985 年版。

76. 吕思勉：《吕思勉读史札记》，上海：上海古籍出版社 2005 年版。

77. 吕思勉：《中国通史》，上海：华东师范大学出版社 1992 年版。

78. 孟彦弘：《秦汉法典体系的演变》，载《历史研究》，2005 年第 3 期。

79. 倪正茂主编：《批判与重建——中国法律史研究反拨》，北京：法律出版社 2002 年版。

80. 陶元珍《魏咸熙中开建五等考》，载《禹贡》半月刊，1935 年第 6 卷第 1 期。

81. 唐长孺：《唐长孺文集》，北京：中华书局 2011 年版。

82. 田余庆：《秦汉魏晋史探微（重订本）》，北京：中华书局 2004 年版。

83. 孙家洲：《两汉"条教"考释》，2007 年中国秦汉史研究会第 11 届年会暨国际学术研讨会论文。

84. 熊德基：《六朝史考实》，北京：中华书局 2000 年版。

85. 徐道邻：《中国法制史论略》，台北：正中书局 1953 年版。

86. 徐道邻：《唐律通论》，北京：中华书局 1947 年版。

87. 徐进：《魏律篇目考》，载《山东大学学报》（哲学社会科学版），1990 年第 2 期。

88. 薛菁：《魏晋南北朝刑法研究》，福建师范大学 2005 年博士论文。

89. 杨鸿烈：《中国法律发达史》，上海：商务印书馆 1930 年版。

90. 杨鸿年：《汉魏制度丛考》，武汉：武汉大学出版社 1985 年版。

91. 杨一凡总主编：《中国法制史考证》甲、乙、丙编，北京：中国社会科学出版社 2002 年版。

92. 杨一凡总主编：《中国法制史考证续编》，北京：社会科学文献出版社 2009 年版。

93. 杨一凡、刘笃才编：《中国古代地方法律文献》，北京：世界图书出版公司 2006 年版。

94. 杨一凡主编：《中国古代法律形式研究》，北京：社会科学文献出版社 2011 年版。

95. 杨一凡：《注重法律形式研究，全面揭示古代法律体系和法制的面貌》，载《法学研究》，2009 年第 2 期。

96. 杨振红：《从〈二年律令〉的性质看汉代法典的编纂修订与律令关系》，载《中国史研究》，2005 年第 4 期。

97. 杨振红：《出土简牍与秦汉社会》，桂林：广西师范大学出版社 2009 年版。

98. 阎步克：《阎步克自选集》，桂林：广西师范大学出版社 1997 年版。

99. 阎步克：《品位与职位——秦汉魏晋南北朝官阶制度研究》，北京：中华书局 2002 年版。

100. 阎晓君：《略论秦汉时期地方性立法》，载《江西师范大学学报》（哲学社会科学版），2000 年第 3 期。

101. 余嘉锡：《世说新语校笺》，北京：中华书局 1983 年版。

102. 余英时：《士与中国文化》，上海：上海人民出版社 1987 年版。

103. 于振波：《秦汉法律与社会》，长沙：湖南人民出版社 2000 年版。

104. 王伟：《论汉律》，载《历史研究》，2007 年第 3 期。

105. 张晋藩总主编：《中国法制通史》，北京：法律出版社 1999 年版。

106. 张警：《晋书刑法志注释》，成都：成都科技大学出版社 1994 年版。

107. 张建国著、蒲坚审定：《两汉魏晋法制简说》，郑州：大象出版社 1997 年版。

108. 张建国：《帝制时代的中国法》，北京：法律出版社 1999 年版。

109. 张金鉴：《中国法制史概要》，台北：正中书局 1973 年版。

110. 张俊民：《玉门花海出土的〈晋律注〉》，《简帛研究（2002—2003）》，桂林：广西师范大学出版社 2005 年版。

111. 张俊民、曹旅宁：《毕家滩〈晋律注〉相关问题研究》，载《考古与文物》，2010 年第 6 期。

112. 张俊民、曹旅宁：《玉门花海所出〈晋律注〉初步研究》，载《法学研究》，

2010年第4期。

113. 张舜徽：《三国志辞典》，济南：山东教育出版社1993年版。

114. 张伯元：《出土法律文献研究》，北京：商务印书馆2005年版。

115. 张旭华：《〈魏官品〉产生时间及相关问题试释——兼论官品制度创立于曹魏初年》，载《郑州大学学报》（哲学社会科学版），2006年第5期。

116. 张旭华：《九品中正制略论稿》，郑州：中州古籍出版社2004年版。

117. 张泽咸：《律令与晋令》，载《中华文史论丛》，2008年第1辑。

118. 张忠炜：《秦汉律令关系试探》，载《文史哲》，2011年第6期。

119. 祝总斌：《两汉魏晋南北朝宰相制度研究》，北京：中国社会科学出版社1990年版。

120. 周一良：《魏晋南北朝时札记》，北京：中华书局1985年版。

121. 周密：《中国刑法史》，北京：群众出版社1983年版。

122. 壮生：《中国历代法制大要》，上海：上海崇文书局1919年版。

123. 朱方：《中国法制史》，上海：上海法政学社1932年版。

124. ［日］浅井虎夫著，陈重民译，李孝猛点校：《中国法典编纂沿革史》，北京：中国政法大学出版社2007年版。

125. ［日］内田智雄编：《译注中国历代刑法志》，东京：创文社1964年版。

126. ［日］大庭修著，林剑鸣等译：《秦汉法制史研究》，上海：上海人民出版社1991年版。

127. ［日］冨谷至：《晋泰始律令への道——第二部 魏晋の律と令》，《东方学报》第73册，京都：京都大学人文科学研究所，2001年版。

128. ［日］守屋美都雄著，钱杭、杨晓芬译：《中国古代的家族与国家》，上海：上海古籍出版社2010年版。

129. ［日］冨谷至撰，薛夷风译，周东平校：《论出土法律资料对〈汉书〉、〈晋书〉、〈魏书〉"刑法志"研究的几点启示》，《法律史论集》第6卷，北京：法律出版社2006年版。

130. ［日］冨谷至著，刘恒武译，黄留珠校：《木简竹简述说的古代中国——书写材料的文化史》，北京：人民出版社2007年版。

131. ［日］堀毅：《秦汉法制论考》，北京：法律出版社1988年版。

132. ［日］广濑薰雄：《秦汉时代律令辨》，"中国法律史前沿问题"国际学术研讨会论文集（厦门大学2011年12月）。